教育部哲学社会科学研究
后期资助（重点）项目

伦理与企业

企业伦理探源

温宏建　著

图书在版编目(CIP)数据

伦理与企业:企业伦理探源/温宏建著.—北京:商务印书馆,2020
ISBN 978-7-100-17799-3

Ⅰ.①伦… Ⅱ.①温… Ⅲ.①企业伦理—研究 Ⅳ.①F270-05

中国版本图书馆 CIP 数据核字(2019)第 188969 号

权利保留,侵权必究。

伦理与企业
——企业伦理探源
温宏建 著

商 务 印 书 馆 出 版
(北京王府井大街36号 邮政编码100710)
商 务 印 书 馆 发 行
北京市十月印刷有限公司印刷
ISBN 978-7-100-17799-3

| 2020年6月第1版 | 开本 787×1092 1/18 |
| 2020年6月北京第1次印刷 | 印张 32½ |

定价:96.00元

前言

企业伦理的讨论应该在企业伦理的范围内展开。

首先,企业是一个复杂的存在物,包括了不同形式和要素,这些形式所具有的历史和社会特征各不相同,不能简单地混为一谈,这包括了从手工作坊开始的小企业,到合伙制的事务所,一直到多部门的巨型跨国集团。从技术上,有立足于手工作业基础上的作坊,更有现代化设备和工厂体制为基础的巨型制造公司,还有科学家和研究者聚集的现代科技企业,也有金融投资家聚集的银行和投资公司。这些形式的组织都被放在了企业名下,企业伦理的讨论就是针对这些差别巨大的组织展开的,这显然是一个近乎不能完成的任务。

不仅如此,从企业的性质看,有大量每天面临生存和死亡问题的中小企业,也有历经百年而长盛不衰的企业帝国,这些企业中有的长期属于一个或者几个家族,也有的早已变成了不知谁是所有者的公众公司。这些企业有的属于私人,有的是国有企业。我们的企业伦理讨论就是针对这些复杂构成的对象,这是一个真实的任务吗?

伦理的概念也是一个令人困惑的说法,很容易把家长和老师的道德说教作为伦理的范本,提起来就让人感到沉闷,甚或还有些虚伪。企业伦理就是这些说教吗?这些伦理想告诉我们什么?这些教条从哪里来?能实行吗?就好像孩子天生对戒律有反叛的心理,企业为什么也对这些明摆着的规则弃而不守,甚至公开反叛呢?

本书面对的就是这些问题。力图给出初步的回答。

本书认为,虽然企业形态多样,但是,至今依然是资本主导的企业在经济中占据着中心的地位,这种企业以现代公司为主要的代表。资本构筑了自己的意识形态来对自己的行为加以解释:资本的牟利动机导致了贪婪在制度规则之内的实现,这是一个本质现象,曾经被以往的思想家所揭示。本书接受这个基本看法。因此,本书研究的企业伦理中的企业是以现代公司制的法律形式、以科层形式设立的经营性组织。这种被称为企业的组织基本上是建立在现代技术基础上的,其中包括但是不限于工厂制度,目前企业的主导力量主要是资本,但是也有权力或者其他力量的介入。至于那些以作坊形式或者合伙制形式存在的经营性组织,除非必要时明确提及,均被本书排除在视野之外。

本书作者认为,企业是生存于现有制度之下的一个微观体制,其所赖以生存的制度在本书中以"体系"的概念来描述,这个概念借自哈贝马斯,但是可以看成是马克思的生产关系和经济基础的一个构成性概念。体系由一个针对自然的生产体系和针对人与人关系的管理体系构成,现代主导这两个体系的因素分别是资本和权力。这个体系的特征被韦伯定义为合理化。本书接受这个结论,但是合理化是按照资本和权力的逻辑展开的。在体系的展开中,形成了当今被普遍接受甚至加以称颂的所谓普世价值观,包括了自由、平等、正义、权利和责任等等。

在体系之外存在的生活世界是本书采用的另外一个概念,这个发源于胡塞尔的概念,经过舒茨和哈贝马斯等人的社会学改造,成为一个人类生存的基本背景,人类的大量精神成果就在生活世界中形成和积累。以美德存在的道德体系是生活世界积累的成果。中国传统伦理中的所谓仁义礼智信等基本美德就是生活世界存储的诸多成果之一。

当代世界就是在体系和生活世界的相互作用中展开的,企业作为一个现代社会的构成机制,恰好是体系和生活世界相遇的地方。在企业这个平台上,不同的利益主体展开了自己的活动,相互作用,并且以共同语言描述的价值观和美德展开对话,争夺自己的利益的同时保持体系的平稳。

本书把体系中产生的普世价值观和生活世界中的美德作为伦理和道德这两个相关但是不同的概念的核心来处理。

令人惊奇的是,在体系中培育出来的现代价值观,包括自由、平等、权利、正义和责任等等,并没有随着体系延伸到同作为体系成果的企业中去,这些价值观与企业似乎一直像水和油一样相互游离。而企业作为生活世界的展开平台,给传统的伦理准则(本书中常常称为美德)留下的空间不仅很小,而且还在不断地被压缩。这是大量企业失德现象的一个本质性的原因。只是这个原因一直隐藏在资本服从的经济逻辑之后。本书揭示了生活世界和体系之间的冲突的现实,并且也分析了这种冲突的原因和后果。

本书认为,人们常常把市场和资本这两个不同的要素混淆,认为企业的失德现象是市场运作的结果。本书认为,虽然不同的主体在企业这个平台上活动,但是,主导的是资本的逻辑。资本和市场是相互对立的,市场的运作虽然会向企业提出平等和自由等基本要求,而资本的反市场本性却导致了价值观和美德失落。资本是企业失德的基本原因。

本书揭示了资本通过企业行为去价值化的神话,构筑了对资本的保护性理论,使资本在市场和经济体制中能够横行无忌,一往无前。因此,为了使企业伦理得到建构和遵循,必须首先打掉企业行为价值无涉的认识。

为此,学术界有责任协助全社会提出企业应该遵守的伦理体系。不仅为了抗衡资本构筑的价值观,也为了有效约制企业中的资本行为。本书坚持上一部著作的设想,认为中国现在的企业伦理构造虽然非常初步,仅在起步阶段,但是,中国存在着丰富多样的伦理资源可供开发。这其中包括了传统伦理、西方现代伦理体系和马克思主义的伦理思想。这些思想都在中国存在并且发挥或者曾经发挥过巨大作用,提供了多元化的思想资源。在建立中国企业伦理体系的过程中,这些资源都应该获得梳理和使用。

本书还针对中国改革三十多年的历史,历述了现代价值观在中国企业中的降落过程和现状,本书认为这些价值观的落实还处于初期阶段,以后的道路还很遥远。相反,曾经存在于企业中的传统美德却大量地失去。中国企业伦理建设的现状令人担忧。

本书花费了大量篇幅和精力,对几乎每一个价值观与美德都做了历史追溯和现实状态的描述,这些分析揭示了普世价值观在企业中的尴尬地位和美德失落的现实。本研究认为,资本主导的企业中,单纯依靠伦理说教无法阻止大规模的失德行为发生,这是资本本性决定的。为了使企业伦理准则能够有效贯彻,社会和企业内部相关成员必须自觉构筑与资本的抗衡力量,才能使这些准则获得尊重和实施。

目录

第1部分 伦理与企业

第1章 企业伦理的讨论框架 …… 3
1. 生活世界和体系 …… 3
2. 作为体系与生活世界交汇点的企业 …… 21
3. 体系与生活世界的冲突 …… 26

附录:一组关于企业概念的讨论 …… 30

第2章 法律、道德和伦理概念 …… 34
1. 伦理和道德的基本概念讨论 …… 34
2. 伦理和道德的概念 …… 40
3. 伦理与道德分离的社会基础——伦理准则的多元化 …… 41
4. 道德与伦理和美德与价值观 …… 43
5. 企业中的伦理和道德——案例分析 …… 43
6. 伦理准则和价值观的来源 …… 47
7. 伦理困境 …… 50

第3章 作为伦理主体的企业 …… 52
1. 概述 …… 52
2. 思想史中的伦理主体 …… 53
3. 伦理主体分析范式的现代转变 …… 57
4. 从意识哲学到语言哲学的转变 …… 66
5. 作为伦理主体的企业——分析框架 …… 68
6. 交往共同体和伦理准则的建立 …… 80

第 2 部分　商业伦理和企业伦理

第 4 章　企业、市场和资本 ………………………………………………… 83
1. 多重关系中的企业 ……………………………………………………… 83
2. 商业伦理和企业伦理 …………………………………………………… 85
3. 市场体制和商业伦理 …………………………………………………… 87
4. 自利个人的假设 ………………………………………………………… 88
5. 资本与企业伦理 ………………………………………………………… 93
6. 资本对伦理的要求 ……………………………………………………… 95
7. 资本的本质分析 ………………………………………………………… 96
8. 市场和资本的价值观的混淆与冲突 …………………………………… 100
9. 构建抗衡力量——企业伦理建设的任务 ……………………………… 102

第 5 章　社会的"资本化"——对企业伦理现状的几点讨论 …………… 104
1. 资本的支配——三鹿和双汇事件的真实含义 ………………………… 104
2. 社会资本化的其他表现 ………………………………………………… 109
3. 社会特性角色分析 ……………………………………………………… 112

第 6 章　去价值化 …………………………………………………………… 117
1. 去价值化的基本含义 …………………………………………………… 117
2. 去价值化思想的影响 …………………………………………………… 120
3. 去价值化问题的社会根源 ……………………………………………… 123
4. 对去价值化的批判性认识——社群主义的批判 ……………………… 125
5. 对去价值化的批判性认识——阿佩尔的批判 ………………………… 127
6. 去价值化——哈贝马斯的批判 ………………………………………… 130
7. 去价值化的原理揭示——物化及其意识 ……………………………… 131

第 3 部分　不同的伦理体系和企业

第 7 章　马克思主义伦理学 ………………………………………………… 137
1. 走向历史唯物主义 ……………………………………………………… 137
2. 历史唯物主义的确立 …………………………………………………… 139
3. 马克思主义伦理思想的最终确立 ……………………………………… 141

  4. 马克思伦理学方法论 ······ 143

  5. 马克思伦理观 ······ 146

  6. 对其他伦理理论的继承和批判 ······ 147

  7. 马克思主义伦理的中国化 ······ 147

第 8 章 中国古典哲学和伦理思想 ······ 152

  1. 朱熹理学 ······ 152

  2. 陆王心学 ······ 153

  3. 宋明儒学的思想元素解析 ······ 154

  4. 儒家思想学术的发展 ······ 158

  5. 儒家思想的民间化 ······ 159

  6. 维系伦理的制度体系 ······ 161

  7. 再论道学 ······ 163

  8. 儒家伦理的现代化 ······ 165

第 9 章 现代西方伦理学和企业伦理的发展 ······ 171

  1. 西方伦理思想的形成与西方企业伦理发展 ······ 171

  2. 西方现代伦理思想的不同流派 ······ 174

  3. 应用伦理学发展和企业伦理的关系 ······ 180

  4. 西方伦理学在中国的传播 ······ 181

第 4 部分 价值观和企业

第 10 章 当代价值观 ······ 185

  1. 概述 ······ 185

  2. 市场所要求的平等自由和资本所要求的平等自由 ······ 187

  3. 价值观和效率 ······ 191

  4. 当代价值观的特征 ······ 191

  5. 冲突的价值观 ······ 192

  6. 基本价值观的特征 ······ 195

  7. 体系生活世界的两分及价值观和美德的不同存在方式 ······ 196

第 11 章 现代企业内部对立的伦理准则 ······ 197

  1. 企业中的伦理和道德——勤奋与懒惰 ······ 197

2. 对立的美德——节俭和奢侈 ………………………………………… 199

　　3. 对立的伦理准则——奉献精神与等价交换（付出与权利）……… 202

　　4. 对立的品德——创造性和服从 …………………………………… 204

　　5. 对立价值观的根源分析 …………………………………………… 206

　　6. 价值观和美德 ……………………………………………………… 207

第 12 章　企业改革与价值观的变迁（上）………………………………… 208

　　1. 讨论的理论策略 …………………………………………………… 208

　　2. 起点模式 …………………………………………………………… 209

　　3. 短缺经济学的视角 ………………………………………………… 210

　　4. 劳动的意义 ………………………………………………………… 212

　　5. 单位制的分析 ……………………………………………………… 213

　　6. 起点模式的评价准则 ……………………………………………… 215

　　7. 家长制的转变途径 ………………………………………………… 218

　　8. 基本过程 …………………………………………………………… 219

第 13 章　企业改革与价值观的变迁（下）………………………………… 225

　　1. 企业改革过程的伦理意义 ………………………………………… 225

　　2. 企业改革中的价值观嬗变过程分析 ……………………………… 227

　　3. 个人主义对集体主义或者社群主义的替代 ……………………… 242

　　4. 职业道德分析 ……………………………………………………… 246

　　5. 企业转型和企业伦理的转型 ……………………………………… 248

第 14 章　自由 ………………………………………………………………… 249

　　1. 概述 ………………………………………………………………… 249

　　2. 对自由的基本认识 ………………………………………………… 250

　　3. 积极自由与消极自由 ……………………………………………… 254

　　4. 马克思论自由 ……………………………………………………… 256

　　5. 现实中国企业内的自由及其贯彻 ………………………………… 260

　　6. 企业内部的自由和专制 …………………………………………… 261

　　7. 技术与自由 ………………………………………………………… 264

第 15 章　平等 ………………………………………………………………… 267

　　1. 概述 ………………………………………………………………… 267

2. 自由主义的平等论 ·· 268

3. 非自由主义的平等论 ·· 273

4. 中国思想史中的平等 ·· 277

5. 多种平等 ·· 278

6. 企业中的平等 ·· 279

第 16 章　正义 ·· 288

1. 概述 ·· 288

2. 古希腊的正义思想 ·· 290

3. 穆勒功利主义的正义论 ······································ 292

4. 罗尔斯的正义论 ·· 294

5. 正义的不同类型 ·· 297

6. 企业中的正义 ·· 299

7. 正义的评论 ·· 300

第 17 章　权利 ·· 302

1. 概述 ·· 302

2. 权利与义务 ·· 305

3. 权利理论 ·· 306

4. 权利理论和历史 ·· 311

5. 中国企业改革和权利形成 ···································· 313

6. 通过企业确立的权利概念 ···································· 319

第 18 章　责任 ·· 323

1. 概述——责任概念的辨析 ···································· 323

2. 责任分类 ·· 327

3. 当代责任的诞生 ·· 329

4. 责任与其他价值观的区别 ···································· 331

5. 企业社会责任 ·· 332

6. 责任体系的构建——与纪律的关系 ···························· 335

7. 再论纪律、责任和法律 ······································ 336

8. 纪律和责任的分野 ·· 337

9. 责任范围的扩大 ·· 340

第 5 部分　美德与企业

第 19 章　企业伦理讨论的缺陷和准则研究框架 …………… 343
　　1．企业伦理讨论中的混乱 …………………………………… 343
　　2．3-2-1 分析框架概述 ……………………………………… 345
　　3．研究方法 …………………………………………………… 347
　　4．归根研究 …………………………………………………… 347
　　5．义务与美德 ………………………………………………… 351
　　6．中庸——中道研究 ………………………………………… 360
　　7．企业伦理中的中庸或者中道 ……………………………… 365

第 20 章　德目表 ……………………………………………… 366
　　1．概述 ………………………………………………………… 366
　　2．中国著名的德目表 ………………………………………… 367
　　3．西方德目表的发展 ………………………………………… 368
　　4．德目的分类和特征 ………………………………………… 372
　　5．近现代企业中美德形成的历史过程 ……………………… 372
　　6．近代中国企业伦理德目的形成 …………………………… 381
　　7．企业的德目表及其发展 …………………………………… 382
　　8．以企业责任名义出现的企业德目表 ……………………… 384

第 21 章　仁（仁慈、仁爱） ………………………………… 386
　　1．概念史 ……………………………………………………… 386
　　2．中国的伦理思想 …………………………………………… 389
　　3．西方的思想 ………………………………………………… 391
　　4．仁爱的基础探索 …………………………………………… 393
　　5．作为义务的仁慈和作为美德的仁慈 ……………………… 395
　　6．仁爱的对立情感——亚里士多德的中位分析 …………… 396
　　7．仁爱作为伦理准则的地位变化 …………………………… 397
　　8．企业伦理中的仁慈 ………………………………………… 398
　　附录 …………………………………………………………… 401

第 22 章　义（公正） ………………………………………… 406

1. 概述——公正与仁慈 ······ 406
  2. 法律的公正和道德的公正 ······ 409
  3. 公正的特征 ······ 410
  4. 公正的确认方式和准则 ······ 411
  5. 公正观的争议 ······ 413
  6. 中国古典思想中的公正 ······ 415
  7. 作为道德情感的义 ······ 416
  8. 马克思的公正观 ······ 417
  9. 公正的中道分析 ······ 419
  10. 企业中的公正 ······ 420

第 23 章 智（智慧） 424
  1. 思想史中的智 ······ 424
  2. 自制与智 ······ 428
  3. 理智德行和道德德行——情感和语言的对应 ······ 431
  4. 中国思想家论理智德行 ······ 432
  5. 佛学中的智慧 ······ 433
  6. 中国古典思想的陆王学派及牟宗三的道德形上学 ······ 433
  7. 企业与智慧 ······ 435

第 24 章 诚信 ······ 437
  1. 概述 ······ 437
  2. 概念史 ······ 438
  3. 诚信的不同层次 ······ 445
  4. 诚信的中道分析 ······ 446
  5. 现代市场运行和企业运作中的诚信 ······ 448

第 25 章 忠 ······ 453
  1. 概述 ······ 453
  2. 忠的概念史 ······ 455
  3. 忠的社会史追根 ······ 461
  4. 忠的中位分析 ······ 462
  5. 忠的平行概念分析 ······ 464

6. 忠的词语分析 ··· 465

7. 企业中的忠诚 ··· 467

第 6 部分　结　论

参考文献 ··· 473

　　译著参考书 ··· 473

　　中文参考书 ··· 476

　　中文古籍 ··· 477

　　西文书籍、论文 ··· 477

　　中文论文 ··· 479

主题索引 ··· 482

人名索引 ··· 487

后记 ·· 497

第 1 部分 伦理与企业

第1章　企业伦理的讨论框架

1. 生活世界和体系

这是哈贝马斯通过对胡塞尔以来一系列哲学和社会学理论模式的批判性论述之后提出的两个相互补充、相互作用的概念，用以描述我们面对的世界。

本文把哈贝马斯提出的这对概念具体化为操作性的概念，并进而深入到企业中去分析企业伦理所面对的理论和实践问题。

如果把企业作为当代社会的一个主要的组织形式，可以把企业看作是生活世界和体系相遇之处。按照韦伯和哈贝马斯的看法，现代社会的合理化集中体现在体系中，但是生活世界作为一个共同体的存在方式规定了人们的视野和价值观，为人们的交往行为提供了前提和框架。与体系相比，这个框架有更为悠远的历史和更为深厚的内容。企业恰恰就存在于两个相互区别又相互作用的体制的交汇点上。从这点看企业，则企业既受到合理化的逻辑支配，也受到习俗和传统的影响。前者表现了体系的力量，呈现为一种"硬逻辑"，后者表现了多种历史和现实力量的相互作用，更多地体现为一种"软逻辑"。

这两种不同的逻辑和力量交汇于企业，通过分析不同力量的作用和影响，可以看到企业所存在的制度特征。在计划经济中，企业中保留了更多的生活世界的影响。但是，随着市场制度的发展，企业更多地受到了来自体系的"硬逻辑"的影响和制约，生活世界中的道德、习俗和传统则在不断地衰落，影响越来越小，这种局面集中体现在了企业行为的"去价值化"上面，企业变得越来越与伦理无关了。但是，体系世界提出过一系列价值观，这些价值观成为了体系的一种精神表达，问题是，体系的价值观目前更多地体现在政治哲学领域，而企业似乎是价值观的一块"飞地"，所谓去价值化，或者是价值无涉的。这是当代社会中最为令人震惊的事实,人们居然长期漠视这种局面。

本文认为,伦理准则属于生活世界,而价值观则属于体系,这是两组虽然相关,但是内容、起源、意义根本不相同的精神和理念表达,本书将把这两组不同的理念放在企业的框架中重新加以认真审视。但是,这个审视是对企业作为生活世界与体系相遇的平台整体审视的一个构成部分,因此,本书的第一章,将从对生活世界和体系的分析开始,在第二章中,逐步深入到对企业的分析,然后在第三章中把支配企业的一些体系和生活世界要素分离出来加以分析。在这些分析完成之后,本书才开始结合企业对价值观和伦理准则条分缕析。

1.1 生活世界

哈贝马斯在《交往行动理论》一书中,批判性地考察了从胡塞尔到舒茨对生活世界分析的哲学传统,也考察了从涂尔干中经帕森斯直到波普尔的社会学传统,区分出对应不同行动方式的世界概念:包括与策略行动对应的客观世界,与规范行动对应的社会世界和与表演行动对应的主观世界。这些行动体系和世界划分之间是一个流行理论模式的总结,哈贝马斯的创造性工作就是提出了独立于上述行动的交往行动(communicative action),而交往行动是建立在生活世界之上的。

1.1.1 理论渊源——胡塞尔的生活世界概念

生活世界的概念导源于胡塞尔。哈贝马斯是通过舒茨上接胡塞尔的。在哈贝马斯的理论体系中,生活世界是沟通交往行动理论的一个积极因素。构成交往行动的背景。先在地规定了交往行动的语言、交往方式以及规则等。

胡塞尔的生活世界概念是建立在对现代科学发展所导致的世界的抽象化、数理化的批判基础上的。胡塞尔力图以前科学的生活世界概念恢复世界呈现给主体的整体性和迫近性。

"生活世界是空间与时间的事物的世界,正如同我们在我们的前科学的和科学以外的生活中所体验的东西作为可能体验的东西知道的世界一样。"[1]

在胡塞尔这里,生活世界是一个现象学概念,是对前科学的自然现象的一种描述,为了完成这个概念,他采取了一系列的过渡概念,如经验世界、体验世界等,直到晚年,

---

[1] 胡塞尔:《欧洲科学的危机和超越论现象学》,王炳文译,北京:商务印书馆 2001 年版,第 167 页。

才确立了生活世界的概念，对上述概念取而代之，并一统概念体系。[①]

生活世界表达的是主体视野之内的一个有特定结构的、与主体意识相对的、存在于时空结构中的、通过主体的意识显现出来的一种现象。因而主体的视野决定了生活世界的视域。按照在主体视域之内和视域之外的标准，胡塞尔区分了家乡世界和陌生世界两个相对的概念。

对胡塞尔而言，家乡世界是主体视域之内已知的事物总和，在空间上切近，家乡世界的概念包括了熟悉的各种事物，从自然风景到人文、语言和风俗习惯乃至法律体系、道德规范等。家乡世界对主体具有有限性，同时也随情势的变动而变动，处于家乡世界之外的就是陌生世界了。

胡塞尔对家乡世界和陌生世界的划分方法虽然源自哲学现象学，但是确实激发了社会学的想象力。难怪舒茨把他的概念直接引入到了社会学中，最终奠定了哈贝马斯的交往行动理论的一个概念基础。

1.1.2 理论渊源——舒茨的日常生活世界

舒茨不仅把现象学引入到了社会学，从而把胡塞尔与韦伯结合了起来，而且他把胡塞尔的生活世界的概念引入到了社会学中。在舒茨那里，日常的生活世界是一个交互主体互动的领域。交互主体虽然是从胡塞尔的共同体概念引申出来的，但是在舒茨的理论体系中则占据了中心地位。他否定了传统哲学中的主体的私人性、个体性和抽象性，在这个日常世界中，主体是交互构成的。因而，日常生活世界也是被交互主体所解释的。这个世界对个人有前在的规定性。对日常生活世界的解释是以手头知识的形态存在的。这一概念参照了海德格尔关于世界事物的上手状态的概念。

舒茨从胡塞尔那里承继了主体的自然态度，这个自然态度是对日常生活世界的。舒茨明确地表示：自然世界是交互主体世界（intersubjective world），这个世界一直存在，被我们的先人和被他者所继承。

因此，舒茨的世界可以从两个不同的方向上去观察研究。从主体上，每一个人都是这个日常生活世界的构成部分，从世界本身，日常生活世界是交互主体构成的不同现实的集合，这一世界就是人类社会，这被他称为多重存在。

舒茨建立了理解的概念，这个概念是从海德格尔那里继承而来，理解是人类日常生活的经验，是人类的存在方式。

[①] 倪梁康：《胡塞尔现象学概念通释》，北京：生活·读书·新知三联书店 2007 年版，第 271 页。

1.1.3 三个世界的划分和生活世界

被舒茨从胡塞尔处接受的生活世界,在社会学的框架内重建了。因此,现在使用的生活世界的概念是从哲学延伸到社会学的一个概念。哈贝马斯为了建立交往行动理论,进一步开掘,把这个概念重构,作为交往行动的对应物,在与体系的对比中展开了生活世界的概念。这个分析为理解企业伦理的结构和作用提供了一个很好的框架性结构。

按照哈贝马斯的看法,交往行动中形成的行为规则是一种诠释性的认识,这种认识不是个体主体的单独成果,而是以交互式主体为基础的交往行为的成果。从交往行为理论的总体上看,这种交往行为是在生活世界中展开的,而对应生活世界的是所谓的体系。

哈贝马斯接受了波普尔的三个世界划分的概念,并加以改造,形成了他对交往行动的理论体系的分析框架。1967年波普尔发表的《客观知识》一书,提出了三个世界划分,贾维从本体化的角度,接受了波普尔的概念,在其对面建立起三种不同的人类行为方式,以对应三个世界的概念。这三个世界就是所谓的客观世界、社会世界和主观世界。对应的三种不同行动就是目的行动、策略行动和戏剧行动。这三个行动的概念各自有不同的源头,其中对目的行动的研究最早是在冯·诺依曼那里展开的,而规范行为的研究从涂尔干开始,到帕森斯,有深厚的社会学传统。而戏剧行动概念则是戈夫曼提出来的。加芬克尔在这个行动分类的基础上,提出了交往行为的概念。

哈贝马斯在对这些学术和思想资源分析的基础上,提出了体系构成对应生活世界的概念。其中体系在当代社会中表现为以金钱为媒介的经济制度和以权力为媒介的政治制度,在体系世界对面的是生活世界,生活世界是以语言为交往媒介的,语言媒介把生活世界中不同个体组成为交往共同体。这样,主体、生活世界、诠释性真理之间的关系就形成了逻辑结构和现实结构的混合体,这样不仅为交往行为理论提供了分析框架,也可以作为企业伦理的分析框架。

从作用上看,生活世界不仅是一个理解的框架,也规定了理解过程的视野,参与者借助这一视野,对一种客观世界,共同的社会世界,或者主观世界的事务,表示意见一致或者相互争论。

为了建立交往行动理论,哈贝马斯不仅批判性地继承了不同思想,还独立地建立了自己的分析体系。他对生活世界的分析主要集中在生活世界的目的、计划、规范范围、时间空间,最重要的是状况确定。

"状况总是具有一定的视野,这种视野是随着主题变化而变化的。一种状况是通过主题提炼出来的,是通过生活世界的表现关系的现实步骤的行动目的和行动计划而表现出来的,这种生活世界的表现安排是集中安排的,并随着不断增长的空间时间距离和社会的距离同时成为无名的和扩散开来。"[1]

"行动状况构成参与者生活世界的中心,行动状况具有一种运作的视野,因为它是通过生活世界的复杂性表现出来的,在一定方式下,生活世界,即交往参与者所属的生活世界,始终是现实的;但是只是这种生活世界构成一种现实活动的背景。"[2]

哈贝马斯把对状况分析与对生活世界的分析连接在对生活世界的现象学式的结构分析中去了。他认为,通过状况概念,不仅统一了生活世界的概念,而且也在交往行动与生活世界之间建立了内在的联系。

"我们把行动理解为状况的研究。"[3] 这种研究包括了目的论和交往两种行动。共同行动的各方以利益和目标相联系,为实现计划,在共同规范的范围内,通过交往取得一致意见。这些行动都是在一定主题上、在一定时间和空间范围内展开的。

哈贝马斯是在语言哲学的基础上重建了意识哲学所提出的生活世界的概念,并且把这个概念作为交互式主体(主体间性)的一个背景和分析框架。把交互式主体的概念置于较意识或者个体理性更为牢靠的基础之上,并且为历史唯物主义的重建提供了新的途径。

作为语言学构成的生活世界不仅是先验存在于听和说两者之间,听说两者也作为主体对这种状况加以解释和发展,在语言哲学中,参与者与解释者(观察者)的视角获得了统一。

知识传播是交往行为合理化的一个前提,但是,恰好在现代中国,我们的生活世界发生了快速而巨大的变化,生活世界这一支撑相互理解的框架发生了断裂,从而导致我们处于无所适从的争论之中。

不过,哈贝马斯不满足于这种传统的分析,他在两个维度上突破了现象学的分析。第一,从意识哲学转向语言哲学,这个转向是20世纪哲学界最引人注目的变迁。第二是与上述哲学转向相联系,从个体转向了交互式主体。这一点,哈贝马斯是在对舒茨和卢曼的生活世界的批判性分析中完成的。不过,最大的突破还是把现象学的生活世界

---

[1] 哈贝马斯:《交往行动理论》,卷 II,洪佩郁和蔺青译,重庆:重庆出版社1994年版,第169—170页。
[2] 同上书,第171页。
[3] 同上书,第174页。

概念从文化范围扩展到了社会与个人的不同层面上。这样生活世界就在社会、文化和个人三个不同层面上构成了。把这三个层次再与生活世界的职能联系起来,使"文化、社会和个人作为生活世界的结构因素与文化再生产、社会统一和社会化的这些过程相适应"。这个思想显然与企业伦理讨论中从组织、群体和个人层面讨论的方式相对应。但是,是生活世界的概念为企业伦理的分析提供了更为雄厚的基础。

下面将把交互主体在社会、文化和个人三个层面上作为企业伦理的分析框架展开论述。

1.1.4 交互主体[①]和生活世界的概念

哈贝马斯批判性地接受胡塞尔的生活世界概念,他保留了生活世界的整体性和世俗性,但是抛弃了胡塞尔对生活世界中主体的孤立和非社会性的假设,把主体建立在共同体的交互作用基础上。这样,生活世界中的行动主体从抽象的个体变成了交互的主体。"通过对主体间交互性的拓展,消除了胡塞尔视野中的盲点。"[②]在做了这种基础性的清理之后,哈贝马斯开始引入了生活世界的概念,并且把这个概念与他借鉴于波普尔,并清晰区分的客观世界、社会世界和主观世界之间建立起关系。在上述三个世界相关的有效性、规范性和真实性原则之下,他把抽象性和理性原则重新引入到了生活世界中来。这是与胡塞尔背道而驰的做法,但是继承了舒茨的主体概念的处理方式:胡塞尔要在生活世界中恢复被科学世界中驱离的丰富性和原生态,哈贝马斯一方面坚持对工具理性介入生活世界的批判态度,一方面坚持以理性对生活世界的介入。之所以出现这种转变,是因为对哈贝马斯而言,生活世界的主体不是单独的个体,而是交互主体,对于交互主体,理性表现在交往关系中,既不仅仅是个人的冥想,也不是个人的自言自语,而是一种表达,因此,这种参与"不仅反映出个人参与的生活世界,而且也反映出集体参与的生活世界的合理性"。[③]但是,这个理性是交往理性。他以交往理性对抗工具理性对生活世界的侵入。

在哈贝马斯的分析中,区分了参与者和观察者两个不同的角色,生活世界的概念更多是从参与者的角度提出的:"社会从行动主体的参与者的展望,被构思为一种社会集团的生活世界,与此相对立,社会可以从一个非参与者的考察展望,只能被理解为一种

[①] 最基本的概念是来自德语的"intersubjektivitat",大部分文献翻译成主体间性或者主体际性、交互主体,例如韩水法的《哲学的而非文化的主体际性》,但是也有翻译成交互主体的,还有译为交往共同体的。
[②] 哈贝马斯:《后形而上学思想》,曹卫东、付德根译,上海:译林出版社 2001 年版,第 75 页。
[③] 哈贝马斯:《交往行动理论》,卷I,洪佩郁和蔺青译,重庆:重庆出版社 1994 年版,第 67 页。

行动体系。"①在交往行动理论中,生活世界"构成了交往行动的一种补充概念"。是"交往行动者一直已经在其中运动的视野"。② 与生活世界相联系的是交互主体的概念。

对于生活世界的具体讨论,哈贝马斯谨慎地采取了多阶段逐步展开的方式,在分析古典时代向现代转化过程中,哈贝马斯临时引入了一个粗略的概念:"在这里,我可以把生活世界的概念首先作为理解过程的关系而引入进来。进行交往行动的主体始终是在生活世界范围内相互理解的。他们的生活世界是由或多或少分散的,但总是固定的确实的背景构成的。这种生活世界的背景是用来作为状况来规定的源泉,而这种状况规定是有参与者作为固定的规定首先设置的……世界观和相应的运用要求构成形式上的支架,把各种争论的,就是说,需要取得一致意见的他们之中的状况关系安排成无争论的,首先设置的生活世界。"③

"生活世界存储了先辈们以前的解释成就。"④生活世界的丰富多彩在于这里存在的非主题知识。非主题知识是胡塞尔建立的一个概念。指的是前科学的存在于生活世界中的各种认识。这些认识所表现的知识状态千姿百态,大部分未经审慎的批判和梳理。在交往行动中,非主题知识对共同体构成一种前提性的先在存在,从生活世界中涌现出来。包围在共同体周围,成为共同体沟通交往的背景。

哈贝马斯揭示了生活世界中非主题知识的三个重要特征:⑤第一是绝对的明晰性,这些未经批判而存在的知识对共同体而言,是清晰呈现的,被共同体所接受;第二是总体性,在哈贝马斯的交往行动理论中,生活世界的中心不是个体,而是共同体所经历的具体环境,是坐落于时空结构中对共同体切近事物的总和。这些事物构成网络状来形塑共同体;第三是整体性,未经主题化的知识以整体面貌呈现于共同体面前。由于这些特点,生活世界构成了一个共同体理解过程的视野边界,参与者借助这种视野,对一种客观世界、他们共同的社会世界和某种主观世界中的事物保持意见一致,至少保持对意见的交流。

生活世界是由文化、社会规范和个性结构三个要素组成的。(见图1.2)在哈贝马斯看来,他的生活世界不同于胡塞尔的概念在于,在交往中的交互主体取代了个体成为

---

① 哈贝马斯:《交往行动理论》,卷 II,洪佩郁和蔺青译,重庆:重庆出版社 1994 年版,第 163 页。
② 同上。
③ 哈贝马斯:《交往行动理论》,卷 I,洪佩郁和蔺青译,重庆:重庆出版社 1994 年版,第 101 页。
④ 同上。
⑤ 在《交往行动理论》中,哈贝马斯提出了非主题知识的两个特征,但是,在《后形而上学思想》中,则提出了三个特征。

了中心。而交互主体的联系手段是语言,这不同于个体存在方式的意识,这样交往共同体作为哲学从意识中心转向了语言哲学。

这一特点在生活世界的构成要素中的文化中表现得最为清晰。文化知识是以符号形态积累和表达的,文化虽然在理论、技术、书籍、报刊甚至戏剧电影等多种形态上存在,但最终是由符号承载的。而社会则通过制度、法律、伦理道德等体现出来。个性是以人为基础的,在《后形而上学思想》一书中,哈贝马斯批判性地继承了梅洛-庞蒂的个人对社会理论,建立了个性结构与文化社会交叉的模型,[1]但是,上述无论是文化、社会规范还是个性,最终都是通过语言中介连为体系的。

对于文化,这个在中国 20 世纪 80 年代流行的概念,一直难以找到一个被广泛接受的定义,不过,尽管文化的定义多端,现在被引用最多的依然是 19 世纪英国人类学家泰勒(Edward Brunette Tylor)所给予的。他在《原始文化》"关于文化的科学"一章中说:"文化或文明,就其广泛的民族学意义来讲,是一复合整体,包括知识、信仰、艺术、道德、法律、习俗以及作为一个社会成员的人所习得的其他一切能力和习惯。"文化是一个被最广泛采用的概念,就其内容的广泛性而言,甚至可以把所有的人类创造物作为文化的本体。因此,人们区分了物质文化、制度文化和精神文化三种。但是,在日常语言中,文化的最基本含义就是精神创造。哈贝马斯对文化的理解就近似这种日常的理解,但是他放到了交往行动理论的基础上重构这个理解,其意义自然也就不相同了。"我把文化称之为知识存储,当交往参与者相互关于一个世界上的某种事物获得理解时,他们就按照知识存储来加以解释。"[2]现在我们喜欢讨论不同的文化,其中包括企业文化,企业文化的核心就是所谓的价值观,这是微观的企业主体所制定的适合一个企业发展的指南性的价值。但是,其实企业在不同力量支配下自然形成的现实价值是不同于这种微观价值的。阿吉利斯(Argyris)和舍恩(Schon)曾经指出过,人们信奉的理论和实际指导行动的理论常常是分离的。[3] 分析这种实际的潜在文化与书面表达的文化是企业伦理应当做到的工作之一,而且从中可以发现企业伦理问题的某些本质的内容。

伦理来源于习俗和习惯,作为一个希腊人的概念,亚里士多德解释了伦理概念的来

---

[1] 哈贝马斯:《后形而上学思想》,曹卫东、付德根译,上海:译林出版社 2001 年版,第 87 页。
[2] 哈贝马斯:《交往行动理论》,卷 II,洪佩郁和蔺青译,重庆:重庆出版社 1994 年版,第 189 页。
[3] Argyris C. and Schön D., *Theory in Practice: Increasing Professional Effectiveness*, San Francisco: Jossey-Bass, 1974, p.376.

源和演变：①"伦理德性从下面得到其名称，如果从词源上考察的含义应该有真实性的话(或许应该有)。因为'风俗'(ethos)的名称源于'习惯'(ethos)，它之所以被称为'伦理的'(ethiks)，是由于习惯的结果。"②

社会规范也是一个充满争议的概念。哈贝马斯认为："我把社会称之为合法的秩序，交往参与者通过这些合法的秩序，把他们的成员调节为社会集团，并从而巩固联合。"③对于社会规范的形成和分类学，韦伯做了很好的基础性工作。他区分了规范的三种不同形式，习律、习俗和法律。其中习俗是一种行为类型："我们将'习俗'界定为一种典型的、一致性的行为，这种行为固守在既定的常轨上，仅只是因为人们'习于'如此，而且也下意识地'模仿'如此……我们所谓习律是指某种行为的发生，特别是引发此种行为者，绝非出自物理的或者心理的强制，并且，至少一般说来，除了形成行为者之特殊'情境'的人群圈内的赞同或指责之外，不会直接受到其他方面的影响。"④习律不是法律，但是就其形成的社会共识程度又高于习俗，作为规范，它不同于法律的地方在于法律由强制机构维系，而习律还是依靠舆论等社会机制所维持。

习俗作为规范，"并未成为习律，就足以在经济上产生广泛的影响。特别是经济上的需求状态——一切'经济'的基础，极为广泛地取决于单纯的'习俗'……"⑤法律和习俗之间的转换是一个复杂的过程，随着体系世界的复杂化发展，出现了法律和道德的专门化过程："道德和法律进行了专门化，以调节公开的冲突，使为理解所进行的行动的基础，从而生活世界的社会统一不崩溃。"⑥这种发展有两个趋势，第一是法律与伦理的分离，第二是法律和道德作为规范体系的不断的抽象化。哈贝马斯通过对生活世界概念的重建，主要目标不仅是重构社会学的行动理论基础，更重要的理论成果是其交往行动为基础的伦理学提供了一个有效的出发点和立足点。这个概念容纳了交互主体，把伦理学的主体从康德的抽象的、个体的主体转移到了一个多元化的交互主体上面来。从企业伦理发展角度看，主体问题是一个困惑，必须找到理论的解决方法。虽然伦理学

---

① 更为详尽的分析参见本书第 3 章。
② 亚里士多德：《亚里士多德选集》，《大伦理学》，苗力田译，北京：中国人民大学出版社 1999 年版，第 271 页。
③ 哈贝马斯：《交往行动理论》，卷 II，洪佩郁和蔺青译，重庆：重庆出版社 1994 年版，第 189 页。
④ 马克斯·韦伯：《韦伯作品集》，卷 IV《经济行动与社会团体》，康乐和简惠美译，桂林：广西师范大学出版社 2004 年版，第 206 页。
⑤ 同上。
⑥ 哈贝马斯：《交往行动理论》，卷 II，洪佩郁和蔺青译，重庆：重庆出版社 1994 年版，第 230 页。

的发展中提供的各种解决方案都具有参考价值,哈贝马斯建立在生活世界上的交互主体概念依然是一个最具魅力的理论框架。

这就是生活世界的构成。当然,当代社会不同于古典社会的是,在语言中介为基础的生活世界之外,又分化出金钱和权力两个异类的中介,分别依靠市场和等级制组织,形成体系,对交往行动体系横加干涉。这两个中介与语言构成企业组织体系的三大中介。

1.1.5 作为伦理准则基础的生活世界

本书中采取的生活世界的概念直接来源于哈贝马斯的交往行动理论。但是,作为一个企业伦理的著作,本书强调生活世界所具有的原初性和单纯性,本书中,生活世界是企业存在的一个视域,包括企业中各个不同的个体与群体的相互作用。生活世界是伦理规范的来源,存储了历史上积累的各种不同智慧资源,也是一个伦理规范不断演进和发展的空间。但是,生活世界仅仅是指企业中的社会关系相关的要素。企业的运行中最根本的影响因素是体系及其附属的价值观。企业是体系与生活世界的交汇点。这样,企业伦理学就不仅是伦理本身的问题,也不仅是人类学问题(生活世界),必须触及经济学(经济体系)和社会学(政治体系)。

对于本书的目的,生活世界不仅是解决企业伦理主体的一个重要的理论框架,更为重要的是生活世界概念与体系相对,为本研究提供了古典的伦理准则和当代的价值观对话的实现基础。

生活世界所具有的前科学性的特征,表现了世界的丰富性和多样性,这是古典世界的一个重要特征。在古典时代,人们的生活和工作并不分离地存在,因此,生活世界是每一个个体共同存在的前提和框架。这种存在方式直到近代才发生变化。体系的建立,导致了人们存在方式的分裂,生活世界与工作所面对的体系相分离,人们存在方式变成了在生活世界和体制这两个不同的框架中的双重存在。生活世界为古典伦理保留了存在的空间,而体系中不仅催生了而且依靠当代价值观加以维持。价值观和伦理准则的讨论是本书的两个重点[①],而这两者之间的相互作用和消长关系都是建立在生活世界与体系的关系之中的。

下面的分析就转入对体系的分析。

---

① 道德情感是企业伦理讨论第三个重点,限于篇幅,本书略去这部分内容,将在下一部伦理著作中加以讨论。

1.2 体系

1.2.1 概述

体系是哈贝马斯在交往行动理论中的一个构造,是相对于生活世界而存在的一个涉及人类经济和政治活动的因素总和,这些因素构成的子系统在古代是与生活世界紧密联系在一起的,难以加以区分。近代社会生活的发展的最主要特征就是生活世界与体系之间的分离。

按照哈贝马斯的看法,体系构成一个功能结构,其主要特征是工具理性居支配地位。近代的体系世界的构造中,基础是市场和官僚体制(Bureaucrat),构成这两个基础与体系的连接要素(媒介)是金钱和权力。这就是上面一开始的图1.1中所展示的内容。这种体系是经过了漫长的历史时期,在不断的演变中形成的。这其中最主要的是交换关系的发展和权力运用体制的发展。对这种转变,哈贝马斯做了一个演进的模型,见表1.1和表1.2:①

表1.1 体系与生活世界的演进

行动协调化 区别和统一	交换	权力
类似的结构化单位	1. 段落的划分	2. 层次
非类似的职能专门化单位	3. 控制的媒体	4. 国家的组织

这个图展示的是交换与官僚体制两种不同的发展阶段。在古典时期,主要是建立在部落体制的亲缘关系基础上,此后随着社会生活的发展,职能化的组织出现,交换形式和官僚制度的发展都呈现出了新的形态。这就是市场和国家的出现。②

表1.2 体系与生活世界的演进

体系机制 社会结构	交换机制	权力机制
类似的结构化单位	1. 平等的部落社会	2. 等级化的部落社会
非类似的职能专门化单位	3. 按经济结构的阶级社会	4. 按政治划分的阶级社会

---

① 哈贝马斯:《交往行动理论》,卷II,洪佩郁和蔺青译,重庆:重庆出版社1994年版,第221页。
② 同上书,第222页。

1.2.2 对体系的早期研究——韦伯的研究

从经济共同体的概念出发,马克斯·韦伯研究了相关的体系世界的演变过程。从经济共同体形式上,他区分了三种主要的形式,以家为中心的共同体、邻人共同体及其相关的社群共同体,最后是商业公司的形式。

作为初级的经济共同体形式,家的共同体是建立在自然关系基础上的,但是,家庭首先是一个抚养共同体,只有在一定的社会条件下,才成为经济共同体。这个共同体的最基本形式是以两性共同体为基础建立的,"借着两性的永久共同体关系所建立起来的,父亲、母亲与子女间的关系,似乎特别是'天生自然的',然后,若将其与经济上的抚养共同体、亦即(至少在概念上有所区别)整体'家计'分隔开来,那么夫与妻之间纯粹性的关系,以及父亲与子女建立在生理上的关系是极不稳定的,会持续多久很令人怀疑。若无父与母之间稳定的抚养共同体存在,就不会有父子关系。即使有这样的共同体存在,父子关系并不必然更为重要。"① 显然,家作为共同体的形式,是由相关的社会因素决定的。除了父母共同体之外,家的共同体还包括兄弟姐妹之间的抚养共同体,以及母子集团和父子集团等不同变形。按照哈贝马斯接受的人类学的看法,这种家的共同体中,生活世界和体系还是紧密地结合在一起的。这时候"作为体系,在生活世界内存在"。② 从这两者结合的角度看,"家共同体是恭顺与权威的原始基础,也是其他许许多多人类共同体的基础。"③

随后的所谓邻人共同体,在人类学中最典型的形式就是部落共同体,不过,韦伯依据当时的人类学见解,归结为多种形式,"'邻人共同体'表面上看来是自然极为形形色色,诸如:散居的农家、村落、城市街坊或'贫民窟';其呈现出来的共同体行动也因之有极为不同的强度,特别是在现代的城市生活里,共同体行动的强度有时甚至为零。"④ 韦伯更多地把这个共同体定义为典型的农村村落的那种稳定的邻人关系。⑤ 这时候的交换范围扩大了,权力结构也发生了变化。按照韦伯的看法,邻人共同体促生了兄弟爱的

---

① 马克斯·韦伯:《韦伯作品集》,卷 IV《经济行动与社会团体》,康乐和简惠美译,桂林:广西师范大学出版社 2004 年版,第 256 页。
② 哈贝马斯:《交往行动理论》,卷 II,洪佩郁和蔺青译,重庆:重庆出版社 1994 年版,第 219 页。
③ 马克斯·韦伯:《韦伯作品集》,卷 IV《经济行动与社会团体》,康乐和简惠美译,桂林:广西师范大学出版社 2004 年版,第 259 页。
④ 同上书,第 263 页。
⑤ 同上。

出现,所谓己所不欲勿施于人,就是这种伦理关系的写照,不过在基督教的背景下,孔子的这个理想是以"'一如汝之待我,我亦将如此待汝',这是见诸全世界,全然非感情性的民俗伦理的原始原则"。① 在韦伯看来,邻人共同体不仅是一个共同体过渡形态,而且是"'社群'的原始基础,所谓社群……究其实,必得与包含多数邻人关系的政治共同体行动关联时,方能建构出来。"②

真正取得了现代工具理性特征的共同体是商业公司。商业公司形成的历史条件是家权威的弱化以及货币经济的兴起。但是这两者之间存在复杂的消长关系,"货币经济与家权威的弱化之间的对应关系或许成立,但绝非绝对如此。相对于当时的经济条件,而且尽管这些条件的重要性如此巨大,家权力和家共同体毋宁是独立、从经济条件看来非理性的结构体,而且往往通过其历史所赋予的结构而对经济关系产生强烈的影响。"③

毫无疑问,近代商业公司的发展的起点条件是家庭与工作空间上的分离。这一点马克思在《资本论》中也已指出。但是,按照韦伯的看法,尽管这种分离重要,这还不是公司诞生的充分条件,从历史上看,"空间上的分离毋宁是东方的市集体系所惯见的,根本上是奠基于回教城市所特有的要塞军营与市场和主持的分离。具有决定性的是'家'和'经营'在'会计账簿'与法律上的分离,以及导向此种分离的法律的发展,诸如:商业注册、商社与公司之解除家族的束缚,独资或合资公司的特别财产,以及与此相应的破产法的成立等。"④显然法律体系包括伦理体系中对公司的独立处理方式,是近代公司发展的历史条件,只有这些条件具备了,体系世界才最终形成现代的形式。这就是我们今天看到的体系世界。

近代体系不仅是一个经济体系,也包括了政治体制,对于这个标明为"官僚体制⑤"的特征,马克斯·韦伯做了最为开拓性的研究,至今仍然是这个研究领域的最经典文献。对于这个体系与经济体系之间的关系,马克斯·韦伯的认识集中在"合理化"这个

---

① 马克斯·韦伯:《韦伯作品集》,卷 IV《经济行动与社会团体》,康乐和简惠美译,桂林:广西师范大学出版社2004 年版,第 264 页。
② 同上书,第 265 页。
③ 同上书,第 284 页。
④ 同上书,第 287 页。
⑤ Syetem of Bureaucratic,因为官僚的负面含义,随后在汉语中更常用的是科层制度或者体制。

关键点上。认为这两种体制的核心就是理性的介入。而不是传统体制中的惯例、习俗的作用那样强大。这使近代体制可以成为一种理性的分析对象。

在哈贝马斯看来，近代体系形成的最大问题，是与生活世界原来连为一体的，现在已经脱离为两段。这就造成了两者之间冲突的基础，而这种冲突是现代制度中最为重要的问题之一。

1.2.3 对体系的研究——马克思及其后继者

虽然体系中存在着资本(财富)和权力两个媒介，在马克思看来，资本与权力本来就是相互转化的，"无论如何，财产也是一种权力。例如，经济学家就把资本称为'支配他人劳动的权力'。可见，在我们面前有两种权力：一种是财产权力，也就是所有者的权力，另一种是政治权力，即国家的权力。'权力也统治着财产。'这就是说：财产的手中并没有政治权力，甚至政治权力还通过如任意征税、没收、特权、官僚制度加于工商业的干扰等办法来捉弄财产。"① 马克思的这个论述既明确也令人费解，何以权力可以戏弄资本呢？其实，按照马克思的看法，资本是世界的实际统治者，权力是服务于资本的，所以马克思说："其实，如果资产阶级从政治上即利用国家权力来'维持财产关系上的不公平'，它是不会成功的。'财产关系上的不公平'以现代分工、租代交换形式、竞争、积聚等为前提，绝不是来自资产阶级的阶级政治统治，相反，资产阶级的阶级政治统治倒是来自这些被资产阶级经济学家宣布为必然规律和永恒规律的现代生产关系。"②

哈贝马斯在对体系与生活世界做出基本分析之后，对这种结构的马克思主义渊源做了进一步深究。"如果人们选择体系区分方面的机械化，作为社会形态的标志，那么就会得出一种与马克思主义概念基础与上层建筑相类似的例子。"③ 对应体系的就是经济基础，而生活世界构成了以意识形态为中心的上层建筑。不过，哈贝马斯的分析是基于当代社会学-人类学的理论，与历史唯物主义哲学之间还存在着相当的差距。

首先，体系的构成包括了以国家权力为媒介的政治制度，这种政治制度在哈贝马斯的理论框架中，是体系的构成部分，但是，在马克思的框架中，则成为了上层建筑的构成部分。

其次，哈贝马斯对马克思的历史唯物主义重建，是从历史发展的角度重新加以解读

---

① 马克思：《马克思恩格斯全集》，卷 4《道德化的批评和批评化的道德》，北京：人民出版社 1958 年版，第 330 页。
② 同上书，第 331 页。
③ 哈贝马斯：《交往行动理论》，卷 II，洪佩郁和蔺青译，重庆：重庆出版社 1994 年版，第 223 页。

的。这就是他所谓的提供一种"演变理论"。① 他认为,只有在演变理论的框架下,才能对历史唯物主义的原理加以说明。

马克思对思想家和经济学家分析问题从个人出发的做法大不以为然,他认为:"我们愈往前追溯历史,个人,也就是进行生产的个人,就显得愈不独立,愈从属于一个更大的整体;最初还是十分自然地在家庭和扩大成为氏族的家庭中;后来是在由氏族间的冲突和融合而产生的各种形式的公社中。只有到18世纪,在'市民社会'中,社会结合的各种形式,对个人说来,才只是达到他私人目的手段,才是外在的必然性。但是,产生这种孤立的个人的观点的时代,正是具有迄今为止最发达的社会关系(从这种观点来看是一般关系)的时代。人是最名副其实的社会动物,不仅是一种合群的动物,而且是只有在社会中才能独立的动物。"② 马克思提出的生产方式决定上层建筑的历史唯物主义原理,其中生产方式包括了生产力的要素及其所决定的生产关系。不过,哈贝马斯根据新近的人类学资料认为,生产关系的形态只有在资本主义体系中才以经济关系的形态显示了出来,"在部落社会中,亲属关系都承担了生产关系的作用……在传统社会中,生产关系是在政治的整个秩序中体现出来的,而宗教世界观是承担意识形态功能的。只有在资本主义社会中,即市场也体现了稳定阶级关系的职能时,生产关系才采取了经济的形式。"③

虽然不同于此前社会的生产组织形式,但是,资本主义的生产组织是最发达的形式,"资产阶级社会是历史上最发达的和最复杂的生产组织。因此,那些表现它的各种关系的范畴以及对于它的结构的理解,同时也能使我们透视一切已经覆灭的社会形式的结构和生产关系。资产阶级借这些社会形式的残片和因素建立起来,其中一部分是还未克服的遗物,继续在这里存留着,一部分原来只是征兆的东西,发展到具有充分意义,等等。"④ 资本主义生产方式包含了此前社会的几乎所有要素,只是一些形式要素衰落了,而另外一些形式发展到了充分的地步。

1.3 体系的概念

哈贝马斯在马克思和韦伯的思想资源的基础上,构造了体系的概念。他从演变论

---

① 哈贝马斯:《交往行动理论》,卷II,洪佩郁和蔺青译,重庆:重庆出版社1994年版,第223页。
② 马克思:《马克思恩格斯全集》,卷12《政治经济学批判导言》,北京:人民出版社1958年版,第734页。
③ 哈贝马斯:《交往行动理论》,卷II,洪佩郁和蔺青译,重庆:重庆出版社1994年版,第224页。
④ 马克思:《马克思恩格斯全集》,卷12《政治经济学批判导言》,北京:人民出版社1958年版,第755—756页。

的历时性研究出发,对资本主义体系的横断面做了一个描述,他首先追溯了这个体系的演进过程,对重要的要素做了历时性的分离,并且最终构造了现代的体系结构。从经济的角度,交换最终演变为一个以货币为媒介的体系,从历史的角度看,从家庭组织开始,在内外分工和交换的基础上不断地在水平面上分化,形成不断扩大的交换体系。从政治上,则是在层次上的不断分化,使权力关系不断地演进,最终形成了当代的世界政治体系。这两种演进过程相互交错,形成了一个相对并立的结构。其间的相互影响是一个值得研究的题目。

在现代资本主义的体系中,生产关系主要是体现在企业的微观体系中,而体系和生活世界在企业中相遇,体系的力量所带来的价值观和生活世界的传统伦理准则之间存在着历史的落差,因此,必然带来冲突,这就是本书的一个基本立论。本书全面分析这些冲突的价值和准则之间在企业这个平台中的展开过程。并且把企业放在更大的历史和现实的框架中加以审视,这些价值和准则的冲突才具有更多的参考意义。

本书所采取的体系概念包含了一组区分为三个不同层次的概念,主要是以企业伦理为核心的构建和运用。其中的政治体制只在非常必要的地方提及,并不作为一个基本要素。

第一个层次是宏观经济体制的基本框架和概念,主要是以市场体制和统制(计划)体制为核心。其中对市场体制的研究和统制(计划)体制的研究是不平衡的。同时历史上多次被尝试过的互助合作体系也被分析,但是未作为本书的重点。本书推荐市场体制。

第三个层次概念是与不同体制对应的微观要素,包括资本、权力与合作的不同微观因素。

作为连接宏观与微观因素的一个核心概念,企业是本书的关键词之一。作为企业伦理的研究专著,本书强调企业的核心地位。从模型构造的角度看,企业也是连接宏观体制与微观因素的一个关键要素,没有企业这种形式,上述的第一层次和第三层次的要素就是一盘散沙,无法凝结为一个浑然一体的模型。

上述三层不同要素中,企业作为一个连接要素,其性质由宏观和微观两组不同要素的组合形成。主要有以下不同形态:

市场体制下资本主导的企业;

市场体制下的合作企业;

市场体制下权力主导的企业;

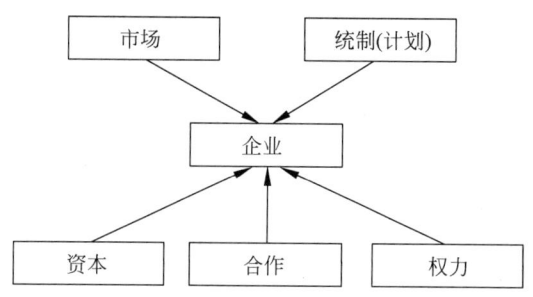

图 3　企业对宏观和微观要素的连接

国家统制下资本主导的企业；

国家统制下的合作企业；

国家统制下权力主导的企业。

这些形态的企业由于主导力量和体系的情况不同,会有非常不同的行为方式。现实中,这些企业并不是势均力敌的,从不同体制的选择看,无论是市场经济还是国家统制,都存在着主流的企业形式,这是最适合相应体制的企业形式。目前在市场体系下最主要的企业形式是资本主导的企业,但是,在中国目前的体制中,权力主导的企业也占有相应的地位。① 这些企业行为的伦理特征是本书分析的主要对象。

1.3.1　宏观体制

当今世界上的经济体制总体上是市场经济和统制经济两种体制。② 在以往的体制分类中,统制经济体制的最主要形式就是计划经济。对于这两种体制的优劣分析曾经是 20 世纪意识形态争议的一个核心,随着柏林墙的倒塌,似乎这个争论转入了低潮,市场经济取得了主导性的地位。但是,几乎所有的经济学家都认为,当今世界的经济体制都是两种体制要素的某种混合。③ 毫无疑问,就其基本性质而言,市场经济占据了主导地位。对于统制要素的看法主要包括凯恩斯和马克思的看法。作为西方经济理论的一个思潮,凯恩斯从宏观经济政策的角度,强调了市场不均衡的形成和调整中,政府政策的作用。而马克思主义则强调计划经济对生产过程的全过程控制,以避免资本控制所

---

① 主要是指国有企业。

② 历史上经济体制的类型远不止这两种,例如,波拉尼在《大转变》一书中就提出了四种不同的类型,包括从家计为主的类型一直到市场体制,中间有不同的过渡阶段和类型。我们从历史上最常见到和能够鉴别出来的就是传统的自然经济体制。美国学者埃冈·纽伯格和威廉·达菲在《比较经济体制》一书中也集中在当代经济体制,区分了市场经济和计划经济两种不同的类型。

③ 萨缪尔森:《经济学》,高鸿业译,北京:商务印书馆 1982 年版。

带来的各种灾难。

所谓市场体制,学者们鉴别出一些基本存在的前提条件:"如果具备以下四个条件,就可以说存在着某种商品或劳务的市场:(1)一组当事人为了取得或卖掉商品而相互作用;(2)这种相互作用采取以这种商品同货币或另一种商品自愿交换的形式;(3)当事人之间通过价值和数量来进行交往;(4)买者和(或)买者之间存在着竞争。"[1]

比较起来,计划体制是另外一种曾经广泛存在的经济体制,至今作为一种体制虽然大部分解体了,但是,这种体制的某种要素还保留在市场体系中。"计划是在计划制定者看来合乎希望的未来的经济状况,而资源的分配必须受计划当局的指导,以达到实现计划的目的。"[2]计划体制的最大特点就是各种体制的集中,这与相对分散的市场结构是最大的差别。

但就市场机制与计划机制的作用比较而言,哈耶克的话是对的,市场机制是人类至今发现的最好的资源配置方式。[3] 通过价格体系,完善的市场是能够实现资源最佳配置的。问题是,市场机制的不完善是一个客观存在的事实,如何控制和杜绝这种不完善,实现资源的最佳配置一直是一个现实问题。

1.3.2 微观要素

在经济体制中,连接宏观要素与企业关系的微观要素包括很多不同形式,人们历史上也尝试过多种形式。但是,至今,在经济体制中居于支配地位的毫无疑问是资本,以致人们常常忘记其他要素的存在。其实,在近代经济史上,人们曾经多次尝试通过劳动者的合作来改造资本居支配地位的状况,在19世纪的早期,这种社会努力被概括在社会主义的旗号下,包括一系列社会活动家的努力。在马克思主义诞生之后,这些努力被判定为一种空想,诞生了马克思的科学社会主义思想,对这些思想进行了全面替代。20世纪的社会主义实践是人类历史上最大规模也是最具争议的社会实验,从微观体制上看,劳动者的合作方式仅仅在极其狭窄的范围内被保留了下来,在计划经济条件下,经济的微观运行中,权力而不是合作介入到了体制中来。与资本和合作鼎足而三,成为一个微观要素。

对资本的分析是与体制联系的一个重要方面,由经济学提供了完整的思想资源和成果。但是,权力对微观体制的介入分析尚付阙如。传统的社会主义经济学回避了这

---

[1] 埃冈·纽伯格和威廉·达菲:《比较经济体制》,荣敬本等译,北京:商务印书馆1985年版,第80页。
[2] 同上书,第82页。
[3] 威廉姆森:《资本主义经济制度》,段毅才、王伟译,北京:商务印书馆2002年版。

个问题,往往以劳动者的联合来作为体制的微观基础。① 这种迂回的策略没有实质性地回答相应的问题,因此,对权力的分析应该作为微观体制分析中与资本作用分析的一个并行要素,认真展开,这样才能为企业伦理的讨论提供更为完善的基础。

2. 作为体系与生活世界交汇点的企业

2.1 企业的概念

企业是一个从日语来的概念,说起企业,似乎是一个简单的经济组织现象,但是,一旦分析起来,就会发现,这个概念是对不同组织的一个高度抽象的结果。在我们日常生活的语言中,提及企业时,包括了以生产为基础的工厂②,以流通活动为主体的商场,以及综合性的公司。从规模上,既包括富可敌国的跨国公司,也包括仅及糊口的作坊和小工厂,从所有制上看,企业所指涉的有大量规模不等的私营企业,也有大小不等的国有企业,还有很多股权结构纷繁的有限责任公司。从法律形式上,有的是介于组织和契约关系的合伙制,还有的是公司型企业。③ 前者是一种准组织形式,后者在现代的社会学家视野中,则是科层制组织的完美代表。只要是把这些现象拆分开来,就会发现,企业这个概念掩盖了纷繁多样、千差万别的不同经济组织的从细微到巨大的差别。

一般人很容易把企业的本性归结为盈利。除此之外,其他的目标都是次要的。其

---

① 如果说微观要素包括资本、权力和联合三者,虽然传统的社会主义经济学以联合代替权力,但是,实际上劳动者的联合模型也是在很狭窄的范围内做过实验,例如前南斯拉夫 20 世纪 50 到 60 年代。但是,这些经验及其意义的探索早已经停止了。

② 马克思《机器,自然力和科学的应用》中摘录了关于工厂概念的解释:

[关于工厂这个词,在 1844 年工厂法的解释条文(维多利亚女王在位第七年通过的工厂法第 15 章第 73 条)中说:

"工厂一词……应指可以在其中或在其院内使用蒸汽、水或其他一切机械力来推动或运转机器,以进行预先清理、加工或整理,或从事与加工棉花等有关的任何过程的一切建筑物和房屋……"

在这里,在给工厂下定义时,是以兔毛、鬃毛、丝、亚麻、大麻、黄麻或麻絮为对象的,这回总情况当然只是个别场所,只是局部意义,同工厂的实质无关。]

工厂是工业革命的产物,以机器为生产基础的生产组织,是作为工场手工业组织的否定物出现的历史现象。

在现代市场经济中,工厂大部分被组织在了公司的概念之下,其独立的经济地位丧失了。这说明,现代经济组织的多元单位制的特征。

③ 在中国,即使是公司型的企业,也有不同的存在的法律形式,大部分是根据《公司法》的形式建立的,也有根据《中外合资企业法》形式建立的,还有一小部分企业是根据《国营工业企业法》建立的。这些企业的法律形式各异,内部的组织结构和外部的法律关系都有不同。

实这种说法是新古典经济学的一个思想。把多元企业目标中的一项给孤立出来,把它确立为至高无上的,并且在道德上通过斯密的"看不见的手"形成辩护性理论,这是经济学的创造。

确实,对于企业而言,盈利是非常重要的。但是,从起源上看,企业本身就是多元目标的。早期欧洲的企业家们,本身可能没有考虑盈利,只是通过世俗活动来增加上帝在人世间的荣耀。这显然是一个重要的非盈利目的。盈利是他们行为的衍生物。[①]

从起源上看,这些经济组织就不相同。按照韦伯的看法,现代企业起源于一种理性精神的贯彻。韦伯把这种精神与新教改革联系了起来,认为是马丁·路德和加尔文发起的宗教改革一步一步地把这种理性主义精神注入到了经济生活中。早期的企业家都是一群严格按照宗教精神生活的信徒。这些人勤奋工作、生活节俭,忠实履行被认为是为上帝增加荣耀的世俗生活职责。在这种状态之下,最早的企业发展了起来。随着这些人的工作方式形成和发展,促进了经济的发展,并且给整个经济生活带来了新的动力,促使每一个想取得财富的人,不得不在更大的市场压力之下工作,勤奋、节俭等精神成为了一个制度性的伦理。随着市场的发展,宗教基础虽然被摧毁了,但是,市场竞争的压力取代宗教成为了经济发展的持久动力。

因此,从起源上看,即使是私营企业,最初也不是以盈利为目的的经济组织。这种现象是资本在企业中取得支配地位之后的现象。

对于清末中国早期企业家的研究也发现,虽然民间企业家以盈利为企业创办的目标。但是,还有很多人,尤其是知识分子,以天下为己任,通过创办企业挽回利权,济世救民。这些企业家都不是以盈利为第一目的,至少不是以盈利为唯一目的。法国学者巴斯蒂·布律吉埃写道:"像张謇等士绅文人在中国甲午战争以后之所以突然开始投资办现代企业,主要是出于政治和思想动机,他们的行动是由于在思想上改变信仰或者受其他思想感染所致,只是在 1905 到 1911 年中国工业出现之后,利润的诱惑才占上风,经济收益才变成主要动机。"[②]

从企业家的本性看,在资本主义的发展中,其他目标最终都被市场竞争所压制,不仅导致了工人阶级的异化,而且也导致了资本家阶级的异化,他们成为了金钱的奴隶。他们不得不屈从于金钱的压力,最终使人类优良美德成为奢侈品。但是,现实中,企业

[①] 参看韦伯《新教伦理与资本主义精神》一书,并参考本书的相关章节。
[②] 费正清、刘广京:《剑桥中国晚清史》,下册,中国社会科学院历史研究所编译室,北京:中国社会科学出版社 1985 年版,第 674 页。

本身和企业内各个主体存在着多样性的目标是毋庸置疑的。

新古典经济学杜撰的企业作为经济组织的唯一目标是盈利的信条是辩护性的，具有强烈的意识形态意味。既不符合历史，也不符合逻辑。

国有企业的起源更为复杂。历史地观察，国有企业有几个不同的源头。第一是社会主义思想的源头。第二是政策的源头。从社会经济生活角度看，一些社会生活中必需的公共产品，需要由政府出面组织，以承担必要的风险甚至亏损。这是国有企业诞生的原因之一。这些组织虽然以经济功能为核心，但是从来不是以盈利为唯一目的，甚至盈利不是一个主要目的。更不要说各国参与国际竞争的那些巨型国有企业了。

企业既是一个经济的存在物，服从经济和市场运作的规则，也是一个社会存在物，服从社会规则。企业这种多重存在的特征，在经济学的抽象中被忽略了，似乎企业变成了一个单纯的经济存在，一切行为都是服从经济规律的。但是，现实中的企业是一个多重的存在，不仅要服从经济规律，也要服从法律规范，还要服从社会制约，因此，当企业无法处理这些往往是矛盾的规约时，企业就会遇到发展中的问题，但是我们的训练把管理者的注意力都集中在了经济活动中，忽略了企业的多方面性质，而且往往借经济学的工具，把其他必要的约制都归为对企业的不必要干涉。这是导致企业失去多元视野的一个原因，也因此会导致企业社会行为的失范。

作为连接宏观和微观要素的基本概念，企业是企业伦理讨论的核心。作为近代经济体制中的基本力量，人们常常混淆企业与市场，把这两者看作一个事物。从经济体制的发展看，近代体制往往被视为市场的发展史，其实从某种意义上看，应该看作是企业的发展史也不为错误，也许是更接近实际。谨慎地说，近代经济史是市场与企业相互作用的发展史，更为全面和准确。

2.2 企业——连接体系和生活世界的平台

作为一个核心概念，企业是近代经济发展中的一个突出现象的表现，这是毫无疑问的。但是，通过上面具体展开的企业分析，就会发现，在这样一个概念之下掩盖了非常复杂的社会历史内容：企业不仅根据支配的微观要素不同而具有不同的性质，也会因与不同的宏观要素的连接不同，导致不同的性质，这些变化会导致企业伦理行为的复杂多变，不能用一套普世价值准则加以概括，而应该能够分析出非常不同的价值准则。

虽然上述的三个层次——宏观的经济体系和微观的资本或者计划——多种要素通过企业联系了起来，但是不同要素之间的复杂连接关系，在这里并没有认真展开分析。

不同的宏观要素和微观要素之间存在着相应的对应关系。但是,并非每一个宏观要素与微观要素之间都有对应关系,毋宁说,市场体制是包容性最强的要素,可以与资本、权力和劳动者联合形成不同的对应关系,相比之下,统制体制则只与权力之间形成对应关系,资本和劳动者联合都无法在统制经济中实现。企业作为一个连接概念,当然可以在市场和统制体制之下生存,但是,在不同体制下的企业形态和内涵包括了非常复杂的变化,具有极不相同的意义。

支配企业的力量是多重的,不同力量支配的企业适应不同的宏观体制,也表现出不同的行为特征和伦理要求。

从微观力量上看,至少是资本、权力和联合都有可能支配企业。也许更多的时候是三种力量以不同的比例支配企业。但是,从韦伯的理想类型出发,可以看出三种不同力量单独支配企业时候的情况。

资本支配的企业是最为常见的现象,其作用和行为特征,在马克思《资本论》等经典著作中已经做出了多方面的分析。

权力支配的企业可以在目前中国的国有企业中见到相对比较纯粹的形式,国有企业的组织不仅与行政组织的权力结构平行,而且国家和政府的权力也是以合法的方式直接介入到企业的日常运行中去了。这种现象不仅表现在中国的国有企业中,也表现在很多欧洲国家的国有企业的运行中。

权力作为现代体制的一个构成要素,本来是与市场相对的政治组织的一个要素,但是,在我们的分析结构中,权力必须被看作一个企业组织的介入要素,可能会支配一些企业的运行。成为与资本并行的介入因素。

权力的来源是多重的,在现代的政治和经济体系中的权力来源主要包括法律的来源,通过授权获得权力,或者是生产资料所有权取得的决策权力,这是企业权力的来源。当然,对于信息掌握所带来的权力,也被视为一种基本的尤其是当代重要的权力来源。[①]

本文中所谓的权力更多是指行政权力或者国家权力介入企业。这种权力介入企业是由宏观体制所确定的。

相比之下,劳动者联合的企业体制相对罕见,虽然在圣西门、傅立叶时期的空想社会主义者就做过实验,但是,没有成功。20世纪的社会主义实验中,南斯拉夫在东西方

---

① 对于信息权力的分析,可以参考克罗齐埃(Crozier)的名著《科层现象》中的分析。

的对立夹缝中，也广泛实行了这种做法，这就是著名的企业的工人自治。20世纪80年代的一本比较经济专著中，两个作者对这个情况做了介绍：在那个时期的对外交流中，南斯拉夫的学者和官员们，"是把工人自治制度视为他们经济体制中的关键的。他们表示，所有其他方面的改革，诸如决策权从中央下放给企业，由价格体系代替作为实行计划的主要机制的命令，以及逐渐削弱作为协调机制的计划本身，都被看作是他们希望有效地发挥工人自治的作用所必须采取的一些改革措施。他们还认为，实行工人自治的目的，并不仅仅是为了提高经济效率和在资源分配上用经济尺度取代政治尺度，而且是为了解决工人同自己的劳动异化这个更为基本的问题（这是马克思著作中的一个很重要的部分），同时也为了使工人在没有官僚主义的民主中成为政治活动家。"[①]

在这种制度下，企业的工人构成决策实体，"各种最重要的问题，诸如企业的规章制度，同别的企业进行合并，建立附属企业，以及关闭工厂，等等，都由全体会议成员投票决定，这就是实行充分自主的民主。"[②]这种体制毫无疑问对于提高员工的积极性具有极大的刺激和促进作用。但是，也同时带来一些重要的问题，其中第一个问题就是这种体制下员工对于长远投资缺乏积极性，"企业成员对许多带有不同风险的活动都不能进行选择"，在市场体制下，是投资者承担风险，这里恰好遇到了自由和平等的矛盾：工人们不愿意承担风险带来的不安，更期望获得稳定的收入。[③]这是合作体制的一个重大问题，从效率上看，这也是合作企业与资本企业之间无法竞争的一个基础性原因。

另外一个问题，从对这种体制的简单分析中，可以看到这种体制内部，员工和经理之间存在着一种循环权力：员工有重大问题决策权，但是经理实施这些决策时又有很多权力，最后，这些权力又回归到工人手中。这种循环权力削弱了管理者的权力，会引发管理者与工人之间的矛盾和冲突。这是因为权力的多线制和循环制，[④]这种体制是不符合现代组织管理的基本原理的，造成了效率的低下。

本书的分析中，并未涉及所有这些不同要素连接所构成的企业，而是以市场经济下资本主导的企业为主要的对象。非系统地涉及国家权力主导的国有企业，其他形态的企业本书基本没有涉及。

[①] 埃冈·纽伯格和威廉·达菲：《比较经济体制》，荣敬本等译，北京：商务印书馆1985年版，第229—230页。
[②] 同上书，第231页。
[③] 同上书，第233页。
[④] 同上书，第239页。

3. 体系与生活世界的冲突

3.1 概述

体系与生活世界的分离是近代发展的一个主要特征。

作为法哲学的概念，黑格尔和马克思就讨论过这种冲突，在黑格尔的法哲学中，这种冲突表现为国家为一方，与家庭和市民社会的冲突。在黑格尔的思想中，普鲁士国家是绝对精神发展的最高阶段，因此，市民社会和家庭应该成为国家意志的体现。马克思对这个看法不以为然，在马克思看来，国家和市民社会及家庭作为个人的存在形式，因此，国家的公民也就是家庭和市民社会的成员。[①] 在马克思看来，现代社会中，造成人的不自由不仅是国家形式的存在，更重要的是体系中分离出来的经济制度，生产资料的私人占有导致了人在从生活世界脱离出来之后丧失了所有的保护，直接面对经济上的奴役形式。因此，脱离了中世纪的国家制度奴役的人们坠入了体系世界的混乱中，他们既无法实现政治上的所谓权利，也无法实现经济上的独立，还丧失了家庭的保护，人的自由的基础彻底丧失了。所以，按照马克思的设想，重要的不是人的自由，而是人的解放，从体系中找到自己全面自我的表达。

从社会学上，体系与生活世界的冲突最早是社会学家涂尔干发现的，他认为，当代社会存在一个内在的矛盾，社会体系的分化以及作为统一作用的道德之间存在着一种冲突，"工业资本主义的社会发展状况是没有规律性的……但从这种不同过程中应该形成一种新的'合乎自然规律的'道德。"[②]哈贝马斯认为，涂尔干虽然提出并试图解决这个矛盾，但是，他的方案是失败的，这个问题依然摆在那里没有解决。哈贝马斯把这个问题重构，变成了体系与生活世界之间的冲突。这种冲突是在两个层面上展开的，第一是体系内部的冲突，第二是体系与生活世界的冲突。

3.2 体系内部的冲突

其实市场和国家是不能对应的，尤其是在现代世界上，能够与国家对立的真正对

[①] 马克思：《马克思恩格斯全集》，卷1《黑格尔法哲学批判》，北京：人民出版社1956年版，第251页。
[②] 哈贝马斯：《交往行动理论》，卷II，洪佩郁和蔺青译，重庆：重庆出版社1994年版，第162页。

手,不是市场而是资本。这是从体制的宏观和微观机制角度观察的结果。

这反映了体系内部的复杂结构。从宏观经济角度看,市场对应的是计划,而微观中资本对应的则更为复杂,从人类历史上看,权力和合作体制都是对应于资本的。因此,经济体制中能够连接宏观和微观机制的企业,其实是一个多重内涵的多元存在。

近代体系的这种发展导致了新的价值观出现。因此,如果说传统的美德伦理属于生活世界的话,体系发展所提出的价值观则具有不同的内容和承载着不同的历史使命。因此,本书中所讨论的仁义礼智信等传统美德与自由、平等、正义、责任、权利等价值观之间的关系就是分别奠定在不同的制度和体制基础上的。

近代以来最能够激发人们情感的争论就是对市场体制的评价。或者认为市场体制是优美和完善的,是善的源头,或者认为市场体制是丑恶和罪恶的,是一切邪恶的渊薮。人们一直没有区分出市场与资本的差别,实际上,造成邪恶的是资本不是市场。在这种复杂的关系中,虽然都有货币出场,但是,作为价格体系的基础的货币与作为资本的货币是不同的。前者是建立在平等基础上的,并且不断地再生平等,但是,货币一旦搭载在资本上,就把权力引入到了市场中,形成了不平等的交换局面,只是这种局面被货币交易掩盖了起来。

金钱和权力之间的相互作用是一个非常有意义的社会学和伦理学话题。金钱和权力之间的交换关系是违法的。这是任何合格的体制设计中都要预防的问题,但是,同时金钱和权力之间的交换又是一个最常遇到的问题。权力搭载在金钱上进入市场,是权力俘获金钱,而金钱进入政治,就是一种金钱对权力的俘获,这两种交易为生活世界的价值观所阻止,但是,他们确实又是一种近代体制发展的常见现象,甚至可以被看作一种体制性策略,韦伯就曾尖锐地指出:"在近代初期,卷入权力斗争的各个政治组织,由于政治原因和货币经济的扩大,需要更多的资金,结果导致新兴国家与被追求且具特权的资本家之间令人侧目地结盟。此乃是近代资本主义发展最重要的接生婆。因此,为此一时代的政治冠上'重商主义'的名号,至为妥当。"[①]虽然都是体制所防止的,但是本身又成为体制的最为重要的催生力量和维持力量。可见,现代体系中最主要的两种媒介之间不应相互替代但是实际上常常相互替代,这是现代体系世界中一个特别有兴味的问题。

[①] 马克斯·韦伯:《韦伯作品集》,卷Ⅳ《经济行动与社会团体》,康乐和简惠美译,桂林:广西师范大学出版社2004年版,第253页。

企业是体系的核心机制。不同于市场的是,企业在资本主义制度下,最终是被资本征服和驾驭的,成为了资本意志的体现物。从这个意义上看,资本的价值观就是企业的价值观,其中并无美德存在的空间。对企业最好的理解方式就是经济学和管理学所建立的抽象化的理论体系。

但是,企业还有另外一个存在方式:如果我们把企业作为一个社会生活的现实来做现象学观察,会发现企业确实是一个多元利益主体的混合物。在其日常运行中,展开为一种社会生活场景。生活世界自然就延伸到了企业内部。人类在生活世界中储存和淬炼数千年的美德体系也因此在其中获得了存在空间。不仅如此,企业也为道德情感的发展和展示提供了一个平台。在企业内部展开的生活世界中,各种美德和道德情感得到体现,并且在冲突中发展。这种情况在一些社会学的观察和研究中获得了多方面的展示。例如,恩格斯的《英国工人阶级状况》一书中,以大量的资料揭示了工人道德情感和准则的变化。而霍桑实验和芝加哥社会学者对产业组织的社会学观察提供的各种资料也显示了伦理准则在工业规则之外的巨大作用,这些都可以看作是生活世界在企业延伸的结果。[①] 这里唯一需要提示的是,资本主导的企业中,各种人类美德与道德情感的发展和展示程度都受到主导的资本力量的限制。只有在消除了资本的组织中,人类美德和道德情感才能获得全面发展的空间。这也是本书所坚持的一个基本理念。这种多元性和内部冲突表现了体系与生活世界之间的脱节关系。

3.3 体系与生活世界的冲突

生活世界与体系形成的方式不同,社会作用不同。体系由经济和政治两个系统构成,而生活世界则是人们日常生活的展开空间。历史上形成的各种审美的、伦理道德观念在这个世界中以前科学或者非科学的知识体系的方式留存和展开。而在体系中形成的各种当代准则体系都是以合理化为基础的,这些认识收容在当代价值观和科学认识的体系内。在体系中不同力量之间存在着相互作用,虽然都是以合理化为基础,但是,不同力量之间的媒介不同,金钱和权力之间存在着交流和较量。当代社会的主要问题是金钱和权力的角逐与结合,导致了合理化逻辑对生活世界准则的侵蚀和损害,这种损害在社会和企业两个层面上展开。这种侵害可以看成是体系与生活世界冲突的一种

---

① 从学科的角度观察,管理学的文献中,生活世界的场景是在其视野之外的,所有资料都经过硬逻辑的筛选,最后被排除。只有在社会学的文献中,可以观察到这些生动的资料。

表现。

体系和生活世界的冲突最集中地表现在人的存在方式上,一方面,企业的员工作为体系的参与者,具有了公民权和员工的身份;另一方面,他们作为生活世界中的家庭成员和市民社会成员,这是一种在公共领域和私人领域的双重存在。他们似乎获得了全面表述的自我。但是,在资本和权力主导的体制中,他们获得的是形式上的权利,这些权利落实的途径都被关闭了,使这些所谓的权利都变成了空中飘浮的云朵,美丽而缥缈,与现实世界无关。而作为生活世界的成员,他们肩负的责任并没有丧失,这些在私人领域存在的责任的实现依赖公共领域职能的实现程度,但是,私人领域与公共领域又被严格地分离了。人们从家庭中走出来,作为丧失了保护躯壳的人在一切人反对一切人的荒野中前进,随时可能面临来自各方的威胁。温馨的生活世界与精密利益计算的经济体系在企业中相遇的结果,是把人抛向了一个无情的荒野,不同的生存逻辑在这里相遇,人们必须面对历史和现实、体系与生活世界造成的矛盾。

3.4 价值观和美德在企业中的冲突

本书坚持认为,目前在企业中发挥作用的精神因素分为两个相互联系又各不相同的系统:当代价值观和古典美德(伦理准则)。必须对它们做出清晰的区分。发源于体系的当代价值观与发源于生活世界的美德体系(也称为伦理准则)之间存在着一种竞争关系,它们起源不同,社会作用各异,笼统作为企业伦理对象看待时,不仅混淆了它们的不同,而且无法清晰地辨认何以在现代企业中,不同准则和价值观的作用,更做不到为这些价值观和准则定位。我们观察到的价值观与准则之间时常存在的冲突,其实本质上是生活世界与体系之间的冲突的一种表现。企业现状是,起源于体系的价值观还没有落实到企业中的时候,传统的美德体系作为准则又被驱离了企业,这样导致了价值观和伦理准则的双重缺位,这是企业在体系和生活世界两个领域为害的根本原因。本书将对这些现象展开具体分析。

基本价值观和美德之间的内在差别在于,基本价值观是在体系世界中形成和逐步构建起来的。也主要在体系世界中存在和发展。相比之下,美德是生活世界的存在物和产物,这两种不同的精神产物的形态虽然是内在相关的,但是也有本质的区别。适合生活世界的美德不一定适合体系的需要。而体系世界的价值观也无法深入到生活世界中去。尽管生活世界与体系世界不是断然隔离,而是相互渗透的,企业是社会中把生活世界和体系联系起来的一个中介物和平台。体系与生活世界在这里相遇并且同时展开。形成了一个复杂的场景。其中既有体系原则的展开,也有生动活泼的生活世界的场景展开。

人们常常混淆市场和企业,并且混淆商业伦理和企业伦理。企业作为体系世界中的核心机制,不同于市场,企业是被资本征服和驾驭的一个机制。在这个被征服和驾驭的过程中,已经成为了资本意志的体现物,从这个意义上看,资本的价值观就是企业的价值观,对生活世界的伦理准则或者美德基本上持一种排斥态度,没有为美德留下生存空间。①

实际上,在人们的一般认识中,仁义礼智信等美德在企业中的存在被压缩在了一个边缘的区域,相比之下,权利、效率、责任、自由和义务等现代价值观应在企业伦理的展开中占据了中心的地位,实际上却没有落实。

但是,企业作为生活世界和体系的双重构成物,无论是美德还是价值观,都不是从历史和社会中直接自动地转入的,而是在进入企业的过程中,获得了新的存在方式和新的阐释,从而丰富了这些价值观和美德的内涵,这些价值观和美德也确实在不断地改造着人们对企业的认知方式和运作方式。

附录:一组关于企业概念的讨论

企业概念对应的英文包括很多不同形式,都可以在汉语中译为企业。其中包括"business and corporate, business and enterprise, business and firm"。

企业(Business)在英语中是一个和经营在汉语中一样灵动飞扬,不易把握其意的词汇,由于其这种飞扬灵动的特征,它的使用给汉语翻译带来了很多困惑,很多误读也因此产生。

"Historically, the normative theories of business ethics grew out of the literature on corporate social responsibility. As a result, they are often expressed as though they apply only to corporations rather than to businesses generally. This is certainly the case with regard to the stockholder theory. To be adequate, however, a normative theory of business ethics should apply to businesses of all types.

For ease of expression, I intend to follow the convention and employ the termi-

---

① 具体分析本书第二部分。

nology of the corporate form in my representation of the theories. However, I will attempt to show how each of the theories may be generalized to apply to other forms of business as well. See infra notes 24, 45, 64."

这是美国学者约翰·哈斯纳斯(John Hasnas)的一段文章脚注,"历史地看,规范的企业伦理理论是在公司社会责任理论之外发展起来的。作为一个结果,它们经常被局限在公司而不是通常的企业。这当然也是股东理论的情况。为了精确,规范企业伦理理论应该推广到企业的所有形态中去。为了便于表达,我试图在这里遵循习惯,按我的理论介绍使用公司的术语,然而,我将试图显示,这些理论推广到其他的企业形式上去是一件容易的事情。"①

在脚注 24,45,64 中,这些区别和联系被作者反复说明,在这些脚注中,作者区分了如下的企业形式:"public corporation","limited partnership and sole proprietors",按照现在中国的企业分类形式,就是公众公司、股份公司或合伙制企业和独资企业(企业主个人的公司),这样,在这里 business 是一个企业的总的名词,在这个总名词下面是不同的企业形式。企业社会责任的理论是在公众公司的背景下发展起来的。而这种责任原理也可以推广到其他企业形式上面去。

企业首先被看作一种经济组织形式的总和,这种经济组织有个人和投资组成,以生产和销售产品为主,以盈利为目的。这种组织的形式是多样的,包括公司(corporation)、合伙制和合作制度。

从法律上看,这几种企业形式中,存在着极大的差异,公司是什么?"公司是一个拟制的产物,它不可见,不可触摸,只在法律的拟制中存在。"(A corporation is an artificial being, invisible, intangible, and existing only in contemplation of law)② 不同于公司,合伙制虽然常常被视为一种企业的形式,但是,无论从法律上还是从税收体制上,合伙制都被看作是个人的集合体,合伙制中的合伙人不是以实体,而是以个人来承担责任和分享利益的。对合伙制的形态能不能视为一个组织,一直是存在争议的,在美国,合伙制就是被视为一个契约结构,不按照公司实体纳税。但是合伙制的实际运作中,也有大

---

① Hasnas, John(1998),"The normative theories of business ethics: A guide for the perplexed," *Business Ethics Quarterly*, v. 8 (Jan. 1998), pp. 19-42,脚注 8。

② 这句被广泛传播的对公司的说明是美国联邦最高法院第四任大法官约翰·马歇尔(John Marshall)说过的名言。对公司的本质做了说明。见 THE TRUSTEES OF DARTMOUTH COLLEGE v. WOODWARD. SUPREME COURT OF THE UNITED STATES, 17 U.S. 518; 4 L. Ed. 629; 1819 U.S. LEXIS 330; 4 Wheat. 518, p. 58。

量的经营管理工作,也需要管理机制,这些使人们很难认为合伙制不是一个企业组织。至于说个人的独资企业,在中国是理所当然地视为企业形式的,但是其运行与公司殊不相同。

"企业"概念本身就是汉语学术圈的一个概念,与西文的对应表现出极其复杂的关系。西文中的"business"是作为企业出现的,但是真正与汉语对应的是"enterprise"这个来自法语的词汇。虽然在英语世界中,也常常被视为"Business"的同义语,但是,这个概念至少在英语学术圈内是很少使用的。

相对应的公司概念则表现得更复杂。如:"firm","company","corporation",等等。从起源上看,"corporation"的起源更早,但是现在仅仅被视为company的一种形式,至少在美国如此,除此之外,"association","partnership","union"等均可以视为"company"的形式。而在英国,则是按照"company acts"的形式理解"company"的,则"company"与"corporation"之间基本是对应的,其他的经济组织和契约形式均被排除在"company"之外。可见即使是对"company"这个最常用的概念的理解也随着国家的不同而有不同的方式。

当然"business"也翻译成经济和工商业,例如,"business ethics",国内普遍翻译成经济伦理,而"business administration"则翻译成为工商管理。这些翻译充分表明了"business"这种灵动的特点。其所指的对象仍需要精确定位。

从名词看起,"business ethics"国内普遍翻译成经济伦理,但是,这个经济不同于"economic"那个经济,"business"还是一个涵盖工商业的概念,从德·乔治的著作《经济伦理学》中可以看出,他讨论的范围虽然宏观到经济制度,但是,依然是作为企业的一个外部环境来讨论的,所以,这个"business"所指范围还是在工商企业的范围内,他只是在经济制度这里稍作停留,马上把注意力全部转移到企业的范围内了。这个企业显然是工商企业。

"Business administration"翻译为工商管理,这里的两个词汇在汉语中的对应都有疑问,"administration"和"management"均翻译为管理,这两个管理的微妙区别消失了,而"business"和"enterprise"之间的区别在汉语中也消失了,其实准确的翻译,这里的"business administration"应该翻译为企业管理,但是这样就无法和"enterprise management"区别了。

应该说现代汉语中的企业管理概念是间接来自西语,直接来源是日语。是形成了企业管理的概念后才逐步引入西方的企业管理著作的。而因为企业和管理这些概念在汉语中已经可以自足地满足学者讨论问题的需要了,所以,其他概念就没有再精细的区分。可以这样断言:现代汉语中的企业概念是现代汉语学术界特有的一个概念,它的发展经历了一个历险过程,其含义随时代而变,但是一直无法与西方的企业概念完全和确切地对应。

"Business"的另外用法是与现代汉语中的经营相对应的,"the business of business is business",近似于文字游戏的表述,充分表现了英语中"business"的多重含义。但是,在现代汉语中,经营和企业是完全两个不同的含义,人们无法把"business"和两个汉语概念联系起来,所以,"business"的灵动特点除了在翻译中表现为混乱外,再无法表现其多重含义了。

在汉语中,除了"business"翻译成企业外,可以翻译成公司的西方概念还有"enterprise"、"firm"等。其中"enterprise"是一个来自法语的概念,是风险承担体的概念,而"firm"也翻译为公司。

第 2 章　法律、道德和伦理概念

1. 伦理和道德的基本概念讨论

在第 1 章完成对企业的讨论之后,现在转入对企业伦理中的"伦理"概念的讨论。

1.1　古希腊的伦理概念

伦理(ethics)是希腊人的概念,亚里士多德解释了这个概念的来源和演变:"伦理德性从下面得到其名称,如果从词源上考察的含义应该有真实性的话(或许应该有)。因为'风俗'(ethos)的名称源于'习惯'(ethos),它之所以被称为'伦理的'(ethiks),是由于习惯的结果。"①

麦金太尔在《追寻美德》一书第四章中,陈述了道德伦理的概念史,"道德的"(moral)来源于"道德家"(moralis)。但是,这个西塞罗对希腊伦理学(ethikos)翻译时创造的拉丁词,与现代的"moral"概念不完全对应,罗马人的"moralis"指的是不受性情导向的独特生活。16 世纪以后,"moral"才具备了现代意义。以后,这个概念的使用范围进一步缩小,限制在性行为的领域中,②这几乎是道德在中文中含义变化史的一个再版。

麦金太尔虽然没有直接说,但是通过他,人们认识到一个历史事实,道德是在法律确定之后才确立了自身,古人法律与道德是不分的。近代法律确立了自身的地位之后,道德的地位才从而确立,并且法律与道德之间的地位是相互消长的。

汉娜·阿伦特则把伦理和道德与政治联系在一起了。在她看来,"从《尼各马可伦

---

①　亚里士多德:《亚里士多德选集》,《大伦理学》,苗力田译,北京:中国人民大学出版社 1999 年版,第 271 页。
②　麦金太尔:《追寻美德》,宋继杰译,南京:译林出版社 2008 年版,第 44 页。

理学》到西塞罗,伦理或者道德都是政治学的一部分,即政治学中研究公民而非制度的部分。"①她持这种看法,因为在她看来,古希腊和罗马的人们把伦理或者道德作为安定世界的一种手段,从来没有和个人联系起来。这当然是政治学了。把伦理和道德与个人联系起来是基督教带给欧洲的传统。"道德问题关系到像灵魂的幸福而非世界的安宁这样的事情,这当然是希伯来-基督教传统的一部分。"②古希腊和古罗马人关注的是世界的安定,而基督教把伦理的关注焦点从世界转移到了人的身上。尽管中世纪宗教占据了主导地位,但是古希腊和古罗马对伦理学的定位没有发生实质性的转变,"只要谈论的是'伦理'问题,尤其是在托马斯·阿奎那那里,就会按照那种古代的方式进行,其中伦理学是政治哲学——规定作为公民的人的行为——的一部分。"③其实,这显露的事实与法律道德的区分相一致,作为政治学的一部分,道德没有独立的地位。

在西方,除了法律,与道德竞争的还有宗教。④但是在中国,古典时期是泛道德统治的传统,虽然战国时代的法家已经初步确立了法律的概念,但是,古代中国基本上是礼法混合,不做认真区分的。所以蔡元培才说:"古者未有道德法律之界说,凡条举件系者皆以礼名之。"⑤礼可以看作是道德,法自然就是法律。古代中国礼法不分,近代西方法律观念传入并且确立了自己的地位之后,才对礼法做出学理上和规范上的区分,建立了相对比较确切的道德领域。

至于道德和伦理这两个概念,历史上一直是作为一个同义语在使用的,只是到了19世纪之后,通过黑格尔,人们才开始对伦理道德加以区分。虽然今天伦理学的大量讨论中,道德和伦理这两个本来历史上同位的概念还是被混用,但是,区分使用的情况也是一种理论现象。问题是,人们为什么在道德(伦理)与法律做了区分之后,还要进一步区分道德和伦理?显然,对这个问题的追踪需要在两个方面努力,第一是做出伦理道德区分的思想史过程;第二,对这个区分的社会史原因加以追寻,找到这个区分的社会史意义。

---

① 汉娜·阿伦特:《责任与判断》,陈联营译,上海:世纪出版集团,上海人民出版社2011年版,第124页。
② 同上。
③ 同上书,第51页。
④ 本章虽然深入讨论了法律、道德和伦理的关系,但是没有对道德和宗教的关系展开讨论,实际上,在目前的西方,很多学者讨论伦理道德问题时,依然与宗教挂钩。在几个世纪以前,所有的道德讨论都是需要联系宗教进行的。参见 Allen W. Wood, *What is Kantian Ethics? Groundwork for the Metaphysics of Morals*, Yale University Press New Haven and London, 2002, p. 158. 他谈及康德哲学时指出,他是针对完全不同的对象写作的,那时候的道德问题讨论还是与宗教密切相关的。
⑤ 蔡元培:《中国伦理学史》,北京:东方出版社1996年版,第51页。

对于本书而言，还有一个重要的问题，就是追问伦理道德区分对企业的影响或者说与企业之间的关系问题。我还将讨论为什么企业长期脱离伦理检验，为什么会出现企业的去价值化"神话"。

1.2 黑格尔对伦理与道德的区分

在黑格尔看来，法律、道德和伦理是他的绝对理念发展的结果，是概念的现实化。法（律）（道德和伦理是同样的）的基础是精神性的。"法的基地一般来说是精神的东西，它的确定的地位和出发点是意志。"①意志的本性是自由的，所以"自由就构成法的实体和规定性"。②

黑格尔正是从主体的意志自由出发，以辩证法的思路论证了法律、道德和伦理的起源与发展。当然，在黑格尔那里，这个起源与发展不是历史过程，而是一个逻辑过程。从黑格尔的逻辑学讲，主体的这个现实化的过程也是从"无"开始的。在这里表现为消除了显示内容的纯思维。这是意志自由的否定性表现形态，"意志的这个要素所含有的是，我能摆脱一切东西，放弃一切目的，从一切东西中抽象出来。"③

主体从这种无规定性过渡到区分、规定，把现实内容注入思维这是第二环节。

"意志是这两个环节的统一，是经过在自身中反思而返回到普遍性的特殊性——即单一性。"④意志的特殊性是普遍性设定的。

意志的规定性（特殊性）"就是目的和目的的实现"。⑤

黑格尔在这里区分了自在和自为两个概念，前者是意志对自身的关系，"在意志把自身作为对象时，它才是自在的东西成为自为的东西。"⑥

在自在意志中，冲动、情欲作为内容，使意志有合理性，这种意志当然是普遍的无规定性的。

而当意志给自己以规定性时，"只有当它做出决定，它才是现实的意志。"⑦这种意

---

① 黑格尔：《法哲学原理》，范扬和张企泰译，北京：商务印书馆1961年版，第10页。
② 这个思想是康德思想的复述，"在实践的关系中，建立了基于自由的积极概念上的无条件的实践法则，它们专门构成道德法则。"（康德：《法的形而上学原理》，沈叔平译，北京：商务印书馆1991年版，第27页），在康德和黑格尔看来，道德与法律是实践哲学的两个分支。
③ 黑格尔：《法哲学原理》，范扬和张企泰译，北京：商务印书馆1961年版，第15页。
④ 同上书，第16页。
⑤ 同上书，第20页。
⑥ 同上书，第21页。
⑦ 同上书，第23页。

志不仅是现实的,"意志通过做出决定而设定自身为特定的个人意志,把自己与别个区分开来的那种意识。"①这就是有限性的个人意志了。

自在意志受到内在外在的因素的制约,意志的选择可能性是多样的,因而是任性的。

对任性的限制,成了意志发展的一个阶段,这导致了"自我规定的普遍性",这时意志是反思的、理性的,就转化为自为的意志了。"这种意志只是在其对象中返回到自身而已。""这种意志不仅是一种可能性、素质、能力,而是实际无限的东西,以为概念的定在,即它的外在性,就是内在的东西。"②

黑格尔发展了主观和客观的区别,意志的纯形式和意志的特殊性即意志的片面形式。这是意志的主观性。而意志的客观性是指,符合概念的意志,欠缺的意志及与主观意志相对立的意志,这也是把内容转化为目的,"才成为客观的。"③

"意志的活动在于扬弃主观性与客观性之间的矛盾,而是它的目的由主观性变为客观性,并且即使在客观性中同时仍留守在自己那里。"

在做了上面长长的铺垫之后,黑格尔的法的概念终于开始隆重出场了:"任何定在,只要是自由意志的定在,就叫法,所以一般说来,法就是作为理念的自由。"④须知,在黑格尔的法哲学中,法是一个一般概念,包括了道德和伦理在内。⑤

黑格尔在对绝对理念的辩证分析的基础上,对自古就被混为一谈的伦理和道德做了一个区分:"道德和伦理在习惯上是当作同义词来用……普遍看法有时似乎把它们区别开来,康德多半喜欢使用道德一词。其实在他的哲学中各项实践原则完全限于道德这一概念,致使伦理的观念完全不能成立,并且甚至把它公然取消,加以凌辱。但是,尽管从语源学上看来,道德和伦理是同义词,仍然不妨把既经成为不同的用语对不同的概念加以使用。"⑥在黑格尔看来,道德涉及公民私人生活部分,而涉及公共生活的准则就是伦理提供的。

黑格尔不是从概念史的角度,而是从绝对精神的发展角度区分法律、道德和伦理之

---

① 黑格尔:《法哲学原理》,范扬和张企泰译,北京:商务印书馆1961年版,第24页。
② 同上书,第31—32页。
③ 同上书,第34页。
④ 同上书,第36页。
⑤ 同上书,第42页。
⑥ 同上。

间的关系的。意志在直接的阶段的定义是感性的外界事物,"这是抽象法和形式法的领域。"①在这个领域中,自由的主体是人,否定这一规定的领域就是道德领域,道德领域是"主观意志的法以及与世界法及理念的法相对待"。② 这个个人把善作为目的,一旦获得外部的表现,即形成了伦理领域,伦理的实体包括三个:家庭、市民社会和国家。③

把黑格尔的思想按照现代语言做一个翻译或者重述,即可得出如下解释:道德是关于个人品德的规定,而伦理是群体的规则,如果这样说,企业的规则是伦理而不是道德。但是,涉及企业内部的成员的行为准则虽然为企业伦理的构成部分,但是应该以道德名之,确实在现实生活中,我们称为职业道德就是意指这部分内容。

1.3 哈贝马斯对伦理道德区分的阐释

对于这个区分的必要性和必然性,哈贝马斯提供了更具社会历史意义的看法:"在社会分化或矛盾的多元角色期待的压力下,传统的认同破裂了,道德和伦理(在精神分析上叫作良知的力量和自我的理想)彼此分离开来。"④

问题是法律、道德和伦理之间的分离过程是什么样的?这个历史过程是怎么样的?从历史上看,这三者的分离有一个历史过程,首先是法律与伦理道德的分离,然后发生了道德与伦理的分离,最终形成了一个复杂的意识形态系统。对这个过程的追溯,哈贝马斯采取了一种社会史分析方法,最终认为法律、道德和伦理的区分是体系脱离生活世界的结果。

1.4 生活世界和体系——伦理道德分离的基础

哈贝马斯在《交往行动理论》中,做了一系列中间考察,其中,第二个中间考察中,对体系和生活世界的关系做了分析。这一分析包括了巨大的理论容量,其中一个比较有意义的话题是对法律与伦理道德分离的分析。这个话题是他在第四个问题即体系复杂化和生活世界关系中展开的。

法律和道德在古代人那里并没有清晰的划分,或者说,道德与法律是以一种共生的形态存在的。这是由于古代人的物质生产与生活没有有效的分化,体系和生活世界结

---

① 黑格尔:《法哲学原理》,范扬和张企泰译,北京:商务印书馆1961年版,第41页。
② 同上。
③ 同上书,第41—43页。
④ 哈贝马斯:《后形而上学思想》,曹卫东、付德根译,上海:译林出版社2001年版,第204页。

为一体,因此生活世界作为背景知识和展望的事业,成为了一种调节的力量。①

法律和道德的分化是从体系和生活世界的背离开始的。随着古代向现代的发展,体系形成了以权力为媒介的政治制度和以货币为媒介的经济制度,这种体系的分化"明确地突破了生活世界的视野,脱离了交往日常实践的先见,知识还适合18世纪以来形成的社会科学的及直观的知识"。②

随着体系与生活世界的分离,法律与道德之间的分离也自然开始出现了。"道德和法律会变得更加抽象和一般,而二者又同时相互划分。"③

不过对这个分离过程,哈贝马斯没有做过完整的历史追溯,而是以科尔伯格对个人道德发展阶段为逻辑过程,把道德法律分离的历史纳入到这个经过实验验证的个体认知过程中去了。这个分析方法严格说是不合理的,有取巧的感觉。但是,无论从逻辑过程看,还是从群体历史与个体历史之间的关系看,这个过程的结论有很多是历史洞见的真实反映。

道德与法律的分离是近代思想和制度变迁的重要标志。这是体系与生活世界分离的一个结果。生活世界提供的知识储备最终体现在了法律和道德内容上。本来,作为生活世界的镜像,法律、道德和伦理提供了关于人类活动的视野,但是这些镜像也受到体制(制度)因素的侵蚀。资本主义制度是以工具和理性为核心展开的,以权力和货币为中介的制度展开遵循的是权力和货币的逻辑。而储存各种人类美德和知识的生活世界的价值合理领域也受到了这种工具与理性的侵犯。哈贝马斯在总结韦伯的思考时指出:"资本主义现代化所遵循的模式,是一种使认识工具合理化,越过经济和国家领域,而渗入到其他交往结构的生活领域,并在这里靠牺牲道德实践和美学实践的合理性而占据优先地位。"④

这是从社会学角度揭示的事实状态,展示在伦理学上的就是企业经营的道德中立化或者去价值化这样一个近乎信仰的看法。正是在这种"神话"的掩饰下,企业运行长期在侵害社会利益的情况下展开,而这是一种故障状态,但是长期为社会所默认。

这种道德中立化或者去价值化是在社会、文化和个人三个帕森斯的分析层面上展开的,例如,从个人层面,面对资本主导的企业时,个人中立化为成果的承担者,而作为

---

① 哈贝马斯:《交往行动理论》,卷II,洪佩郁和蔺青译,重庆:重庆出版社1994年版,第229页。
② 同上书,第230页。
③ 同上书,第397页。
④ 同上书,第230页。

文化构成部分的意识形态,成为"制定行政管理条目的素材"[①],被彻底工具化了,变成价值无涉的。现代体制导致的这种法律与道德的分离(包括道德与伦理的分离),并且采取了法律的中立化和伦理的非道德化,这种情况是韦伯所谓的合理化的结果。但是,对于这种合理化的价值,韦伯也未做判断,或者更多是从赞赏的角度展开分析的。哈贝马斯的分析框架下,这种"合理化"变成了"片面的合理化",这种所谓的片面合理化,主要是体现在丧失自由和丧失思想这两点上。从微观上,组织体系的成员依照规则而行事,丧失了自我选择的权利,所谓丧失自由是也。而对规则的形式化的遵守,是当代企业和个体行为的一种伦理特征,但是,这种遵守导致了对思想的压制,最终导致了思想的丧失。这就是所谓的丧失思想。丧失思想和丧失自由,这不是某一个特殊个体或者企业的选择,所有的纳入到体系中的成员似乎都面临着相同的困境。

韦伯对现代社会的分析,西方理性主义在宏观的国家管理和微观的企业运行中贯彻,主要是在法律体系的建立和新的职业伦理形成这两个方面得以实现的。在这个意义上西方法律所体现的客观理性和企业伦理所体现的主观理性的统一性就表现在其形式化的特征中。

韦伯在《新教伦理与资本主义精神》一书中,在对新教伦理与资本主义之间的推动和促生分析之后,强调指出,当代的社会中,市场体制已经完整地形成,其所造成的竞争压力足以保证企业遵守法律,这样当初起到推动作用的宗教精神就退到了幕后,不再继续发挥推动作用了。韦伯没有意识到,他的这个分析恰好说明了伦理道德和法律分离的过程及其作用:在初期对资本主义企业发展起到了推动作用的伦理逐渐演变为一套成熟的法律制度,最终剥夺了伦理的作用空间。所以,哈贝马斯在评论这一见解时指出:"在法律上机制的形式加以采用以前,就可以由伦理行动方向承担,这个途径是从基督教的职业伦理导向资本主义私法秩序的。"[②]

2. 伦理和道德的概念

在本书中,伦理和道德一般是混用的,但是有的地方也做了明确的区分,本书不直接采用黑格尔对伦理道德区分的标准,而是把伦理看作一种群体的规则,道德更多是基

[①] 哈贝马斯:《交往行动理论》,卷 II,洪佩郁和蔺青译,重庆:重庆出版社 1994 年版,第 401 页。
[②] 同上书,第 411 页。

于善恶的一种是非判断的准则①。本书认为,道德是以个体为主体的,而伦理更多的是制度化的主体为承担者。这个分析方法中,参考了黑格尔对伦理道德的区分:从伦理和道德不同主体上加以划分。同时,本书的这个区分也参照了哈贝马斯的对生活世界和体系划分的方法,把道德看作是生活世界积累的结果,其中包含了是非善恶的判断。而作为企业规则的伦理体系则更多是体系的一种规则,渗透了工具理性的特征。这是现在体系造就的一种世界观。本书认为,体系世界形成中催生的精神形态多种多样,但是,现代所谓普世价值观是体系的伴生物。其中包括了自由、平等、权利、正义、民主和责任等价值观。有意思的是,这些价值观虽然被称为是体系催生的,并且常常被看作体系的护卫者,但是,这些观念很少放在企业这个现代体系的承担者上加以考察。因为,很长时间中,企业行为都被视为价值无涉的,也就是说涉及价值观时,企业是去价值化的。这种看法甚至成了一种世界观。导致了企业与价值体系的隔离。本书作者并不认可这种世界观,而是坚持认为企业行为与价值观高度相关,并且在伦理中渗透了是非善恶的价值判断。伦理的去道德化或者说是伦理的去价值化是现代社会杜撰的一个神话,为的是掩盖资本的罪恶。②

3. 伦理与道德分离的社会基础——伦理准则的多元化

现代社会中,体系与生活世界的分离,更直观地体现在了公共生活与私人生活的分离,表现在政治权力和经济交换为核心的公共生活领域中的合理化倾向,使长期在私人生活领域中形成的道德准则无法直接延伸到公共生活领域。从而使评价准则多元化,并由此产生了很多困惑。

公共生活领域的科层制组织与企业组织一样,按照韦伯的观点是近代理性主义的产物,其中的支配逻辑是工具理性,这种工具理性的特征就是以手段为核心的评价准则。毫无疑问,达成目的的手段评价是具有"真理性"的问题,可以用实证的手段证实的。而这种手段的评价当然是以有效性为核心的,从实践上看,则表现为形式化的规则特征。而这种规则是脱离价值理性的。显然以合理性为核心,而传统道德的价值评价被剥离开了。

---

① "德文中的'道德'。Sitten,与拉丁语中'Mores'的意思是一样的,仅指生活态度和生活方式。"(康德:《法的形而上学原理》,沈叔平译,北京:商务印书馆1991年版,第20页)黑格尔的思想来自康德。

② 更多分析参照去价值化一章。

而在社会生活领域中，人们不仅坚持价值准则，而且对社会生活及人的评价仍有强烈的善恶标准，对这种准则，依据传统的概念，被称为道德和伦理。

从哈贝马斯的观念来看，真理对应的策略行动、审美对应的表演行动和伦理对应的规范行为，都是奠基于三个不同的世界的。其逻辑不同，当代社会的问题是权力和经济交换对生活世界的征服。

这个问题也可以反过来看，生活世界和体系的分离，导致了公共生活与私人生活的分离，使两个不同的世界的逻辑互不渗透、相互分割。从而产生价值与工具两个不同理性支配的规则体系，如果把价值支配的规则体系称为道德，而工具理性支配的体系何以命名呢？显然，伦理和道德的分工必要性就从此显现了出来。

康德认为，法律是权利的学科，道德是义务的学科。当然，权利和义务这两个概念本身就是充满争议的，从某种意义上看，权利和义务之间存在着对称的对应关系，法律不是关于法定义务的学科吗？道德不是也涉及权利吗？为什么还要区分法律和道德？康德认为，西塞罗之所以把道德作为义务的学科，因为道德的基础是自由：每一个人的道德行为都是以个人自主选择为基础的。这种选择包含了行为最终目标和目的，这是法律无法确定的。所以说，义务是发自内心的一种责任，而权利是外部加于个人的责任。由于有了这种区分，所以出现了法律与道德的差异。康德的分析是从逻辑上把一个历史事实确立了起来。这个分析可以进一步延伸，把伦理与道德的差别也从逻辑上确立起来。

阿佩尔认为近代的伦理是准司法主义的，这实际上反映了一个历史事实：伦理准则是外部加于主体的，但是，这个准则或者准则体系没有被一个法定的立法过程所确立，所以它不具备合法性，仅仅是合理性的一种反映。这样看来，道德是合乎原则，伦理是合理，法律是合法。这就是三者之间的一个简单的区分。

从黑格尔开始把道德与伦理加以功能划分，这不是对古希腊和古罗马概念的误置，而是对公共生活和私人生活领域分离的一种理论反映和反应。

万俊人在总结所谓的罗尔斯问题（Role's problematic）时，也指出了罗尔斯问题的一个内在问题，是否存在一个非价值的政治体制。我们在讨论企业伦理时，可以把这个问题转换为：是不是存在一个价值无涉的企业和企业管理体制？其实，这个问题就是私德和公益在政治哲学和伦理学的一个特殊表现形式。回到哈贝马斯那里，这就是生活世界和体系之间的关系，而这个关系在麦金太尔那里表现为公共生活和私人生活的分离。在理论上就表现为伦理与道德的分离、价值与伦理的分离。这一系列的分离虽然反映在观念上,实际上是植根于现实中。

在上述的问题中,有些问题清晰可辨,有些问题需要很深入的讨论才能探知本质。

清晰可辨的问题是:私人生活与公共生活的分离(体系与生活世界的分离)。这两个领域的支配逻辑是不同的。

而模糊的需要讨论的问题是,公共生活领域的规则是否存在价值判断,还是仅仅受工具理性的支配?这个问题在企业中被表述为去价值化问题。长期以来人们认为企业仅仅应该服从经济和市场规则,没有什么价值和伦理问题的存在。另外一个问题就是在生活世界(私人生活)领域形成的"道德"是不是可以延伸到公共生活领域中,成为一个评价准则?一旦这个私德和公益之间发生冲突,到底是以哪种体系作为评价准则加以实施呢?在以利益为导向的纯理性的经济世界中,道德准则还起作用吗?起什么作用?这些问题是没有定论、充满争议和困惑的。

4. 道德与伦理和美德与价值观

从本书的分析结构上看,道德作为一个体系的内容,主要是与生活世界相契合的美德体系,在书中被定义为伦理准则,而伦理的核心内容是价值观。这个在麦金太尔的著作中分立的体系代表了两个不同的时代,他也力图恢复古典美德体系。但是,本书作者坚持认为,美德和价值观在社会上和企业中是并存的,这是因为我们面对的体系和生活世界在企业中是并存的,但是,其作用范围是随着多种因素变动的。本书强调,价值观和美德之间虽然发生的根源不同,但是,他们之间存在着密切的联系。本书将利用相当的篇幅对不同价值观和美德做多角度追寻,并指出其对企业伦理的影响。

5. 企业中的伦理和道德——案例分析

既然企业是生活世界和体系的相遇之处,是一个展示各方面利益诉求的平台。企业中会更为真切地把伦理和道德区分所带来的问题显示出来。

如果说伦理是在企业的规则层面上展开的,以合理性为旨归,则道德就是在生活世界中对个人的要求,以善恶为核心。从大量的案例分析中可以看到,很多问题是在两个层面上展开的,就是规则和善恶。例如,2010年在企业中打得刀光剑影的国美黄光裕和陈晓之间对国美电器控制权的争夺,就是在规则和善恶,换言之,在伦理和道德两个层面上展开的。①

首先在伦理规则层面上,双方争夺也有两个不同的层面上展开。

第一是如何利用规则来达成对自己有利的局面。这是哈贝马斯所谓的策略行动。

陈晓力图通过引入资本,增资稀释大股东的股权比例,并争取其他小股东的支持。从而达成与黄光裕抗衡的局面。而黄光裕则通过二级市场增持,并通过法律手段,发出要约收购函,来扩大硬权力。总体上看,双方这些争夺是在规则的范围内展开的,最终依靠规则来确定结果。

第二是双方对对方行事的规则展开攻击。与第一层面双方利用公开的规则展开活动不同,在双方的互动中,很多时候双方对对方行动的规则并不认可,通过否定对方的行事规则来否定对方行动的合理性和合法性。

例如,陈晓方提出黄光裕的做法侵害其他股东的利益。黄光裕则多方指责陈晓对规则的违反。在这个争论中,对陈晓团队最核心的指责是其中两位作为大股东的托管人的成员宣布支持管理团队,被广泛认为是对自己责任的放弃。是对信托责任的疏失。但是,这一争夺依然是在双方承认规则的权威性基础上展开的。尽管对规则做了不同的解读。

争议较大的问题是在个人的道德层面上,这就是暂时离开了企业伦理,来到了个人道德领域。

对个人的行为评价至少有三个不同的方向:

第一是认为个人的失德行为,第二是认为个人的合德行为,第三是个人无关道德的行为。

问题的分析有相当的复杂性。与企业行为规则不同,企业的"伦理"准则是依据正式的法律、合同和章程等体系的力量。这些法律、合约背后的支持力量主要是经济学的冰冷逻辑。而个人道德评价的准则是不明晰的、模糊的和充满争议的。如陈晓与贝恩公司之间的合同,其中很多条款明显地有利于职业经理人,这种做法被公开解释为处于帮助公司渡过难关的自我牺牲。但是,大部分人宁愿认为这些做法有趁火打劫的渔利嫌疑。各方面对这个问题的争议充满了关于动机和效果、人性与利益等概念的混淆,导致莫衷一是,难以定论。

---

① 2010年,国美发生了大股东,原来的掌门人黄光裕与时任董事长的陈晓之间的激烈冲突。黄光裕因为操纵股票等罪名入狱后,陈晓采取了一系列经营和融资措施,引发了黄光裕的不满,双方展开了一场公司内外的争斗,当时引发了媒体和公众的关注。

企业中这种公益与私德之间的冲突随处可见,例如通过举报的方式将合作伙伴的劣迹告发,导致其身败名裂,甚至倾家荡产,这种做法从私德的角度看有失厚道,但是从公谊的角度则既维护了股东权利,又捍卫了社会利益,这种做法应该如何评价?从个人品德角度近乎小人,而从股东社会的角度则又似乎值得称赞。把私德公谊放在一个平台上,我们该如何评价呢?

显然,这里看到了道德向伦理过渡的一种形式。这明确地表现出企业伦理讨论在私人与组织和制度两个不同层面的问题。当然,这两个层面并非时时处处都能做清晰的划分,在这种情况下,企业伦理讨论的多义性就出现在了人们面前。仅从伦理下沉,就发现伦理正当背后的个人道德的正当性、道德的不当性和道德中性三种不同的情况。

既然伦理涉及家庭、公民社会和企业等群体的规则,而道德是主体个人的评价规范,则对黄光裕和陈晓的评价就是在这两个不同层面上展开的。

依然延伸上文的内容,从个人层面对双方的行为做道德评价。其中,当时的一般舆论把对陈晓的个人评价降到了很低的程度,大多是指责和批评。如果对这些指责和批评所采取的准则及所反映的社会情绪加以分析,可以发现,这些准则与情绪存在着复杂的内在矛盾。

对陈晓的行为评价主要是以下面几个准则为基准展开的:首先是指责陈晓未能履行职业经理人的职责。其中诸多做法,有违股东信任。而如邀请贝恩公司,对职业经理人实施股权激励计划,则为慷股东之慨。虽然这些行为是在职务层面上展开的,但是因有个人的私利渗入其中,因此,涉及对其人品的评价。这些评价,主要是在把陈晓作为职业经理人来看待,从职业准则的角度展开的。

其次,出现频率很高的词是陈晓的不忠。这个"忠"涉及道德评价中最基本的要素了。但是,认真分析,就是这样一个"忠"的评价,也是在不同维度上展开的,涉及企业伦理和个人道德两个不同层面的问题。首先,是陈晓对黄光裕的个人的"忠诚",这种评价角度是把黄陈关系看作是一个古典的关系,近似古代的君臣关系。因此,从臣属关系评价陈晓的行为,认为他失忠于黄,这是大众舆论中最不能接受的。另外一种用法,就是把陈晓看成是股东雇用的职业经理人,这时候的所谓忠诚,就变成了雇员对雇主的忠了。这种思想虽然依然保留了人际关系的因素,但是主要是在职责的范畴内展开相关评论的。如果用一个最接近职业化的评论就是,陈晓是不是"忠于职守",这是对职业经理人的一个道德评价,但是,这时的讨论已经移到了伦理层面上,是从这个角度展开的这个评价。

"忠诚"的概念转型是近代伦理中的一个有意思的现象。[①] 从准则的角度看,忠诚在古典时代是一个准私德,说它是准私德是从忠作为一个品德的作用范围和论证策略两个角度看的。忠诚在古典时代是少数一些完全脱离了人的自然本能和血缘关系的品德,已经进入了公共社会生活的领域了。无论是对权威的忠诚,还是对君王的忠诚,在这两个忠诚中,对君王的忠诚是古典忠诚的基本形态。权威也可以看作是准君王或者潜在君王,从这种非自然的本能、非血缘的品德在公共领域的作用看,忠应当被看作是一种公德。

但是,至少在中国古代,忠不仅被看作是对人的忠诚(尤其是对特定人的忠诚),更重要的是对忠的论证,一直采取扩大的"家"的关系来看待君臣关系,从而把这种公共领域看成是家的延伸。君臣关系也是父子关系的一个翻版。因此,忠诚就是孝的延伸,这样,这个公德在中国又被还原到了私德的范围内,所以,把忠诚品德看成是准私德。

近代社会转型中,忠诚观念也随之发生了变化。首先,忠诚的对象从具体的个人扩大了,转向了事业、理想和信念等包含了抽象观念的多重存在。忠诚也因此多元化了,而对特定个人的忠诚的地位在道德评价中大为降低,在组织中,忠诚不仅多元化,也抽象化了,对象从人转为抽象的观念。这种转变当然是社会生活多元化的一种反映。而抽象化则是现代市场-企业制度的合理化的结果。在这种体制中,维持运转的准则具有了高度形式化的特征,这就造成了忠诚品德从道德准则转化为伦理观念,由于忠诚对象的多元化,忠诚在现实中的具体展开就难免发生内在冲突。

从这个角度观回黄光裕和陈晓的冲突,可以看到陈晓之所以能为自己的行为展开辩护,他不是从古典的忠诚角度展开的,不是强调对特定个人的忠诚,也没有强调现代企业中的股东和管理者之间的信托关系,而是从股东和管理者之间的规则化信托关系上为自己展开辩护。换言之,陈晓不认为大股东天然代表公司,公司利益是全体股东的综合体,这种利益表达当然是股东大会的决议。从这个意义上,陈晓坚持的看法并非无理,一旦股东大会支持董事会或者管理层的意见,陈晓就实际获得了对公司利益忠诚的肯定。

但是,这里面需要讨论的问题依然还有很多。首先,大股东如果仅以微弱多数取得胜利,是否意味着那些小股东的利益受损?至少他们投反对票所表达的反对意志受到了挫折,董事会与这些人的意见一致,难道是不可饶恕的错误吗?

[①] 参看本书忠诚一章的相关分析。

另外，尽管陈晓对黄光裕个人反叛背负了不忠的骂名，但是，这是一种古典伦理体系下的私德评价，在公司法和相关的规则范围内，陈晓作为一个职业经理人，自然会争取对个人有利的局面，这种做法是不是违背了职业经理人对规则忠诚的义务？他与大股东对规则的操弄，是不是违背了对公司的忠诚义务？

从上面对忠诚这个单一品德的讨论中，回到伦理道德讨论的框架中来，可以看到忠诚在现代社会中多元存在的特征。其实古典时代，忠诚的理解也有学者的学理的理解和民间的理解两种不同的形态，从孔子以降，在儒家的学统中，忠就是作为一种内在品德来看待的。而在民间，忠诚更多是一种行为准则。显然前者包括了对原则和理念的忠实，因此，更容易完成向现代企业伦理的转化。从企业伦理的抽象层面上看，忠诚就是对规则的尊重和遵守。从这个角度看，双方均无大错。最终决定的是各方利益的平衡。但是，从私人品德的角度讲，陈晓的行为颇具争议。但是争议的评价准则并未经过严格的批判性审查，只是沿用了古典伦理准则。而在个人品德和公司准则，也即是从道德向伦理过渡层面上，问题的表现特别复杂，各种操作手法的道德伦理含义相互纠结，明显表现出来了忠诚的多元性特征，使问题的判定具有内在的矛盾性和复杂性，这就是为什么越是把讨论引向专业层面，争议越多。相反，在民间舆论所控制的生活世界中，因为古典伦理的评判准则深入人心，对问题的判定反倒意见相对集中。

6. 伦理准则和价值观的来源

这是一个理论问题，但是困惑了人多少世代。古代世界中，道德和伦理（其实那个时候是不分的，所以后面谈到道德伦理时，指的都是相同的事物）是与法律难以区分的。

6.1 古典世界的伦理来源认识

古典世界有神授、天启和祖传三种伦理准则来源的思想。

对于古代人，伦理的来源是不成问题的，或者是来源于祖宗，或者是来源于神授，或者来源于自然的启示。这些古典的看法都有自己的理由，也有不同的信奉者。

中国古代的儒家认为伦理准则来源于祖宗，所谓法先王。虽然孔子所谓有损益的继承，但是，本质上，他的伦理体系是一个家族或者宗族传承的过程。其实，这是古代民族的一个重要的思想传统，也可以说是一个重要的伦理来源，可以有效地说服自己。

这种伦理来源的思想是几乎所有古典民族的通常的看法，很多人类学家在原始部落中都发现同样的事实。例如,英国人类学家奈吉尔·巴利(Nigel Barley)在对喀麦隆的多瓦悠部落的调查中,当他问及当地的头领某些做法的原因时,对方的回答永远是相同的:

"因为它是好的。"

"为什么它是好的?"

"因为祖先要我们这样做。"

"祖先为什么要你这样做?"

"因为他是好的。"①

这种例子还可以举出很多。

认为伦理准则是神授的事物,这种看法是更为抽象的看法,因此往往被思想史家视为一种更为高深的思想。基督教和伊斯兰教传播的伦理思想,就是搭建在这个思想之上的。基督教旧约中的十诫,就是上帝和犹太人的约法。

启示的说法更具哲学意味,也更有神秘色彩,因此,对其评价更为复杂。中国汉代以后对伦理思想的解释就是融合了神授观和启示观。所谓启示,就是作为自然构成部分的人类,在自然的运行中,通过对自然规则的体悟,按照自然规则制定了相应的伦理准则,最终以与自然融为一体的方式形成了人类的行为规则。中国汉代儒家所谓的天人感应的思想,就是这种思想的一个典型的表现形态。

6.2　近代理性、经验和社会三种不同的伦理准则来源思想

随着近代自然科学的发展,传统伦理准则来源理论的弊端暴露无遗。人们开始重新寻找新伦理准则来源和基础。义务论认为伦理准则来源于理性,目的论的功利主义认为道德准则只能来源于人类的感受和经验,是从人类经验中抽绎出来的。这两种理论,自古就存在,只是在古代没有占据主导地位。其实在现代思想史上也依然充满了争议。前者以康德为代表,后者以边沁和穆勒为代表。休谟曾经说过:"必须承认,这个问题的两个方面都能获得似是而非的证明,人们可以说,道德区别是可以由纯粹理性分辨清楚的;由此关于这一问题有进一步产生在日常生活中以及在哲学中所盛行的许多争论;争论双方经常提出一串串证据,援引例证,诉诸权威,运用类比,查探谬误,引出结

---

① 巴利:《天真的人类学家》,何颖怡译,桂林:广西师范大学出版社2011年版,第82页。

论,使各个结论适合于他们自己的适当的原则。"①同时,人们也可以证明情感是道德准则的来源。确实,无论提出的伦理准则来源于理性还是认为出于情感,都是可以提出足够的理由,卢梭是赞成理性的,他说:"不论我们的伦理学家怎样主张人类的理解主要依赖于情感,众所周知,情感也依赖于理解。"②而苏格兰的大思想家如休谟、斯密等都是赞成情感作为道德基础的,休谟就曾断然说过:"我敢大胆地断言,只要我们把理性假定为道德的独一无二的源泉,这样的理论就绝不会找到。"③这是婉转的说法,在他看来,道德准则只能来源于情感。这是因为"某个事物之所以令人欲求,必定是因为它自身之故,因为它直接符合或者一致于人类的情感和感情"。④但是,这两种理论存在共同的问题,第一,他们大都认为伦理准则本身是永恒的,他们就是要为这些准则寻找永恒的基础。第二,这些理论的共同特点都是把伦理准则承担者的单位视为个人。每一个人都是一个独立的原子,可以成为道德源泉。这显然是一种非常苍白的看法。

契约论认为道德是人类协商的结果。尽管这种协商不一定在现实中以一种固定的形态发生:也许不经过会议,更不是真的经历一个谈判,这个过程也许就是心灵上的碰撞,或者干脆就是人同此心、心同此理的一个认同过程。与义务论和目的论相比,这种认识把道德起源从个体第一次扩展到了群体中去了。但是,这种思想依然没有具体的历史社会内容。无论是历史唯物主义,还是社群主义,都是把道德起源看成是深植于具体历史的群体中的事件。从思想渊源上看,社群主义与历史唯物主义关系的渊源深远,但是社群主义作为一种当代思潮,把一些现代思想范式融入到了理论体系中去。在历史唯物主义看来,人的本质是一切社会关系的总和⑤。在人们进入这个世界时,就已经落入到具体的历史中了。因此,没有抽象的人,只有具体的人、历史的人。哈贝马斯等人把这个背景具体化为生活世界。这个源自哲学的概念经过一系列伦理推演和方法论锤炼,已经成为一个可操作的社会学概念,作为具体的人就是以生活世界为背景,来抽取这些伦理准则和道德观念。社群主义汲取了这些思想。正如一个德国作者米歇尔·鲍曼评论:"社群主义者认为,理性地论证及出于理性动机而遵循建立在公共社会根基的自由个人'抽象'利益基础上的道德规范是不可能的。道德行为的原则与动机只能来

---

① 休谟:《道德原则研究》,曾小平译,北京:商务印书馆2001年版,第25页。
② 卢梭:《论人类不平等的起源和发展》,陈伟功、吴金生译,北京:北京出版社2011年版,第48页。
③ 休谟:《道德原则研究》,曾小平译,北京:商务印书馆2001年版,第138—139页。
④ 同上书,第145—146页。
⑤ 马克思:《马克思恩格斯全集》,卷3《关于费尔巴哈的提纲》,北京:人民出版社1956年版,第5页。

自各自社群的生活。"①相比之下,这种思想更具历史的真实感,并且更好地揭示了道德伦理准则的起源问题。

6.3 企业伦理准则和企业价值观的来源

企业伦理准则和价值观既不是来源于个人情感,也不是来源于个体理性,更不会是来源于神仙皇帝。企业伦理准则和价值观只能来源于社会。

企业的主导者虽然是企业价值观的主要来源,但是,在资本主导的企业中,资本所提供的价值观不仅无法满足社会对企业的期望,也无法满足市场经济运行的基本要求,因此,必须在此基础上加以完善和充实。

市场的需要不仅是企业生存的前提,也为企业提供了价值观和伦理准则的要求。市场自身的无法保证发展的需要,必须由市场的参与者来满足。市场提供了一些必须满足的条件,这些市场正常运行的条件就是企业价值观和伦理准则的来源。企业必须满足。

企业的多元利益相关者在互动中不仅提供了自己的利益诉求,这些诉求也最终成为企业价值观和伦理准则的来源。企业作为一个主体,必须视这些交互主体的利益诉求为价值和伦理的客观要求,这样,从交往共同体上提出的利益诉求,就转化为了伦理准则。

社会发展对企业的要求也是企业伦理准则的来源。随着社会发展的加速和全球化的扩展,这种社会要求表现为一种多样化和全球化的特征。这些都成为企业伦理准则和价值观的来源。

7. 伦理困境

有不同的伦理困境,常见的伦理困境是不同的伦理准则同时适用一个对象时,使处于这个情境中的人无所适从的现象。其实,伦理准则作为利益调整的工具,每一个准则都反映了不同的利益关系调整方式,背后往往是不同的利益关系,因此,这种困境的现实分析需要对相应的利益关系展开分析。困境的解决也不是单纯的理性的思考,而是现实的实践问题。

---

① 米歇尔·鲍曼:《道德的市场》,肖君等译,北京:中国社会科学出版社 2003 年版,第 20 页。

第二种伦理困境是不同层次上的伦理准则之间的差别造成的。这在企业伦理中经常遇到。例如，作为企业的盈利目标实现与作为社会的节约目标的限制，这之间的冲突就会导致第二种困境的出现。

当代的几乎所有的价值观都分布在法律和道德两个范畴内，我们说有法定的权利，有道德权利；有法律的义务，有道德的义务；有法律的公正，有道德的公正；有法律的平等，有道德的平等；有法律的责任，有道德的责任。这种情况的出现就是因为近代法律观念确立之后，道德范围也因之确立。不过，随着道德和伦理的分离，很多价值观又出现在了道德和伦理的范围内。从某种意义上讲，似乎伦理是介于道德和法律之间的，但是，我宁愿认为伦理是一个超越道德和法律的因素。这也是伦理出现去价值化的一个理论原因。当然，我同时认为这种去价值化的假设是错误的。

第 3 章　作为伦理主体的企业

1. 概述

在思想史上,对伦理主体的历时性维度讨论至少经历了三个不同的阶段。[①] 第一个阶段所确认的是超越主体,伦理主体或者是神——包括中国的天,基督教的上帝等,或者是祖先传统,等等,总之,伦理规则是加于人的,不是人,尤其不是当代人——伦理的承担者制定的。在这个阶段,谈不上伦理主体,这个主体即使存在,也和人无关。

第二个阶段是指近代西方,伦理主体逐步向人自身回归,但是,对于这个主体,依然存在着不同的认识,或者认为这个主体是具体人,是感性的人,或者认为是人的理性,这两种不同的认识是有各自的思想传统的。前者主要是通过英国的思想家和法国的帕斯卡尔等人提倡的。后者则是大陆的理性思想家主张的,如笛卡尔、斯宾诺莎等人。这两股思潮在康德那里汇合,经过康德的道德哲学的思考,理性和感性各自取得了自己的地位。人作为一个感性和理性的矛盾体,既有现实中追求幸福的权利,也有在理性中追求道德的能力,康德那里,理性主义思潮形成一个高峰,理性超越了个体的存在方式,成为了道德的基础。此后的讨论,在这个问题上几乎没有新的创造。这个阶段的讨论中,虽然康德把道德基础从上帝那里夺回,放在了人的自己这里,但是,他改变的仅仅是道德的基础,既没有改变道德信条本身,也没有改变道德的永恒性特征。

20 世纪的思想从现象学开始,并通过实用主义思潮等,形成了意识哲学向语言哲学的历史转向,这个哲学转向也深刻地影响到了伦理学的讨论,主体讨论也超越个体的

[①] 哈贝马斯在《交往行动理论》一书中,对伦理的演变做了一个分析,认为经历了神话阶段、规则阶段和信念责任阶段,其中的主体虽然没有明确提出,但是稍加推演,就可以看到超越的、个体理性和语言的三个主体不同阶段特征,参见哈贝马斯《交往行动理论》,卷 II,洪佩郁和蔺青译,重庆:重庆出版社 1994 年版,第 231 页。

范围,进入到了多元主体阶段。这是伦理主体理论发展的第三个阶段,在这个阶段,哲学家们超越了意识,在意识的物质形态——语言层面上开始了对伦理学的深入探索。这个转向在伦理学讨论中至少有三重含义:

第一重含义是伦理主体从意识转向语言,这样的转变不仅是范式的转变,而且意味着伦理主体的转变,对意识哲学,主体是个人的意识,虽然康德深刻地意识到了个体意识的局限性,为纠正这个偏差,他是通过保留了上帝、灵魂不灭等传统的宗教结论来自圆其说的,这说明,在意识哲学中的个人主体层面上,这个问题是无法解决的。语言哲学的主体从个体转向了群体和团体,这样,社会学的概念和要素就进入到了哲学和伦理学讨论中,主体从个体转向了交互式主体,拓宽了伦理学的主体基础。第二重含义是意识哲学的转向导致了伦理学准则的产生从静态的思考,转向了动态的对话,以不同主体间的对话为基础不断地修正伦理准则。这样,伦理准则就不像意识哲学那样,继续保留着古典伦理学的超越性和永恒性,成为不同群体可以分享的,需要不断修正的道德观念和伦理准则。第三重含义是在语言哲学中,现代社会的因素介入了进来,为新的时代背景下的伦理学讨论提供了一个概念框架。在20世纪之后的时代中,发挥作用的除了传统的政府和个体的人之外,最重要的发展是不同的组织尤其是企业组织的发展,成为了影响社会生活最重要的因素。显然,在意识哲学的框架下,对这个新的因素的介入的讨论根本无法有效地展开。而语言哲学提供的框架为企业这类组织作为伦理主体的讨论提供了基本的分析前提和框架,使这个新的历史因素的介入得到了理论上的响应。因此,虽然意识哲学向语言哲学的转变看起来是思想发展的自然过程,但是,这里确实有深刻的时代因素在背后推动,这个转变才能实现。

本章对企业作为伦理主体的分析,首先是通过对伦理主体历史性分析中做一个思想史追溯,然后对企业作为伦理主体在不同层面的问题展开讨论,最终在不同的思路中寻找出一个理论线索,初步构造一个企业伦理主体的分析框架。

2. 思想史中的伦理主体

2.1 伦理主体的概念

把企业作为一个伦理主体讨论是一个新的问题,其实,从思想史的角度看,伦理主体概念的提出已经是很近代的事情了,[①]在古典思想中,伦理或者是上帝的事情,或者是祖宗的事情,从来不是人自身的责任,人是道德承载者,但是,不是规则的制定者,即使像孟子那样,认为道德来自人心,也不是来自个人,更引向了神秘的本体,变得比上帝和祖宗更神秘,更不可思议,成为了一个不可言说的来源。

所谓伦理主体,从伦理学上有两个不同的含义,第一个含义是伦理的制定者,如果一个主体成为伦理的制定者,他可以被视为伦理主体。按照康德的看法,理性可以脱离外部世界的制约以及先验目的的引导,独立做出决策,因此,理性可以作为伦理主体。在康德这里,所谓道德主体,是理性脱离自然因果性的支配,成为自由意志的自我支配,这样的行为就是一个独立的主体的道德行为。而他律的对象则是道德的客体。这样看,我们把企业视为伦理主体的第一重含义就是认为企业是自身行为准则的制定者。但是,人作为行为准则和伦理准则的制定者,本身就是一个很近代的思想结果,只有在康德那里才获得了完整的表述,后面的分析将表明,康德的分析框架无法转移到企业中来:企业无法作为一个康德意义上的主体制定伦理准则,无论是企业自身的准则还是企业内部成员的伦理准则,企业都不能在理性的独立意义上实现,因此,康德的思想传统必须加以重构,否则无法应对现在的问题。

伦理主体的第二重含义是伦理行为的承担者。一个自觉承担伦理或者虽然不自觉但是承担着伦理责任的个人可以视为一个伦理主体,因为,他们的行为具有伦理意义,并且不断地通过周围人的评价强化或者调节。在这里,主体只是行为的承担者,从第一重意义上看,这里的主体如果不是自我规则的承担者,就只具有客体意义。在本书中,对主体的讨论是从自律角度展开的,是严格在第一重含义中的主体,相对应的他律行为者一律被视为伦理客体。换言之,主体与客体是视其与伦理原则的关系而定的,能确立伦理准则的行为者是主体,接受伦理准则、并依照伦理原则行事的行为者是客体。第二重含义上的伦理主体是从行为者与伦理行为之间的关系展开的,行为的发出者是主体,行为的影响对象是客体,这个主客体概念显然与第一重含义中伦理主体作为伦理制定者是不同的。本书不采用这种用法。

2.2 古典的伦理主体

古代的伦理主体是家族、阶级和城邦等。梅因《古代法》中率先对这个问题展开了

[①] 福柯就认为,在古希腊人那里,只有个体,没有主体。参见福柯:《福柯集》,杜小真编选,上海:上海远东出版社2003年版,第236页。

讨论,他是以追溯的方式,通过法律现代化的过程,来分析规则的主体的。在他看来,现代的法律发展,主要是不断地脱离家族的影响,使个人通过增加义务的方式获得独立的过程,"所有进步社会的运动在有一点上是一致的。在运动发展的过程中,其特点是家族依附的逐步消灭以及代之而起的个人义务的增长。'个人'不断地代替了'家族',成为民事法律所考虑的单位。前进是以不同速度完成的,有些社会在表面上是停止不前,但实际上并不是绝对停止不前,只要经过缜密研究这些社会所提供的各种现象,就可以看到其中的古代组织是在崩溃。但是不论前进的速度如何,变化是绝少受到反击或者倒退的,只有在吸收了完全从外国来的古代观念和习惯时,才偶尔发生显然停滞不前的现象。我们也不难看到:用以逐步代替源自'家族'各项权利义务上那种相互关系形式的,究竟是个人与个人之间的什么关系。用以代替的关系就是'契约'。在以前,'人'的一切关系都是被概括在'家族'关系中的,把这种社会状态作为历史的一个起点,从这一个起点开始,我们似乎是在不断地向着一种新的社会秩序状态移动,所有这些关系都是因'个人'的自由合意而产生的。"[1]这个追溯对法律道德的研究影响甚深,使人们重新恢复了对古典时代的法律伦理主体的认识。

对伦理主体的追溯在古典时代的思想中,很容易看到的是古典学派对这个问题的忽略。这是因为对于古典学者,这个问题是不存在的,在几种古典伦理准则来源的分析范式中,伦理准则来源都不是问题,或者这个准则来源于上帝,或者这个准则来源于祖宗。利奥·斯特劳斯引述人类学者对部落生活观察时的资料,其中谈到对不同行为习惯的不理解时,向部落首领询问,部落首领只能以这是传统为最终回答,除此之外,不知道还有什么其他的答案。这反映了古典时代对问题的认识方式。从中国思想史上看,也无非是道德出于天,道德出于传统等有限说法,即使如孟子,把道德看作出自人心,似乎接近了近代的看法,实际上,这不是最终答案,如果进一步追问,则道德根源会深入到无涯之中,不仅无助于问题的解决,反而使问题更为神秘了。

不过这种对思想史的追溯是表面的,梅因的看法是深刻的,思想史中神秘的主体有现实的对应物,在现实世界中,是家族、城邦和类似的存在物,家族等是伦理的真正主

---

[1] 亨利·梅因:《古代法》,沈景一译,北京:商务印书馆1996年版,第96页。

体。① 思想史中的那些不可言说的主体不过是现实主体的折射。个人当然存在,但是个人的作用是在家族中展示的。在古代社会,个人消弭于家族内部。并不是一个独立的存在。

从这个视角分析中国的古典伦理,确实也是高度契合的。古典中国伦理是建立在家族繁衍和家族制度基础上的。

这个看法虽然是梅因的,但是在中国,不同的学者甚至企业家都发现了这个问题,例如卢作孚作为企业家对这个问题居然也发表了自己的见解。

麦金太尔接受了梅因的看法,他在《伦理学简史》中辟出专章讨论伦理主体从古典向现代转变的历史过程。从中不仅可以看出这个过程本身,而且对我们理解古典时代的伦理主体和现代伦理主体提供了一个概括性的图景。

2.3 转变

在古人那里,人从来是作为自然和社会的一个组成分子被对待的。因此,对人的认识也是把这个要素放在社会网络中观察得来的,没有单独的个人存在,只有属于社会的人。

这种处于社会或者处于自然中的人的认识,就其本性而言,毫无疑问是一种道德意义上的人,因为处于一个社会网络中的人,处理与周围人的关系是最为重要的,所有行为准则都是围绕这种关系展开的。而社会关系是自然关系的一部分,因而,在古人那里,自然关系也是行为准则的一部分,甚至是更为基本的部分,也具有伦理含义。所以古人才有究天人之际,通古今之变的抱负,天人关系和人际关系是密切相连、不可分割的,人(person)和人(human)是一致的,没有个人(individual)的存在。

基督教把这种古典道德观破坏了,人是赤裸裸地站在了上帝面前,人与上帝的关系替代了人与自然的关系,道德内容也变成了上帝与人类的立约。个人出现在了思想史中。虽然这个个人(Individual)是依附上帝的,但是终究是摆脱了人际关系的个人。人(Person)和人(human)之间出现了差别,看《圣经》中个人在上帝面前表现出来的喜怒哀乐,活灵活现,性格各异,是活生生的个人。虽然这个人依然是道德的承担者。

---

① 对家族和宗族的这个作用,中国的历史学家和思想史家有更为深刻和切实的认识。所谓族,《白虎通》解释为:"族者,凑也,聚也,为恩爱相依凑也;生相亲爱,死相哀痛,有会聚之道,故谓之族。"所谓宗者:"尊也,为先祖主也,宗人之所尊也。"古代的国家实际上是家族的扩大,春秋之前,往往是宗族所属,因此,在中国,家族或者宗族就是伦理承担的主体。

主体(subject)概念则是近代自然科学发展的结果。虽然古典时代有主体的思想根源,但是抽象的主体概念与人(person)概念的分离,实际上是人(person)概念分化的结果。"Person"从"human"中分离出来,逐步地成为个人(individual)。个人在近代科学支持下,突然发现了对世界的力量,从而产生了确立自己地位的愿望。主体作为客体的对立面出现了。人成为了世界的主宰,这就是笛卡尔"我思故我在"的我(ego)。

人类这种自我肯定的倾向在哲学上表现为形而上学的主体概念(subject)与人(person)的概念的发展。这种发展到了康德那里暂时汇为一体,形成了抽象自我和道德自我的多重概念,对人的认识也逐步加深。对康德而言,没有了上帝的世界,人不仅仍然是道德的承担者,而且也是道德的立法者。

在人成为自然主宰不久,随着科学的发展,人很快就成为科学的研究对象。实体化的人以客体的身份出现在了科学的殿堂之上。生物学、心理学的人(person)作为道德上的人(person)出现了,福柯意义上的所谓"人"出现了。这个人已经是人的创造物了。这个概念的出现,就加剧了对人(person)认识的混乱局面。人们不得不在一团乱麻一样的概念丛林中穿行,从中梳理出对人的认识。

从古典时代向近代思想过度中,上述变化最终导致了社会从社群主义向个人主义的转化。不仅家族等概念消失了,自我概念也出现并最终确立了在哲学中的地位。

3. 伦理主体分析范式的现代转变

主体和个人的概念是现代思想的创造物,但是,这并不妨碍人作为认识对象有源远流长的传统。在古希腊语言中,人也有不同的称谓:"anthropos"是人的一般称谓,"soma"则是指个体生物,"prosopon"是喜剧的面具,也转指脸面和人类的面部。在古罗马语言中,"homo"是人的通称,"caput"是法律上的人,"iindividuum"是人类个体,"persona"则是面具,专指人的面部,也代表人。可见,至少在古罗马时代,"iindividuum"就与"persona"有了区别,如果说"persona"是沿用了古希腊的面具的概念,"iindividuum"则是古罗马人的创造。

3.1 主体(subject)概念的发展

3.1.1 概述

主体概念有一个长长的思想发展历程。在现代西方思想史上,主体是与人紧密相连的一个概念。这个联系从笛卡尔（Descartes）发现 ego（自我）就开始了,经过莱布尼茨、黑格尔,在 20 世纪的胡塞尔那里达到了一个辉煌的发展顶点,从存在主义开始,反主体的思潮占据了上风。

主体（Subject）在拉丁文中是"subjectum"。这是从亚里士多德那里来的一个希腊概念。本意是"underlying"（在……之下）这是指在事务之下的基础,是在存在之外的被想象的事物,这一含义至今仍然在西方文字中有自己的痕迹。

从笛卡尔开始,主体（subject）就具有了人主体（human agent）的意思。这一理解方式是哲学家追寻和参照几何学的结果。为了给哲学奠定一个坚实的基础,哲学家们力图找寻如公理（axiom）那样的公理系统,笛卡尔就把这个基础寻找到了自我（ego）那里。

一旦主体（subject）取得了人类的同义语的地位,世界就自然的被置于了对立面。主体与客体（subject-object）的对立关系出现了。一切出现在主体（subject）之外的东西都被置于客体（object）之中,而在黑格尔和胡塞尔那里,理性在经历了长长的尊崇之后,取得了神话般的地位,被海德格尔称为"神话的原因,智慧的神话,占支配地位的主体（deification reason, mythology of intellect, dominant of subject）"。

哲学上的这个主体"并不是人,也不是人的身体或者心理学所考察的人的心灵,而是形而上学主体,是世界的界限——而不是它的一部分。"[①]这个抽象的主体是近代哲学的最大发现之一,一直是认识论和伦理学的基点。

主体的扩张过程其实本质上就是人自身的扩展过程。最终主体取得了神一般的地位,主体主义的哲学也发展到了尽头。

主体发展具有文化-伦理意义,不过,对这一意义的评价分歧甚大,主体取得了对自然客体的支配地位,无限贪婪地向客体攫取知识和资源,导致了目前世界性的资源紧张。另外,主体（subject）的发展,被批评为非常的个人主义,撕裂了人群中的自然关系,使主体变得冷冰冰的。可以说,主体哲学的发展导致了生态学和社会-政治危机。

企业作为主体发展恰恰是在这两个趋势的交叉点上遇到了伦理问题。

3.1.2 政治哲学中的主体

从霍布斯开始,政治哲学一直延续着一个相似的思考方式,这个思考方式有几个要素:首先是原初状态的假设,从原初状态推演出基本原则,这个传统从霍布斯到洛克、卢梭、罗尔斯一脉相传,不仅成果丰富、而且源远流长。而这个思考结构中,最重要的是主

[①] 维特根斯坦:《逻辑哲学论》,贺绍甲译,北京:商务印书馆 2002 年版,第 87 页。

体的假设,无论是在起始状态中,还是随后的社会生活的展开中,都存在一个主体的假设。这个主体也有一个展开和转变的过程。

罗尔斯之前的政治哲学中,主体几乎就是个人。到罗尔斯的思想世界中,主体就开始包括机构了。但是也仅是被提及,并未展开。因此,罗尔斯的哲学为机构,尤其是企业进入伦理思考提供了入口,但是,企业要升堂入室的成为伦理学的对象和主体,还有长长的路要走。

20世纪之前,伦理主体仅仅限于个人是可以理解的,也是必然的。20世纪以后,在西方社会结构中,除了国家和教会之外,一些大的跨国公司达到了富可敌国、强可敌国的水平,各种国际的、地区的、官方的、民间的组织层出不穷,法律主体首先出现了多样化的局面,由于企业成为了社会上最强大的组织,因此,对企业行为的忧虑也在社会中日益增加。企业为社会提供产品,提供就业等传统的作用之外,人们产生了更多的期待和要求,这样,企业自然就成为这种期待的对象,成为道德的承担者。

传统的政治哲学中,主体是精明、冷静、不具情感的个人,从霍布斯那里开始,这个个人还刚刚从上帝的影子内走出,孤零零、怯生生地面对陌生的世界,显得孤独,敏感,小心翼翼,对一切都充满疑虑。人与人之间不得不相处,但是个人利益决定,人与人之间充满争斗,其结果就是一切人反对一切人的战争。这种状况使自然状态充满了愁云惨雾,从这里派生出第三方的绝对权力。

洛克对人的假设是一个混合了法学和形而上学的多元说明,就其基础,是17世纪英国资产阶级期望的表达。在自然状态中,个人具有财产权、自由权。而对于卢梭,似乎更重要的是个人的意志自由和自我完善。这已经是18世纪法国资产阶级对未来憧憬的理论反映了。

转到罗尔斯,他对人的假设显示了20世纪的特征,平和、冷静、理性、自我中心,所有人都是被平均的各项基本善的承担者,其能力、需要和利益都是平均的,人的契约跋涉就起步于此。罗尔斯已经把主体从生物学的个人延伸到了"国家、地区、工商企业、教堂和团队等机构(nation, provinces, business firms, churches, teams, and so on)"。[①]罗尔斯涉及主体从自然人向人造人的转变。但是在他的著作中,这个问题没有充分展开。

---

① "Justice as reciprocity," in John Mill, *Utilitarianism*, ed. by Samuel Gorovitz, pp. 244-245.

3.2 个人(person)概念的发展

可以从一个比喻来区分主体和个人,可以说,主体是一个以"脑"为核心的存在物,而个体是一个以"心"为核心的存在物;前者是一个"冷"的主题,后者是一个"热"的主题。

3.2.1 哲学中的个人(person)

如果说主体(subject)在笛卡尔之后,经历了莱布尼茨、康德、黑格尔至胡塞尔,成为一个思想传统,另外一个重要的概念个人(person)则通过帕斯卡尔、康德到舍勒的发展过程。不同于主体(subject)那种空灵的思辨色彩,个人(person)的概念充满了人文和历史的温情。

个人(Person)的概念来源于古希腊,有人的面孔和演出面具的含义,戏剧中的个人都是有血有肉、个性鲜明的个人,作为自我和人类(self and human)的一个替代物,个人(person)具有如下一些特征:

第一,作为一个哲学概念,个人(person)出现于基督教统治欧洲之后,目前能够知道的,是波爱修斯(Boethius)对"persona"这个拉丁概念提出的定义:"human individual of rational nature(理性自然的人类本性)"。不同于"subject","person"更被强调的是精神因素和尊严,从帕斯卡尔到舍勒,把个人作为有尊严的个体是一脉相承的传统。

第二,主体(Subject)是被作为一个形而上学的主体在哲学中被强调。而个人(person)作为一个哲学概念则被强调其温情的人际关系。"Subject"是冷静地看待世界,包括其他主体,把主体也作为客体来处理。而"person"同情和拥抱他人,所以,在主观主义(subjectivism)那里存在的主体之间(inter-subject)的紧张关系,在人与人之间(inter-person)那里则不存在。这就是舍勒的所谓的"collective person and social person"(集体人和社会人)。

第三,"Subject"看重的是主体的思考能力,而对"person",个人的责任和个人的承诺是被强调的。所以"person"是"self-conscious, goal and oriented, freely action and responsible self"自我意识,目标和导向,自由行动和负责任的自我。[①]

在古典社会中,个人不是作为道德主体承担责任的,只有转向契约社会以后,个人才独立的承担起法律和道德责任。按照思想史家的看法,在西方,个人出现在道德和法律讨论中,是随着路德宗对传统的宗教挑战开始的,本质上可以看成是商民社会出现后

---

① Nicolai Hartmann.

的产物。因此研究个人作为伦理道德的主体,应该追溯到路德、霍布斯和马基雅弗利等,这些人可以被视为商民社会最初的理论代表。"在路德和马基雅弗利是时代之后,我们预料会兴起一种道德和政治结合在一起的理论。在这种理论中,个人是终极的社会单元,权力是终极的关切,上帝日益变得与世俗事务不相关,但却仍是驱除不了的存在物。而一种前政治、前社会的永恒人性,在变化着的社会形态背景下,霍布斯完全证实了我们的这种预料。"①

所以,个人(person)的概念和主体(subject)概念之间存在互补关系。

人的概念发展还有一个伏流,就是人作为物质存在物的实体的发展。在古典思想史中,人的肉身一向是被忽视,最多作为精神的一个寄存物而存在,常常甚至被作为一个精神的赘物被蔑视。人的精神追求表现在对肉体的超越和控制中。近代以来,这个古典思想受到了挑战,从功能论到现代思想中对身体的强调是这个思想发展的几个不同的路线。其实,对身体的强调一向是法国学术界的一个重要题目,从梅洛-庞蒂到福柯,身体都是一个研究对象和重要话题。②

3.2.2 法学和伦理学中的个人(person)

罗马时代,法律上的个人(person)概念就已经从哲学中独立出来,形成了自己的概念定义。罗马法中把人看成是一个由法律确立的实体。这种定义方法至今还在被坚持。这个思想不仅是法律思想,对哲学也产生了影响,尤其是今天我们讨论企业伦理的概念的时候,这一思想极具启发性:我们可以把企业作为法律确认的主体,像罗马法中对人的定义一样。这个主体当然是以承担法律责任为存在的基础。其实,对企业的早期认识基本上是采取了这个方法,奇怪的是,尽管把企业作为一个法律实体的认识早已存在,但是,把这个实体从法律推进到伦理道德领域却花费了漫长的时间,至今我们还无法突破作为道德哲学的主体的企业与人之间的界限:我们无法看到企业与人之间在伦理道德上的相同点。而这个相同点,在法律上我们早已意识到了。

法律上的人与道德上的人,至少在当代社会中,从形象上就存在着区别。只要是认

---

① 麦金太尔:《伦理学简史》,龚群译,北京:商务印书馆2003年版,第81页。
② 肉体研究关涉到思想的起源和发展。福柯曾经说过:"来源深入肉体。它在神经系统、气质和消化系统中刻下印记……肉体——以及所有深入肉体的东西,食物、气候、土地——是 Herkunft 的所在:就像肉体产生欲望、衰弱以及过失一样,我们还可以在它上面发现过去事件的烙印;这些事件同样在肉体中相互连接、间或倾轧,也会相互解散、相互争斗、相互消解,追逐着不可克服的冲突。"(福柯:《福柯集》,杜小真编选,上海:上海远东出版社2003年版,第152页)对于理解饥饿和安全感时人们的反应,肉体确实提示了企业伦理的重要启示性作用。而伦理中,肉体是一个长期被忽视的题目。

真分析大众媒体上各种法律节目,从中归纳现代社会中法律中人的标准形象:冷静近乎冷漠,精明近乎精确,有良好的判断力,有完美的记忆力;在需要时有足够的耐心,临危时又有机敏的反应,对别人没有非分之想,对自己也不容侵犯。平时十分谨小慎微,关键时又能正确处置,总之,是一个高度理性的个人。

但是,这种形象不同于大众媒体中的道德上的人,从形象上看,道德上的人有正义感、有同情心,关键时刻不计得失,挺身而出;平日里热心公益,乐于助人;为人豪爽,待人以礼。总之是一个情感充沛的人。

法律上人的形象与道德上人的形象差别这样明显,很多时候甚至存在内在冲突,这显然是社会期望和社会约束之间的差别,法律代表了社会约束,而伦理虽然常常被视为社会约束,但是更多是以社会期望的形式表达出来,这样就变成了美德。在法律和伦理的形式背后,隐藏着不同的规则和社会心理,法律规则练就了冷冰冰的主体,道德期望则铸造了热情洋溢的人。

企业作为一个主体,首先是法律主体,和人作为一个道德主体转化为一个法律主体的历程相反,企业的道德属性是被最后挖掘出来的一个属性,所以,一个完美的企业道德形象至今尚付阙如。道理很简单,企业作为道德主体背后的规则没有确立,对企业的社会期望也没有得到系统的表达,只有这个期望和规则得到系统表达和确立,我们才能清晰地描述出企业的道德形象。

不过,道德形象和准则之间是互为因果的,确立一个适当的企业伦理形象是建立企业伦理准则的一个前提和基础,同时,确立一套伦理准则也是建立清晰的企业伦理形象的一个组成部分。

3.3 两股思潮的合流

主体和个体两个不同的思想传统有一个共同的交叉点,这个交叉点就是康德。从笛卡尔开始的理性的发展到了法国启蒙学派,已经发展到了自己的顶点,理性(rational and reason)是近代哲学发展中最纯粹的发现和支柱,按照18世纪理性主义的看法,一切都要放在理性的天平上重新加以衡量。理性成为世界的新的神。

康德开始了对理性的批判性研究,对理性的作用范围加以限制和清理,虽然康德本人还是一个理性主义者,但是,他也开启了对理性的质疑。这个源头开启之后,到了19世纪,对理性的质疑思潮开始蔓延,到了20世纪,以存在主义为主流的思想中,反理性的思潮已经取得了思想史的地位。

把人作为一个多元主体,各种精神因素的发展在人这里取得平衡,这就是所谓"person"的概念的发展,这一思潮久已存在,在休谟那里形成体系,至康德,把理性区分为纯粹理性和实践理性,人的实践理性中,自由意志居主导地位,人在自我立法中确立自由意志,因自由意志而获得尊严。康德把追求幸福的人与追求理性的人统一在一个主体的概念内,发现了人的内在矛盾,为道德主体的探索做了一个阶段性的总结,同时也开启了后来的思想源头。

康德的主体概念是思想史上最著名的主体。这个主体是从认识论的抽象主体转来的实践主体。为了保证道德论证的彻底性和统一性,康德在主体的论证中抽象掉了一切现实的因素,成为了一个纯粹的思想上的存在物。

从《纯粹理性批判》中面对世界的认识论自我到道德形而上学中面对人类自身[①]的实践主体,康德既论证了理性面对世界时的作用,也把这个论证延伸到理性面对世界时的作用。这个作用是保证人类从自然环境的因果性中超然地脱离出来,成为自由的,显然,自由的个人,最主要的特征就是理性所规定的人类行动原则,这个原则就是道德律。

康德在这个抽象的主体上不仅重建了古典道德的基础,而且更重要的是在追求理性的个体和追求幸福的个人之间重构了人的存在方式,不仅统一了近代以来的思想,而且也开启了后代的研究。

康德道德理性的最大贡献就是确立了人作为道德主体的地位。在以往的道德理论中,道德律都是外在的确立的,或者源于传统,或者源于上帝,人作为道德的承载者一直是处于客体位置。康德第一次明确地把人置于主客体二元对立的位置上,这个位置在保留人作为现象界存在的幸福追求者的基础上,新增加了人作为本体存在的道德原则的确立者地位而实现的。这样在道德世界中,人作为主体和客体分裂为一个矛盾存在物,一方面人承载道德,是作为客体,另一方面,人作为主体,确立道德。

3.4 主体和人(subject and person)的分离

从上述追溯可以看出,个人作为伦理主体首先是在宗教内部反叛信仰的结果,接着通过马基雅弗利进入了世俗领域。到霍布斯完成了个人的独立,又经过一段漫长的思想历史,到了康德,个人作为抽象的主体才真正确立了自己的地位。这个过程中,作为

[①] 按照康德的说法是面对一切理性的存在物,康德的这个表述是为上帝保留一个位置,以便从理论上处理人的理性的有限性问题,其实这个理性存在物就是人类这个有限存在。

有血有肉的个人主体与作为与认识论统一的主体是沿着不同的路线在理论中发展的。其中作为主体(subject)，从笛卡尔开始，经历斯宾诺莎，作为个人(person)，从帕斯卡尔到舍勒，所有这些不同的思想路线在康德那里汇聚在了一起。

主体和个人的概念最终汇集到了个人主义的大旗之下，在这个个人主义中的个人实际上包括了思维的主体，爱恨交融的个人，承载着权利的自我和对社会负责的个体等多重概念。这些概念有不同的发展途径，也有不同的支持性的语言和哲学命题，他们唯一的共同点就是独立的存在。被海德格尔称为此在的这个存在，不过是这个存在的最近的表述方式。

3.5　伦理主体的形而上学思考

个体作为主体，制造和阐释道德规则，成为了道德的作者。这就是所谓的道德主体，道德主体就是能够产生道德规则的存在物。古代是神仙祖宗，近代以来才转到人自身，但是这个主体在理论思考中有多重面貌。或者为有血有肉的人，或者是轻灵倥偬的理性存在物。但是，从形态上都是个体存在的。

桑德尔在对罗尔斯的正义主体重新思考过程中，提出了占有主体和先验主体的不同概念。这实际上是描述主体与目的、手段之间的关系。如果探索一个主体与目的或者其他存在物之间的关系，尽管这个存在物对主体非常重要，但是，主体的独立性立刻就显现了出来。"就我占有某物而言，我就立刻与之相关又与之相别。说我拥有（占有）某一特征或欲望或雄心，就是说我与之以某一特定方式——它是我的而不是你的——相关，而且意味着，我与之以某一特定方式——它是我的而不是我——相别。后一点意味着，如果我失去了我所占有的某一事物，我将仍是我占有该事物时的那同一个'我'。"[①]主体从丧失了占有物这一现象显示了自己的存在。因此，我是什么与我占有什么不一样。这也就是伦理主体的双重存在方式。第一重存在就是主体的现象存在，作为自然因果性的对象，第二重存在就是主体超越的存在，主体成为自由的，可以超越因果性，成为自己的主人。只是康德的这种表达方式，在桑德尔这里以另外一种方式被重述了。

从这个存在中无法发现和清理出企业作为伦理主体的基础。也无法构建企业伦理的主体的解释性框架。必须寻找新的思想资源。

---

① 桑德尔：《自由主义与正义的局限》，万俊人等译，南京：译林出版社2001年版，第69页。

古典时代当然没有企业伦理,因为那个时代没有现代意义上的企业存在。古代具有的支配社会生活的规范是直接干预生活世界的。这些规范都是未经分化的,这些规范不仅作用范围难以区分,甚至这些规范的性质都没有现代的含义:古代人没有现代人法律和道德准则的清晰概念。对古代社会的规范,哈贝马斯和麦金太尔都做了描述性的阐发。

近代道德观念发生了彻底转型,尤其是在组织领域中,传统善恶的道德观念已经转型为一种规则的道德观念。虽然我们依然需要对形成规则的道德基础不断加以探寻,但是大部分企业伦理的研究者和管理者一样,更多的是关注行为规范本身,而这些规范大部分是以效率为中心的,至少对于社会生活其他冲击虽然也受到关注,但是,真正面对效率时,所有这些问题很快就败下阵来,以致洛克菲德总裁对日本高官行贿案件败露后,引咎辞职时,还能高调以效率和成功为关键词为自己辩护。这种行为方式表明他深刻地理解现代社会的特点和伦理观念的关系,利用深植于现代人的思想深处的效率观念特征来洗脱自己的罪名。

问题是,道德怎么样从以善恶为核心的古典个人伦理过渡到以对错为中心的现代企业伦理呢?

马克斯·韦伯系统地追溯了这一过程。这一过程分为两个阶段。第一阶段是随着社会宗教和意识形态的内在转变,催生了一种新的思维方式,并进而形成了新的工作方式。一种积极入世的生活态度导致了持续的勤奋工作、勤俭持家,这种生活方式和工作方式造就了最早的企业家和企业。这些企业家的致富具有示范效应,使社会成员因羡慕而成为这种生活方式和工作方式的模仿者,追随着早期的企业家成为后来的企业家。随着企业家大量的进入经济世界,导致了社会结构最终转向了一种竞争性结构,这种结构一旦形成,使原本自主的道德行为外在化为一种制度性的压力,以强制的规则行为对参与其中的成员加以约制。这种行为与企业经营成败之间建立了内在的因果关系,从而使原本的善恶道德转化为对错的规则。

马克斯·韦伯对近代资本主义制度和企业的形成的历史考察征服了几代知识分子。但是,学者们服膺他的学说同时,对这个历史过程的典型性一向存在疑问。

哈贝马斯从交往行动理论的角度重构了这个历史过程。在他看来,这个过程是一个体系(制度)的演化和发展过程,"正如基督教职业伦理学停止对私人生活表现影响一样,同样地,资产阶级阶层方法论的合理生活指导,也通过'专业人员非精神'的专门功利主义生活作风,以及享受者我行我素的美学快乐主义的生活作风……所排斥。"①

出现这种情况是因为目的合理性的行动体系独立了,并取得了对生活世界的支配,原来拯救性的伦理丧失了其基础,不过这种行为准则本身并没有彻底消失,一部分仅仅是在原来基础上形成的准则被置于新的基础上了,但是,确实有大量的新的甚至是对立的准则出现了。

资本主导的伦理随之出现了,现代社会的体系一旦形成,从外表上看是市场规则占据了主导地位,实际上是资本占据了主导地位,伦理观念发生了倒转,这个对立的形成和演变我将在"对立的价值观"一章中通过例证加以说明。

4. 从意识哲学到语言哲学的转变

19世纪以后的世界产生了巨大的变化,以致波拉尼用"巨变"(great transformation)来描述这个变化。在他的著作中,这个变化被概括为市场作为一个历史上与其他经济制度竞争的制度取得了胜利,不仅在经济制度的竞争中胜出,而且也取得了对整个社会生活的支配性地位。不过,波拉尼的理论只能被看作是这一百多年世界巨大变化引发的理论反映的一个小小浪花,面对这个变化做出反应的思想家可以列举一个长长的名单,其中包括马克思、涂尔干、韦伯,也包括熊彼特、哈耶克,法兰克福学派的思想家、维也纳学派的学者,以及活跃在大学讲堂和专业研讨中的大量专家们。每一个思想家都以自己的方式对这个巨变做出反应,加以解释,大胆的还要进行直接的干预。

作为这个时代变化的认识和描述,真是仁者见仁,智者见智,但是,从现象上,人们除了注意到市场制度的凯歌般胜利之外,现在世界与19世纪以前的世界最大的区别就是以企业为代表的大型组织的出现和占据支配地位。韦伯和涂尔干以不同的形式,从社会学角度对这个现象最早做出了反应。韦伯分析了科层制组织的特征,这个分析至今还深刻地影响着人们对现在社会的组织的认识,包括对企业组织的认识。

大型组织在数量和规模上的发展,对社会产生了多方面的影响,也提出了多重挑战。首先,大型组织,尤其是富可敌国的企业的发展,对生活产生了直接的影响,但是不

---

① 哈贝马斯:《交往行动理论》,卷II,洪佩郁和蔺青译,重庆:重庆出版社1994年版,第418页。

同于古代社会的家族和教会等组织,企业是一个纯粹的经济组织,深深地介入了我们的日常生活。企业不仅提供生活用品,也是人们生活的一个构成部分,人们每天在固定的时间、固定的地点,开始固定的工作,企业提供就业,产生污染,修建道路,但是也排放污水。总之,这个可爱又可恨的现代存在物闯入我们生活之后,就产生了越来越多、越来越不可忽视的作用。但是,我们不知道怎么评价它,对这个组织的伦理功能和作用,一向缺乏认识。

人们开始的时候相信经济学家的话,认为不能从道德上评价企业。企业是非道德化的一个存在物。但是,人们很快就发现了,不能从道德上忽视企业的存在,因为它对我们的生活的影响实在是太大了。人们生活中的喜怒哀乐都系于企业。我们应该从法律和道德上评价这个存在物。

当我们试图在伦理和法律上评价这个存在物时候,我们一时不知道应该如何下手:我们显然不能像对待人那样对待企业,虽然企业也是一个"人",叫法人,而且按照我们前面介绍的罗马法的方式,企业和人一样,也可以看成是法律创造的,仅仅在这一点上,法人和人之间存在相同点。除此之外,我们再也找不出来这两者的相同点了。从伦理上评价人时,可以把人作为一个道德的主体或者客体来进行,尽管康德做了一系列抽象,把主体的现实内容已经全部抽去了,但是,把这个思想方式直接转移到企业中来时,就会发现,企业不是这样一个存在物,无论把企业作为道德主体还是客体,都无法按照对待人的方式那样去对待企业。虽然作为法人,企业犯法或者犯错,可以被法律惩罚,但是法官们早就发现了企业这个法人不同于人的地方,因为你既不能打它,也不能踹它。

这个问题反映到哲学中,就变成了主体问题,传统的主体已经无法概括我们现在面对的世界了。我们面对一系列以往不存在的主体,而且这些主体对我们产生了深刻的影响,我们的生活也深深地依赖这些主体,甚至本来独立的人又重新回到了这样一些主体的构成部分中去了。刚刚被解放出来的作为主体的人,又回到了一个更大的莫名其妙的主体中去了。

传统的主体是从意识哲学角度展开的。这个思想范式只适应个人主体。为了把以企业为代表的组织纳入哲学分析中去,必须寻找新的思想方法和分析框架。

我们必须思考企业的伦理问题,但是我们没有思考的工具,必须寻找这个工具。本章在下面的章节就将展开这方面的内容。

5. 作为伦理主体的企业——分析框架

5.1 企业伦理主体分析的几个思路

从对企业伦理的不同认识角度看，主要存在着两个基本的思路。第一是去价值化的思路，认为企业根本不是一个道德实体。[①] 另外一个是把企业作为一个伦理主体，但是对这个伦理主体确立的论证方式不同。前一个问题，将另辟专章来讨论。本节重点讨论几种不同的伦理主体的论证思路，并且提出自己的批评性意见，最终提出自己的解释性框架。

对于企业作为伦理主体的讨论，主要存在四个不同的思路。第一个思路是通过知识考古学的方法，重建历史过程，通过追根溯源的方式，恢复企业初始状态，从中鉴别出企业伦理主体的历史含义，并且通过这个过程，还可以指出把企业作为单纯的经济主体的去价值化的问题是如何产生的，重建这个观念的历史建构过程。第二个思路是本体论的思路，主要是把康德的意识主体转化为企业主体，从而在康德的思想基础上重建企业伦理主体地位。第三是契约论的思路，把企业作为一个契约的联合体，不仅是现代制度经济学的一个认识，这个理论构建方式在政治哲学中有更为源远流长的传统。经济学和政治学中的这种传统提供了建立企业伦理主体的思想资源。最后就是诠释学的传统。这是德国思想的一个传统，按照这种思想，在社会生活领域中不存在人与自然关系中的那种真理性认识，处理人与人之间关系的准则是人与人之间相互作用的结果，大家的认识也是通过诠释性的方式取得相对稳定的结果的。

5.1.1 知识考古学的方式

关于企业作为伦理主体，或者说企业行为具有伦理意义的最著名的讨论就是韦伯对于资本主义精神和新教伦理之间关系的讨论，这个讨论可以说是历史建构学的一个

[①] 功利主义被罗尔斯认为是一种无主体的伦理学说，这一学说如果向企业自然延伸，就可以得出去道德化的结论。但是，目前西方的企业伦理讨论中，功利主义还是一个被引用最多的范式。产生这个现象的原因是复杂的。首先，企业伦理的讨论主要是在盎格鲁－美利坚的文化背景下首先展开的，功利主义是在这个文化背景下产生的，并且获得了广泛的传播，有深厚的积累。第二，功利主义虽然是无主体的学说，但是，它的理论体系强调功利标准，与企业经济分析的思路想通，可以很容易地被掌握。但是，确实，功利主义没有解决主体问题：被功利主义者强调的最大多数人的最大幸福的公式是由谁确立的，为什么是这个准则而不是其他准则成为判断伦理的基本准则？这些问题，功利主义都没有提出解决方案。

范本。马克斯·韦伯对资本主义成长的精神过程的追溯,主要是通过资本主义企业成长过程的目的超越与手段理性之间的矛盾关系来推论这个过程的。按照韦伯的看法,早期企业家在宗教精神的支配下,在非盈利动机支配下,通过勤奋工作,积累下了巨额的财富,这个行为结果对社会产生了示范效应,最终催生了以企业为基础的现代资本主义制度。具体到宗教精神与财富积累之间的非有意的因果关系,这种现象不仅存在于西方,也是中国近代早期企业成长的一个重要推动因素。这一学说有多方面的意义。如果从企业成长的过程看,企业从一开始仅仅是作为人实现神的意旨的工具,也可以说是人自我实现的一个形式。在这个意义上,企业的本质就是人的本质,因此,企业作为一个伦理本体是一个自然的事实,无须更多的讨论。

当然,对韦伯理论的另外一种延伸解释认为企业发展是资本主义合理化的一个组成部分,合理化思路自然催生了所谓企业去价值化的认识。所谓企业去价值化也称为企业的非道德化,就是认为企业行为没有伦理意义,只有是不是达成了企业的目标,而这个结果导向的倾向是集中在经济指标上的,只是企业行为是不是适合外界环境,不具道德意义,不能从道德上加以评价。

这种关于企业去价值化的认识不是历史事实,而是现代几个经济学构建的一个"神话"。在经济学发展过程中,通过强调企业的盈利目标,逐渐把企业的行为的伦理本性从企业的特征中剥离,把企业的经济特征突出,最终把这个特征看成唯一的特征,把企业的其他特征全部压制在这个特征之下,乃至最终把其他特征全部取消。

经济学确立了这种观念,并且通过经济学把这个认识传播到社会中,最终取代了所有其他的认识,人们逐渐心安理得地接受了企业是盈利工具,盈利是企业唯一目的的认识。最终人们把企业作为自我实现工具这个看法限制在人通过挣钱实现自我价值这样一个狭窄的空间内。

在这种情况下,回顾韦伯的思想,对于历史性的重建企业伦理主体的观念是一个思路。

5.1.2 本体论的思路

把企业作为一个伦理本体展开,确立这一本体的合法性。这一看法显然是力图延伸康德的理论范式,以意识本体论的方式建立企业伦理主体的分析基点。

按照历史性的思路,企业作为人的自我实现的形式,为康德理论应用提供了一个准备性的前提。按照这个思路,企业的本性是人的本性的外在表现,人的本质最终被投射到企业中去,通过企业实现人的思想,因此,可以通过人的本性过渡到企业的本性中去。

人的理性是自我确立的基础,在纯粹理性范围内,通过先天认识形式,人可以通过整理经验材料,形成认知,在实践理性的范围内,理性独立担当,为人类自我立法,确立人作为人存于天地之间的法则,这就是人对自我的绝对命令,因此,理性决定人的道德,道德产生人的尊严感。

如果企业作为人的自我实现方式,企业的本质就是人的本质,因而,实践理性在这里起绝对作用,意志在实践理性支配下,提出的不仅是人的行为,也可以是投射到企业中的行为准则,这就是确立正确的行为方式,包括企业作为企业和企业内部的个人的不同层面上的行为方式。企业是人们自我实现的工具,而道德的自我实现是人自我实现的优先项。

企业应该像人一样的追求责任的实现,这是德行的核心,根据康德的看法,追求责任,关键是在理性的指导下的自觉行为,这不仅是追求责任履行的快乐,相反,还要准备接受责任履行中的痛苦,这是道德的本意。

实践中,人作为感性存在物追求幸福愉悦与作为理性存在物追求善和德行的实现之间存在着紧张和矛盾,这种矛盾自然也存在于作为伦理主体的企业中,企业作为市场中的一个机构,受自然市场经济法则的支配,也受到各种各样的诱惑,像人在自然生存环境中受到因果律的支配一样。但是,一个有尊严的企业,像一个有尊严的个人一样,其行为应该受到善良意志的支配,就像人受到自主意识支配一样。企业也表现为自由和自律的特征。正是这种自由意志保证企业冲破感性存在时受到的各种诱惑和束缚,达到一个新的境界。

这个论证路线以人作为道德主体,康德采取的是理性方式论证的,人的自由意志确保人的自主性,从而为自己立法。通过绝对命令来实现人的尊严,情感在这里是从属于理性的,并且确保理性立法的实现。

也有另外一种论证方式。认为人作为道德主体,不是理性决定的,而是出于其道德感,确认人类在共同体中产生的共同情感,并由此产生出责任感,从而使自己内在于社会。中国古代思想家孟子就是这种情感论的倡导者。

显然,如果把企业看作是人自我实现的工具,则无论是理性的主体论还是情感的主体论,都是可以选择的思想路线。但是,由于人的作用是通过企业这个复杂的机制实现的,而企业作为一个本性盈利的组织,其复杂的工具理性的运用消解了人的终极理性,使价值理性被淹没在复杂的利益计算当中,丧失了其存在的空间。

可见,把人作为伦理主体的学说移植到企业主体上来,存在着巨大的理论障碍。其中一点就是关于企业本质的学说。目前关于企业本质的学说是经济学构造出来的，无论是理性人还是自利人，都是作为经济学基本人性假设。企业是建立在这种人性假设基础上的，也成为利润实现的工具，这种观念通过经济学的帝国主义地位，已经传播得深入人心，似乎不可动摇。但是对企业的伦理思考提示人们，上述假设的真实性是应该受到质疑的。其实，从思想史的角度看，这些观念是与其他一些观念竞争中的一种，而这种观念的最终胜出，不是因为它更正确，而是这个观念所存在的制度更需要它，仅此而已。其他的学说大部分湮没无闻了。其实，可以在此大胆地提出一个假设，企业作为人们自我实现的工具，伦理本性是它的基本属性，相比之下，经济属性反倒是从属于其伦理特性的。这一点见解需要论证，也需要知识考古学方面的历史追述。

5.1.3 契约论的建构

契约论是一种政治哲学的准则建构思路，在20世纪的罗尔斯那里，这一思想传统结出了丰硕的果实。桑德尔在分析罗尔斯的正义论的主体问题时，认为，这个主体被广泛批评为是个人主义的主体。虽然罗尔斯多方辩护，但是，经过认真地梳理，桑德尔认为这个认识是正确的，罗尔斯没有脱离个人主体的窠臼。"在更深层的意义上，罗尔斯的观念是个人主义的。罗尔斯式的自我是一个占有的主体，而且是一个先在个体化的主体，且总与其所拥有的利益具有某种距离。"[①]其实，在罗尔斯那里，他已经力图超越个人主体，把主体间性或者内在主体作为他的哲学基础，但是，在他的原初状态的假设中，互相冷漠和无知之幕，虽然是为了最弱条件所设定的假设条件，但是，这些条件必然导向个人主体。在契约论的最后一个成熟的理论形式中，主体仍然是康德主体的一个延续，虽然经过努力，但是，康德的主体假设并没有被超越。

5.1.4 诠释学的思路[②]

从个人主体向多元主体过渡是伦理学向企业伦理学过渡的一个理论难题。诠释学提供了一个新的思路。从诠释学角度看，社会科学尤其是精神科学的真理不是认识的静态反映，而是从交往中确立的。因此，交往共同体将取代个人，成为伦理有效性的一个先验前提。

在哲学认识论从语言学转向之后，先验意识作为伦理准则有效性前提的作用就消失了，伦理有效性的前提变成了一种语言指号体系的客观化存在，指号体系的存在是交

---

① 桑德尔：《自由主义与正义的局限》，万俊人等译，南京：译林出版社2001年版，第77页。
② 本节主要参照阿佩尔《哲学的改造》相关章节。

往共同体的工具,对于交往个体也是一种先验的客观化制约。

这一发端于狄尔泰的诠释学思路,经过了胡塞尔、伽达默尔的加工,由哈贝马斯和阿佩尔等人构造为一个可以被用于企业伦理学讨论的诠释体系。这一体系可以从不同的触发点开始思考:

第一,真理和知识的确认,对自然知识,人们以工具介入和测量的方式取得的知识具有真理性,这种认知方式被现代科学归结为实证主义的范式之下,形成了真理性的知识体系。康德在确立认识有效性的意识的综合作用,被简化为形式逻辑的应用。但是实际上,这种实证主义方法也是假设了一个解释共同体的存在,这是实证主义方法的一个隐含前提。这一个共同体对解释的认同是知识有效性的一个前提了。但是,这种认同不是主观的,而是以指号(语言体系)为工具的客观化的知识积累为己任,也因此具有客观性。

如果把认识问题的范围进一步拓展,从对可以测量的工具性介入的客观对象转向人类,尤其是转向人类的知识性领域,真理和客观知识的问题就变得复杂起来了:我们如何在艺术和对历史的认识中用实证主义方法获得真理性的认识? 显然,这里不存在因果性的说明性知识,只存在解释性的知识体系。伦理性就是这种解释性知识体系的一个构成部分。其存在是以人类作为交往共同体为前提的。伦理学也因此不具有自然科学的真理性,而是具有诠释学意义的认识,是需要主体间相互作用而确立的。

第二,这种认识是以人类存在着工具性的对自然干涉活动以及主体间的交往活动这两种基本活动形式为基础的。在马克思主义的术语中,前者是生产活动,表现为人类的生产力,后者则确立为以生产关系为基础的社会关系体系。这样一种活动被哈贝马斯称为交往行动。交往行动所依据的主体间性不仅确立了主体间的诠释学的认识和真理,而且这种主体间性也是自然科学真理的前提条件。

第三,诠释学的真理和认识是以表达为基础得以存在的。语言体系为前提和工具,这样语言的指号体系在主体间性中就以现在的存在形式介入,成为了交往共同体的一个先在的存在条件了。对于交往共同体中的成员,语言的指号体系具有独立性,交往成员间的理解取决于指号体系的客观规则体系,这样,一个指号体系不仅是交往共同体的主体认识工具,也成为了客观真理表述的前提和工具,这是诠释学认识的客观性基础。

第四,利用指号体系所建立的主体间理解的诠释学认识不是一个抽象的真理,而是有时间性和实践性深深地介入其中的一个认识。历史性和现实性通过时间与实践渗入这个认识之中。因此,这个真理不仅是诠释学解释的,也是诠释学真理存在的形式,换言之,在伦理学的诠释学认知体系中,这一历史性和现实性是认识的基本特征。也是诠释学认识不同于实证主义真理的特征之一。在实证主义那里,真理性认识都是脱却时间性的,而诠释学的认识不仅是交往共同体的互动结果,而且都通过时间让历史介入其中。

诠释学的思路在几个维度上启示了企业伦理学,首先,是交往共同体而不是意识的个体作为主体,成为企业主体表征。第二,伦理准则的确立是以这个交往共同体的规则确立的,而不是意识主体自主确立的。第三,企业伦理作为一种应用伦理,只能取得渗入了时间因素的历史性认识,没有永恒的真理性认识。

5.2 主体间性和企业伦理主体建立的思路

本文下面将以上述的诠释学思路为基础,在对阿佩尔、哈贝马斯相关理论进行综述的基础上,综合其他不同学科和不同学派的认识,初步建立自己的企业伦理主体的理论。

5.2.1 诠释性真理与建构主义认识

廓清和确定真理的概念是哲学的一个重要任务。在韦伯的命题中,真理性问题在当代社会转化为合理性问题。从而不仅把客观真理,也把道德规范、审美命题甚至法律形式等都纳入到这个命题中来。当然,在这个框架内,企业行为的合理化与政治制度、经济制度之间的关系等,都可以成为合理化的分析对象。从而可以延续康德等近代哲学家的传统,把理性作为合理性的评判基础,同时,可以把19世纪末期以来,社会学的研究成果纳入到分析框架中。有效地反映出企业这个主体在当代制度中的发展和影响的现实。

诠释性真理的提法是专门针对客观真理的。这两种不同的认识的区别是建立在人类不同活动基础上的。人类从事对自然的改造工作,但是,人不是单独从事这个工作的,而是建立在共同合作的基础上,因此,在改造自然的活动中,人们需要协调自己的关系。这两种不同的人类活动形式中,人们取得认识的方式不同。第一种改造自然的活动,针对的是客观世界,人们的活动是以取得相应的成果为目标,这种通过工具介入自然的活动,以对象的可测量性、可观察性和最终的可控制为指南,在一系列研究中取得对对象的真理性认识,这就是所谓的客观真理,人们可以依据这种客观真理完成对自然的控制。并且以这种控制实现程度来衡量自己认识的可靠性和合理性。这就是客观真理的概念。

人类在活动中的行为准则对于每一个个体而言,也是外在的加于个体之上的。从这个意义上,这些活动准则也是客观的。但是,作为人的活动规则的外在的强制,同时也是人类互动的结果之一,随着人的活动而不断地发生变化。这些人类的活动规范采取习惯、伦理准则和法律等不同形式,这些形式,在当代的理论概括中都被契约的概念所囊括。从习惯到契约的一系列行为规范的演化形式中,可以看出行为规范不同于客观真理的地方:这些规范是人类互动的结果。而互动中在发生争议的时候,需要通过论证、辩论、妥协和压制等不同方式,取得最终的一致。这就是人类行为准则的形成机制,在哈贝马斯的理论中,这个互动活动被称为交往行动,以对应对自然改造的目的行动。

人们常常把道德认知当作与客观真理性质相同的一种认识,忽略了道德真理的特性。关于这个特性,在诠释学中是以诠释性真理的方式表达的,但是,这个认识也有其他的不同表达方式,这就是所谓的建构主义认识。

5.2.2 建构主义和交往共同体

建构主义(constructivism)是在心理学和教育学中兴起的一个思潮。本来与伦理主体,尤其是企业作为伦理主体的思想不相关。但是企业伦理主体的讨论中在微观基础与宏观结构中一直缺乏连接,建构主义思想可以提供这个连接环节。

这个思潮有自己的认识论基础,按照经典建构主义的看法,知识不是被动地被接受的,而是主体积极建构的结果。这一思想有不同的变形,但是从基础上看,这个思想的本质反对主体对客体适应的知识论,主张知识是主体建构结果的知识论。

建构主义分为不同的类型,但都是基于大致相同的原则。法国学者琼-路易斯·勒莫伊涅(Jean-Louis Le Moigne)根据冯·格拉塞斯费尔德(E. Von Glasersfied)的意见,描述了建构主义的几个基本原理。第一个原理。现实经验表现的原理。我们利用我们对世界的经验作为方法来对世界进行研究。[①] 知识也变成了我们对世界的经验和认识,尤其是我们的组织的经验和认识。因此我们的所谓真理(Vérité)不再是现实的复制,而是我们经验的结果,我们的知识也不再是放之四海而皆准的真理,而是适合我们经验的、适合我们情况的知识,是可以开这把锁的钥匙。第二个原理是:学科不再是寻找独立于观察者的真理,而是"由理性来组织对世界的认识"。[②] 学科不是必然性的发现,而是各种可能性的现实化(l'actualisation des possibles)。这种可能性也许事前

---

① Jean-louis Le Moigne, *Le constructivisme Tome II , des épistémologies PED*, ESF, Paris, 1995, p.132.
② 同上书, p.134.

存在,也许是经过组织和智慧的开发而出现。第三个原理是意向主义或主客观相互作用的原理。实证主义借鉴笛卡尔主义,强调主客观世界的二元论,建构主义发展的认识论认为,现实不是存在那里的,而是意向性活动的结果。世界不再是客观的,而是意向性活动的结果。第四个原理是:一般论据原理和"新修辞学"(le principe de l'argumentation générale ou de ' la nouvelle rhétorique)。既然现实的现实不再必须,则理智至少反映的是我们经验的现实,这时传统的逻辑也不再是必然的,我们可以根据我们的理性活动重建我们理性活动的程序和结构。最后是理性活动原理(le principe d'action intelligente),一个行为最重要的是行为和环境高度相关,两相适应。

这些认识很容易扩展到伦理的建构中去,其实,如果一般的真理性认识被视为建构的结果,伦理规则更是主体建构的结果了。如果前者还存在争议,后者则很容易被接受。这个思想实际上在打通康德的意识论到阿佩尔和哈贝马斯的交往行动理论时提供了一个微观的认识论基础。

激进的建构主义认为从经验中建构的内容只能以主观意识的形态存在,因此,这种认识有主观主义特征,但是,在向伦理规则构成的转化中,强调这种认知的建构性质对于准则形成的机制提供了一个理解的线索。按照建构主义的思想,认识本身不是客体的机械反映,而是主体与客体相互作用的结果,更准确地说,所谓认识从来不是本质"客观"的,而是依赖主体本身的存在。如果说,这个认识在自然科学中尚可讨论的话,在伦理规则的形成和演变中,毫无疑问是正确的:任何伦理准则的演变都是与伦理主体相关的。

企业作为伦理主体最大的困惑就是这个主体的独立性和自主性,但是,在建构主义的认识方法中,虽然阿佩尔和哈贝马斯的交往共同体概念为新的多元伦理主体的建构提供了宏观结构,但是,只有建构主义为这个问题从微观结构中获得解决提供了基础。

这个思想与交往行动理论之间存在共同的人类学导向的学科倾向,为深入分析企业伦理问题提供了框架。

5.2.3 从个人主体转移到交互主体[洛维特①(Karl Lowith),1897—1973](交往共同体)或者从主体转移到主体间性上来

交往共同体的概念是法兰克福学派哈贝马斯和阿佩尔共同分享的一个概念。虽然哈贝马斯和阿佩尔在这个概念的描述使用上有近似的结构,但是,有意思的是,他们使

---

① 虽然洛维特最早提出了交互主体的概念,并且成为了哈贝马斯等人的前驱,但是,他一直处于英美思想界的视野之外。他的两部著作最近被翻译成了汉语(《世界历史与救赎历史:历史哲学的神学前提》,上海:上海人民出版社 2006 年版;《从黑格尔到尼采》,北京:生活·读书·新知三联书店 2006 年版)。

用的这一概念有不同的思想资源和解释路径。哈贝马斯的思想主要基于胡塞尔现象学,这一思想传统是德国自身的思想,中间经过了舒茨的现象学社会学的重构,被哈贝马斯接受后,成为了交往行动理论的一个基石。阿佩尔的交往共同体的概念来自美国的学者皮尔斯,走的是一条语言学的路线。在与解释学的方式对比和结合之后,才取得了在其思想中的地位。从思想结构上看,阿佩尔和哈贝马斯的路线也不同,哈贝马斯把交往共同体的概念置于生活世界的基础上,而生活世界概念虽然是现象学的思想资源,但是,在与波普尔的三个世界的概念对接之后,已经在哈贝马斯这里转化为一个社会学概念。阿佩尔的交往共同体概念来源于皮尔斯对康德意识主体的改造,这是取代意识主体的一个语用学概念,只有经过交往主体的规则认同之后,才转化为一个伦理学概念,但是,这一概念始终保持着形而上学的某种特征。

哈贝马斯交往共同体的概念是交往行动理论的一个组成部分。这个概念来自胡塞尔的现象学的交互主体(intersubjectivity)。在胡塞尔那里,交互主体是处理先验自我交互形式的一个问题。这个问题产生于胡塞尔对本己意识和陌生意识的区分,由于这个区分的存在,主体就存在生活世界中面对交互主体之间的关系了。其实,自我的确立在康德那里就形成了先验自我和经验自我的区分。但是,只有到了黑格尔那里,自我通过他者的存在并通过他者的承认才能确立的认识才建立起来,黑格尔的认识把自我第一次与他者之间的辩证关系揭示出来,为主体间性概念的出现奠定了基础。胡塞尔正是在这个理论传统中,重新遇到主体问题。

胡塞尔的认识是哲学现象学的。但是在交互主体的构建中,一旦脱离了先验的自我,主体的交互方式就必须找到人间的方式,这样,研究领域就从纯哲学转向了人类学和社会学。胡塞尔对利普斯(Theodor Lipps)"同感"理论的批判和研究不仅是胡塞尔这种人间情怀的出发点,也是这种理论的落脚处。这种哲学向人类学和社会学求助的情形在胡塞尔那里确实是一个罕见的学术现象。

哈贝马斯的主体理论是在德国思想史上从康德独立的自我到胡塞尔主体间的自我发展过程的继续,延续了意识哲学向语言哲学转向的成果,接受了黑格尔的语言作为交往工具的思想,形成了自己的交往行动主体的理论。[①] 对于哈贝马斯,主体间性不再是胡塞尔那里的认识论意义的关系,而是主体间存在意义上的关系。这样,就为社会学、

[①] 交往手段到底是语言还是劳动,这是哈贝马斯不同于马克思的地方。对马克思,劳动不仅是一种生产活动,也是人类之间的一种有效的交往活动。对哈贝马斯,语言是基本的交往活动。

人类学的研究方式和研究成果进入交往主体(主体间性)铺平了道路。

阿佩尔的交往共同体来源于皮尔斯的指号学,他区分了句法学、语义学和语用学。①分别处理指号之间、指号与所指事物以及指号与指号使用者之间的关系。从分析哲学的发展角度看,其研究的兴趣逐步从句法学转移到语义学,最终转移到语用学。这个转移的最主要特征就是科学哲学的思维从实证主义的思维转向了人类学和社会学的思维,逐步地把思考的重点转向了主体自身。但是,皮尔斯的思想是对康德意识哲学的改造的结果,康德哲学的主体概念虽然具有多元性,但是,他的奠基性的主体概念是从纯粹理性批判得来,随后移植到其他领域的,因此,这个概念的原初形态是认识论的。皮尔斯在语用学的范畴下对这个没有具体内容的主体意识改造时,过渡到了交往共同体的范畴下,"对知识概念的指号学改造首先需要一个使用指号的真实主体,后者必然取代了纯粹意识。"②阿佩尔追溯了皮尔斯对这个纯粹意识思考和替代的思想过程。指出了语用学范畴下新的主体形式出现的作用和形态,"在一个漫长的研究过程之后,无限的科学家共同体将对这一'终极信念'达成一致。"③当然,无论是对皮尔斯还是对阿佩尔,这时候讨论的主体还是真理认识的主体,而不是伦理主体,不是诠释性的主体。但是,阿佩尔从皮尔斯这里得到的认识有一点是重要的,首先是阿佩尔建立了实在的共同体与理想共同体两个不同但是相关的概念。前者是一个有限的共同体现实的共同体,后者则是一个无限发展的虚拟的共同体。在康德哲学的抽象的意识主体那里,一直存在一个理论的难题,就是有限的主体如何能够保证取得真理性的绝对认识。为了解决这个难题,康德不得不保留灵魂不死、上帝存在等荒谬的论题。这个困难在交往主体取代意识之后,并没有消失,一个有限的交往主体如何能够保证取得真理性的认识?在无限交往共同体的概念提出后,不仅把这个理论难题解决了,而且延伸了对真理尤其是伦理规则的认识。"一是某个实在的交往共同体,论辩者本身已经通过社会化过程而成为其中一员了;二是某个理性的交往共同体,它原则上能够适当地理解论辩者的论据的意义并明确地判断这些论据的真理性。"④这样,成员穿行于理想的共同体和实在的共同体之间,一方面保证了实在共同体准则的贯彻,另一方面则保证理想共同体的价值修正实在共同体的活动,这一辩证过程中,有限和无限的矛盾获得了解决:人类的不断繁

---

① 阿佩尔:《哲学的改造》,孙兴周、陆兴华译,上海:上海译文出版社1997年版,第107页。
② 同上书,第122页。
③ 同上书,第123页。
④ 同上书,第335页。

衍延伸了人的共同体存在,使有限的存在延伸到无限的未来中去。从而也使这个主体保持了更新。

阿佩尔把这个主体分析与马克思主义建立了联系,他认为理想共同体的实现就是马克思所谓的解放过程,"实现理想共同体的认为也意味着扬弃阶级社会,用交往理论的话来说,也意味着消除人际间对话的一切由社会条件决定的不规则性。"①

对于阿佩尔,把皮尔斯认识论主体转化为伦理主体是一个理论任务。阿佩尔很好地做了这个转化。他的思路非常精巧并且基础也十分牢靠。即使是科学认识,也需要论辩共同体的认可。只有在这种情况下,规则是重要的。所以,阿佩尔首先强调了维特根斯坦的名言"单个人绝不可能遵守一个规则"。② 只要是遵守规则,人们就会以一定的道德为前提,"作为平等的对话伙伴的所有成员的相互承认,乃是论辩共同体的一个前提。"③因此,看来科学研究追求客观真理,也需要道德规则的支持,这是共同体存在的前提。这个前提就是共同体成员之间存在着对话关系,"简言之,**规范科学逻辑**(**科学**)的前提条件乃是规范解释学,从而也是**规范伦理学**。"④认知主体在这里自然转化成了伦理主体。

在这个分析中,阿佩尔指出了一个重要的问题,就是诠释学的主体最主要的是对唯我主义主体的克服。这一点对形成企业伦理主体认识具有极其重要的作用。交往主体不是单个人,而是一个共同体,这个共同体具有道德承担者与道德制定者的双重责任和存在方式。而这个共同体交往的工具就是指号系统。

主体间性或者交往主体的思想与抽象自我的思想相比,在思想结构上,为规则伦理替代美德伦理奠定了基础。从维特根斯坦的名言可知,没有主体间性,就没有规则。因为对规则的遵守不可能一个人私下进行,必须要有交往对象的承认,因此,规则的客观性表现在规则的服从者要获得交往对方的承认。

5.2.4 时间因素的介入

交往共同体不是一个抽象的存在,而是一个历史和现实统一的存在。时间因素介入到交往共同体中,使交往共同体从哲学王国的抽象领域回归到现实的土地上,成为一

---

① 阿佩尔:《哲学的改造》,孙兴周、陆兴华译,上海:上海译文出版社1997年版,第338页。
② 维特根斯坦:《哲学研究》,§199,转引自阿佩尔:《哲学的改造》,孙兴周、陆兴华译,上海:上海译文出版社1997年版,第302页。
③ 同上。
④ 维特根斯坦:《逻辑哲学论》,贺绍甲译,北京:商务印书馆2002年版,第305页。

个可以通过经验性方式加以探索的对象。

时间因素对交往共同体的介入有两个不同的理论途径，一种是马克思主义的方式，把任何制度都看成是具体的历史的形态，这些形态的产生和演变是生产力发展所决定的。因此，我们对当下的交往共同体的分析必须放在现实的基础上进行，把各种历史因素加入到分析中来，不能脱离具体的历史和现实因素，对交往共同体做抽象的结构分析。

另外一个分析的理论路径是存在主义的方法。把交往共同体做存在论的分析。在存在主义的思想中，存在从来都是在时间中的存在，时间性是存在的内在的性质。

企业作为一个占主导地位的机制，是现代社会中与市场相并列的一个基本的社会现象。但是，这个机制首先是作为一个历史现象存在的。因此，对企业现象的分析要立足于历史。

5.2.5 根据诠释学的企业伦理主体建立模式

从上面的伦理主体的转换和建立方式的分析，可以对企业作为伦理主体的诠释学思路提出一个初步建议。这个建议依据如下一些基本的思想和理论资源。首先，企业伦理主体建立在体系与生活世界的交汇点上；其次，这个主体建立的策略是根据交互主体或者主体间性；第三，主体交往的工具和方式是以语言为指号的；第四，交往主体是以前在的生活世界所提供的准则以及体系提供的价值观为基础展开活动的，因此，这种活动或者活动的规则都是建立在具体的历史内容上的；第五，体系提供的价值观与生活世界提供的伦理准则之间存在着不协调甚至冲突，这是企业伦理多元化的来源之一，也是企业伦理建设中矛盾重重的根源；第六，交往活动不是以个体而是以不同的群体为基础展开的；第七，交往是以建构主义方式形成主体间以及主体与客体间的认知体系的，其中包括了真理性的认识和作为行为规范的伦理道德准则。

企业作为生活世界和体系交汇点，生活世界中的人际交往延伸到企业平台中来，在企业内以群体的方式展开活动，形成不同的行为规则和准则，这些行为规则和准则包括了习俗、文化和法律，这其中大部分是以伦理道德的形式展现的。不过，在企业中，伦理准则的表现形式是多样的，如契约条款表现的并不都是法律准则，很多是道德约定，以纪律表现的往往是伦理准则。

体系作为现代企业活动的空间，为企业提供了一个互动的空间。这个互动活动是企业作为交往主体以法人为单位展开的，这种互动活动不仅产生经济活动的结果，也产生大量的社会活动结果，其中包括了企业对社会问题的约定。这些现在以企业伦理准则表现出来的行为规则，包括了体系作为一个整体正常运转所要求的各项准则。其中的互动活动包括了企业与社会不同成员之间的互动,也包括了企业之间的互动,这些互动在体系内的展开不仅是在经济平台上,也包括更多的社会内容。这些互动对象在现在的企业伦理学中往往采取利益相关者的概念加以描述。而互动的结果表现为一系列行为准则和规则。对这个互动过程和结果的企业伦理理论大多是采自政治哲学和伦理学,其中,例如综合契约论就是这样一个比较流行的理论,较易为企业管理界和企业伦理学界所接受。但是,从基础上看,这个理论与建构主义存在内在的一致性,而对这个理论内容需要通过诠释学的方式加以深化。恰好是在这一点上,企业作为伦理主体的构建策略的契约论思路和诠释学思路之间建立内在联系,打通了它们之间的通道。通过交往行动的方式,也使知识考古学的方式可以进入企业伦理主体的分析。在上述模式之下,主要的企业伦理主体的分析策略可以基本统一在一个框架下,使不同的理论资源有效发挥作用,为揭示企业作为伦理主体的本质提供一个前提条件。

6. 交往共同体和伦理准则的建立

交往共同体以体系和生活世界为互动空间,在企业的范围内,对相关的行为准则的建立展开交往行为,通过语言为基础的沟通活动,最终形成行为准则和规则。这些行为准则和规则大部分就以企业伦理准则与价值观的形式被在公共空间内加以展示和运用。

从企业的层面上看,交往共同体的沟通活动至少是在几个不同的层面上展开。首先是在企业内个人层面上展开的行为准则和伦理规则,这个层面上展开的活动形成了个人行为准则和道德规范。其次是企业内部群体之间的交往活动,这些活动主体特征是内部具有共同的利益或者共同情感倾向,而在群体之间存在着利益和情感的差别。这是多元化社会在企业内的一种表现,在不同群体互动中,形成了群体的交往规则,这些规则表现为企业内部的伦理准则和价值观。第三个层面是企业与不同社会群体和组织之间的交往,通过沟通活动,形成了社会层面上企业与相关机构之间的交往规则,并形成企业自身行为的指南,这种规则和指南就是企业伦理准则和价值观。

通过交往共同体沟通活动建立的交往准则有明显的动态特征,是随着情境和互动活动的展开随时变化的。同时,交往规则形成也明显具有层次性,最主要的,作为企业伦理的交往规则除了反映主导主体的利益之外,形成的规则体系具有多元性和复杂性的特征。如果理解了交往共同体的特征之后,企业伦理和价值观的特征就获得了清晰的解析。

第 2 部分　商业伦理和企业伦理

第4章 企业、市场和资本

1. 多重关系中的企业

1.1 两个分析轴心的比较

当我们在经济学或者相关学科框架内讨论问题时,我们通常都是把市场作为基础,把个人作为主体,这样就在"市场-个人"的框架下展开分析。但是,随着社会科学的进展,人们知道这种分析远离现实,于是人们把这个主体按照现实转化为企业。但是,经济学在处理企业这个主体时,显得非常笨拙。[①] 对社会科学难以发挥"帝国主义"的影响。在社会科学中,当我们讨论企业问题时,我们通常都是在"政府-企业"的框架下展开,似乎企业天然的对立面就是政府。这样,我们就具有了"市场-个人"和"政府-企业"两个分析框架,或者说是两个相关的轴心,在经济学中,是前一个轴心更为基本,而"政府-企业"关系轴心服从"市场-个人"关系。

从企业伦理学上看,出现在市场上的是个人,而企业出现在与政府的关系上。这两个框架与韦伯的合理主义的不同形式有着明确的对应关系。就是"市场-个人"轴心对应的是市场的合理化方式,是理性盈利的方式,而"政府-企业"轴心对应的是科层制的逻辑。

这两个轴心的分类是一种流行的方式,在社会科学的分析中触目皆是。说明这两个轴心的存在是客观的。但是,这也是浅层的、表面的存在。实际上,在当代社会中隐

---

① 在新古典经济学中,企业仅能约化为一个生产函数,只有新制度经济学产生后,企业才作为一个完整的分析对象。而这种思想与其说开拓了社会科学的疆域,莫若说是借鉴了社会科学的分析工具和范式。

藏在这两个轴心背后的都是一个力量,就是资本,资本分别代表个人和企业与市场和政府发生关系。因此,所谓"市场-个人"轴心和"政府-企业"轴心,可以替换为"市场-资本"和"政府-资本"。

首先,个人作为主体就是一种理论上的虚构,从马克思开始,批判哲学就一直对把个人作为主体不以为然,资产阶级哲学把个人作为一个孤立的个人,认为可以作为绝对知识的出发点,"这种关于思想的主体的幻想是严格意义上的意识形态,因为在这种幻想里面,资产阶级个人的有限自由虚幻地表现为完全的自由和自主。"[①]按照马克思学派的看法,孤立的个体作为主体出现在哲学或者经济学中完全不是科学的功能,而是意识形态的功能表现。

而企业的对立面也不是政府,而是市场,企业是市场的主体。但是企业不是自主在市场上活动的,它服从特定的意志,这种意志在私有企业中只能是资本。

从这个分析中可以看出,在资本的主导下,能够有资格做企业伦理主体的,不是个人,不是企业,而是资本。企业伦理的逻辑,在很大程度上是资本的逻辑。

但是,确实,企业伦理不等于资本的逻辑,因为,企业内部存在其他的抗衡力量,在企业外面,存在着市场的竞争压力和政府的规制力量。另外,如上所述,企业不等于资本,在非资本所掌握的企业中,企业伦理以其他的形态出现。

1.2 企业、市场与资本的关系

资本、企业与市场这三者看似高度相关并经常被相提并论的事物其实存在着巨大的差异。它们的起源不同,支撑的制度和观念不同,具有不同的特征,只是现代制度把三者捆绑在一起,你中有我、相互依傍。

企业天然不属于资本,资本征服企业是近代的事情,在征服企业的同时,资本挟企业以令市场,最终主宰了市场。但是在主宰了企业与市场之后,资本却隐身在这两种被看作是独立和相对的机制背后,令以自己意志构造的意识形态统治企业,变成企业的意识形态,自己的伦理观念就成为了企业的伦理观念,但是资本没有止步于此,而是进而深入市场,令资本所构造的企业观念变成了市场的意识形态。替换了市场本来所需要的意识形态和伦理观念。这一过程本来已经被马克思揭露,但是在一场失败的社会主义实验之后,这些被揭露的事情在意识形态硝烟之下,重新被掩盖了起来。资本以市场

---

① 霍克海默:《批判理论》,李小兵等译,重庆:重庆出版社1989年版,第201页。

和企业主人的身份,重新占据了主导地位,成为世界的主人。因此,需要重新梳理三者之间的关系,把掩藏在背后的资本揭露出来,把隐藏的资本意图暴露在光天化日之下。

历史上的资本曾经有进步性,在冲破中世纪的封建牢笼时,资本扮演了英雄的角色。但是,取得了统治权的资本却有意低调,为了掩饰自己的本性,他们虚拟了一系列神话,其中最主要的思想和理论策略就是掩盖资本与企业和市场之间的关系。资本构筑的现代话语体系采取了科学的形态,以经济学等学科体系的方式出现。力图把对资本的讨论淡化,转化为对现代企业制度的讨论,并把对企业制度的讨论置于市场机制的背景下展开,把市场制度等同于企业制度,把市场规则等同于企业规则,并且认为这就是资本的规则。这样,资本的规则与市场规则同为一体,资本的本质就变成了市场的本质了。资本正是在市场思想的掩盖之下,依次攻陷了现代思想阵地,并借助经济学学理这个堡垒,进而攻陷了意识形态的高地,最终完成了对这个社会意识的征服,社会就在这个思想体系的笼罩之下,完成了对资本的彻底臣服。

为了破除资本构筑的理论和意识形态的种种神话,需要从理论和历史的角度揭破资本的本性,这样才有可能解释并解决企业中大面积存在并蔓延到社会各个层面的败德现象。如果仅仅把企业伦理的缺失看作是教育不足,规范不严,甚至提高到制度供给不足的层面,都无法制止企业中绵延不绝、屡禁不止的大面积失德现象。

从对企业形成的历史性的回顾看,从本源上,企业诞生于人类的一些优秀品行,并且推动一些优秀品行的发展。只是随着宗教基础的堕毁,在市场竞争的压力之下,导致了利润动机成为经济生活的动力,才逐步摧毁了一些作为基础的品德,导致了堕落现象的蔓延。

从市场发展的角度看,市场也需要一些最基本的人类的品德支持才能顺利展开活动。但是,由于企业的背德,导致市场活动机制的破坏。

这里面就遇到了一个悖论:企业需要基本的道德基础,但是市场运作破坏了这个基础;而市场机制的实现需要道德基础,企业背德现象破坏了市场规则,导致了市场机制的失灵。

这个现象说明,单靠企业和市场本身,无法提供必要的道德条件。

2. 商业伦理和企业伦理

英文"Business ethics"到了汉语中变成了企业伦理、商业伦理和经济伦理等不同的说法。还曾引发过多方面参与的一个专业讨论,[①]最终没有一个令人满意的结果。形成了各说各话的局面。

从汉语的角度讲,"business"有商业、经营、企业等不同的含义,目前汉语的企业概念主要来源于日语,在汉语文献中的使用方式绝对不同于英语中的"enterprise",更不同于"business",反倒是法语中的"entreprise éhique"的企业概念与汉语有相似之处。

回到伦理学本身,应该区分商业伦理和企业伦理。前者是市场活动中应当遵循的准则,后者是企业内外部各种行为准则。这两组活动的性质是不同的,所遵照的原则也是不同的。

市场经营活动是在一种相对陌生的人群之中展开的对等的交换活动,因此,公平是基本准则。而信息不对称导致了各种搭便车等失德行为,甚至欺诈导致的败德行为。因此,诚信不仅是市场制度得以有效展开的基本保证,也是公平实现的前提条件。从这个意义上讲,诚信是一个保证性的准则。诚信与公平相比,公平更为基本。就是具有罗尔斯所谓的不可还原的特征。因此,可以把公平视为市场制度的基本伦理要求。

当然,对这一个问题是存在争议的。例如,对于新自由主义米塞斯-弗里德曼一派,就认为市场制度中,效率高于公平,自由优先于平等。依此之见,自由与效率是制度的根本性准则。

这一分歧,恰是罗尔斯与诺齐克之间的分歧。虽然都是标榜正义,但是其采用的内在准则是冲突的。罗尔斯强调公平,诺齐克强调权利。

但是,无论如何,上述准则是商业伦理的范畴。

企业伦理处理的是企业内部的行为、制度所面临的伦理和道德问题以及企业与企业之间、企业和政府之间关系的准则。企业与市场虽然在现代经济体系中高度相关,但是作为制度,各不相同。不同于平等交易的市场,企业是一个等级制的组织,内部的人际关系远较市场活动中复杂。渗透了各种不同性质的关系,因此,这里面对的显然不是平等和公平,更多的是勤奋、敬业、合作等在生活世界中展开和积累的道德准则,以及关爱、忠实等在等级制组织中才存在的品德。吊诡的是,自由、权利等是体系的产物,而企业是现代体系催生的,因此,这两者之间有共同的根源,但是,现代价值观在企业内远未落实。

---

① 得益于陆晓禾教授的启发。她在一系列论文中,最早从中西对比的视角对经济伦理的一系列概念展开了讨论。参见《中国经济伦理学的发展:特点、难题和使命》,在这篇文章中,她区分了企业伦理与在企业中的伦理,并且倡导在经济伦理学之下,开拓出商业伦理等。我在这里是把她的论题稍许扩展,又区分了商业伦理和企业伦理。

从上面的简要分析可见,商业伦理和企业伦理的展开的制度背景不同,所调解的对象不同,因此是两组虽然相关,但是根本不同的伦理准则体系。

从前面的分析框架可知,商业伦理所依附的市场制度是体系内在的核心制度,而企业伦理中则包含着所谓伦理和道德不同的内容,更为复杂和多元。

3. 市场体制和商业伦理

一个市场体制,不同于以企业形式出现的资本体制,或者说是资本主导的企业体制,市场体制的有效运行需要客观的条件,而市场并没有固定的主体,是一个多主体博弈的平台。因此,市场体制的所谓价值观念是指市场体制运行必需的一些条件,这些条件能够保证这个体制有效的运行,保证在这个平台上博弈的各个主体的利益最大限度地实现,同时,市场制度还要为整个经济体系的运行提供动力,为社会制度的平稳发展提供保证,使大多数人的利益获得最终的提升。如果市场体制最终损坏了大多数主体的利益,这个运行就是失败的。因此,对市场体制的运行的评价是结果导向的。

市场体制的运行有多方面的强有力的研究,人们通常认为,经济学就是研究市场的,哈耶克曾经说过,市场制度是人类还没有很好理解的情况下,就已经纯熟加以利用的最好的经济机制。为了这个制度运行,一些基本条件都是社会的共识:包括信息的全部流动,资产流动的自由,这些条件是保证完全竞争所必需的基本条件,而这些条件的实现,除了需要技术手段的保证之外,还需要参与主体能够遵循这些规则。这就是信息公开、手段公平等。市场的参与主体要主动遵循这些基本行为准则,否则,市场运行就会受到严重的扭曲。所以,市场作为一个参与者的博弈平台,对参与者提出的行为准则是基于市场运行的客观要求。

问题是,这些参与者是不是能够主动遵循这些要求?如果他们不能够主动遵循,将会产生哪些问题呢?

对这个问题,不同的研究和不同的人有不同的看法。一部分人认为,一个完善市场的正常运行,就会迫使这些参与者主动遵循这些要求,否则市场就以竞争和淘汰机制迫使企业退出这个市场,成为失败者。因此,市场能够产生这些市场机制正常运转所要求的机制。目前市场上出现的大面积的败德现象,是市场机制不健全所造成的。为了使这些市场正常运转所需要的行为准则能够被市场主动制造出来,要放松对市场的管制,直到市场的机制能够健全为止。

另外一部分人基于市场上观察到的现象，相信市场本身无法生产出这种机制，很多人甚至认为，市场的机制是产生大面积败德现象的一个主要的原因，因此，为了消除这些败德现象，必须限制乃至取消市场体制，至少要对市场加以严格的管理和限制，否则无法制止败德现象的蔓延。

两个对立的看法都把着眼点放在了市场机制上，或者认为市场机制本身是坏的，是市场体制带来了问题，应该取消，至少是限制和校正，或者认为市场机制是好的，但是外界加给市场的限制导致了市场机制的作用没有彻底发挥出来。大家共同忽略了一个问题，市场作为一个平台，如果参与者不能遵循相关的准则，这个平台就会塌陷，而平台本身不能自我维持。因此，作为一个平台本身对参与者提出了要求，但是参与者不能遵守，导致了问题的产生，而市场的参与者在现代经济体系中，主要是代表资本的企业，实际上市场机制运行的关键在于这个参与者的水平。

4. 自利个人的假设

从亚当·斯密开始，首先是在经济学界确立了一个信念，人人为自己的利益忙碌的结果，最终会导致社会利益的实现。当然，斯密的这个所谓"看不见的手"的说法，前提是完善市场的存在。在这一假设条件下，利己主义获得了理论的通行证，在人类历史上第一次被证实为是一个合理的道德体系。经过经济学的包装，理性的自利个人成为理论经济学的一个可靠的出发点。不仅整个经济学体系建立在这样的个体基础上，而且通过经济学，这种思想深入整个社会科学，并最终成为社会的一个信条。

实际上，对个人主义的认知和道德评价并非一直这样乐观，也从来不缺乏反对意见。在休谟和斯密之前，霍布斯对个人主义的自利主义就抱着一种悲观的评价，在他看来，如果不加约束，这种自利主义将导致社会的极度混乱，产生一切人反对一切人的战争这种局面。霍布斯是通过个人之间放弃部分权利，通过交换建立契约基础上的政府来终止这种混乱局面的。经过洛克到休谟和斯密，同样是个人主义的利己主义，道德评价已经发生了从悲观到乐观的彻底变化。按照这个时代苏格兰这些影响人类思想的大思想家的看法，自私的个人不是社会的灾难，而是社会进步的动力。个人主义不仅不受批判，反倒得到了正面的肯定。当然，这一肯定不是对自利作为人性的抽象肯定，而是建立在自由市场的基础之上的，是对自由市场制度的肯定。这一点确实具有学理上的可信服性。

4.1 市场和自利的个人

在竞争性的市场上,每一个个体都努力地争取个人的最大利益,他们必然采取以尽可能的最大投入,采取最有效的方法进行生产和经营,在价格体系的作用下,必然是最佳的生产者在竞争中胜出,从过程上看,单个的生产者每一个人都是以自己的利益最大化为行动的方针,而这个过程的结果就是生产效率和资源利用效率的最大化。这样,不仅利己主义的个人获得了道德上的合法性,甚至获得了与美德同样的地位。因为根据这个论证,利他主义不仅是不必要的,而且常常导致对市场活动过程的扭曲,最终导致结果的扭曲。在中国古典小说《镜花缘》中,君子国的人都是反过来讨价还价,结果显得冗长和曲折。这当然是极端的例证。

按照斯密等人的思想进一步推理,可以想见,市场不仅以自利的个人为基础,而且也通过市场竞争的方式产生和维持着传统的一些社会性美德:一个生产者要在市场中取胜,不仅要高效的生产和利用资源,而且要真诚地对待客户,正直地对待合作者,对一切利益相关者,他应该是一个值得信任的人,这样才能保证他在市场上的成功。显然,市场不仅生产自利的个人,而且自利的个人为了自己,也要坚持传统的社会性美德,尽管这种美德的坚持主要是形式上的。①

经济学就是从人类的特性出发,把人性的自利作为一个事实确定下来,然后通过市场机制的作用,把这个事实的道德属性做了肯定性确认,随后,把这个确认的属性向全社会推广。按照这种思想,市场不仅以自利的个人为基础,而且在这个基础上可以产生良好的后果,无须人们高尚的道德,自利就是一个良好的基础。在这个基础上,合作、信任,正义等人类美德可以通过市场机制自动地生长出来。

这个思想成为整个社会的信条。但是,这个推理过程存在问题吗?推理向社会推广的后果是好的吗?是可以接受的吗?

这些信条在17世纪诞生后,很快就在理论上和实践上遇到了严重的挑战。

且不说资本主义发展过程中道德沦丧的程度之深,在历史上罕见,资本主义体制导致的大量灾难性后果也是历史罕见的,例如经济危机对人类的严重侵害,资本主义对第三世界的掠夺和灾难,资本主义国家之间残酷的战争,以及由资本主义导致的法西斯主

---

① 在伦理学上,当代的企业伦理被称为准则伦理,这些准则都是去价值化的,韦伯在论述资本主义精神产生的时候,大量引用富兰克林的箴言,对资本主义的伦理准则做了说明,其中一点就是这些准则的形式化。而麦金太尔认为,当代伦理的内在问题就是准则的形式化,已经没有了价值内核。

义和对人类的屠杀等。这些后果对肯定自利主义的经济学是一个历史的嘲讽。人们不禁对这种自利主义的主张提出了批判,而且对市场制度本身也提出了批判。但是这真的是一个历史和理论的误会。①

4.2 造成灾难的是资本而不是市场

人们把攻击的目标很快就集中在了市场制度上,认为市场制度带来了人类的道德沦丧,认为资本主义恶的根源是市场制度。在这种批评的话语之下,市场不仅不再是现代道德的来源,更成为罪恶的渊薮。但是,这个攻击的目标错了,造成灾难和罪恶的是资本,而不是市场。人们在对资本主义的批判中,常常把市场和资本混为一谈:市场导致了资本的集中,形成了垄断,导致了剩余价值率(利润率)的下降,加剧了生产过剩,引发了资本主义的经济危机。这反过来加剧了失业率的增加、贫困化的加剧。在这个流行的批判话语中,人们对市场和资本未加区分,混为一谈。认真分析上面的批判,可以看得出来,人们把批判的矛头时而指向市场,时而指向资本,但是最终还是定位在资本上。但是人们常常混淆市场和资本,把这两者未加区分地作为一件事情一个对象,虽然批判的对象是资本,但是矛头永远是对着市场的。

市场和资本是两种不同的社会力量,也是两种不同的机制。市场是以公平竞争为基础的无名氏的表演舞台,而资本是记名的力量,市场运作的结果是客观的,是不同意志和力量共同作用的结果,资本运作是主体策划的结果,是在一个意志控制之下追求个体利益的过程。市场机制具有追求平等的天然倾向,资本追求的是自身利益的实现。资本最大的特征就是具有反竞争的本性,力图采取一切办法控制竞争水平,减少竞争压力,在合理的范围内能够做到的事情就在合理的范围内进行,在合理的范围内无法完成的事情力图通过不合理的方式进行,只要是能够达到目的,资本可以不择手段。而市场作为一个多数人活动的平台,它的优美结果是在公平竞争的基础上实现的。这与资本的意志是相冲突的。因此,现代经济制度,是市场和资本的博弈过程。而资本有意掩盖这个过程。

布罗代尔对市场的作用做了如下精彩的描述:"作为经济大厦的底层,市场没有机构臃肿和运转不灵的毛病,而是始终能够随机应变;市场是一切经济活动的源泉,各种

---

① 自利个人或者利己主义的思想在历史上起到过非常重要的作用。对此,马克思在《神圣家族》和《德意志意识形态》两篇著作中有明确的多方面的论述。

应急的、革新的办法都首先从这里出现,虽然最好的发现后来总是归落到资本家手里。"[1]

布罗代尔对资本主义和市场经济的区分有极大的启发作用,在他看来,资本主义是占据上层的那些大资本,而大量的小企业是被市场所左右的。[2]

4.3 市场的基础不是自利的个人

在道德和市场机制之间,传统的经济学做的是循环论证:市场的基础是自利个人,而自利个人的自利行为可以导致市场机制的完美实现。市场不仅依赖这个自利个人,而且会维持个人的利益,至于其他市场需要的社会性美德,要么就是这些美德丧失了作用,要么自动生成市场需要的社会性美德。

确实,在市场竞争的压力之下,某些美德如勤奋和节俭等会被市场所催生和维持。但是,大量的事实证明,市场机制和美德之间的关系,主要是市场对美德的单向依赖,市场本身无法生成如正义、信任等美德的。换言之,自利的个人既不是市场产生的条件,也不是市场能够自动维持的精神基础,市场和自利之间不存在相互支持的关系。不是自利的个人需要市场,而是市场需要信任、真诚和合作等美德。[3] 自利无法支撑市场制度的完美运转。涂尔干从社会学的角度早就发现,市场的合作力量不足,仅仅依靠自利的个人,在匿名的市场中,无法形成有效的合作。市场的特点,留下了太多的空间,让参与者可以通过搭便车甚至是通过投机方式获取利益,从一定时期观察,失德者得利是一个通常现象,显然,市场本身无力消除这种现象,不像古典思想家设想的那样,市场无法自发地生产出美德来。[4] 但是市场的运作又需要强有力的合作,因此,市场制度本身具有美德的需求与自身生产和供给美德的力量不足之间的矛盾。美德是市场的参与者需

---

[1] 布罗代尔:《15 至 18 世纪的物质文明、经济和资本主义——形形色色的交换》,第三卷,顾良译,北京:生活·读书·新知三联书店 2002 年版,第 736 页。

[2] 拉佐尼克在《车间的竞争优势》一书中指出:"马克思的一个基础性的理论贡献就是识别出,在非面对面的交易关系中不存在社会权力,而在面对面的生产关系中存在非常真实的社会权力。"(徐华等译,北京:中国人民大学出版社 2007 年版,第 14 页)

[3] 阿罗曾经说过:"仔细观察便会发现,经济生活中一个相当大的领域依赖于一定程度的道德约束。个人完全利己的行为事实上同任何有序的经济生活方式是无法相容的。信任及可靠等元素几乎是不可或缺的。"Arrow (1985),*Applied Economics*,140,转引自《道德的市场》,第 27 页。

[4] 米歇尔·鲍曼:《道德的市场》,肖君等译,北京:中国社会科学出版社 2003 年版,第 27 页。

要的要素,但是市场自身无力完整地提供。①

不过这还不是问题的关键,在这个讨论的框架中,一直是在市场与个人之间展开的,似乎市场的主体是个人,而且是自私的个人。这个框架是经济学的基本框架,但是,这个框架非常虚假,市场上活动的主体早就不是个人,而是企业了。在资本主义制度下,企业背后的力量不是孤立的个人,而是资本,换言之,在现实中,与市场对立的不是自私的个人,而是贪婪的资本。

4.4 维持自利主义个人价值观是资本的需要而不是市场制度的需要

市场制度需要最低限度的社会性美德,这是保证这个制度有效运行的一个条件。但是为什么主流理论一直把自利的个人作为一个理论的出发点和核心论点呢? 除了对古典理论的惯性坚持之外,只能说,这是资本自我掩饰的需要。

资本为了自身利益,不仅在市场上利用一切制度的漏洞,积累尽可能大的财富,凝聚尽可能高的力量。而且利用一切思想资源包装自己,把自己的利益包裹在华丽的理论外衣之下,深深地掩藏在市场机制之下,有意让人忽略自己的存在,把市场和资本混为一谈,这不是理论界的无意疏忽,而是理论界资本势力的有意掩盖。

资本在市场中,有几种方式来应对市场竞争的压力。首先是采取合法的手段,通过严格的管理和创新,来完成对市场的征服。这是唯一符合市场要求和社会道德的做法。但是,资本会利用市场体制的漏洞来获取自己的利益。在现代经济学中,这被置于机会主义倾向之下来加以分析。可以置于这个名目之下的具体行为形式多样,既包括价格欺诈、产品作假,也包括违约经营和虚假广告,这些背德现象在企业经营中广泛存在,而且无论大小,只要是监督稍微放松,这种现象就会出现。这种现象的广泛性令人相信,资本的本质是贪婪的,是需要严加管制的。但是,这还不是最严重的反竞争行为,最严重的反竞争行为发生在那些处于财富顶尖上的巨额资本,他们不仅操纵市场,构筑壁垒,实际上,这些资本是市场的规则制定者,他们确定对自己有利的规则,一旦出现不利情况,随时可以更改规则。资本的这种做法集中地反

---

① 中国市场上的注水肉一直是一个令人头痛的问题,实际上,注水肉不仅令消费者头痛,而且是令那些参与竞争的猪肉销售者头痛。反复增加的注水量,令竞争参与者一方面不得不参与这个游戏,否则就会被立刻淘汰出局,另一方面,所有的销售者都发现,不断重复的游戏令整个行业面临着毁灭的危险,因此他们亟盼终止这个游戏,但是,他们知道自己对这个局面无能为力,只能呼吁政府主管部门加强监管,恢复秩序。这个例子说明,市场本身需要诚实的品德,但是市场的参与者全体无法主动提供这个品德,市场所需要的一些必要的品德只有外部力量才能提供。

映了他们的反竞争本质。

但是,资本把自己化装成市场的代表,把自己的利益说成是市场的需要,把自己的价值观说成是市场运行的基础,坚持自利主义的价值观,是资本这种理论策略的一个构成部分。

通过对自利主义价值观的坚持,资本为自己的利益获取找到了有力的辩护。同时,自利主义的价值观,在资本的微观运行中,也是对企业管理对象的一个征服手段,让所有的非资本力量统一在资本的意志之下。

资本构造自利个人的方式是通过否定道德的基础来达到的。其实就是最偏激的学者,也认为在社会中存在着以公正和自我牺牲为特征的道德行为,这些行为没有任何功利目的。叔本华说:"对于发自内心的正直行为,如果不是故意找茬或者顽固不化的话,是无法否认的。"[1]但是,在经济学中,他们在构造基本理论时,不顾这些基本事实,也不顾大量的实验经济学的成果,坚持以自利的个人作为所有理论的出发点。实际上,我们观察现代西方形态的企业的时候,会发现这种理论灌输的结果,是使人们对人间的真情和道德存在做彻底否定,使所有的人都处于对他人的战争中,在这个基础上,建立了现代管理体系。这是资本需要的状态,这种状态就造成了。虽然不能说是阴谋的产物,却是资本的自身需要造成的。在这个基础上还妄谈企业伦理,实在是不得要领。

5. 资本与企业伦理

5.1 企业是资本存在的人间形态

资本在市场上是以企业的形式出现的。企业是资本的人间化的具体形式。企业的性质是资本性质决定的。私营企业的本质就是资本的本质。资本的贪婪和创造力,在这儿表现得非常清晰。不仅在市场经营中,也不仅在市场竞争中,包括在企业的内部管理中,资本的本性都不断地以各种方式透露出来。但是,企业是资本的存在形式,企业是以生产者的面貌出现在市场上的,是作为一个复杂的技术和社会系统存在的,作为一个存在物,被认为是独立于一切力量,包括独立于资本,企业似乎是一个独立存在体。

---

[1] 叔本华:《叔本华论道德与自由》,《论道德的基础》,上海:上海人民出版社2006年版,第140页。

资本的最终决定力量经过一系列中间物,被彻底掩盖了,似乎企业的错误是管理上的失误,或者是员工的操作上的失当,这些都和资本无关,终极原因被彻底掩盖了。因此,人们可以在技术和操作层面从容地讨论企业伦理问题,对管理者和经营者指手画脚,但是,一圈下来,发现效果甚微。如果不把资本的本性提出来,企业伦理的问题无法获得根本的校正。

5.2 资本与企业的区别及对企业的俘获

虽然在现代市场上,资本是以企业的形式出现的,但是企业与资本是不同的事物,各自有不同的发展轨迹,只是在一定的条件下,资本才可以和企业混为一谈。从历史的发展看,资本无法脱离企业存在。但是企业可以脱离资本存在,在资本俘获企业之前,企业有别的存在形态,企业也可以在资本俘获之后被重新释放。

在前资本主义时期,企业是小商人和小手工业者居主导地位,他们的工作方式是传统的,由于面对有限的需求,因此,这些企业都是规模微小、人数不多的小作坊和小商店。管理是家庭式的,虽然有一些小的本钱,但是,这是维持作坊发展的基本条件,并没有自我积累的需要,也不会突破区域和工作时间的限制,这是一种自我维持的生存方式。无论从经营方式还是经营目的,这些以小作坊和小商店为躯壳的企业都不是被资本所支配的。这些业主的经营与那些农业经营者没有什么不同,他们不是为了利润,而是为了生存而经营。

只有在技术和社会条件具备了之后,资本才通过收购等方式进入企业,把企业变成了资本意志的体现,企业也因此脱离了手工业者和小商人的控制,变成了一种资本自身积累的工具。

但是,即使在资本主义国家,也存在国有企业,从一开始就更多地服从金钱之外的逻辑,而不是服从金钱逻辑。例如,一些企业是为了解决利薄本重的公共事业而设立的,另外一些则是为了进行远期开发设立的,还有一些则是为了进行国际竞争设立的国有企业,这些企业虽然也符合韦伯所谓的合理化要求,但是,显然这些企业服从的是社会利益或者政治逻辑,而不是资本的逻辑。

所以,资本与企业不是一回事,只是在历史上的一定时期,资本才主导了企业,使人们把资本与企业混为一谈。尤其是在批判的思想家一方。

6. 资本对伦理的要求

6.1 资本作为体系机制的价值观念

这个价值观念的核心是盈利。资本的一切行为都是围绕着盈利展开的。一切准则最终也要服从盈利的要求。资本当然会参与市场竞争，为了在市场上获胜，他们会通过压缩成本、提高质量的方式来改善市场地位。不过一旦有机会，他们也会通过机会主义的方式甚至败德的方式取得有利的市场地位。[1] 在经营活动中，他们只注重一个指标，就是利润，他们会通过损益计算来决定自己的行为，而不是通过价值观本身决定自己的行为。这是所谓的合理化行为，或者说是工具理性行为。本身虽然也遵守规则，但是，这些规则被看成是技术性的，就是说，这些规则如果不被遵守，就会导致企业经营的损失，至于这些行为本身可能会对社会道德水平带来的影响是不在考虑范围内的。这样，实际上，资本的价值观会突破市场正常运转所要求的底线。导致市场的失衡，引发市场失灵现象。无论什么原因，市场失灵的最根本原因就是资本的破坏性行为导致的。

6.2 自由主义经济学对资本本性的描述

资本的这些作用，人们不是没有意识到，但是在主流经济学的分析框架中，资本的特征是以人的本性的形态出现的，资本的本性变成了人的本性。资本的特殊性变成了人的普遍的本性。然后，主流经济学通过一系列变幻，不仅资本的恶消失了，以人的本性出现的自私通过这些变换生产出了一个玫瑰色的美妙图景，曼德维尔在《蜜蜂的寓言》中通过对动物描述所构造的图景，通过经济学在人间实现了。

在市场中存在的看不见的手，可以自动地促使那些自私的个人为了自己利益的实现而不得不服从市场的安排，最终不仅实现了自己的目标，而且给社会带来了最大的利益。这个机制无须有意的选择和设计，通过个人理性和自私，就能产生意想不到的最佳

---

[1] 资本的贪婪是制度性的本性，例如，资本所控制的大企业不仅大规模地违规，而且不断地以各种方式来控制市场和社会，制造出对自己有利的局面，一旦这个局面失控，就会毫不犹豫地改变规则。从历史上看，早期贸易通常伴随着抢劫和偷窃，这些都是资本的一种本性的表现。不能简单地把资本的本性与人的自利特征相提并论，市场上小商小贩的斤斤计较，缺斤短两，甚至偷税漏税，都是人的自利本性的结果，这种现象是通过道德驯化而改善的，但是资本的贪婪则是制度性的，是无法通过驯化而改变的，只有抗衡力量才能压制。

效果。在霍布斯那里还威胁人类秩序的本性，到了斯密这里，就已经产生了戏剧性的变化，市场机制不仅没有压制人的本性，而且就是在这个本性的实现过程中，完成了机制自身的更新和发展。在这个图景中，资本不存在，只有市场和作为主体的自私的个体，这些个体不仅不威胁市场，而且还能够帮助市场机制的更新。自由主义的基础可以建立在无可辩驳的个人主义基础之上，人的解放获得了理论上的最理想的形态。

显然，在市场上，这些微弱的个体不能够控制市场，只能顺从市场的力量。市场模型把制度的优越性表现得无懈可击，完美无缺，而市场上充斥的欺诈、胁迫、不择手段和为非作歹都是偶发的行为，与市场无关，只是人性的表现。

实际上，在现实中，这些表现中最经常见到的失德不是人性的表现，而是资本的表现，以个人的主体取代企业，资本就退隐在孤立的个人后面，被从理论分析中消除，也因此就从人的视野中消失。似乎一切罪恶或者是人性的不完善带来的，或者是市场不完善带来的。自由主义构造的这个市场神话仅仅把市场推向了学者和公众的视野的前台，而把资本通过重重包装掩盖了起来，如果说，对市场的批判是找错了靶子，对资本的辩护转化为对市场的辩护，则几乎是有意采取的一种理论策略。

自由主义的经济学家相信，只要是在完善的市场机制下，人们通过市场的调节，就可以为谋求个人的最大利益而采取有效的沟通和协调。这样，市场运行所需要的伦理道德就会自动出现在市场中。但是，人们在现实中看到的事实是：这种伦理不会自动产生，即使协作和沟通行为广泛存在，所有参与者都知道这种行为非常不稳定，脆弱异常，一有变化，就会瓦解。

总之，理论是通过把市场推向前台，把资本的形态从企业转化为自私的个人，在这两个步骤完成之后，资本就隐身了。人们围绕着市场展开的辩论中，自由派很容易就占据了上风，加上20世纪50年代以后资本主义发达国家经济的迅速发展，有力地支持了这种理论，使市场作为制度的地位愈显牢固。而资本占据市场主导地位的事实被有意无意地忽略了。

7. 资本的本质分析

7.1 企业的本质并非天然属于资本，私营企业的本性才是资本的本性

企业的本性并非天然是资本的本性。从历史上，原始形态的作坊与农业家庭一样，

不是资本支配的,仅仅作为一种谋生的手段而存在,并没有无限扩展的野心,而是固守祖业、传扬家风的生存手段。这种原始的企业也参与市场活动,但是,仅仅是交换必要的生活用品,无论是企业的经营还是市场活动都没有任何资本的扩张意图在其中。这样的人物当然是俗人,但是也不会为职业观念约制着违背人类道德。他们没有职业特有的伦理准则,但是有职业骄傲。企业的本性是所有者的本性决定的。企业被资本所控制之后,资本意志就成为了企业的主导意识。按照马克思的看法,所有者不是作为个体,而是以资本在人世间的代表出现在企业和市场当中的,这就是说,作为企业的所有者,无论此公本性善恶、年龄大小,只要是正常思维,就必然按照资本的要求去行事。企业所有者是资本在世间的代表,他仅仅是资本的人格化,在市场和企业中丧失了个体的自由意志,只能按照资本的意志行事。

马克思的分析虽然也是严格的客观分析,但是在很多学者看来,过于激愤,渗透了对资本的仇视,不符合学者平和与宁静的研究方式。那么,可以暂时抛开马克思,看一看稍晚于他,并且常常作为马克思批评者的另一位德国学者韦伯的看法。

在分析资本主义的起源时,韦伯对资本主义的企业家精神的诞生过程做了极具启发性的分析。在这个分析中,韦伯对作为企业所有者的企业家[①]的精神发展做出了精致的分析,从中可以看出资本主义精神产生过程中,精神如何客观化为作为企业家本质性要求的过程。韦伯把这个发展过程分为两个阶段:第一阶段,在宗教伦理转变的推动之下,对世俗职业采取了肯定的态度,一批教徒严格按照宗教教义的要求行事,勤勉尽职,诚实肯干,推动了第一批企业家的诞生。随后发展进入第二阶段,随着企业家的增加,市场形成,最终迫使他们遵循固化的行为模式,这样他们就形成了现代的合理化为基础的行为模式。虽然韦伯分析的精彩之处在第一阶段,第二阶段的分析仅仅一带而过,但是他的阐释的主旨是清晰的,资本主义的企业家行为在本质上是合理化,这种行为是资本本性的凸显,是一种被固化的行为模式,这不是个人所决定的,企业家的行为方式是近代制度发展的必然结果。

且不说韦伯的讨论还会引发大量的后续理论问题,仅仅是把企业本性归结为企业家这一点,他与马克思的分析路径是一致的。分析在于对这个本性的分析。

---

① 俗称资本家,现在这个概念因为不好听被置于一边。但是,企业家和资本家的概念却并不完全一致,甚至随着历史发展有了很大的区别。

7.2 资本的反市场本性

如果说企业本性就是资本的本性，进一步的分析应该指明，资本的本性到底是什么。

资本不是一个新的经济现象，而是自古就存在的现象。但是资本取得对经济制度的支配地位，乃至最后完成对整个社会制度的征服，这一点确实是新的现实。

资本在经济发展过程中曾经激发了无限的创造力，使人类在资本取得支配地位之后不长的时间所创造的物质财富超过了人类产生以来所有财富的总和。[①]

资本以企业的形式出现在经济体制中，而这个体制最引人注目的特点就是市场体系。因为市场作为宏观制度成为一个突出的特点，因此，人们往往认识现代经济制度本质上就是市场制度，又因为资本主导的企业都是在市场上活动，因此，人们又把市场体制的调整归结为企业竞争，自然就归结为企业统治者的资本之间的竞争，似乎资本不仅是市场的主角，而且是市场机制的顺从者。

从一定范围内看，资本所主导的企业在竞争的压力之下，尽可能地压缩成本，提高效率，增进质量，以满足作为对立面的消费者的需要。唯此，企业才能生存。我们且不说那些出没于凄风苦雨之中的小商小贩，在与消费者一分一厘的斤斤计较、讨价还价中赚取蝇头小利之艰辛，就是大量的中小企业也是一丝不苟、兢兢业业地经营企业，丝毫怠懈，都有可能导致灭顶之灾。这中间当然少不了商贩对消费者狡黠的欺诈，也存在中小企业对员工残酷的盘剥，但是这些行为确实源自人的本性，是可以通过教育和惩处加以约制和避免的。

但是，这中间不是透露了资本某些本质的特征吗？确实，资本天然就具有反市场特征，他们构筑信息壁垒，采取一切合法手段，只要有可能，也会采取非道德或者反道德的手段，甚至非法手段，尽可能增强对市场的控制力，实际上是加强对消费者的控制力。资本也尽可能地规避市场规则，只有在不得已的情况下才被迫遵守。因此，与其说是市场运作过程中企业自觉履行职责，毋宁说是市场与资本的博弈中，当资本力量尚小时，市场或者消费者尚能约制资本出牌。但是随着资本的势力扩展，市场的约制力下降，这时候，资本的本性就会表现出来，一般认为大企业更为可靠，但是这些大企业不断地以

[①] 马克思、恩格斯：《共产党宣言》，"资产阶级在它不到一百年阶级统治中所创造的生产力，比过去一切时代创造的全部生产力还要多，还要大。"（人民出版社，第28页）

自己的作为告诫人们这种迷信的荒谬。

资本的反市场本性首先表现在经营策略上。这种策略的反伦理特征不是零星的、因为伦理审查不严而漏网的做法。相反,这些做法都是深思熟虑的系统自觉的策略。这些策略常常是在道德与法律应允的层面上构成,最终形成对消费者的控制力量,导致消费者失去自己的主张和选择能力,资本从而完成了对消费者和市场的征服,并且把自己反市场的本性深深地掩盖在市场中取胜的产品和策略之下。不但不受批判,反而被大学和研究机构的理论包装成辉煌的范例,并转化为动人的说教,受到从知识界到大众的顶礼膜拜。

其次,资本的本性在对待所有的竞争中也有表现。资本其实是厌恶竞争的,但是,大资本在面对竞争的时候力图以收购和并购的方式消灭竞争。在企业史的分析中,可以看到大资本在集聚和集中的过程中,通过收购和并购消灭竞争的残酷历史。例如,洛克菲勒的美孚石油公司在 19 世纪后半期,通过不断地收购并购,不断地消灭竞争对手,最终把巨大的行业掌握在自己一家手中。这些行为大部分是在合法的范围内展开的,但是,常常会突破法律的界限。大资本的本性,只有在那些国外行贿,在市场上垄断等事件中才偶然显露出一角。殊不知,这些事件仅仅是大资本反市场的系统方式的冰山一角,而这种反市场的做法,正是资本的本性所决定的。

7.3 资本的反人类本性

财产权是资本主义制度构建的根本权利,取代了上帝占据的神圣地位。从洛克开始,资产阶级的思想家就对私人财产权进行着学理和道德的双重辩护。财产权被认为是个人自由的基础。按说,随着社会财富分化,企业中以所有权表现的财产权用自由来辩护显得难以自圆其说。因此,学者们又从经济效率的角度,对财产权进行辩护[①]:企业私有化据说是最优效率的制度。在洛克和斯密那里与劳动相关的私有产权合理化理由被效率的理由所取代。为了效率,可以牺牲人类的一切美德,可以突破一切道德底线,以构造一个高效率的社会,无论为这个社会带来的大量人员下岗,还是带来由于财富极度分化所引发的社会不安,都可以不予考虑。而为了达成这个经济制度,甚至可以不择手段,赎买可以,贱卖可以,行贿受贿都有了正当的理由。在这种意识形态的包装之下,资本力量如水银泻地一般地完成了对财富的控制,并凯歌般地完成了对人类意识

---

① 哈耶克:《自由秩序原理》,邓正来译,北京:生活·读书·新知三联书店 1997 年版。

形态的征服。在资本的"成就"面前,人们变得诚惶诚恐,似乎一切与己无关的辉煌都应该被感激涕零地接受,而一切病入膏肓的疾苦不仅咎由自取,还应该进一步放纵资本的力量才能获得改善。

7.4 资本的反民主本质

资本从争取权利开始自己的政治历史,但是在争取自己的自由权利的同时,资本把企业内部变成了自己的独立王国。在资本与劳工力量悬殊的条件下,劳工的基本权利不断受到侵害,遑论劳工的民主权利。事实上,在现有的经济学构建的意识形态之下,不仅企业经营与员工无关,而且经营成果的分享更是员工的不情之请,于理不合,于法无据,即使个别员工有机会参与计划,这不是出于必要,而是一种近乎施舍的安排,求得的回报是员工的感恩戴德,一旦与股东权利发生矛盾,这些施舍可以随时一笔勾销。企业命运与员工无关,企业倒闭,损失的是资本,员工付出的劳动,付出的时间和情感,所受到的损失,可以忽略不计。

在企业伦理分析中,如果不清晰地辨识出资本本性对企业行为的本质性影响,企业伦理的讨论就只能停留于隔靴搔痒的层面中,一些良善的改进建议甚至可以成为资本掩饰自己本性的幌子被使用。

当然,对资本的本性分析并不是要消灭资本,资本作为一种创造性的力量,有着不可替代的历史作用,在认清资本的本性后,要采取切实的措施对资本的负面作用加以利用、限制和约束。对中小资本加以鼓励和必要的保护,并同时伴有教育,对大资本和一切本质上邪恶的资本力量加以严厉控制。

8. 市场和资本的价值观的混淆与冲突

无论资本还是市场,作为一种机制的运行,都是在一定的价值体系支持之下展开的,同时,体制的运作,不仅会产生物质和制度的后果,也同时会产生相应的价值观念。而支持一个体制的价值观念和这个体制所产生的价值观念本身不一定是重合的。

8.1 市场和资本价值观的混淆

在伦理讨论中,人们经常把商业伦理和资本的本性混为一谈。把本来属于资本的东西归结为市场,而为了辩护,又把本来属于市场的东西归为资本。这种混淆在学者的著作中随处可见。例如,德沃金在讨论人们对市场的批评和赞许时,认为人们以相同的理由,却对市场做出了不同的评价。"首先,人们称赞它是一种界定和达到社会目标的手段,这些目标有繁荣、效率和总体功利等不同说法。其次,它博得人们的喝彩,是因为它给个人自由提供了必要的条件,使自由的男男女女可以发挥个人主动性并进行选择,把命运操于自己手中。"①这些赞许显然是对自由和效率的赞扬。其实,对市场,自由不是结果,而是前提,如果没有自由,市场就无法存在,至少是无法有效地运行。因此,市场虽然能够使人们把命运操控于自己手中,但是,自由是更大的制度给予的,而不是市场产生的自然结果。不过,这还不是主要的混淆,德沃金认为,人们依据上述两个同样的理由,"经济市场都被视为平等的敌人,这主要是因为在工业化国家形成并得到加强的市场体制的形式,允许甚至实际上鼓励财产的巨大的不平等。因此,政治哲学家和普通市民都把平等描绘成据说受到市场助长的效率和自由这些价值的对立面或牺牲品。"②可见,这种对市场的看法流行于专业学者和普通市民之中。其实,这里面所指出的问题不应该由市场承担,而是应该由资本承担。正常运行的市场是不会产生巨大的不平等的,但是,资本所构筑的反市场力量,尤其是垄断所造成的不平等竞争,才会导致市场运行产生这样的结果,这个结果不是市场的正常运行结果,而是资本在市场上作为的结果,不应直接归罪于市场。

不过,好在无论德沃金怎么实际看待市场与平等的关系,他还是论证了市场是平等实现的一个最好机制。这个看法是正确的,市场虽然不能主动产生自由,但是,正常的市场运行确实可以导致平等的产生,但是,前提是市场的机制是健全的。

8.2 市场和资本价值观的冲突

通过上面的分析,可以看出,资本和市场之间所需要的价值观是不一致的,甚至大部分地方是冲突的。市场为了维持自己的有效运作,需要人类美德作为基础,包括正义的观念、诚信的行为方式以及忠诚的品质等。而资本作为一种谋求自身最大利益的力量,不断地突破道德的约束,以效率为核心,以自利的个人为基础,构造了一整套的话语体系,这些话语体系也标榜美德,但是核心的是效率,围绕这个效率,仁慈等传统美德的地位彻底丧失了。正义被效率所解释,支持效率的就是正义的,否则就是不正义的。亚

---

① 罗纳德·德沃金:《至上的美德:平等的理论与实践》,冯克利译,南京:江苏人民出版社2003年版,第68页。
② 同上。

当·斯密那里作为德行基础的同情,在资本主导的品德体系中,彻底被放逐。这套被重新按照资本意图建立的德目表随着经济学等学科体系的普及而完成了对主流思想界和日常媒体话语的征服。成为日常生活的主导。我们通常认为文化革命是对中国传统伦理的最大冲击,但是在回望我们现在的企业伦理所主导的社会伦理时,我们突然发现,传统伦理在这套资本伦理的冲击下已经溃不成军,七零八落,残破不全了。

9. 构建抗衡力量——企业伦理建设的任务

企业伦理的建设无法依靠资本主导的企业自身的力量。因此,建立企业伦理体系并且维持其正常运转,需要社会构筑强大的抗衡力量。

抗衡力量是来自美国经济学家加尔布雷斯的一个看法。他认为,随着企业规模不断扩大,必须有强大的抗衡力量才能使大企业的行为有所约制,不能无孔不入地胡作非为。[1] 通过上面对资本主导的企业的分析,可以看到,资本本性所决定的贪婪是不能依靠其良心发现来限制的,这种本性决定了资本要不顾一切地追求以利润为核心的利益。为了有效地限制资本,必须通过全社会构建的抗衡力量来实现企业伦理的贯彻和执行。

这个抗衡力量的构建在以下几个层面上展开。

第一,要让全社会认识到资本所控制的企业所具有的天然的反竞争和反民主倾向。通过社会议程把资本本性的特征加以揭示,让人们意识到资本的本质。从而建立把资本控制的企业置于社会的监督之下的社会意识。

第二,市场的作用。要加强市场机制的建设,使资本面对其他资本的竞争,在竞争中实现相互约制。

第三,利益相关者的作用。企业虽然被资本所控制,但是作为一个体系与生活世界相交汇的平台,这个平台上轮番登场的主体是多元化的,这些主体包括了员工、消费者、政府、社区和媒体等,他们都有自己独立的或者相互关联的利益诉求,因此,他们的存在和发展是抗衡力量的基础,通过不同方式,明确提出和坚持自己的利益诉求。这些人的利益的相互表达是企业伦理准则的基本来源之一。

第四,政府的中立化。体系的两个构成部分分别是经济体系和政治体系,在资本没有受到强有力的挑战的情况下,它很容易俘获权力,形成一个联盟。这是我们目前面对

---

[1] 加尔布雷斯:《美国资本主义:抗衡力量的概念》,王肖竹译,北京:华夏出版社2008年版。

的危险现实。政府权力必须中立化,把资本和劳动等量齐观,公平对待。并且通过立法和执法的手段,不断加强对企业的压力,迫使企业不仅遵纪守法,而且也做一个良善的公民。

第五,知识分子的作用。知识分子应该作为社会的良心发挥独立的力量,在对社会长远利益的表达上坚持自己的独立见解,形成社会长远意愿的表达,并且把这种表达作为企业伦理准则的来源之一。

第 5 章　社会的"资本化"——对企业伦理现状的几点讨论

1. 资本的支配——三鹿和双汇事件的真实含义

从三鹿事件到后来的双汇火腿事件,从国内的大规模行贿现象的现实,到国外那些被法律管束甚严,所以显得道貌岸然的跨国公司在中国的行贿事件,这些看起来不相关的事件背后的推动力量是什么?为什么大规模的败德现象屡禁不止、愈演愈烈?人们从政治制度的不公开,从人性的贪婪等角度做了多方面的解读。但是,很少涉及一个基本的事实,在中国,资本的力量不仅控制了大量的物质财富,从而把企业和社会纳于自己的帐下称臣。[①]更为重要和可怕的事实是,资本在意识形态上击溃了几乎所有的竞争对手,完成了对意识形态的征服,格式化了全社会的伦理观念和认识方式,成为了主导形态的社会意识。

通过物质和意识的征服,资本已经化入社会机体的各个层面和各个要素中,在不知不觉中渗入到人们的意识中,改造了人们的认识方式,控制了人们的行为方式,甚至人们的喜怒哀乐等情感活动都受到了资本的影响和控制。可以说,资本在中国已经到了水银泻地一般的无孔不入的程度。这种现实用一句话来表述,可以说是"社会的资本化"。

[①] 亚当·斯密曾经说过,对他人的尊重可以来自其品德,也可以是对物质财富的尊重,而品德需要长时间的积累,而财富积累的速度往往超过品德,因此,人们宁愿冒险通过不名誉的手段获取财富,以获得社会尊重。见亚当·斯密《道德情操论》第一卷第三篇第三章的论述。马克思也在《1844年哲学经济学手稿》中谈到类似的问题,认为资本主义把钱作为最高的善,导致了有钱人成为尊敬的对象。

第 5 章　社会的"资本化"——对企业伦理现状的几点讨论

人们很容易把大面积的假冒伪劣产品的泛滥看作是人们贪婪本性的一种自然表现,这种看法并非无理,人们的贪婪是随处可见的一个事实,是与时代和社会制度无关的一个事实。韦伯就曾经指出过,如果说贪婪,十字军的骑士、中国古代的官员,甚至是中世纪的僧侣,无不表现出自己的贪婪。① 因此,我们可以看到,19世纪中国出口的棉花中,就有人掺水和夹杂石块等物品以提高重量,通过这种败德的方式获取收益。但是,只要认真分析,就可以知道,上述的败德现象与现代企业中大规模的造假现象是性质完全不同的两个事情。人性的贪婪和制度化的贪婪有不同的运作机制,也有不同的结果。

三鹿事件具有典型意义。造假掺杂三聚氰胺的不是三鹿公司自身,而是那些个体的奶农,可以说,这种做法至此还是在人性的贪婪范围内,公司管理层一开始并没有意识到这个问题。随着市场上问题的逐渐暴露,公司管理层才开始意识到产品问题的存在,经过检查,发现是采购的奶源有问题,这时候本应该采取严厉的措施加以控制,并且对相关产品进行处理。但是,所有在企业中担任高级管理职务的人都知道,这时候管理者面临的压力和选择,他们需要处理的问题远不是那样简单,他们要对经营形势做一系列复杂的分析判断:产品质量问题的影响有多大?是不是需要立刻中断生产?库存的产品还能不能发货?库存的原材料如何处理,是立刻销毁还是处理后继续使用?在这些选择面前,管理者可以做到的是,找出原材料供应问题,中断这些有问题的原材料的供应,甚至处罚相关的供应商。但是,他们很难对上述的问题做出完整、迅速和准确的决断,因为他们必须保持公司生产经营的正常进行,必须减少相关的损失,一旦造成损失,股东或者上级要追究责任,员工的奖金要受到影响,连税收都会减少。因此,他们要评估这些问题的后果,而这些后果评估本身似乎此时已经不是价值判断问题,绝大部分变成了技术问题了。管理者在这些问题面前,已经不具备完整的判断能力,也因此似乎减少了自己的责任:把问题交给技术专家。技术专家当然是采取一系列技术指标来评估产品的影响,他们把不同的后果指标交给管理者,就像日本地震中受损核电站每日所报核辐射情况那样,一组组技术指标摆在了公众面前,管理者和公众一样,不知就里,只能根据专家的意见采取措施,专家可以告诉你三聚氰胺的含量多少是一个可以接受的指标,管理者就此决策。本来管理者有很多种选择,他们完全可以果断中止生产,但是

---

① 韦伯说:"获利的欲望,对盈利、金钱(并且是最大可能数额的金钱)的追求,这本身与资本主义并不相干。这样的欲望存在于并且一直存在于所有人的身上,侍者、车夫、艺术家、妓女、贪官、士兵、贵族、十字军战士、赌徒、乞丐均不例外。"(《新教伦理与资本主义精神》,第8页)

很少有管理者能够做到这一点。因为他们面临业绩的压力，他们在可以接受的范围内，一定首先要保持生产的继续，保持市场经营活动的展开。他们并非没有意识到问题的严重，但是，一方面技术专家的意见成为他们决策的依据，价值判断被技术判断所取代，另一方面，他们面临着经营压力，职业准则取代了人类的一般伦理准则，他们可以甚至必须以这种职业准则来指导自己的行动，最终导致对个人和对社会无可挽回的巨大损失。

显然，这里，已经不能用个体的贪婪来解释这个问题了，这类问题中，企业经营者在面临不同伦理准则的冲突时，选择了一种最为切近的行为方式，尽管他们知道这种方式面临着风险，但是，他们必须这样做。他们甚至认识到，如果按照后来人们指出的那样，果断地终止生产经营活动，是对企业和雇员以及股东的不负责任，因此，他们在评估风险时，甚至认为自己的选择是对自己懦弱本性的克服，是一种必要的社会和职务担当。不仅主要管理者自己这样认为，实际上，所有被卷入到事件中的高级管理者在这种危机的局面下，几乎都毫无保留地支持这种做法，这显示出人们所遵循的主流的伦理观念不是来自生活本身，而是来自职务和企业。

显然，这种做法所包含的内在含义与奶农的贪婪不同，这里面不是一种个体的对财富非法攫取的贪婪，而是一种对群体和企业的责任的表现。这是他们这些企业高管的行为指南，他们之所以能够结成团伙，无所顾忌地一往直前，就是因为他们认为这种风险无非是企业经营中的无数风险中的一个，这种风险与企业开拓新市场的巨额投入并无性质的不同，与开发新产品的技术风险也相近，因此，这种职务所带来的风险出现时，他们必须以相应的责任感和担当精神勇敢面对。汉娜·阿伦特在对艾希曼审判的总结性评论中，根据这个纳粹军官从一个正常的军官变成杀人恶魔的过程，提出了"邪恶的平庸性"的看法。而三鹿事件中展现的则可以进一步被认为是一种"邪恶的高尚"，当事人以自我牺牲来实现着他们所认可的企业利益。

当然，遮掩也是必要的，但是这种遮掩也是一种经营的必要，主要并不是做了坏事以后的心虚。就好像巨额市场或者技术开发投入不必向市场人员和技术人员清楚交代是一个道理。

这样，这些管理人员在不知不觉中，甚至在有些悲壮中走向了背德甚至犯罪。

毁掉他们的是贪婪吗？毫无疑问，有这个因素在其中，但是，难道不是他们职务和责任压力导致的一种常规选择吗？其他管理者在面对这个问题时，不是也会采取这些措施加以处理吗？当然，管理者一旦选择了保守一些的方案，可以避免至少是减少损失,也较少地殃及自身,但是,一旦事件平安度过,他们可能会受到指责:在关键时刻把自己的利益放在了企业之前,他们自己也可能后悔,为什么当初不能更多地担当一些。

因此,可以说,在这类事件中,毁掉这些管理者的不是单纯的发自人性的贪婪,而是一种制度性的行为方式,是一种非贪婪的贪婪,是制度贪婪的结果。试想,在一个个体的作坊中,如果一个产品已经给邻居客户造成了影响,他还能心安理得地继续生产吗?即使他继续生产,他的良心不受责备吗?他有什么能给自己解脱的理由吗?但是,在现代企业中,这样大规模的犯罪,管理者尽管在面对法律惩处时感到后悔不迭,但是,他们有一系列解脱自己的理由,因为这是职务所在,守土有责。

这种解释显然超越了人类的良心,但是却是建立在理性的基础上。我们在三鹿的高管那里听到了这种解释,我们在洛克希德总裁行贿后听到了这种解释,我们也在日本东京电力公司高管在地震后一系列言论中听到了类似的解释。尽管这种解释建立在理性基础上,但是,这种解释依然是错误的,因为这种解释所赖以建立的制度基础就存在错误,这种制度就是资本本性的体现。企业高管行为的指南是资本化的意识形态和伦理准则的一个具体体现,企业高管没有错误,错的是这种意识形态支配的伦理观念。这种伦理观念以效率取代了美德,把效率看得高于一切,美德只有给效率让路。当然,失败的不仅有美德,资本的意识形态以自由击败了平等,以利润击败了正义,以专制击溃了民主,以利益取代了良心。似乎一切都在理性的计算面前,但是,人类几千年积累的道德观念全部要在资本构造的观念前重新衡量和评价,丧失了原始的合理性。我们的伦理观念都要重新以资本为基准,重新构建。①

这种被马克思称为异化和卢卡奇称为物化的现象包含了复杂的内容:管理者的异化和劳动者的异化具有不同的意义,劳动者的异化是他们与生产对象的分离,而管理者的异化是他们职业观念与人类美德的分离。他们在不得不屈从于资本构建的职业观念同时,不得不常常突破人类道德的底线。

---

① 津巴多在斯坦福监狱实验结束三十年后,在对这个实验的总结性著作《路西法效应》中,对人性在实验中的漂移做了解释:"斯坦福监狱实验得到的其中一个重要结论是:不论是细致或明显的情景因素,皆可支配个体的抵抗意志。"(前言,V)面对实验中暴虐的"狱卒"和沮丧至崩溃的"犯人",人们提出了不同的解释。传统的角色理论认为人们进入角色后,以角色的要求来规范自己的行为。而津巴多则是利用环境压力来解释实验中这些学生的行为和相应情感与伦理准则的快速演变。对于三鹿事件,这两个解释均有效,可以从不同的角色让我们审视案件中主角行为的深刻含义。在稍微深入探究之后,人们就会吃惊地发现,如果在现有的教育体系和知识体系下,把本人代入事件,替代原来的主角,我们也会推演出同样的行为。换言之,我们在同样的情景下,也会犯同样的错误。原因在于,无论是主角上演的剧本,还是环境提供的行为逻辑,在现代企业中,只有一个资本的效率逻辑,而这个逻辑必然导向同一个行为。

因此，我们社会上大面积的假冒伪劣现象，实际上是两个不同现象叠加的结果，第一是人类本性贪婪的表现，这种现象本来是可以制止的，但是，叠加在资本所构建的制度性贪婪上，这种现象非但没有被制止，反而被大大扩大了，成为了制度化的现象。这是今天大规模假冒伪劣产品泛滥的真实原因。仅仅通过构造企业伦理本身的准则是无法彻底解决这个问题的。因为企业伦理本身对这两个层次的贪婪都是失效的。对于发自人本性的贪婪，不是企业伦理，而是个人的伦理就能够起作用的，在伦理失效时，只能依靠惩治来限制其发展。而对于资本制度所激发的贪欲，企业伦理似乎有一些针对性，但是，只要资本所构造的意识形态还存在，这个问题就不能从根本上杜绝。每一个管理者会不断地突破企业伦理的界限，按照资本的要求来履行自己的职责，而不是相反。

资本的特征是贪婪，但是贪婪不是资本独有的特征。贪婪也是人性中固有的弱点，因此，我们可以看到在市场竞争中弱不禁风的小商小贩也存在着缺斤短两、坑蒙拐骗等现象。但是资本的贪婪不同于那些小商人，这些小商贩的缺斤短两等行为是人性弱点的表现，这些行为的出现伴随着商人们的自我责备和羞耻，也冒着被拆穿把戏之后的责罚，还伴随着公众的质疑和斥责。这些责罚可以是经济上的，也许就是舆论的指责和申斥。

资本的贪婪不同于这些，资本是通过制度实现自己的贪婪的，这种贪婪被掩盖在了合法的外衣之下，他们可以采取合理的广告和推销方式，消费者在被掌控的条件下，进行自己的消费。资本积累所带动的大企业，采取了很多近似合法的手段进行产品推销，这些方式包括了回扣等方式，但是这些方式都是在交流、学习等形式中完成，这些实际上的贿赂手段在资本的包装之下，已经完全合法化，甚至高尚化了。而其他那些疑点重重的经营行为，经过经济学和管理学理论的包装，可以使采用者打消疑虑，顺畅地采取这些行为。

因此，资本的贪婪不同于小商人的贪婪，资本的贪婪是制度化的，是资本自身的需要所锻造的。这种贪婪非但不伴随着羞恶之心，反而可以趾高气扬地在理论大旗下宣传自身。

正因为资本的贪婪不同于小商小贩，所以，在制度化的范围内，资本还是为人类积累的涉及个人的道德观留下了存在的余地，例如、忠诚、诚信等，虽然是在很狭窄的范围内，但是终究留下了余地。这是一个很矛盾的现象，在市场上的小商贩那里，很多人类品质是伴随着罪恶感而失却了，而资本掌握的企业中，却在无罪恶感的情况下做着违背道德的事情，同时也能为一些古典品德保留存在的空间。

对抗小商小贩的贪婪是加强监管和加强教育。但是，对抗资本的贪婪就远没有这样简单了。企业伦理在这里的作用不是一个说教者能够发挥的，必须从根源上揭露资本贪婪的本质，把资本控制的企业置于强大的对抗力量之下才能够杜绝相关的问题。

2. 社会资本化的其他表现

全社会对资本丧失警惕和放弃抵抗久矣，人们已经忘记了资本的邪恶，只知道驾驭市场的资本带来的财富的增加。资本不仅征服了企业，而且把自己的势力范围通过教育和知识传播输送到了社会的各个层面与各个角落。

2.1 国有企业行为的资本化

对国有企业的作用和本质的认识，在经历了一个长长的转变之后，人们逐渐接受了西方经济学中对企业的定义方法：认为企业是一个营利组织，因此一切活动都是围绕着利润展开的。营利组织的经营方式、经营组织和经营方针都应该围绕着盈利目标展开。国有企业除了资产属于全民所有之外，就其企业的性质，与私营企业并没有什么不同，它们必须以盈利为目的，因此，私营企业的一切活动方式都是国有企业模仿和学习的对象，要以私营企业的模式为模式，以私营企业的行为方式为方式来展开经营活动。这样就需要对国有企业做彻底改造。

国有企业的改造结果是，它们依然脱离市场，在垄断领域中以垄断的方式经营，但是，接受企业经营模式最快的地方是管理层的工作方式和收入分配模式。它们可以按照业绩考核来确定自己的模式，因此，很多人获得的收入等于甚至远高于跨国公司首席执行官（CEO）的收入。他们学会了像那些跨国公司高管一样地享受奢华的职务消费，出入高档宾馆酒店，在高尔夫球场挥杆，过着灯红酒绿、纸醉金迷的生活。与官员们只能偷偷地享受这种生活不同，国有企业的高管们可以明火执仗地公开行动，因为他们是"企业"的管理者，他们享受的是企业创造的财富。他们是企业家。

其实，抛开建立国有企业的意识形态原因，国有企业存在的原因也是非常复杂的。作为发展高新技术产业的主力军，作为参与国际竞争的国家队，作为国计民生的稳定器，国有企业在整个经济社会的发展中，负有重要的责任。即使那些在垄断领域中占据支配地位的企业，获取了丰厚的利润，这些企业的业绩也不是能够简单地归结为这些管理者的经营能力，毋宁说这些成绩是其垄断地位带来的，其收益自然应该归于取得这种地位的体制。但是,国有企业管理者却接受了西方经济学和管理学的理论,认为他们是这些成绩的主体,在考核制度之下,应该分享这些成果。和私营企业不同的是,在私营企业中,是股东们和董事会提出苛刻的考核条件,高管们必须接受,以此作为自己任职的前提。而在国有企业中,是高管们主动提出来要对他们进行业绩考核,并且根据考核结果进行奖惩的。通过这种主动的改革,他们就从公务员的低收入的队列中脱颖而出,成为社会上收入最高的一群人。应该说,在国有企业的改革中,这是最容易被接受、最容易推广的改革了。

但是,这种做法是合理的吗?显然,从一般企业经营的角度看,以经营业绩作为考核标准是再合理不过的方式了,高管人员的努力毫无疑问与业绩存在着关系,尤其是那些在市场中进行活动的企业。但是就是私营企业,这种关系也是需要认真推敲的。考虑国有企业的特殊经营地位以及国有企业的特殊历史和现实使命,把国有企业仅仅看作一个一般的企业,这是一个误解,为资本意识形态进入国有企业建立了一个通道。上述这些现象的背景虽然非常复杂,但是资本原则被主动或者被动地采用确实是一个值得深思的现象,无论如何,这是资本意识形态取得支配地位的最好的注脚。

把所有的企业都作为"企业",似乎存在着一个"企业一般",这是至今占有主导地位的看法,在这个看法之后,把企业都看作按照同一原则组建起来的同一经济单位,然后把资本的意志贯彻进去,这样就使资本在意识形态上取得了对国有企业的支配地位。

2.2 领导行为的资本化

从行为层面上看,企业管理为了提高效率,无论从技术要求上还是从管理的原则上,都要求实行首脑负责制。[①] 这个管理特点确实符合资本的本性:专制。专制和专职只是相近,并不相同。但是企业以效率为名,可以把专职变为专制。于是原来群众可以参与的管理,在资本的要求下,变成了专制。在现在网络上流行的各种企业下层讨论中,都已经不再是如何参与管理,而是如何适应上级,哪怕上级脾气坏,下级只能自认倒霉,强迫自己去适应。

如果说,企业的专制还有专制的理由,但是,现在的专制行事风格已经成为当今中国各个组织的一种普遍风格,企业管理机构可以专制,行政管理机构也可以专制。议事机构的委员会也变成了一言堂,所有机构,无论是作为主官,还是主持人,只要自己站在

[①] 对这个问题,恩格斯曾经在《论权威》一文中做了历史上较早的、详细的说明。

组织中心,就以专制风格行事。中国近代从来没有实现过社会的宏观民主,但是,原来在国有企业中费尽九牛二虎之力建立的微观的组织民主,现在已经全面崩溃,在任何一个组织中,几乎都变成了首脑负责制,并且直接把首脑负责制变成了专制行事。官大一级压死人,本来是形容军队这个作战组织的指挥原则,现在变成了全社会的原则。不仅公仆不再,就是商议也变成了一种无能的表现被剔除出组织的运行方式。

2.3 国有企业的利润——国有企业意识形态资本化的一个表现

每年中国石油巨头公布年报,是最挑动社会神经的一个时刻,高达数千亿的利润,用日进斗金都不足以形容。而这些企业在政府的支持下,不但可以随着国际市场的油价上涨而上涨,还可以以上下游的不平衡为理由,从国库获得巨额补贴。以致每次油价的上涨都成为网络上一个撒气的出气筒,不断成为被攻击对象。

石油公司倒是从容应对,任凭风浪起,稳坐钓鱼船,只要是价格波动,我就涨价。似乎拿准了主意与全民对抗。对自己的行为不解释、不中止,对批评意见不理睬、不正视。

本来是国家利益的守卫者,在人们心目中,已经堕落成为全民利益的盗取者。造成这个问题的原因是多方面的。国有企业没有理直气壮地对复杂的国际局势中占据资源制高点的意义做充分的阐释,以致人们没有看到民族利益守护的必要性。

但是,国有企业的行为确实没有表现出这种利益守护者应有的责任感和崇高性,相反,其行为更像是一个利益集团,以自己的利益为核心,画地为牢,不断地扩充势力范围,人们没有享受的国有企业丰厚利润,成为了他们自我支配的资源。难怪全社会对此多有诟病:企业不仅自享全民的成果,甚至以这些成果拥兵自重,要挟政府,成为一个利益集团。国有企业果然把自己看成是与私营企业一样的纯粹营利组织了。以自己的成果比作市场化企业的经营成果,并且按照市场化企业的方式确定高管人员的收入,更不用说巨额的在职消费。以自己是企业为理由,把这些在政府机构中不合法的消费转为合法的经营行为。所有这些做法都是把国有垄断企业看作企业,并且把这些企业等同于私营企业的营利性质,并以此来确定自己的行为,导致在这里全民利益受损。这是资本化的一个副产品。

2.4 政府行为的国内生产总值(GDP)化

就其本性来看,这种现象其实是资本社会化的一种表现。是资本在企业构筑的行事风格向全社会推广的结果。是资本意识形态的现实化结果。

政府本来是一个通过社会资源的运用来为全社会服务的工具。它应该为社会各个阶层服务,并且成为各个阶层关系的平衡器。但是,现在的政府行为变成了以 GDP 为核心的经济增长工具,其他一切妨碍经济增长的行为与思想都受到了打击和清理。这种现象可以看成是资本化的效率观念对社会公平和正义观念的取代。这是资本化最令人瞠目的自我实现:居然把自己的意志深入到了政府的机体中去了。通过这种观念的征服,资本取得了实实在在的利益:他们以很低甚至无偿的代价取得了原来属于全民的资产,只因为据说原来这些资产运营效率很低。他们在承诺提高运营效率借口下取得资产后,首先看到的就是大规模的下岗和资产变卖,社会的公平被严重破坏,但是,他们以自己获取的财富炫耀于世,说服政府为了 GDP 进一步提供更多的资源供他们运用。GDP 成为硬道理,公平和社会共同富裕成为被嘲弄的对象。工人阶级被肢解为下岗职工,尊严尽失,成为了被救助的对象。

3. 社会特性角色分析

特性角色(character)是麦金太尔提出来的一个概念,是相对于社会角色(social roles)的一个概念。他认为,在社会中存在一些特殊的社会角色,这些社会角色的扮演者占据着重要的地位,对其他社会成员有着深刻的影响,大家是以这个特色角色为参照来完成自己的社会职责的。"他们以一种其他许多社会角色所不具有的方式,把某种道德束缚置于那些角色承担者的人格之中。"[1]在麦金太尔看来,特性角色不仅是某一种社会的代表,也是某一种文化的表征。从社会角度看,这些特性角色代表了社会的中坚,是社会的代表,从不同文化的比较看,这些特性角色也代表了不同的文化,不同文化的界限就是这种特性角色规定的,"各个不同文化本身所特有的东西从根本上也就是其特性角色所特有的东西。因此,维多利亚时代的英格兰文化在很大程度上是由公立学校校长、探险家和工程师这些特性角色来界定的;而威廉时代的德国文化则是由诸如普鲁士官员、教授和社会民主党人等特性角色来界定的。"[2]在本书的视野中,社会特性角色也是社会优秀道德的体现者。

麦金太尔对特性角色概念的解释包含了两个主要内容,除了上面所提出的特性角

---

[1] 麦金太尔:《追寻美德》,宋继杰译,南京:译林出版社 2008 年版,第 31 页。
[2] 同上书,第 32 页。

色的社会作用,他还有一个更精细的技术性解释,在他看来,这种特性角色很大程度上是通过社会认知,对这种社会角色的内容做了基本规定,这种内容不是一个随意的解释,而是社会通过自己的预期,把特定的道德内涵加于这些角色中。也许就是在这个意义上,麦金太尔才说:"在特性角色中,界定行为的可能性方式也比一般的情形要有限的多。"① 为了解释特性角色的含义,麦金太尔还使用了戏剧角色的方式,其实最好的例子是他不太知道的中国戏剧的脸谱。每一个脸谱,甚至脸谱的颜色都有固定的含义,这个含义规定着角色的内在特征,并且影响着剧情的发展方向。

从麦金太尔举出的例子看,可以对当今中国的代表性特性角色做一个筛选,把企业家、职业管理者、经济学家和政府官员作为代表性的特性角色来分析。这几个角色所包含的社会尊重和社会期待显示了他们作为群体在整个社会中的优越地位。从这几个角色的特征,也可以看出整个社会的期望和倾向。首先企业家是一个最具进取心的群体,在复杂多变的市场上寻求商机,或者在急速发展的技术中寻找产品,也可能仅仅是改进生产方式,这些都导致了新的生产力的诞生。职业管理者是一个复杂的群体,包括了国有企业的高级管理人员和外企的高级管理者及私企的高级管理人员,这些人不仅掌握着企业的经营资源,而且有强大的社会关系网络,成为社会上最有影响力的一个群体。经济学家则是另外一个群体,大家相信,近三十年的经济高速增长是这些经济学家的功劳;这个群体对于快速发展的经济有透彻的理解,可以像指路明灯一样为大众提供经济发展的预测,可以避免经济发展这列快车的颠簸。政府官员则作为一个群体,他们手握重权,中国人喜欢用父母官的称呼来标示这个群体,他们可以让人上天堂,但是,也可以让人下地狱,这些人让人又敬又怕。尽管他们的社会声誉一向不好,但是不妨碍公众对这个群体保持先天的敬畏。

但是,这是一个一般的描述,公众对这些特性角色的看法与期待并不完全吻合。在公众的长期观察中,企业家诚信首先在他们提供的产品中破产了,不仅充斥市场的假冒伪劣产品造成灾害,就是那些以巨额广告支撑的"名牌产品"也是质量堪忧,三鹿奶粉等造成的巨大社会灾难,让人们对企业丧失了基本的信任。但是,公众一开始并没有因此失去对企业家品德的信心,公众宁愿相信,这些问题是管理不善造成的,并不是出于主观故意,待以时日,这些管理问题可以随着水平提高而得到自然的改进。但是,随着时间的推移,公众发现原来这些道貌岸然的企业家义正词严的讲话,尤其是那些冠冕堂皇

---

① 麦金太尔:《追寻美德》,宋继杰译,南京:译林出版社2008年版,第31页。

的道德宣示都是骗人的谎话,在蒙牛事件之后,这个群体的信用在作为公众人物的企业家的信用破产之后全面溃败了,再没有人相信这个群体的宣言式的讲话了,他们宁愿相信这些企业家在道德上和缺斤短两的小贩没有什么两样,只是企业家说谎所造成的影响更大就是了。

相比美国19世纪末期的企业家,中国的企业家更加世俗一些,没有受到过严格、系统的道德教育,也没有稳定的信仰。这与美国早期发展中的范德彼尔特和洛克菲勒以及摩根和福特等人不同。这些美国的企业家大部分出身贫寒,也没有接受完整的教育。但是这些人物都是名动一方的绅士精英,有良好的宗教背景为基础的家教,导致初期的百万富翁都是靠自身的努力和机遇造成的。这些人还保留着家庭传承的基督教传统。因此,这些人物表现出在其他文化中矛盾的特性,一方面这些人贪婪地攫取财富,并且在攫取过程中异常狡诈,不择手段地达成财富目标。但是这些人身上还有另外一面,这些人谨言慎行,节衣缩食,绝不有一点浪费,例如,洛克菲勒长期保持着乘坐公共交通的习惯,是一个在公共领域中的恶魔和私人场所的天使双重社会角色。相比之下,中国的企业家更为世俗,很多虽然重视自己的清誉,但是一旦有利可图,可以放弃一切伦理准则。在私生活上,这些人随着地位改变,生活方式也发生变化,往往铺张浪费,态度张扬。和美国早期企业家起家于浓厚的宗教背景的作为有明显不同。正因为如此,才有美国是"有教堂的资本主义"的说法。

与创业的企业家相比,企业高级管理者或者职业经理层,往往受到过更好的教育,有更稳定的环境,他们或者是国有企业的管理者,或者是私营企业的职业经理人。在改革开放过程中,这些人以相对稳定的职业路线逐步晋升到较高的级别,掌握了巨大的资源。随后,这些人中很多人开始以各种方式攫取社会财富,包括但是不限于管理者收购(Management Buy-Outs,简称MBO)的方式,以转制的方式等。随着这些人的财富积累,他们的社会声誉每况愈下,他们以各种方式侵夺国有资产或者干脆通过各种方式侵吞私有资产。在个人或者群体财富积累的同时,割裂了社会对改革的共识,削弱了公众对精英阶层道德水平的评价,并且随之降低了整个社会的道德水准。而唐骏学历造假事件未受任何社会惩罚,是对整个社会伦理水平的一个检验。

经济学家的命运应该说很好,尤其是改革开始后的一段时间,如果说,在整个开放过程中,企业家获取了巨大的财富,经济学家曾经获取了巨大的社会声誉。中国的经济在20世纪90年代以后开始了快速发展的阶段,这个成果的最大受益者就是经济学家。一般人都认为,中国的经济起飞,是在经济学家的指导下开始的,进一步的发展也离不开经济学家的研究。一时间经济学家成为社会的宠儿。人们侧耳倾听经济学家的各种解释,虚心接受经济学家的各种意见。人们似乎发现了在经济学家那些数学公式后面,甚至在那些让人莫名其妙的见解背后,蕴藏着巨大的社会财富,只待经济学家咒语般的宣讲之后,开启阿里巴巴的宝山财富之门。

但是,好景不长,对经济学家的怀疑开始了。对他们的质疑首先是从利益受损的群体开始的,在这些学者的建议下,大批工人下岗了,作为衣食之源的企业或者倒闭了,或者转为私人所有了,这些下岗工人丧失的不仅是工作以及赖以生存的基本收入,更是他们的社会尊严,怨恨很自然地指向了造成这个命运的学者。和学者们对未来发展的乐观估计不同,这些在瑟瑟寒风中下岗的工人感受到的是社会的冷酷和无情,而经济学家所谓以这些人为代价换来的未来的玫瑰色的前景,不仅这些人没有看到,就是他们的下一代也丧失了看到的信心。人们进一步质疑经济发展和经济学家的关系。其实这个问题在第二次世界大战后的美国也出现过,人们刚开始把经济的快速增长归功于经济学家,但是很快就有人发现,也许不是经济乘了经济学家的东风,而是经济学家成为经济增长的受益者。中国人也很快发现,原来经济学家不仅造成一部分人的巨大损失,而且并没有为经济发展做出应有的工作。经济学家的名声陨落了。经济学家几乎成为大众口耳相传的一个恶魔的代名词。流风所及,不仅经济学家,所有的专家都成为社会嘲讽的对象。网络这一新兴媒体的掌门人们,对此感触颇深,因为他们知道,只要把某事标为专家所说为何,就会吸引眼球,但是马上引来一片骂声,网络上板砖横飞,专家和经济学家一样,成为一个贬义词。可见专家声名狼藉到了何种程度。

官员的地位早已在人们心目中丧失了正面的形象。揭露出来的每一个案例都是五毒俱全,人们相信,这些被揭露的人物不过是冰山一角,大量的道貌岸然的角色在台上讲话,虽然言者谆谆,但是听者渺渺,除了信息性的揭示之外,一切涉及伦理的讲话,大众自然视为笑料。

问题是,虽然这些特性角色是公众所厌恶的,但是同样是这些社会角色又是为公众所艳羡的。从大学生拼命地考公务员可以看到社会对这个角色的追捧。从经济学教授高额的出场费可以看到公众对他们的青睐,从知名企业家到处做电视节目力捧的角色可以看到他们的社会认知程度。公众一方面鄙视他们的道德水准,另一方面整个社会对这几个角色艳羡不已。从公众的这个心理矛盾可以看出现在的中国社会伦理水准之低,已经到了让人灰心的地步。

发生这种社会心理的内在矛盾的原因是复杂的,但是基本原因很清晰:社会推崇的是成功,[①]作为一个人的最高社会成就的标志是成功,但是,社会又没有丧失基本的道德共识,这样个体在追求成功时可以不择手段,但是社会评价一个人时,又要看这个人的道德水准,一旦发现成功的人士的道德问题,整个人作为个体会受到影响。但是,从目前一些事情的社会和组织处理看,成功带来的荣誉及收益远远大于道德失败的损失,这就导致了人们不择手段地追求成功。

大家都说,当今的危机是信仰丧失的危机,恢复或者重建信仰是一个长期的过程。现在的问题根本不是信仰问题,而是信任的问题。如果作为社会特性角色的这些社会角色不能让公众恢复对他们的信任,整个社会道德水准的改善就不可能实现。信仰的建立更是无根之谈。

我们的企业家、职业管理者、经济学家和官员们,你们在自己构筑的利益面前,是否认识到了你们承担的历史责任?是否存在对历史的敬畏?是否愿意承担最基本的责任,社会给予你们的已经很多了,你们不能担当起自己应尽的责任吗?

---

① 成功的含义在不同社会和不同时代是不同的。仅在三十年前,成为一个作家还是大量青少年的成功梦想。现在中国几乎全面接受了西方尤其是美国的成功假设,把成功与获取大量的财富作为同义语。具体的讨论参见罗伯特·K.默顿《社会理论与社会结构》一书第7章中相关章节。

第6章 去价值化

1. 去价值化的基本含义

在企业运行中,一直存在一个价值无涉(value-free)的假设,被广泛接受。所谓价值无涉,就是认为企业的生产经营是价值中立的。更准确地说,认为企业经营生产活动是一个客观的活动,这个活动只存在是不是适应相应的社会条件问题,不存在善恶是非问题。

这是一个流行的看法,在前反思的层面上,一般人都接受这个看法。这种看法也是在两个不同层面上存在,在一般人的心目中,企业只有成败得失,没有是非善恶,这是导致在企业经营过程中单纯追求利润和成功,忽视企业的其他作用的一个原因。恰好是在一般认知水平上这种认识主导了社会意识,所以导致企业大面积失德现象的存在。当然,在很多受过良好教育的人心目中意识到:在成败得失之侧存在一个是非善恶的问题,但是,这个认识过于薄弱,既没有经过认真的反思,也没有压倒成败得失的考虑,一旦面临企业的经营压力,这个不成系统的伦理考虑顿时失去立足之处,成为第一个被抛弃的准则。上述两个不同层面的认识中,第一层面是一种社会心理,在潜意识中存在。而第二个层面的认识是在意识层面上存在的。这个层面上,一些学者把第一个层面的认识加以认真的梳理,形成了系统的认识。例如,弗里德曼认为企业唯一的社会责任是获取利润的看法就是第一个层面看法的一个理论反映,也可以看成是第二个层面的认知形式之一。[①]

[①] 一些学者从比较客观的角度揭示了现代企业中(包括政治运作等)去价值化的原理:按照哈耶克的看法,当代社会中,专业人员构筑了一个个自足的体系,各个体系之间相互作用,超出专业领域,就会出现无知的现象,因此专业人员只能在自己的专业领域中发言。但是这个发言是专家的意见,对于行政管理者,就只能遵从,于是不同专业集团之间形成的互动导致了现代社会运作的复杂性,并且包括了现代社会的利益相互勾连,形成了自主的局面。这些都会导致价值的失落。参见《自由秩序原理》下册对于自由与社会保障的关系的讨论。

这个企业运行价值中立的看法这样流行，以致人们都是在无意中接受了这个看法。但是，这个看法不是自明的，而是当代社会意识形态构建的结果。这个看法是伦理去价值化问题的一个变形，或者说是伦理去价值化问题的一个子问题。

所谓伦理的去价值化，是学者对现代道德发展特征的一个概括。这个特征可以从多个不同角度加以描述，道德的规则化，道德的工具化，现代社会伦理的内在价值和美德的缺席，等等。这些现象都是当代伦理去价值化的某一个侧面。

当代社会中伦理的规则化特征，这是去价值化的一个表现。也就是大量的伦理准则不是以传统的价值判断为基础的，而是以合理化为基础的规则化倾向。伦理的这种发展被罗尔斯称为伦理的准律法主义倾向。而伦理准则的工具化本质上是把伦理作为一个社会治理的工具，这种把伦理工具化的做法是与伦理的规则化互为表里的。中国台湾地区的一个学者指出："一个道德哲学只要能建立一组道德规则，它也就完成了它的任务，至于个人的道德修养和德性的培养，则最后只被所见到一种性向，这种性向就是对道德原则的服从。"[①]

伦理的这种准则化、工具化的倾向是现代伦理的一个基本特征，这个被概括在去价值化概念下的特征是适应市场制度的伦理体系的一个普遍特征。对这个问题，韦伯最早做了分析，他在大量引述了富兰克林的各种箴言的基础上对资本主义的伦理特征做了总括性的评述："富兰克林所有的道德观念都带有功利主义的色彩，诚实有用，因为诚实能带来信誉；守时、勤奋、节俭都有用，所以是美德。按逻辑往下推理，人们或许可得出这样的印象：在富兰克林看来，假如诚实的外表能达到相同的目的，那么有个诚实的外表就够了；过多的这种美德只能是不必要的浪费。"[②]显然，在韦伯阐述的资本主义伦理中，效用是唯一衡量的标准，美德是效用的仆从，其中的价值判断已经失去了意义。甚至过分的美德已经成为浪费。

对韦伯的这个发现，很多人表示赞同，并从不同角度重新加以解读。可以说，企业行为道德中立化的这种认识是几乎所有现代伦理学家的共同发现。例如，哈贝马斯对当代社会法律和伦理的去价值化的问题也做了描述。他是借法兰克福学派的早期人物的解读展开自己的分析的。"霍克海默赞同韦伯的观点，认为形式理性是'现代工具文明的基础'。韦伯对形式合理性的定义使得行为'可以计算'：从工具角度看，形式合理

---

① 石元康：《从中国文化到现代性典范转移》，北京：生活・读书・新知三联书店2000年版，第108页。
② 马克斯・韦伯：《新教伦理与资本主义精神》，于晓、陈维纲译，北京：生活・读书・新知三联书店1987年版。

性就是可使用手段的有效性,从策略角度来看,形式合理性则意味着,在一定的优先条件下选择手段的正确性。韦伯认为,形式合理性的第二个方面,即选择合理性尤其具有'形式特征',因而与建立在主观偏爱基础上的价值自身的判断有所不同。"①

麦金太尔则指出:"管理者自身及大多数论述管理问题的作家,都将他们自己视为道德上中立的特性角色。"②麦金太尔指出,管理者虽然认为他们从事的工作是以效率为中心的,并且是道德中立的,但是从工作实践看在,这种以效率为核心的工作实际上把效率作为管理者乃至整个企业生存方式的关键。这实际上也把效率作为一个基本的道德观念与权利等并列了。③ 但是,恰好是这个观念,被麦金太尔指为是现代社会构造的一个道德幻想,只有信仰的意义,而缺乏实际的依据。

对于产生这个问题的原因,更多是哲学家胡塞尔和海德格尔所探索的。海德格尔创造了一个"Ge-stell"的概念,④海德格尔以此概念想说明,作为整体的现代技术特征是对世界中显示的总体客观化,也就是一切都变成了可以操作和控制的对象,并且受到人类社会的粗暴强力的控制。这种做法影响的不仅是自然和世界本身,人的精神气质也受到了影响,人们把自身变成了现代技术对象的同时,把自己的精神也抹上了冷静和客观的色彩,似乎自身也客观化了。

同为现象学大师的舍勒,历史性地追溯了这种精神气质的起源。在他看来,这种类型的精神不是人类固有的,而是从13世纪以来逐步形成的,在发达资本主义中最终成型,尽管在不同的民族和文化中有变异存在,但是,总体上,仍是一种独特的、可以确切描述的类型。通过一种特殊的体验结构可以加以描述。对这种类型的人而言,世界不再是真实的、有机的,而是冷静计算和操作进取的对象,实际不再是爱和冥想的对象,而是计算和工作的对象。⑤

概括一下,在当代社会中,伦理准则脱离了道德判断,成为以合理化为基础的一个工具化体系,而企业伦理作为这个合理化体系中最重要的构成部分,当然也丧失了价值基础,成为一个价值无涉的准则体系。对这个准则体系及所约制的对象企业本身,价值判断已经丧失了存在的意义。这就是去价值化的主要含义。

---

① 哈贝马斯:《交往行为理论》,卷1,曹卫东译,上海:世纪出版集团,上海人民出版社2004年版,第326页。
② 麦金太尔:《追寻美德》,宋继杰译,南京:译林出版社2008年版,第84页。
③ 同上书,第85页。
④ 不同的翻译者译为"座架"或者"集置"。
⑤ 舍勒:《死与来生》,转引自《资本主义的未来》中译本导言,北京:生活·读书·新知三联书店1997年版,第10页。

2. 去价值化思想的影响

去价值化的思想一直是资本主义企业运行的一个保护性的理论，对企业在社会中的作用进行价值无涉的辩护，从而为企业自由穿行于现代社会提供了理论的炮火保护。很多学者认为，在当代社会中，不仅企业是价值无涉的，整个经济活动也都具有价值无涉的特征。这些学者在讨论经济学和企业管理问题时，像物理学家和工程师在讨论自然科学和工程问题一样，只把问题的解决放在核心的位置上，也就是把成功作为一个目标来考虑，而达成成功的手段的价值则一直在审视的视野之外，这种思想表现在企业运行的方方面面，例如，在企业中，员工被现有的人力资源管理理论化为一系列的指标，如年龄、性别、智商、教育水平，甚至是身高、身体某个部分的特长等，人成为一系列技术指标的集合体，在工作的评估和分配中，只要能清晰地鉴别这些指标，并且与工作特征加以组合，就可以像使用机器那样使用人员。而对人的激励、培养等都可以用这些指标来衡量和组织。人从一个历史化的社会存在变成了一个技术指标综合体，孤立地存在于现代企业中，像一架机器那样可以被拆解、被衡量、被改装。本来作为主体存在的人在这里已经彻底变成了一个客体，对人的使用也成为一系列客观指标驱动的技术活动，道德作用丧失了，保留下来的最多是与人的特征相适应的伦理准则。而这种准则毫无疑问是规则化的。

2.1 去价值化的企业经营概念

把企业作为一个去价值化，或者说价值无涉的现代组织，是企业免除社会约束的一个理论方式，通过这个"神话"，企业免除了价值责任，从而成为一个"纯粹"的经济组织，可以按照工具理性的经济组织原则来展开自己的活动，避免复杂的价值判断对自己行为的约束，减少活动中的内在障碍。

在价值无涉的假设条件下，企业按照工具理性展开自己的行为，这样做的结果取决于外部的制度条件，据说在完整的市场条件下，虽然可以人人为己，但是最终可以最大效率地实现人人为他人的目标。这就是从亚当·斯密那里诞生的"看不见的手"的市场机制阐述。但是令人感到奇怪的是，这种对市场机制的辩护，最终在经济学家那里变成了对私有企业制度的辩护，似乎私有企业制度就是市场制度本身。

企业伦理无涉的假设是社会制度的一种意识形态反映，同时也是社会制度，尤其是资本主义企业制度的一个辩护方式。但是,这个辩护不仅是错误的,而且基于这种辩护所产生的后果是严重的。

首先,企业价值无涉不符合实际情况,企业的经营活动对人们的生活产生正面或者负面的影响,不仅如此,企业的活动方式还对人们的意识和思考方式产生影响,从这些角度看,企业不是价值无涉的纯粹经济组织,而是一个包含了多方面社会含义的组织,其行为不仅承担也创造着价值体系。既是伦理的主体,也是伦理的客体。

其次,恰好是在价值无涉的假设条件下,企业经营者放弃自己的责任,以企业的成功为目标,采取那些明显被生活中人们认定为错误的做法。而这种错误做法在日常生活中,这些受过良好教育的企业家和高级管理者是不会采取的。之所以出现这种情况,很大程度上就是因为这些管理者认为对企业而言,最重要的标志是成功,而不是符合伦理,伦理是成功的仆从。有这样的指导思想,难怪人们看到了商业领域中广泛存在的败德现象。其实,这种败德现象是商业中广泛存在的去价值化的一个极端后果。在商业实践中,人们忽视伦理道德的做法,更多的是表现在对商业活动价值判断的忽视上面。

例如,洛克希德向日本政界、企业界高官和高管行贿的事件爆发后,洛克希德总裁的自我辩护词就提出了一系列理由自我辩护。这些理由包括了行贿带来的一系列正面的影响:股东的收入,员工的工作,美国社会的税收,甚至包括了日本受贿者的财务状况的改善,似乎只有飞机卖得贵了一点这样无主体的危害。这个辩护似乎很有力,没有经过深思熟虑,这个辩护很迷惑人。其实,这个辩护的本质就是商业行为的去价值化这一根本理由。不仅如此,很多事情的处理,作为企业的高级管理者往往也是采取这种价值无涉的方式,按照效率的原则加以处理,似乎生活中的其他价值观都丧失了效力。例如,面对三聚氰胺的危害,作为成功的企业管理者代表的三鹿董事长田文华在这个事件处理中采取的措施是在发现收购原奶中含有三聚氰胺后,采取断然措施,封存了含有这种成分的奶粉,但是在经营结果的压力下,很快就采取了经营上更为"积极"的措施:放行每公斤三聚氰胺含量10毫克以下产品,10—20毫克含量的产品用以替换市场上含量更大的产品。田文华的这种做法在企业界并非孤例,相信大多数的管理者在这时候都是这样处理问题。但是,田文华面临的是千千万万的独生子女,这些很多连话都不会说的孩子惨遭荼毒的镜头公布在大众媒体上,挑动了公众最敏感的神经。激起了巨大的反响,引发了如潮的评论和诅咒。最终,田文华被投入大狱。但是,仔细回顾这个过程,田文华的错误做法只是这种去价值化的信条下企业管理者的一个并不离谱的做法,仅仅是在错误的时间针对错误的对象导致的后果。而这个过程中一系列错误都是周围人犯下的,这些机构包括政府主管部门和领导,其他商业组织和个人等。这个问题的产生根源并不复杂,但是,在现有的制度体系下,很难从根本上消除。从根本上说,这种现象广泛存在,是物化的意识形态从体系世界向生活世界侵袭的结果。企业伦理只有在新的基础上加以讨论和重构才有价值。在现有的体系世界中,继续关于说教式的伦理讨论,意义极其有限。

2.2 去价值化思想的理论形态及其危害

去价值化思想在管理学和经济学中获得了自己的理论形态,其极端发展,甚至可以把一切管理和经济活动都作为价值无涉的孤立的工具化认知,最终可以得出荒唐的、挑战人类伦理底线的认识。

例如,张五常和张维迎关于腐败在改革中作用的认识,就是这种思想延伸的典型代表。他们共同认为,在中国经济转型过程中,腐败至少是一种次优的选择。因为这是一种变相的赎买,通过这种赎买,使官僚阶层放弃既得利益,从而减少改革的成本。张五常和张维迎都是为此对腐败做出积极的至少是中性的评价,并不认为腐败是一个恶的行为。[①] 张维迎曾经对这个问题发表过明确的意见:"曾在数学上严格证明,在公有制下,官员索取剩余可能是一个帕累托改进,因为它有利于降低监督成本,调动官员的积极性。私人产品腐败的存在,对社会、经济发展来说,即使不是最好的也是次优的,第二好的。"[②] 对这个主张最明确的表述是张曙光做出的,他认为,腐败和贿赂可以降低改革的成本,而他的研究把腐败和贿赂作为一个改革手段,分析其正面和负面的作用。

这种看法本身是把改革看成是一个客观化的价值中立的活动,一切都以改革成功为最终目标和最高准则。至于在这个过程中的手段都以这种目标的实现程度,从因果关系的角度加以评价。这与我们和自然打交道的过程很相近,我们在生产活动中或者

[①] 如果说张维迎关于腐败的言论尚属传闻,张五常的思想则是形诸文字的。他在《贪污的后患》一文中,从不同角度分析了贪污。让人瞠目结舌的是文章一开始他对贪污的定性:"贪污是与道德无关的。"这是因为,我们不仅难以指出贪污的受害人,"且一些贪污是没有受害人的。"除此之外,他为贪污的辩护是一些与特权的交易在美国也广泛存在,"大家心照不宣,是被允许的。"这种凡是美国的就是好的说法,连他自己都觉得是无理也无力的。所以,他最终还是从结果上为贪污辩护的。首先,"并非所有的贪污都有害","因管制市场交易而引起的贪污,十居其九对社会都有贡献。"第二从宏观上看,"全力肃贪不利于经济发展。"(以上见张五常《中国的前途》,信报有限公司1985年版,第71—74页)从上述言论看,张五常是把贪污作为一种手段,从去价值化的角度加以阐释的。他把经济发展作为唯一目标,一切有利于这个目标实现的手段都被看成是有效率的,其实,张维迎重复的也是这个看法,这可以说是经济学者看问题的一个特征。在这个过程中,价值失落了。

[②] 张维迎:《治表性反腐败要适度》,《经济学消息报》,1995年12月8日。

在实验中,只关注我们的目标实现程度。根据这个要求选取手段和方法。

在企业中大量存在的背德现象,自然是与这种认识方式直接相关。至少在很多人的心理上是以达成目标为理由来为自己的悖德行为辩护的。例如采取行贿受贿的手段来达成企业的经营目标,这种方式的采用在达成企业目标的职务行为中,所产生的负罪感远较在其他情况下为小,这是去价值化这种意识的一种反映。

显然,这里占支配地位的观念是效率主义原则。这实际上是以经济学为代表的所谓现代学科所体现的意识形态功能的一种表现形式:经济学构造了效用的观念,并且以效用作为行为评价的尺度,因此,效用就成为企业和经济活动中所有规则的王者,其他准则只能在效用面前称臣,从而使所有的规则都从属于这种意识形态。在经济学和管理学的知识体系的包装下,以客观化的形式、潜移默化的方式改变了人们对企业和经济活动的认知方式。把企业经营活动这种仅次于人类军事活动的复杂行为变成了价值无涉的活动。由于这种价值是通过知识传播的方式间接进行的,并没有直接的训诫,这样,反而把这个认知不知不觉间置入了人的心灵中,使人在毫无知觉的情况下卸掉了所有的道德警觉,接受了这种认识。

实际上,张五常等人关于腐败的议论并非例外,这种看法只是价值无涉观念的一种极端表现,无论如何,企业活动是生活的一个组成部分,因此,一般人都能把日常生活中积累的道德观念自然转移到企业经营活动和其他经济活动中去。例如,一般人可以很自然地判断直接的行贿行为的不道德性,以及其他有失诚信的经营行为的背德问题。虽然很多人依然采取行贿的行为和失信的行为进行经营,这些人毫无疑问的心存道德感所带来的内心顾忌和内疚。但是,一旦把企业经营活动的价值无涉观念自觉化,再前进一步,就会出现张五常和张维迎这种挑战人类道德底线的看法。这种基于工具理性的看法从根本上摧毁人的道德底线,使企业经营活动中的人沦为无道德感的动物,这样的思想流行,社会不就最终会落入霍布斯所说的那种一切人反对一切人的战争状态吗?

问题是,社会何以形成这种看法?这种看法为什么会成为一种流行的观念?

3. 去价值化问题的社会根源

去价值化的思想是现代社会专业化导致的合理化的一种理性上的反映。最早指出现代社会特点,或者说是现代化特征的是韦伯的研究。韦伯认为,现代社会的一个重要特征就是合理主义的工具理性支配着专业的经济和政治活动,以及在这种专业化区分基础上，整个社会生活的合理化，因此，合理化从政治经济领域逐步渗透到社会生活的各个方面，在音乐、绘画等艺术领域，在宗教领域，合理化作为一个指导性原则渗透了进去。韦伯的分析奠定了现代社会学分析的基础，此后，帕森斯、默顿、克罗泽尔（Crozier）及哈贝马斯等进行了持续性的工作，对现代社会的组织认知越来越深入，越来越清晰。

哈贝马斯接受了多方面思想资源，把现代社会区分为体系和生活世界两个部分，其中体系主要是以权力为媒介的政治体制和以货币为媒介的经济体制，这两个部分以合理化的原则为中心，体现了工具理性的特征，而生活世界则是以话语为媒介的，是人们日常生活的视界所在，人们的历史积累以及所表征的伦理准则存在于这个世界中。按照哈贝马斯的看法，本来体系和生活世界之间应该存在的关系是体系从生活世界汲取相关的行为准则，以保持社会生活的正常和主体之间的理解。之所以出现去价值化的理论，是因为这两者之间的关系颠倒了，在体系中存在的中性化规则是以合理化为基础的，这种思想侵入到了生活世界中。借助货币为媒介的现代经济，"形成了一种伦理上中立的行动体系，这种行动体系直接地以资产阶级私法的形式机制化。"[①]本来人们应该在生活世界中积累和传播的价值体系被体系思想所征服，导致了生活世界的体系化，最终导致了生活世界价值体系的崩溃。

道德中立化或者去价值化的性质也被一些管理伦理学家做了更深入和直接的描述。德·乔治在企业伦理学名著《经济伦理学》中以企业非道德神话为题，对这个思想在企业中流行的广泛、影响的深刻做了透彻的分析。这种在经济学界中发源，在企业中广泛流行的观念已经不仅仅是一个认识，甚至不仅具有意识形态的功能，而是一个资本主义制造的信仰：企业是一个非道德的存在物，虽然企业经营也要遵守规范，但是，所有加于企业的规范是以成果为导向的私人法律主体之间的交易规则，这种规则是从属于组织体系和平等交易的。这样，在现代社会中，"与传统联系在一起的法律转变为一种目的合理的设置的组织手段，转变为一种外部使人感动，与伦理动机脱节的强制法律，并且转化为区别合法意愿的领域的一种工具。"[②]

在体系中，行为规则中立化是一个普遍现象。阿佩尔对企业和现代社会的评价指出了这个问题，在公共生活的几乎所有领域中，"实践的道德辩护已被使用论证所取代，

[①] 哈贝马斯：《交往行动理论》，卷Ⅱ，洪佩郁和蔺青译，重庆：重庆出版社1994年版，第235页。
[②] 同上。

专家们根据可客观化的科学技术准则提供这样的使用论证。"①企业生活的各个方面已经渗透了理性精神,这种技术原则对企业的征服结果,不仅使法律非伦理化,而且也使伦理非道德化,道德去价值化。一切都变成了冷冰冰的规则。

4. 对去价值化的批判性认识——社群主义的批判

去价值化是现代社会伦理认知上的一个客观现象。至少在思想上,这种认识是广泛存在的。但是,对这个现象的评价以及对背后原因的分析则各不相同。其中,社群主义和法兰克福学派哈贝马斯和阿佩尔等人的分析最具价值。

社群主义的代表人物麦金太尔认为,近代以来的伦理学有一个共同的结构。麦金太尔以康德和克尔恺郭尔的思想为例,指出,虽然康德和休谟等人在伦理理论的结构上与理论内容的阐释上具有高度的一致性,但是在伦理准则根源的追溯上却各不相同,康德触及到了理性,休谟等人则追寻感知和经验。他们的伦理基础建构方案被麦金太尔认为是失败的。这种失败不仅是各个不同方案的偶发性失败,而是启蒙伦理的共同失败。不过,在麦金太尔看来,这种失败不仅是因为这些思想家在伦理内容阐释上的一致性,更重要的是他们在"道德的合理化论证应该是什么的问题上也见解一致;他们都认为,这种论证的关键前提是描述人性的某一特征或某些特征,而道德的规则也就会被解释为,那些能够期望被一种具有这样一类人性的存在者所接受的规则。"②

麦金太尔认为,这种启蒙策划必然失败。"因为在他们共有的道德规则和训诫概念与他们的人性概念中共有的东西(尽管他们的人性概念也有较大的差别)之间存在着一种根深蒂固的不一致。"③

按照麦金太尔的看法,这些道德规则的起源不一,内容复杂,其中既有中世纪神学赋予的伦理观念,也有来自古希腊、古罗马的精神遗产。自从帕斯卡尔,近代伦理学建立在人性未经教化的前提下,为了实现生存的目的,需要一套道德训诫,显然这些道德训诫不可能来自那些低劣的人性,相反,人性是需要规则的。这样,认为道德来源于人的看法就被这些启蒙思想家自己否定了。康德并不同意伦理准则来源于人性的看法,而是提出了伦理来源于理性。但是,在《实践理性批判》中,他还是为目的论的思维留下

---

① 阿佩尔:《哲学的改造》,孙兴周、陆兴华译,上海:上海译文出版社1997年版,第269页。
② 麦金太尔:《追寻美德》,宋继杰译,南京:译林出版社2008年版,第59页。
③ 同上。

了一个退路式的说明。显然,他对于上帝存在、灵魂不灭等的肯定是对自己的思想体系的否定,却是伦理准则论证中无法逃避的一个选择,他认为,道德规则无论如何不可能从人性中推衍出来。

但是,道德准则的神圣基础随着"上帝死了"也崩塌了。没有了神谕的基础,"道德判断相应地丧失了无可争辩的意义。"①显然启蒙思想家关于道德基础的论证是失败的。因为,无论是帕斯卡尔、康德还是休谟,都没有在上帝退隐后的近代世界中为道德找到新的稳固基础。熟悉思想史的麦金太尔认为,迟至19世纪,到了克尔恺郭尔和尼采时,已经放弃了这种寻找基础的努力,他们无情地嘲讽了现代伦理学家的各种努力。

面对这种失败的局面,人们应该怎么办?麦金太尔提出的方案是双重的。首先是对这一努力进行追溯式的研究,要质问,这一现代努力是因为对亚里士多德拒斥的结果。另一方面,麦金太尔提出,不应该在人性中而是应该在社会生活中寻找道德准则的根源。虽然从形式上看,"现代道德话语和实践能被理解为来自古老过去的破碎了的残存之物"②,但是,实际上,这些看似破碎的历史观念的碎片是现实生活的一种反应,为了理解这一点,"我们需要的不仅是哲学的敏锐,而且是人类学家在最足称道的用以观察其他文化的那种眼光,这种眼光使他们能够鉴别出那些文化的居民觉察不到的残存物和无法了解的东西。"③

麦金太尔一直强调对伦理研究的哲学和社会学双重视角,把事实与价值加以区分是17世纪到18世纪学者们努力的结果。但是,为了理解事实和价值,需要打通社会学与哲学之间的藩篱。恰恰是在这一点上,学者们放弃了自己的工作,他们一直是在抽象的人性上徘徊,所建立的伦理理论体系也一直是在孤立的人性基础上,构筑超越时空的永恒的理论体系。他们唯独忘记的是伦理不仅是历史的继承物,而且是社会生活的反映,因此,寻找伦理基础,应该回到人们的生活中去。因此,麦金太尔强调社会学和人类学对研究的介入。

不过麦金太尔没有更进一步,指出去价值化的现象是这种启蒙策划的一个必然的理论成果:这种成果也是当代社会特征的一种理论反映。现代专业化社会需要这种专业化的规则体系,至于这种体系的内在价值是什么,并不是关键问题。

显然,麦金太尔上述分析与韦伯等人的发现是一致的:启蒙时代依赖的伦理已经变

---

① 麦金太尔:《追寻美德》,宋继杰译,南京:译林出版社2008年版,第68页。
② 同上书,第124页。
③ 同上。

成了抽离美德的形式化规则体系了。麦金太尔对这一现象的态度是批评性的,认为这种情况导致了伦理对社会生活和传统思想的双重分离,因此,现代伦理学说和道德理论几乎全部成为了无根之谈。恢复伦理本性,就需要回到社会生活和传统中去。

5. 对去价值化的批判性认识——阿佩尔的批判

哈贝马斯和阿佩尔对近代伦理学的去价值化问题做了视角独特的回应。

首先,他们肯定了近代法律伦理的规则化变化是一个普遍现象,他们接受了韦伯的分析,在综合了其他一些学者如波普尔等人的研究成果之后,经过整合,形成了自己的分析框架。

哈贝马斯认为,韦伯合理化的论断是针对以工具理性支配的体系(制度)的,在体系世界中,效率是唯一的追求,在这个世界里,价值失效了。

阿佩尔的思想接近哈贝马斯。他们分享共同的思想。阿佩尔认为,这种去价值化或者价值中立的伦理体系之所以能够立足于世,"无非是那种在政教分离的背景关系中形成的公共生活领域和私人生活领域之间的分离在当代哲学和意识形态中的体现。"西方自由主义通过这种分离,"得寸进尺地把道德规范的约束力限制在私人良知决断的领域中。"[①]在法律中,道德基础已经被清除,成了准技术合理化来奠定相关基础。

但是阿佩尔认为这种局面是荒唐的,也是不合理的。问题是,存在主义和分析哲学虽然互相对立,但是在提供道德基础上,都被证明是失败的。人们既不能在人类情感中寻找这个基础,也无法在人类理性中找到这个伦理的坚实基础。这样一来,最终像麦金太尔发现的一样,道德基础只能推到个人的良知判断之上,这样非理性的因素就最终占据了伦理道德领域。

阿佩尔概括了在自然科学占主导地位的范式下,道德论证所面临的休谟困境:人们不能从事实推断出规范,如果把伦理学作为科学,它以客观的态度观察研究对象,找来的是道德事实,如何从这些事实中通过论证推断和建立起规范是一个理论难题:前者是对道德事实的研究,这是伦理社会学的任务,后者是作为哲学的伦理学的任务。

在这个困境面前,阿佩尔提出了两个解决难题的思路。首先,对元伦理学中价值中立的预设进行质疑。按照现象学-诠释学的传统,人们在进行元伦理学命题论证的过程

---

① 阿佩尔:《哲学的改造》,孙兴周、陆兴华译,上海:上海译文出版社1997年版,第269页。

中,实际上已经有现实的规范事前介入其中了。其实,哈贝马斯在对生活世界的研究中,把这一点阐释得更为清晰,任何以语言为媒介的交往行为都是以生活世界为背景的。生活世界的价值预设已经在不知不觉中介入到了交往行为中了。所以,任何所谓价值中立的伦理学论证事实上都是不存在的。"人文科学中所谓'材料',本身就具有主观的规范遵循这一特性;而这就是说,它们原初——即使在事后的疏离化合中立化这样一个保留条件下——必然是以一种既是交往性的又是自我反思性的观点也即解释学的观点才能得到构造的。"①实际上,按照这种分析,则休谟所谓的事实价值两分的问题对伦理学对象的研究并不构成实质性的问题,研究者必须对渗透规范价值的人类行为展开研究:"我们总是在与他人和外来文化的富有道德意蕴的行为、成果和生活方式的理解性交往中,修正和丰富我们本来就有的规范性约定。"②

对于这一思路,阿佩尔认为在伦理学基础的论证上难堪大任。要获得对道德基础的充分论证,必须深入到对生活世界的历史性把握中去。但是,这一点诠释学本身虽然有所涉及,终究非其所长。阿佩尔认为,为了重建伦理基础,我们"必须着力于对人类社会物质生活条件的重构,这样一种重构尽管以解释学为中介,但它同时也是历史学和客观的。"③只有这样才能重建伦理学基础。因此,这个思路是此路不通的。

第二个论证策略是承认休谟的事实价值二分法为基本前提,通过对现代科学的运作逻辑链条的重构完成对伦理基础的论证。按照阿佩尔的看法,现代科学的展开是以逻辑为基本的过程指南,但是科学逻辑论证是建立在交往共同体和解释共同体之内的,是以共同体为前提的。而共同体在科学真理的探寻中必然以一组共同接受的价值规范为依据,才能有效地展开科学活动。因此这组共同体的规范和逻辑就成了整个科学活动的前提。显然,对于阿佩尔,科学伦理学不仅是保证"现存的道德系统的逻辑一致性和经验功效",更重要的是在这之外,"把某些功效的伦理标准先行设立起来时,我们才可能谈论道德系统的经验功效。"④

在这一论证中,阿佩尔是依据了交往共同体的概念,这一概念在他的思想体系中占据着重要地位。通过这一概念,伦理学从个人为基础转向了以群体为基础,所以,阿佩尔引述了维特根斯坦的论点:"单个人绝不可能遵循一个规则。"规则是针对群体的。科

---

① 阿佩尔:《哲学的改造》,孙兴周、陆兴华译,上海:上海译文出版社1997年版,第286页。
② 同上。
③ 同上书,第288页。
④ 同上书,第300页。

学研究的逻辑论证过程是在共同体中展开的,"作为平等的对话伙伴的所有成员的相互承认,乃是论辩共同体的一个前提。"①

根据阿佩尔的这一对科学研究过程的重构,就使科学逻辑与在诠释学基础上建立的规范伦理学之间的关系也被重新建构,规范伦理学成为科学逻辑展开的前提了。而对交往共同体和解释共同体的强调也导致了对现代伦理学基础中顽固存在的唯我主义倾向的克服。

阿佩尔的这一分析以现代科学研究的展开方式为基础,机智地把科学逻辑和交往共同体建立了联系,揭示了科学研究共同体的作用,并进一步把科学逻辑展开过程向伦理学转化,从而在科学范围内为伦理学找到了论证性的前提和基础。

这些分析虽然引人入胜,但是其中很多东西值得进一步质疑:首先,科学共同体的规范与生活世界中的规范具有一致性吗?这些科学共同体的规范可以取代生活世界中的伦理准则吗?这些小范围内的规范能够规范更大的生活世界的活动吗?

实际上,阿佩尔已经意识到了科学的交往共同体的局限性,"科学伦理学不足以为科学时代的人类伦理奠定基础",②虽然科学家可以无限扩大自己的交往范围,从而促使成员"有义务考虑一切潜在的成员的所有潜在的需要"。③ 但是,这个交往群体的范围终究是有限的。这里,阿佩尔遇到了当年康德遇到的同样的问题,一个有限性的主体如何能够确立伦理准则呢?

当然,这一理论策略也有所长,它摆脱了契约论的模式,契约论把所有的伦理准则作为一个不知什么时代人的自主约定。在阿佩尔这里,基本的伦理准则是社会生活中形成的,对于一个共同体,是作为先在的义务加于成员的,这是符合历史唯物主义原理的,也符合现实中观察到的现象。阿佩尔一直摇摆在历史唯物主义与他自己构造的解释之间,每一次都是在即将触到历史唯物主义的边缘时,马上又摆向了另外的解释体系。

为了使自己的推论建立在更为坚实的基础上,阿佩尔更加深入地分析了交往共同体的概念。他提出了几个重要的概念。其中最为重要的是理想交往共同体和实在交往共同体这一对概念,通过这一对概念,阿佩尔解决了有限主体和根本原则之间的矛盾。通过这种现实和虚拟共同体之间的辩证活动,形成的伦理准则当然不是主观的原则,但

---

① 阿佩尔:《哲学的改造》,孙兴周、陆兴华译,上海:上海译文出版社 1997 年版,第 302 页。
② 同上书,第 329 页。
③ 同上书,第 320 页。

是也不是一种像自然科学真理一样的客观原则。阿佩尔采取罗伦采的说法,称为"超主观原则"。而超主观原则只有在共同体的实现过程中才能落实。而这个实现过程就是人的解放过程。

6. 去价值化——哈贝马斯的批判

哈贝马斯是在全面清理社会学传统理论的基础上,提出了自己的交往行动理论,并在这个理论体系的框架内,对去价值化问题做了批判性的分析。

他把这个问题放在了系统与生活世界的分离基础上。按照他从波普尔那里整合得来的三个世界的概念,他对韦伯的合理化理论做了扩展性的发挥。他认为,目的行动子系统的合理化问题在韦伯那里已经得到了系统的阐释,但是,韦伯并没有意识到与交往行动对应的生活世界合理化问题的特殊性。因此,这一问题并没有进入他的视野,"韦伯忽视了这种生活世界的合理化"。[①]

生活世界合理化显然不同于目的子系统合理化。目的子系统的合理化建立在"经过金钱而分化出来的经济系统和经过权力而分化出来的行政系统"[②]的基础上的。而生活世界合理化则是建立在语言媒介基础之上的。把生活世界与韦伯所建立的目的子系统联系起来之后就会发现,不仅分析的视野扩展到了生活世界,而且目的子系统的分析也"就具有了一种不同于韦伯研究语境的特殊意义。"[③]在哈贝马斯这里,语言与金钱和权力都是系统的调节媒介。问题在于,在当代社会中,金钱和权力完成了对语言为媒介的生活世界的征服,而生活世界作为价值主要来源在这个征服完成后,丧失了输送价值的功能,甚至成为金钱和权力的殖民地。

哈贝马斯重构了卢卡奇的物化思想。在哈贝马斯看来,卢卡奇的物化思想是马克思商品拜物教观念的重述,从根源上,可以纳入哈贝马斯自己建立的目的理性子系统和生活世界的概念体系中。在哈贝马斯的理论体系中,物化虽然是商品系统的产物,但是,在现代世界中,它已经侵入到了生活世界中去了。这种以货币形式表现的外在物化关系,不仅在于生产过程的交换中,而且也在于生活世界中,这种物化的外在关系独立于生产者,使行动主体的价值失去作用,变成了依靠货币计算为媒介的物质交换,这样,

---

[①] 哈贝马斯:《交往行为理论》,卷1,曹卫东译,上海:世纪出版集团,上海人民出版社2004年版,第302页。
[②] 同上书,第323页。
[③] 同上。

生活世界就被物化的关系格式化，人就"沦为他的外在'环境'的一员，沦落为抽象而独立的社会系统的一员。"①

对于这个抽象的个人，在现代制度中的命运，霍克海默认为，其必然是自由的丧失，这应当被解读为价值理性的失落，也就是说所谓的去价值化。这一现象被霍克海默称为"个体没落"，霍克海默在细节分析上，采取的是弗洛伊德的心理分析框架。他认为，当代人在组织中，更多地是受社会组织的规划立法制约，"理性过程越是深入，目的行为系统也就越是和成员的伦理动机相分离，进而使还与道德实践理性教育有着一丝关联的内在行为控制成为多余。"②对这种情形，哈贝马斯以"秩序机制深入到个别组织成员主体性"中来描述，这不仅是从组织和群体层面，而且是从个体层面解释了去价值化过程在社会不同层面的实现机制。

7. 去价值化的原理揭示——物化及其意识

7.1 物化现象

去价值化，或者说是价值中立或者价值无涉，是现代伦理，尤其是企业伦理中一个特有现象。从表面上看，这种现象的首要表现是伦理的准则化，在这个过程中，形式化的伦理逐渐与道德判断和价值观相分离，行为以符合规则与否来判定。这种现象在不同学科的研究中被广泛讨论。在伦理判定中，规则取代了原则，价值判断被有用性论证所取代。

对于去价值化现象的根源探索中，马克思主义学者有自己独特的见解。卢卡奇依据马克思的思想资源，认为现在资本主义体系中去价值化现象的产生是人与人之间关系物化的结果。③ 所谓物化，④是"人与人之间的关系获得物的性质，并从而获得一种

---

① 哈贝马斯：《交往行为理论》，卷1，曹卫东译，上海：世纪出版集团，上海人民出版社2004年版，第343页。
② 同上书，第335页。
③ 一般学者都认为物化是卢卡奇根据马克思商品拜物教的思想所提出的。实际上，马克思在1857至1858年所撰写的《政治经济学批判大纲》的草稿中就已经提出了物化的思想。笔记Ⅱ的第4小节的题目是"在资产阶级社会条件下社会关系的物化"。其中表述的思想是资产阶级社会的社会关系的物化现象。
④ "在一切价值都用货币来计算的物价表上，显示出脱离人的五个具有的社会性质的独立性以及这种异化性质为根据的商业活动(在这种异化性之中，全部的生产关系和交换关系都表现为与个人相对立、与一切个人对立的东西)，但同时又显示这种异化从属于个人。"[马克思《政治经济学批判大纲》(草稿)第98页，人民出版社，1975年]

'幽灵般的对象性',这种对象性以其严格的,仿佛是十全十美和合理的自律性掩盖着它的基本性质,即人与人之间关系的所有痕迹"。①

这种物化的社会关系首先表现在一个工厂(企业)中,工人与资本家的对立关系,②这种关系在现代经济制度中,异化为工人与生产工具,尤其是与机器体系之间的对立关系。人的活动服从于机器体系的规律。这样,整个企业的生产过程被所谓精确计算的合理化原则所支配,"统一的产品不再是劳动过程的对象,这一过程变成合理化的局部系统的客观组合,这些局部系统的统一性纯粹是由计算决定的,因而,他们相互之间的联系必定显得是**偶然的**。对劳动过程的合理-计算的分析,消除了相互联系起来的和在产品中结合成统一体的各种局部操作的有机必然性。"③整个生产过程以自然和形式出现在人的对面,从而使生产过程合理性支配了人的活动,人的活动"越来越多地失去自己的主动性,变成一种直观的态度,从而越来越失去意义"。④

这种生产过程的合理化通过分工的方式,把已经客观化的人的劳动能力给做了专业化的分割,人的工作能力同人的整体相分离,在这样一个合理化的工作系统中,被固定地训练和发展,成为一个商品化的交易手段和交易对象。人不再是整体地出卖自己,而是出卖自己的能力,人与人之间的关系被进一步孤立化为个人的特殊能力,人与人之间的关系也被掩盖在这种表象下面,似乎一切都成为科学研究的对象。

企业内部的这种合理化不是现代制度中的孤立现象,而是整个社会-经济体制的一个有机构成部分。"如果工厂的内部组织形式没有集中地表现出整个资本主义社会的结构,那么,这种组织形式要起到上述作用——即使在工厂内部也是不可能的。"⑤实际上,这种自然规律的支配存在于整个制度体系中,"在人类历史上第一次使整个社会(至少按照趋势)隶属于一个统一的经济过程;社会所有成员的命运都由一些统一的规律来决定。"⑥马克思对这个问题的分析更为全面:"一切产品、活动的交换可能性,对第三者、对物发生关系,而这第三者或这物又可以无差别地与一切相交换,换言之,交换价值和货币关系的发展,和普遍的拜金主义、营私舞弊,其实是一回事。普遍卖淫之风,乃是

---

① 卢卡奇:《历史与阶级意识》,杜章智、任立、燕宏远译,北京:商务印书馆2011年版,第144页。
② 不同于卢卡奇,马克思是从全社会的角度提出物化或者拜物教概念,而卢卡奇是在企业层面上分析这个问题的。
③ 卢卡奇:《历史与阶级意识》,杜章智、任立、燕宏远译,北京:商务印书馆2011年版,第150页。
④ 同上书,第151页。
⑤ 同上书,第152页。
⑥ 同上书,第154页。

人的天赋、才能、能力、活动的社会性质在其发展中所必然出现的一个阶段。"①

其实,在马克思分析这个现象之后,卢卡奇阐释这种现象之前,韦伯以另外的方式对这个问题做出了自己的回应。关于国家-法律为核心的政治体系与企业为核心的经济体系之间的这种同构性,韦伯不仅认识到了,而且揭示了政治-法律体系对经济体系的服从,"宁可说,二者在基本本质上是完全一样的。从社会科学上看,一个'企业'就是现代的国家,像一个工厂一样:这正是它在历史上特有的东西,而企业内部的统治关系,也处处是一样限定的。"②

7.2 物化的意识形态化

资本所主导的企业与社会制度的物化反映到人的意识中去,就形成了一种形式化的看法,而物化背后的人与人之间的关系幽隐不见,"在物化的意识看来,这种可计算性形式必然成为商品的性质的真正直接性的表现形式,这种商品性质——作为物化意识的——也根本不力求超出这种形式之外;相反,它力求通过'科学地加强'这里可理解的规律性来坚持这种表现形式,并使之永久化。"③物化的生产关系表现为一种物化的意识,一切似乎是在合理化的原则支配下展开的,人的主体活动表现为一种自然规律的支配下的客观展开。在大量的学术著作中,展示的这种过程都是对表面现象的描述。而这一现象所掩盖的本质,这些学者并不感兴趣。

在合理化的原则之下,劳动过程表现为一种客观的展开过程,这里不仅表现在合理的劳动分工、合理的个人能力的培训和鉴别,更以极端的形式把人的灵魂和思想在合理性的框架下加以重塑。整个企业经济活动的展开过程成为一个自动化的过程,投入必要的人力、物力等资源,这个生产机器就按照最优化的原则生产出结果。管理者的任务是根据理性原则,按照合理化的方针分解组合各种要素。使他们的工作在手段-目标链条上完全在手段基础上展开。在这个过程中,一切价值判断自然就丧失了自己的作用,只有合理性的工具理性才有自身的存在价值,因而有用武之地。管理学和管理活动一样,失去了价值基础,在工具理性的框架下获得了自己彻底的生存空间,把价值理性从经济世界和生活世界中彻底清除了出去。

---

① 马克思:《政治经济学批判大纲》(草稿),刘潇然译,北京:人民出版社 1975 年版,第 98 页。
② 韦伯《政治著作全集》,参考卢卡奇:《历史与阶级意识》,杜章智、任立、燕宏远译,北京:商务印书馆 2011 年版,第 158 页。
③ 卢卡奇:《历史与阶级意识》,杜章智、任立、燕宏远译,北京:商务印书馆 2011 年版,第 156 页。

从意识形态的角度看,不仅经济学和管理学构筑了去价值化的"神话",法律体制也成为这个神话的一个翻版。"官僚统治意味着使生活方式、劳动方式以及与此有关的意识,类似地适应于资本主义经济的一般社会-经济前提,像我们谈到个别企业中的工人时所确认的那样。"①

这种物化的意识形态必然最终侵入到伦理道德领域中去。以生产经营过程中劳动者的片面发展为起点,生产者的个别化能力与人格相分离,作为一个客体化的对象被反复地交换,不仅塑造了专业化的能力,也塑造了专业化的态度。他们的职业生涯取决于这种职业态度,个人的责任感、荣誉感也是建立在对整个系统的服从与理解的基础上的。当然,这种现象不仅存在于企业中,也浸润到整个社会生活领域,"所有这一切表明,分工就像实行泰罗制是侵入'心灵领域'一样,这里也侵入了'伦理领域'。但是,对于整个社会来说,这并没有削弱作为基本范畴的物化意识结构,而是加强了它。"②

这种意识结构还由于独立的知识阶层的存在,而获得了更加统一和精致的形式。"专门化的'大师',即他的客体化和对象化的才能出卖,不仅成为社会事件的旁观者,而且对自己的、客观化的和对象化的能力所起的作用也采取直观态度。"③

这种态度最终以理论形式表现在经济学、法学和伦理学上,而去价值化就是这种物化现象的一个表现形态,从属于物化的资本主义意识形态。因此,这个意识形态具有高度的辩护性质。

---

① 卢卡奇:《历史与阶级意识》,杜章智、任立、燕宏远译,北京:商务印书馆 2011 年版,第 162 页。
② 同上书,第 163 页。
③ 同上。

第 3 部分　不同的伦理体系和企业

第 7 章 马克思主义伦理学

1. 走向历史唯物主义

《1844年哲学经济学手稿》是马克思从黑格尔人道主义本质主义转向历史唯物主义的一个转折点上。这个手稿中最重要的概念就是异化。

异化是黑格尔的哲学概念,但是马克思在研究国民经济学时,批判地借鉴了黑格尔这个概念,马克思说:"黑格尔的《现象学》及其最后成果的伟大之处在于,黑格尔把人的自我产生看作一个过程,把对象化看作非对象化,看作外化和这种外化的扬弃;因而,他抓住了劳动的本质,把对象性的人、现实的因而是真正的人,理解为他自己劳动的成果。"但是,在黑格尔那里,劳动不是一种历史的实践,而是抽象的精神劳动。所以,人的异化是自我意识的外化和异化,人是抽象的人,是绝对理念的承担者。费尔巴哈把被黑格尔倒置在哲学中的人颠倒了过来,重新放在了现实的土地上,他认为人的本质不是理念,而是现实。但是,在费尔巴哈那里,人是缺乏历史内容和社会内容的抽象的人。马克思的工作是把人从抽象的理性的体现者转化为在具体的历史条件下存在的人。人的异化体现了人的本质,而人的本质不是理念,而是社会关系的总和,所以,人的异化是社会的异化。

在《手稿》中,人是实践的主体,在这里,马克思考察的不是抽象的人,而是具体的历史的人的群体——工人。人的异化其实是工人的异化。

首先马克思考察了工人与生产对象的关系,也就是劳动和产品的关系:"工人在这两个方面成为自己劳动的对象的奴隶:首先,他得到劳动的对象,也就是得到工作;其次,他得到生存数据。因而,他首先是作为工人,其次是作为肉体的主体才能够生存。""工人越是通过自己的劳动占有外部世界,感性自然界,他就越是在两个方面失去生活资料:第一,感性的外部世界越来越不成为属于他的劳动的对象,不成为他的劳动的生活资料;第二,外部世界越来越不给他提供直接意义的生活数据,即劳动者的肉体生存所需要的资料。"①这是劳动同其对象产品的异化。

劳动的异化不仅表现在结果上,也表现在过程中,结果的异化不过是过程异化的一个总结。在资本主义中,劳动对工人是一种外在的强迫,而不是自由选择。所以在这里,工人能够自由运用的是他的动物本能,而作为人的机能在劳动中的运用,包括体力和智力的运用,却在生产过程中丧失了。"劳动的异化的一个明显的表现是:只要对劳动的弱体强制或其他强制一消失,人们就会像逃避瘟疫一样地逃避劳动。外在的劳动,人把自己外化于其中的劳动,是一种自我牺牲、自我折磨的劳动。"②这是劳动过程的异化。

第三个异化是人作为类存在物的异化。人作为类存在物本来是自由的,因为人不同于动物那样把生命活动直接等同于生存活动,而人则是通过意识和意志来支配自己的生命活动。在这个活动中,自然界不仅是人们赖以生存的对象,而且也是人的意识的一个构成部分。人的类生活特征就是"自由的有意识的活动"。所以,人的特征就是实践活动,这是一种改造活动。是在意识支配下的自觉活动。但是,在资本主义生活中,劳动却成为了生存的手段。人的意识在生命活动中被压制和吞没了。

类的存在是一个费尔巴哈的概念,按照费尔巴哈的理解,类是人作为人的本质,是把人和人连接起来的共同性。马克思随后在《关于费尔巴哈的提纲》中,批判了这个类的概念,提出了更加深刻的人的本质的概念:人的本质是一切社会关系的总和。

"人同自己的劳动产品、自己的生命活动、自己的类本质相异化这一事实所造成的直接结果就是人同人相异化。当人同自身相对立的时候,他也同他人相对立。"

马克思接着问:这个成果既然不属于工人,那么属于谁呢？马克思认为,工人在资本主义条件下的生产,最后造就了一个与"劳动格格不入的,站在劳动之外的人同这个劳动的关系。工人同劳动的关系,生产出资本家同这个劳动的关系。从而,私有财产是外化劳动即工人同自然界和自身的外化关系的产物,结果和必然结果"。

马克思关于劳动和私有财产的关系的看法已经很接近后来诞生的历史唯物主义了。

---

① 马克思:《1844年哲学经济学手稿》,刘丕坤译,北京:人民出版社1979年版,第46页。
② 同上书,第47页。

人和工人的异化是两个不同范围内的异化,但是,目前对马克思如何从工人向一般的人异化的过渡,是一个缺乏研究的问题。

2. 历史唯物主义的确立

在1845年,马克思写的《关于费尔巴哈的提纲》中,完整地提出了关于人的本质概念和实践的概念,从而确立了历史唯物主义的基础。马克思思想走向了历史唯物主义。

人的感性存在是对康德和黑格尔的德国古典哲学的反动。这是发源于洛克的英国古典哲学的思想,法国爱尔维修继承了这个思想。马克思和恩格斯在《神圣家族》一书中总结了法国唯物主义思想,在批判爱尔维修的人本唯物主义思想的基础上提出了历史唯物主义。在《关于费尔巴哈的提纲》中,马克思已经提出了人的感性存在的概念,这是对德国古典哲学中黑格尔理性主义的否定,也是对费尔巴哈的人的类存在的人本唯物主义概念的否定。是双重否定。马克思坚持唯物主义立场,但是把立足点从感性的人和人的类存在变为人的实践,马克思继承了费尔巴哈的人的感性存在的思想,但是把人放到了历史的环境中去,强调人的实践的历史性的,完成了向历史唯物主义的转变。

马克思在提纲中明确批判了费尔巴哈所代表的旧唯物主义的缺陷:人不是作为生活在具体的历史和社会形式中的人,而且单个的抽象人被研究和观察的。马克思认为,人的本质是社会关系的总和,而人在具体的社会形式之下生活,但是人不是环境被动的适应性活动的承担者,而是能动的环境的改造者,人和环境之间存在着相互作用,人就是通过具体的实践活动来实现自己的本质,并且进行对环境的改造,而且在对环境改造的基础上完成对自己的改造。

马克思对于实践的理解是对传统理性主义的否定。实践是一个感性的活动。是主体的活动。实践的特征不是解释世界,而是改造世界。这是有别于传统哲学的地方。实践是一个主体的概念,是历史性的活动。是人类的总体活动,而不是个体的抽象活动。显然,这里的实践活动是具有了感性的历史形式的理性的变体。是对黑格尔绝对理性的超越和扬弃。实践与黑格尔的理性和费尔巴哈的直观形式是直接相连的概念。但是又是超越这些概念的。这是对德国古典哲学的超越,也是对法国和英国古典哲学的继承和发扬。

在《德意志意识形态》一书中,马克思最终确立了其历史唯物主义思想,并且同时阐述了作为意识形态的伦理的形成和作用。

马克思把历史唯物主义的出发点建立在具体的个人上面,不同于古典哲学,在历史唯物主义中,人不是抽象的个人,而是历史的具体的存在的个人。"我们的出发点是从事实际活动的人。"[①]"任何人类历史的第一个前提无疑是有生命的个人的存在。"[②]马克思把全部思想建立在这样一个基础上,即"人们为了能够'创造历史',必须能够生活。但是为了生活,首先就需要衣食住以及其他东西。因此第一历史活动就是生产满足这些需要的资料,即生产物质生活本身"。[③] 在这部著作中,马克思以交往形式的概念提出了生产关系的概念,并且把这个概念和生产力的概念结合起来[④],分析了他们之间的联系,并且把意识形态作为生产关系和社会关系的一种反映形式确定下来,确定了它的从属地位。马克思强调交往关系与分工之间的联系。而分工与所有制之间的关系。他通过分工引发的所有制形态顺次分析了历史上不同的社会形态。分析生产力演进对社会的影响。《德意志意识形态》一书中的分析还是非常初步的,随着历史学和人类学的深入,这些结论都会改变,就是马克思自己的后期著作中,这些描述也在变化,但是社会存在决定社会意识的基本原理是不变的内核。

马克思认为,人的伦理思想和法律等观念形态一样,是人们物质交往方式的直接反映。"思想、观念、意识的生产最初是直接与人们的物质活动,与人们的物质交往,与现实生活的语言交织在一起的。"[⑤]而意识任何时候都是意识到了的存在。

马克思认为,人的伦理和道德不是抽象的存在,而是人的现实利益的反映,伦理体系就是一种利益调整机制。马克思反对把伦理道德作为一个抽象存在的观点,在他看来,道德作为意识形态的一个组成部分,始终是现实的反映。另外,马克思从来不认为存在永恒的道德,道德原则是社会发展的产物,会随着生产力的变化而变化。

---

① 马克思、恩格斯:《马克思恩格斯全集》,卷3《德意志意识形态》,中央编译局译,北京:人民出版社1974年版,第30页。
② 同上书,第23页。
③ 同上书,第31页。
④ "这种生产第一次是随着人口的增长而开始的。而生产本身又是以个人之间的交往为前提的。这种交往的形式又是由生产决定的。"马克思、恩格斯:《马克思恩格斯全集》,卷3《德意志意识形态》,中央编译局译,北京:人民出版社2003年版,第24页。
⑤ 马克思、恩格斯:《马克思恩格斯全集》,卷3《德意志意识形态》,中央编译局译,北京:人民出版社1974年版,第29页。

3. 马克思主义伦理思想的最终确立

马克思主义伦理思想是建立在历史唯物主义的基础之上的。马克思的伦理思想继承了英法唯物主义和功利主义思想的传统,是在批判德国古典唯心主义的基础上建立的。

马克思继承了法国爱尔维修和霍尔巴赫等人的思想,认为伦理是现实利益在思想上的反映。早期的思想中,马克思认为这种伦理作为精神层面的存在,反映的是现实。伦理是对这种利益调整的方式。

马克思认为,社会分工是在自然分工的基础上产生的,社会分工的发展,不仅提高了生产力水平,而且也造成了生产力、交往关系和意识之间的矛盾。每一个社会成员处于分工的某一个角落,最终造成了个体利益与共同利益的矛盾。围绕着每一个社会成员的是个人利益。群体利益或者共同利益是以虚幻的形式存在于社会中的。按照马克思的解释,这种虚幻的共同体形式是以一个政权的面貌出现的,其实,按照以往的思想家的理论,道德就是这种共同利益的体现形式之一。

关于特殊利益和共同利益的关系问题,马克思采取了历史主义分析方式。他认为,任何一个时代,占统治地位的思想就是统治阶级的思想。这种思想不是共同利益的代表。虽然统治阶级标榜这种思想是共同利益的代表,但是它不是。"劳动力的买和卖是在流通领域或商品交换领域的界限以内进行的,这个领域确实是天赋人权的真正乐园。那里占统治地位的只是自由、平等、所有权和边沁。自由!因为商品例如劳动力的买者和卖者,只取决于自己的自由意志。他们是作为自由的、在法律上平等的人缔结契约的。契约是他们的意志借以得到共同的法律表现的最后结果。平等!因为他们彼此只是作为商品占有者发生关系,用等价物交换等价物。所有权!因为他们都只支配自己的东西。边沁!因为双方都只顾自己。使他们连在一起并发生关系的唯一力量,是他们的利己心,是他们的特殊利益,是他们的私人利益。正因为人人只顾自己,谁也不管别人,所以大家都是在事物的预定的和谐下,或者说,在全能的神的保佑下,完成着互惠互利、共同有益、全体有利的事业。"[①]这里以嘲讽的口气对资产阶级的道德所谓的全民性和公正性进行了批判。

---

① 马克思:《资本论》,中央编译局译,北京:人民出版社 1975 年版,第 199 页。

但是为了推翻这个统治阶级,革命阶级可以成为共同利益的代表:"进行革命的阶级,仅就它对抗另一个阶级这一点来说,从一开始就不是作为一个阶级,而是作为全社会的代表出现的;它俨然以社会全体群众的姿态反对唯一的统治阶级。它之所以能这样做,是因为它的利益在开始时的确同其余一切非统治阶级的共同利益多少有一点联系,在当时存在的那些关系的压力下还来不及发展为特殊阶级的特殊利益。因此,这一阶级的胜利对于其他未能争得统治的阶级中的许多个人来说还是有利的,但这只是说这种胜利使这些个人有可能上升到统治阶级行列这一点讲的。"[1]

按照这种分析,道德和法与政权的权力一样,是现实生产力所决定的交往关系的反映。分工造成的特殊利益和共同利益的分离,导致了这些力量的异化,成为人们的对立物,是人们在日常生活中不得不接受、又不知道何以造成的一种异己的力量。尤其是在思想与生产分离之后,思想采取了更加抽象的形式,导致了思想与现实根源的脱离和虚幻化,使人们误认为思想是一种独立的力量,有自己的生命历程,完全是思想家头脑的产物,而看不到它的现实根源。

马克思认为,伦理思想既然是现实的一种反映,它是生产力和交往方式所决定的。道德说教无法改变现实,现实的改变才是伦理变化的根源。他反对德国古典哲学,尤其是黑格尔哲学认为世界是绝对精神发展的产物的思想,否定伦理思想的独立发展。坚持要从世界的现实性理解抽象出来的伦理观念和原则。

在马克思早期的《神圣家族》和《德意志意识形态》两部著作中,不仅阐述了历史唯物主义的基本观点,而且这两部著作也是对马克思主义的伦理观点最集中阐述的著作,包括了对近代主要伦理学说的各种评判,以及在历史唯物主义基础上对伦理学说的认识。马克思这个时代的观点主要是把意识看成是现实的反映,但是,对于意识的能动作用阐述不多。这是罗素批评马克思的一个地方,在罗素看来,意识一经产生,与现实的关系就变得非常复杂,而且有自己的独立的发展逻辑。这一说法是正确的,但是,放在马克思身上不恰当,因为在随后的阐述中,这一点是被提出和补充的。但是,单纯地看马克思的早期两部著作,加上一些手稿,这个缺陷是存在的。

马克思没有创立独立的伦理学体系,毋宁说,马克思是清理伦理学的基础,把作为浮萍一样漂浮的伦理学放置在了现实这个基础之上了。马克思拓展了伦理讨论的视

---

[1] 马克思、恩格斯:《马克思恩格斯全集》,卷3《德意志意识形态》,中央编译局译,北京:人民出版社1974年版,第54页。

野，把一直局限于伦理本身的讨论发展为整个社会发展讨论的一个话题。使伦理学的讨论被放置在了一个更广阔的背景之下。

对于伦理学本身的论题讨论，马克思没有提出系统的思想。在对于工人阶级道德状况的讨论中，恩格斯在《英国工人阶级的现状》一书中做了大量的资料梳理，这可以被看作是描述伦理学的一个翔实的资料。马克思在《资本论》和一些笔记中，对这部著作进行了大量引述。马克思也对资本的代理人的道德状况进行了零星的描述，对于这个阶级的道德状况的演变进行了研究。但是，马克思没有完整的伦理学著作，也没有建立完整的伦理学体系。

4. 马克思伦理学方法论

4.1 批判精神

批判精神是马克思主义的理论风格，马克思主义的发展就是在对人类文化批判中淬炼成一个完整的理论体系的。马克思主义在资本主义社会中，成为一个否定的力量。并且在对资产阶级的批判中推动历史的进步。马克思主义的批判精神是对人类苦难的抗议，也是对人类未来的憧憬。是在资本主义桎梏之下，把人解放出来的愿望的表达，是对资本主义锻造的束缚人的铁链的冲决的努力。这种否定的思维，被马尔库塞称为理性的批判力量。

马克思的批判是从对资产阶级的意识形态的批判开始的，但是，马克思的批判却要解开意识形态背后隐藏的历史的真正的推动力量——生产方式。马克思不屑于构建一个可以遮蔽真理的新的意识形态。他把批判的矛头直指意识形态背后隐蔽的力量，并且对于马克思来讲，意识形态的批判永远是对现实批判的第一步，批判不是揭开意识形态所构造的华丽面纱，而是要揭示和探索意识形态背后现实的关系，这种人和人的关系是建立在生产方式的基础上的。马克思对传统的哲学不屑，主要是他们把批判局限在话语体系和意识形态上面。马克思要继续前行，不是停留在意识形态的批判上，而是要把批判的武器变为武器的批判，对现实加以改进。这样的批判就是人类的实践活动。

批判的根源是现代资本主义社会的内在矛盾。资本主义社会在建立过程中，从欧洲封建社会那里争得了自由、民主和平等，但是，资本主义运动的结果是把自由变成了工人丧失了生产资料后被迫的选择，劳动成为自由的唯一内容，是没有选择的选择。平等变成了财富在历史上前所未有的分化。因此伴随资本主义的生成，批判的力量一直在发展中。批判是资本主义发展的一个内在的嵌入式力量。资本主义不缺乏辩护士，但是，一个有天然缺陷的社会不能没有批判的力量。

现代条件下的社会，压制采取了更加隐蔽和更加"文明"的方式，使用更加技术的方法，批判的必要性被更深地隐藏在了以技术合理性为基础的现代秩序下面了。社会的同一性代替了社会的矛盾，多向度的社会被单向度的社会所替代。但是，批判的必要性没有消失，而是需要更深邃的眼光和更加高扬的勇气。马克思主义面对现代社会，批判的锋芒应该更加锐利。

4.2 实践基础

马克思强调哲学的实践性。在《论费尔巴哈的提纲》中，马克思提出了实践的概念，马克思认为，以往哲学家都在解释世界，问题是改造世界。按照马克思的理解，批判的武器不能代替武器的批判，改造世界最终靠的是实践活动。而对马克思的历史唯物主义，人的生存发展首要的活动是生产活动，因此人类的实践也首先是生产实践。实践不仅是认识的来源，更重要的是改造世界。这是马克思主义的最主要特征。

4.3 辩证思维

马克思的思想方式来源于黑格尔，他接过了黑格尔的辩证法，把变动不拘的历史以辩证法的逻辑加以重构，形成了一种进步的但并不是直线发展的历史观。历史不仅是在阶级斗争中发展，而且还在不断的否定和肯定中前行。不过，马克思没有简单地接受黑格尔的唯心主义，而是把辩证法置于历史发展的基础上，通过生产力和生产关系，上层建筑和经济基础的关系相互作用，以物质力量为基础推动着历史的发展。而伦理发展作为上层建筑的一部分，不仅反映着生产方式和经济基础，也被占统治地位的阶级所规定。

4.4 本质主义

从柏拉图以来的西方思想中，本质主义是一个重要的思潮。柏拉图认为，世界上光怪陆离的现象世界是流动的，在这个世界背后存在着稳定的本质，柏拉图是用理念的模式表达这个本质的。近代以降，理性主义思潮兴起，人们依然坚持认为世界背后还是存在主导的规律的。只有通过理性才能发现这种规律,马克思主义也是这种理性主义思潮的一个组成部分。他坚信可以发现世界的本质,这个本质就是推动世界发展的动力。但是,马克思反对从人的思想中寻找这个本质,而是把这个本质归结为物质生产过程,这个物质生产不仅是人类生存的条件,而且包含了人与自然和人与人之间的关系。这种关系不是人们自己设计的,而是在实践中形成的。这种关系是客观存在于世的,人们可以认识,但是无法摆脱。人们的意识和丰富的社会生活现象是这个本质的反映。

4.5 历史主义[①]

对应西方的本质主义的抽象方法否定。马克思把伦理学作为意识形态的一个构成部分,而意识形态作为上层建筑,是建立在不断随生产力发展而变化的经济基础之上的。因此,伦理道德不是一套亘古不变的教条,而是随时代变化而变化的。马克思从来不是抽象地判定一个道德准则的正确性,而是放在特定的历史环境中来进行分析。例如马克思在评价18世纪法国唯物主义思想家爱尔维修和霍尔巴赫等人思想的时候,根据其时代和历史背景做出了客观的历史评价。艾尔维修和霍尔巴赫强调个人利益是道德基础,人人追逐私利。霍尔巴赫更是强调"肉体感受论",生命就是趋乐避苦,所以人的肉体感受是行为的基础,利己主义是个人行为的动力。对于这样的理论,马克思首先肯定了其唯物主义的基础,同时指出他们这种理论表达了上升资产阶级的个性解放、自由平等的政治要求。马克思分析了这些伦理理论产生的历史背景和进步意义,同时也指出了其作为一个历史幻觉的特点。这种分析方法表现了马克思历史主义方法的特征。

4.6 开放视野

对应西方学者狭窄的专业视野,马克思具有思想家开阔的视野。马克思可以说是那个时代最为博学的人,其所论述的问题,都有深厚的学养做基础,并且都有广阔的历史纵深感和世界视野。

[①] "在那些顶尖的经济学家中,马克思第一个以整体的眼光看到并教我们看到经济学理论如何可以转化为历史分析,历史描述又如何可以转化为历史辩证法。"(熊彼特:《资本主义、社会主义和民主》,商务印书馆,第44页)

5. 马克思伦理观

5.1 马克思的伦理观是建立在人的社会存在的基础上的

近代资本主义的伦理学，无论是功利主义还是契约论，其基础都是抽象的个人，这个人虽然摆脱了神的恩宠，但是却丧失了人的历史性和社会性，人赤裸裸地站在思想面前。马克思构建他的伦理思想时，把人的历史性和社会性作为一个基本前提来看待，从人与人之间的现实和历史关系出发来看待，并且把人和自然的关系也看作人与人关系的延伸，受到人与人之间关系的规定。所以，在马克思的著作中，人不再是赤裸裸地站在上帝或者思想面前，而是带着以往的社会关系和精神物质羁绊以及条件，站在了和他有千丝万缕联系的社会面前。这个人不是抽象的人，而是在具体社会中存在的个人。这个人有喜怒哀乐，有理性思考，有社会关系，是一个具体的历史存在物。在这个具体的人面前，伦理不仅仅是寻求个人或者群体利益最大化，还是一种历史性的存在方式和生存方式。包括了对存在状态的理解，也包括对未来的憧憬。加上自己的思考，在互动中形成行为规范，这些行为规范带有深刻的历史性和社会性。"人的本质不是单个人固有的抽象物，在其现实性上，它是一切社会关系的总和。"

在马克思看来，伦理是生存方式的附属物，而生存方式又依赖生产方式。伦理归根到底是生产方式所决定的。

5.2 逻辑和历史的统一

时间结构是马克思主义的一个重要分析框架。在马克思那里，人不是抽象的存在，而是在历史上的具体存在，以往伦理学中丧失了历史的人被重新摆在了时间结构中，恢复了他的历史和现实内容，伦理的抽象变成了现实的模写。资本主义发展中提出的自由、平等、博爱的伦理概念都要被放在历史境况中重新加以审视。

5.3 实践伦理观

马克思的伦理观是建立在实践基础上的。马克思不承认抽象的伦理准则，伦理准则不仅是实践的，也是历史的。是建立在一定的制度基础上，并且表达着不同的利益诉求。而这些都是实践中的人的观念。不过这些观念不是独立于历史和制度，而是作为制度和历史的一个构成部分存在，并且为制度提供辩护和批判的力量。

6. 对其他伦理理论的继承和批判

马克思主义的伦理思想直接来源于法国 18 世纪唯物主义的世界观。他把道德看成是现实世界的观念反映。道德的基础是现实世界的利益关系。

对于继承法国启蒙思想的英国功利主义，马克思一方面批评他们理论的狭窄和辩护特征，另一方面对功利主义把伦理建立在利益关系基础上的思想加以肯定。

早期马克思著作中，对黑格尔的思想持严厉的批判态度，把黑格尔用绝对精神颠倒的世界用唯物主义颠倒回来，是马克思的历史使命。在他看来，道德作为意识形态，是现实世界的反映，道德的变化没有独立的动力，道德变化的基础是生产力和交往关系演变的结果。但是，马克思很快就把道德等意识形态的独立发展作为一个命题提了出来。这就是后来作为历史和逻辑的统一的思想。

马克思的思想传统是马克思主义研究中的一个特殊问题。马克思主义是发源于西方的一种现代批判话语体系。马克思早期是一个黑格尔主义者，但是在 1848 年以后，马克思已经转向了德意志哲学的批判传统。本质上，马克思的理论是西方现代启蒙话语的直接延续。所以，与其说马克思继承了黑格尔，毋宁说，马克思更多地继承了康德的传统。但是，其批判的锋芒，其锋利是历史上任何哲学体系所不具备的。而在伦理学的构建上，马克思直接把他的思想资源追溯到了法国唯物主义，并且把这个传统上溯到英国洛克思想。

7. 马克思主义伦理的中国化

马克思主义是 20 世纪在中国影响最大的思想体系。并且是在思想体系中国化方面最全面的一个外来思想体系。除了更多地接受列宁主义的革命策略和建党理论之外，马克思主义对于中国的学术思想产生了全面的影响。包括哲学、经济学、历史学等显学，从 20 世纪 30 年代之后，就已经在学术界占据了重要的地位，与这些相关的思想史研究，也被马克思主义重新改写。而军事学、政治学等更携胜利之威，占据了主流地位。相比之下，关于伦理学的中国化工作却一直没有自觉进行，导致了在马克思主义占主导地位的中国，古典伦理仍然潜在地发挥着巨大的影响力。

中国的马克思主义——毛泽东思想,则是在西方传统的马克思主义之外,更上接中国古典哲学的优良传统,其强调能动性,显然是和王阳明传统有关。而其辩证法的阐述,更是具有中国化的特征。

马克思主义伦理中国化过程中,大部分情况下,并不是自觉进行的。这就使传统的民间伦理采取了与马克思主义结盟的方式,得以继续存在。① 因此,在马克思主义获得主导地位之后,很容易就与民间心理结构之间建立了稳定的共生关系。马克思主义的集体主义、强调平等的价值观,以及对人类传统美德的坚持,是建立这种稳定关系的基础。尤其是在中国,儒家思想在五四以后,一直处于被批判的对象。在这种情况下,通过民族心理结构所表现出来的儒家伦理能够与马克思主义之间建立盟友关系,虽然颇让人费解,但是,细致分析他们各自的内部伦理结构,可以发现其中的奥秘。②

7.1 集体主义的价值观

马克思根据工人阶级的生存方式认为,占据工人阶级道德主体的是集体主义因素,因为工人是集体作业,并且在机器的驱动之下丧失了自我,除了联合之外,工人自身的解放是无法实现的。所以,马克思和恩格斯在《共产党宣言》最后喊出了"全世界无产者,联合起来"的口号。这是对共产主义道德的最鲜明的注解。

中国传统的价值体系并没有集体主义的因素,但是,更没有个人主义因素。占主导地位的以血缘关系为基础的家族制度及其家族伦理。这种伦理以两种形态存在,精英的形态和民间的形态。一般认为,儒家的伦理体系和学说,早期就是建立在为血缘氏族体系辩护的基础之上的,虽然经历了汉唐尤其是宋代的结构转化,但是,与家族制度之间的内在联系却一直是一个重要的基础。《大学》八条目所表现的儒家的理论结构就是以家为中心的一个逐层扩充的责任圈,其中虽然有诚意正心、修身等涉及个人伦理的概括,但是终究是要服从齐家的要求。而治国平天下的要求也是齐家的一个扩大的结果。

---

① 中国马克思主义的文献中,缺乏伦理学方面的系统论述,毛泽东也仅仅是在《在延安文艺座谈会上的讲话》中提到了动机与效果统一论的伦理断语,并且强调功利主义的正面性。因为没有系统的伦理学主张,实际上在长期的民间行为中,保持了传统儒家伦理的作用和地位。

② 杜维明认为:"以马列为基础的毛泽东思想取得正统地位以后,有两种思想在中国再也没有生命力了。所谓两座大山,一个是封建主义的儒家思想,一个是帝国主义的资产阶级意识形态。"(《现代精神与儒家伦理》,北京:生活·读书·新知三联书店1997年版,第321页)杜维明注意到,"文革"结束后,儒家思想卷土重来。其实,他上面的判断是不正确的,儒家思想在反思层面上确实中断了,但是,在民间的行为层面上,通过国有企业的类家族化形式,以及其他的制度,把其行为模式保留了下来。后面是所谓卷土重来,其实是从潜在的局面又重新显露出来。

另外一种形态是儒家的民间存在。儒家的民间存在有两个基础,家族的族谱家训和科举考试。民间讲学在明代的兴盛,为这两个支柱提供了新的动力。儒家正是通过上述的制度建构深入民间,化为民族的血脉。①

从道德结构上看,这种道德和集体主义的道德之间存在着本质差别。但是,家族道德强调的个人为大家牺牲的道德体系和集体主义中团体优先的结构之间存在着一定的对应关系,在家族道德的转化过程中,向集体主义转化比向个人主义转化更为单纯,并且很难划清某些重要的界限。相反,对个人主义的抵制是集体主义和家族主义的共同课题,正是在这两点上,家族主义和集体主义很容易在民间结为联盟。

在计划经济时代,中国的企业承担着很多过去家族承担的职责,小到家庭纠纷、子女教育,大到生老病死、工作学习,都由企业承担,传统的家族伦理可以比较容易地移植到这种制度结构中来,并且与主流的理想形态相融合。而在农村,传统的家族形态还存在,并且与集体主义的形态形成了共生关系。应该说,这是一种伪集体主义,真家族主义。我们可以通过分析当时主流的文学艺术作品来寻找有关的现象。每部作品中,在冲突的双方中,正方的支持力量,除了作为正式组织的基层政权和党组织之外,还有一个重量级的人物就是年长的长辈,虽然大多没有职务,但是德高望重,这其实就是类家族在城市尤其是农村的代表,这些人在关键时刻会站在政权和组织的一方。这是城乡中正式组织和传统组织结盟的一个真实的写照。从他们处理事情的方式看,可以看到传统伦理和官方伦理之间的一种结盟关系。

关于家族主义向现代化企业伦理转化的问题,卢作孚作为一个企业家,曾经做过理论探索。可贵的是,对于中国家族主义的研究,一些学者虽然做过研究,例如梁漱溟,但是不是出于卢作孚之后,就是远不契合企业实际。

卢作孚的研究是在两重社会生活的概念下展开的,所谓两重,按照卢作孚的看法,就是家族为一重,亲朋好友为一重,中国人都是属于这两个集团内的成员,每个人都要为这两个集团做个人贡献和牺牲。卢作孚分析旧式集团生活的必要性,但是对这种集团生活的弊端,提出了严厉批评。按照卢作孚的看法,在列强压力下的中国,必须抛弃这种旧式的集团生活,构造新的超越家族和亲朋圈子的集团,他提出了"工商时代的集团生活组织"概念,这种集团就是工商组织。卢作孚看到了从传统的集团生活转向现代

---

① 关于家族制度的分析,可以参看梁漱溟的著作以及卢作孚的著作,包括杜维明等人的分析。

集团生活需要付出巨大的努力。①

7.2 大同小康图式和共产主义理想

马克思主义的共产主义理想,其核心是对平等的追求。在中国,儒家自古就有大同和小康的理想,而民间也存在均贫富的平均主义思想。这种民间思想往往披上大同小康的传统黄金时代的外衣,并有意无意地被混为一谈,贯彻其中的核心概念是均平的理想。马克思主义在中国传播过程中,这些传统思想曾经对于马克思主义的接受提供了帮助,但是,也在很大程度上导致了对马克思主义伦理的民间误读。换言之,民间的均平思想与传统精英的大同小康图式,成为了中国百姓接受共产主义思想的一个桥梁。但是,桥梁不是河岸,既不是此岸也不是彼岸。均平思想与平等的理想是不同的。

中国古代儒家的大同理想来源于《礼记·礼运》:"大道之行也,天下为公。选贤与能,讲信修睦。故人不独亲其亲,不独子其子,使老有所终,壮有所用,幼有所长,矜寡孤独废疾者皆有所养,男有分,女有归。货恶其弃于地也,不必藏于己;力恶其不出于身也,不必为己。是故谋闭而不兴,盗窃乱贼而不作,故外户而不闭。是谓大同。"

与大同相续的是小康理想:"今大道既隐,天下为家。各亲其亲,各子其子,货力为己。大人世及以为礼,城郭沟池以为固,礼义以为纪。以正君臣,以笃父子,以睦兄弟,以和夫妇,以设制度,以立田里,以贤智勇,以功为己。故谋用是作,而兵由此起。禹、汤、文、武、成王、周公,由此其选也。此六君子者,未有不谨于礼者也。以著其义,以考其信。著有过,刑仁讲让,示民有常。如有不由此者,在势者去,众以为殃。是谓小康。"

大同小康理想在古籍中是出自孔子之口,虽然学者们不认为这两段话确实出自孔子,但是,几乎可以肯定是出自孔子后学。在中国思想史中,大同小康虽然时常被提起,但是却从来不是主题,毋宁是一种怀旧情怀的反映,只有到了近代,由于康有为接受了廖平指教,并接受了西学思想之后,成为了大同思想的极力鼓吹者。随后,孙中山也接受了大同说法,力图在其理想的展示中,采取古代思想资源。

大同是天下为公,而小康是天下为家。反映了古代政治思想中的精华部分,而其基础是平等的价值观。所以这种思想很容易和民间的均贫富等贵贱的思想结为联盟。

马克思的平等价值观是建立在机器大工业所创造的高度生产力的基础上,是建立在生产资料共同所有制的基础上的。这和小农经济条件下,低下分散的生产基础上所

---

① 相关更为详细的具体内容参照本书第12章中的论述。

产生的均平思想有本质上的不同。但是，因为平等价值观的形式要素的一致性，所以，共产主义在中国的传播中，也采取了这种古代思想资源。即使是今天，我们在描述现代化的理想目标时，也采取的是小康的方式，虽然我们关于小康的定义和古典时代的有了很多变化，但是这种描述方式却是以其生动性而为民间所接受。

公平与效率问题一向是改革开放以后遇到的一个重要问题，在改革开放初期，大家对于牺牲公平提高效率的做法还是能够接受的，因为当时的社会过于公平，严重影响效率。但是，最近这些年，随着贫富差距的扩大，大众对于不公平的怨言越来越大，成为引发社会不满的一个重要因素。其中表达不满的主要形式还是传统的马克思主义的社会主义理想。但是，在和谐社会的表达中，依然采取了小康的表达方式，反倒是比民间的表达方式更为古典。这说明了马克思主义在汲取民间资源后，已经成为影响很多底层人民表达方式的一个传统。

大同之世，反映的是三代之时，尧天舜地时代，天下为公、夜不闭户、路不拾遗的升平景象。而小康在礼记中，主要表现是三代以后，天下为家，人们行为需要礼法约束。

7.3 共同的人类美德的强调

就人类美德而言，马克思只是为这些美德的历史形式和演变做出了历史主义的解释，并没有重新构造这些美德的内容。这些被人类所肯定的基本价值观包括勤劳、认真、勇敢、真诚等，确实在马克思的论著中获得了肯定，但是没有作为伦理体系的构成部分获得充分的建构和阐述。

马克思伦理思想的中国化的工作相比哲学、经济学、史学甚至文学，都显得落后，在建立自己的意识形态权威过程中，没有在伦理学领域建立自己独特的价值观体系，尤其是没有消化吸收中国古典价值观和美德体系，缺乏在政治、军事、哲学领域的系统性和创新性，并且没有与中国的传统思想资源的整合，缺乏把思想深入民间的途径。因此，在其传播过程中，大量的民间和传统思想资源窜入，导致我们价值体系的混乱和支离破碎。

第8章 中国古典哲学和伦理思想

1. 朱熹理学

朱熹哲学是中国古典哲学从先秦以来构建的最为宏伟的思想大厦,朱熹理学,确可以说是中国古典哲学的集大成,层层建构,层层推进,如八宝楼台,巍峨雄伟并玲珑剔透。

朱熹的哲学的出发点是区分形而上之道和形而下之器。而形而上之道中的道,其概念本来自《道德经》,是道家思想的核心,但是儒家也接受这种概念,《易传》"形而上者谓之道,形而下者谓之器",到了宋儒程颐,把这个概念接受过来,认为是理的别称,道论转化为理论,成为了宋儒哲学的核心。

理的概念来自《韩非子》,至朱熹,成为了太极的别称,为世界的根本。朱子《语类》,开篇就讨论太极和理气:"太极只是天地万物之理。在天地言,则天地有太极,在万物言,则万物中各有太极。"朱熹哲学中,这个作为本体的太极或者理的本质,虽然说是浑然一体,不可名言,但是所包含的万理之中的大者,无非是仁义礼智,所以,太极概念虽然是从道家窜入,就其本体内容而言,包含了儒家哲学中最基本的概念。而这个太极或者理,从在人身上的表现来看,正是所谓的性,这里太极、道、理、性,浑然一体,而其核心都是伦常观念,正是在这个意义上,牟宗三把新儒学称为道德理想主义的哲学。

正因为朱熹把太极本体作为儒家的道德理想,而太极惯于人称为性。但是应该如何展示人性的光辉?这成为宋儒中理学和心学的一个分界点。

儒家认为,把握这个本体就需要修养。宋明道学家,把这个修养称为功夫。但是如何尽这个功夫,理学心学,路数不同。朱熹作为理学家,从《大学》讲起,从格物致知开始,逐层盘桓而上,达到最高的治国平天下的境界,就是儒家的所谓内圣外王。在这个问题上,陆象山和王阳明反对朱熹,他们主张,心性一体,修养的关键是恢复本心,而不是向外求索的过程。他们认为他们接续了孟子的道统正宗。

从西方分析哲学的角度看,道德真理和科学真理本不是一个类型的问题,科学真理作为一个分析性命题,面对事实,和道德规范根本不是一回事。休谟就发现,从事实无法推论出道德戒律。从这个意义上看,朱熹提出了一个错误的修养功夫的思路,居然想从知识中推出道德。他继承了《大学》的思路,把格物致知和诚意正心看成是一个递进的过程,前者是后者的阶梯,不能超越而上。

朱熹进一步分析就是理气、道器,天命之性和气质之性的分别。这些概念相对而出,表现出朱熹哲学的综合性质。

天命之性为性之理者,气质之性为性之气者。天理主宰人性,为天命之性,"理是人物同得于天者。"而性"只是心中所有底道理是也"。[1] 直接得出"性即理也"的结论。所谓天命之性,就是仁义礼智之理,而气质之性,是古代所谓性情之性。虽然人人有一太极,禀赋相同,但是,气禀不同,所以,气质之性各异。这里朱熹的哲学中理气和天命之性与气质之性的两组概念浑然一体。

朱熹虽然建立了一个庞大的哲学体系,其中的元素可以分为两种,大部分其实早已在思想史上存在了。但是,朱熹在其体系中,对思想资源进行了最大限度的整合。这两类元素为,以孔孟提供的思想资源为依据提出来的概念和命题,这些概念来源都是能够公开宣示的。第二部分是指借鉴于相关的团体和学说,但是,在中国的学术背景下,自觉或者不自觉的掩饰,主要是为了躲避本阵营的指责或者批评。

因为整合的要素过于庞杂,要素之间存在着内在冲突,为了调和不同要素之间的关系,朱熹体系表现出极大的折中的特征。如理气、道器以及修齐治平之间的关系,其内在冲突和矛盾是很难避免的。这些矛盾和冲突,朱熹当然知道,也一直力图修正。不过,在其复杂体系中,很难直接实现逻辑的内恰。根据王阳明所辑的《朱子晚年定论》所录的书信,可以看出朱熹在理论问题不彻底上的彷徨和犹豫。

2. 陆王心学

心学、理学双峰并峙,而心学思想史上,前有陆象山,后有王阳明,也是双峰对峙,是

---

[1] 朱子《语类》卷三。

中国思想史上的最后一个奇观。

陆王心学的起点恰好是朱熹理学的一个难点上：如何从格物致知进到诚意正心上去，因为这是两个不同的过程。前者是一个认识论的过程，后者则是一个道德修养的过程。这两个过程是完全不能互相替代的。朱熹把两者混为一谈，本来是思想不彻底的地方。陆王的特点就是一空依傍，直指道心，抛开格致的功夫，直接去诚意正心。陆王和朱熹的分别，看起来是修养功夫的差别，陆王讲致良知，而朱熹讲循序渐进，并且从格致开始，积累知识。但是，本质上的差别，是对形而上理解的不同，朱熹认为形而上为太极，为理，为道，但是还不是人心本身。陆王的看法在这个基础上前进了一步，认为心就是理，就是道，就是太极，所以太极和人心本为一体。修养就是恢复本心。

王阳明的学说，关键就是致良知和知行合一两句话。整个一个《传习录》，弟子们记载他的言论，几乎全部是围绕在这个主题之下。

王阳明的影响不仅在对儒家学理的意义的开拓上，更表现为在更大更深的社会层面上拓展儒家学说的影响。正是由于王阳明、王艮等人的热心推动，讲学之风在明末大兴。从而促使儒家伦理深入民间，儒家学说能够从庙堂经祠堂深入民间，成为日常伦理，王学功不可没。这种影响在20世纪表现得尤其突出：20世纪初，儒家先后失去了科举考试和学校两个支持性的制度基础，家族成为了儒家伦理得以延续的唯一的制度性因素。更可见当初王学兴盛的历史作用：儒家伦理在反思层面消失后，作为百姓的日常人伦却一直潜在地发挥着作用，尤其是后期，儒家伦理以百姓的优良传统为基础与正统的官方的马克思主义意识形态结成了同盟，继续发挥着巨大的影响力。这与马克思主义对儒家一向的批判态度不同，看上去很吊诡，但是这就是20世纪中国的现实。谁能想到，早在几百年前的王学起到了关键的作用。

3. 宋明儒学的思想元素解析

3.1 天与天命

天与天命的思想源远流长。远古时代，人们就把天作为人格神来崇拜。这是古代民族的常见现象。在春秋战国，中国哲学思想初步勃兴时代，对天的认识在思想界就已经有了很大的转变，通常不是谈论单字的"天"，而是把天和命或者道结合起来了，把天的人格神意味大大地降低了，是从天命或者天道的角度理解天，就是把天看成是一个创造的功能。孔子谈论天,说:"天何言哉,四时行焉,百物生焉,天何言哉!"郭沫若解释认为,孔子在这里明显把天的人格神意义给否定了。① 天是一种自然界中流行的理法,牟宗三更进一步认为,儒家所说天道"生生不息",正是把天道天命作为一种"创生不已之真几"来看待的。②

3.2 性

性与天命是相承相继的,天命没有性,无法表现,性则是天命下贯而成的。性的观念发源于春秋时代,孔子有"性相近,习向远"的说法,但是,这里的性还是人的自然本能。至孟子,建立了中国第一个完整的人性论——性善论。按照孟子的看法,人的本性是仁义礼智四端,分别来自恻隐之心、羞恶之心、恭敬之心和是非之心。四端是本心所具有,所以说人心本善。

虽然同出子思之门,但其门徒所做之《大学》、《中庸》,所谈人性,却从天道开始,所谓:"天命之谓性,率性之谓道,修道之谓教。"天命下贯为性,性即天命。虽然这些思想孟子也有,但是,中庸表达直接酣畅。这种微妙区别,成为后来朱陆学派的分野。

荀子主张性恶论,有文章如此命名,直接和孟子相对抗,"人之性恶,其善者伪也。"荀子所谓性是人的自然本性。这种观点最后也被朱熹接纳,成为和天命之性对立的气质之性。

3.3 仁

仁是孔子对中国哲学和中国思想的最大贡献。思想界公认,孔子思想的核心是一个仁字。在一部《论语》中,孔子百十次谈到仁。子曰:"夫仁者,己欲立而立人,己欲达而达人,能近取诸譬,可谓仁之方也。"朱熹在《四书集注》中解释说:"以己及人,仁者之心也,于此观之,可以见天理之周流而无闲矣。"阮元解释,这里的立就是三十而立之立,这里的达就是在家必达之达。有些论者把这段话作为孔子对仁的定义,其实,更平实的说明是仁者爱人。孔子的仁不是一个思辨的概念,所以,对仁的说法不必像现代哲学家那样给出思辨的定义。孔子在给弟子讲解仁的时候,也是从不同的角度展开的,但是围绕的核心是道德修养。孔子说:"君子务本,本生而道立,孝悌也者,其为仁之本与?"所

---

① 郭沫若:《十批判书》,北京:新文艺出版社1951年版,第107页。
② 牟宗三:《中国哲学的特质》,上海:上海古籍出版社1998年版,第22页。

以，仁是一个道德本体。不过，仁又是一个修养的概念，孔子说："克己复礼为仁。"这就是按照古代圣贤的方式进行修养。孔子不是思辨哲学家，所以关于修养的问题，他说的不像宋儒那样条分缕析，不过，就他的言论看，孔子也对修养有深刻的认识："知及之，仁不能守之；虽得之，必失之。知及之，仁能守之，不庄以莅之；则民不敬。知及之，仁能守之，庄以莅之，动之不以礼；未善也。"修养论一向是中国哲学讨论的中心问题之一，孔子这里讨论了仁和知的关系，其实就是关于道德和知识的关系。说到底，仁不是一个认识问题，虽然认识可以作为一个前提，仁是一个践行的问题。

孔子仁的理论不仅开辟了后来中国哲学的重要议题，而且是对中国哲学和中国思想定调之作。首先孔子确定中国哲学和中国思想的道德基调，而不是希腊哲学的智慧基调，中国哲学自此之后，2500年的发展中，尽管经历了不同阶段，思想内容和方式不断地变化发展，但是，始终围绕着道德本体展开。

其次，因为道德追求的践行本质，所以，中国哲学一向强调践履的重要。这就奠定了中国哲学实践理性的特征。虽然宋儒例如朱熹等建立了复杂的哲学体系，并且建立了道德形而上学本体论，但是，这些内容终究要落入人间，成为生活指南。由于儒家学说的世俗特点，所以，能够通过各种方式和体制与民间生活紧密结合，成为生活内在的组成部分。

3.4 道器

道作为一个中国哲学的根本概念，本来是出自老子，所谓"道可道，非常道"，是中国哲学史上传播最广的名句。但是对道的解说则在先秦之后，就已经不大提及。直到宋代张载二程创立理学，以理为核心概念，又把道与理相提并论，所以理学也被称为道学，不过，在范畴上，道是与器相对的，理是与气相对的。道器论出自《易经·系辞传》："形而上者谓之道，形而下者谓之器"，在道的解说上，张载和二程不同，张载以气解道，所谓："由气化，有道之名。"[①]二程以理解道。朱熹继承了二程的思想。而王夫之又继承了张载的思想，成为对道的不同解释路线。道与器的关系几乎就是理与气的关系。所谓形而上和形而下，就是指的理念世界和现实世界的关系。不过在二程那里，道不离器，道器一体。"形而上者为道，形而下者为器，须著如此说，器亦道，道亦器。"[②]

---

① 《正蒙·太和》。
② 伊川《语录》卷一。

3.5 理气

理本也不是儒家的元初概念,孔子没有谈到过理,孟子虽然谈到,并且义理并论,但是,毕竟不是中心概念。反倒是韩非子,在他的《解老》中洋洋洒洒地对理做了很多解释。直到宋代二程,才把理提到了思想和核心地位上,又经历思想磨砺,到了朱熹,才形成了完整的理气论,综合道器关系,成为了一种独特的本体论:"天地之间,有理有气:理也者,形而上之道也,生物之本也;形而下指器也,生物之具也。是以人物之生,比禀此理,然后有性;必禀此气,然后有形。"①

3.6 无极而太极②

无极而太极,语出周敦颐的《太极图说》,开宗明义:无极而太极。无极的概念来自道家《老子》,而太极说法出自儒家的经典《易传》。调和儒道,本来是魏晋玄学开启的传统,但是魏晋时代是以道入儒,道家为主。而周敦颐则已经转向,儒道并重。在《太极图说》中,周敦颐还说:"五行一阴阳也,阴阳一太极也,太极本无极也。"这里面把儒家的太极、道家的无极和阴阳家的五行串在一起,逐层上递,给人的感觉是五行统一于阴阳,阴阳统一于太极,太极归于无极。产生这种想法很正常,根据儒家的经典《易传》:"易有太极,是生两仪,两仪生四象,四象生八卦。"这些要素之间本来是相生关系,所以,太极和无极之间也很容易被类推为相生关系。周子的解释并不清楚。陆象山就是从这里提出疑问。他认为,根据经典理解,无极而太极是老子的无能生有的看法,这种看法与儒家的传统学说是相抵触的。对此,他提出了质疑。

关于两者关系,朱子的解释就已经是儒家的说法了。按照朱熹的说法,无极和太极不是两个事物,而是一个事物的两个方面,所以,朱熹说:无极而太极,这个而字轻,为了表示不是次序之分,不是太极之外另外有一个无极。极字,就是万物之根,所谓无极者无形,太极者有理。所以,太极就是万理之理。而根据朱熹与陆象山之间的通信,无极可以看成是太极的流行,太极是体,无极是用。这样就援道入儒,实际上起到了把世俗的儒家学说提高到形而上的高度的作用。

---

① 答黄道夫。
② 本节所引文字,除特殊标注外,均引自朱熹《朱子语类》卷九十四。

3.7 修养功夫——诚

孔子思想中,道德要素可以拆解为五个,所谓仁义礼智信,而孟子论人性和人心,则撇开信而谈仁义礼智四端。似乎忽略了一个重要因素。其实,孟子把四端与人事相连接,唯独把信转化为诚,成为主宰四端的所谓天道。孟子说:"仁之于父子也,义之于君臣也,礼之于宾主也,知之于贤者也,圣人之于天道也,命也,有性焉,君子不谓命也。"(《孟子·尽心下》)这里仁义礼智,各有所配,唯独圣人之天道,独缺说明。其实孟子别处说:"诚者天之道也,思诚者,人之道也。"(《孟子·离娄上》)天道为诚。这种思想进一步发挥,孟子说过最著名的一段话:"万物皆备于我,反身而诚,乐莫大焉。"(《孟子·尽心上》)

在《中庸》中,诚是一个中心概念,是所谓天道的同义词,这就标明了儒家学说的道德本性。

到了宋代周敦颐,在其著作中,有专章谈诚。上来就说,诚者圣人之本,关于这个"本",朱熹解释说,就是太极,那就是万理之理了。而乾道变化,各正性命,就是诚的流行成为性,所以,诚又成为人性,周敦颐就此把诚这个本体变为人的伦常,唯此,他说:"诚,五常之本。"

这个诚字,成为宋儒明儒的最重要的哲学概念,并且从一个普通的道德观念转化为一个本体概念,周敦颐等人对于诚的解释还有神秘主义的特征,到朱熹之后,就力图把诚从神秘主义中解救出来,还原其道德本体的特征,但是,他们把诚的神秘主义色彩在元素上消除了,却把这个神秘主义特征带到了整个体系中去了,自始至终,诚一直是中国哲学中最玄妙和最神秘的概念。

4. 儒家思想学术的发展

春秋战国时代,儒家虽为显学,但是不过是诸子百家中之一家,虽然阵容显赫,不过在解决当时时代的问题上,显得迂腐有余,手段不足。并不受统治者欣赏。但是,儒家创始人孔子不语怪力乱神,以他在中国文化史上的地位,可以说是影响深远,不同于释迦牟尼、耶稣、穆罕默德,他给人们留下的是道德遗产,而不是宗教制度,所以孔子一生,表现平实,没有神迹附身,也没有惊天动地,但是,就是这种平实性格塑造了中国思想的世俗特征。

至汉以后,在武帝"罢黜百家,独尊儒术"的政策鼓励下,宽广的思想之流突然收紧到了儒家狭小的河道内,渐成涓涓细流。至魏晋以后,佛道兴盛,儒家思想仅游丝未断。宋代以后,几代学者努力,儒家综合多方面思想资源,得以复兴,与统治者结盟,成为随后八百年的官方思想。

在儒学两千五百年的历史发展中,它分别以思想、学术的形态,在知识阶层存在,并交替兴盛,各领风骚。

春秋战国时代,原始儒家以朴素的道德哲学形态出现。保持了对社会变动的能动性反应,开启了一个源远流长、影响深远的哲学传统。虽然孔子整理六经,但是,儒家主要是一个哲学派别。

汉代以后,除了董仲舒等个别大儒略具思想家的规模之外,儒家一直以学术的形态立足官府和社会。作为官方意识形态,他们有其依附的机构,汉初开始立诗经博士,随后不断增补,到了汉武帝时代,五经博士已经确立,随后古文经兴盛,又立古文经博士。学在官府,每个博士都有弟子多名。作为官员,他们以政府俸禄为生;作为学术派别,他们的师承关系脉络清晰,今文古文,阵营壁垒森严,学者们皓首穷经,留下的著作汗牛充栋。

宋代以后,思想活跃,学派林立,相互辩难,思想发展波谲云诡,理学心学相克相生。明代中期以后,讲学之风日炙,思想发展乘风而起,甚至贩夫走卒也被卷入其中,蔚为中国思想史上的大观。

有清一代,政权牵制思想,明末清初一时活跃的思想归于沉寂,学者走入书斋,考据之学日盛,成为显学,思想退隐,学术凸显,乾嘉学派,学者如林,从儒家经典的考据入手,逐步深入诸子百家,旁及金石音韵,声威赫赫,成果累累,流风所及,至民国不绝如缕。

除了作为学术和思想在知识阶层中存在的儒学外,儒家学说还以官方意识形态高居社会之上。作为意识形态的儒学,其官方地位,在汉代初年既已确立,宋儒重建儒家学说,被以科举考试方式宣布为官方思想,八百年间,高居政权威权之旁,使士子学人,碌碌其间,虽出名师名士,却罕有独立思想。

5. 儒家思想的民间化

任何一种文化传统都包括了两个方面,就是官方的思想和民间的思想。其中在封建时代,官方思想往往和知识精英的思想结为同盟关系。而民间思想则既与官方意识形态保持距离,又受到官方意识的影响和规定。

儒家思想也有一种在民间存在的形态。这种民间思想,通过多种方式和途径形成,首先是与宗法制度结盟,儒家思想通过教育和科考制度,深入民族精神的骨髓,成为民族心理结构的一个稳定核心。除了家族祖训和家训之外,家族兴盛依赖耕读,其中为官出仕,光宗耀祖,是每一个家族成员的职责,而出仕必须通过读书应试,家族制度和官方意识形态在此结盟。

另外,虽然学在官府,但是,从秦代开始,中国就有以吏为师的传统,通过官方的教育和灌输,儒家思想逐步深入民间。

第三,中国自古的讲学之风兴盛,尤其是宋代以后,随着市场经济的发展,讲学之风逐渐向民间转移,如明代王阳明及其后学,把讲堂摆到了地间田头,风吹草偃,民风为之而动。至清代虽禁绝讲学之风,但是思想已经深入民间。

文学作品和艺术作品所带来的关于主流意识形态的影响,也成为了民族心理结构形成的一个因素。文学作品形式多样,虽多离经叛道之言,但是,仍然是宣传儒家思想的主要民间渠道。

近代儒学的衰落不是起自五四,而是起自 1905 年废科举兴学校。儒家学术与思想赖以存在的制度基础骤然丧失,使 2000 多年高居官府的儒学流落民间,西方思想反倒占据了官私学校之内。儒学以流窜之身,对垒堂堂之阵的西方思想,自难取胜。

随后是马克思主义在中国凯歌高旋的胜利,儒家思想彻底式微。作为官方意识形态的哲学被彻底打落,作为学术和思想的儒学,虽有梁漱溟、熊十力等大师级人物力挺,也遭遇重大挫折。但是,渗入民间的社会心理结构的儒家思想还顽强地保持其张力,继续影响甚至统治大多数人的思想。

历史上看,儒家无论在官方还是在民间,为思想还是为学术,都是以道的形态存在的。虽然历史上有半部论语治天下的说法,但是,实际上,儒家一直与术无关。无论是军事战略、行政方法还是科学技术,向为正统儒学所不齿,而为其他传统所占据。这就造成了儒家思想的空疏传统。早期孔孟的原始儒学,除了道德说教外,几乎一无所长。直到宋儒建立道德形而上学,思想空间大为扩展,但是也一直无法直接落实到其他领域。这是儒家传统的弊病之尤。

6. 维系伦理的制度体系

中国传统上是以礼治国，主要是把伦理作为手段对国家进行治理。在几千年的历史沿革中形成了一些行之有效的治理体系。这个治理体系包括了从国家的礼制，到学校的培养，到家族的教化，到社会的涵养，一直到个人的修养，形成了完整地体系。实际上，我国在计划经济时代，这些手段几乎被完整地延续了下来，因此，不仅在内容上，而且在形式上，传统的伦理体系都被保留了下来。

6.1 政府的提倡

从汉武帝"罢黜百家，独尊儒术"开始，把学问立于官府，历代政权不仅通过公布经书的解释的方式建立官方的意识形态，而且建立相应的研究机构，配备相应的研究人员，对儒家经书进行系统的挖掘和充分的研究，这些研究和解释工作，为儒家思想的传播提供了基础。不仅使经书代代相传，而且根据不同时代的需要对经书的体系加以演化和开发，不断提出新的解释体系。而这些研究成果在得到政府的接受后，以官定教科书的形式公布于世。

6.2 学校的教育和科举考试

中国古代的学校教育是以儒家经典为基础进行的，因此，中国的知识分子，从识字开始就进入了儒家思想的驯化过程。先是接受简单的文献的阅读教育，这个过程中，经典所包含的思想通过老师讲解和个人体悟，不断地被接受。随后，则开始系统地接受官定教科书的各种经典解释。形成了符合官定标准的认识体系。

学生的学习过程是和未来的科举考试联系在一起的。中国古代自唐代以后，就形成了以考试选拔官员的方法。而官方的考试从一开始就是以儒家经典为标准展开的，主要是通过对学生掌握儒家经典的程度测试学生的知识水平和能力。这导致一千多年来学生们孜孜以求地钻研经典。大量智力资源的投入必然导致对经典理解的模式化和精细化。

6.3 家族的驯化

中国古代是一个以家族为基础的社会构成。辅以地缘的关系，形成了费孝通所谓的"差序格局",其中家族在社会构成中占据基础性地位。而古代中国家国同构,国家也是以家族为基础的。但是,这个基础的含义不同,春秋之前,国就是以家为基础。随着中国封建制度在战国后解体,家国体制开始分离。随后建立的科举制度导致了出仕途径的开放,但是,读书参考,在古代是一个成本高昂的事情,非倾家族之力,经几代人努力,这个过程是无法完成的。无论从维持家族利益的角度还是从建立家族书香传统的角度看,儒家思想都是一个很好的工具。中国大家族的家训和谱牒制度,对于维持儒家思想的中层存在(上层是指官方意识形态,下层是指民间的传播)都是至关重要的手段。

6.4 清议

主要是通过民间舆论的方式对道德体系保持有力的维持。这个制度自古就有,这虽说是民间的方式,但是从来都是有官方支持的。顾炎武对这个制度做如下说明:"古之哲王所以正百辟者,既已制官刑儆于有位矣,而又为之立闾师,设乡校,存清议于州里,以佐刑罚之穷。"[①]清议本身是民间行为,但是,清议结果记录在官,对于官员任用,以清议结果作为重要参考,这样导致官员对于清议的重视。我国在计划经济时代,就是采取这种方式对于一些所谓的坏分子进行教化的,这些人都是以民间的方式加以改造,但是确实是官方采取记录的方式。经历过的人都知道,这种方式实际非常严酷。不过,其效果还不仅在被记录在案的人的压力,实际上这种压力通过清议的方式一致延展到整个社会,每一个人都在清议的压力下谨小慎微地生活,所谓"君子有怀刑之惧,小人存耻格之风"。[②] 这样,道德体系就获得了强有力的维持。

6.5 名教

不能以德治理的时候,官方采取以名为手段加以治理的方式。名教不同于清议,但是以清议为手段,对于每一个人的名誉加以评估,并以此为手段进行任用,这样,一个人的名誉就成为一个基础,所以,即使一个不重视德行的人,也因为在名教的社会压力之下,注重品行端庄,行为方正。按照顾炎武的看法,名教不是一个根本手段,但是社会过于腐败,人人争利,不得已采取名教手段,让人重视名节,总比争利更好。[③]

[①] 《日知录》卷十三,清议条。
[②] 同上。
[③] 《日知录》卷十三,名教条。

6.6 修养

这是个人层面的。从宋儒开始,就把吾日三省吾身的儒家经典行为化,变成了日常生活的修养方式。这种修养的具体方法很多,但是,最主要的是对自己的思想的主动监督和检讨。标准就是经典的教诲。历史上,很多名臣树立了很好的榜样,最著名的就是曾国藩。实际上,在"文革"时期,这种方式被发挥到了极点。所谓斗私批修,恨斗私字一闪念等,就是这种修养方式的现代翻版。

6.7 其他

古代社会中,无论是小说戏剧,民间故事,其基本的思想内核都从儒家思想借鉴而来。虽然从内容上看,可以从这些文学艺术形式中分离出离经叛道的因素,并且这些因素在思想发展中往往还占有重要的地位。但是,就这些文学形式传播的主要思想内容看,还是以儒家为核心的伦常教诲。

7. 再论道学

7.1 儒家的集大成者

朱熹是儒家思想的集大成者,这是毫无疑问的,他一生孜孜以求,手不释卷,完成了对于经典的详细研究和注释。这些注释,随后几百年作为官方哲学教本,影响了中国人八百年。对此,现代学者褒贬不一,但是,朱熹的这个地位绝不是浪得虚名,而是他精深的思想和渊博的学识带来的,[①]也是他勤苦一生的回报。

朱熹把先秦以来儒家内部逐渐发展起来的各个哲学概念集中在了一个先验本体——理之下,形成了一个完整的概念体系,包括古典文献中的天和天命,孔子的仁义礼智信,孟子的心性论(天命之性),荀子的性恶论(气质之性),中庸的致中和,大学的三纲领、八条目,所谓的修齐治平等,易传的太极本体论,张载的气化理论,二程的理和道的理论,周敦颐的太极论,等等,这些在不同时期,通过不同途径发展起来的概念,在朱熹哲学中,都取得了自己的地位,他把这些儒家的概念要素妥帖地安顿在其哲学体系

---

① 冯友兰:《中国哲学简史》,北京:北京大学出版社 1985 年版,第 339 页。

中。并且把这些概念置于孔子的道德理想的基础上,形成了儒家道德形而上学的思想体系,完成了儒学从古典形态和新古典形态的转变。

7.2 道家思想元素的窜入:无极太极——朱熹陆象山的争论

理学不仅是儒家思想的集大成者,也是中国古典思想的集大成者。很多佛道思想要素被吸收进了理学中。对此,学者们评价不一,如熊十力就认为:"理学究是禅与老的气味重,栖神虚寂,而难语乾元行健,富有日新,及孟子扩充之妙。其思想方面亦往往过拘于身心之间。而于易所云仰观于天,俯察于地,远取诸身,进取诸物数语,则只有近取诸物一句,而失先圣智周万物之神。"[①]

其实理学重镇王阳明根本不隐讳他的学说和佛道之关系。他在《朱子晚年定论》的序言中,谈到他的思想成熟经过,说早年读宋儒以来著作,支离破碎,不得要领。后来读佛老著述,"欣然有会于心,以为圣人之学在此矣。""世之儒者,妄开窦径,蹈荆棘,堕坑堑,究其为说,反出二氏之下。"[②]

朱熹和陆象山之间关于无极太极问题,曾经展开过一场书信往来的大讨论。这场讨论围绕的中心就是邵康节在《太极图说》中的第一句话:"无极而太极",朱陆的理解不同,所以往来辩难,成为中国思想史上的佳话。这里既有学派之争,也有思想的抗辩。

陆象山认为无极而太极不是儒家正统思想,因为无极不是儒家的传统概念,把这个本属道家的概念强行加入儒家思想,和儒家的传统范畴太极硬性嫁接,已属不当,再把无极凌驾于太极之上,更是无稽之谈。[③] 陆氏认为,无极而太极,就是把作为本源的太极归于无极,无极是所谓无,这样,世界的最终本源成为无,这正是儒家所反对,而道家和佛家所坚持的。无极凌驾于太极,这已经不仅是"叠床上之床"、"架屋下之屋"了,而是援老入儒,以道佛之无替换儒家的道德本源,是变乱纲常、毁坏礼教的做法。所以和朱熹展开了严肃的辩论。

朱熹则从体用一体的角度展开了辩护,认为太极无极本不是两个事物,而是理的两个方面,即本体和流行或者体用两个方面。这个解释虽然从经典的理解上是值得推敲的,但是在学理上确实避免了内在的矛盾,是内洽的。这样朱熹既捍卫了儒家纲常的本

[①] 熊十力:《十力语要》,卷一《与薛星奎》,北京:中华书局1996年版。
[②] 王阳明《传习录》下,附录《朱子晚年定论序》。
[③] 无极的概念出自道家,《老子》二十八章:"知其白,守其黑,为天下式,常德不忒,复归于无极。"而太极概念则出于《易传·系辞上》:"易有太极,是生两仪,两仪生四象,四象生八卦。"

体地位,也为这些纲常名教流布留下了足够的空间。

7.3 佛家思想的窜入

朱熹认为太极是万理之理,是理的极致,"总天地万物之理,便是太极。"不过,他马上说,人人有一太极,甚至是"事事物物,皆有个极,是道理极致"。

如果说太极是理的极致,则是一个一般的道理,而散落万物,则物物有一个太极,也就是各个不同事物的特殊道理。但是特殊道理和一般道理之间的鸿沟如何填平呢,这是所谓的一与多的关系问题,[①]朱熹没有解释,也无法解释,他只用了一个"月印万川"的佛家意味十足的比喻来搪塞。但是却暴露了朱熹理学对于佛家的借鉴。

除此之外,朱熹尤其是王阳明的修养方法,明显地带有佛家禅宗的方式特征,讲求顿悟。

8. 儒家伦理的现代化

8.1 新儒家和儒家伦理的现代转化

新儒家是指 1906 年废除科举之后,从学校体制中成长和发展起来的儒家的思想与学术代表人物及其流派。

在废除科举和五四运动之间,儒家还没有受到正面冲击。而五四运动直接导致批判的矛头转向了儒家思想,尤其是五四运动喊出了"打倒孔家店"的口号,使儒家思想成为主流思想的靶子,儒家为代表的中国古典思想受到了西方思想的巨大冲击,一时发展跌入低谷。唯赖少数学者勉力支撑,尚能不绝如缕。现代以来,能被称为儒家的人只有少数学者,如梁漱溟、张君劢、熊十力,尤其是熊十力之后,如牟宗三等,坚持儒家的立场,应对现代挑战。这种局面直到 20 世纪 80 年代以后才逐渐改观。

梁漱溟 1921 年在批判儒家的高潮中,发表《东西方文化家哲学》的演讲,对中、西、印三方的文化哲学进行了一个综合性比较,在西方思想大举进入中国的情况下,一反主流思想,倡导中印思想。在他看来,西方生活是直觉运用理智,中国生活是理智运用直

[①] 冯友兰:《中国哲学简史》,北京:北京大学出版社 1985 年版,第 342 页。

觉,印度生活是理智运用现量。[①] 梁漱溟分析了不同文化哲学的后果,对西方资本主义造成的悲惨后果持一种严厉批评的态度。梁漱溟对社会主义和资本主义进行了对比,并引证了倭铿(即奥伊肯)及罗素等人的态度,最后还把克鲁鲍特金的思想提出来,认为孔子近乎社会主义。他在一系列论辩和比较之后,最后提出来世界文化三期重现的假设,并认为对中国文化要"批评地把中国原来的态度重新拿出来",在对中国传统文化的一片声讨中打出了复兴传统文化的大旗。

张君劢在《明日之中国文化》一书中,上承梁漱溟思想,以儒家思想为基础,对未来中国文化的发展做出了儒家的推断。

1932年,熊十力发表《新唯识论》,借佛学的概念,以王阳明体系为基础,建立了新儒家的形而上学体系。并且开启了牟宗三等人的新儒家思想体系的先河。

20世纪50至70年代以后,随着东亚经济和企业的发展,人们逐渐从对传统中国儒家伦理持批评态度转为分析经济发展与儒家伦理之间的关系。形成了对儒家伦理在反思基础上的回归。其中杜维明、余英时等学者在韦伯命题的基础上,对儒家伦理与现代企业发展之间的关系进行了重新反思和重构,形成了一些对近代中国企业伦理发展的研究成果。当时的研究是对经济和企业发展与传统伦理客观联系的追索。儒家思想第一次直接面对企业发展的价值观问题。社会重视的是虽然受到冲击,但是依然存在于民间的潜在的儒家思想。本书强调儒家伦理长期蛰伏民间,是因为马克思主义伦理的中国化严重不足,反而在这个领域与传统伦理结为联盟,从而保留了儒家伦理的很多内容,当然,这种保留是在形式上被马克思主义标签化后产生的。

儒家伦理要经过双重转移才能应用到企业伦理上去。首先,儒家伦理要完成现代化转移,第二,转化后的儒家伦理要经过进一步转化,才能把应用于个人的伦理应用于企业组织上去。

当代人们在反思层面上对儒家思想和伦理持更多的肯定态度,并且采取多种方式探索儒家思想与企业发展的关系,其中儒家思想作为企业伦理的思想来源,也受到了前所未有的重视。但是,在民间实践中,儒家伦理受到了更为致命的解构。实际上,目前在企业操作层面上,传统伦理存在的基础受到了根本的冲击,因此,其处境也是历史上最坏的时期。

---

① 梁漱溟:《东西方文化及其哲学》,北京:商务印书馆1999年版,第162页。

8.2 整合理论

整合论是关于企业伦理的几个理论之一，是罗纳德·杰瑞森（Ronald Jeurissen）在对一元论和多元论批评的基础上提出的。他认为，一方面，一元论力图把伦理学中的原理和原则直接施加到企业日常的生产和经营中，这种把个人伦理直接转接到机构中的做法是不可取的。另外，多元论的观点认识到了个人伦理和机构伦理的直接区别，从而提出企业和个人是不同的伦理主体，但是这种观点认为个人伦理只有通过法律和社会规则的方式转化为企业行为规则，从而最终取消了企业伦理的存在价值和存在本身。他在对这两种观点的批评的基础上提出了整合论的企业伦理观，见图8.1。

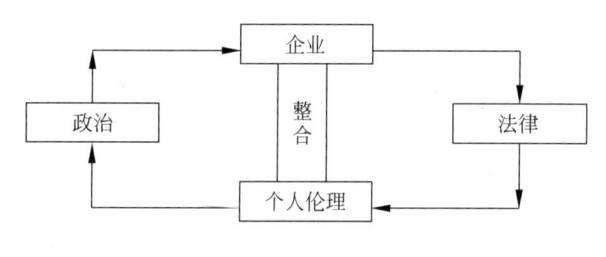

图8.1 整合模型

他认为，根据韦伯的观点，以古典伦理为基础的现代伦理是经历了现代化的转变后才取得现代形态的。这种新的伦理支配了企业的现代化发展，并且在随后的发展中，逐渐脱离原始的古典道德躯壳，取得了现代形态。这就是韦伯所谓的新教伦理与资本主义精神的命题，实际上讨论了资本主义伦理的形成和主旨。这种伦理不是个人伦理的简单应用，也不是多元论所主张的不同伦理，而是对传统伦理整合基础上形成的一种机构伦理，是以合理化为特征的现代伦理。

韦伯认为，儒学和道学为核心的中国不能产生西方的现代化伦理，所以，现代化无法在这里产生。这是和新教伦理是资本主义精神的助生剂相并列的一个反命题。本来韦伯的命题就是学界的一个热点。随着东亚经济的发展，人们对认为儒家与现代化是负面关系的韦伯命题重新审视，一方面希望保留韦伯思想的框架：现代精神和某种宗教或者传统的伦理的关联关系，另一方面修正韦伯对儒家思想与现代化负相关关系的看法。中外学者在这方面做了很多工作。

8.3 韦伯命题和儒家伦理

韦伯关于新教伦理和资本主义发展的论题是一个世纪以来学界讨论的热点问题

之一。

  韦伯在其《新教伦理与资本主义精神》的著作中，提出了资本主义精神发展与新教伦理之间的关系问题。按照韦伯的理解，资本主义精神的本质是企业依靠持续和理性的方式来追求并且不断地再生利润。[①] 资本主义的经济组织包括了一系列复杂的关系，但是，无论如何，这些关系是以理性为基础的。按照韦伯的理解，资本主义的发展毋宁说是历史上的一个变例，而这种发展与新教伦理有密切的关系。

  在新教的加尔文派的思想发展中，形成了对于世俗活动的肯定态度，而新教所特有的理性和内心紧张使教徒们在世俗活动中孜孜以求，恪尽职守，以维护上帝在人间王国的荣耀，为自己取得上帝的选民资格，尽管这种选民资格和这些活动无关，这些活动仅仅是证明上帝选民的一个证据。这样的紧张活动必然成果丰富，而新教所具有的那些伦理要求使这些教徒不事消费，孜孜生产，这样必然导致财富的累积，很快，这些不求致富的人成为了富翁。这应该是最早的企业家。在以后的发展中，资本主义伦理和精神逐渐脱离了新教的宗教内核，但是，理性、谨严、勤奋等的伦理特征却保留了下来，成为一个企业家或者哪怕是一个企业内的职业人员甚至员工的基本伦理准则。

  韦伯的理论揭示了新教伦理与早期企业精神之间的微妙联系。作为这个命题的反命题，韦伯在后续研究中把其他文化为什么没有产生资本主义作为一个课题。其中《儒教与道教》对中国文化与资本主义的不相容做了分析。

  本来从儒教伦理中没有产生出资本主义是一个事实，韦伯的分析是围绕着这个事实展开的。但是，没有产生并不等于儒教文化和资本主义是不相容的，或者说，过去没有从这个文化中产生出资本主义，不等于随后不能适应。但是，正是后一个课题，成为了学术界争论的一个问题。

  在20世纪后五十年内，对于韦伯东方命题的讨论随着东亚经济的发展而不断演变。首先是韦伯命题进入英语学术界时，亚洲发展还处于落后阶段，人们对韦伯东方命题是赞成的。随着日本和东亚四小龙的经济起飞，对于韦伯命题的讨论逐步深入，提出了各种解释方案，对儒家伦理的现代化转化作用也从韦伯的否定逐步转向了肯定。包括豪夫斯泰德（Hofstede）在其对于IBM的著名研究中，在原来提出的四个变量基础上，对东亚的解释中，专门提出了一个儒家伦理的变量，可见当时讨论的影响面之大。

  [①] 马克斯·韦伯：《新教伦理与资本主义精神》，于晓、陈维纲译，北京：生活·读书·新知三联书店1987年版，第8页。

但是，这个对韦伯命题的讨论随后受到东南亚经济危机的干扰，人们不仅对前一段的讨论成果产生了疑问，儒家伦理的现代化作用也被重新质疑。

8.4 韦伯命题中的伦理和资本主义精神

韦伯命题中的新教伦理和资本主义精神之间存在着同构关系，可以说，资本主义精神就是以企业伦理为基础的，而这个企业伦理保留了新教伦理的本质性内容，这就是理性。具体表现为现代伦理的一些特征，在对这些伦理准则的描述中，韦伯提出了勤奋、守信、节俭等要素。① 对于韦伯，最重要的是，在企业中，这些伦理都是和利润的获取联系在一起的。在现代资本主义伦理中，获利不再是道德上可耻的事情，在合法的条件下，不仅是正当的，而且是高尚的，这是资本主义伦理区别于传统伦理的显著特征。

骤听起来，这里宣传的似乎是发财的方法，但是，恰恰是这些内容构成了企业伦理的一个核心。这些伦理准则不是仅仅存在于企业家阶层中，也分布在工人和企业内部的职业人员中，甚至包括在为企业服务的社会管理人员中。这种企业伦理的特点就是对职业的负责，这是近代企业伦理的核心内容。

而传统上对儒家伦理的批判主要是针对儒教伦理与近代西方企业伦理之间的差异展开的。最流行的假设是在韦伯命题的基础上展开的。按照韦伯的看法，儒教发展中缺乏一种可以与新教伦理相比拟的职业伦理。具体地说，在分成专业的产业文明中，需要恪尽职守的专业人员，新教伦理在造就这样的人才方面有特殊贡献，而在儒家文化中，造就的是全面的、道德的君子，而不是职业人员。按照后人发展的理论，这种儒家伦理不仅不能产生近代企业伦理，也不能适应近代企业伦理。

这一假设确实指明了近代企业伦理的核心内容——职业化。"一个人对天职负有责任是资产阶级文化的社会伦理中最具代表性的东西，而且在某种意义上说，它是资产阶级文化的根本基础。"②在韦伯的讨论中，近代企业伦理不仅表现为企业家的孜孜以求、恪尽职守，也表现为与这种企业相适应的员工的职业伦理特征。

儒家伦理对于现代企业的适应性问题，分为两个层面，第一是其价值取向的转变问题，对于利润和牟利的蔑视不是传统儒家伦理的特殊情况，而是一切传统伦理的普遍情况。相比之下，早期儒家伦理中，对于牟利问题反倒采取一种宽容的态度。

---

① 马克斯·韦伯：《新教伦理与资本主义精神》，于晓、陈维纲译，北京：生活·读书·新知三联书店 1987 年版，第 34—35 页。在这几个段落里，韦伯是通过对富兰克林言论的引述来概括资本主义精神的。

② 同上书，第 38 页。

第二是儒家伦理中所提倡的家族主义、勤俭和对于上级的服从等伦理特征是不是适应现代企业运行的问题。从现代东亚的经验上看，这些伦理不仅适应，而且在某种程度上，比西方伦理更适应现代企业的运行。但是当两种伦理相遇时，将会发生碰撞。

关于这个问题，应该在另外一个维度上讨论，就是西方企业伦理中的普遍性内容和个性内容。其中某些要素是工业时代特殊的理性要求。而某些内容则纯属西方文化的个性反映。例如对于世俗活动的理性肯定和经营活动的理性化，这是企业伦理的核心，而个人主义等则纯属西方文化的特性，并不专属于现代企业伦理。这样看来，东方文化中的集体主义等虽然与西方价值观相抵触，但是并不是工业资本主义的对立物，相反，在相当程度上还更适应现代产业所造成的企业的运行规律。对这个问题，作为当代新儒家代表人物的杜维明认为，实际上，资本主义的形式是多样的。东亚是一种特殊的资本主义，"这种特殊类型的资本主义强调自我是各种关系的中心，义务感，自我约束，修身，取得整套实际技能，一致意见和合作。它高度重视教育和礼仪，它注重信用社区和政府领导，其经营的风格涉及既学习一整套实际技能又学习如何工作的一种程序和仪式。"[1]杜维明明确地把这套伦理称为儒家伦理，其实就是儒家在工业时代中的企业伦理，也被称为新儒家伦理。这些现象从日本、东亚四小龙和中国目前的经济发展的角度上可以观察到。

而中国作为一个经济制度和政治制度与东亚其他国家又不相同的国家，在如何利用传统伦理资源上刚刚开始探索，还有很长的路要走。

---

[1] 杜维明：《新加坡的挑战——新儒家伦理与企业精神》，高专诚译，北京：生活·读书·新知三联书店1989年版，第109页。

第 9 章 现代西方伦理学和企业伦理的发展

1. 西方伦理思想的形成与西方企业伦理发展

西方现代哲学发源于 17 世纪的英国和 18 世纪的法国，在 19 世纪中的德国达到了发展的高峰。以这几个国家为核心，现代哲学在英伦三岛和旧大陆取得了长足的进展，同时，这些人经历了劫难中的历史，突然发现，自己所学所用已经不足以应对复杂局面。随后新的发展在各西方国家普遍展开，并且在美国获得了新的表现形式。

一般认为，近代哲学的发展受到了科学和数学的影响。英国思想家们对人类的感性有强烈的认知和依赖，显然更多是来源于对科学的认知。而大陆思想家们更多是受到了数学优美形式的启发，对先天存在的逻辑结构更为着迷，力图从数学的角度对哲学体系加以改造。所以，他们把理性置于独尊的地位，取代了原来神的地位。

可以说，英国的培根和法国的笛卡尔两个人是近代哲学的开创者，奠定了不同的思想方向。

从伦理学和政治哲学的角度看，现代思想的开创者无疑是霍布斯。他提出了现代政治哲学的契约论范式，奠定了现代政治哲学和伦理学的一个基础。他从一种以自然权利为基础的混乱的自然状态出发，通过让渡自然权利，形成了一个可以维持稳定的政府，这样就在谈判的基础上产生了法律和道德。霍布斯的这一系列概念和推论方式就是现代政治哲学和伦理学中最常用的理论策略。

斯宾诺莎不同于霍布斯，他力图通过先天逻辑的方法，证明伦理学的结构和结论，他的《伦理学》采用了几何学的体例，从公理和定理出发，通过定义和推论得出最后的结论，由此建立了他的形而上学的伦理体系。在专家看来，这种做法非常可笑，远不是几何学的方式。① 但是，这个错误形式，并不妨碍他的理论的突破。他采取逻辑一元论的思想，认为人的生活是对世界的逻辑的认知过程，世界是按照一定的逻辑展开的，人要遵循这些逻辑。因此，智慧的人是安定的，所以要排除各种情感对理智的困扰，实践积极的人生。

洛克在政治哲学史上的地位高于伦理学，他继承了霍布斯的契约论思想，并且采用了自然状态的模式作为理论推理的出发点。洛克的贡献是把财产权作为现代权利的核心来对待的。这样就适应了资本主义发展的需要。在通过契约形成的政治制度的理论构建方面，洛克被视为现代政治理论的开创者，尤其是对美国《独立宣言》起到了奠基作用。另外，洛克与伏尔泰相识，通过伏尔泰的介绍，洛克的思想也影响了法国18世纪的思想家。成为法国启蒙思想的一个主要来源，对此，马克思评论说："洛克著作的出现对于法国人是多么的凑巧。洛克论证了好感官(bon sens)的哲学，即健全理智的哲学，就是说，他间接地说明了，哲学要是不同于健全人的感觉和以这种感觉为依据的理智，是不可能存在的。曾经直接受教于洛克和在法国解释洛克的孔狄亚克立即用洛克的感觉论去反对17世纪的形而上学。他证明法国人完全有权把这种形而上学当作幻想和神学偏见的不成功的结果而予以抛弃。他公开驳斥了笛卡尔、斯宾诺莎、莱布尼茨和马勒伯朗士等人的体系。"②在马克思看来，西方的思想发展在这里有一个转折，"爱尔维修也是以洛克的学说为出发点的，他的唯物主义具有真正的法国性质。爱尔维修也随即把他的唯物主义运用到社会生活方面。感性的印象、自私的欲望、享乐和正确理解的个人利益，是整个道德的基础。"③而傅立叶的思想直接来源于法国唯物主义。借着傅立叶的思想，马克思把自己的思想来源与法国唯物主义连接上了。

休谟在伦理学史上的地位非常崇高。虽然把功利主义的发明权给了边沁，因此，他似乎要屈居其后。可是从思想史的角度看，休谟不仅体系完整、论述平和，而且思想尖锐，就是他最先发现伦理学论证中的事实与价值二分问题。揭开了后来很多学术和思想的源泉。实际上，功利主义的思想源远流长，在边沁那里，一切思想要素都已经准备完毕，只剩下把这些原料和作料放到火热的锅中，就可以炒出一盘香喷喷的菜来。边沁

---

① 罗素：《西方哲学史》，何兆武等译，北京：商务印书馆2005年版。
② 马克思、恩格斯：《马克思恩格斯全集》，卷2《神圣家族》，中央编译局译，北京：人民出版社1958年版，第165页。
③ 同上书，第166页。

生逢其时,也就独担此誉了。说起来边沁的志趣本来不在哲学,而是法律。为了建立他的法律体系,无意中构造出了功利主义的公式。他对此没有留步细想,也没有深入开掘,很快就转入到对法律体系的思考中去了。无论如何,边沁以后,功利主义这个两个世纪来最重要的伦理学范式才真正奠基。似乎感觉论的伦理学发展占据了伦理的主导地位不可动摇了。

康德的出现不仅为理性伦理学巩固了阵地,而且把哲学研究的接力棒从英法两国学者的手中接过去,从此开始了德国思想的世纪。此后,费希特、谢林到黑格尔的官方哲学,还有叔本华到尼采的伦理学,是19世纪主要的哲学成果。占据了中心的位置,这个发展方式就是康德开创的。德国古典哲学的特征就是强调理性的力量,如康德把伦理准则建立在理性的基础上,这成为后来义务论哲学的一块基石。

19世纪伦理学就是功利主义和义务论思想相互对抗、相互促进的进程。

1900年开始的思想的新世纪,被摩尔的《伦理学原理》一书打上了深深的伦理标记。拉开了元伦理学的研究序幕。似乎伦理学已经远离尘世的喧嚣,成为思想家和学者们可以在书斋内平静研究的对象。这个被称为逻辑实证主义的学派长期占据了伦理学的主导地位。直到20世纪下半段后,罗尔斯发表《正义论》才开始把伦理学和政治哲学的讨论引回人间。恰在这时候,应用伦理学诞生了。而社群主义者也开始回应罗尔斯的挑战,形成了新的一轮伦理学和政治哲学的讨论热潮。我们现在就是处于这个热潮之中。

现代西方的企业伦理不是西方伦理学发展的自然结果。毋宁说,企业伦理是在伦理学之外发展起来的一个学科,是在社会环境变动过程中,为了应对环境的挑战形成的企业反应方式,本来是企业战略的一个构成部分,以企业伦理的方式形成后,才开始向传统的伦理理论寻求思想和理论资源。以便为自己的反应方式确定理论基础。伦理学是受邀进入企业这个传统的价值中立的领域的。

但是,伦理学一旦进入对企业的思考,就开创了自己发展的新的领域,必然产生一些新的思考的问题、思考的方法和思考的工具。

虽然伦理学进入企业是应企业的要求,但是,这种要求的产生不是偶然的,这是一系列社会变动的反映之一。在医学、行政管理等领域,也发展起相关的伦理思考领域,这些领域共同构成现代的应用伦理学的领域。

从上面介绍可见,企业伦理学是伦理学原理的应用领域,同时也是应用伦理学的一个构成部分。它以这两重身份存在,因此,要理解企业伦理学,就需要对西方的伦理理论有一个概要的了解,同时,对应用伦理学的发展也要观其概貌。这样才能对企业伦理有一个理论上的理解。

2. 西方现代伦理思想的不同流派

脱离中世纪之后,现代思想家的思想是一个不断地应对现实挑战,回应当代问题的思考过程。其中人文主义的发展对伦理学的发展产生了重要的影响。

伦理学面对的问题是多方面的,随着人们从宗教的阴影下走出,伦理学的基础就面临着重建的问题。对于古人,在一个静止的社会结构中,遵循祖制或者上帝的旨意,就可以从容面对现实的问题。但是,随着社会环境变动加速,上帝和祖宗的教诲都已经不足以应对复杂的现实了,人们必须在重建伦理准则的同时,为这些准则寻找新的基础。人们自然就找到了人的自身。

当代伦理学虽然可以追溯到柏拉图、亚里士多德。近代发展也经历了从霍布斯到洛克等源远流长的过程。但是,真正的现代伦理学范式几乎都是在 18 世纪下半叶形成的。这个时代卢梭完善了契约论,边沁提出了现代形式的功利主义,而康德则提出了义务论思想的当代形式。他们开创了当代伦理思想的基本形式。随后的发展几乎都是在这些思想范型的框架内展开的。重要的包括 19 世纪穆勒的《功利主义》,西季威克的《伦理学方法》。20 世纪各种思想获得了进一步的发展,其中,世纪最重要的伦理学和政治哲学著作当推罗尔斯的《正义论》。他在功利主义强大的潮流下,恢复了康德的义务论思想,并且与契约论相结合,与功利主义思想形成了分庭抗礼的局面。21 世纪仅过去十分之一,但是帕菲特(Parfit)的《论真正重要的事》(*On What's Matters*)一书,接绪西季威克的范式,对于各种伦理思想进行了碰撞式讨论,把各种基本伦理学范式的核心内容以当代的视角重新审视,为我们从古典走向现代打开了一扇大门。

2.1 社会契约论

霍布斯是第一个现代思想家,在他那里,人开始脱离了上帝国,孤独地面对残酷和复杂的现实,不知所措地保护自己,霍布斯思想中的一切人反对一切人的战争,虽然是当时英国复杂的社会现实的反映,但是理论家的责任是为人的解脱寻找出路。他设想了通过权利交换的方式建立一个社会机构,以维持社会的稳定,这就是所谓的社会契约的思想。这个思想开启了后来道德哲学和政治哲学的悠远传统之一:人们发现,伦理道德的准则可以是通过社会议事过程来建立。这个思想方法被洛克、卢梭和罗尔斯等继承,生出来很多理论成果,其中卢梭和罗尔斯在社会契约基础上构造的思想影响了两个时代人们的思考方式,甚至影响了人们对社会和世界的反应方式。①

在企业伦理的发展上,契约论的思路起到了重要的作用。最为著名的就是托马斯·唐纳森和托马斯·邓菲等人所创立的综合契约论,在全球化背景下,利用契约论的思想对企业伦理的发展提出了一些建设性的结构建议。他们首先是充分利用了契约论的思想资源,假设参与契约谈判的是来自不同国家和文化背景的人,持有不同的观念。这些被接受的最低限的观念为**超级规范**,谈判就是以此为基础展开的。不同人员在此基础上对维持经济体系运转的谈判成了最低限度的合理准则,作为被谈判各方所接受的**真实的规范**。在进行这套真实规范的研究中,不同成员有自己的选择空间,这被他们称为道德的自由空间。他们在建立综合契约论时接受了西蒙的有限理性假设,认为各方是在现实的条件下进行相关准则的谈判的。他把契约分为宏观企业和微观企业两个层面,这样就把全球化造成的多元伦理现状给覆盖了。在他们看来,人们在微观契约谈判的基础上形成团体的规则,然后在超级规范的约制下,最终形成一个全球性的宏观契约。唐纳森和邓菲不仅延续了契约论悠远的传统,还把全球化的现实给纳入到了考虑中来。

2.2 后果论

其实近代以来的思想家们就已经脱离了中世纪准则天授的思想,认为伦理准则就是通过结果加以选择的结晶。这就是所谓的后果论伦理理论。也称为目的论。

但是应该从哪个角度观察这个结果产生了不同的思想流派?

一种思想认为人的天性是利己的,因此,人们是从一个结果是不是利己的角度看待和选择准则,这就是利己主义。18世纪的法国启蒙思想家中,很多人就是这种利己主义者。虽然人们对利己主义抱有疑虑和担忧,但是,早期的利己主义使人类社会走出蒙昧的启蒙思想,对人的现代化起到了重要的促进作用。例如,法国的爱尔维修继承了洛克的思想,认为道德就是处理人们利益关系的准则,马克思评论说:"爱尔维修也是以洛克的学说为出发点的,他的唯物主义具有真正的法国性质。爱尔维修也随即把他的唯物主义运用到社会生活方面。感性的印象和自私的欲望、享乐和正确理解的个人利益,

---

① 当代斯坎伦(Scanlon)的思想继承了契约论,经帕菲特(Parfit)的征引,诱发了广泛的反响。

是整个道德的基础。"[①]这种思想揭示了伦理的道德的社会本质。

18世纪的苏格兰思想家休谟和斯密,共同把道德问题的思考放在了人类的情感基础上,其中,休谟的《人性论》中首先发现了伦理学论证中的实然与应然之间的矛盾,人们常常是在叙述一个道德事实的时候,不着痕迹地转向了道德本身的应然性上来,似乎道德是无须论证的天然合理。思想中的这个矛盾如何解决?休谟提出来了通过行为的结果来衡量行为的正当问题,并且认为伦理准则的设立都是与人的赞成与反对的情感相互关联的。

休谟的思想被边沁给发展了,边沁也认为人的行为是受到自己的情感影响的,因此,决定行为的方式就是后果:每一个人都力图避免不利的后果,寻求幸福的最大化。不过,在边沁这里,道德的准则不是个人幸福的最大化,而是所谓的"最大多数人的最大利益"的表述,这后来成为功利主义哲学的基本公式。边沁提出这个看法是为了建立他的法学体系。单纯从这个准则的贯彻看,是存在个人和群体的矛盾的,一个人如果面对对自己不利的局面,如何顾及群体的利益呢?边沁认为,上述的公式是一个客观的伦理准则,应该贯彻,如果出现因为利益冲突不能贯彻,法律就出场了。

后学穆勒不仅进一步论证了边沁的功利主义原理,还进一步发展了边沁的思想。穆勒区分了肉体快乐和精神快乐的不同快乐形式,认为人们追求精神快乐是一种高层次的行为,这样助人为乐就成为一种可欲的准则。他的论证夯实了功利主义的道德基础。穆勒还首先提出了功利主义的名称。虽然这个名字在中外都不受欢迎,大众媒体还常常负面地使用这个名称,但是,至今人们还是坚持采用这个名称。

边沁提出的功利主义是后果论伦理学的主要思想,两个多世纪以来,一直是最主要的伦理学思想,这个思想至今还是人们理解和解释伦理问题的主要思想。

功利主义思想不是单纯在伦理学或者哲学领域,它一直与经济学等相关学科的发展形成紧密的合作关系。马克思很早就指出了功利主义与经济学之间紧密关系的事实,马克思指出:虽然功利主义诞生于英国,是作为伦理学出现的,而它在法国的发展中取得了更大的空间。"政治经济学就是这种功利论的真正科学;它在重农学派那里获得了自己真正的内容,因为重农学派最先把政治经济学变成了一个体系。我们看到,爱尔维修和霍尔巴赫已经把这种学说理想化了,这种做法是和法国资产阶级在革命前的反

[①] 马克思、恩格斯:《马克思恩格斯全集》,卷2《神圣家族》,中央编译局译,北京:人民出版社1958年版,第166页。

封建作用完全一致的。在霍尔巴赫那里,个人的相互交往中的一切活动,例如谈话、爱情等都被描写为功利关系和利用关系。"①实际上,19世纪的经济学家,包括穆勒、杰文斯、马歇尔或是身兼功利主义哲学家和经济学家,或者从功利主义汲取经济学思想。②

罗尔斯在功利主义又发展了一个半世纪之后对这个事实做了更为清晰的说明:罗尔斯认为:"在近代很大一部分道德哲学中,主要的系统理论一直是某种形式的功利主义。原因之一是,有一大批才华横溢的作家都信奉这种理论,他们建立了一个无论在广度或深度方面都真正令人难忘的思想体系。我们有时忘记了休谟、亚当·斯密(Adam Smith)、边沁、穆勒这些大功利主义者都是第一流的社会理论家和经济学家,他们的道德学说是为了满足他们广泛兴趣的需要和配合一种全面的安排而提出来的。批评他们的人往往是在一条狭窄得多的战线上对他们进行批评,指出了功利原则的难解之处,并提到了这一原则的含义与我们道德感情的矛盾。但我认为,他们并没有能够创立一种切实可行的系统的道德观来反对功利原则。"③

由于功利主义与经济学和管理学的紧密联系,导致在企业向伦理学寻求思想资源的时候首先就接触到了功利主义。目前,在企业伦理学的研究中,对于功利主义和企业及其管理的关系问题的研究的频率最高,成果也最为丰富。举凡企业决策的伦理审查,直到企业行为的伦理评估,都不仅发展了关于相关的准则应用,而且也开发了很多具体的实施方案和方法。

2.3 义务论

思想史上,康德几乎是一个不可逾越的高峰。这位毕生栖居在格尼斯堡的思想者,却发出了超越时空的思想,对后人产生了巨大的影响。使每一个思想者都必须在他表达的玄妙思想面前驻足倾听。

作为启蒙时代的思想家,康德面对的是一个不稳定的局面。道德基础在神的作用丧失后崩塌了,因此,必须以人为起点,重建这个基础。而人作为一个感性和理性的双重存在,感性存在的人是追求幸福的,人们顺从自己的知觉和欲望而行为,在康德看来,这里无论如何不能构筑道德的基础。康德是一个理性主义者,他强调理性在认识和行

---

① 马克思、恩格斯:《马克思恩格斯全集》,卷3《德意志意识形态》,中央编译局译,北京:人民出版社1974年版,第479页。
② 《边际主义学派的兴起》。
③ 罗尔斯:《正义论》,何怀宏等译,北京:中国社会科学出版社,1988年版,第2页。

为中的作用。他认为面对世界的理性是纯粹理性,为世界立法,而这个理性在面对人自身的时候,就成为一种实践理性,实践理性高居因果链条的顶端,正是由于实践理性的存在,人才成为超越一般存在物的超越存在,人才有了自己的尊严和崇高,而支持这个尊严和崇高的就是理性确立的规则,这个规则就是道德。恰好是理性,才使人超越了自然因果的支配,通过自己的自由意志,确立了高尚的行为法则。才使人有了不同于一般动物的特殊性。对这个支配人行为的自由意志发出的指令,康德给了一个绝对命令的称呼。这个绝对命令来自人的理性最深处的召唤。

康德没有采取霍布斯和卢梭的契约论思想,但是,他对理性作用的不断追索,最终也是追踪到了理性最深处来寻找道德。人们的理性在为自身确立法则的时候,无论如何,只要是自由意志在发挥作用,最后寻找到的肯定不是偶然的行为规则,而是绝对命令。

康德也发展了一些道德判断准则,其中最主要的是三点,首先,一个有效的道德准则是可以推己及人的准则,也就是说是可以普遍化的准则。例如,说谎之所以是错误的,因为这条准则无法推广,我对别人说谎时不期望别人对我说谎。所以,可以成为伦理准则的,一定是能够被普遍接受的准则。第二个准则是,永远把人作为一个有独立尊严的个体,绝不能把人作为手段加以利用。人永远是目的,而不是手段。第三,人不仅仅是道德准则的遵循者,首先是道德立法者。换言之,所谓的道德准则都是人自身确立的。

康德的思想以人的行为的动机作为道德判断的准则,因此被称为动机论,也称为义务论。为现代伦理理论的发展提供了一个强有力的思想体系。

在企业伦理学的建设中,也有学者对康德思想的应用加以研究,如鲍伊(Bowie)曾对康德思想的利用做了很多工作,[1]但是,相比功利主义,康德思想似乎更接近形而上学,加上康德思想表述得复杂晦涩,使其现实影响力低于功利主义。

2.4 美德论[2]

20 世纪后半期,一些学者对启蒙运动的成果开始做总结性的工作,并且开始对启

---

[1] Norman E. Bowie(1999),*Business ethics: A Kantian perspective*, Blackwell Publishers, Massachusetts, USA.

[2] 麦金太尔把自己的思想越过启蒙思想家及一切近代道德哲学,直接上溯到亚里士多德,在义务论、后果论和契约论之外,实际开创了美德论。但是他认为自己是恢复了古典伦理学的传统。虽然这一学派的影响很大,但是,其思想史的地位尚待观察。Derek Parfit 在其巨著 *On what's matters* 中,依然循着义务论、契约论和后果论三大传统展开讨论,没有单独讨论美德论,这从某种意义上是对美德理论的有意忽视。

蒙运动造成的一些问题进行反思，发现无论功利主义还是义务论思想，其实都是某种规则伦理，这是对希腊时代美德伦理的一种反叛，而这种伦理学上的反叛造成了近代伦理发展的各种启蒙方案的全面失败，需要重新审视这些思想，在批判的基础上，重新在美德基础上建立现代伦理体系。这样，现代美德伦理就诞生了。美德伦理思想的当代主要代表是麦金太尔。

美德伦理认为，一个具有内在价值、内在善的人，其所行之事也将是善的。因此，不去设法把人训练成一个道德高尚的人，而是依靠规则来约束和规范人的行为，这种想法是不对的。

美德伦理的学者重视生活中的价值观，他们批判规则论伦理，因为规则论伦理学者普遍把伦理学说建立在休谟实事价值二分的基础上，因为价值是主观的，所以是因人而异的。因为规则论者认为这些价值是不可靠的，所以建立道德规则时，价值是被悬置的。美德伦理的学者就是要把这些被悬置的价值恢复过来，把它们置于生活之中，成为人们共享的内在品质。

在美德论学者看来，规则伦理最大的失误是作为生活本质的善被工具化了。从霍布斯以来，道德问题被认为是解决理性人之间内在冲突的规则，按照霍布斯的理论，处于自然状态中的人之间存在着剧烈的冲突，是一切人反对一切人的战争，为了使社会免于崩溃，人们不仅造就了政府，而且通过契约让渡自然权利，形成了法律和道德。在这里，法律和道德成为了调节人们之间关系的工具。

霍布斯的思想深刻影响了现代伦理学者。他们的几乎一切努力都是在探索利用规则来解决社会问题。这里，道德规则被彻底工具化了，道德作用也被限制在了解决社会与人之间的冲突的狭窄范围内了。伦理道德作为生活内在善的机制被抛弃了，彻底被消解掉了。

道德准则工具化，使道德认识表面化，人们认为遵守道德是一个对个体有利的事情，所谓义者，利也。道德价值失落了。

美德伦理就是要恢复对生活的内在价值，把伦理从对人们冲突的调节的狭小范围内解放出来，置于更广大的空间中。伦理不仅是调节冲突的准则，更是生活的内在价值，伦理是探索善的生活的内在意义，美好人生的价值，道德是不断探索这些东西的过程。

麦金太尔认为，外在的善是个人所追求的外在于自己的东西，己之所得就是人之所失。而内在的品德是内在于自己的，己之所得是社群之所得，有益于所有的人。

我们可以通过企业的例子重新展开他的说明，一个人做企业是为了获得足够的生活费用，是为了获得社会的尊重，另外一个人做企业则是为了享受企业运行的内在乐趣。并且通过企业为社会做贡献。这种看法看来是一个很离谱很理想化的说法，不过，熟悉韦伯《新教伦理与资本主义精神》一书的人都知道这是什么含义。早期成功的企业家都是那些完全没有世俗目的，为了上帝天国利益而勤勉于世俗职责的人。而中国早期企业家也是那些缺乏世俗目的的理想主义者。我们可以设想自己身边的两个朋友同时做企业，一个勤勉于事，尽心尽职，另外一个则是为了获取利润不择手段，对于这两个人的成败得失我们当然不能做短期的预测，但是我们可以肯定的是，从长期企业运行看，没有一个企业是靠机会主义的方式长期成长的。而从实际上看，短期内，双方都可能遇到各种各样的困境，但是一个诚实守信的人，会在解决问题中得到朋友和客户的理解，得到员工的爱戴，而一个不择手段的人则会失去别人的信任，丧失信誉，失掉友谊。因此双方从企业运行中所得到的是不一样的东西。虽然在几个回合的市场竞争中，双方胜败得失不能预料，但是我们可以断定，真诚的人所得到的是内在的收获，而对手则是失落乃至最后的失败。

不过我们可以用另外一个更贴切的例子来解说麦金太尔的理论：同样是两个竞争对手张三和李四，在同一个领域中展开竞争。他们都遵守基本的道德守则和竞争规则，但是，对于张三而言，遵守这些规则是考虑免受处罚所带来的损失，出发点来自管理机关或者来自客户的明确的退货或者不明确的退出，等等，张三明白这些惩罚对于企业发展的危害，所以他尽可能地避免这些危害的出现。因此他尽可能地遵守规则。这是出于经济理性，而李四则是发自内心的要做一个高尚的企业家，他勤勉尽责，认真工作，要把通过自己的企业体现出自己内心的高尚追求。则对于张三，企业的道德要求是外部世界强加给他的，而对于李四而言，这些道德要求是内在于他的一种内心需要。而这些内在品质的实现显然是要通过自己的企业运作才能表现出来。

3. 应用伦理学发展和企业伦理的关系

应用伦理学是 20 世纪中期以后才发展起来的一个伦理学分支，主要是通过利用以往理论伦理学的成果，面对现实的具体问题，提出问题分析的方法和解决的思路。应用伦理学主要是从生命伦理学和医学伦理学方面发源的，然后在政治伦理学、环境伦理学和经济伦理学等方面发展了起来。企业伦理学是这个领域的一个分支。

从学科发展的角度讲,一些人认为应用伦理学就是以往规范伦理学思想的一个落实过程,因此,没有自己的独立的理论和原则,而是设法把以往规范伦理的思想纳入到应用领域中,以解决实际问题,因此,应用伦理学是在规范伦理基础上发展的结果。但是,还有一些人认为,应用伦理学不是被动地采用传统规范伦理学的原则和方法,而是在自己面对的问题的领域中,通过对问题的分析和研究,检验以往伦理原则的准确性和适用性,并且通过对实际问题的研究发展起独立的伦理准则、原则和方法。在这种看法的指导下,应用伦理学就变成了一个独立于规范伦理学的独立领域,这个独立性包括了论题和视域的独立,甚至还包括了独立的论证方法和理论。这样,应用伦理学就成为一个独立的学科。

从企业伦理的发展过程看,企业伦理面临的很多问题都远不是传统伦理学曾经遇到的,因此,企业伦理确实把伦理学的视域大大拓展了。但是,企业伦理从理论上的发展需要不断地从规范伦理学借鉴思想和原则,反过来处理现在的企业伦理问题。

4. 西方伦理学在中国的传播

从 20 世纪开始,西方伦理学正式进入中国。早期是通过日本转入的。随着西方留学潮的兴起,西方伦理思想开始在学者的介绍下,逐步系统化和体系化地进入到中国。早期(1949 年前)进入的途径主要包括如下方式:[①]

学者的著作和文章。据统计,在 1919 年到 1949 年三十年间,被翻译的西方伦理著作多达 60 多部。编纂的专著和教材也逐渐增多。

大学的教学。从 1914 年北京大学设立中国哲学门后不久,就开始开设了伦理学课程,此后各大学哲学系(院)逐步开设伦理学课程。通过教学,涌现了一批著名学者,如杨昌济和张东荪等。

另外,杜威、罗素等国外著名学者在中国的讲学也在伦理学的推广中起到了重要作用。

1949 年以后,西方伦理思想的接受只停留在学术层面上的一些零星的著作翻译和以批判为主调的思想介绍上。直到 1978 年以后,才重拾旧话,开始了对西方伦理思想

---

① 徐曼、王梦圆:《"五四"后西方伦理学在中国传播途径考略》,《河北大学学报(哲学社会科学版)》2009 年第 2 期,第 117—121 页。

的介绍。近年来的介绍和翻译已经渐成系统,取得了很大的成绩。但是,西方伦理思想的研究介绍一直仅仅停留在学术层面,既没有在政治层面上形成影响,也没有形成对中国民众日常伦理行为的影响。学术和思想深入民间的通道还没有打通。

伦理思想包括了三种不同的存在形态,作为占主导地位的官方哲学,学术思想界以概念、命题构成了理论和民间所信奉的伦理形态。无论是马克思主义还是西方思想,都有完整的理论体系,有大量的学者在进行多方面的研究,目前,这两种思想都作为学术体系和思想,受到了大学和研究机构的支持,有自己的讲堂,有自己的研究机构,有自己的学术刊物,有自己的研究经费和研究团队。

马克思主义在中国还占据着官方哲学的地位,获得了政府的支持。相比之下,虽然西方思想没有这样尊崇的地位,但是,依然存在实际的官方支持。

相比之下,儒家思想只是在大学讲堂上占据一个边缘地位,是历史和哲学史的研究对象,很少成为课程内容。虽然有研究机构的支持,但是力度和马克思主义与西方思想的研究相比就薄弱了很多。

但是,在日常生活的现实中,马克思主义和西方伦理思想都没有实现进入民间的目标。至今还是讲坛哲学。而民间遵循的还是中国传统的伦理思想。在计划经济时代的"单位制"条件下,中国的这种类家族体制,对于保留传统的伦理准则起到了很大的作用,其中很多微观体制对传统建基于家族制度基础上的伦理准则的实施和延续起到了决定性的作用。例如企业内部的师徒制就是延续了古代家族父子关系,把传统忠孝全面地保留了下来。

相比之下,在体系与生活世界交汇的企业中,随着西方管理方式的进入,西方的利己主义思想和行为方式也不断地侵蚀着传统伦理的地盘,更替着传统伦理思想。逐渐地在不知不觉中成为支配性的行为准则。目前的宏观层面上的贪腐横行,微观层面上的美德失落,都是这种局面的不同反映。如果不能构建相应的使伦理准则和价值观深入民间的机制,道德滑坡和伦理失落的现象还将加速发展。显然目前仅仅停留在学术研究层面上的西方伦理和马克思主义伦理研究还无法担当阻止这些思想的作用,而原来停留在民间的传统儒家伦理也不断地被解构和消解,丧失了历史作用。仅仅靠这些传统的伦理思想资源远无法构筑对资本意识形态的抵抗力量。

第4部分　价值观和企业

第10章 当代价值观

1. 概述

当代社会的价值观是体系所催生,并转而演变为维系体系运转的基本准则,这些准则具有古典道德的基本特征,但是,对这些价值观的论证是通过合理化的方式来进行的,在这一点上不同于古代社会贡献的美德。古典时代,无论中西,哲人们以德目表的形式贡献了不同的美德体系,其中最为著名的是以孔子为代表的儒家的仁义礼智信,以及管子的礼义廉耻,还有就是亚里士多德在希腊哲学中通过《尼各马可伦理学》等伦理学著作中提供的美德体系。历史上,无数后学,无论是不是同意这些德目表,都在通过自己的方式不断评论、批评和改善这些德目表的内容和形式。形成了伦理学讨论中一个源远流长的传统。并且形成了对社会有强大影响力的伦理体系。

但是,近代社会的变迁对这种以美德为核心的伦理体系产生了重大冲击。不仅破坏了传统伦理的体系,而且在这之外不断地构造和形成了一些新的价值观和准则,这些准则从形成方式到落实的途径都不同于传统的美德,于是,在传统的德目表之外,形成了一些更有影响力的价值观,这些价值观包括了自由、平等、权利、责任和正义等现代的新的行为准则。在社会和企业层面,这些新的准则似乎在不知不觉之间就取代了传统的以美德为基础的伦理体系。于是,我们就面对了不同的相互竞争的价值观和伦理体系。现代人的多元价值观不仅是不同思想灌输和武装的结果,也是社会发展的多元利益格局的一个思想上的表现。

恰如麦金太尔在《追寻美德》一书中开篇所假设的一个场景:在一场浩劫之后,人们忘记了以往所有精神成果,毁弃了所有创造的知识,只是在毁弃知识的火焰余烬之中抢救出来一些著作的断简残篇,然后人们通过这些断简残篇来推断以前人的思想,并且极力恢复被放弃的知识和思想。可以想见,依靠这些鸡零狗碎的资料,人们连缀不起来一个覆盖所有领域的大网,只能千疮百孔地织出一个知识的网络,人们之间充满疑虑、争议,在这个混沌的世界中喁喁前行。

麦金太尔设想的这个局面实际上就是我们现在面对的现状:近代以来,我们在西方坚船利炮的打击下逐步丧失了自己的信心,于是,我们的民族开始了一场精神的漫漫旅行,在脱离的原来的精神园地之后,我们的思想漫无目的地漫游,虽然步履匆匆,走过了一个多世纪,但是现在似乎依然没有找到民族精神落脚的迦南之地,我们已经无法回头,被丢弃的传统在现代人的视野中已经变得支离破碎,无法恢复原来虽然落满尘埃,但是依然完整的思想网络。而不断进入人们视野的新的价值观和思想,像风一样吹来,然后就渺无踪影地离我们而去。我们残留在生活中的传统价值观,受到了马克思主义为代表的社会主义思想的改造,我们曾经认为精神的落脚点已经找到了。但是,随后,这个思想传统又受到了西方价值观的质疑,虽然这个质疑是对当初质疑的再质疑,我们的思想还是飘离了当初设想的稳固的立足点,又开始了新的思想的漫游,这个漫游似乎还在途中,我们无所依靠,思想的落脚地尚未发现,游荡的群体本身又意见纷纭,莫衷一是,我们的精神和伦理观念处于茫然的探索之途,这是中国当代人的困惑之一。

与美德表不同,当代社会对价值观虽然语汇单纯,形式简单,但是,每一个价值观的形成都有独立的历史,并且反映了不同的现实,是各种利益格局构建的一个工具,因此价值观的表述充满了内在的矛盾和冲突。这与古典美德的表述显然不尽相同:每一个美德都具有稳定的社会生活内容和理论构建方式,形成了一个容易理解和掌握的伦理体系,并且美德之间存在着相互支撑的关系。当代价值观具有多义化的复杂表述体系,而其外表却表现为一种单纯的价值观。面对现代这些相对简单的价值观,人们确如坠入五里云雾一般,不知所措地看着这些价值观内在的矛盾百出,这就是现代社会伦理体系的现状,人们在否弃了传统的伦理体系和美德之后,面对新的价值观,又无法取得共识,于是人们陷入价值观的纷争之中。

在对当代价值观的研究中,还会发现一个理论资源问题。我在本书的写作中发现,当我们讨论古典伦理体系或者美德的时候,有充分的中国古典思想资源可供利用,但是,一旦涉及当代价值观,就发现,在自由、平等、权利和责任等讨论中,几乎没有任何中国古典思想资源可供使用,我们的讨论一直在西方思想资源下展开的。另外,当代价值观最重要的特点就是其虽然以某种伦理作为基础,但是一旦向企业落实的时候,就发现了其伦理基础的空洞化,这种空洞化的含义就是所谓的去价值化特征。这个特征表现为价值观不同于以德目表为核心的古典伦理体系的重要特点。

马克思对现代社会构建的一系列价值观在企业中的表现有一个虽然尖锐但是客观的评述:"劳动力的买和卖是在流通领域或者商品交换领域的界限以内进行的,这个领域确实是天赋人权的真正乐园。那里占统治地位的只是自由、平等、所有权和边沁。自由!因为商品例如劳动力的买者和卖者,只取决于自己的自由意志,他们是作为自由的、在法律上平等的人缔结契约的。契约是他们的意志借以得到共同的法律表现的最后结果。平等!因为他们彼此只是作为商品所有者发生关系,用等价物交换等价物。所有权!因为他们都只支配自己的东西。边沁!以为双方只顾自己。使他们连载一起并发生关系的唯一力量,是他们自己的利己心,是他们的特殊利益,是他们的私人利益。正因为人人只顾自己,谁也不管别人,所以大家都是在事物预定的和谐下,或者说,在全能的神的保佑下,完成着互惠互利、共同有益、全体有利的事业。"[①]这个《资本论》中的著名评语,涉及了自由、平等、权利和利益等几乎所有现代社会的基本价值观,并且马克思是把这个评论放在了劳动与资本这个企业伦理中的核心问题上进行的。为理解这些价值观提供了一个思想线索。这些价值观也被称为普世价值,但是,实际上,对这些价值的解释方式千差万别,甚至千奇百怪,需要认真梳理,才能找到合理的解释的方式。本章首先分析市场体制和资本对不同价值观的解释方式的差别。本书作者认为,这种差别是理解价值观差别的一个基础,在此基础上,分析不同价值观以及在企业中的落实方式。

2. 市场所要求的平等自由和资本所要求的平等自由

市场的要求和资本的要求,是两个不同的概念,市场是一个无主的机制和制度,市场所谓要求,是指市场正常有效运作所提出的要求,这是一种没有意志作为基础的客观要求。而资本的要求则不同,资本是一个有主体的力量,因此,资本所谓要求是一种资本本性的要求,这种要求甚至可以看作是一种深思熟虑的意志表达。因此,资本的要求是主观有效的。

资本和市场都要求平等自由。但是,正如资本与市场不同一样,资本与市场之间对平等自由的要求也不相同。

[①] 马克思:《资本论》,中央编译局译,北京:人民出版社1975年版,第199页。

市场的平等自由要求对进入市场的主体无障碍,也没有强制。马克思在其著作中曾经对市场交换对平等自由的要求做出了详尽和令人信服的分析。从交换形式上考察,交换的实现需要几个不同的条件,首先作为交换主体的平等地位,"每一个主体都是交换者,也就是说,每一个主体和另一个主体发生的社会关系就是后者和前者发生的社会关系。因此,作为交换主体,他们的关系是平等的关系。在他们之间看不出任何差别,更看不出对立,甚至连丝毫的差异也没有。"[①] 第二个条件是交换对象的存在。这些对象的价值可以衡量。最后就是交换的媒介,这就是货币。马克思在这里对等价物做出了经济关系的分析,只有等价物的存在,才使交换的主体成为主体,使交换的客体成为客体。关键是等价物作为主体平等的一种表征存在。

"主体只有通过等价物才在交换中彼此作为价值相等的人,而且他们只是通过彼此借以为对方而存在的那种对象性的交换,才证明自己是价值相等的人。因为他们只有作为等价物的所有者,作为在交换中这种相互等价的证明者,才是价值相等的人,所以他们作为价值相等的人同时是彼此漠不关心的人,他们在其他方面的个人差别与他们无关,他们不关心他们在其他方面的一切个人特点。"[②]

当然交换处理这种经济关系之外,还有交换过程的自然关系。这种自然关系包括了不同主体所拥有的产品的使用价值的区别,这是交换的前提。这对交换双方的社会关系也有影响,个人需要和生产产品的不同导致了他们之间交换的出现,"只有他们在需要上和生产上的差别,才会导致交换以及他们在交换中的社会平等。因此,这种自然差别是他们在交换行为中的平等的前提,而且也是他们相互作为生产者出现的那种关系的前提。"[③]

市场交换不仅需要平等,而且这种交换也在不断地再生产这种平等,甚至可以把偶然的不平等消除。所以市场交换中可以出现欺骗,也可以出现错误,无论这些差别是主观的还是客观的,长期的交易都会逐渐消除这些差别。这种平等原则的再生产机制是市场的功能之一。

马克思认为,市场交换的实现,不仅需要平等的原则,也需要自由的原则,"既然个人之间以及他们的商品之间的这种自然差别,是使这些个人结合在一起的动因,是使他

---

① 马克思、恩格斯:《马克思恩格斯全集》,卷46《政治经济学批判·资本章(草稿)》,中央编译局译,北京:人民出版社1975年版,第193页。
② 同上书,第194页。
③ 同上。

们作为交换者发生他们被假定为和被证明为平等的人的那种社会关系的动因,那么除了平等的规定以外,还要加上自由的规定。"[1]马克思对交换双方作为手段-目的关系的详尽分析,说明了交换关系的利益本质,并且指明了交换中个别利益与一般利益之间的一种复杂勾连。自由就表现在这种交换关系之中:"从交换行为本身出发,个人,每一个人,都自身反映为排他的并占支配地位的(具有决定作用的)交换主体。因而这就确立了个人的完全自由:自愿的交易;任何一方都不使用暴力;把自己当作手段,或者说当作提供服务的人,只不过是当作使自己成为自我目的、使自己占支配地位和主宰地位的手段;最后,是自私利益,并没有更高的东西要去实现;另一个人也被承认并被理解为同样是实现其自私利益的人,因此双方都知道,共同利益恰恰只存在于双方、多方以及存在于各方的独立之中,共同利益是自私利益的交换。一般利益就是各种自私利益的一般性。"[2]

按照马克思的看法,市场交易的形式决定了平等原则,而交换的内容是自由的源泉:

"如果说经济形式,交换,确立了主体之间的全面平等,那么内容,即促使人们去进行交换的个人材料和物质材料,则确立了自由。可见,平等和自由不仅在以交换价值为基础的交换中受到尊重,而且交换价值的交换是一切平等和自由的生产的、现实的基础。作为纯粹观念,平等和自由仅仅是交换价值的交换的一种理想化的表现;作为在法律的、政治的、社会的关系上发展了的东西,平等和自由不过是另一次方的这种基础而已。"[3]

马克思明确说明,这种平等和自由是市场经济的产物,是对古代平等和自由观念的一种取代。古代世界的关系是建立在分散甚至强制劳动的基础上的。这与建立在市场交换基础上的关系不同,必然产生不同的平等和自由的概念。马克思以很大的篇幅分析了货币不同职能所表现出来的平等和自由的形态。但是,所有的分析最终要转入资本主义生产方式对自由平等是如何摧毁的,"在现存的资产阶级社会的总体上,商品表现为价格以及商品的流通等,只是表面的过程,而在这一过程的背后,在深处,进行的完

---

[1] 马克思、恩格斯:《马克思恩格斯全集》,卷46《政治经济学批判·资本章(草稿)》,中央编译局译,北京:人民出版社1975年版,第195页。
[2] 同上书,第196—197页。
[3] 同上书,第197页。

全是不同的另一些过程,在这些过程中个人之间表面上的平等和自由就消失了。"[1]现代经济体系中,原来市场交易中简单的交换关系早已被超越,交换中的形式差别作为最大差别的情况早已被更复杂的内容所取代。最重要的是"在交换价值和货币的简单规定中已经潜在地包含着工资和资本的对立。"[2]现代的市场不是原来那种简单的交易关系,而是有资本深深介入其中了,而资本对生产过程的掌握带来了不同的价值观念。

资本的出现是对简单交易所要求的平等和自由的否定。资本的自由要求则是自己进入市场的自由,是限制其他主体进入市场的"自由",是自我选择的自由,对这一点,虽然大部分经济学家都讳莫如深,但是确实有人毫不留情地指出了关键,如布罗代尔就曾经说过:"资本主义的主要特权,无论今天或昨天,还是选择自由。"[3]须知,布罗代尔认为资本主义不同于市场经济,是指大资本所代表的那种经济势力,这种势力会转化为一种社会和政治力量。而这种力量要无孔不入地占据各种资源和地位。

资本对平等嗤之以鼻,为了自由可以攻击平等的要求。

但是,资本最擅长的就是把自己的要求变成市场的要求,把自己隐藏在市场的背后,以市场来掩盖自己的意图,把自己的要求与市场的要求混为一谈。这种把资本行为简化为简单的市场交易的方式,在现代经济学中不断上演,马克思指出:

"资本和利息的关系就被它归结为交换价值的交换。也就是说,这种最新经济学先是从日常经验中借用一个事实,即交换价值不仅存在于这种简单的规定性上,而且也存在于本质上不同的资本的规定性上这个事实,然后再把资本归结为交换价值的简单概念,同样,把也表示资本本身的一定关系的利息,从规定性中分离出来,使它成为与交换价值相同的东西;这种最新经济学把具有特殊规定性的全部关系抽掉,退回到商品同商品相交换的不发达关系。只要我把具体事物不同于它的抽象概念的一切方面抽掉,那么具体事物当然就成了抽象概念,丝毫没有不同于抽象概念的地方。这样,一切经济范畴就总只是同一关系的各种不同的名称,从而这种无法理解现实差别的彻底无能就被认为是纯粹的常识本身。"[4]

---

[1] 马克思、恩格斯:《马克思恩格斯全集》,卷46《政治经济学批判·资本章(草稿)》,中央编译局译,北京:人民出版社1975年版,第200页。
[2] 同上书,第201页。
[3] 布罗代尔:《15至18世纪的物质文明、经济和资本主义——形形色色的交换》,第三卷,顾良译,北京:生活·读书·新知三联书店2002年版,第724页。
[4] 马克思、恩格斯:《马克思恩格斯全集》,卷46《政治经济学批判·资本章(草稿)》,中央编译局译,北京:人民出版社1975年版,第202页。

3. 价值观和效率

无论是功利主义还是道义论,西方的学者都是把自由、平等等价值观作为被推崇的价值观来阐述的。但是,目的论和道义论还是有区别的。对于目的论如功利主义,自由平等的价值是从结果上来的。这样就在一定程度上否定了这些价值观的终极性。对此,罗尔斯在他的《正义论》中做了一些评论,认为,一个社会推崇的价值观是不应该以结果来衡量,而是应该尊重整个价值观的终极性。这样,制度安排中就不是通过对结果的衡量评价价值观,而是应该让制度满足价值观的要求。这显然与目前我们对制度的评价方式不同。[1] 以效率为理由来安排制度就是结果论的,就会否定价值观的价值。[2]

4. 当代价值观的特征

古典时代产生的伦理准则是美德中心的,无论中国的仁义礼智信,还是希腊亚里士多德的友谊、公正和诚实等,都是属于美德体系的,更多地是把中心置于个人的修养上面。这些美德就成为品德的修养指南,也是对人类品质的阐述。

近代的价值观产生的背景不同,其作用也与古代的美德体系不同。美德体系的各个不同品德之间存在着相互的支撑关系,但是,近代价值观的内容却存在着内在的冲突。由于近代价值观的这些特征,所以,被麦金太尔称为"不可公度"的伦理准则。麦金太尔认为,这些价值观的起源不同,作用范围也不相同,有不同的演进路线。当然,麦金太尔的思想接近马克思,认为道德理念从根本上是植根于不同的社会生活之上的。抽取社会生活这一基础,道德理念和价值观就成为空中楼阁,不仅无法理解,也无从立足。当然,马克思也意识到,思想观念虽然产生于社会生活,但是,它一经诞生,就有了自己

---

[1] 罗尔斯:《正义论》,何怀宏等译,北京:中国社会科学出版社 1988 年版,第 209 页。
[2] 万俊人《市场经济的效率原则及道德论证》,对伦理学如何论证效率做了多方面的研究。虽然采取的是对效率原则的先入为主的辩护态度,但是内容丰富,其中提及经济学与伦理学的天然联系,延续了西方学术界的一个传统看法。实际上,经济学和伦理学的联系主要是两种方式。第一是两个知识体系在同一个学者身上发展,但是知识仍然保持着独立性,典型的就是亚当·斯密,他的经济学和伦理学的知识之间没有明显的联系。这种情况出现是因为 18 到 19 世纪的经济学研究基本上处于业余状态。第二种情况是伦理学与经济学知识之间相互影响和相互推动。如边际学派的英国代表杰文斯对"Utility"的解释就是来自边沁,确实反映了经济学与伦理学之间的亲缘关系。当然,在穆勒和当代的阿玛利亚·森那里,伦理学与经济学知识统一在一个人身上,是上述两种情况的一个综合。

独立的生命和发展历程。这样,从当代这个断面上,我们就遇到了一些似乎永恒冲突的道德准则和价值观。

如果按照马克思和麦金太尔的思路,为了理清这些价值观的内容,就需要对这些价值观的起源和发展进行追溯性的历时性研究,对这些价值观的社会生活史进行扎根,这是我们对古典伦理准则所做的一样主要工作。

当然,这些伦理准则和价值观的起源、结构追溯与构建,也有另外的方法,这就是所谓的规范方法。罗尔斯在《正义论》中也追寻了一些基本价值观,这些被他称为社会基本善的概念,通过理论抽象的方式抽取出来,归纳在自由、平等、权力、自尊等当代价值观的名下,对这些价值观,罗尔斯采取了一种非历史的方式加以研究,在所谓的"无知之幕"背后,以理性自然人的共同选择为方式,最终确定一种不同原则的作用结构。这种无知之幕的背后,实际上是传统的政治哲学的自然状态理论,被罗尔斯称为原初状态。① 这是契约论的一种理论构造的通行策略。罗尔斯明确说过:"这种原初状态当时不可以看作是一种实际的历史状态,也并非文明之初的那种真实的原始状态。它在被理解为一种用来达到某种确定的正义观的纯粹假设状态。"②这种方法不是一种历史的方法,而是一种逻辑的方法。在一种信息相对匮乏的情况下,通过公平选择,公平、正义和权利等价值观被置于不同的位置上,最终形成一个正义的制度体系。

这种方法很有说服力,但是,一旦把社会生活的内容注入观念中去,就会发现,罗尔斯发现的不是一套永恒的价值体系,而是现代社会中流行的基本价值观的集合体。

5. 冲突的价值观

当代社会中流行的这些基本价值观常常被称为普世价值观。其内容包括了自由、平等、民主、正义、权利和责任。在作者看来,至少在横纵两个维度上解释"普世"的概念,横向的维度是说这些价值观适合不同的文化和族群。纵向的是这些价值观应该适应不同的时代和社会。但是,思想史的事实是,这些价值观大部分都是近代西方政治哲学中构造出来的。按照其产生的时间看,它们应该被看作是近代社会生活和社会经济制度的反映。确实,从这些价值观的发展史角度看,很多价值观起源都被学者明确地提

---

① 罗尔斯:《正义论》,何怀宏等译,北京:中国社会科学出版社1988年版,第93页。
② 同上书,第12页。

了出来。例如,权利观念是从霍布斯那里开始产生的,而自由观念则是近代经济发展带来的重要观念。虽然民主有古希腊的传统,但是,当代民主是资产阶级推广到社会中的一个观念。在进行这些观念的思想史研究时,我们还可以发现,这些近代价值观确实缺乏古代的思想资源。我们几乎都是从 15—16 世纪之后的西方思想家那里才取得较为完整和全面的现代价值观。有一些价值观,例如平等虽然可以追溯到很古远的过去(例如,不患寡而患不均)但是,当代价值观中所包含的内容与古代伦理准则之间存在着明显的思想内容的断裂。因此,上述价值观的古典形式与现代内容之间没有了直接的关联。

显然,普世价值观的"普世"缺乏纵向适应性。因此,普世仅仅剩下横向一个维度了。

虽然学者们讨论普世价值观时喜欢把这些价值观看做是一个内在的相互联系的体系,但是按照伯林的看法,这些基本价值观实际上往往是内在冲突的。尤其是自由与平等之间,存在着剧烈的冲突,托克维尔在对美国民主制度分析时,首先指出了这种价值观冲突的原因。[①] 对于这种冲突产生的原因,马克思主义有自己的解释方式。按照马克思的看法,既然不同的价值观都是社会生活的反映,这些不同的价值观的不同内涵和起源只能从社会生活本身去寻找。在阶级分化的当代社会中,这些价值观的差异与冲突正是各种利益冲突的观念反映。因此,为了理解价值观的多元化,必须理解多元化的社会现实。

这种看法指明了基本价值观所包含的现实内容和意义:基本价值观反映了人们处理与世界其他人之间关系的准则。其中稳定的核心就是从社会生活中沉淀下来的智慧。但是,具体到每一个价值观的运用和解释,都是由具体人进行的。因此,这些价值观必然呈现出多元和复杂的形态。在社会生活中,所有重要的价值观都上升到了观念和理论形态,脱离了价值观形成的物质生活基础很远了。这些独立存在的价值观往往被信奉者仰为理想,这样,这些本已脱离形成基础的价值观又反过来指导了人们对生活的认识,成为人们处理现实世界事务的准则,并且上升为一种生活目标和理想,提供了行动的动力。这个动力推动生活目标和信仰的实现。

由于这些价值观的内在冲突并没有在这个上升为理想的过程中被解决,因此,当今

---

① *De la démocratie en Améirique*,1840,Gallimard,1961.

世界的很多冲突的根源是"竞争性价值"的冲突,①转化为理想的冲突,就是这个道理。

这样看,普世价值观的横向维度的"普世"特性也是一个无法解释的现象,因为它们之间充满冲突和争议。

当然,对价值观的冲突还有另外的不同解释路线。哈贝马斯在对韦伯思想的重构基础上,提出了价值观冲突的另外一个原因:他认为构成社会的不同组成部分有不同的合理化路线。这包括工具认识的合理化的真理化路线、道德实践的规范路线和审美实践的本真性路线。这些领域的不同合理化逻辑都以不同的方式渗入社会生活的其他领域,并在消除其起源特征之后,逐步演变成为社会一般价值观,这样就导致了不同内在逻辑之间的竞争。

虽然各项竞争性价值观的本质是社会不同群体之间的利益竞争,但是从其理论或者思想表达方式上,都有不同的逻辑结构。如果把道德实践的平等放在真理性认识的范畴内重新加以审视,就会发现,道德规范也成为了真理认识的一个分支,从而使道德服从认识,但是这个过程有极大的虚伪性,例如,关于《劳动合同法》的争论,张五常把这一争论转为一个经济学之争,实际上却是在牺牲一部分人的利益基础上进行论证的。其中以效率取代公平就是一个伦理准则的置换过程,只是在论证中,这个背景被掩盖了。② 如果深入分析这个过程,就可以看到所谓的工具理性认识合理化与价值规范之间的冲突。这个过程只能被视为现实社会利益之争的一个理论折射。

从另外一个角度看,当代社会价值冲突中,可以看作企业多元利益主体的一种反映。企业伦理和价值观是主体本质的体现。但是,企业作为一个多元利益主体相互作用的平台,这些价值观也表现出丰富多彩的特征,并且很多伦理准则是内在冲突的。占主导地位的主体的价值观当然也居支配地位。规定了企业价值观体系的倾向和体系结构。无论是资本还是其他的主体占据支配地位,企业伦理与市场所要求的商业伦理都不是完全一致的。这就产生了不同价值观的冲突。现代对价值观的不同辩护意见中,几乎都毫无争议地对市场运行的价值提出了辩护,例如,无论哈耶克和马克思对自由市场规律的辩护,还是德沃金对平等的辩护,或者罗尔斯对正义的辩护,他们的辩护中都体现了对市场体制的赞赏。但是,这些辩护中确实有很多意见是以市场辩护为幌子,实

---

① 德沃金:《至上的美德——平等的理论与实践》,冯克利译,南京:江苏人民出版社2003年版,第131页。
② 张五常多次强烈反对这部法律,认为这个法律的推行将导致企业经营的困难。其中的关键理由就是企业主的损失,最终会导致所有人的损失。这里的核心还是效率。但是,按照罗尔斯的正义论思想,自由和平等等基本价值观是不可交换的,不能为效率而损害这些基本价值观。

质上是对资本的辩护。这一点,哈耶克的著作中表现得最为明显。这是应当剥离其意图加以批判性阐释的一种理论策略。至少把对市场和资本的不同辩护意见剥离开来,才能开始相应的理论辨析工作,否则将永远在迷雾中穿行。

价值观体系的这个特点确实反映出了其与古典美德或者伦理准则体系的不同点。基本美德之间没有普世价值观这样的激烈的内在冲突,可以说,这些美德是人类发展至今积累下来的最宝贵的精神财富,就其历史命运而言,这些美德可以被忽视,但是无人敢蔑视。人们不认为仁慈和诚信、忠实和勤劳之间存在着内在冲突,但是人们确实发现平等和自由、权利和责任之间存在着内在的冲突。换言之,美德体系确实是整体性存在的,美德之间存在着互相补充的关系,缺乏其中任何一点往往被认为是主体的缺陷。

但是,基本价值观体系的命运就没有这样好了。这些价值观是与多重现实的存在密切联系的,基本价值观虽然有自己的伦理基础和道德特征,但是在社会生活中往往以理想的方式表现出来,并且很容易转化为现实生活中的政治观念。现实利益的冲突因此被注入到了不同的价值观当中了。这意味着,价值观所体现的理想冲突和政治冲突是现实利益冲突的一种表现形式。这是当代世界一个特有的现象。

6. 基本价值观的特征

基本价值观既有科学的特征,也有信仰的特征。

在当代的价值观体系中,自由、平等、权利、民主、正义和责任等价值观有不同的发展路径,也在不同的思想体系和学科体系中占有不同的位置,相比之下,自由、平等一直是政治哲学的核心概念,只是自由占有更为重要的地位,平等受到了诸多排挤。虽然正义有源远流长的思想传统,但是,在当代价值观中占有了重要地位,它成为了政治哲学和道德哲学的中心概念。但是,这些概念并没有获得科学的地位。在诸多价值观中,只有权利作为一个价值观,在法学中,通过详细的分析,落实到了严密的科学分析体系当中了。这也难怪,自由平等成为不同思想争夺的战场。因此,在现实上,虽然当代的学者对普世价值观的讨论普遍采用了科学的论证结构,但是,事实上,这种价值观的根本还主要是一种信仰。也就是说,这些价值观还主要是作为终极的目标而存在的,无法根据真理式的方式加以认识。

如果从价值观的作用看,一个重要的问题一直没有提出来:自由、平等、正义、权利和责任等价值观在企业中是不是应该占有自己的地位,是不是已经占据了应有的地位呢？

7. 体系生活世界的两分及价值观和美德的不同存在方式

价值观和美德作为伦理道德相关的不同体系，不仅具有不同的时代特征，也具有不同的存在基础。我们现在常说的普世价值观或者基本价值观实际上是现代体系世界的产物。

按照我们本书的结构，体系和生活世界构成了现实的结构。其中体系作为当代社会的基本构成部分，包括了以货币为媒介的经济体系和以权力为媒介的政治体系。而当代经济体系中存在着市场和资本的对立，韦伯所谓的合理化，是市场体制的要求，弱小的资本会顺从市场体制，但是一旦资本强大起来，其反市场的特征就会表现出来。

虽然市场与资本存在这种区别。但是，经济世界作为体系的要素，确实被冷冰冰的计算理性所主宰。如果说有价值观的存在，也是以效率、自由平等为口号的。而这些观念常常表现为对立和冲突的价值。[1] 这些观念中占主导地位的是自由和效率。这是因为这些观念反映了资本的利益。其他不同的价值观也是不同的利益诉求的现实反映。不过，无论如何，这些观念都表现为一种以合理化论证为前提的特征。严格地说，在经济体系中，几乎没有给传统美德留下任何栖身之处。

相比之下，美德只能在生活世界中才能存在。生活世界这个发源于胡塞尔，中经海德格尔等人，在哈贝马斯那里完成的概念，是作为交往主体理解过程的视域展开的。"生活世界储存了先辈以前的解释成就"，[2]美德是生活世界的产物。

---

[1] 经济体系中市场与资本的对立，表现在对基本价值观诉求的差别和对立上。例如，市场要求平等和竞争，资本则要求自由和垄断。虽然市场能导致效率，但是资本所要求的效率与市场所获致的效率是不同的。市场和资本的这一对矛盾是体系世界的价值观的对立原因之一。参看对体系和生活世界结构分析一章的内容。

[2] 哈贝马斯：《交往行动理论》，卷Ⅰ，洪佩郁和蔺青译，重庆：重庆出版社1994年版，第101页。

第 11 章　现代企业内部对立的伦理准则

1. 企业中的伦理和道德——勤奋与懒惰

　　本来道德的概念是西塞罗在翻译古希腊的 ethics 时创造的一个拉丁词,与伦理没有区别。直到近代,黑格尔把伦理道德做了一个功能区分,人们才开始部分接受黑格尔的意见,把伦理作为市民社会的行为准则,更具客观性,而道德作为个人行为准则,具有更多的主观色彩。

　　这个区分虽然是黑格尔个人的意见,但是确实反映了时代变迁对当代社会生活的影响,这种影响首先就表现在社会生活的分层上面。这个社会生活的分层不是指的人们职业和人员的分层,而是特指一个人的社会生活在不同的社会空间中的不同方式,甚至是在同一社会空间中的不同内容。这一点在企业生活中表现得最为明显。

　　企业作为一个体系所带来的理性化的机制,充分表现了韦伯所谓的近代社会的合理化的行为方式:在企业内,一切安排都是按照合理化的方式进行的,无论是对外部的市场竞争和市场营销行为,还是企业内部的作业组织、原材料采购、生产方式,甚至连灯光、设备布局以及员工的作业方式,都是按照合理化的方式展开的。尤其是在大机器工业诞生之后,一切人员和非人员的安排都是按照理性的方式展开的。在这里,传统社会所积累下来的道德品质几乎全部失效,例如,勤奋,不再作为一个需要培养的品质,毋宁说,在机器面前,勤奋与否不仅不再重要,甚至勤奋成为了一个错误,人们只要根据机器和工作计划的安排展开工作,就是一切。在这里,勤奋让位给了精确和守时,而守时并不是传统社会所要求的重要品德。马克思在《资本论》第一卷关于劳动日的分析中,引述了 19 世纪英国工厂观察员的报告,认为对资本家要求工人以勤奋为名来延长工作时间,简直就是对勤奋作为美德的一个嘲弄。工人阶级在其发展过程中,一直把缩减工作日作为一个斗争目标,在长达几个世纪的历史中,与资本家展开了斗争,这个过程显然不能用勤奋与否来评价:工人并不能因为争取缩短工作时间而被视作懒惰,勤奋与否在此无关事件的进展。虽然在历史上,资本为了保住长时间的工作,以懒惰来斥责员工。① 这一做法至今依然被保留着,但是,人们并不因此就放弃了对工作日缩短的追求。勤奋与懒惰这个对立的品德在这里确实失效了。②

但是,吊诡的是,勤奋难道不是美德了吗?当然是,但是,为什么员工还要保留相应的追求休息的权利呢,难道勤奋不是评价一个工作人员的标准了吗?当然是,但是,何以在宏观上失效的品德,仍然在人们心目中保留着自己的位置?人们如何评价追求缩短工作时间与勤奋工作这两者之间的关系?

在现实的企业中,尤其是那些以白领为主的企业中,勤劳已经成为了自觉的行动,可以说,当代的商业社会,确实创造了历史上最大规模的勤劳美德的普及。正如马克思所说:"普遍的勤劳,由于世世代代所经历的资本的严格纪律,已经发展成为新一代的财产。"③

这里面就是所谓的企业作为体系世界的部分和作为生活世界相互碰撞和交流的平台的一个表现:作为体系世界的构成部分的企业,把理性化贯彻在日常工作的几乎所有环节中去了。因此,作为体系世界的构成部分的员工,可以按照这个世界构造的价值观来追求自己的权利和利益。但是作为生活世界的企业,内部依然保留着生活世界中那种有血有肉、丰富多彩的内容,这些微观的人际关系中保留着传统美德的存留空间。在资本占据主导地位的企业中,虽然员工处于理性化的压力之下,按照合理化的方式处理几乎一切工作问题,但是,在大量的细节面前,是合理化所无法覆盖的,这时候,所谓勤奋、合作等传统美德的作用就显露了出来。

这种体系世界与生活世界的对立和碰撞,在企业对员工和管理者的要求上处处表

---

① 为了反对工厂法中对劳动时间的限制,资方迫使成年工人在一份递交给议会的请愿书上签字。这份请愿书上写有这样的语言:"我们这些向你们请愿的人,作为父母,认为增加一个小时闲荡的时间,结果只会使我们的孩子道德败坏,因为懒惰是万恶之源。"但是,有正义感的工厂视察员指出这个请愿书的悖逆常理:孩子们在恶劣的环境下拼命工作十几个小时,还说少工作是懒惰,"这种无情的胡说必须斥之为十足的假仁假义和最无耻的伪善。"参见马克思:《资本论》第一卷,人民出版社1975年版,第255—256页。

② 有意思的是,在当代中国大量的民营企业中,由于实施的计件工资制,工人们以加班为常态,甚至把加班作为增加收入的一个途径和手段,所以对加班不仅不反对,还表示了极大的热情。这种现象显然也不能仅用勤奋来解释,就好像工人争取缩短工作日不能用懒惰来解释一样。根据一些作者的看法,中国第一代农民工还保持着农业社会所特有的勤奋。但是到了第二代,就显示出了当代社会的权利意识等。见徐勇《农民理性的扩张:"中国奇迹"的创造主体分析》,《中国社会科学》,2010年第1期。

③ 马克思、恩格斯:《马克思恩格斯全集》,卷46(上),中央编译局译,北京:人民出版社1980年版,第287页。

现出来。一方面，企业要求员工奉公守法，另一方面员工为了争取自己的利益，要不断地采取对抗的措施；一方面企业要求员工对各项制度要严格服从，另一方面，员工因为不同的原因，要不断突破各种限制。这些对员工和管理者的不同品质要求，展现的就是生活世界和体系世界不同要求之间的对立。这些对立，在员工的精神世界中，就表现为伦理和道德的对立。

2. 对立的美德——节俭和奢侈

不同伦理准则的对立不仅表现在上述的体系与生活世界的对立中，也表现在不同时期和不同层次的体系结构对伦理道德的不同要求上。节俭和奢侈就是这样的一个例证。

节约和节俭一直是人类不同社会形态所坚持的和倡导的基本美德。按照韦伯的看法，节约也是资本主义精神的一个构成部分。马克思在《1848 年哲学——经济学手稿》和《资本论》中也谈到了工业资本对于节约品德的践行，把这一点作为资本积累的本性来看待。也就是说，这个导源于穷困的农业社会的品德，不仅在工业社会中被延续了下来，而且被放大到了整个社会生产过程的所有环节中去，成为这个工业资本的一个特征。按照马克思的看法，资本家作为资本的人间化身，执行的是资本的职能。资本职能是资本主义的生产方式决定的，既然如此，"他的动机，也就不是使用价值和享受，而是交换价值和交换价值的增值了。"[①]也就是说资本首先不是追求自己个人的享受，而是追求资本的增值。这一点我们确实可以在现实的生产企业中观察到：不仅是受到市场规律支配的生产过程，在竞争压力下，不断地追求成本的节约，以提高竞争力，而且这种做法甚至延伸到了产业资本家日常生活中去了。大量的产业资本家都过着简朴的生活，与其积累的巨额财富相比，他们的生活常常简朴得让人感到寒酸。这样的例证常常被用来作为吝啬的一个证明。这不仅是洛克菲勒等个人来自宗教信仰的美德，还是一般产业资本的普遍行为方式，与普通员工的恐惧于贫穷的节约不同，产业资本的节约是产业资本的本性的一个表现。"产业资本是一种靠直接剥削劳动来维持、再生产和不断扩大自己的持重而节俭的财富。"[②]这个节俭表现的不断延伸，最后会转化为贪婪。

[①] 马克思：《资本论》，中央编译局译，北京：人民出版社 1975 年版，第 649 页。
[②] 马克思、恩格斯：《马克思恩格斯全集》，卷 4《哲学的贫困》，中央编译局译，北京：人民出版社 1964 年版，第 179 页。

但是，企业中也可以观察到与节约对立的奢侈。这种奢侈甚至可以发展到有目共睹的穷奢极欲。不要说企业高级管理人员的豪华办公室和高级座驾，更有私人公务机、白衣侍者。就是一些大企业的普通经理人员和技术人员，都要求在出差时居住和使用与个人身份相适应的宾馆与汽车，还不算经营活动中排场的晚宴，花费巨大的娱乐活动和高尔夫球比赛。这些奢侈的活动与前面所说的节约形成了鲜明的对照。

相比之下，现代企业的节约不同于迫于穷困的农业社会的节约，这种节约是一种制度化的追求；现代企业的奢侈与封建君王追求个人享受也不同，更多的也表现为一种制度化的追求。因此，对这两类对立品德的追求是资本同一本性的不同表现方式。

2.1 节约

从资本主义的发展历程上看，把节俭作为资本的起点道德，无论是从历史上还是从道德上都是成立的。资本创造的利润分解为供企业主个人消费的部分和转入再生产的积累基金。资本家作为资本的代表，他在起点上是反对享受、追求积累的。"积累啊，积累啊！这就是摩西和先知们！勤劳提供物资，而节俭把它积累起来。因此，节俭啊，节俭啊，也就是把尽可能多的剩余价值或剩余产品重新转化为资本。"[1] 这个不是哪一个人的个人选择，也不是企业主个人的性格决定的，而是他个人作为资本的世间体现者，自然实现资本自我增值功能的本性要求。资本追求自身交换价值的增值。在这个意义上，第一，企业家是值得尊敬的；第二，他不过是整个资本运作机器的一个部件，随同这架机器的运转而运转罢了。"所以，在一举一动，不同是在他身上赋有意志和意识的资本功能的限度内，他自己的个人消费对他来说，本身只是对资本积累实行劫夺的意义，像意大利式簿记，把资本家个人支出记载资本对面的借方一样，积累是社会上财富世界的征服，他扩大被剥削的人身物质世界的总量时，同时也扩大了资本家直接的和间接的统治。"[2]

资本主义发展初期，致富冲动压制了对物质享受的追求，"古典型的资本家把个人消费斥为违背职分的罪恶"[3]。在这里，节俭是资本本性，也是资本主义生产方式所决定的一个最重要的品德。

---

[1] 马克思：《资本论》，中央编译局译，北京：人民出版社1975年版，第653页。
[2] 马克思：《资本论》第一卷，郭大力、王亚南译，北京：人民出版社1963年版，第649—650页。
[3] 同上书，第650页。

2.2 奢侈

但是，资本终于跨越了节俭，最终走向了奢侈。这个转变不是企业家自身的个性转变，而是资本形态转变所带来的变化。"古典的资本家谴责个人消费是违背自己职能的罪恶，是节制'积累'，而现代化的资本家却能把积累看作是'放弃'自己的享受欲。"①

资本的这个变化不仅是历史性的，也是功能性的：资本在生产之外，通过信用创造了一个资本市场，从而大大扩充了资本的运作空间，并且导致了行为准则的历史性变化。信用作为资本市场的一个本质性要素，需要以奢侈的炫富来获得。正是在这个意义上，资本的奢侈不同于中世纪地主的奢侈，资本的奢侈不是单纯的消费，依然是作为资本的积累手段展开的，资本的奢侈带来的不是财富的单纯消耗，而是更多的财富积累。"在一定发展阶段上，已经习以为常的挥霍，作为炫耀富有从而取得信贷的手段，甚至成了'不幸的'资本家营业上的一种必要。奢侈被列入资本的交际费用。"②奢侈不是脱离财富积累过程，而是财富积累过程的一个环节。因此，这个奢侈，打掉了中世纪的浪漫主义风情，而是深深地染上了现实的精打细算的色彩。

在现实社会中，工业资本和金融资本所具有的不同功能，导致了工业资本表现出来的节约和金融商业资本所表现出来的奢侈。这些在传统中对立的品德，在资本的账下，只是同一资本功能的不同表现，其本意都是为了获取更大的利润。工业资本的力量更多的是体现在设备和厂房上，表现为节约，金融资本的力量虽然最终体现在金钱上，但是在现实社会中，只有通过豪华办公室、奢侈的生活方式、名牌的服装等表现出来。

奢侈之风与资本功能有内在联系。信用创造了奢侈的存在条件，资本的人间代表本性上当然也追求安逸和享受，但是在工业资本形态中，这种人的本性是被压制的，在金融资本形态中，资本的本性和人的本性合二而一，成为一种现代社会生活方式的表现。于是，中世纪的奢侈转化为现代社会的奢侈，但是，支配奢侈的是内在的理性，而不是中世纪的浪漫。

奢侈也在企业的市场行为中表现出来。豪华的办公和差旅条件，主要是为了提升企业的形象，展示企业的实力。这是与传统的制造业的节约本性相对立的，但是，这种现象之所以出现，更多是垄断现象的发展结果：人们对于垄断企业的敬畏导致了对这些

---

① 马克思：《资本论》，中央编译局译，北京：人民出版社1975年版，第99页。
② 同上。

现象的内在的尊重,这就使企业的行为方式随着资本的发展逐渐地脱离节俭的传统美德,走向了奢侈。

不过,中国企业内部的奢侈有更多的原因。民营企业的致富者还没有脱离中世纪的封建主的奢侈意图,而国有企业的奢侈更是对国有财富的挥霍。这些现象与资本的奢侈现象虽然相同,但是具有根本不同的社会意义。更不要说因为贪污腐败导致的奢华场面,企业方面付出是为了换取对方手中的权力,而奢华的享受者则是利用自己的权力换取奢华。①

3. 对立的伦理准则——奉献精神与等价交换(付出与权利)

付出而不索取回报,在社会中长期是作为美德被倡导的。但是,这个美德的命运在企业中却受到了多方面的挑战。

在传统的计划经济条件下,奉献精神是一种被倡导的美德,人们没有怀疑这一美德与企业之间的关系。但是,围绕着这个美德的实现,需要一系列主观和客观的条件。

首先,奉献精神需要一个合理的平台,国有企业作为一个全民所有制的结构,为这个美德的倡导提供了这样一个平台,因为企业为所有人所共有,因此,每一个人也对这个企业有一份责任。以企业为家,甘于奉献也就顺理成章地成为了一种美德。

虽然如此,这个问题依然引起很多争议。一度也被认为是一个"伪提法"。因为国有企业归全社会所有成员,也可以说是归全社会中的城市居民所有,或者说是归全民所有制的职工,实际上每个人只有这个企业的一点点,数量上微不足道,说他们是主人,让他们去奉献,未免勉强,这种看法曾经是对国有企业改革的一个先导性的认识。

在经历了私有化的浪潮之后,大量员工从国有企业转入私营企业,有了全新的体

---

① 除了不同职能的资本带来的对节俭和奢侈的不同处置方式之外,在经济的不同层次上,也对节俭和奢侈有不同的看法。在这方面,企业家和经济学家确实带来的是不同的观念。

第一次认真提出奢侈是经济发展动力的是曼德维尔,他是从经济学的角度提出看法的。他在《蜜蜂的寓言》一书中,大胆地倡导"挥霍有利于贸易"的看法,他认为,奢侈的消费带来新的就业,带来了贸易的发展。是对经济有利的事情,而压制奢侈品消费,减少挥霍,虽然对当事人的品德有好处,但是无利于经济,会造成诸多相关行业的人失业。曼德维尔的这种看法大胆到提出过"看不见的手"的亚当·斯密都不敢赞同,在他看来私人利益虽然不必和公共利益一致,因为市场机制的存在,所以,看不见的手可以调节公利和私利之间的关系,但是,曼德维尔所说的奢侈带来贸易好处的看法,他也不能认同。尽管熊彼特认为,斯密的经济自由思想来源于曼德维尔,但是这样明目张胆地为奢侈和浪费张目,也是不能接受的。

其实曼德维尔认为他指出的只是一个经济和伦理上的矛盾,这位先生对浪费和奢侈也是持一种伦理上的谴责态度的,他是从经济发展的角度上,对这种做法的效果做出肯定的。

验。大家隐隐感到国有企业和私营企业之间的不同和区别。在国有企业中,尽管财产没有具体到个人身上,因此,无法从肯定的角度确认主人的身份,但是,因为一系列制度性的保障,员工权利比较完整地得到了实现。非制度性的侵害很难实施,因此,从否定的角度,确实可以观察到员工的主人翁地位。员工可以请求企业为自己做什么,甚至直接让企业为自己做什么,这种情况下,企业当然也可以要求员工为企业做出奉献而不计一时报酬。

当然,除了国有企业这个平台之外,奉献精神还是有一系列的认识与理论作为基础来支撑的。例如,企业是以家族为模式而建立的,上下级之间存在着家长和子女之间的关系,公私的界限也因此混淆不清,可以公而忘私,这些都是支撑奉献精神的各项支柱。

但是,一旦企业转化为私营企业,作为企业的员工,就会要求企业按照等价原则计算其劳动,并且偿付他的报酬。这是被认为天经地义的事情。且不说劳资双方关系是建立在对立关系的基础上,就是建立在平等的交易基础上,这里面也没有奉献的余地。奉献不仅不是对交易关系的补充,简直就是对交易关系的一个否定,奉献就意味着不计报酬,至少是不计一时的得失,这种做法长期实施,必然导致交易关系基础的毁弃,最终破坏这种交易关系。

当然,非国有企业并非一定要否定奉献精神的存在,有几种情况,企业可以为奉献精神留下余地。例如日本把企业作为员工的利益共同体,也可以培养员工的奉献精神。在这个企业模式中,每一个员工都被理解为这个共同体的成员,共同体的发展关系到每一个员工的前途,因此大家要关心这个共同体。这个模式是家族模式的一个延伸,可以被称为类家族体制。虽然是在市场经济的体制中,但是,这个体制把所有成员置于一个共同体内部,建立了一种一荣俱荣一损俱损的关系。但是,这个关系不仅是一个精神的关系,在现实社会中,需要更多的物质利益的保证,例如,日本企业原来实施的终身雇佣制,年功序列的工资制度,等等,这些虽然不符合效率原则,但是确实建立了共同体的联系,把精神家园建立在物质利益的基础上。

但是,个人主义的原则彻底击垮了这种精神,在市场中运行的私营企业,以效率为第一,员工价值体现在以能力为基础的市场价值中,企业内部的关系也从家庭般的亲情关系转化为一种市场的等价交换关系。这种关系导致了企业内部关系的彻底转化,原来含混的关系转化为清晰的关系,利益关系明晰化,通过契约签订等方式,从理论和法律上完成了对奉献精神的彻底否定。确立了等价交换的原则。

企业内部,人与人之间的关系没有了过去那种温情,处理关系的模式从人文方式转化为经济方式,最终受到合理性的技术原则支配。

这种转变是企业支配模式的转变,从自我支配转变为资本支配之后,企业再不是一个温情脉脉的家庭了,而是一个精密的现代仪器,所有的指标都被技术化加以衡量和处理,企业也不再对员工承担多种责任。虽然依然可以在中国的企业中看到倡导奉献精神,但是,在这种制度下,这种奉献,不是自我欺骗,就是利用企业的优势地位对员工劳动的掠夺。原来的意识形态的解释方式失效了,新的解释方式最多是一个拙劣的模仿。

从这里可以看出,不同的企业模式要求不同的道德和伦理体系的支持。在一个家族或者类家族式的企业内部,传统的仁慈可以起作用的时候,现代的权利、正义就可以被忽略,而一旦企业结构发生了变化,企业从传统的家族制转变到了新的基础上,传统的伦理准则就失效了,需要新的价值观的注入。这里可以看到生活世界的美德和体系世界价值观之间的冲突与转变的过程。

这里,显然重复了上面关于勤劳和懒惰关系的认知。似乎理性化占据了优势,传统的伦理和美德失去了效用,但是,企业依然保留着生活世界的内容,这些关系的处理虽然很边缘,依然为传统美德留了余地。只是新的价值观取得了支配性的地位。

4. 对立的品德——创造性和服从

4.1 服从

服从是一个企业内基本的要求。大工业创造现代企业的同时,也创造了企业正常运行所要求的纪律。当代组织中,服从作为一个品德,几乎具有无可争议的地位。不仅经理对老板要服从,下级对上级要服从,这种服从的地位与军队对服从的要求几乎相同,并且往往发展到一种过分的地步,以致可以把下级对上级的服从作为一个重要的品德,即使上级错了,也要服从,至少要做到表面的服从。在目前的企业中,如何处理与领导关系成为一个关注点话题,而且普遍强调领导意志的重要性,一些困境的讨论题中,常常提出如果领导明明错了,下属应该如何处理的问题,绝大多数答案的第一条是即使领导错了,也不能直接指出,要婉转地帮助领导。服从在这里发展到了畸形的地步。这种服从不仅会导致企业的错误,更重要的是会导致员工精神的片面发展。

企业中把服从作为一个员工的基本品德。其实服从有双重含义,作为企业分工体系中的一个分子,为了公司实现既定目标,需要在一个统一的意志指导下展开活动,这样就要求出于不同岗位的员工服从一个统一意志,这种服从是大型团体活动中必须有的一个机能,例如大型团体操那种整齐划一的表演,不能想象没有一个统一指挥和全体演员的服从能够成功举行。现代制造业是一个远比一般团队活动更为复杂的活动,需要统一指挥,以提高效能,即使从增进安全的角度也是需要的。而以技术开发为主的企业,在当代社会也变成了一个分工复杂、需要高度合作的事业,没有统一的意志和指挥,很多事情也是无法实现的。所以,服从与指挥之间的对应关系要求员工实践这个准则。但是,目前企业中的服从发展到了偏颇的地步,这就不是团队的统一要求的需要了。毋宁说是另外的因素在起作用。这种因素其实也不复杂,首先是等级制的科层组织所带来的上下级关系,这种关系就要求在工作中下级要服从上级。但是,在企业中,这种现象有更深层和更主要的原因,是因为资本意志在企业中的作用。一般人认为,管理者尤其是老板是不会以企业的前途为赌注来肆逞自己的意志的。但是,这种疑问不符合实际,老板和高级管理者也是人,也希望周围的人对自己毕恭毕敬,也希望自己的决定都是对的,只要没有十分的理由,在对未来估计时,没有任何人有十足的把握,在这种情况下,如果老板或者高级管理者不能心胸宽阔,难免会对下属的服从格外看重。并且把这种服从作为忠诚的一个看法。但是,企业中如果不是资本的意志,管理者或者高管如何能够获得指挥的地位呢?"资本家是资本家,并不是因为他是产业的指挥者,而是因为他已经是资本家,所以他成了产业的指挥者……产业的指挥权,成了资本的附属物。"[①]这种服从变成了违背企业利益和员工意愿的一种屈从。更何况如果一个企业在市场上居于支配地位,可以有自我操作的空间,则企业主趾高气扬也会变成内部飞扬跋扈的基础。这时候的企业主和高管人员难免更加霸道。使下级只能屈从领导的意志。

屈从导致的问题不仅是可以从表面上看到的企业利益受损:如果企业是私人的,老板愿意选择这种自损的办法,这是他的自由。更重要的是屈从局面的形成,会导致员工自由的受到主管意志的损害,他们可以随意颁布命令来强制员工服从各种规则,可以强制加班,可以要求员工服从各种不合理的制度,例如要求员工喝酒、跳舞、唱歌甚至陪侍客人,虽然很多企业都是以业务需要的名义。更进一步的就是企业内部的人权受到侵害。如办公室的性骚扰,隐私受到侵犯,等等。相比工业制造企业中经过长期抗争所形成的法律规定的相对完善的保护措施,在写字楼工作的白领们的职业自由更少受到保护,受到侵害的形式更多也更强烈。

[①] 马克思:《资本论》第一卷,郭大力、王亚南译,北京:人民出版社1963年版,第649—650页。

4.2 创造性

位于服从对面的价值观是创造性，或者首创精神。创造性是当代社会特别重视的一个品德。对于创造性或者首创性，穆勒根据一个德国著作家的描述，做出了一个解释，所谓的首创性就是"自由和境地的多元化"这二者结合所激发的"个人的活力和繁复的分歧"。[1] 虽然首创性是人类社会的一个有价值的因子，但是，并非所有的情况下首创性都会得到提倡和包容。相比之下，古代社会强调祖宗之法不可改，压制首创性。就是现代的工业社会中，企业组织中也并不是把首创性作为一个不可替代的品德随时加以鼓励，相反，在很多情况下，首创性要受到服从的压制，成为对立的品德，在服从的品德之下，人们的首创性最终会受到破坏，创造能力也会萎缩。这个过程是一个社会心理过程，很多学者都做过分析。一个员工如果长期处于过度服从的地步，很多抉择能力和评价能力就会枯萎，这就是穆勒所说："凡是听凭世界或者他自己所属的一部分世界代替自己选定生活方案的人，除需要一个人猿般的模仿力之外便不需要任何其他能力。可是要由自选定生活方案的人就要使用他的一切能力了。他必须使用观察力去看，使用推论力和判断力去预测，使用活动力去搜集做决定用的各项材料，然后使用思辨力去做出决定，而在做出决定之后还必须使用毅力和自制力去坚持自己的考虑周详的决定。"[2] 在做这些事情的时候，人们的能力得到了提高，人们的价值获得了体现。但是长期脱离这种活动，人们的能力就会被压制而萎缩。在一个屈从文化占主导地位的企业中，人们的创造性就会萎缩。

5. 对立价值观的根源分析

创造性和服从这对对立而并存的价值观与前面分析的勤奋与懒惰、节俭与奢侈和奉献与等价交换均不相同，第一个对立可以看成是传统与现代的对立，从分析的角度看，是生活世界和体系价值的冲突；第二个对立可以看作资本不同时代的需要，第三个对立是不同主体对员工的不同要求，这里也可以从生活世界与体系价值的冲突加以解读；第四个分析的对立品德表现了资本与市场对品德的不同要求：市场要求企业和员工

---

[1] 约翰·密尔：《论自由》，程崇华译，北京：商务印书馆1959年版，第61页。
[2] 同上书，第62—63页。

的创造性,只有这样才能在市场竞争中占得先机,获得胜势。但是服从更多是产业资本的一种心理要求,表现的是资本的傲慢和盛气凌人。这种品德虽然在员工身上表现出来,但根本上是资本的要求,这种要求是与市场的创造性要求相互对立的。从这里可以看出资本和市场对人的不同要求。而这种要求并非都能够协调和谐地存在于企业之中的。由于资本的主导地位,我们现实中观察到的更多是,资本的傲慢(表现为员工的屈从)是一个带来损害的行为,但是并不容易制止,相反,虽然首创性对企业甚至资本有好处,企业中培养不易,却很容易就被摧毁。

中国目前创造性的主要来源还是市场机制。从企业内部说,面对市场竞争的压力,需要不断地创新,尽管微观机制压制创新,但是外部环境的压力传导到企业内部,可以在一定程度上舒缓科层权力和资本对创造力的压力。从社会角度看,市场机制的存在、企业之间的竞争导致人才的流动,不仅给人的活动自由留下了空间,而且为创造力的发展提供了基本动力。

但是,从企业内部的气氛看,目前确实因为等级制的压力,导致了创造力被压制。虽然民营企业和私有企业号称鼓励创造力,但是,这种创造局限在一小群人的圈子里,没有成为企业全员的活动。一旦员工有了创造,主要是通过创业来实施,又回到了市场机制上了。大型企业虽然力图为创造力的发展提供制度性保证,但是,在等级制和专制的气氛中,很容易摧毁这些制度或者使制度失效。

6. 价值观和美德

上述问题的讨论可以延伸到价值观和美德关系的层面,其中等价交换的基础是员工和企业的权利,奉献精神则无法在现代自由、平等、正义等基本价值观中找到任何立足之地。而勤奋与懒惰是传统美德和失德的范畴,因此,在现代价值观中也无法找到立足点。可以看到,现代企业伦理的主要支撑点不是美德,而是价值观。因此,企业伦理的讨论,如果没有特别的准备和框架,只能在价值观的基础上展开。只有在力图恢复传统美德的情况下,才能够对美德与企业伦理的关系展开讨论。这个讨论需要一个平台,这就是从胡塞尔开始构建的直到哈贝马斯完成的生活世界的概念。而价值观则是在体系世界的基础上展开的,虽然美德在人类社会中发展的历史更为悠远,但是近代的价值观是体系世界的构建结果,因此,成为企业伦理的关键题目是自然的。

第12章　企业改革与价值观的变迁[①](上)

1. 讨论的理论策略

西方学者们在讨论价值观的形成时，习惯于采取假设一种原初状态的方式，然后利用逻辑推导的方式，把某种价值观的形成从虚拟的历史上重建起来，似乎这是一个历史过程。从霍布斯开始，经洛克、卢梭到罗尔斯等都采取同样的方式，其中以罗尔斯采取的最为成功。在霍布斯、洛克和卢梭那里，这种原初状态到底是一种历史的实况还仅仅是一种假设，人们无法确定。但是，罗尔斯明确地表示这种原初状态是一种理论的假设。

中国企业改革的历史，为不同价值观的形成演化提供了一个现实的样本，可以通过对这个历史过程的分析，勾勒出价值观与传统品德相互作用和演化的过程，并且能够以逻辑的方式把这个过程还原出来。从这个意义上看，中国企业改革为我们观察价值观演变的现实基础提供了一个历史性的机遇。这也是中国学者的幸运。因此，本章虽然是建立在对中国企业改革现实观察的基础上的，但是，本章充分尊重和接受学者们在几百年历史上形成的这种学术传统，力图以中国企业改革的起点作为原初状态，在历史的基础上以逻辑的方式把这个过程还原出来，为价值观形成的理论提供一个现实的样本。

诺齐克和德沃金对权利与平等的分析，可以作为对企业改革过程讨论的一个参照的模板。实际上，诺齐克和德沃金的分析模式是几百年政治哲学的一个理论传统。但

---

① 这一章引文和参考文献的引用似乎是最少的。实际上，为了撰写这一章，我翻阅了从 1978 年开始的《工业经济》、《企业管理》等杂志的全部内容，并且做了非常详细的笔记。尤其是对 1998 年和 2008 年时为了纪念改革二十年和三十年的一些论文。本章与这些论文的角度不同，是从伦理的角度反思企业改革三十多年的历史，以这样一个特殊角度对相关的问题展开反思。

是,中国现实为这个理论传统提供了一个现实的范例。通过逻辑分析,可以有效地展示改革的过程。而这个逻辑分析的起点就是一个原初状态。

诺齐克和德沃金在构建其理论体系时,遵从了政治哲学和伦理学就是这个古老传统,都是从一个假设的原初状态开始。这个原初状态是一个简单的和单纯的状态,常常被假设为历史上存在的一种人类的早期状态。从理论分析的角度看,这种状态中只存在有限的变量,这些有限变量相互作用,逐步展开为一个复杂的局面,思想的旅程在这个展开过程中不断前行。

诺齐克是从原初的自然状态开始的。这本是政治哲学自霍布斯以来的一个悠远的传统。但是,每一个学者的思想旅程都不相同。诺齐克从保护性社团开始,递进到超低限度的国家,在这个演进过程中,道德问题逐步展开,并且不断提出不同的利益格局,形成了不同的解决方案和评价准则。最终,这个虚拟的历史进化到了国家的出现,又继续展开了一系列过程,权利概念在他的模型推演中凸显了出来。

德沃金的理论也是这样构建的,他的资源平等理论从假设的一个孤岛出发,一系列关系在人与人之间的交往和交换中不断演变,平等问题和自由问题的冲突在这个过程中交叉出现,并且不断提出理论问题需要回答,一系列概念在这个冲突与演化中展开和形成了。

从企业伦理的角度看,我以前也曾不断通过构筑理论模型的方式来推演概念体系。但是没有能够采取这些微观的逻辑和历史推演方式,而是力图直接通过一个静态的模型来联络各个伦理要素,忽略了这些伦理准则和价值观的历时性形成过程。比较起来,政治哲学的这种通过原初状态推演概念体系的方式,在中国企业伦理的讨论中,有比政治哲学更为坚实的现实基础。中国当代企业改革和市场形成的过程,不是从抽象的理论上,而是从历史上看,就是一个从简单单纯的形态演化为一个复杂形态的过程,各个伦理要素在这个演化过程中相互推动、相互激发,形成了当今复杂的利益格局和伦理准则与价值体系。

2. 起点模式

中国企业改革是中国体制改革的一个重要组成部分。从起点上看,1978年改革时,中国的经济体制是典型的计划经济体制,而中国的企业几乎全部是公有制企业,虽然存在全民所有制和集体所有制的差别,但是,这些企业从产权上是国家或者集体所有,从运行上,基本上是按照国家的计划统筹进行的。这些企业并没有市场或者采购等经济活动,这些活动都可以看成是企业生产活动的必要组成部分,是受计划调节的。计划经济时代企业的主要形式是工厂,而不是公司,这既反映出计划经济体制以生产为中心的特点,也反映出企业作用的有限性,因此,20世纪80年代时,日本学者小宫隆太郎在中国企业参观访问后发表意见认为,中国没有日本那种完全市场经济条件下的企业,中国的企业只相当于日本的"车间"。[①] 这种说法当时被中国学者指为片面,实际上确实比较准确地反映了当时中国以工厂为主要形式的企业的形式特征。

对计划经济体制的研究中,从实质上揭示这种体制中企业模式的最好描述主要来自两个方面的文献,第一是以经济学家科尔内等为代表的"短缺"经济研究,其中大量问题涉及了计划经济条件下的企业运行方式,甚至包括了体制所确立的企业伦理准则内容。当然,以中国本土社会学家为主对"单位"制的研究,也提供了一个更为切近的视角。

3. 短缺经济学的视角

"短缺"的描述方式,是科尔内在其名著《短缺经济学》中提出来的。他从计划经济的生活直观出发,对计划经济条件下普遍存在的"短缺现象"做了探索。这种短缺现象,凡是经历过计划经济的人都记忆深刻。科尔内的这个出发点是从一个普遍的现象出发,但是,他把这个现象直接追溯到经济体制的最深层中。描述了外在的短缺所植根的计划经济体制的内在的短缺现象,通过初步的分析,科尔内就把体制运行中的资源、劳动力和资金等各个要素在经济体制运行的各个环节表现出来的短缺现象揭示了出来。通过这个简略的分析,科尔内把市场经济和计划经济的本质特点做了一个概略的归类,在他看来,计划经济是资源约束型的经济,而市场经济则是需求约束型的。从预算的角度看,市场经济是预算的硬约束,而计划经济则是预算的软约束。[②]

科尔内对"短缺"有一个定义:"短缺意味着不能得到实现某种严肃意图的收入。"[③]对企业内部的短缺现象,科尔内从企业作为生产者、购买者和销售者三种不同角色出发,分别展开了分析。从静态上看,"短缺"的特征在运作中表现为一种"紧",科尔内把

[①] 小宫隆太郎:《竞争性市场机制和企业的作用——日中比较研究》,《科技导报》,1986年第二期,第14—20,51页。
[②] 科尔内:《短缺经济学》,李振宁等译,北京:经济科学出版社1986年版,第35页,表2-1。
[③] 同上书,第40页。

"紧"这一特征与计划经济下企业资源的约束联系在一起。区分了三种不同情况来划分松紧水平。在计划经济条件下,企业运行最重要的水平是"企业最终完成甚至超额完成了生产计划,但在完成计划的过程中,企业碰到了资源约束,企业用多种不同方式使自己适应于这种情况。"①通过反复强制替代②,最终在不同成本或者质量水平上,完成了任务。这对上级经济管理部门意味着"接受一个紧的但可以实现的计划,在传统经济管理体制中,这通常是上级部门渴望达到的水平。他们力图为企业规定紧的但是可实现的计划"。③ 超过这个水平为过紧,达不到则为松。

科尔内对生产者、供应者和购买者三类企业行为类型的分析中,除了做经济学的分析之外,非常可贵地进行了动机和价值观的分析。这些分析大部分具有企业伦理价值,这些分析从企业伦理的角度不仅具有独特性,而且具有开创性,为分析中国企业改革起点模式的伦理意义提供了一个基础。

科尔内在对动机和价值观的分析中,把分析对象分类为微观的(个人)和准微观的不同层次。④ 在生产者企业中,他分析了企业经理的动机,他认为,微观经济学中的所谓"劳动负效用"是一个错误的假设。他说:"这种说法对多数劳动并不适用,特别是不适合于描述在经理职位上劳动的那些人的情形。在复杂的形势下指挥和决策是令人兴奋的工作。从事这种工作的人碰到许多难题,但他从工作中得到愉快和满足。"他以"自然本能"来描述经理人员的行为,他们要保持企业生存发展,要顺从上级,"避免混乱和无秩序"。⑤但是,其中最重要的是官僚体制所导致的他对上级的依存与顺从,这其中最主要的是完成计划任务。科尔内把这一点归结为"数量冲动"。在剖析作为购买者的企业经理人员的行为时,他从争取买方的青睐与买者两个角度展开了分析。其中可以看到责任和忠诚等价值观与品德。虽然科尔内没有采取这种伦理学的术语。

在争取买者的青睐中,除了对日常行为的归类分析之外,最主要的是他接受了汉奇斯(Handkiss,E.)1978年提出的"互惠发展银行"的概念。其实这个概念不仅可用于计划经济条件下买者对卖者的关系,也可以广泛用于市场经济条件下卖者对买者的关系,尤其是组织市场中,每一个成员把自己的信用存入银行,根据存入的"信用",取得一个

---

① 科尔内:《短缺经济学》,李振宁等译,北京:经济科学出版社1986年版,第58页。
② 科尔内的一个术语,在企业供给不足,无法满足工艺需要时,采取近似材料或者技术工艺,这是完成任务的一个必要做法,但是这种做法或是提高了成本,或者是降低了质量。
③ 科尔内:《短缺经济学》,李振宁等译,北京:经济科学出版社1986年版,第58页。
④ 同上书,第69页。
⑤ 同上书,第71页。

"信用证","这个信用证不仅能从曾直接受惠的人那里得到兑现,而且能从同属于这个利益集团的每个人那里得到兑现。"①

直觉上,买者态度和卖者态度是对称的。但是,这个假设不符合现实。买者在短缺中处于弱势地位,因此,买者只能通过系统地搜寻、等待或者争取卖者这些不同的方式来完成任务。相比之下,在短缺经济中,卖者不需要进行上述行为,也没有主动采取这种行为的动机和态度。科尔内很客观地指出:"态度的区别不是来自买者或卖者的精神状态,也不是由于他们优雅或者恶劣的风度。买卖双方负担的分摊,各自对对方的态度以及二者的社会关系,都取决于双方的相对力量。"在资源约束型的吸纳经济中,"卖方市场"占主导地位,在需求约束型的挤压经济中,买方市场占主导地位。科尔内认为长期处于短缺经济中的"最严重的不利后果之一(或许是最严重的不利后果)是:本应作为推动产品质量不断改进的动力不再有效地发挥作用"。②

科尔内的上述描述为我们理解计划经济体制下的企业不同层面的行为所包含的伦理含义提供了一个基础。上述描述需要以伦理理论的概念加以扩展或者重述。

4. 劳动的意义

在西方经济学中,消费和劳动带来正负效用,这是一个分析中的重要假设。但是,这种说法不符合实际。③ 其中包含的对劳动的厌恶只是社会发展某个阶段中的一种态度,而且这种态度还有阶级和时代的不同。经济学中所包含的对劳动的厌恶是一种历史上阶段性的态度,这种态度包括了古典时代上层人鄙视劳动的看法,(所谓劳心者治人劳力者治于人),也有下层人长期在繁重艰苦的劳动中所表达出来的厌倦情绪。但是,科尔内正确地指出,对劳动的厌恶并不是一种发自人类本性的情绪。例如,科尔内以管理者在充满挑战的工作所提供的心理满足为例,认为,劳动所具有的多方面意义可以推广到一般自主的劳动中去。甚至是简单劳动,我们不仅在计划经济时代从耕种自留地的农民那里看到这种主动性,也可以从家庭主妇的辛劳中看到劳动所带来的生活图景,更可以在技术工人面对复杂技术难题时的冥思苦想中看到劳动所带来的乐趣和意义。确实,企业中大量低收入的繁杂劳动中,劳动创造的意义丧失了,劳动外化为劳

---

① 科尔内:《短缺经济学》,李振宁等译,北京:经济科学出版社1986年版,第84页。脚注9。
② 同上书,第131页。
③ 罗素说过:"工作应当列为快乐的原因抑或不快乐的原因,也许尚属疑问。"(《幸福之路》,第156页)

动者的负担。这是马克思在《1844年哲学——经济学手稿》中揭露的现象。毋宁是劳动者丧失自我的一种自然反应。从这种事例可以看出。虽然劳动的单调和繁重容易让人产生厌恶情绪,但是劳动者最终厌恶劳动,是丧失了劳动自主权的产物,而这种劳动自主权的丧失是社会制度与体制造成的。

5. 单位制的分析

这是中国社会科学自身创造的一个分析概念。实际上,从计划经济过来的人,对当时社会生活中的"单位"现象记忆犹新。每一个在城镇生活的人都生活于一个单位之中,人们的衣食住行、生老病死都依赖这个单位。1989年,路风在《中国社会科学》中发表了一篇文章,把"单位"作为分析对象,揭开了此后对这个问题分析的序幕。以致人们对中国社会生活方式的认识深深地依赖"单位"这个概念。

路风在这个文章中开宗明义地说明单位在中国社会生活中的重要性,"在我国社会生活中,人们把自己所就业于其中的社会组织或机构——工厂、商店、学校、医院、研究所、文化团体、党政机关等——统称为'单位'。这种现象说明,我国的各种社会组织都具有一种超出其各自社会分工性质之上的共同性质——'单位性质'"。[1] 路风认为,单位制的形成是在共产党长期的政治实践中为了提高整个社会的组织水平而采取的一系列措施的结果。这个单位体制的特征是:"一切微观社会组织都是单位,控制和调节整个社会运转的中枢系统由与党的组织系统密切结合的行政组织构成。"[2] 这样看来原来中国的国有企业毫无疑问是单位制的一个组织形式,并且是单位制的典型代表。

路风以一个工厂为例,分析了计划经济条件下的"单位"特征:

"工厂作为一个生产组织,其首要的功能当然是经济功能。但作为单位,这种功能是以特殊方式执行的。工厂的国有权以其直接隶属于国家行政组织系统中的某个机构并接受它的管理来实现,工厂的全部经济活动——原材料供应、生产、销售、劳动力的使用、报酬的支付、利润分配等——由上级行政机构根据计划控制。因此,工厂作为一个微观组织,其活动必须服从于国家对宏观目标的追求,个别工厂表现为国家行政机器上的一个生产器官,从而失去了作为一个按照合理的会计制度来确定收益能力的经济组

---

[1] 路风:《单位:一种特殊的社会组织形式》,《中国社会科学》,1989年第1期,第71—88页。
[2] 同上书,第73页。

织的意义。由于工厂的盈亏与工人没有直接的利益联系,工资标准由国家统一规定,所以工厂为维持劳动效率所采取的激励方式就不得不在经济手段以外去寻找。

工厂的政治功能由我国政权经济的特点和单位性质所决定。政治功能主要由工厂内部的党组织执行,1.对工厂的行政管理进行监督,但实际上是直接行使行政管理权;2.通过政治思想工作和党员先锋模范作用来动员全体职工的积极性。单位政治功能的最大效应,是在党占据了绝对领导地位的社会背景下,在工厂中建立起一种使工人具有向心力的权威关系,这种权威在强调阶级斗争和思想改造的政治运动中得到了最大的强化。思想号召通过权威关系转化为道德准则,这是在缺乏利益动机的条件下保持劳动热情所不可缺少的手段。但是,政治功能的膨胀经常会干扰工厂的基本组织目标,而这种功能的弱化又容易导致劳动纪律的涣散。

有所不同的是,工厂的社会功能似乎是在自发的过程中生成的。由国家安排就业的个人进入单位后,便获得一种几乎终生不变的身份,并且难以流动。就业者的权利要在单位中实现,而单位则代表国家对其负起生老病死的无限义务,这种劳动组织方式使单位逐渐演化成家长制的福利共同体。低工资政策、平均主义分配原则和对日用消费品以外的个人财产权利的否定,不能不使个人在生活的重要方面依赖于由单位提供的国家福利,如住房。对市场活动的压抑阻碍了社会分工的发展,独立的服务行业萎缩,而对服务的实际需求使服务机构如食堂、浴室、幼儿园、商店、理发店、学校、医院、电影院等内在化于单位之中。这种内部服务机构的财务收支纳入单位的预算,并不自负盈亏,实际上是以社会福利的形式向单位成员提供服务。国家对社会的直接行政管理以单位为组织手段,诸如退休、户口、治安、婚姻、卫生等社会事务要求单位承担或多或少的责任。"[1]

不过,对本书而言,最重要的是单位制内部的非契约关系这个特征。按照本书的看法,这种非契约性导致的关系使企业内部保留了很多家长制的特征和家庭制度的要素。这些对当时企业内部道德体系的建立起到了重要的支撑作用。

虽然郑也夫认为单位制造成了内部关系的不信任,[2]但是,这是与计划经济单位制下的体验是不一样的。毋宁说,单位制虽然造成了依附感,但是,因为内部关系的凝固,导致人们之间的稠密人际关系,更容易建立一种谨慎的行为方式,这最终会导致信任关

---

[1] 路风:《单位:一种特殊的社会组织形式》,《中国社会科学》,1989年第1期,第75—76页。
[2] 郑也夫:《信任论》,北京:中国广电出版社2001年版,第227页。

系的建立。

6. 起点模式的评价准则

对上述科尔内所提供的对计划经济制度和企业体制的描述，可以看做是改革的起点。但是，对于上述体制的评价准则，则应该做一详细的分析。

6.1 体系与效率原则

企业改革的起点是放权让利，这种做法是为了提高企业的积极性。而对传统企业反思的价值准则虽然当时没有明确提出，但是主要可以归结为效率原则。因此，从企业改革的价值观看，起点是效率原则，虽然摆上桌面的是权利。对旧的体制主要是依据了效率原则做了负面的评价，这与科尔内对计划体制的评价是一致的。

《乔厂长上任记》是1978年发表的一个著名的短篇小说，对当时中国一个大中型国有企业的状况做了一个全景式的描述，并且塑造了一个铁腕式的企业领导者——乔厂长。作为一个连续两年没有完成生产任务的重型机械厂，领导班子不团结，厂内派系林立。小说对这种局面形成的原因做了反思。其中最主要的有两点，第一是因为"文革"的破坏，这是当时反思的要点；第二则是对体制的反思。这一点更为重要和根本。虽然在小说中，体制和模式问题没有占据中心地位，但是小说已经把这个问题明确地提了出来。这个反思的核心价值观就是效率，在计划体制下，加上一个错误的思想指导，最终导致了一个混乱而没有效率的局面，虽然乔厂长以铁腕手段把这种局面扭转了，但是，在这种体制下，这种局面不可能全部改掉。虽然小说讨论的是企业改革问题，并没有提及伦理和价值观问题，但是伦理和价值观中的核心问题是隐藏在背后的一个重要基石。

对企业改革的起点模式可以从另外一个不同于科尔内的角度加以评价：

第一，计划经济体制下的微观企业模式仍然保留了传统生活世界中的古典价值准则，包括所谓的仁义礼智信等的价值准则依然保持着影响力；

第二，这种古典价值准则妨碍了企业的效率目标的实现，所以使效率准则变得突出了起来。成为一个突破传统价值体系的核心价值观；

第三，改革开放后，这种价值准则很快就发展成为一种"效率功利主义"，这种效率核心的思想，压制了其他价值观，使正义、自由、平等等价值观的成长受到了阻碍。

改革初期的放权让利中,并没有涉及经济体制的核心问题,更没有涉及基本价值观,但是随着改革的深入,反思的方向很快就指向了体制本身。并且以效率为核心来对体制进行反思。把企业所谓"所有者缺位"的问题突出地提了出来。以效率为核心目标时,其他的价值观都被置于较低的层级上了。

今天回顾这段历史的时候,可以从起点、过程和现状三个不同时点上展开反思。从现状上看,企业的局面符合伦理准则吗?从起点上看,当时企业的伦理结构如何?应该如何评价?从过程上看,这个过程是不是有侵害不同群体权利的现象,如果有,这些问题还要追溯吗?还有什么弥补的办法?

目前关于企业改革的讨论中,基本上都是在经济学的单一视角上展开的。很少从伦理角度展开分析和评论,除了对现状的义愤之外,缺乏严格的伦理学的评价,与政治哲学的传统不同,在企业改革的讨论中,不仅传统的古典伦理准则受到了冲击而最终缺位,就是当代社会形成的自由、平等、权利等价值观也没有介入到关于企业的讨论中来。这显然影响人们对企业和经济改革现象的认识。

改革的起点上,唯一被强调的价值观是效率,虽然这一点并没有被明确提出,但是一切问题都在效率面前被重新衡量。传统的国有企业的价值观显然更多是基于一种温情的类家庭的体制所建立,因此,古典价值观还保留着自己的影响。改革开放之后,企业伦理的发展和成长就是这个起点。显然,在企业改革中,不仅指导思想是效率,而且采取一种最大化的效率为指南。这种指导思想可以称为"效率功利主义",而不是像义务论那样强调基本价值观的重要性。在效率功利主义的思想中,一切妨碍效率的做法都应当被否定,因为这种思想的指导,在近三十年的改革中,企业没有成为一个新的价值观的诞生与发展园地,效率原则一直占据着中心的地位。

如果采取一种更加多元化的方式,使各种不同的价值观和不同的伦理准则在企业改革中能够有机会互相碰撞,这样,一方面各种价值观之间能够形成对话和讨论,另一方面,任何一种基本价值观都不能随意受到损害。

这种情况当然是一个假设。但是,无论是按照罗尔斯的正义论还是按照诺齐克的权利理论,在企业改革中,任何一个群体的权利和选择都不能被随意牺牲,如果是这样,效率主义的原则就会受到挑战,其他基本价值观的成长就会保留必要的空间。实际上这种局面没有出现。似乎也很难出现。

6.2 起点模式的伦理意义——生活世界和伦理准则

科尔内是从经济学角度对计划经济体制下的国有企业加以评价的。从社会学的角度，中国计划经济体制下的国有企业是建立在相对稳定和凝固的社会结构的基础上的。从环境上看，是相对停滞的农村和封闭的城乡结构。从而使以现代化技术为基础的企业建立在一个稳定的人员结构之上。这种企业模式可以用一种类家族式的方式加以概括。这种家庭式的企业模式内部更像是一个传统的大家庭。这种家族化的倾向虽然只是一个比喻，但是，这种倾向的表现是非常明显和明确的。这不仅表现在子承父业的人员传承制度上，还表现在企业内部受到青睐和鼓励的姻亲关系和血缘关系上，另外就是企业内部师徒相传的制度所造成的师徒关系，这些关系导致了企业内部社会结构的紧密化和凝固化。从而使传统更适用于家族化的社会伦理准则在相当程度上可以在企业内部发挥作用。不仅如此，一套伦理体系的维系和推行也依靠有力的社会鼓励和惩罚机制。在一个关系稠密的社会中，这套准则和机制依靠正式的制度和非正式的舆论，可以有力地维系其发展，相比之下，在计划经济条件下的传统国有企业还是一个费孝通所谓的"熟人"社会。

从伦理学的角度看，家庭模式的最大特征就是内部成员之间权利的不明确。家庭模型的准则更多是根据情感原则而不是理性原则来处理的。在情感面前，理性原则仅能够起到辅助的作用。因此，虽然这些企业的技术基础获得了现代化的改造，但是其内部的生活世界还保留了很多前现代化的内容，这也使忠诚、仁慈和友爱等传统美德得以保留。相反，现代价值观对这些企业和企业中的成员而言，还是一个陌生的对象。用哈贝马斯的说法，这种企业体制更多贯彻的是传统生活世界的伦理原则，这与进入体系世界的现代组织的治理原则是不同的。

家长制的企业中虽然也谈论公平，但是公平不是一个基本伦理准则，因为家庭成员间可以互为对方牺牲自己的利益，家长也可以采取牺牲某些成员利益的方法实现家庭利益的最大化。但是，这种处理问题的方式很难以合乎道德的方法推广到体系世界的企业中去。在市场经济的企业中，每一个个体成员的利益都不能为了其他成员的个体利益而被牺牲。

计划经济时代的企业模式可以被看作是传统中国家长制和集体主义的某种奇怪的混合物，这种模式毫无疑问是某种"看不见的手"（诺齐克借用斯密的语言对一种自然形成的体制的描述）作用的结果，这确实反映了马克思主义伦理学没有中国化的现实。从思想史的角度看,伦理学本来不是马克思关注的对象,马克思也没有一个完整的伦理学体系,因此这也造成了马克思主义中国化的一个缺憾。传统国有企业的内部关系处理的伦理原则和价值体系缺乏明确的指导,很自然地转向了传统伦理,[①]所以,虽然自"五四"以来,马克思主义与中国传统儒家思想就处于对立位置上,但是在传统国有企业内部,这两种思想却结成了一个奇怪的联盟。除了这个意识形态的原因之外,最重要的原因还是因为计划经济时代的国有企业保留了类家族的结构,这为传统伦理保留了一个基础性的位置。所以,虽然传统的国有企业中的被宣传的价值观是集体主义的,但是实际上的价值观是家长制的,而这个价值观的对立面则是个人主义。

7. 家长制的转变途径

从类家族的家长制向体系世界的企业模式转变有几种不同的模式,从内部看,可以把企业转换为一种合伙制的企业,所有成员都能够共同分享企业发展的成果,共同承担相应的风险。当然,转化成为资本主导的企业也是一种途径,并且是中国企业改革的最主要途径。事实证明,最终中国大部分国有企业走了这条道路。当然还有保持原来的模式这个途径。

最大的变化是发生在企业外部。市场化推动了企业行为方式的转变,至于企业内部结构与外部关系的结合,经济学永远是从效率角度加以评价的,但是,市场提供的自由与平等则显著地被资本压制了。

家长制的企业转变有四个基本方向。保持家长制本身,如日本企业那样,其中一些论题,如年功序列制、终身雇佣制等明显挑战个人主义主导的企业理念。虽然随着日本经济的长期停滞,这些讨论归于沉寂了,但是其中包含的价值体系与企业社会结构之间的关系并非没有启发意义。

第二个方向是走向集体主义的新模式,如工人合作制等。这种体制明显具有空想

---

① 中国传统伦理是家族中心的伦理,蔡元培说过:"吾族之始建国也,以家族为模型,又以其一族之文明,同化异族,故一国尤一家也。一家之中,父兄更事多,常能以其所经验者指导子弟。一国之中,政府任事专,故亦能以其所经验者指导人民。父兄之责,在躬行道德以范子弟,而著其条目于家教,子弟有不师教者责之。政府之责,在躬行道德以范人民,而著其条目于礼,人民有不师教者罚之。"(蔡元培:《中国伦理学史》,北京:东方出版社1996年版,第51页)显然,蔡元培认为,中国古代的制度核心是家族,导致了伦理核心也是以家族为核心形成的。而近代家族制度消弭,但是确实在当时的企业中有了强烈的痕迹,这也是传统伦理在这种企业组织中能够留存的一个重要基础原因。

主义的乌托邦性质,从思想史和社会主义史看,有过多次大小不等的实验,难得有成功的先例。但是,以色列和南斯拉夫的经验仍然有参考价值,应该说这种企业模式更多的是用于检验不同价值理念的现实性。

当然,最容易成功的是走向资本主导的个人主义的企业模式。这是中国企业改革选择的一条主要道路。

保持原有的模式也是一个选项。似乎20世纪90年代晚期之后,国有企业的地位大幅度复兴。原来的国有企业模式借此得以延续,但是,实际上企业内部的社会结构已经发生了变化,价值观体系也相应地发生了变化。对这个问题,后面还将做出进一步分析。

从改革的初期看,企业成员能够接受甚至欢迎放权让利,甚至承包责任制,是因为通过对企业放权让利,让企业每一个成员都看到了自己的努力与成果之间的直接联系。从而产生了自我掌握命运的确实感。并且在长期的收入停滞中看到了提高的希望,于是,改革就在一种对命运的掌握中开始了。

8. 基本过程

中国改革就是从短缺为特征的计划经济改革开始的,这个改革始终在宏观的经济体制与微观的企业体制两者之间的互动中展开的。从改革的进程看,时而以推动市场制度的形成和发展为核心,时而以推动企业制度的重构为核心,时而以企业与市场相适应为核心。

8.1 放权让利

中国企业改革的历史起点是从1978年对企业的放权让利开始的。这是企业改革的第一阶段。

所谓放权让利,主要是原来的计划管理机构把一部分权让渡给企业,这些权包括物资的采购权、产品的销售权、利润留成的分配权,以及产品品种的调整权。这些措施使权利的概念模糊地进入了企业。也同时开始承认企业的独立利益,把权利和利益第一次挂起钩来。

但是,这个阶段的改革还是在计划经济思想的指导下展开的,同时也仅仅是针对企业本身所采取的措施。其中对企业的关键点是利润留成及其分配的权利。其他的所谓权利都是围绕着这个核心措施展开的。

从改革的结构看,这个时期的改革尚未涉及宏观的计划体制,而是从企业本身开始的。从伦理准则和价值观的角度观察,这个时期的改革中最先出现的是权利观念。这个从企业改革中出现的权利观念与政治哲学和伦理学中的权利观念还不相同,政治哲学和伦理学中的权利观念的本体是个人,而第一次出现在中国人面前的权利观念的主体是企业,所谓放权,就是主管部门让渡了一部分原来自己掌握的权力,把这部分权力转化为企业本身的权利。也因此可以说,中国的改革的伦理起点是权利观念的兴起,尽管采取的是非常模糊,并且是本体错位的方式把权利观念置入了中国社会。

从理论上,企业的权利无法直接转化为个人的权利,事实上,所谓企业权利和作为企业成员的个人权利之间的关系颇具深意。企业权利不是企业成员个人权利的总和,而是独立于个人权利之外的一个存在物。其性质是由主导企业的主体决定的。因此,中国企业的改革之初,企业权利带来的利益可为所有成员共享,这是由企业的公有性质决定的。此后,这个过程逐渐演化,最终在20世纪90年代资本和权力主导企业后,其他成员权利大为缩减,至今无法恢复。更没有确立个人的权利意识。所以,中国企业改革的伦理起点虽然是权利意识的兴起,但是,这个过程的起点并不合理,历史的进程也不完善,最终这个过程夭折在了个人权利确立之前,这不仅表现在员工权利至今未在企业中尚付阙如,而且表现在这个历史过程终止在了资本权力的压倒优势之上,使员工权利完整实现的设想还遥遥无期。

企业权利的出现也导致了其他一些做法的转变。其中最为明显的就是企业领导的奖惩权的出现和确立。在传统的制度下,企业领导对员工没有事实的奖惩权。也缺乏必要的管理手段。一切都是按照相应的规定进行的。但是利润留成出现之后,企业领导事实上开始有了一个对员工的奖励的权力。尽管这种权力在当时的情况下还极其有限,但是,这种权力确实在一定程度上强化了管理层的地位。

8.2 经济责任制

从1981年开始,经济责任制开始大范围地在中国企业中推广。经济责任制的形式多样,最常见的形式就是承包责任制,所谓"包死基数,超额分成",明确把企业的利益通过分成的方式确立了起来。这种经济责任制成为此后很长时间中国企业改革的一个主要形式。

经济责任制的关键词是责任。这是与权利概念几乎同时发展起来的一个具有高度伦理含义的概念。责任虽然是与权利对应的。但是,在中国早期企业改革中,责任其实是权利概念的一个反衬。因为权利意味着享有的利益,这在当时中国的环境下还是人们无法直接接受的观念。当时的主流的官方教育强调的是义务与奉献,不讲利益与回报。这导致人们羞于直接讲利益。因此人们通过强调责任,最终强调了权利,虽然这时候权利仍然停留在企业层面,远未达到个人层面,但是企业中所有人都能体会到这种权利与个人利益之间的直接联系。这种情况下,人们通过对责任的对等方式强调权利的做法,可以看作是对忽略个人利益的一个隐晦的校正行为。

与放权让利相比,责任制采取了一个企业与国家对等的方式,所以责任和权利以对等的方式出现。这时候,虽然似乎加入了对企业权利的某种限制,但是,企业利益得到了明确的划分和描述。权利表达更为规范,同时企业领导也通过责任制,事实上继续扩大了自己的权力基础。而员工平等的待遇遇到了挑战。收入逐步与他们的业绩结合了起来,收入差距开始拉大,但是仍然是与确定的变量联系在一起,与放权让利阶段相比,企业内部的自由平等状态有了实质性的改变。

这两个阶段改革的主要问题是,企业自主权和利益没有相应的外部环境的配套是无法实现的。因为计划经济制度无法满足上述所谓采购、销售等权利。只有适度的市场发展才能为这些权利的实现提供必要的条件。因此,这些放权措施有赖于市场的发展。这样,推动宏观体制改革的动力就内在地出现了。

8.3 市场机制的初步形成

1984年的改革开始比较深入地触及到了宏观经济体制,提出了"计划经济为主,市场调节为辅"的口号。国有企业的外部环境开始转变。一方面,市场的发展为企业自主权的实现提供了条件,另一方面,私营经济主要以个体户的方式出现,导致了企业内部员工的选择空间扩大。这时候的改革已经从单纯的计划经济的指导思想渗入了市场因素。市场机制的作用范围扩大,为员工提供了新的择业空间和途径。尽管这些途径在当时并不为大多数人所认可,事后也证明未必是最佳选择,但是这确实扩大了企业和员工的双重选择,自由的机会第一次出现在企业和员工面前,尽管这个概念一直没有在显在层面上被社会所接受。

从价值观的角度评价,这个时期有两个措施有重大影响。第一是厂长负责制,第二是合同工和正式工区别的出现。

厂长负责制与原来的国有企业领导体制——党委领导下的厂长负责制有一系列差

别。从大工业的生产组织角度讲，一长制有自己的内在优势，因此，被恩格斯等所承认。但是，这一措施确实打破了以往企业内部的民主局面，为企业内部的专制体制奠定了第一块基石。同时也成为此后管理者与员工利益分离的一个历史起点。尤其是考虑到一长制是在承包责任制基础上开始实行的。因此，一长制实际上在原来企业内部干部群众的利益共同体中楔下了第一颗钉子，此后，干群利益开始分离。不过，这一意义要到多年以后才逐步显露出来。

例如，当时的一些文章就已经开始强调经营者的特殊利益，力图把这些利益从总体利益中剥离出来。1985年《经济管理》的文章就强调要重视调动经营者的积极性。可以看出，管理者与员工的平等已经开始从根基上动摇和瓦解，但此时尚不明显，只是苗头。

1986年开始实施的正式工与合同工的分离制度，是把劳动力推向市场的第一步，这一步的价值含义是多方面的。第一是员工之间的不平等出现了，虽然这是一种暂时的现象，但是此后，身份不平等现象在国有企业内部就以不同形式长期存在。例如现在的劳务派遣形式，这项措施的第二个意义是迈出了把员工价值多元化转向单一化（经济化）的第一步。劳动者从一个有血有肉的个体变成了一个生产要素。

由于这些措施，实际上扩大了管理层的自由和权力，对于合同本身，权利的实现虽然不完整，但是确实有对称的自由的出现。既可以选择或者放弃，这是对称的自由在企业内部第一次出现。

8.4　企业经营机制的转变

1992年以后，明确提出了建立社会主义市场经济的体制改革思路。从企业角度看，则变为把企业推向市场，转换经营机制，建立现代企业制度的原则。

从外部环境看，市场机制和体系的形成主要表现在以下几点：主要生产要素和产品价格的形成机制市场化，金融市场的形成等。

从企业内部看，企业从工厂化到公司化的转变，治理机制的多元化，现代市场与企业制度相互推动的局面逐步形成。

企业确实发展到了一个十字路口。从1990年到如今的二十多年时间，中国经济体制似乎走出了一条不同于西方的发展道路。但是，中国的企业实际上重复了西方的路线，仅仅是因为这种重复不是一种历时性的重复，而是一种逻辑上的重复。主要表现在最终资本攻占了企业，并通过企业逐步把自己的规则和影响力置入到了市场中去。使竞争性的市场体制倒向了资本,受控于资本的意志。

这种局面在外国独资企业、国有大型企业等不同组织中,有不同的表现形式。国外的大企业逐步在中国的市场中占据和控制了很多领域,在这些领域中,与国际上一样,这些资本集团以灵活的手段,通过多国化的经验,最终表现出资本的贪婪和霸道。

大型国有企业的表现形式不同。通过资源的占有和运用形成的垄断格局,这些大企业确实发展成为了富可敌国的集团,占据了经济的最高端。不仅是在规模上,也在资源的控制上。从世界经济史的角度看,或者从产业经济学的角度看,产业的集中是一个技术和经营上的正常态势。因此,寡头和垄断局面的形成无论从学理上还是从现实上,都是一种正常的局面。但是,垄断和寡头必须受到制约。

大型国有企业的存在,不仅造成了内部的管理者与员工之间的不平等关系。也在以下几个方面造成了不平等的扩大。第一,企业员工与社会上其他企业员工之间的待遇存在着明显的收入与待遇差别。但是,这个差距有多方面的含义。首先是垄断企业的级差收益的瓜分,第二是比较好地落实了法定的员工权利和各项福利待遇。两点中后一点应当是主要的。因此,弥补这个不平等,主要是靠推动其他企业接受和落实员工的待遇与权利,而不是依靠国有企业降低自己的标准。

除了国有企业员工与其他企业员工之间的差距造成的不平等之外,企业内部正式员工与非正式员工之间的待遇差别也是一种表现得最为明显的不平等。这种不平等远不是待遇或者收入不平等那样简单,而是从福利到收入开始,最终延伸到了身份和社会保障。非正式员工不仅收入低,而且保障差,福利少,随时可以被解聘。拼命工作是为了转为正式工。一旦转为正式工,收入稳定,待遇良好,有终身保障,这种差别的核心是员工权利的不平等,从这个意义上,企业内部不平等成为制度性的。

中小企业的经营机制的转变,主要是通过大规模的私有化的方式进行的。其中无论是外部的收购,还是通过管理层收购(MBO),很少有原来的国有企业是通过全员收购的方式完成股权转移的。因此,中小企业转制后,大部分被资本所主导,不仅管理者与员工的关系转化为劳资关系,而且资本的意志和原则占据支配地位,员工权利全面失落。其中大量的下岗、降薪等,把员工作为包袱甩给了社会。这样把员工作为一个独立的个人变成了一个生产要素,只能放在是不是盈利的角度对员工加以评价。尤其是在员工下岗的问题上,员工本身失去了发言权。就是市场也无能为力,在下岗面前,人人平等,权利尽失。虽说员工似乎在市场化的改革中获得了就业的自由,但是,这种自由的获得是以失却职业安全为代价的。换言之,员工又失去工作的自由,而没有选择继续在这个岗位或者企业中继续工作的自由。这种非对称的自由与管理者和员工对立的情况下向两边选择的不同,是员工在就业与失业之间只能做单向选择,自由状况没有改善,从某种意义上,还恶化了。

第 13 章　企业改革与价值观的变迁(下)

1. 企业改革过程的伦理意义

　　理论上讲,企业的价值观是当代世界主流价值观的一个微观落实。这些价值观包括了自由、平等、权利、正义和责任等。在起点模式中,也就是在计划经济的企业中,这些价值观并没有一个概念上的存在,从伦理的角度看,最多是保留了一些传统的伦理准则,这些准则包括了仁慈、公正、忠诚和信任等,但是,这些伦理准则与当代价值观的内涵不同,而且有不同的适应范围与使用空间,并且这些价值观的形成方式也非常不同。按照本书的看法,传统的伦理准则诞生于生活世界,而现代价值观则从属于体系世界。

　　从企业的地位看,企业主要是作为当代社会制度体系的一个核心要素出现和存在的。但是,由于企业内部的人员存在,因此,企业同时作为生活世界的构成部分。在这样一种体系与生活世界的双重存在情况下,企业内部充满了传统的伦理精神,也通过市场和资本的地位确立,把当代价值观逐步转移到了企业内部。企业改革的过程实际上是体系与生活世界相互作用的结果。其中体系逐步确立了对生活世界的主导地位,这样就导致了当代价值观逐步地取代了传统的伦理准则。从发展的角度看,生活世界所从属的传统伦理准则逐步被体系所从属的价值观所取代。虽然企业仍然是企业,但是企业的存在方式发生了根本的转变,体系世界所依据的价值观取代了生活世界的伦理准则,成为行为准则。换言之,自由、平等、权利、责任等取代了仁慈、忠诚等,成为占主导地位的价值观特征。但是,体系世界的内容有两个不同的方向,即市场和资本。市场要求自由和平等。并且可以不断地再生产自由和平等。但是,资本虽然要求自由,但是却不断地制造和扩大不平等。企业在这个过程中,从一种生活世界的存在转化为体系的构成部分,而作为体系世界的构成要素的资本很快就占据了主导地位,把市场规则压制了。

所以,在本书的分析中,生活世界与体系的关系是一个静态的结构分析,但是,这个两者之间的关系形成却是一个动态过程,是一个对企业改革的动态分析过程。从伦理角度看,可以观察自由、平等、权利和责任对仁慈、忠诚、公正等的取代过程。

从过程上看,传统的计划经济体制下的企业,主要的支配观念还是生成于生活世界的传统伦理准则,体系世界的价值观在企业内部的形成过程是不平衡的,导致的最终结果也是不完整的。自由缺乏,导致了不平等的发展,而权利观念一直迟缓地没有在个人层面确立。

其中,正义和民主作为生活世界的伦理准则,又作为体系的价值观,以两种不同的面貌和方式存在。其内涵转变具有典型的历史意义。在生活世界的企业中与体系的企业中,具有不同的特征和作用。

在生活世界中,正义以公正的形式出现,[①]仅具有对仁慈等传统价值观的辅助作用,而在体系中,正义则具有了核心的地位。在当代价值观中,正义超越了自由、平等和权利,成为了核心价值观,尽管对正义的理解是多元的,存在着重大区别。

民主在传统的企业中是一个现实,而在体系世界征服企业之后,民主则成为了价值观,并且是专制的企业体制的一个对立面。但是民主的现实在企业中却丧失了。人们在讨论企业问题时,更多的是围绕着效率这个概念展开,使效率本身作为民主的对立面出现,因此,很奇怪的是在政治改革中要求民主的人反对企业内部的民主,这是一个很独特的思想现状。

从以前或者以后本书中将要进行的大量分析中可以看到,从伦理角度看,企业改革三十年的过程,是一个传统的生活世界的伦理准则被当代价值观逐步取代的过程,但是,当代价值观的发展和在企业中的落实并没有像政治哲学领域中那样的引人注目,而是表现得迂回曲折,充满犹豫和徘徊。至今进展有限。

从具体的价值观和伦理准则的相互作用来看,自由的成长是对仁慈的取代和破坏。平等的成长中,传统企业模糊和混沌的分配方式被明确的准则所取代,但是这个分配的准则又不断地演化,从按劳分配转为为按资分配。

中国企业改革中最大的问题或者说所有问题集中在一点,就是权利意识的不完整

---

① 在汉语中,公正与正义从来都是可以互相替代的。本书对这两个近似的概念做了一个区分,在谈到从属于生活世界的伦理准则时,更多地采取公正的说法,而谈到现代价值观时,则主要采取正义的说法。

和权利的不落实。虽然中国企业的改革是从权利开始的,但是,权利意识一直在企业这个准微观层面上徘徊,一直没有下落到个人层面。由于权利观念的缺失,所有的自由、平等、正义和责任等价值观都无法真正落实,因为这些价值观的落实需要权利的落实。

2. 企业改革中的价值观嬗变过程分析

前面从生活世界和体系的相互替代及相互作用的角度分析了当代价值观与传统伦理准则之间的关系。本节主要是从体系世界落实的过程中,分析当代价值观在企业中逐步出现、演化和不同价值观相互作用的过程。

虽然在企业改革的一节中对一些价值观的出现和作用已经做了一些初步的分析与评价,但是,本节力图在上述分析基础上,把这个过程从逻辑上重建。把权利、自由、平等和责任等价值观之间的静态关系形成的动态过程重新构建起来。

上面的分析已经指出,从中国改革开放的过程看,企业与市场的相互作用的起点不是市场的放开,而是企业的权利的确立。因此中国改革的伦理起点是权利观念的兴起和确立。

2.1 权利的确立

中国改革的起点是对企业的放权让利。其实就是给国有企业一些自主权。这个权就是权利,而这个权利是由主管部门放弃的权力转化而来的。虽然在那个时代人们没有认真区分权利和权力,但是从企业自主权的内容与主管部门的相互关系来看,放权下放的是权力,让利让渡的是利益,恰好这两个汉语缩略语的集合也是权利。所以,主管部门放弃的是权力,而企业获得的是权利。

当代中国人最早实质上接触到的权利就是从企业开始的,这个超越个人的存在物的权利主体之所以理直气壮地出现在公众意识中,显然不是对小"我"的利益诉求,虽然包含了对小"我"的利益诉求,但是这个诉求是通过"众我"的形式出现的,权利的诉求才因此取得了合法性。如果一开始就强调个人权利,这个合法性就会受到否定性的对待。因此,在西方政治哲学中,永远是个人出现在原初状态或者自然状态中,但是,如果中国撰写一部现代价值史,则出现在原初状态中的权利主体就是企业这个人造的人,而不是个人。

与自然权利的天然合理性不同,企业权利的概念是需要论证的。它不具有天然合理性。在中国,这种对企业权利的论证采取了一种迂回曲折的方式,是通过与另外一个价值观概念建立联系而反证自己的合理性的。这个价值观就是责任。政治哲学的权利理论中,是没有责任介入的。但是在企业权利的讨论中,在法定权利和道德权利的确立过程中,责任的概念相对应地出现了。这一点反映了权利确立的历史曲折性:如果不把责任建立在权利对面,权利似乎就成为一种孤独的存在,是一种主张的申诉,这既不符合中国人日常的对立观念,也不符合中国人对相应权利实现的责任基础。

权利概念的两个特征反映出权利概念在中国的不完整性。实际上,企业权利的集群性及其与责任的相关性,这一点显然既保留了中国传统文化中对集团的重视,也涵盖了计划经济管理者对责任的强调。而西方强调的个人权利与此不同。所以,从观念的传播角度看,企业权利应该最终转化为个人权利,但是,这一转变在中国一直没有实现。在中国,无论是从宏观体制还是从企业微观层面上看,个人权利一直被权力和资本所压制,至今没有获得独立的存在地位。

虽然相比自由与平等概念,在法制建设中,权利概念一直被主流媒体所强调,而不像自由那样受到多方面的打压。平等则主要是被已经形成的资本的势力所抨击。但是,即使如此,个人权利的概念也非常含混不清且传播不广。其实,在目前情况下,权利可以确立自由的范围,并且在法定的形式下,确定个人之间的平等关系。因此,强调个人权利不仅是一个符合道德准则的事情,也是经济发展的原动力之一。

2.1.1 政府让权和企业权利形成的次序

从不同性质的企业可以观察到不同的企业权利的形成次序。

国有企业的权利是通过政府权力的让渡实现的。政府权力转化为企业权利,并通过一系列政策与法律而逐步地规范化和制度化。

而私营企业的权利是通过多种不同的方式形成的。一种是在市场逐步成长过程中,通过对法律环境和政策环境因素的运作逐步形成的。另一种是企业通过与国有企业的相互合作而从国有企业那里让渡而来。尤其是通过股权合作的方式从国有企业那里间接获得原属于国有企业的权利。

相比之下,合资和外资企业在早期的发展中,获得了更多的政策权利。这是由于中国改革的早期在缺乏资金和人才的背景下,为资本和高端人才提供了各项政策让利和保护。相反,对劳动力的市场则放开竞争。这种局面中,各个不同生产禀赋的权利获得方式不同,逐步形成了权利向资本、技术人员和高管倾斜的局面,企业内部原来的权力分布被打散,形成了新的格局。从权利形成的过程看,大部分可以看成是国家主导的情况下,通过政府权力的让渡实现的。这与中国起点上的计划经济格局是相吻合的。但是,这个让渡不是平等进行的,而是"不均等赋权"的结果。[①]从形式上看,企业内部的分配格局似乎从原来的政府决定转化为市场决定了。但是在市场决定中,劳动力市场与高级管理者的市场是完全不同的两个市场。劳动力市场在强大的产业后备军的作用下,竞争激烈,导致收入长期低位徘徊。但是高级管理者市场,尤其是国有企业的高级管理者市场,则成为一个封闭的小圈子,形成了所谓的超越市场的利益集团。这显然是不均等赋权所促成的,目前则形成封闭的格局。

这种不平等赋权形成的一个前提是对效率的强调,从均衡市场的运行角度看,参与市场活动的结果是导向平等的,但是不平等在非均衡市场中也是常态。在改革早期,对"大锅饭"部门的收入差距的扩大成为一种社会整合功能,在普遍权利缺乏的情况下,权利主体的获取程度和速度的差距在可容忍的范围之内,但是当一部分权利持有者处于明显的强势地位的时候,就会导致对权利的弱势群体的压力,最终损害弱势群体的利益。这种矛盾就超越了正向的整合功能,带来破坏作用。人们把不平等赋权造成的差距作为现实差距的一个重要原因,同时因为高收入阶层的相对封闭,导致了差距的凝固和扩大,使一部分先富人口带动后富人口的设想破产。

其实,人们今天的权利来源已经从原来的国家赋权一种途径脱离出来,出现了市场赋权的另外途径。因此,除了平等赋权一个途径之外,要让消费者和员工能够与资本形成抗衡力量。最佳的途径就是扩大市场的作用。

2.1.2 企业权利的转化

前文已经指出,企业作为权利主体并不适当,权利向个人的转化过程在中国始终没有很好地实现。但是,这并不意味着权利完全没有向个人转让。只是这个转让范围仅限于很狭窄的范围内。实际上,从承包责任制开始,企业权利就开始向企业的经营者逐步倾斜,最终几乎全部落实在了经营者身上。这个转变有重大的意义和作用。权利第一次与个人或者企业之外的群体发生了关系。不过,这个过程虽然是客观的,但是,从主体的意识上,当时并没有形成完整的个人权利概念。其原因有两点:第一,权利落实到经营者身上的时候,也同时与权力结合了起来;第二,权利的落实是片面的,企业中绝大多数人没有受到这个权利转移的影响。甚至从此开始了厄运:原来员工已经在掌握之中的福利待遇受到了影响,因为管理者群体与员工全体权利的分离和对立,就业安全

[①] 马西恒:《中国模式中的社会差距与权利公平》,《中国浦东干部学院学报》,2011年第1期,第21—23页。

等都受到了影响，最终被大量剥夺，他们不得不开始漫长的权利保卫战。因此，这个权利向个人的转化过程是一个不平等的过程。

企业权利与经营者的权利内涵与外延都不一致。落实的途径也不相同。落实企业权利早期，企业全体成员作为共同的利益主体，要求的是环境的改变，事实上推动了当时的市场化进程。但是经营者权利的落实往往是超越企业利益，换言之，经营者有自己单独的不同于企业利益的利益，因此，对于经营者，权利的落实更多的不是促成市场化的转变，而是采取各种方式强化对企业的控制能力。改革初期上下一致的利益共同体在经营者权利落实的过程中开始瓦解，企业内部的权利对立出现了。企业效益与工人利益脱钩了，员工成为企业发展的局外人，经营者的利益不仅表现为企业的发展，更表现为内部分配的份额，经营者利益向资本和代理人转化。

管理者与员工利益的分离过程漫长而曲折，是改革中一个主要的变迁。这个过程分为几个阶段：

第一阶段，20世纪70年代开始的放权让利阶段，国有企业的管理者与员工的利益尚未分化，还处于一个利益共同体中。

第二阶段，20世纪80年代经济责任制尤其是厂长负责制的推行，使企业的经营管理者有了独立的利益，这种利益以权利的形式表现了出来，并且随着厂长负责制与权力结合了起来。但是，即使这样，管理者与员工的权利和利益大部分还是一致的。只是经营者通过承包的方式，在资金的获得、权力的运用等方面获得了更大的空间，也逐步提升了自主的意识。

第三阶段，20世纪90年代，从经济责任制向股份制的转变中，一方面企业脱离了政府，转而面对市场，这期间出现了大规模的企业困难局面，这样就出现了1998年提出的国有企业三年脱困的目标，这个过程加速了私有化。

管理者与员工的利益和权利的分离也通过两个途径加快了。首先是员工的主人地位的丧失，在私有化企业中，员工变成了一个以金钱衡量的生产要素。多元化的社会存在方式转变为一个"单向面的人"（马尔库塞语）。

另外，就是管理者通过企业经营机制的转变，发现了自己上升为财富所有者和企业所有者的机会，逐步清晰了自己的提升意识，这是彻底脱离员工队伍的开始，但是只有很少的人和很少的机会把这个愿望付诸实现。

第四阶段，管理者通过管理者收购（MBO）方式大量地成为了企业的主人，或者通过薪酬权力的运用等一系列改革，成为了富甲一方的新权贵。这是大部分国有企业的管理者走过的道路。他们除了没有企业所有权之外,具有独立的基本不受控的资产运作权力,对职工的雇用和解雇权力,并且在享受这些权力的同时,还享有甚至令跨国公司高管垂涎的薪酬福利,从价值观上,这些人已经成为了资本的代表,完成了脱离员工队伍的所有步骤,成为了新贵阶层。

从上述过程分析,权利的主要问题不在于管理者权利的过度发展,实质问题是员工权利的不发展。这种不发展表现在多方面,首先是员工的权利意识远未形成。国有企业的员工虽然有各种福利待遇,这些要素本身具有权利意义,在传统的生活世界中,确实没有为权利留下存在的空间,更多是因为没有权利存在的必要。但是,一旦企业在改革中脱离了传统的生活世界转向体系时,这些要素所具有的权利就应该被明确地确立起来,以保护员工;不仅如此,实际上,不仅员工的权利意识并未确立,而且员工的实际权利也全面失落了。包括工作的待遇、薪酬、工作的安全等基本人权,在中国大量的企业中全面丧失,这最终导致了自由平等价值观的蹈空,导致了员工个体尊严的丧失,这些价值准则本应对效率占有优先地位,但是指导思想上的偏差导致了几乎所有当代价值在企业中的全面崩溃。

总之,从20世纪80年代开始的改革,一方面通过市场化的途径扩大了企业的权利,这些权利也部分地向个人落实,但是由于这个落实的基础过于狭窄,反而影响了权利观念在中国大众中的形成。因此,虽然企业的改革从权利的确立开始,但是,我们至今依然无法广泛地推广权利概念。这一局面也导致了自由和平等价值观的落空。

2.2 企业资本化对价值观的影响

从上述权利的演变过程可以清晰地看到社会资本化的影响。

从过程上看,改革初期,还仅仅是为资本化创造前提和条件,远没有达到实际的资本化,这个时期仅仅出现了资本化的倾向。

国有企业的资本化是通过两个途径达到的,也有两种不同的表现形态。第一个途径是中小企业的私有化。从20世纪90年代中期以后,我国中小企业开始了大规模的私有化进程。这个过程中,产生了很多新的现象,需要多方面的探索,但是,一个基本格局就是资本取代了以往的权力或合作机制,在企业中占据了主导和核心的地位,从表现形态上,中小企业私有化就是实际的资本化。第二个途径是大型国有企业,至今大型国有企业都是国家主导的,这些企业大部分活跃在国民经济的关键领域。虽然这些企业至今还保留着国有企业的身份,但是,其行为方式和管理方式已经按照所谓的私营企业的方式做了彻底改造。这样,这些企业虽然以垄断的身份在经济体系中活动,但是它们的管理和运作中渗透了资本的原则,出现了一系列资本化的倾向和现象。例如与民争利的设置业务,高管的高薪,独断的管理方式,等等,这些都明显地表现出资本化的倾向。这种资本化不同于中小企业,更多地表现在意识形态的私有化上面:接受资本的管理原则和分配原则。

2.3 自由在企业中的形成和局限

2.3.1 企业改革与不对称自由

自由是随着市场体制的建立所确立的一个价值观。随着市场的放开和兴起,企业与一般人的自由从不同程度上,在不同方面得到并且扩大。如企业家的创业自由,员工的择业自由,人们购买和销售产品的自由,等等。这些自由都是随着相应市场的建立而确立的,也即是随着交易范围的扩大而带来的。不过现实中,虽然随着体制改革的深入,人们实质上的自由范围在扩大,但是,作为一种价值观的自由却一直处于一种潜伏状态,至今仍然没有浮出水面,尤其是在企业层面上。

从中国改革的现实看,自由作为一种价值观,主要是资本势力兴起所强调并因此取得支配地位的。这也可以说明为什么全社会对这个价值观的认可程度不高。近二十年来中国价值观的变迁中,一直存在着自由与权利和自由与平等之间的紧张关系。这是因为,虽然市场化带来的自由是多方面的,但是最主要的成果表现在资本的价值中,而资本在企业中所构筑的专制体制是以员工权利的丧失为前提的,因此,自由带给人们的往往是复杂的情感和记忆。

放权让利阶段,扩大的不仅是企业的权利,也包括管理者的权力。在传统企业的制度下,管理者对员工几乎没有任何有效的奖惩权,他既不能给优秀员工发奖金,也无法给表现不好的员工以处罚,因此缺乏必要的管理手段。一切都是按照相应的规定进行的,但是一切规定似乎又无法有效地贯彻执行。

企业扩权的一个成果就是有了利润留成,这部分留成中的一小部分可以拿来对员工进行奖励。事实上造成了企业管理者开始了有对员工进行评价和奖惩的权力,尽管这在初期是一个非常有限的权力,但是从价值观的角度看,这个举措扩大的不仅仅是管理层的权力,另外一个成果就是扩大了管理层的自由。

但是,这个自由的扩大是非对称的。员工的自由在这个阶段并没有随之扩大。这样就导致了平等含义发生了变化,原来企业的所谓平等主要是表现在结果平等上,以收入平等为主要标志,除了年功之外,收入差距只与不同工种之间有一些弱的联系。随着利润留成造成的奖惩权的出现,平等的含义从绝对的结果平等转向了对员工勤绩评价的过渡。

随后的承包责任制和市场化的方法,不仅扩大了管理层的自由,也使员工有了择业和创业的自由。但是,实际上自由的不对称性也在发展。随着国有企业管理的改革,管理层甚至过渡到了所有者的地位,而在这个过程中,他们的选择空间的扩大自然是自由的扩展,但是员工的职业选择空间没有因之扩大,把员工与管理层作为一个逐渐分离的两个阶层,显然他们在改革中享有的自由是不相对应的。

员工虽然理论上享受到了择业甚至创业的自由,但是,这种自由实现的条件不仅远没有管理层所享有的自由充分,而且自身也是不对称的:在企业的改革中,员工可以选择辞职,但是不能选择继续留职,也就是在职业选择中,能够决定自己不做什么,不能决定自己做什么,甚至包括自己现在正在做的事情。这种不对称实际上导致了员工的权利丧失。自由与权利之间的对抗出现了。

2.3.2 自由与企业家精神

市场是自由的缔造者,市场体制的建立首先就给了民间创业自由,这可以说是中国近三十年来快速发展的一个最重要的因素。而与这种自由对应的是企业家精神的崛起。从某种意义上讲,企业家精神的本质就是自由。而为这种自由提供实现条件的就是市场机制。

其实,单纯从生存状态上讲,企业家创业是一种实现人生目标的方式之一,这种方式并不比另外的方式高尚,也不比它们低劣。例如很多人愿意成为艺术家,还有很多人愿意成为科学家。每一个时代缔造不同的时代信仰。企业家是市场经济时代缔造的一个信仰。

企业家的职业具有吸引力是因为企业家的成功需要几个方面的条件,主要包括四个方面:勤奋、才智、意志和机遇。作为一个一般的社会职业,只要具有才智和勤奋,就足以保证成功。例如做一个教授或者科学家,只要具有中人以上的才智和足够的勤奋,就可以沿着职业阶梯晋升到相应的位置。但是一个企业家则需要意志,因为市场活动中成败参半,需要对失败有很强的耐受力,能够愈挫愈勇地不断进取。即使如此,一个企业家也未必能够成功,企业家的成功需要机遇的眷顾。虽然任何职业的成功都需要机遇的要素,但是,一般职业中机遇的作用只是在一个非常边缘的位置上。而企业家的成功中,机遇居于非常重要的位置。

市场机制的作用就在于把企业家成功的这些要素都整合在了这样一个体制当中了。企业家的勤奋、才智和意志品质，这些在其他职业中足以保证成功的要素仅仅是企业家在市场中立足的一个保障和基础，企业家的成功需要市场提供的机遇。人们常常引用大发明家爱迪生的话：成功需要百分之九十九的努力和百分之一的运气。这恰恰说明为什么市场中的企业家成功如此之难，因为这个百分之一就是成功的瓶颈。也就是一百个努力的企业家中，因为机遇问题，只有一个能够成功。

　　企业家分为两种不同的类型，第一种是企业家面对市场时善于抓住机遇，这就是德国经济学家柯兹纳(Kirzner)所谓的机会主义的企业家，第二种是所谓的熊彼特式的企业家。这种企业家通过创新的方式，在一个平衡的市场中创造不平衡，并且以此来创造机会。这两种企业家虽然个性不同，作用相异，但是他们的共同特征就是其发展与机遇相关。

　　中国的改革开放历史显示，市场开放对于激发企业家精神起到了重要的作用。从计划经济向市场经济过渡的初期阶段，由于供求之间的巨大不平衡，市场存在着大量的套利机会。这时候柯兹纳(Kirzner)类型的企业家发挥了重要的作用，那些勤奋、才智平平的人，可能因为敢于承担巨大的政治风险的意志品质，抓住了这个历史机会，成为最早的成功者。

　　但是，随着市场机制的发挥作用，勤奋和才智的重要性在逐步提高，其在成功中的作用逐步显示了重要性。熊彼特式的企业家开始了自己的历史过程。这些企业家不仅要有敢于承担风险的精神，还要善于捕捉市场和技术发展的机会，努力工作，一旦遇到机遇，他们就会成功。这种主要以创新为基础的企业家不仅给自身带来了财富，而且为民族精神注入了更多的积极内容。

　　无论是柯兹纳(Kirzner)式的企业家还是熊彼特式的企业家，他们的成功都是与机遇因素相关。从这个意义上看，市场制度确实是历史上第一个把各种因素综合起来，对人的成功进行筛选的机制。在一般的制度中，勤奋、才智和意志都是单独或者综合地保证一个人的成功。相比之下，机遇的作用确实是一个独立的因素，像骰子一样，随机地落在不同的人身上。但是市场制度把机遇投给那些已经经过了才智、勤奋和意志筛选过的人身上。这样，市场把机遇融入到了制度中。市场不保证具有才智、勤奋和意志力的人成功，但是市场能够保证成功不会落在不具有这些品质和能力的人身上。换句话说，成功需要机遇，但是机遇不保证成功，只有经过才智、勤奋和意志力筛选的人才能利用机遇。这样市场体制对成功的筛选中既保持了各种必然性要素，也保持了偶然性的影响。市场提供了自由，但是自由的实现需要机遇，这一点使市场制度对人的意志品质,尤其是对抵抗风险、承担风险和承受失败的要求高于其他的制度。因此,市场发展不仅提供了自由,也为一个民族和国家的精神发展提供了一个正向的激励制度,使民族精神更具进取性和风险意识。

柯兹纳式的企业家更多是寻找市场机会,[1]而熊彼特式的企业家则主要是创造市场机会,[2]这两种精神的共同点是与机遇相关。但是两种企业家的不同点更具制度和精神含义:尤其是对企业家精神发展所需要的制度环境、对社会的贡献和作用等均不相同。在市场均衡没有达成,缺乏有效竞争的情况下,柯兹纳式的企业家就会发展,而市场竞争趋于激烈,市场总体趋向均衡的时候,熊彼特式的企业家就会发展。柯兹纳式的企业家长期存在,会给社会注入侥幸心理和机会主义行为方式,熊彼特式的企业家则更多是以创新为特征。因此,给社会带来更多的积极精神。虽然熊彼特式企业家也把成功建立在机遇的基础上,但是对勤奋、才智更为强调,与柯兹纳式企业家的最大区别是对意志品质的要求上。柯兹纳式企业家更多是冒着机会的抓住或者丧失的风险,而熊彼特式企业家更多是把成功要求的意志品质锁定在对投入风险和未来形势的把握上,显然这与才智因素高度相关,所以,柯兹纳式企业家更多近似于博(赌),熊彼特式企业家则更相似于弈。[3]

中国企业改革三十年中,早期人们投入市场主要是受致富欲望的驱动,催生了大量柯兹纳式的企业家,这些人大部分甚至不能说是企业家,仅仅是小商人,随着市场机制的逐步健全和发挥作用,熊彼特式的企业家开始涌现。因此,也可以反过来观察,以一个社会熊彼特式企业家所占的地位和数量来衡量市场机制的作用程度。

企业家精神是自由在当代社会最主要的存在形式。从制度角度看,企业家阶层的兴起是自由市场提供机遇的结果。而企业家精神的全面发展反过来也会促进市场机制的健全和完善。

但是企业家不是一个市场中的被动因素,他们的成长永远是处于与市场的相互作

---

[1] Kirzner, Israel M. (1979), *Classical Economics and the entrepreneurial Role*, in perception, *Opportunity, and Profit*, The University of Chicago Press, Chicago.

[2] Schumupeter, Joseph A. (1949), "Economic Theory and Entrepreneurial History," *Essays*, New Brunswick: Transaction Publisher.

[3] 关于博弈,王国维有过非常精彩的分析:"此二者,虽皆世界竞争之小影,而博又为运命之小影……以博之胜负,人力与运命二者觉之;而弈之胜负,则全由人力决之故也。又但就人力言,则博者,悟性上之竞争;而弈者,理性上之竞争也。长于悟性者,其嗜博也甚于弈;长于理性者,其嗜弈也愈于博。嗜博者之性格,机警也,脆弱也,依赖也;嗜弈者之性格,谨慎也,坚忍也,独立也。譬之治生,前者如朱公居陶居与时逐,后者如任氏之折节为俭,尽力田畜,亦致千金。"(王国维:《静庵文集》,沈阳:辽宁教育出版社1997年版,第146—147页)

用之中,企业家精神的成长也有自己的逻辑,并存在一个内在的悖论,企业家精神是自由的产物,但是其发展会最终导致对自由的限制甚至取消。

成功的企业家虽然是建立在对机遇的把握基础上的,但是一旦企业家成功,就会迅速地利用积累起来的资本来控制市场机遇的分配,与市场形成一种对抗的力量,我们在市场中遇到的垄断力量就是这种对抗的一个显著的方式。是以资本的权力对抗市场,压制竞争,最终导向了专制。这种专制不仅压制员工,而且也对中小资本的发展进行压制。

中国企业家精神发展的最好年代是20世纪80到90年代。那时候企业家群体也从柯兹纳式快速地向熊彼特式转化。但是,市场制度的发展随后基本上停滞了,没有进一步完善,促使企业家又开始向机会为主的柯兹纳式的企业家转化。但是,这次转化不同于第一次,这时候的企业家更多是转向了虚拟的经济领域。这种转变导致了企业家精神发展过程的断裂。以创新和开拓为目标的熊彼特式企业家被柯兹纳式企业家所取代,企业家阶层中的投机倾向及与权力相结合的行为方式成为一种主流特征。

2.2.3 企业家精神发展的诸要素

在企业家精神构成的因素的诸方面,不同学者做了一些相应的研究,朝圣山学派的哈耶克和波拉尼关于地方性知识的研究对于了解企业家精神的成长具有启发性。这个研究的基本思想来源于英国的边沁,他更多地认为人类精神和制度发展不是有意的设计,而是一个自然选择的过程。尤其哈耶克继承了这一思路。并且把这一点与市场制度的作用分析结合了起来。哈耶克对自由的多次阐释中,这一部分是最为精彩的。波拉尼把这一分析深化了,但是也同时限制在恶知识的范畴之内。实际上,企业家整个精神的发展都可以看作一个市场制度的自然选择过程。

关于企业家伦理发展的研究中,毫无疑问,马克斯·韦伯做了最为精彩的工作,不过,按照韦伯的看法,市场制度仅仅是在企业家精神形成之后。韦伯的这一看法不符合中国改革开放三十年的逻辑。显然企业家精神更多地还是市场制度催生的,而企业家伦理也是制度的产物,尽管企业家本身也存在着能动性。前文分析中的所谓勤奋和意志都可以看作企业家伦理的一个构成部分。

2.4 平等价值观

平等更多地被看成是一个农业社会的价值观。所以,在改革开放之前的中国企业中,虽然没有自由、权利等现代价值观,但是平等作为一个价值观却一直被认知和传播的。可以说,平等虽然有古典的农业社会的根源,但是,现代企业中所获得的第一个当代价值观是平等。这是计划经济时代被传播和获得相对良好实现的一个价值观。虽然那时候,平等仅是以一个模模糊糊的形态存在的。可以说,平等作为一个理念有悠远的历史,但是,被制度化的实现,是在计划经济时代的国有企业中。中国的国有企业的实践是历史上这一观念落实的最大规模的实验。因此无论是"只有分工不同,没有贵贱之分"的职务体系认知,还是大规模的参与式管理方式的推广,这些做法不仅实现了企业中的平等,也使平等的观念更加深入人心。

企业改革造成的企业转型,首先受到冲击的就是平等的观念和平等的现实。随着城乡界限的消失,企业内部人员的流动性加速,导致了企业从一个熟人社会向陌生人社会的转变。传统美德赖以存在的结构和制度基础消失了,这些伦理观念的施展空间也受到了挤压乃至最后消失。维持这个内部社会运作的由原来的美德转化为价值观及所支持的规则体系,以精神为基础的品德转化为可以具体建构和实施的与因果关系链条支撑的规则和手段。平等作为现实消失了,但是,却被更多地吁请。

从某种意义上看,被传播和宣传的观念往往就是社会缺乏的观念。观念是现实的一个补充。因此,从社会的发展情况看,当代社会平等的吁请更为突出,从某种意义上看,就是因为现代社会缺乏平等,反映了权利失衡的现实。从社会心理的角度看,目前平等的要求已经向极端发展。但是这是社会失衡的现实的心理反应。因此,平等的实现不是通过平等观念的落实,而是通过权利的确立和确保,从而在法律和伦理的保护下确立每一个人的自由空间。在这里,自由、平等与权利之间建立了内在的联系。

从过程上看,三十年来中国企业价值观的发展经历了权利—自由—平等三个不同的发展阶段。当然,在这三个阶段中,每一个阶段都不是某一个价值观的单独发展,而是不同价值观之间的角逐,但是,其中确实存在着一个主价值观的支撑和发展。

毫无疑问,这些不同价值观包括平等的历时性展开是在"企业-市场"的框架中,通过相互作用实现的。其中企业的发展经历了传统的国有企业向资本和权力主导的让渡过程。市场提供的自由被曲解为资本的自由,权力和资本共同压制了权利,导致平等的失落,从而最终引发了平等价值观的兴起。

传统的国有企业的平等讨论仅限于非常狭窄的男女同工同酬的范围内,但是,现在的平等吁求包含了更为广泛的社会内容,从劳资关系到性别关系,最终甚至把城乡关系都通过用工制度反映到了企业中来,从而使平等缺失更为明显,也就使平等的吁请更为强烈。

平等的失落过程伴随着改革开放全过程。其中的微观伦理过程是改革过程的一个精神反映。从放权让利开始,企业开始建立自己的权利,并且同时导致了管理阶层权利与权力的萌芽。这种做法的本意是为了使企业更为有效率地工作。这时候实际上效率原则就已经开始显露出自己的特殊地位,但是此时权利所表达的效率原则还无法否定员工传统上享有的一些权利,其中包括基本平等的待遇。放权是通过加强激励来实现效率原则的,并未触及相应的实质性待遇。但是,随后效率原则就逐步取得了超级价值观的地位,其主要的表征就是管理层获得了处罚的权力。而早期的处罚机制仅限于一般的收入,还没有触及更为广泛的员工的基本权利。随着管理阶层权力的扩张,以效率为原则的处罚作用也在扩大,最终导致了员工权利失落,企业内部的平等丧失了,平等诉求也因此就明确兴起了。

2.5 效率所具有的超级价值观地位

效率是企业和经济制度评价时的一个重要指标。

从生活世界和体系的角度看,效率不是生活世界的一个目标,仅仅是对一个人生活方式评价的一个方面。但是,在近代经济制度尤其是企业的发展中,效率成为了一个基本的评价指标,甚至发展成为了一个目标。从韦伯的现代化理论角度看,效率是价值无涉的现代组织运行的一个基本衡量准则。这一准则显然是合理化的一个衡量标准。从哈贝马斯的交往行动理论结构看,在体系所包含的三个世界及对应的工具行为中,这一效率原则是处于中心位置的。而策略行为和表现行为的合理性并不体现在效率标准上。[1] 交往行为更是以理解为核心,正是在交往行为对应的生活世界中存储和延续了社会的伦理观念与准则,这里面效率即使存在,也处于非常边缘的地位。显然,效率不是作为一个道德准则存在的。而是一个准技术化的准则。

但是,在中国的改革过程中形成的指导思想,有"效率优先,兼顾公平"的说法,[2] 一

---

[1] 工具行为、策略行为和表现行为[也称表演(戏剧)行为]是哈贝马斯在对波普尔和戈德曼的理论改造后,在他的行动理论中提出的两种行动类型,分别对应其相应的世界关系。见哈贝马斯《交往行动理论》第一卷。

[2] 这种说法有很多种不同的表现形式,其中时间就是金钱、效率就是生命等曾经流传甚广。

度被作为官员政绩考核的标准，人们很容易把其延伸到对制度的评价中，[①]效率成为制度评价的一个准则，与公平对应，大家公认，公平具有确切的伦理意义，因为与公平对应，这样，效率也就取得了伦理含义。

从社会学的角度看，伦理处理的是交往关系，效率更多的是涉及工具关系，工具关系中首要的问题是手段的合理性。伦理准则是以善恶为评价准则的，工具关系展示的真理是以对错衡量的。这两者本不相同，但是，在效率优先的旗帜下，效率不但取得了道德的合法性，成为了一个品德性的指标，而且在与公平的关系中占据了优先的地位，成为了社会的超级价值观，压倒了公平、正义等所谓普世价值观。人们对制度的评价，对行为的评价，甚至对人的评价都是以效率为中心、以效率为准。

效率何以成为占据至尊地位的超级价值观？这种看法的对错和影响何在？

其实，把效率作为一个价值观看待本身就是一个误解。[②] 从学理上看，效率是指投入产出之比，有效率是指在相同的投入之下，取得最大的收益，或者相同的收益以最小的投入取得。这是效率的最基本解释。这种准则具有明显的经济性。并没有善恶的含义在其中，换言之，这不是伦理学问题，而是经济学问题。在中国的条件下，对一个地方政府的政绩衡量，采取效率优先的原则，效率转为具体的业绩指标，一切支持效率的行为就是好的、善的，一切损害效率的指标就是恶的，效率由此取得了伦理的含义。

这种把效率作为伦理准则的看法，连西方的伦理学者都不支持。罗尔斯在讨论公平效率的关系时，认为人类社会的基本善（包括自由、平等、权利等）对效率存在着绝对的优先性。因此，在正义原则的表述中，他以辞典式顺序展示了两者的关系。他清楚地认识到，效率无法占据对其他基本价值观的优先地位。

[①] 在对资本主义和社会主义的制度评价中，人们争议的往往是哪一个制度更具效率。使效率成为制度评价的第一要义。

[②] 托马斯·唐纳森和托马斯·邓菲在提出他们的综合契约论的企业伦理思想时，专门讨论了效率原则。他们认为，效率原则就是一种超规范，在其著作中，用了一章的篇幅讨论作为超规范的效率准则问题。他们认为："必要利益有两大类，即正义和总的经济福利。"（托马斯·唐纳森、托马斯·邓菲：《有约束力的关系——对企业伦理学的一种社会契约论的研究》，上海：上海社会科学院出版社2001年版，第143页）唐纳森和邓菲认为，效率与正义同为超规范。不过，与经济学中对效率的定义方式不同，他们认为："当一个行动、政策或者其他手段有助于提供必要的社会福利，足以让处境最差的社会成员在自由、健康、食物、居住、教育以及受到公平对待方面能维持在一个合理的水平上时，我们将把它定义为'有效的'。"（托马斯·唐纳森、托马斯·邓菲：《有约束力的关系——对企业伦理学的一种社会契约论的研究》，上海：上海社会科学院出版社2001年版，第151页。）显然，这里定义效率的方法近乎把公平作为前提了。他们说公平和正义也是社会总福利的一个构成部分，这样实际上是把物质福利和制度"福利"混为一谈，在现实中，这种福利是无法衡量的，但是，这一点恰好说明他们在讨论效率时，是把公平也置入其中了。虽然这样讨论问题的方式有些理论上的混乱，但是，恰好说明效率问题不能单独作为超规范来存在。

在经济学中,效率有两种不同的表示方式,帕累托效率和卡尔多-希克斯效率。罗尔斯是采取帕累托效率来定义效率的。其实,经济学中更多地采用最优(optimize)表述方式。罗尔斯依然采取了效率的概念,他在第二差别原则中,把效率问题置于正义的框架内,他认为,在正义论的框架内,效率不处于优先地位,更不能置于中心位置上。他反对以效率的名义损害公平。作为基本价值观,公平比效率具有绝对的不可替代的优先地位。

在"效率优先、兼顾公平"的口号下,我们日常生活中,效率取得了优先的地位。常常把效率作为第一制度性准则。以效率衡量一切。例如,行贿受贿本来是任何制度和文化中都不能接受的一种丑恶行径。但是,在效率的名义下,不仅很多企业员工和企业家如此行事,而且获得了一种辩护性的意见,因为他们认为,行贿不是伦理问题,而是效率问题,行贿可以提高效率,所以是可以接受的。

可悲的是,这种挑战人类良知底线的看法,不仅流行于一般人当中,而且被作为社会精英的知识分子所提倡,更可悲的是,这种看法发表于公开媒体上,不仅没有受到任何阻止和批判。反而激起了一片喝彩。出现这种情况绝非偶然,体系中的资本以货币的逻辑向生活世界延伸,不断加强自己的影响力。最终使资本的逻辑取代生活的逻辑,经济体系征服了生活世界,经济学中脱离价值判断以最优化为准则,展开了自己的体系,最终取得了令一般稍有良知的人都瞠目结舌的荒谬结论。张维迎就曾说:"改革中的贪污对于解决制度问题是一个不错的选择。"[①]这种观点被不同的主流学者反复传播和宣示过,以教育国人以平和的心态接受这种局面。

这种挑战人类良知底线的看法居然可以大言不惭地宣布,并且是以真理发现的布道方式宣布,这种思想是如何取得了这种地位的呢?显然,效率优先的原则起到了引导和支撑的作用。

效率在很多人类活动中都具有明显的生存论意义,可以被看作是种群发展的关键性因素。最典型的就是人类的军事活动,凡是能够取得战争胜利的一切手段和措施都是好的,无论是超越人类极限的体能活动,还是不择手段的猎取情报,都具有重要的意义,在这里,确实,一般的伦理准则失效了,对个体的残酷以保存种群的生存的目的为前提被接受了。显然,这是效率原则的最主要园地。

但是,在社会生活中,效率可以取代其他一些重要的伦理准则吗?例如,公平、正

[①] 张维迎:《治表性反腐败要适度》,《经济学消息报》,1995年12月8日。

义、自由、权利等,可以被效率所取代吗?如果不能,那么兼顾公平的兼顾是什么意思?不能兼顾的时候是不是要牺牲公平呢?显然这个口号的潜台词就是这样的。把处理工具性活动的效率原则用于处理生活世界的交往关系,把效率赋以伦理特性,这是一个历史的误解。这一误解解构了人类交往行动中的一些重要伦理准则。

产生这个问题的原因当然是把体系的逻辑植入生活世界的结果。但是,这个过程的完成是通过经济学的"帝国主义"方式实现的。新自由主义的经济学把自己的逻辑置于了伦理学中,把效率误置入伦理学,从而在中国企业伦理的发展中造成了一系列思想混乱。不仅造成传统的美德被消解,而且导致当代价值观的全面失灵。从这个意义上,效率确实是乘着资本这匹战马进入了企业和经济界,并且在伦理上取得合法性之后,又得寸进尺地取得了至尊的地位。

资本以效率原则统治世界,这本来是一个历史事实,但是,资本历史上一直在遮掩这个事实。确实,在处理工具性关系时,资本从容不迫,得心应手,这一原则的贯彻导致了交往关系从属于工具性关系,并且使人降为工具。人变成了物的附属物。但是,资本所构造的理论一向是遮掩这个事实的。明火执仗地公开打出效率的旗号,取得伦理上的正统地位,这种局面并不多见。把效率置于超级价值观的地位,一切调节人的关系的道德准则都必须置于效率的天平上加以衡量,并且几乎全部丧失了光芒,变得黯淡无光。

例如,在企业的人力资源管理中,人被视为完成企业任务的工具,一切都放在组织要求的层面上加以拆解评价。人被技术性地分解为不同的指标,被用现代社会发明的各种工具与设备所衡量和检测,以一系列复杂的数据被重新分装拼接成抽象的存在物,这些数据拼装出的存在物已经不再具有情感和个性,他们的行为可以被技术性地操控。他们在组织中的存在都要被效率原则所确定,一个无错误的员工也可以因为效率原则被合理地除名,至于由此带来的家庭、个人和社会的物质精神损失,都不在资本及其被资本所征服的理论视野之中。在效率面前的个体,也必须以效率为生存原则。一切道德,尤其是处理与他人之间的利益关系的美德,都因为无效率而变得可笑起来。我们现在流行的办公室生存法则几乎囊括了所有的"丛林法则",被白领们奉为圭臬,这些已经被解除了几乎所有道德武装的人,在效率统治下的茫茫原野中踽踽独行,必须对周围的人与事充满了戒备,以防随时出现的不测事件。

3. 个人主义对集体主义或者社群主义的替代

中国传统社会的伦理性质到底是集体主义还是社群主义,这个问题依然可以争论,但是,有一点是可以确定的:中国传统伦理不是个人主义的。①

从基本含义上,之前一切将整体、组织、群体利益置于个人之上的思想都可以被看作一种集体主义。莫伊拉·格兰特(Moyra Grant)说过:政治哲学中的集体主义是指将任何阶级、民族国家、种族、社会利益置于个人之前的哲学或者制度。② 集体主义思潮涉及宗教、哲学、政治、经济等不同的领域,因此,其表述方式也是多样的,并且往往是与个人主义相向的。集体主义在中国长期是一种官方意识形态,并且在中国和日本也被认为是一种传统所认可并决定的价值理念,曾长期为主流文化所肯定,并且在历史上是一种实态型的状况。在西方文化中,集体主义更多是作为一种价值观的表述,虽为一些思想流派所主张和提倡,但是,至少在现代史上,一直不是实际社会状况的描述。

一般认为,卢梭是现代思想史上第一个比较完整地表述了集体主义理念的思想家,他在《社会契约论》中强调社会公意,认为社会契约决定于社会公意。这个社会公意可以看作是集体意志的一种表征。

东方社会一直是某种公意占据主导地位,中国社会自古就是血缘家庭为中心的,辅以地缘关系的宗法社会。在这个社会中,对个人的定义和认知是置于"关系"之中的,个人是在家庭和社会关系中实现自我的。而家承担着多重社会职能。③ 从科举制度的运作中可以看出,家族倾几代人之力,推出一个出仕的成员,而这个出仕成员对家族全体成员承担相应的责任。④

中国近代化过程中,这种家族运作不仅在制度层面而且在思想层面上对中国企业

---

① 奥克肖特认为,人类共同体的道德有社群主义、个人主义与集体主义三种不同的模式。其中个人主义和集体主义都是近代的产物,集体主义甚至是一个乌托邦式的理念,付诸行动很难成功。

② Key ideas in polics.

③ 费孝通说过:"我的假设是中国乡土社会采取了差序格局,利用亲属的伦常去组合社群,经营各项事业,使这基本的家变成氏族性了。一方面我们可以说在中国乡土社会中,不论政治、经济、宗教等功能都可以利用家族来担负,另一方面也可以说,为了要经营这许多事业,家的结构不能限于亲子的小组合,必须加以扩大。"《乡土生活·家族》,上海世纪出版集团 2007 年版,第 39 页)

④ 日本学者井上徹在《中国的宗族与国家礼制》一书中,对中国宗族制度做了深入广泛的分析,其中对宗族作用的说明中强调了倾全族之力来培养科举中的优胜者,以出仕的官员来支撑家族繁衍的原理。以此来说明宗族的作用。(钱杭译,上海书店出版社 2008 年版)

的运行产生了极大的影响。卢作孚作为一个企业家,对这个机制有清醒的认识和透彻的分析。[1]

但是,中国现代企业中倡导的集体主义不仅是传统的自然继承,更多是马克思主义作为意识形态占据主导地位的结果。马克思倡导一种集体主义思想,这是因为,第一,在面对资本时,工人必须联合起来,才能谋求自己的利益,因此,马克思、恩格斯喊出了"全世界无产者,联合起来"的口号。这是一种国际主义的集体主义。另外,马克思认为,作为一种精神状态,集体主义内在的属于工人阶级。这是因为现代大工业所造成的工人的严格的纪律性和组织性,使工人的价值只有在这个集体中才能实现。马克思把这一点看成是人的全面发展的手段,[2]列宁则在共产党的组织原则中发挥了这种看法。

作为社会主义思想的贯彻,中国在计划经济时代,在企业中自然是提倡集体主义的,这是整个社会伦理在企业中的一个具体化。在中国贯彻集体主义似乎没有过多的障碍。这是因为中国自古就是一个社群主义社会,和集体主义之间存在着某种相似性,从当时所谓的"爱厂如家"等口号就可以看出,在集体主义的贯彻中,采取了和传统伦理结盟的方式。

但是,必须指出,国有企业中提倡的集体主义与传统的家族主义是两种不同性质的价值体系。从类型学上看,前者是一种水平的集体主义,后者是一种纵向的社群主义。因为,严格地说,在国有企业中,人们被视为平等的社会成员,这种集体主义体现为一种

---

[1] 卢作孚作为一个企业家,曾经发表过一篇文章《建设中的困难及其必循的道路》,在这篇文章中,卢作孚提出了集团生活的概念。卢作孚认为:"人们是不能离开社会而生活的。"(《卢作孚集》,华中师范大学出版社,第226页)而中国自古的人们是两重集团生活,第一重是家庭,这是核心,第二重是亲戚朋友和邻里乡亲。作为农业社会的人们,一直就是在这两重社会中生存的,家庭就是第一重集团生活。原来的伦常观念都是在这个集团的运作中形成的。近代以来,随着外族的入侵和新的生产方式的进入,集团生活发生了很大变化。其中以国家为最高层次的政治生活,以及以企业为主的经济生活和学术团体的学术生活等,集团形式多元化了,原来的家庭中心的集团生活向这种多元化的集团生活过渡。在这个过程中,如果固守家庭的生活,必然阻碍新的集团的运作。而集团之间存在着激烈的竞争。因此,中国人要学会新的集团生活。不过,卢作孚认为,新的集团生活也是一种集团生活,原来中国人在家庭这个小集团中形成那种无私和自我牺牲的道德观念可以自动地转移到新的集团生活中来。"我们不要怀疑这样一来抛弃了中国人一向的美德,实则只改变了社会组织,向有的美德依然存在。"(第247页)"中国人一向的美德是抑制了自己乃至于牺牲了自己以为集团生活-家庭和亲戚邻里朋友;今天虽然集团生活有所转变,转变为政治的、经济的、教育的乃至于一个国家的,而抑制自己乃至于牺牲自己以为集团生活的美德,却仍然是一样需要的。不但不会抛弃而且反会加强了。如果他们的生活集团小则变为一个经济的、教育的或者社会的事业,大则变为一个国家;他们便会为了事业,为了国家,抑制自己甚至于牺牲自己。"卢作孚是企业家,他希望通过对集团生活的转变把传统美德自然延续下来,这个看法不仅提出了,而且在他主持的民生公司中获得了很好的体现。这也为我们理解传统伦理的现代化转变提供了一个范例。

[2] "只有在集体中,个人才能获得全面发展其才能的手段,也就是说,只有在集体中,才可能有个人的自由。"马克思、恩格斯:《马克思恩格斯全集》,卷3《德意志意识形态》,中央编译局译,北京:人民出版社1974年版,第48页。

平等的结合。而传统的家族中,则是一种建立在等级结构中的相互关系,处理这种关系的原则也是仁慈,而不是平等、自由等当代价值观。集体主义不仅是社会主义的理想,也是卢梭《社会契约论》的思想。正是这种横向的集体主义,必然导向民主决策制度,从这个意义上,横向集体主义与民主制度之间存在着天然联系。

而中国传统的家族制度更多是导向一种纵向结构的社群主义,这种社群主义往往是等级制和权威的存在,这种制度并非必然,但是很容易导向专制,并且要求社会成员屈从于所谓的公共意志,甚至被要求自我牺牲,这是一个被自由主义所诟病的问题。

在豪夫斯泰德(Hofstede)的企业文化研究中,通过一系列指标的设计和计算,他区分了民族文化中的四个不同向量,其中,个人主义和集体主义是一个重要的维度,这是企业文化和伦理研究中,通过现代实证主义方法对理论问题鉴证的一个成功的尝试,使我们对企业伦理中的一些问题认识的视野更为切实。

但是,无论是卢作孚还是豪夫斯泰德,他们的研究都需要进一步在企业伦理的角度重新整合,以融入伦理学的框架中。

在集体主义的组织中,人们不是强调我,而是强调我们,因此,其中的忠诚和和谐是最为重要的观念。这是造成中日文化中意图表达婉转的一个重要的始因。①

在中国国有企业中存在的集体主义不同于政治哲学中的集体主义。来源于《社会契约论》的政治集体主义是一种现代政治思潮,而中国国有企业的集体主义更多是来源于古典家族主义。虽然中国作为社会主义国家,在实施计划经济时,企业丧失了市场功能,作为国家计划的一个构成部分,可以被纳入国家主义的集体主义背景中来看待和理解其作用。但是,在贯彻集体主义精神时,仍然诉诸家族主义的话语策略。单纯从中国看,采取这种话语策略来贯彻集体主义具有偶然性,但是从20世纪80年代,日本及东亚国家的兴起,这些国家和地区的企业内部高度统一的认同唤起了国际企业界对集体主义的重新评价,一度被认为不适合现代企业的集体主义成为一种时尚策略,被学术界反复研究并向西方企业家介绍和推荐。日本企业中的终身雇佣制、年功序列制等家族主义浓厚的因素,被包裹在集体主义的话语体系之下,也被重新评价,甚至连支撑这个因素和制度的儒家伦理也被挖掘出来,加以整理和提倡。

与政治哲学中的集体主义表现在国家、阶级、政党不同,企业管理中,集体的表征就是企业自身,集体的构建就是在企业内部完成的,这一区别是重要的,无论是国家、政党

---

① 于连:《迂回与进入》,杜小真译,北京:生活·读书·新知三联书店2003年版。

还是阶级,作为个人的对立物,虽然是个人存在必不可少的结构性因素,但是,更多地是要求个人的投入和忠诚,而企业作为个人的存在方式,在东方国家,长期被视为家族的延伸物或者替代物。从伦理上,家族体制则不仅要求个人的忠诚,也要求企业的仁慈。在对旧家族制度的控诉性文学作品中,家长被诉为专制的象征。似乎家族是封建王权的一个缩影。把这个象征推向计划经济时代的国有企业,也是顺理成章的一个推理。虽然家长制与专制制度是有区别的两个制度,但是,两个制度之间也存在着重要的联系。卢梭曾经说过:"残暴的专制与温和的父权,世界上没有比这两者之间的差别更大的了,因为父权看上去是为了发号施令者的利益,实际上是为了服从者的利益,注意一下,依照自然法,当孩子们需要父亲帮助之时,父亲才是孩子的主人,过了这段时期之后,两者就是平等的。孩子们完全独立于父亲只是对父亲表现出尊重,但并不服从于他。"①实际上,国有企业虽然不是完全父权制的制度体系,但是,其中贯穿了这样一种伦理精神,在人们批评这种制度的弊病时,也应当清楚地看到,这种父权制伦理体系的某些特征确实一直保留在原来的国有企业的体系当中。人们的生活和发展更多需要企业温情的关怀。因此,对西方体系熟悉的人们看到,在个人主义为基础的市场体系中几乎被清除的伦理观念居然能够在国有企业中顽强地存在和发展,甚至一度成为主流话语,这确实是一个令人惊奇的现象。对于学者,在豪夫斯泰德(Hofstede)的文化设计中,不仅存在着集体主义和个人主义的对立,他随后甚至引入了儒家文化变量。② 这应该是对现实社会多样性观察和研究的结果。

企业改革以来,集体主义或者说是集体主义与社群主义的混合价值观逐步消退,虽然人们还在保持对个人与集体关系的分析。但是,集体主义无论作为一种思想还是一套话语体系,在企业中都被个人主义所代替,而集体行为也被更具技术性特征的团队合作等概念所取代。与集体主义或者社群主义建立在共同情感的基础上不同,团队合作是建立在对利益的理性计算的基础之上的。因此,如果说集体主义还保留了内在的价值的话,团队合作则是建立在去价值化的基础上的现代价值观的反映。因此,集体主义的贯彻需要共同体情感的培养过程,是一个"化"的过程。团队合作则是以理性方法来计算和认识的,通过对团队作用及个人与团队的关系的分析,认识到团队对个人的价

---

① 卢梭:《论人类不平等的起源和基础》,陈伟功、吴金生译,北京:北京出版社2011年版,第144页。
② Hofstede最初提炼的企业文化的比较框架中,仅仅是四对变量,即所谓的权力距离、文化性别、集体主义和个人主义,以及风险控制类型,在他从20世纪60年代开始在IBM内部的这个研究进行了二十年以后,他才提出了儒家文化和长期价值取向的变量,这是对东亚经济兴起的一种理论回应。

值,因此,团队合作是通过教和学的过程实现的,这个过程的本质是向团队成员展示团队活动的积极成果。

从这个角度看,如果说集体主义包含了很深刻的价值判断,则团队合作则是高度工具化的、去价值化的一种合作方式。这种团队合作之所以被提倡和推崇,并不是因为这种思想的伦理特征而是基于其工具性的作用。一种做法是不是给企业带来更大的竞争力,是不是提高了企业的创造性等生存论意义的目标的实现状况。至于这种做法是不是带来了更多的人的尊严和价值,这些是不被讨论和认知的。这也是伦理去价值化的一个当代反映。因此,这种现代企业中的团队合作已经失去了博爱、平等等价值理念的基础,只是企业等级制组织实现自己经济目标的一个工具性手段。从儒家伦理的角度看,团队合作发展是对传统的社群主义的否定,但是,从冯友兰的四境界说,可以认为,大部分成员的集体主义或者社群主义精神是处于自然境界中的,[1]而团队合作则处于功利境界了,达于道德境界,才是对集体主义的高度回归。从这个意义上看,虽然企业变革带来了集体主义价值观的失落,但是,更多是从自然状态向功利状态的转变,这未尝不是一种进步。只是这个进步需要更为艰苦的努力提升到道德境界。

改革开放后集体主义向团队合作的漂移,从理论上讲,是从涂尔干的所谓机械团结向有机团结转变,这一点应当获得进一步的解释。

个人主义是近代西方在启蒙时代以后兴起的一种思维范式和伦理思想。这个思想反映在哲学、经济学、政治学和社会学的各个不同学科中,并且经过学者的多方面演绎,成为了支配性的思潮。

4. 职业道德分析

传统的职业(professional)是指那些需要长期训练才能掌握特殊技能的群体。为了保持这个群体内部的统一和对外部的尊严,从而保证职业群体的生存空间,这些职业群体都通过各种方式制定职业准则。通过对职业准则的遵循,他们不仅达到了职业安全,也保持了这些职业特有的尊严。

进入现代社会以后,职业的生存方式发生了改变,一方面大量的传统职业,如会计

---

[1] 卢梭在对自然状态人的分析中认为,在这种状态下,人们的需要保持在一个很低的水平,人们没有发展起来复杂的制度和观念,因此,这个时期的人的关系也是简单和纯洁的。参见卢梭《论人类不平等的起源和基础》。

师和律师被纳入到了现代企业中,成为了就业人员,另外,新创立的职业如工程师等,也附属于企业,但是,还有很多通过自我组织的方式,以企业或者合伙的方式生存于世,这样,传统的职业准则的制定就要根据现代社会的组织方式加以调整。例如,在企业中工作的职业人员需要调整自己的行为适应企业的规范,同时也要遵守职业准则,这些规范之间往往会存在冲突,这是当代职业人员困惑的来源之一。

除了传统的职业人员外,凡是通过就业取得收入的人在现代社会中也可以看作一种职业,这些职业虽然没有传统职业的荣耀和光环,但是,也有自己的职业准则存在。

目前的职业规范中渗透了科层制组织的所谓道德中立条件下由合理化雕琢的职业准则和精神。这涉及科层制组织的存在形态。

科层制组织是按照合理化原则建立的。支配这种组织的逻辑,在企业中是货币原则,在管理结构中是权力的运用,但是,这些逻辑的核心是达成目标的效率。在目标-手段的链条中,因果关系从管理学角度看,完全是一种客观的存在。在这中间,人们仅仅是组织职责的承担者,因此,这里的逻辑是客观的,把人的主观选择限制在了最小的范围内。几乎只有老板对目标的选择才留有主观活动的余地。所有的职场规则都是围绕着这种客观逻辑展开的。

但是,无论是我们日常的感受,还是现代社会学研究都表明。个体在组织中虽然受到制度和组织目标的制约,但是也仍然存在着巨大的选择空间。不同于个人,群体之间的互动也在影响组织目标和手段的选择。因此,组织中存在的大量的活跃因素,组织本身也在客观逻辑和主观选择之间摇摆前行。

资本主义企业的特点就是把劳动者从封建的身份制下解放出来,又通过企业,把法律赋予的自由和选择权取消掉,从而使组织成员丧失了一些基本的选择权。成为组织的被动成员。人获得了社会的解放,又被企业所俘获。

现在的职场规则大部分是在客观化的科层逻辑这一框架下展示如何获得成功的做法。这显然是与人的自由发展的理念相背离的。因此,这与保持共同体的稳定的职业伦理不同,是个体生存的守则。因此,这些规则不仅不具有道德含义,反而具有反群体、反伦理甚至反社会的特征。是现代企业留给社会的精神毒瘤。例如在杜拉拉式的职场准则中,很多都是鼓励员工奴化、鼓励个体生存原则,从温和的角度看,这些是科层制的逻辑对人的征服,也就是马克思的异化或者卢卡奇所谓的物化的表现,从激进的角度看,是资本对全社会征服的一个具体的表现。

其实,现代企业组织中并非全部是客观逻辑在起作用,老板、所有者和高管的意志依然带有很大的主观性与随意性。造成这种现象的原因其实是制度的不健全,如果处于理性竞争的条件下,企业所有行为必须是客观理性的,否则就无法保证企业的生存。但是,在现实生活中,市场竞争的不完全性,导致了企业留下主观行为和目标的选择空间。因此,现在职场生存法则,也在这种制度结构下被分离为两类,第一类是企业客观逻辑的要求,例如员工的尽责等。而与上级保持一致等本来不属于现代社会的准则却成为职场中的金科玉律,显然反映了企业中资本所构造的原则的垄断和蛮横的一面。

从个体角度看,职场准则是高度理性化的,一切个人爱好、个人选择和个性在职场中全部消弭,一切行为都是围绕着职场成功而展开的。从吃饭穿衣到谈话做事,都带有强烈的目的性,依靠对个人的强大自制力来适应组织。但是,从上面的分析可以看出,组织存在客观和主观双重逻辑,所以,职场人生就不仅成为科层制结构的固定成员,而且在很大程度上成为高度奴化的权力之下的被动个体。这是现代性笼罩下的人生悲剧的写照。

5. 企业转型和企业伦理的转型

中国企业伦理的转型的实质性过程是社会和社会伦理的转型。在古典社会向市场经济的过渡中,原来贵族所主导和构建的伦理体系和伦理准则被商业社会的准则所取代。"商人和企业家的职业价值,这一类人赖以成功的禀性价值,被抬高为**普遍有效**的价值,甚至被抬高为这些价值中的'最高价值'。机敏、快速适应能力、计算型智力、对保障生命'稳妥'和八面玲珑的意识——确切地说,能够创造这些条件的特有能力,对各种情况的'可测性'、连续工作和勤奋、签订和遵守合约的详略等意识,现在都成为基本品德;勇气、英勇牺牲精神、冒险乐趣、高贵意识、生命力、征服意识、对经济财富的等闲视之态度、家乡恋情、对家庭和家族的忠心、对领主的忠诚、统治力、恭顺等都隶属于上述基本品德了。"[①]

这个社会转型不仅构造了一些新的伦理准则,而且也使当初存在的道德准则的排列发生了根本性变化。

[①] 舍勒:《价值的颠覆》,罗悌伦等译,北京:生活·读书·新知三联书店1997年版,第142—143页。

第 14 章 自由[①]

1. 概述

自由几乎是当代社会的第一价值观,但是由于理解角度的多样性,自由作为一个价值观,也是不同学派和集团征战的一个思想战场。

自由有两种不同的理解角度,外在自由和内在自由,这已经导致了自由理解的多义性。[②]

从行为上看,自由的本意是免除强制,古罗马的法律中规定:"自由人得名于自由一词。自由是每个人,除了受物质力量或者法律阻碍外,可以任意作为的自然能力。"[③]

自由,英文有两个词汇表达,"freedom"和"liberty",即使是英语世界的人,对这两个词汇的含义也很难做出区分。其中,这个"liberty"来自拉丁文的"liber",在法语中是"liberté",是大革命贡献给现代社会的首要概念,也成为当代社会所谓普世价值中最无争议、最被推崇的价值观。伯林就曾经说过,历史上几乎所有的道德家都颂扬自由。实际上,古典时代的人们价值观中似乎没有自由,至少自由不占据中心的地位。但是近代以来,自由突然成为人们追求的无可争议的价值。在中国,因为裴多菲的译诗:"生命诚可贵,爱情价更高,若为自由故,二者皆可抛"广泛传扬,使自由的价值超越几乎一切的

[①] 对自由,有多方面的论述,本书写作中,参考了哈耶克的《自由秩序原理》,这是当代对自由原理最有影响的一个表达,当然,马克思对自由的看法,作为哈耶克的对立面提出是正常的,因为,虽然马克思不可能针对哈耶克,但是哈耶克的思想确实是针对马克思的。除此之外,约翰·穆勒《论自由》是对古典自由理想的最好表达,以赛亚·柏林在《两种自由概念》一文中对积极自由和消极自由的区分是对自由概念的最大贡献。因为自由是一个当今社会最大的论题,所以,其他人的意见也适当的得到了参考。

[②] Frédéric Laupies La Liberté,Puf,Paris,7.

[③] 转引自王莉君:《权利与权力的思辨》,北京:中国法制出版社 2005 年版,第 32 页。

思想,深入到了社会的各个层面,尽管人们对此的实际认知并不相同,但是,这个思想是为社会所广泛接受的。

以自由为语言躯壳的概念实际上包括了非常复杂的含义,人们习惯说个人自由、社会自由、经济自由、思想自由、意志自由和哲学上的自由。这些自由的内涵相差甚远,甚至在自由概念之下出现了对立的解释。因此,自由不是一个无可争议的统一价值观,毋宁说,自由是一个争议的思想战场。

马克思主义和西方的一般政治哲学家在对自由平等价值观的讨论中,采取了完全不同的方法。马克思认为,价值观是现实社会的反映,是被发展中的社会关系所决定的,而生产关系是这个关系的核心。因此,对价值观的讨论不能脱离现实基础,要放在历史的环境中、结合生产力的发展水平以及与其适应的生产关系来进行。抽象地讨论价值观是没有意义的。从总的结构上看,马克思采取的是对资本主义批判的态度展开价值观的讨论的。在马克思的讨论中,更多的是采取了一种客观主义的方法,对价值观的历史内容和含义进行分析。而马克思的分析中也有自己的价值体现,这种价值体现主要是以批判的方式表达的。

西方的一般思想家都是采取分析的方法,通过抽象的方式抽取价值观的核心内容,力图在一定的分析结构中建立对价值观的解读。这些分析也建立了相当的思想成果,但是,要知道,这些分析对这些价值观所依存的社会制度本身有明确的辩护关系,而对利益格局的适应主要是表现在一种对强势群体的依附上面。

从价值观的讨论上看,马克思主义更多是建立在理性和集体主义的基础上的,而西方的价值观讨论中的基础或者是理性或者是感情,哈耶克明确地提出是一种进化的局部理性,这是一个创见。不过,就其基础而言,西方的价值观讨论都是建立在个人主义基础上的。这可以说是马克思主义与西方价值观讨论的根本分野。

2. 对自由的基本认识

对于自由的最早至今也是被最广泛接受的一个定义是穆勒做出的,穆勒在他的名著《论自由》中,为自己提出了一个任务,就是要对自由的含义和界限做出清晰的划分。可以说此后关于自由的讨论都受到了穆勒这个工作的影响。穆勒认为,自由就是免除强制,每一个人可以按照自己的意愿做自己喜欢的事情。但是,在社会中,这个自由迟早会遇到与他人的冲突,这时候自由的界限就出现了。社会这时候有权力对个人的行为加以规范和限制。问题是,在社会中,这个界限由谁划分?如何划分?穆勒认为,他工作的"目的是要力主一条极其简单的原则,使凡属社会以强制和控制方法对付个人之举,不论所用手段是法律惩罚方式下的物质力量或者是公众意见下的道德压力,都要绝对以它为准绳。这条原则就是:人类之所以有理有权可以个别地或者集体地对其中任何分子的行动自由进行干涉,唯一的目的只是自我防御。这就是说,对文明群体中的任一成员,所以能够施用一种权力及其意志而不失为正当,唯一的目的只是要防止对他人的危害"。[1] 他提出了两个格言,作为划分自由的界限:"第一,个人的行动只要不涉及自身以外什么人的利害,个人就不必向社会交代。他人若为着自己的好处而认为有必要时,可以对他忠告、指教、劝说以致远而避之,这些就是社会对他的行为表示不喜或非难时所仅能采取的正当步骤。第二,关于对他人利益有害的行动,个人则应当负责交代,并且还应当承受或是社会的或是法律的惩罚,假如社会的意见认为需要用这种或那种惩罚来保护它自己的话。"[2] 也就是说,涉及个人范围内的行动,个人享有完全自由,涉及其他人利益的行动,则需要遵守规范。这个规范或者是法律确立的,或者是契约确立的。因此,现代社会的自由就变成了法律确立的自由了。

穆勒这两个原则和对原则的讨论是一种原则与原理的讨论,奠定了此后西方学者对此问题讨论的基础。几乎所有关于自由问题的讨论线索都在这个讨论中找到源头。举凡对自由的基本含义的解读、政治自由和社会自由的含义,以及消极自由和积极自由的阐释都可以在穆勒的工作中看到痕迹。

哈耶克在《自由秩序原理》一书第一章中,引经据典,对自由的含义进行了全方位阐释。作为对自由概念的理解,这些阐释建立在前人的研究基础上,哈耶克自述,他的工作是要对这些成果按照现代社会的方式和语言进行重构,其中虽然融入了自己的理解,但是可以作为对自由概念理解的最好的入门途径。

与一切自由主义一样,哈耶克坚持自由的个人主义特性,这种思想认为,自由就是个人的自由,没有脱离个人的自由,所谓集体或者群体、民族的自由都是一种导向偏离自由的说法。

不过,虽然存在着争议,但是就自由的本意而言,并非没有稳固的基础。说起自由,在本来意义上人们很容易理解。

---

[1] 约翰·密尔:《论自由》,程崇华译,北京:商务印书馆1959年版,第10页。
[2] 同上书,第102页。

2.1 自由的本意

也就是自由的原始意义。按照一些学者的看法,自由的本意是指奴隶社会中的自由人这个概念中所表达的含义,与奴隶相比,这些人有自己的权利和生活保障,因此被称为自由人。哈耶克把这种原始意义的自由定义为:"一种生活于社会中的人可能希望尽力趋近但很难期望完全实现的状态。"具体表现为:"始终存在着一个人按其自己的决定和计划行事的可能性,此一状态与一个人必须屈从于另一个人的意志(他凭借着专断决定可以强制他人以某种具体方式作为或者不作为)的状态适成对照。"① 这个含义是从自由人的存在方式推演出来的,也就是可以按照自己的意志行事,不屈从另外的意志。所以,哈耶克很快就把自由与强制之间的关系作为一个核心命题提出来,在他看来,自由就是不被强制,就是对强制的消除。这个思想当然不是哈耶克的独创,而是自由主义者所坚持的核心命题。

其实,早在哈耶克之前一百年,穆勒不仅阐述了这个自由的含义,而且对个人自由的范围做了清晰的划分:"这个领域包括着:第一,意识的内向境地,要求着最广义的良心的自由;要求着思想和感想的自由;要求着在不论是实践的或思考的,是科学的、道德的或神学的等一切题目上的意见和情操的绝对自由……第二,这个原则还要求趣味和志趣的自由,要求有自由制订自己的生活计划以顺应自己的性格;要求有自由照自己所喜欢的去做,当然也不规避会带来的后果。这种自由,只要我们所作所为并无害于我们的同胞,就不应遭到他们的妨碍,即使他们认为我们的行为是愚蠢、悖谬或错误的。第三,随着各个人的这种自由而来的,在同样的限度之内,还有个人之间相互联合的自由;这就是说,人们的自由为着任何无害于他人的目的而彼此联合,只要参加联合的人们是成年,又不是出于被迫或受骗。"②

对自由的概念,罗尔斯从正义论的角度做了自己的解读,也是对自由的一个比较好的定义。他从三个方面定义自由:"自由总是可以参照三个方面的因素来解释的:自由的行动者;自由行动和所摆脱的种种限制与束缚;自由行动者自由决定去做或不去做的事情。一个对自由的完整解释提供了上述三个方面的有关知识。"③ 自由在罗尔斯的思想体系中,是从制度正义的角度展开分析的。虽然罗尔斯把自由作为一个正义制度的

---

① 哈耶克:《自由秩序原理》,邓正来译,北京:生活·读书·新知三联书店1997年版,第4页。
② 约翰·密尔:《论自由》,程崇华译,北京:商务印书馆1959年版,第15页。
③ 罗尔斯:《正义论》,何怀宏等译,北京:生活·读书·新知三联书店1988年版,第200页。

第一美德,但是,罗尔斯的思想更多是处理平等和公平问题。这也是罗尔斯受到了自由主义内部权利派别挑战的主要点。但是,罗尔斯对自由的说明是确当的。从定义的角度看,这是最明晰的一个定义。

上述穆勒、哈耶克和罗尔斯等人对自由的这种阐释,还只是自由的本意,现代社会中,自由承担了更为复杂的含义,于是,有了政治自由、内在自由和能力自由三个不同的概念。

2.2 政治自由

哈耶克讨论的主要是政治自由:"乃是指人们对选择自己的政府,对立法过程以及对行政控制的参与,它乃是一些论者经由自由的原始意义适用于整体意义上的群体而形成的概念。从而它赋予人们一种集体的自由。"[1]不过,哈耶克立即指出,民族的集体自由不同于个人自由。他是把个人自由置于民族集体自由之上的。

2.3 内在自由

相比之下,内在自由与个人自由更为相关,"内在自由所指涉的乃是这样一种状态,在这种状态中,一个人的行动,受其自己深思熟虑的意志,受其理性或持恒的信念的导引,而非为一时的冲动或情势所驱使。"[2]这一自由定义与认识论和伦理学相关。一个人受到错误理念和混乱情绪所误导产生的不当或者错误行为,可以视为"内在的不自由"的一种表现,因此,使人自由不仅要有自主的环境,还要有自主所需要的知识,以及良好的意志品质。

这种自由最早就是康德明确表述的,这种自由更多的是一种精神自由,是自由意志的一种表现。这种自由与自由行为本意还是有区别的,第二种自由强调的是自由的行为,这里强调的是自由的精神。人类自古以来就存在命定论的认识,在人的力量薄弱的古代,人们把命运看作是一个既定的存在,人们的所有行为都是前定的,由命运确定的。康德认为这种看法是错误的,人们会以此来推卸自己在世界和社会上的责任。人的存在虽然是现象界的事实,人们因此也受到自然因果关系的支配,但是人不同于动物的是人有自己的意志,这使人可以超越自然因果,以自己的意志来支配自己的行为,这样人

---

[1] 哈耶克:《自由秩序原理》,邓正来译,北京:生活·读书·新知三联书店1997年版,第6页。
[2] 同上书,第8页。

的意志就成为超越的原因。人们的行为既然受到整个超越一切自然因果的意志支配，伦理学问题就是整个意志的性质了，康德认为，这个意志的特点就是善，而这个善良意志对人的行为发出绝对命令，这样康德就在自由意志的基础上建立了自己的伦理学大厦。

2.4 能力自由

能力自由更多是把能力与自由相连接。按照哈耶克的看法，这里最容易产生混乱，因为这种连接很容易用集体力量破坏个人自由。哈耶克认为这种思想起源于法国的伏尔泰，并且获得了广泛的传播，不仅是社会主义思想传统，甚至连康芒斯、杜威等人也接受了这种观点。

这里对自由的讨论就到了一个枢纽了。和能力相关的自由，在伯林之后，被定义为积极自由，据认为是黑格尔与马克思的传统。相反，哈耶克上面的讨论就是另外一种自由，被称为消极自由。

同时能力自由也把自由与科学近代发展之间的关系显示了出来。我们到目前为止讨论的自由都是社会中的自由，但是人面对自然时，自由的实现更多是对自然的掌握程度，在自然科学和技术不断发展的今天，人们可以通过各种手段实现原来无法实现的愿望，我们不仅可以遨游太空，也可以穿山越岭地走遍世界不受约束。人们甚至可以通过改善自身的基因来控制自身的命运。这些能力展示了人们通过科学掌控世界、实现自由。这种自然中的自由是典型的能力自由。在马克思的思想体系中，这是与生产力相关的自由概念，而政治自由则是与生产关系相关的概念。

3. 积极自由与消极自由

孟德斯鸠在《论法的精神》中，提出了对自由的一个看法："在一个有法律的社会里，自由仅仅是：一个人能够做他应该做的事情，而不被强迫去做他不应该做的事情。"[1]这里已经有了消极自由的概念。不过，学术界认为最早是贡斯当提出了消极自由和积极自由的概念。贡斯当当然没有直接提出积极和消极自由的概念，他提出的是古代的自由和现代的自由概念。在贡斯当看来，古代的自由是一种参与公民事务的资格，这种自

---

[1] 孟德斯鸠：《论法的精神》，上册，张雁深译，北京：商务印书馆1959年版，第154页。

由表现为积极行使权利,为集体做出贡献。这种自由显然是不同于现代社会所倡导的个人自由。个人自由是在不影响其他人的权利的情况下,按照自己的意愿发展自己能力的自由,这种不受到强制的自由才是现代自由。至少在贡斯当这里,这两种自由的合二为一才是自由的完整的表述。虽然他强调现代个人自由的不可侵犯性。

以赛亚·伯林在20世纪50年代后期发表的《两种不同自由》,第一次明确地区分了消极自由(negative liberty)和积极自由(positive liberty)。在他看来,自由之所以成为一个争议的泥潭,盖因为没有区分两种不同的自由。积极自由是"做……的自由",这种自由需要积极的目标和参与,因此,在伯林看来,这种自由会导致集权的出现。恰恰是对斯大林主义的憎恶,导致伯林对积极自由的否弃态度。由于在"冷战"的两极世界中,伯林的思想有明确的政治倾向。他把积极自由的思想源头追溯到黑格尔和马克思。虽然对马克思这是一个误解,但是,不妨碍对马克思主义态度的一个描述。而伯林坚持的是一种以个人为核心的消极自由的态度。所谓消极自由,其公式是"免于……的自由",也是一个源远流长的传统。霍布斯就是曾经把自由定义为外界障碍不存在的状况。以赛亚·伯林把消极自由和积极自由称为好的自由与坏的自由。

罗尔斯谈到积极和消极自由的时候,认为,这两种自由都是深深植根于人类的渴望之中。但是,这两种不同的自由不涉及自由的最根本的问题。[①]

马克思不是这样讨论自由问题的。在马克思看来,自由是一个历史过程。这个过程是与生产力的发展水平密切相关的。同时也有因生产关系所决定的社会关系含义在其中。第一个自由是人对自然因果关系的掌握过程。第二个自由是人通过社会关系的掌握,完成人对自己命运的掌握过程。在这个过程中,人与物质财富之间的关系是一个重要的基础。按照马克思的观点,近代工人阶级丧失自由,就是因为丧失了生产资料。从而使自己成为资本支配的对象。因此,马克思讨论自由时总是建立在对生产力和生产关系之间的相互作用的分析上,而经济分析是自由的分析基础。马克思的这种把自由与能力(经济能力)结合起来的看法,成为近代西方自由讨论所嘲讽的对象。

西方学者不愿意就此基础讨论自由,因此,很快就把自由归结到了政治领域。为了这个自由,西方学者可以攻击平等,也可以抛弃民主,但是,自由是一定要优先坚持的价值观。正义和权利也成为了自由的附属物。

像一切价值观讨论一样,资产阶级学者愿意把对自由的讨论放在一个脱离时代和

[①] 罗尔斯:《正义论》,何怀宏等译,北京:中国社会科学出版社1988年版,第199页。

社会的思想结构中展开。他们强调消极自由不受强制,但是不仅一个饥饿的人在食物面前没有自由,就是一个被欲望所调动起来的人,在丰富的商品面前也难免被商品的刺激所"强制",这种自由与强制是被内在的社会关系所决定的,是特定制度的产物。在这种情况下,自由实际上已经丧失了,但是人们还顶着自由的光环。

4. 马克思论自由

马克思反对自由的抽象定义,认为自由像一切价值观一样,必须放在时代和制度的背景下,才能获得其真实的含义。"没有一个人反对自由,如果有的话,最多也只是反对别人的自由。可见各种自由向来就是存在的,不过有时表现为特权,有时候表现为普遍权利而已。"[①]在资本主义的体制下,自由更多的是表现为一种资本的自由。而这种自由是通过限制劳动的自由实现的。

马克思对资本主义制度下的自由抱有嘲讽的态度。他从几个不同层面揭示自由的本来含义。在他看来,工人进入市场与资本家交换自己的劳动力时,他是自由的,自由是这个交换实现的前提条件:"商品交换本身除了包含由它自己的性质所产生的从属关系以外,不包含任何其他从属关系。在这种前提下,劳动力只有而且只是因为被它自己的所有者即有劳动力的人当作商品出售或出卖,才能作为商品出现在市场上。劳动力所有者要把劳动力当作商品出卖,他就必须能够支配它,从而必须是自己的劳动能力。自己人身的自由所有者。"[②]虽然马克思这里讨论的是劳动力的支配者的自由,但是,这个自由的含义包含了对自由实现条件的一般认识,即,自由是一个可以支配的事物,其他的从属关系如果存在,这个自由就丧失了,因此,自由在这里是一种对物品的支配能力。不过,马克思马上就提出了自由在资本主义条件下的双重含义,这是对资本主义自由的批判性认识:"这里所说的自由,具有双重意义,一方面,工人是自由人,能够把自己的劳动力当作商品来支配,另一方面,他没有别的商品可以出卖,自由得一无所有,没有任何实现自己劳动力所必需的东西。"[③]所以,这种自由被马克思嘲讽为"自由幻觉"[④],

---

[①] 马克思:《马克思恩格斯全集》,卷1《第六届莱茵省议会的辩论(第一篇论文)》,北京:人民出版社1956年版,第63页。
[②] 马克思:《资本论》,中央编译局译,北京:人民出版社1975年版,第190页。
[③] 同上书,第192页。
[④] 同上书,第591页。

这种幻觉是因为劳动力的价值转为了工资的形式,"这种表现形式掩盖了现实关系,正好显示出它的反面。"为资本辩护就是从这个表面形式出发的,并且以此为依据的。[1]

　　这种自由是市场提供的,是为了失去自由而自由的,用现在中国的流行语言,这是"被自由"的。一旦劳动力进入企业,就进入了一个专制的体制,这个体制被科学包装得严丝合缝,任何残酷和剥夺都被合理化的理由限制在了体制内部。所以马克思说:"在市场上,他作为'劳动力'这种商品的所有者与其他商品的所有者相遇,即作为商品所有者与商品所有者相遇。他把自己的劳动力卖给资本家时所缔结的契约,可以说像白纸黑字一样地表现了他可以自由地支配自己。在成交以后却发现,他不是'自由的当事人',他自由出卖自己的时间,是他被迫出卖劳动力的时间。"[2]基于这个看法,马克思断言:"资本主义的管理就其形式来说是专制的。"[3]"资产阶级平时十分喜欢分权制,特别喜欢代议制,但资本在工厂法典中却通过私人立法独断地确立了对工人的专制。这种法典只是对劳动过程实行社会调节的资本主义的讽刺,而这种调节是大规模协作和使用共同的劳动资料,特别是使用机器所必需的。奴隶监督者的鞭子被监工的罚金簿代替了。自然,一切处罚都简化成罚款和扣工资,而且工厂的莱喀古士们立法的英明,使犯法也许比守法对他们更为有利。"[4]马克思和恩格斯对这种专制体系下的人们生存状况进行了描述:"挤在工厂里的工人群众就像士兵一样被组织起来。他们是产业军的普通士兵,受着各级军士和军官的层层监督。"[5]按照恩格斯在《英国工人阶级状况》一书的说法,"资产阶级用来束缚无产阶级的奴隶制,无论在哪里也不像在工厂制度上暴露的这样明显,在这里,法律上和事实上的一切自由都不见了。"[6]这个断言从大量的社会学观察可以证明是符合实际的,不幸的是,在今日的中国,仍然是一个悲惨的现实。也许西方国家随着加工业的转移,这种现实被改变了,至少是被更深地隐藏起来了。但是,这样的现实在中国的土地上不断地发生,在我们眼前依然历历在目。在我国的企业中,不仅马克思揭示的那些延长工作日的手段被反复使用,而且大量的血汗工厂的存在,不断地证明资本的卑劣和残酷。即使那些管理良好的企业,其内部确立的也基本上

---

[1] 马克思:《资本论》,中央编译局译,北京:人民出版社1975年版,第591页。
[2] 同上书,第334页。
[3] 同上书,第369页。
[4] 同上书,第465页。
[5] 马克思、恩格斯:《共产党宣言》,单行本,中央编译局,北京:人民出版社1972年版,第31页。
[6] 恩格斯:《马克思恩格斯全集》,卷2《英国工人阶级状况》,中央编译局译,北京:人民出版社1958年版,第64页。

是资本的专制制度。大量的人间悲剧都是在这种专制的管理体制之下产生的。资本主义企业管理本身就是一个专制的体系。在这个体系的压制之下,人性的光辉泯灭了,人们不断地以各种方式屈从于资本的意志,即使这个意志能够带来悲剧性的后果,这种屈从还被提倡为一种职业精神和职业意识,但是,这种职业意识不就是原来的奴隶的意识吗?没有了独立的人格,还有什么自由存在?当然,辩护者提出,在资本主义体制下,员工可以通过调换工作来实现自己的自由。首先,这个体制不是资本主义所固有的,而是市场体制所提供的。其次,资本主义创造的大量的失业现象把人们调换工作的范围大大压制了。只有那些爬到了职业顶端的人才有可能实现这个愿望,大量在职业底端的员工只能屈从于资本的意志,从事那些危险而报酬低又不稳定的工作。显然,这里没有了自由的条件,一切都陷入专制的魔掌之中。资本的辩护者习惯为资本提供自由的战车,而交给劳动者的则是效率的镣铐。

其实,当代的自由从一诞生就表现出与资本的密切关系,不仅早期争取流动自由的斗争与资本有关,尤其是后来争取更大的资本自由的活动,更与资本密切相关。相反,劳动的自由则仅仅表现在对出卖劳动力的自由上面,一旦这个过程完成,劳动的自由就丧失了。而资本的自由则是全面的。在评论对工作日进行限制之后,马克思评论道:"连那些经过半个多世纪的内战才被迫逐步同意在法律上限制和规定工作日的工厂主,也夸耀这些工业部门与那些仍旧是'自由的'剥削领域所形成的对照。"[①]在这里,自由的领域指的是那些可以随意延长工作日的领域,[②]这些领域随着工人"自由"的增加而受到了削弱,可以从这里看到两个自由之间的对立关系。所以马克思说:"正常工作日的确立是资本家阶级和工人阶级之间长期的多少隐蔽的内战的产物。都是在现代工业范围内开始的,所以它最先发生在现代工业的发源地英国。"而最能够说明现代自由与资本之间历史性联系的例证是1791年法国大革命高潮时颁布的法令,"宣布工人的一切结社都是'对自由和人权宣言的侵犯',要课以500利弗尔的罚金并剥夺公民权一年。这个法律用国家警察手段把资本和劳动之间的斗争限制在对资本有利的范围内,它经历了几次革命和改朝换代,甚至恐怖政府也没有触动它。"据说这个法令被坚持的理由

[①] 马克思:《资本论》,中央编译局译,北京:人民出版社1975年版,第328页。

[②] 马克思在《资本论》第一卷的一个脚注中说到了工人争取缩短工作日的斗争,提及比利时的情况,不无嘲讽地说:"在比利时这个大陆自由主义的乐园,连这种运动的影子都没有。甚至那里的煤矿和金属矿山,各种年龄的男女工人都被完全'自由地'消费着,而不论消费时间多长以及什么时候被消费。"《资本论》第一卷,人民出版社,第332页。

主要是因为工人们如果商定工资,会侵害他们的企业主的"自由"。①可见,这个对自由的表述赤裸裸地表达了在一些人心目中与资本的关系,在无法保证两方的自由时,资本的自由优先。

马克思所讨论的第二个层面的自由是自由贸易的自由。可以说,近代社会对自由的诉求主要是贸易自由,"在现今的资产阶级生产关系范围内,所谓的自由就是贸易自由,买卖自由。"②这种自由是资本自由的基本含义,并且在不同的时代一再被强调。贸易自由是市场建立的一个基本前提,本来是自由市场的一个要求,并且是本质的要求,但是资本所要求的贸易自由只是一个对资本有利的口号,在强大资本的压力下,一切规则和伦理都可以被打破,唯独资本的自由必须被保持。所以,这种自由被马克思指为"没有良心的贸易自由"。这个贸易自由成为20世纪资本最强大的武器,驾上华盛顿共识的战车,资本在世界范围内无可争议地获取了通行证。

马克思对自由的根本解说是人的解放和自由。③

马克思的哲学是实践哲学,按照马克思的设想,人的自由实现是通过对自然规律的掌握,通过对人与人之间关系的掌握而完成的。这种自由是建立在人的社会实践的基础上的。从社会上获得自由,在马克思那里是与"解放"(liberation)联系在一起的。本来在英文中自由和解放(分别为 liberty 和 liberation)是词意相连的,可以看作是相互注释。人的全面发展是马克思针对资本主义异化现象提出来的一个理想。也是马克思设想的共产主义中关于人的解放的核心理念。但是马克思不认为这个理想可以自然实现,更不认为自由可以脱离群体以个体的方式实现,他认为:"每个人的自由发展是一切人自由发展的条件。"④而这种自由发展是通过人对自己的本质的真正占有实现的。关于人的本质,马克思最著名的描述是在《关于费尔巴哈的提纲》中提出的:"人的本质不是单个人所固有抽象物,在其现实性上,它是一切社会关系的总和。"⑤从历史的角度看,这个本质不仅反映了一切社会关系,而且还保留了以往社会发展的结果,把这些结果融入人的发展中,这就是人的解放过程。这一过程表现为一个对生产资料的占有和

---

① 马克思:《资本论》,中央编译局译,北京:人民出版社1975年版,第810页。
② 马克思、恩格斯:《共产党宣言》,单行本,中央编译局,北京:人民出版社1972年版,第31页。
③ 马克思认为自由是与自由的时间相联系的,正因为如此,马克思才认为,资本创造的自由时间为自由的存在制造了前提,这也是资本的功绩,"创造可以自由支配的时间是资本的主要使命"。(中央编译局译,北京:人民出版社,第218页。)
④ 马克思、恩格斯:《共产党宣言》,单行本,中央编译局,北京:人民出版社1972年版,第46页。
⑤ 《马克思恩格斯全集》第一卷,北京:人民出版社,第18页。

改造的过程。这个过程与一切人的自由发展是紧密相联系的。

5. 现实中国企业内的自由及其贯彻[①]

市场的自由是自由的本意,也就是说要去除强制,划清界限。但是资本的自由观念常常取代市场的自由观念,以偷梁换柱的方式,把自己的自由交给社会,然后可以畅行无阻地长驱直入,控制企业,通过企业控制市场,最终取得统治地位。

其实,仅此观察,中国企业中的自由实际上依然是资本的自由,因为资本占据企业内部的指挥权,虽然从理论上讲,劳工和资本之间是一个契约关系,但是,这个契约中劳工明显处于弱势地位,加上资本不断地突破法律的底线,不仅不遵守既定的法律,甚至连道德的底线也不断地突破,拖欠工资,克扣员工的工资,甚至是奴隶劳动和血汗工厂。这些事情都是资本最粗野的表现。[②]

中国的现实为我们观察企业中的自由提供了一个难得的样本,市场经济建立以来,社会结构在市场经济的冲击下,产生了极大的松动,即使仍然有各种限制,但是,自由市场把人们从这些限制中逐渐地解放了出来,人们增加的不仅是消费品的选择余地,也增加了工作选择的空间。从过去一次选定终身的职业发展,变成了可以在不同的工作机会之间选择,不断地根据自己的特长和喜好改变工作,这些确实是市场提供的自由。

资本在市场经济的创立中,起到了破除坚冰的作用。但是,把市场的发展完全归功于资本是错误的,实际上,只要社会分工存在,市场就存在。小商小贩,小的手工业者,他们利益的实现都是依靠市场的存在。这些主体在市场中的交易是以平等和自由为前提的,并且不断把这种平等和自由再生产出来。这些小商贩、小生产者的交易本身并不会自发导向资本主义,否则中国两千年前就进入资本主义了。资本主义是资本对市场的征服和统治的结果。对市场和资本之间的关系,即使最出色的马克思主义者,也会发生误判,列宁就说过:"小生产是经常地、每日每时地、自发地、大批地产生着资本主义和

---

① 从经济层面上看,自由主义思潮把自由仅仅局限在企业家创业和员工寻找工作两个方面,企业内部的自由向来不是学术讨论的题中之意。

② 人们习惯认为在市场经济中,劳动者获得了择业的自由,他们与资本之间是一种分工协作关系,这种关系的本质是自由。对此问题,马克思曾说过:"因为资本主义生产过程的一切发达的形式都是协作形式,所以,把这些形式所特有的对抗性质抽去,并把它们胡说成是自由的协作形式,自然是再容易不过的事情了。"(《资本论》第一卷,人民出版社,第582页脚注19)

资产阶级的。"①这是一个历史的误解,市场催生平等和自由,资本在其早期发展中,依靠市场的力量,但是随着资本积累的发展,资本要求的不是市场的交易自由,而是资本的自由。资本的自由虽然常常与市场所要求的自由一致,但是,资本发展之后,资本的自由更多是对市场自由的限制和破坏。资本虽然要求流动的自由,但是它不希望别人流动,它希望限制市场竞争的水平,把市场控制在自己的意志之下。

这种认识不是马克思的独家见解,麦金太尔在论述近代自由价值的起源时,把这种自由作为一个新的生活方式来看待,并且与财产联系了起来:"我们发现在一种社会生活方式中,传统秩序正受到创新方式的挑战,在这种创新方式中,自由和财产是一对孪生子。一个人的发迹必定是经济上的,至少最初是如此。但成功的象征仍是被那些在现有秩序顶端的人所接受。然而社会的这种流动性和两种秩序的冲突,孕育着一种根本的怀疑态度。或许,掘地派和平等派成员要求的自由的乌托邦主张已蜕变为清教徒式的商人以及清教徒精神越来越少的商人的自由。"②可见,当代社会的自由从一开始就很清晰地打上了资本的印记,人们常常忘记这种事实,把资本所撰写的自由作为一个一般价值放在了社会科学的教科书中,资本通过自由的概念,对劳工与消费者进行规训和教化。

在市场交易中,资本的交易对象包括了劳动者和消费者。对这两个对象,资本都是力图加以控制。对劳动的控制,资本是通过对劳动力的购买实现的,这一点前面已经进行了分析。但是对消费的控制,则一直是当代批判学者研究的对象。

6. 企业内部的自由和专制

资本控制企业的方式是一种专制的体制,这是马克思对资本主义企业的判断。这种现象是随处可以观察到的。例如,一个社会是根据品行还是根据成功(或者能力)来付酬,虽然涉及了平等和自由的双重问题,哈耶克明知道这个问题在当代社会中,尤其是在企业中处理得极其糟糕,但是,他依然辩解说:"自由社会在这个方面已经形成了若干制度,在这些制度中,对于某些人士来讲,他们更倾向于认为,一个人的升迁或晋升当取决于某个上级的判断或与其共事的大多数同行的判断。的确,随着组织的日趋庞大

---

① 列宁:《列宁选集》,第四卷,中央编译局编译,北京:人民出版社1995年版,第181页。
② 麦金太尔:《伦理学简史》,龚群译,北京:商务印书馆2003年版,第208页。

且更显复杂,确定个人贡献或业绩的工作亦变得愈发困难了,因此,许多人都认为,在这种情况下,有必要根据经理眼中品行而非贡献所具有的可确定性的价值来决定报酬的发放。就这种做法并不会导致政府将一套单一的全面品行等级序列强制实施于整个社会而言,就多样化组织在为个人提供不同的前途方面仍在彼此竞争而言,我们可以说上述那种做法不仅与自由相容,而且还扩展了可供个人选择的范围。"①这一段话与哈耶克这个有创见的知识分子的身份不符,这里面没有任何创见,而是一套典型的辩护性语言,而且采用的辩护手法并不高明。由主管决定下属的命运,这不是当今社会的发明,更说不上"自由社会在这方面已经形成了若干制度",确实自由社会形成的一种制度,尽管历史地看,这种制度并不独特,但是从其中可以清晰地看到资本强制的逻辑及反民主的性质。由同事评定贡献在这里还有所提及,但是,下级评定上级不也是一种民主的做法吗?这种做法不是也没有限制而且扩大了个人的选择范围吗?经理评定不会导向微观的专制吗?在资本主导的企业中,这种现象不是成为一种常态了吗?不仅如此,被这种压制条件下成长起来的个人显然丧失了尊严,只有屈辱地委曲求全,忍辱负重。学者们往往把这种人们生存的切近环境抛开不谈,更愿意讨论宏观的民主问题,这显然有意无意地掩盖了资本主导的企业内部环境的严酷性,不能想象一个已经在工作中丧失了尊严的个体可以有尊严地生存于世界之中。

确实哈耶克在《雇佣与独立》一章中,强调了雇佣者数量增加与取得选举权这两个历史过程的平行性。他有意忽略了这一过程的严酷和斗争,并认为这些数量巨大而且不断增加的选民,"他们的意见在很大程度上支配着政策,所以这在一方面使得被雇佣的地位相对来说具有更大的吸引力,而在另一方面则使独立人士的境况的吸引力日趋减少。这样被雇佣者就可以利用其地位而大肆运用其政治力量,以左右政府政策。"②

这个甘于被雇用而受到管理者随意评价的近乎被奴役的人,只因获得了选举权就有了命运的根本转变,因此吸引人们脱离老板的队伍,而乐于加入其中的看法,既不符合历史,也不是现实。其中的错误是多方面的,第一,现代政治的运作归根结底不是人数决定的,而是由资本与权力构建的。第二,没有什么人甘于处于多数的贫困地位而不愿意改善,这种贫困可以是财产上的,更多是精神上和权利上的。

哈耶克认为,处于被雇佣地位的人可以跳槽,这显然是一种自由。这种自由当然依

---

① 哈耶克:《自由秩序原理》,邓正来译,北京:生活·读书·新知三联书店1997年版,第120页。
② 同上书,第146页。

靠"数量多且行业不同的雇主的存在"。①

哈耶克在这里突然把自由与民主联系了起来,说:"在一个由被雇佣者构成多数的民主制度中,正是被雇佣者的生活观念决定着这一部分人能否存在并发挥其作用,在这样的社会中,占支配地位的观念将是那些绝大多数人的观念。"②这个看法不是天真,是有意地歪曲对世界的认识,可以看看同为自由主义的穆勒对这个问题的说法吧:"特别要指出,若是哪个国度里面有一个占优势地位的阶级,那么一国的道德必是大部分发自那个阶级的阶级利益和阶级优越感。"③占支配地位的观念是占支配地位的集团和阶级的观念,这是一个常识,非有意歪曲,不会得出人数决定观念这样的看法。

哈耶克转回到了微观的环境中,认为一个被雇佣者既缺乏创造性,又缺乏主动性,只能由雇主来评价他的作为和品行了。奇怪的是,在前面哈耶克还说,只能根据贡献而不能根据品行来决定报酬,这里却又认为根据品行而不是贡献了。不过,这个问题并不重要。问题的关键是哈耶克强调雇主意志的必要性,甚至是唯一性。这种微观的专制似乎无关自由,自由在这里突然消失了。

对被雇佣者的评论中,最离奇的是被雇佣者从不参与决策,这使他们既无能力也无愿望,因此他们认为自由无用,"在当今世界,被雇佣者这一多数将他们的生活标准和观念强加于其他人的趋势,对自由构成了严重的威胁。"④被雇佣者没有自由,因为他们不喜欢自由和拒绝自由,不仅自己拒绝,还要限制别人的自由,剥夺其他人对自由的向往。至少思想上是如此,还有比这更离谱的是非颠倒吗?

其实,上述还是一个边缘的问题,劳动者到底是什么?是一个有尊严的个人还是一个生产要素,这才是问题的实质。在经济学中,劳动被简化为一个生产要素。资本正是根据这个假设,认为劳动者不是作为一个人而是作为一个生产要素存在于世的,这样,对这个要素的评价就不是根据他的社会需要,而是根据生产的需要,根据市场的需要,劳动者的社会存在意义被生产要素的经济评价所取代,成为一个物化的存在。一个多面的人就被简化为除了劳动力之外没有任何特性的"单向面的人"。⑤

---

① 哈耶克:《自由秩序原理》,邓正来译,北京:生活·读书·新知三联书店1997年版,第148页。
② 同上。
③ 约翰·密尔:《论自由》,程崇华译,北京:商务印书馆1959年版,第6页。
④ 哈耶克:《自由秩序原理》,邓正来译,北京:生活·读书·新知三联书店1997年版,第146页。
⑤ 马尔库塞对资本主义时代人的描述。

资本也是根据这一点,认为劳动者的联合组织工会成为一个生产要素的垄断组织。这种评价是根据劳动作为生产要素来看待的,劳动者的独立人的结社自由,在这里被斥为生产要素的垄断,成为了反垄断法打击的对象,①这一切源于劳动者是可以自由买卖的商品,资本获得了对劳动支配的自由,而劳动者的尊严和一切自由都受到了限制与破坏。于是发展中国家的劳动者只能甘于近乎奴隶的地位。而发达国家的劳动者在资本转移了资源之后,不仅丧失了工作,还要受到"享受福利制度的懒汉"的指责。

7. 技术与自由

从自由的形态上看,免除强制,包括免除人对人的强制,另外一种非常重要的自由是提高人应对自然的能力。这是免除自然对人的强制。近代人在与自然的对抗中,取得了多方面的成就,主要是通过科学认识和技术手段,大大提高了人的自由范围,这包括了人们可以通过汽车、轮船、火车和飞机穿越在世界各地,也包括通过通信手段联络。这些技术手段的发展,不仅扩大了个人的自由范围,在相当大的程度上,也在不断改变人们的生活方式,并进而直接或者间接地影响企业的经营方式和管理方式。

例如,汽车、电冰箱的普及,导致了人们购物方式的转变,大型超市的兴起就是与这种生活方式的转变直接相关的。大型超市的发展是通过为消费者提供多样化的选择实现的,这似乎扩大了消费者的自由,而大型超市的发展极大地改变了商业版图的格局,大量的中小商业机构在大型超市的竞争下不断破产,导致了结构性的失业,同时也改变了人们的购物方式。人们的选择在城市空间上却被压缩了。这种情况的伦理评价表现为复杂的结果。不仅如此,巨型超市的发展使原来不可能的全球化采购变成了现实,这样就出现了沃尔玛通过卫星在全球销售鸡蛋的现象,这种做法极大地改变了产业的竞争格局,形成了企业全球竞争。一方面使消费者享受到了低价高质的产品,但是,也大大限制了消费者的选择。多样化的商业世界变成了越来越标准化的格局,这也在消减消费者的选择空间。

---

① 在美国,1890年《谢尔曼法》通过后,曾被广泛地应用对付工会组织,法庭多次判决工会组织违犯该法,形成对劳动力垄断,最终迫使工联主义的美国劳联(AFL)参与政治活动,直接推动了《克莱顿法案》的通过,使工会组织合法化。

不过，这还是技术通过生活方式影响企业的间接方式。计算机和互联网的发展，对企业经营和管理方式产生了直接的影响。网络发展使人们之间的联系变得迅速、低廉和直观，人们不仅可以通过电子邮件传递信息，大大提高信息传递效率，人们还可以通过即时通信软件交流情况，使工作效率大幅度提高，尤其是手机与互联网的结合，使信息交流的速度和方便性大大提高，这些都扩大了个人和企业的自由空间。使人们免除了地点、手段等限制。使信息交流速度大幅度提高。在互联网十多年的发展中，人们从当初的通过网页浏览信息，到通过博客发表感想，直到现在通过微博传递信息，这些看起来属于技术领域的发展对政治运作方式和企业运作方式都产生了重大的影响，以致人们不得不重新审视自己的经营方式。

首先，互联网把世界链接为一体，通过技术手段，过去需要深入对方腹地才能获取的情报，现在仅仅通过技术手段进入对方的网站就可以取得相关的情报，这种黑客手段的出现确实扩大了人们活动的空间，提高了自由度，而手段的普及对竞争情报和知识产权保护也提出了新的问题。

互联网的发展中，网页、论坛、博客和微博的发展似乎仅仅是信息交流速度的提高，提供新的自由空间。但是，从经营上看，这些网络形式的发展，每一次都提供了新的商业运作机会，同时也带来新的威胁。例如，微博发展导致信息传播速度的大幅度提高，信息传播的自由度也大大提高，一方面对那些假冒伪劣商品的提供者悬起了威胁的宝剑，人们可以快速揭露这些作假者。但是，也为一些居心叵测的人攻击竞争对手提供了便捷的手段，导致了新的商业攻击事件的泛滥。近两年来，这些商业攻击事件不断出现。主要因为，微博信息传播的私人性、群体性和快速性，使微博突破了以往公共信息传播的守门人的门槛，通过简洁快速的方式把相关的信息传递到各处。一个能够抓住人眼球的信息可在以分钟甚至秒为单位的时间内在网络上形成冲击。一些商业攻击就采取这种方式，对对手快速造成损害和打击。

这是对自由运用的新的问题。现在的企业不得不在网络上构筑强大的防火墙，不仅是防止信息的泄露，更主要是发现对自己不利的攻击。

这也提出了新的企业伦理问题，按照穆勒的看法，自由运用的界限是对他人利益的损害，一旦达到这个界限，自由的运用者就应该提出解释，并且限制自己的行为，但是，在市场背景下的商业行为本身就带有强烈的竞争特征，一般人更愿意用"商战"的概念来描述这种活动。但是，商业活动就是商业活动，不是战争，因此，不仅要遵循法律的要求，也要遵守最基本的人类的活动准则。其中对自由的运用则是以不损害他人的利益为界。

　　互联网和计算机的发展提出的不仅仅是自由问题,但是,最重要的是自由问题,技术首先提高了人们的自由度,但是同时也对人们的自由空间产生了新的威胁。我们现在的个人信息和隐私随时可能通过各种途径失去保护,流散到无所控制的公共空间中去。这些事件的产生对企业伦理提出了新的挑战,需要从不同角度加以应对。

第 15 章　平等

1. 概述

　　自由、平等、博爱,虽然同为大革命的口号,但是,这三个口号并非是大革命时的唯一选择,三者也没有紧密相连。比较起来,虽然大革命时口号众多,确实自由和平等几乎总是同时出现的。而博爱是到了半个世纪之后的 1848 年革命,才与自由、平等相连,三个口号得以官方的名义联系起来,成为了法国的国家信条,并以现代价值观的形式传遍世界。

　　自由和平等一直紧密相连,并且同为市场经济的前提和条件,本应命运相同,但是与自由的被广泛接受,甚至顶礼膜拜相比,平等更显得命运多舛,远不如自由那样的趾高气扬,傲视世界。恰如罗尔斯所说:"许多保守作者争论说现代社会运动中的平等趋向是嫉妒的表现,于是他们试图使平等倾向名誉扫地,把他归于那些总体上有害的冲动之类。"[1]德沃金也指出了近似的事实:"平等是政治理想中一个面临困境的观念。"[2]

　　最早发现自由与平等之间存在内在矛盾的是托克维尔,他对美国的观察中,发现了自由与平等的价值观有内在的紧张关系。

　　在当代世界中,如果说自由更多地被资本作为了手段,平等则主要是弱势群体的一面旗帜。本来孪生的价值观,因此一来,转为反目成仇的对立面。

　　确实,对自由的颂扬和辩护中,最强大的似乎是资本发出的声音,而对平等的批判,尽管来自不同方面,其中仍然以资本为最强大的势力。

---

[1] 罗尔斯:《正义论》,何怀宏等译,北京:中国社会科学出版社 1988 年版,第 541 页。
[2] 德沃金:《至上的美德——平等的理论与实践》,冯克利译,南京:江苏人民出版社 2003 年版,第 1 页。

从思想史的角度看,自由主义的传统中,首要的问题一直是自由,由这个学派的命名就可以看出来。一般认为,自由主义有两个不同的传统,不仅基于不同的原则,也构造出不同的自由解释,更重要的区别是对平等与自由关系的看法。第一个传统是洛克开其源的个人主义的自由主义,强调个人自由和个人权利。第二个传统是由卢梭开创的,基于共同体构建,强调公意和参与。贡斯当把前者构建的自由理念称为现代的自由,而后者思想发源于柏拉图和亚里士多德,其构建的自由理念因此被称为古典的自由。

从对平等和自由的重视来看,古典自由主义一直重视自由,忽视平等。只是到了罗尔斯之后,平等问题才在自由主义的思想范畴中被提出来,形成了一个新的讨论框架,自由与平等的关系成为了一个显题。

马克思一直是在历史唯物主义的实践哲学的基础上来解决自由与平等的问题。形成了自己的独特的思想方法,这些思想,深刻地影响了中国现代思想,由于作为官方哲学,马克思主义被广泛宣传,但是,作为中国人知道,马克思主义思想被接受的程度不仅受到马克思本人思想的影响,也受到了马克思思想与中国古典思想的契合程度的影响。能够被广泛接受的思想,都是因为在中国本来就有了思想基础,并且更适合当时的社会情势。

2. 自由主义的平等论

自由和平等之间的关系,在大革命提出这个两位一体的口号时,就开始了其内涵和关系的争议。自由主义有忽视平等、强调自由的传统。对自由平等的最早理解,认为自由、平等之间相互依存,互以对方为根据。因此,是二而一的事情。自由和平等都被看作是权利的属性,前者是从否定的角度,后者是从肯定的角度对人权的表述。直到雅各宾当政之后,才开始从结果上看待平等。出现了平等优先于自由的看法。

托克维尔是最早反对平等价值的人,按照他的看法,平等的社会只有靠专制才能建立。这种思想奠定了自由主义传统中对平等的忽视甚至仇视的历史情绪。

2.1 罗尔斯的平等思想

这种看法到罗尔斯才发生改变。在罗尔斯那里,自由和平等都被作为不可侵犯的原则,"对机会的公正平等的侵犯不能由一部分人或整个社会享有的较大的利益总额来证明。"①

在罗尔斯对两个正义原则的阐述中,毋宁是更强调了正义的平等原则,而不是自由原则。这虽然更多是论证的一种理论策略,并非罗尔斯忽视自由。但是,他确实是在申明自由优先的情况下,对平等做了格外的强调。他在正义论的表述中,更主要是处理平等问题,而不是自由问题。

对平等的坚持,罗尔斯采取了帕累托的效率表述方法,他提出:"除非有一种改善两个人状况的分配(为简化起见,我们以两个人为例),否则一种平等的分配就更可取。"②

如果说在平等与自由的关系中,罗尔斯还是并列处理,在效率与平等的关系中,罗尔斯明确地把自己的天平倾向了平等。罗尔斯《正义论》的第二差别原则涉及的就是如何处理平等问题。在第二原则的阐释中,站在对面的不是自由,而是效率。罗尔斯在两个差别原则的解释上,明确表示,相对于效率原则,平等原则是一个更强的原则。在关于地位开放的原则阐释中,罗尔斯表示:"要求地位开放的理由不仅仅是甚至主要不是效率的理由,我不认为如果实际上所有人都能从一种安排中得到职位,就必须开放。"③他认为,即使封闭了职位可以提高效率,使所有人得利,这种安排也是不正义的,因为这种做法违反了公正平等的原则。这导致了对社会基本善的侵犯。"即使他们从那些允许占据这些职位的人的较大努力中获利,他们的抱怨有道理不仅是因为得不到职位的某些奖赏。例如财富特权,而是因为他们被禁止体验因热情机敏地履行某些社会义务而产生的自我实现感,他们被剥夺了人类的一种基本善。"④

其实,无论是哈耶克的理论还是罗尔斯的理论都是在宏观社会结构中加以验证的。是不是适合微观的企业组织体系,他们都没有涉及过这个问题。这不是哈耶克和罗尔斯的问题,因为他们的理论都是作为政治哲学出现在世人面前和思想史中的,他们没有义务和责任把这些结果推广到企业这个微观社会结构中去验证。但是,我们能够清楚地看到,每一个政治哲学理论都有一个或者清晰或者模糊的伦理学基础。政治哲学不仅立基于其上,而且政治哲学的理论也在不断地重新解读这些伦理学原则。因此,作为企业伦理的讨论,既然是在当代的背景下展开,就必须认真将这些并非独立存在,但是确实不断演变的伦理学理论从政治哲学中抽离出来,在企业这个微观环境下重新加以

---

① 罗尔斯:《正义论》,何怀宏等译,北京:中国社会科学出版社1988年版,第302页。
② 同上书,第76页。
③ 同上书,第84页。
④ 同上书,第85页。

验证。

自然,据上所说,罗尔斯并没有把自己的理论原则放在微观的企业环境下加以验证。但是,这个工作并不是不能进行。按照罗尔斯的看法,工业革命以来以资本主导的企业组织中,不平等以及因此造成的不正义现象是广泛存在的。首先,一些岗位对绝大多数人是实际上封闭的。大部分人没有任何机会进入到这些岗位上来。同时,人们没有机会参与更需要创造性的管理活动,而是毕生被局限在操作的工作中。这必然导致被封闭在外的人们的能力降低甚至丧失,由此更会使他们的自尊和自我实现的愿望无法在这个微观的环境中实现。这个问题,不仅马克思在1844年手稿中做过深入的阐述,而且,哈耶克这个资本主义的辩护者也在他著作中做出了说明。实际上,这种机会封闭的结果,必然是平等原则的失落。

现代工业资本主义造成两极分化是一个明显的历史事实。按照罗尔斯的正义论,这种局面本身就是严重违反平等原则的。罗尔斯是这样阐释他的平等原则的:在收入与财富的不平等存在时,只有那些导致最终弱势群体利益改善的制度与行动才符合正义原则。换言之,平等以弱势群体的改善为前提,否则就是不平等。罗尔斯的链式原则和紧密啮合等理论策略表达了这一改善对整个社会不同阶层的良性影响。

2.2 诺齐克的挑战

不过,从思想史的角度看,罗尔斯几乎是孤独的自由主义者,他的正义论下的平等思想,很快就受到了挑战。虽然诺齐克说过,自从正义论发表以来,人们都是在正义论的范式下讨论问题,否则就要说明为什么。诺齐克在表达了这种对罗尔斯的敬重之情后,立刻就开始了对罗尔斯的批判。他对平等的价值观的价值提出了质疑。对于诺齐克而言,平等不仅与正义无关,而且平等本身的价值都是值得怀疑的。这种怀疑从理论到实践,从平等的内容到平等的形式。

关于平等的第一句话,诺齐克就说:"改造社会制度以使物质条件更加平等的合法性,虽然通常被人们所接受,但很少得到证明。"[1]随后,诺齐克从自己的观点出发说:"持有正义的资格观念不做任何支持平等、其他总体最终状态或模式化的推定。"[2]这句话中包含了很多他独有的术语,如资格观念,模式化推定,这里不做解释。但是有一点

---

[1] 诺齐克:《无政府、国家与乌托邦》,何怀宏译,北京:中国社会科学出版社1991年版,第279页。
[2] 同上。

非常清晰：他不支持对平等的推定。他"对平等的论证的缺乏"感到十分惊讶。

在对威廉姆斯的平等论和机会平等的论证加以驳斥之后，诺齐克很快就把平等与嫉妒之间的联系建立了起来。他对嫉妒和猜忌之间的分析虽然十分精彩，但是，下面的结论则刺人耳目："嫉妒是平等主义的基础。"①在下面的内容中，诺齐克论述了自尊、嫉妒和平等之间的关系，认为无法拉平差距来缔造自尊，也无法清除嫉妒，只要有差别存在，嫉妒就存在。这种对嫉妒的看法，明显是落后于罗尔斯的，在罗尔斯看来，嫉妒虽然有人类的心理基础，但是嫉妒情绪的大规模爆发是存在复杂的社会-心理条件的。他明确反对把嫉妒作为平等基础的看法，"许多保守作者曾争论说，现代社会运动中的平等趋向是嫉妒的表现。于是他们试图使平等倾向名誉扫地，把它归于那些总体上有害的冲动之类。"②看来是立场决定观念，尽管同为哈佛的同事，而且罗尔斯的成果发表得更早、影响更大，但是，诺齐克在阐述自己的思想时，依然坚持了被罗尔斯批驳得近乎体无完肤的观念。

不过，与罗尔斯不同的是，诺齐克确实是少数把自己的分析笔触深入到了企业中的政治哲学家。他对企业中有意义的工作，对工人控制企业的后果，以及对马克思的剥削理论，都做了自己的评论和论述，在这些讨论中，他对平等的价值抱着天然的拒绝态度。虽然诺齐克也是一个道义论者，但是，他在做上述讨论时，很奇怪地经常偏离基本价值而转向效率准则，把自己的论证转回到他本来拒斥的后果性原则和目的论上去。基本价值观的尊严在效率面前灰头土脸地丧失殆尽。

例如，对什么是有意义的工作，他说：请注意，即使没有了私人所有者，所有企业都为工人所拥有，仍然存在着工作任务应当如何加以组织的问题。显然，这种现象存在可能性，但是历史和现实观察到的现象是：虽然公有制企业也会丧失工作的意义，但在私有制下，工作意义的表现范围和存在基础要狭窄得多。

至于诺齐克说资本主义企业内部也可以推动民主权力结构，这种看法非常荒唐，既不符合现实，也不符合历史。虽然理论上资本主导的企业内部也能为民主自由的发展留下空间，但是，在资本主导的企业中，民主参与即使存在，也是作为获取更高利润的手段存在的。这种做法中，民主是手段而不是目的。一旦资本认为专制比民主更有效，企业主立刻就会采取专制的手法。一旦他们认为不平等是效率的前提，他们就会不断地

---

① 诺齐克：《无政府、国家与乌托邦》，何怀宏译，北京：中国社会科学出版社1991年版，第288页。
② 罗尔斯：《正义论》，何怀宏等译，北京：中国社会科学出版社1988年版，第541页。

扩大不平等。从道义论的观念出发,这些作为工具存在的自由、平等、民主等价值观还存在内在价值吗?历史上血淋淋的大量被镇压的工人的事实,能够做民主的解读吗?而平等、自由的价值观何以一到企业中,对于员工就丧失了其存在的意义?

2.3 德沃金对平等的阐述

虽然说思想史上,罗尔斯几乎是自由主义中对平等坚持的孤独者,但是,他还是有一些拥趸存在。其中一些人还做了堪称漂亮的工作来支持他。德沃金就是这样一个作者。

德沃金《至上的美德——平等的理论与实践》一书,把平等奉为至尊,这不仅是罗尔斯的继承者,可以说是发展者,在当代政治思想史上堪称异类。

平等的定义是一个非常困难的事情,即使是词语分析也非易事。德沃金深知这一点,所以他把分析重点放在了平等的类别划分上了,然后根据类别分离出平等的存在条件。

他把平等分为两大类,福利平等理论和资源平等理论。

福利平等——其中福利平等主要是结果出发的,但是,如果根据怎么样定义福利,他又区别了成功理论和感觉状态理论。其中成功的定义可以根据个人偏好,也可以根据非个人偏好来确定,这中间也包含了一系列问题。而感觉状态则是主要从主观感受出发来定义福利并且追求感受的平等。

资源平等——德沃金在分析资源平等的理论时,涉及多个因素。其中包括运气、保险和拍卖。至少从最初两章上看,德沃金的分析既不像罗尔斯那样有完整的结论和逻辑严密的论证,也不像马克思那样有深刻的历史内涵,除了一个比较规矩的分类系统外,整个内容平庸和充满俗见。未见多少精彩之处,这样的著作难以为平等的价值观提供足够的辩护。

德沃金的资源平等是"个人在私有的无论什么资源方面的平等"。资源平等是一种起点平等,与福利平等的结果平等正好占据起始与终点两个不同的端口。德沃金的资源平等中并没有包含政治权力的平等。但是,他也意识到,资源平等必然涉及政治问题。"许多方面都必须从政治上加以确定。"[①]

德沃金构筑的资源平等是以市场经济为模式而建立的。整个模式就是以假设的情

[①] 德沃金:《至上的美德——平等的理论与实践》,冯克利译,南京:江苏人民出版社2003年版,第67页。

境为前提开始的。这种理论策略虽然是契约论中的原初状态的模拟,但是与罗尔斯把历史和逻辑相结合所建立的原初状态相比,德沃金的模型粗率而漏洞百出,当然其中也有令人受到启发之处。

他建立整个资源平等理论经过了如下的理论步骤:

第一步,把一个虚拟的原初状态下的资源以拍卖的形式在成员之间进行分配。

第二步,为了避免运气给实际运作带来的影响,从而使结果产生差别,可以用保险的方式来规避。但是,这种差别由主观运气和客观运气来区分。

第三步,对个人不同才能及努力程度带来的结果差距这个问题,德沃金处理得笨拙,但是其中对嫉妒测试的提出具有相当的理论启发性。尤其是关于嫉妒的分析,可以与罗尔斯、诺齐克的分析相比较。

3. 非自由主义的平等论

3.1 19世纪的平等论

勒鲁是一个有创造性又不太知名的思想家,他创造了后来被广泛使用的社会主义和资本主义的概念。另外,在19世纪时,他出版了《论平等》一书,对平等价值观做了有力的辩护。

勒鲁认为,人们行动的支配力量包括三个相互联系又互不相同的精神要素,"这就是说知觉-感情-认识同时并存,因而在政治上必须对人的本性的这三个方面的每一个方面都有一个相应的词。"[1]这三个词就是自由、平等和博爱。"与人的形而上学中的知觉一词相应的术语是自由;与感情一词相应的是博爱;与认识一词相应的是平等。"[2]但是,与自由主义对三个概念的关系解读方式不同,勒鲁特别强调三个概念中的平等,在他看来自由和博爱的存在和发挥作用,是需要以平等为前导和基础的,如果失去了平等,自由和博爱也丧失了作用。勒鲁很自然地认为,大革命的自由、平等、博爱的口号是三位一体,缺一不可的,每一个口号都反映了人性的某一个方面的要素,并且转化为一种社会要求。所以他说:"每一个词,以它本身的含义来说,只是真理的一小部分,但当

---

[1] 勒鲁:《论平等》,王允道译,北京:商务印书馆1988年版,第12页。
[2] 同上。

三个词合到一起时,它们才是真理和生命的最妙的表达形式。"[1]不过,他还是强调三者中平等的重要性。这种思想是19世纪空想社会主义者的典型想法。只不过勒鲁用学理的方式加以阐述而已。

首先,勒鲁认为平等的概念是一个理想,面对的是未来,他清楚地知道,大革命虽然提出了平等,但是,这个世界还是一个不平等的世界,所以他说平等是一个面对未来的概念,唯其如此,他坚信,平等"将会推翻不平等,取代不平等"。[2]

他明确说明他的平等思想是来源于卢梭的。对于世界的不平等和宣布了的平等原则之间的鸿沟,他清清楚楚地看到,并且条分缕析地做了说明,其中对工业社会的私有制带来的弊病所做的说明,虽然是近二百年前法国的情况,但是,可以看作中国目前的一些写照:美其名曰的市场竞争中,因为劳动工具的私有制,导致了人群分为所有者和劳动者两部分,劳动者的真正竞争对象是牲畜和机器,"社会宣布竞争的同时,知道现在并没有做其他事情,只做了一件大丑事,这就是把社会组织得像一块圈地,一群被捆绑和被解除了武装的人在里面,听任另一群用优良武装装备的人肆意宰割。劳动或工业中的那种自由景象,实际上非常类似土伦的苦役犯监狱。"[3]平等原则和不平等的现实之间的鸿沟是当世苦难的渊薮。"当前社会的弊病就是这样的原则和它的对立面斗争的结果。"[4]勒鲁认为,平等是进步的结果,从最初平等的萌芽开始,通过摧毁以家族为躯壳的原始等级后,自由出现了,进一步摧毁以国家和城邦的等级后,博爱出现了,现在的任务是摧毁以所有制为代表的等级制,这时候平等就出场了。他经过回环曲折的论证,在自由、平等、博爱三位一体中把平等最终突出了出来。变成了工业社会的首要价值观。

抹去覆盖在这些古典论证上的历史灰烬,人们可以看到其中的思想的光芒。

3.2 马克思论平等

虽然正义不是马克思的议题,但是,对于平等,马克思确实提出过明确的意见。正如《资本论》的题目所涉及的范围,平等的论题在马克思那里是放在工人与资本家的关系的框架中展开的。在具体的分析上,马克思是从社会生产总过程的不同阶段展开分

---

[1] 勒鲁:《论平等》,王允道译,北京:商务印书馆1988年版,第16页。
[2] 同上书,第15页。
[3] 同上书,第29页。
[4] 同上书,第248页。

析的。

在流通阶段中,工人与资本家之间是一种交易关系。马克思认为,市场中的欺诈不可能出现在流通的交易中,因为在市场交易中,虽然有偶然的欺诈,但是总的交易进行的条件必然是公平的。所以马克思说:"每一次交易都始终符合商品交换的规律,资本家总是购买劳动力,工人总是出卖劳动力,甚至还可以假定,这种交易是按照劳动力的实际价值进行的。"[1]在这里,平等成为一种权利上交换的平等,资本表现为"占有别人的无酬劳动或产品的权利,对于工人来说,则表现为不能占有自己的产品"。[2] 这里,马克思把权利与平等之间的关系建立了起来。对马克思而言,这种占有虽然表面上是双方对等权利的交换,但是,一切变化都发生在双方关系转入生产过程以后。这时候突然发现,工人交出了自己的劳动能力,但是劳动恰恰是创造物质财富的根源。

对于流通领域不是剩余价值的来源,马克思早就明确表示了自己的看法:"诚然,商品可以按照和自己价值相偏离的价格出售,但这种偏离始终违反商品交换规律的现象。"[3]当然交换是不是能使商品增值,现代经济学以不同偏好的对比提出了不同的看法,但是这依然是对等的交换。而对等的交换不能产生利润,这是常识。只是在资本与劳动的交换中,资本换来了一个新的特殊商品,这就使表面上的平等转化为一种事实的不平等,正是前一种看法,导致了马克思所说的"劳动力所有者和货币所有者在市场上相遇,彼此作为身份平等的商品所有者发生关系,所不同的是一个是买者,一个是卖者,因此,双方是法律上平等的人"。[4] 正因为流通领域这个"天赋人权",所以双方是平等的。

一旦进入生产领域,劳动者的劳动力就成为利润的来源。"平等的剥削劳动力是资本的首要人权。"[5]

正因为流通过程与生产过程的这个差距,所以马克思说:"我们的工人在走出生产过程时同他进入生产过程时是不一样的。在市场上,他作为'劳动'这种商品的所有者与其他商品所有者相遇,即作为商品所有者与商品所有者相遇,他把自己的劳动力卖给资本家时所缔结的契约,可以说像白纸黑字一样地表明他可以自由支配自己。"[6]但是,

---

[1] 马克思:《资本论》,中央编译局译,北京:人民出版社1975年版,第640页。
[2] 同上。
[3] 同上书,第180页。
[4] 同上书,第196页。
[5] 同上书,第324页。
[6] 同上。

一旦成交,他会发现,原来的自由平等都消失了。在被榨干最后的血汗之前,他们无法逃避,除了自我抗争之外,他们别无选择。

有趣的是,马克思居然在一个地方不无嘲讽地说资本也讲平等,并且"资本是天生的平等派",[①]一旦劳动在一处获得了更为恶劣的待遇,其他资本也会请求相同的待遇,但是相反的事例是不存在的。这一点在中国可以观察到鲜明的案例。

3.3 布罗代尔的平等思想

布罗代尔继承了马克思对资本主义的分析,把资本主义的交换和生产过程作为一个客观的过程来看待。在一次对布罗代尔的思想研讨会上,学者们针对布罗代尔的经济史著作,围绕着资本主义是不是作弊这个命题展开了讨论。布罗代尔的思想很清晰,虽然他是反资本主义的斗士,但是他不认为资本主义在游戏中作弊了。这与马克思的思想如出一辙。对布罗代尔这个思想,钱拉·若尔兰做了一个阐述:"难道是资本主义在游戏中作弊促成了世界的不平等?我认为不是。"[②]似乎这种态度与对资本主义的批判态度不相吻合,实际上,马克思历来对资本主义一直采取这种科学的客观主义态度。不过,在马克思那里,主要是讨论公正问题表现出来的体制的客观性,马克思把这种公正看作是体制决定的,不是个人意志的产物。布罗代尔把这个问题的伦理性质从公正转移到了平等上面,而资本主义不平等这个历史事实表现为资本主义运行的客观产物。

若尔兰在讨论资本主义是不是作弊的时候,一开始就把资本主义的不平等作为一个历史事实提了出来。不过,要透彻地分析和理解这一点,还要明确地知道布罗代尔的思想:他把市场经济和资本主义做了明确的区分,"在市场经济条件下的交换是平等的,而资本主义则制造和利用其垄断地位,从而造成交换的不平等。"[③]在布罗代尔看来,大资本处于交易的顶端,造就了一个市场的"上层建筑"[④],这些大商人从来不是单独地从事某一个行业,也从来不为规则而牺牲自己的利益。他们利用自己的垄断地位,不断地改变规则。垄断的资本主义与自由竞争的市场经济是不同的。不平等是资本的产物,不是市场经济的产物。

[①] 马克思:《资本论》,中央编译局译,北京:人民出版社1975年版,第436页。
[②] 布罗代尔等:《资本主义论丛》,顾良、张慧君译,北京:中央编译出版社1997年版,第9页。
[③] 同上书,第10页。
[④] 这个概念虽然取自马克思,但是与马克思把上层建筑作为一种制度建构不同,布罗代尔把市场的上层建筑视为一种居高临下的交易地位。

按照布罗代尔的思想,不平等与市场经济没有必然的联系。从基础上看,市场经济就是以公正和平等为前提的。这也是本书所接受的一个重要和基本的结论。这个结论在《马克思恩格斯全集》的第46卷中也做过说明。这是一个历史的事实。但是,一般经济学家把市场经济与资本主义混为一谈,对市场的分析成为了对资本的辩护。

必须明确的是,市场交换不仅以平等为前提,而且不断地再生产平等,但是资本控制的市场会打破这种平等,追求不平等的垄断是资本的本性,因此,一旦大资本控制了市场,平等的局面就会丧失。

4. 中国思想史中的平等

中国思想史中没有西方现代意义上的自由概念,平等的概念也是一个薄弱的存在。在大同和小康的古典理想中,虽然可以剥离出平等的微弱声音,孔子也说过不患寡而患不均的话,似乎是对平等的追求。但是,儒家为代表的古典思想本质上是对等级制维护的,因此,平等理念只在极其偶然的和极其边缘的位置上可以看到。更多给中国思想注入了平等理念的是来自佛家的思想。

从概念上讲,平等是一个古典概念,本身就是佛家灌输给中国思想的。章太炎说过:"昔者平等之说,起于浮屠。"[①]不过,即使章太炎这样说,他在阐释平等时,第一句话依然是来自《易经》的"无平不陂",可见平等思想中国也是自古即有。只是位置边缘,基础薄弱。即使是"平等"本身,也是来自对佛经翻译时的缔造。千百年来,流传至今。虽然现代的平等中注入了当代的思想要素,其基础仍然是古典的,是中国当代伦理思想体系中少数没有从词汇上"格式化"的古典概念。

不过与本书上面阐述的中国古代平等思想不发达的原因不同,章太炎认为中国古代没有平等思想不是因为儒家对等级制的维护,而是因为中国社会是一个相对平等的社会。章太炎从对立原理阐发平等理念兴起于印度,勃发于魏晋南北朝的原因,他做了如下阐释,即平等兴盛是因为印度和中国南北朝时期社会太不平等:"浮屠之言平等,盖亏盈流谦,以救时弊,非从而化之,如奔马之委辔矣。"因为印度种姓把人分为四等,之间界限不容混淆,"庆吊不通,婚媾不遂,载在府册,世世无所移易……此释迦所以不平,而

[①] 章太炎:《訄书·平等难》,上海:上海人民出版社,第38页。

党言平等以矫正之也。"①同样,在中国,"平等之说行之于南北朝,则足以救弊,行之于唐宋以后,则不切事情。"这是因为南北朝时期门阀制度造成社会阶级的凝滞不动,"其俗尚之弊,与身毒同风。"②

具体到佛家所谈平等,经书中处处可见,是佛家思想的一个重要的组成部分,所以宋代僧人靖远说过:"若论平等,无过佛法,惟佛法最平等。"梵语"Sama"既是无高无低、无深无浅的平齐相等,而佛本体的平等被称为真如平等。《大智度论》曰"法平等,众生平等",奠定了平等的生活本意。《往生论》卷上,平等是诸佛法相达于智慧之迹,称为智平等。对众生一视同仁,等而代之,被称为众生平等。《新华严经》卷五十三,列出菩萨的十种平等,一切众生平等,一切法平等,一切刹平等,一切深心平等,一切善心平等,一切菩萨平等,一切愿平等,一切波罗蜜平等,一切行平等,一切佛平等。

5. 多种平等

依据所采取的标准不同,平等的分类方式很不相同。卢梭的名著《论人类不平等的起源和基础》一书中,把不平等分为两种,自然的不平等和道德的不平等:"第一种我称之为自然的或生理的不平等,因为它是建立在自然的基础上的,包括年龄、健康、体力和精神或者灵魂的品质等诸多不同;第二种我可称之为道德或政治的不平等,因为它起源于一种习俗,是建立在或至少是基于人们的约定俗成。后一种不平等包括不同的特权,这是一些人在对另一些人的侵害中享受到的,例如,比别人更富裕、拥有更多的荣誉、更有权力,甚至后者对前者的服从。"③

这种对不平等的分类中,强调了人们对自然是接受的,而道德或者政治不平等是社会问题,卢梭是通过分析这种不平等的起源来消除不平等的。这个思想实际上被罗尔斯继承了。在罗尔斯看来,虽然对制度的评价是正义的本意,而正义又与平等高度相关,但是好坏制度的关键不是自然不平等的存在,这种不平等是自然掷骰子的结果,好的制度首先是不扩大这种自然的不平等,而且要杜绝社会的基本善的分配不均问题。而罗尔斯对自然和社会基本善的分类实际上就是接受了卢梭的不平等分类。

当然不平等还可以根据社会生活的不同环节加以划分。从一个个体的发展看,可

---

① 章太炎《訄书·平等难》,上海:上海人民出版社,第38页。
② 同上。
③ 卢梭:《论人类不平等的起源和基础》,陈伟功、吴金生译,北京:北京出版社2011年版,第30—31页。

以与另外的个体从起点、结果两个角度观察。当然,如果平等与公平联系起来,平等的概念就更为复杂了。

平等的表现形式是多样的,除了常常谈起的起点平等、结果平等之外,还有机会平等。除了相对平等之外,还有绝对平等,例如对于收入,要求与所从事职业的复杂性相联系,就是一种相对平等观念,而要求收入在不同人之间完全平等就是一种绝对平等。[①] 绝对平等与平等虽然外表相似,但是具有本质的差别。孟德斯鸠曾经说过:"平等的真精神和极端平等的精神的距离,就像天和地一样。"[②]对平等最好的一个描述是:正义就是平等,但是平等不必就是正义。据说,这是斯巴达人的观念。

6. 企业中的平等

6.1 平等、等级制和差别

从平等的反面看,不平等肯定表现为某种等级制。等级制的存在是一个历史的事实,至少在人们可以看到的历史视野中,可以见到的社会中,这一事实还无例外。正是在这个意义上法国历史学家布罗代尔才说:资本主义是遭遇到而不是创造了等级制。[③] 但是,等级制有多种不同的形式。对这些不同形式的分析至少可以从以下几个不同维度上加以划分:

第一是等级制的性质。不同社会的等级制是由不同条件创造的,并且表现为不同的性质,封建社会是贵族式的等级制,以政治权力为核心,以世袭制为特征。资本主义的等级制则表现为精英式的,以经济创造为核心。布罗代尔回顾了从封建社会向资本主义过渡的过程,认为资本是在侵蚀封建利益的过程中逐渐成长并独立的。

第二是等级内部的距离和层级。层级较多,距离较大为不平等,层级较少,距离较小为相对平等。

第三个维度是等级之间的流动性,传统社会是相对凝固的社会,一个平等的社会各个等级之间存在较多的流动。

上面的分析可以从性质、距离、层级和流动性等不同方面评价等级制。这个分析框

---

① 在南斯拉夫的工人自治体制中,就有"胃的平等"的说法,认为技术人员的胃并不比工人大。参见埃冈·纽伯格和威廉·达菲著《比较经济体制》,荣敬本等译,北京:商务印书馆1985年版,第234页。
② 孟德斯鸠:《论法的精神》上册,北京:商务印书馆1961年版,第114页。
③ 布罗代尔等:《资本主义论丛》,顾良、张慧君译,北京:中央编译出版社1997年版,第99页。

架也可以很自然地推展到对平等的分析中去。

企业是一个社会组织,对组织的分析不同于对社会的分析。从韦伯的立场出发,企业本身就是一个科层组织,并且是当代科层组织的典型代表。现代汉语的翻译中把"Bureaucratic"译为"科层"而不是原来的"官僚",恰好反映了现代企业组织的一些显著特征,其中最主要的是企业作为等级制组织的特征。

6.2 企业内等级制的特征

对企业等级制所包含的平等或者不平等的含义,也应该从上述三个维度展开。

性质。资本主义企业内部的等级具有双重社会含义,首先是对生产资料的掌握不同,造成资本与劳动之间的不同地位。在当今的企业中,所有权与经营权之间的分离造成了资本权力和权利向一些高管漂移的现象。但是,所有权造成的等级制的基础并没有因此发生改变。第二,企业的科层制所造成的等级。这表现为企业组织内部的上下级关系及其由此带来的权力、待遇和福利的差别。这些构成不平等的要素。但是与所有制造成的等级不同,后一种行政组织的层级差距虽然包含很复杂和多样的含义,但是社会阶层的含义只是一个非常次要的要素。只是因为搭载在所有制基础之上,所以才使社会不平等的含义凸显了出来。

在国有企业中,由所有制带来的等级消失了,(在社会主义和资本主义的国有企业中,这种等级制的消失原因不同,但是确实都消失了)存在的只是科层制上的等级关系。由于所有权的平等,这种等级制摆脱了覆盖在其中的社会含义,变成了纯粹行政性或者生产组织的关系。

距离和流动性。组织内部的所有权造成的距离是不可逾越的。而行政层级的流动性在不同性质的企业中也有不同的表现。妨碍不同层级之间流动的主要因素包括了年龄、性别、种族和国籍,还包括学历、经验和社会关系等因素,其中一些因素包含有不平等的社会含义。阻隔层级流动性的社会因素就会把层级的差别转化为社会的不平等。相反,虽然社会层级存在,但是,这个层级对不同的人是同样开放了,可以通过自身能够控制的努力进入某一个层级,则这个等级制就是平等的,只能说存在差别,不包含有社会不平等。

不平等、差别和等级之间存在很复杂的联系。不平等天然就包含着人与人之间的差别,但是差别并非天然就是不平等。从佛教的思想看,平等就是差别的对立面,这是从两极的角度对平等以对比的方式提出来的:差别不必是不平等,只是没有差别就没有不平等。不平等一定与差别相关。例如,年龄造成的收入差别,人们并不认为是不平等,因为,如果随着年龄的变化,从个体的角度可以摆脱这种差别,这就没有不平等。又如传统企业中的师徒关系,这种关系中存在着地位的差别,但是,只要处理得当,就没有不平等内涵在其中。

同理,不平等天然包括等级,但是,等级制并非天然是不平等。等级制本来是社会生活中最常见的现象,但是,并非所有的等级制都是不平等的。这有双重含义,第一,有些等级制的存在是价值无涉的。例如,科层制就是一种原则上价值无涉的等级制,作为企业存在的一种方式,人们对组织内部的层级基本上不从平等与否角度加以分析。第二种情况是有些等级制虽然涉及价值判断,但是人们更多的是从其他价值上对其加以评论。

反过来,不平等天然就是等级存在。没有任何不平等中未包含等级制的内容,只是等级制的表现形式不同,人类社会生活中的大部分等级制都与不平等相关联。企业作为当代社会生活的最主要形式之一,内部包括了很多不平等现象。而这些不平等均与差别和等级制相关。不平等的主要形式是:职业与等级,男女关系,收入差距,跨国公司,等等。

6.3 职业与等级

在传统的社会主义社会中,职业的差别被从分工不同的角度加以解读,而不是认为不平等。但是,这种情况在人类社会的历史上是一个特例,因为大部分人类社会历史中,社会职业具有等级概念,这不仅反映在士农工商的古典等级体制中,也反映在柏拉图《理想国》中哲学王、士兵和手工艺者的等级秩序中。[①] 包括印度的种姓制度都表现出与职业的对应。可见无论中外,无论古今,职业是与等级联系在一起的。至今在企业中,等级制虽然更多与职务相联系,但是,职务和职业之间存在着内在联系。因此,在目前的大部分制度内,尤其是企业内,职业与等级之间存在着内在的联系是一个历史事实。难以否定。

6.4 男女平等

在低收入、提升机会等方面,男女平等是一个很复杂的论题。因为男女之间本来就

---

① 柏拉图对公众说"你们大家都是亲兄弟",可是神在创造你们中间的一部分人时掺进了金子,这些人是国王,创造军队时掺进了银子,而在创造劳动者时掺进了铁和铜。显然社会上的这些职业是区分为不同等级的。勒鲁在评论柏拉图的这个讲演时说:"当苏格拉底对一些人说:你们是用金子做的;对另一些人说:你们是用银子做的;对最后一些人说:你们是用青铜做的时候,他未曾推翻等级制。"(勒鲁:《论平等》,王允道译,北京:商务印书馆1988年版,第115页)

存在着自然差别。这种差别在早期的先民社会中是人类自然分工的基础。其中并不包含不平等的社会含义。在企业中，因为男女自然差别造成的分工差别，本身并不包含不平等的含义，但是，这个等级制被资本和权力所附加上的社会因素持续发酵，最终才导致了差别向不平等的转化。男女不平等本身的形式是多样的，从就业机会到工作报酬，从提升空间到福利待遇。

资本对待男女关系是从成本和利润角度加以考虑的。从来没有从工作所包含的社会价值和人类尊严角度加以考察。因此，在早期工业发展过程中，随着机器大工业的出现，曾经出现过男工被女工排斥的现象。这与通常所说的男女不平等是不一样的表现形式：通常看到的是通过男权压倒女权的方式在社会上展示了男女之间的不平等。从历史上这个短暂存在的女工排斥男工的现象，所呈现的反向的不平等，恰好是这一点反映了企业内部的性别不平等是传统男权社会向企业内部的延伸结果。不仅如此，更为重要的是这种传统的不平等不仅渗透了现代的要素，也被资本重新加以雕琢和利用，因此，企业中男女不平等即使从社会角度观察，也有两个不同的含义，首先是人类社会分工造成的男女地位的差别，第二是资本对这一差别的社会性的扩大和重塑。

对男女不平等的局面，多年来，有识之士一直在抗争，女权主义在20世纪中期以后成为显学以来，这种抗争逐渐地显现了出来。人们逐渐地意识到，妇女解放程度是社会进步的一个天然尺度。但是，这个看法有两点推论和反思。首先，妇女解放更多的是从自由（自由与解放在英语中是同构）的角度加以阐释的。人们自然就认为，妇女解放中最重要的内容（虽然不是唯一的）是男女平等。在这里，自由和平等这两个概念突然不期而遇，并且显示了在学者视为对立的价值观之间的内在联系。显然，不仅妇女解放是无法脱离男女平等而存在，而且男女平等的实现是以妇女解放为前提的。第二，在企业内部，男女之间的差别并非天然的不平等，因此，追求男女平等并不是要取消或者妄想消灭这种天然差别，只是抹去了覆盖在这种不同差别上面的社会歧视。[①]

---

① 赵慧军教授《企业人力资源多样性——女性发展问题研究》，对这一问题做了广泛深入的研究，其对中国企业中男女不平等现象及改进的基本观点主要有以下几点。首先，她的调查证实，企业领导的公正性与社会性别类型之间存在着显著关系。能够集合男女积极特征的人更能成为优秀的领导者。不过研究也指明，目前的企业中广泛存在的性别歧视，在很大程度上是制度性的问题。因此，对社会性别的选择性倾斜，女性依然受到歧视，而这种歧视的存在不仅是历史的、观念性的，更是制度性的。

另外，赵慧军的文献研究指明，在种族、性别等不同变量上观测"玻璃天花板"现象表明，这是一种性别分层现象。她对相关原因做了分析，指明其中持续型的原因是组织障碍，这一障碍可以分解为多元因素，总之，企业组织中性别不平等是一个广泛存在的现象。

男女之间关系问题的基础似乎是性别关系,但是男女关系的决定性因素主要是企业内部的社会结构。现代企业中男女关系中发生最多、被讨论最多的话题之一就是性骚扰问题。主要是男上司骚扰女下属问题。这个问题很容易被视为是传统社会中男强女弱而造成的地位不平等的自然延续。但是,性骚扰是当代社会所特有的问题。这种问题的出现是当代组织中社会结构造成的。

美国学者麦金农(Catharine MacKinnon)最早对性骚扰问题做了研究,她在20世纪70年代末期发表了《工作妇女的性骚扰》(*Sexual Harassment of Working Women*),在这部著作中,麦金农把性骚扰定义为权力不平等的条件下的强加的性要求。从一开始,她就是把这种关系与现代组织中的不平等社会关系联系起来。而且,麦金农认为,性骚扰的严重性不仅源于不平等的社会关系,而且性骚扰也强化这种社会关系。因此,这个问题的透视和解决都处在现代组织内的不平等关系中。她区分了两种不同类型的性骚扰,第一种是所谓的"quid pro quo",是指"为了一个工作机会的性交换或者拟交换",[①]第二种性骚扰是"持续的工作条件带来的",[②]也即处于权力关系中的上级通过制造恐惧、敌意等环境而达成自己的性目的。

一般人很容易把性骚扰简单地视为对异性的不当行为,毫无疑问,性骚扰是关于性方面的不正当的要求,包括性挑逗、口头和行为上的性要求等。但是,性骚扰概念的提出从一开始就不是传统的性侵犯的简单重复,而是指在一个组织内部上级对下级以工作为条件所造成的性侵害。因此,在定义性骚扰时,从一开始就是以工作为交换作为定义的一个部分,包括以明示或者暗示的工作条件和要求相交换而采取的行为;或者以接受与拒绝某种性行为为条件影响一个人的工作为交换。性骚扰通过制造工作环境压力来达成性目的。性骚扰不是一般的性侵犯,而是工作组织中社会不平等的表现,其解决也需要从消除工作环境中的不平等开始。

从平等角度对性骚扰进行定义和分析,部分原因源于这个概念是法律工作者提出的,麦金农提出这个概念时,依据的是美国的《民权法案》中所谓的禁止就业歧视的条款,因此,这个问题的处理此后也一直是在公平就业的范围内展开的。

我国接受性骚扰的概念较晚,一些权威辞书在解释时,也沿用了美国的解释框架。应该说,这个把就业不平等与性侵犯联系起来的性骚扰概念是对社会现实的一个准确

---

① Catharine A. MacKinnon,*Sexual Harassment of Working Women: A Case of Sex Discrimination*,Yale University Press,September 10,1979,32.

② 同上。

反映。

6.5 企业内的收入差距

企业内部的不平等被谈论最多的一个话题是不同群体和层级间的收入差距。这个话题又分为两个部分,第一,资产所有者与雇员之间的财富分配,这是对所有制的评价;第二是不同层级之间的收入差距的合理界限。前面说过,等级制并非天然的不平等,只是被扩大和包含了社会歧视内容之后,才成为了不平等。

资产所有者与雇员之间的收入和财富分配是所有制的核心问题,资本主义分配制度的不公正是一个尽人皆知的历史事实。但是,对于这个问题,马克思不是从道德的义愤出发对资本主义展开评判,而是把资本主义发展和企业作为生产力发展水平所造就的所有制的一个自然历史现象来看待,最关键是要揭示这种机制的历史和制度根源。因此,马克思在这里更像是一个物理学家而不是道德学家,用冷静的理性以外科大夫手术刀的方式揭破资本主义运行中产生这个不平等的历史秘密。因此,马克思不太以正义为工具来批判资本主义。而是以科学语言来描述历史事实,从中找到不平等产生的根源。从资本主义企业内部的生产过程中剩余价值如何被生产出来,这个被恩格斯称为是马克思两个最主要发现之一的理论,是历史上影响最大也是争议最大的理论。显然在这个地方,不同人群的利益以最隐秘的情感深深地介入到了争议中去了。很难以简单的推理来论断是非。

6.6 正式工与合同工

这是企业改革中出现的一种现象。由于正式工被在市场运行中的企业认为是高成本的要素,因此,在改革一开始,就力图扭转这种局面,其中最主要的方式就是采取双轨制的用工方法,老人老办法,新人新办法,这样,企业对老员工采取旧的社会保证制度和工资制度之外,对新的员工采取新的社会保障制度和工资制度。这种做法首先和显著的表现方式就是企业内部员工之间的不平等出现了:新的员工享有较低的工资,没有或者只有很少的社会保障,铁饭碗已经砸碎。不仅这种待遇上的不平等广泛存在,由于两种不同员工的身份不同还导致了他们的工作方式的不同,老的员工有非常好的保障,但是几乎所有脏累的工作都是新的员工在做,因为他们随时可以被解除劳动合同,所以他们不得不拼命地证明自己工作的成效。

合同工和正式工之间的差别具有多方面的意义，不平等的不仅仅是待遇，实际上，这种差别首先表现为两种不同的用工制度之间的差别，一种是资本主义的用工方式，一种是社会主义的用工方式。这种区别是确然的，不能从市场经济和计划经济的角度加以分析，把合同工归于市场经济是错误的，计划经济也可以有合同工，问题是在资本主义企业的用工制度中，员工是作为生产要素存在的，这种要素只能通过其成本来体现自身。这样实际上就抹杀了员工作为一个"人"存在的价值，他的尊严、价值等都是通过多方面的社会评价实现的。在这种把人变为生产要素的过程中，这种社会评价被平面化为成本一项。这就是马尔库塞所谓"单向面的人"的概念。而一个有价值的社会和企业制度，应该把人还原为人，通过这种制度，使人的价值多样化，使各种不同个性的人能够自由成长，获得自我实现的舞台。

这种用工制度导致的不平等可以看作是两种不同制度过渡的一个表现。问题是，这种过渡不仅造成了短期的不平等，而且造成了员工待遇的恶化。从长期的发展看，这种企业内部用工制度的不平等是比较容易克服的，但是，这种不平等用工制度的克服有两个不同的方向。第一个是提高合同工的待遇，第二个是彻底取消正式工。从总的趋势和发展看，企业主要是采取后一种办法来实现平等的：老员工退休或者因为各种原因终止工作以后，企业内部的不平等就消除了。但是这种消除是通过员工待遇的普遍下降实现的。这是一种劳工条件的恶化。这种恶化虽然削平了企业内部的不平等，但是最终表现为社会不平等的扩大。因此，不是一种正义的做法。

这个问题还有很多变形的形式，例如，国有企业的员工和私营企业员工的待遇不平等，一般认为国有企业的员工享受着较好的待遇，社会上抱怨声很大。这是多种原因造成的。国有企业的员工确实享受着法定的各种保障制度，社会不应该要求降低国有企业的这种保障制度，而应该要求私营企业提高自己的保障水平，在保障上向国有企业靠拢。

6.7 跨国公司与平等

全球化背景下最显著的现象之一就是跨国公司的存在和发展，跨国公司是当代社会影响最大的跨地域经济组织，是资本自由化的必然产物。在自由的旗帜下，跨国公司通过全球扩张，建立了覆盖世界的经营和生产网络。以一种现代形式完成了对世界的经济征服。

毫无疑问，跨国公司的发展对全球和所在国的影响是多方面的。其中有正面的影响,带来的技术、就业和采购,推动了所在国和全球经济的发展。但是,跨国公司发展也提出了一系列原来不存在的伦理问题。

跨国公司的发展带来了新的平等问题。绝大部分跨国公司进入另外一个国家的目的都是经济的:或者要使用所在国的价格低廉的劳动力,或者是享受当地的税收优惠政策,或者是利用当地的更为廉价的原材料。这些目标都会在当地造成不平等的发展。

跨国公司的员工是多方面人员构成的,其中最主要是由发达国家的母国人员与大部分是发展中国家的所在国人员构成。因为母国与所在国之间的经济发展水平所导致的收入差距必然反映到跨国公司内外部。

如果在作为第三世界的所在国实施发达国家的薪酬政策,则造成公司薪酬水平高于当地的其他公司的平均收入的状况,这种做法不仅加大跨国公司的成本,抵消它扩张的动力,也造成当地社会的不平等,产生社会矛盾。但是,如果实施符合当地收入水平的政策,则从母国派出人员和当地人员之间就会出现收入差距,导致在同一间公司,做近似工作,而拿差距大到不合常理的工资,这直接产生内部的不平等。这几乎是每一家跨国公司都遇到的问题。跨国公司通过这种方式第一次在企业内部产生了全球性的平等问题。

收入不平等是当地企业广泛存在的一个问题,这个问题的根源还是资本对劳动的优势造成的。跨国公司母国和所在国员工收入的差距问题是这个问题的一个新的形式。只是这个问题的社会含义也更为复杂,解决问题的方法也更难找寻。远不是劳资谈判能够轻易解决的。

不仅在员工收入上,在企业收入和竞争力上,也有不平等的发展。由于跨国公司本来就在技术和组织能力上强于所在国当地的企业,而它们还会享受当地政府的税收和各项优惠政策,因此,这样就会人为地加剧与当地企业的不平等,扩大竞争能力的差距,导致当地企业发展困难。

跨国公司通过全球资源的调配扩大利润有多方面的做法,其中通过企业内部的调整把利润转移到税收最低的国家或者地区,这种做法颇有向各国政府施压的味道,迫使各国展开竞争,通过降低税收来吸引跨国公司的进入或者留住跨国公司。如果政府的措施是针对跨国公司本身,也会加剧竞争条件的不平等。这个问题与前面的问题不同,已经引起了国际社会的重视,但是至今没有更好的解决办法。

这些问题都是当代不平等面对的新的问题和不平等的新的形式。企业伦理面临这种问题还无法拿出有效的解决方案,甚至还没有完整的对问题的描述方式。从性质上看,这是资本全球化带来的问题,并不始自今日,但是毫无疑问,以今日为重,并且局面还会发展。

第16章 正义[①]

1. 概述

对正义的研究是20世纪的一个显学,虽然正义的讨论在西方已经有了两千年以上的历史。相比之下,作为一个主要的伦理准则和价值观,近代以来公认正义与仁慈是一对相互补充又相互竞争的价值观和伦理准则,但是,在西方,古典时代的价值准则中,一向是正义占据中心地位,仁慈概念是后来才进入思想史的。而中国则自孔子时代开始,仁慈就占据着中心地位,以"义"表述的正义则只能占据一个补充的地位上。

正义是一个非常古老的价值观,无论中西,思想史中都很早就出现了,至于在当代取得了价值观的顶端位置,这是时代决定的。相比之下,自由、权利等价值观则出现得较晚,而责任作为价值观甚至是非常晚近的事情。

相比其他价值观的讨论,正义的讨论在西方是思想史中大家的必谈题目,包括柏拉图、亚里士多德、康德、穆勒直到20世纪的罗尔斯,这些人的讨论在思想史上形成的是源远流长、波澜壮阔的思想传统,并且在这个领域给人类留下了最为丰富的思想资源。

作为一种价值观,在古希腊的时候,正义既是一种美德,也是一种社会规则。麦金太尔在对亚里士多德的思想分析之后指出,"正义既是作为一种个体的美德,又是作为一种社会生活的秩序"[②]存在的。在亚里士多德看来,正义作为一种个人美德,是需要

[①] 本书中在两个地方提及正义,但是采取了不同方式。在作为一种美德时,本书采取了公正的概念,在古典的伦理准则体系中加以分析和概括。在作为当代社会的主要价值观来看待的时候,本书采取了正义的概念。公正更多的是对行为的评价,本书中采取古典思想资源作为讨论基础,正义是对制度的评价准则,本书主要是参考当代的学术思想资源。本书作者并不认为正义和公正除了分属不同的时代之外还具有那些更为重要的区别,但是对这个区别的说法和把握在讨论中并不总是能很好地坚持。更多的解释参见公正一章的题注。

[②] 麦金太尔:《谁之正义?何种合理性?》,万俊人等译,北京:当代中国出版社1996年版,第174页。

人的智慧支撑的理智的运用而发挥其作用的,人们需要通过学习来掌握规则,但是,最重要的是把规则所体现的内在善掌握之后,才能使正义内化为个人的美德。如果一个城邦的公民掌握内在善,学会实践的推理,则公民生活就是处于正义之下了。

虽然亚里士多德的这些讨论已经远离了我们的时代,但是他区分正义作为美德和作为秩序的规则的分析却在当代的伦理学讨论中依然占据重要地位,我们当今需要这样来理解正义,对正义做这样的区分。只是在中国古代,正义更多是作为个人美德看待的,而今天,正义更多是作为一个制度的评价准则而被强调的。

虽然作为当代主要的普世价值,处于价值观体系的顶端,并且有更为悠远的历史,因此也在价值观体系中有更为尊显的身份。但是,正义不是一个能够脱离其他价值观而能独立存在的价值,所有当代关于正义的讨论都是搭载在某种独立价值之上的,如勒鲁把正义的基础定义为平等,罗尔斯把正义置于公平之上,诺齐克把正义置于权利之上,而桑德尔则力图在自由主义的基本价值观上重建罗尔斯的正义观念。[①]

从学问上讲,由于罗尔斯的《正义论》发表,几乎所有的政治哲学和伦理学论题都被囊括在了他的正义论之下,因此,才有了诺齐克所谓的,自从罗尔斯的《正义论》发表后,要么你在罗尔斯的框架上工作,要么就要解释为什么[②]。《正义论》作为一个选题,在20世纪的伦理学和政治哲学的框架中,并没有什么特别之处。在大学的研究制度推动之下,每一个研究者都要选择相关的问题发表自己的研究成果,每一个研究成果也都要有独创性。这就要求研究者苦思冥想地寻找适合自己的题目。为此,每一个价值观和伦理准则都被学者们选为题目进行不同水平的研究。无论是自由、平等、责任、权利都有人做过专门的研究。相比之下,正义作为一个古典伦理准则和当代价值观,当然需要研究,无论是从学术体制本身的需要还是作为一个对象,都需要有人投入精力进行专题研究。从这个意义上看,正义论不过是无数不同价值观和伦理准则的研究成果之一。与其他研究成果的唯一不同是罗尔斯的正义论研究呈现给我们的是一个内容丰富、构思严整、认识深邃的思想盛宴。这个研究不仅提供了对正义本身的认识,而且综合了大量的伦理命题,提供了完整的思想史概述。罗尔斯的研究还开启了对不同伦理学问题的探讨的现代模式。随着罗尔斯著作的发表,学术界和思想界对正义为核心的思想史资源重新做了梳理。一时间正义论成为开坛必讲的一个题目,可见,同样是讨论价值观和

---

① 亚里士多德对正义的分析是与理智之间建立联系的,而当代正义分析中,更多是不同价值观之间的分析,这一点可以看出古典正义(公正)和当代正义的区别。

② 罗尔斯《正义论·译者前言》,原文是一句没有出处的引文。

伦理准则,罗尔斯的正义论能独树一帜,其学养之深沉,思维之缜密,远非一般学者能比,谁说美国没有思想家,罗尔斯卓然立于思想史中令人高山仰止的大家之列是毫无疑问的。

罗尔斯对正义首先做了一个定位,他认为,正义是制度的第一美德。这个说法虽然不是罗尔斯第一个提出来的,但是,把正义从个人品德转移到对制度评价上来,这个做法具有划时代意义。此前的正义讨论,直到西季威克,主要是把其作为一种美德讨论的,因此,总是把正义与仁慈相提并论,主要是加诸个人。但是,随着时代的变化,正义的内涵也在不断演变,其涵盖的范围从个人向制度转移,并且也包括了组织在内,由于正义的覆盖范围不断扩大,正义的作用也在不断演变。正是这种转变促成了罗尔斯的正义论出现。

这个转变恰好是本书讨论的伦理学发展的两个不同阶段,首先是正义作为个人的品德的伦理准则的发展,随后才是伦理作为价值观的发展。现代伦理发展的一个重要领域是政治哲学,这不是偶然的,当然,企业伦理的发展不是伦理学自然发展的结果,也不是政治哲学发展的自然结果,但是,很奇怪的是,企业伦理学的发展既不同于伦理学的发展,似乎也与政治哲学的发展无关,换言之,企业伦理的发展既没有参照伦理学的观念,也没有顾及政治哲学提倡的价值观的发展,而是独往独来的一个自主发展。无论如何,这不是一个正常的局面,因此,本章尝试着对正义论传统中的主要思想家加以解读,并且在此基础上,对正义在企业中的落实问题做一个概述。

2. 古希腊的正义思想

2.1 柏拉图的正义思想

《理想国》全书讨论的中心话题是正义问题,柏拉图以苏格拉底的名义,在与不同的哲学家们的论辩之中,通过正面的思想交锋,从最简单的正义的定义入手,通过辩难和诘问,不断深化主题,最终在理想国的结构和治理中,把自己的正义理念完整托出,并以国家治理的方案,把正义的观念具体化,完成了对正义的现实构建的工作。这是历史上第一次最为完整的正义价值的论证,其中的正义理念至今还保持着其思想史中的强大影响力。

书中的苏格拉底首先驳斥了正义就是欠债还钱的庸常理解,接着又驳斥了正义就是强者利益的表述。其中第二阶段的辩论紧张激烈,回环曲折,有多个亮点显现。

在正义的定义当中,柏拉图区分了个人正义和国家正义两个层面的不同正义类型。其中个人正义近似于当代的行为正义。但是,比行为正义所包括的内容更为丰富。在柏拉图的思想中,个人正义是与个人的品德相联系的,而个人的品德是与人的理智、欲望和激情三个精神或者灵魂构成物相联系的。这三个品德的综合是个人正义的全部含义。而个人正义是国家正义的基础。个人品德不仅与三个灵魂的组成部分相连,还与国家构建的三个等级的基本要求完全一致,因此,国家正义是个人正义的发展。

国家正义不同于当代思想中的制度正义概念,但是国家正义是高于个人正义的一种秩序的表现。柏拉图通过苏格拉底的嘴所说的国家的构成实际上是希腊城邦的构成。在一个理想国家中,柏拉图设想了三个不同的等级,就是统治者、辅助者和被统治者。三个品德分别属于三个不同的等级:统治者享有智慧、辅助者占有勇敢、被统治者据有节制。柏拉图在定义了三种品德之后,正式推出了正义的概念。在柏拉图看来,正义不是独立于智慧、勇敢和节制之外的一种美德,而是三种美德实施的一个合理的综合。"正义就是只做自己的事而不兼做别人的事。"①国家正义,在柏拉图的论述中,就变成了对智慧、勇敢和节制品德的合理分配与调和。正义是上述三种品德的一种保护神。"在我们考察了节制、勇敢和智慧之后,在我们城邦里剩下的就是正义这个品质了。就是这个能够使节制、勇敢、智慧在这个城邦产生,并在它们产生之后一直保护着它们的这个品质了。"②有了正义之后,一个国家就享有和谐有序的政治秩序。在三个等级占有三种品德的基础上,各自履行自己的职责,一个正义的社会就实现了。这就是柏拉图的国家正义的基本概念。

从哲学上,柏拉图继承了希腊巴门尼德的思想,认为一切流动的现象都是暂时的,而本质是背后的理念,这是稳定的。正是根据这一点,柏拉图区分了意见和知识(真理),感觉对于流动现象在心灵中的反映形成的是意见,而理性对本质的认识才能发现真理,形成知识。在柏拉图看来,理想国也是这个理念的反映,是按照理念建立的理想的政治实体。

显然,今天看待这个等级制下的正义概念时,常常是感到吃惊,它与现代政治理念中的公平正义实在太不相容了。但是,这种正义观念中对和谐理念的追求是有超越时

---

① 柏拉图:《理想国》,郭斌和、张竹明译,北京:商务印书馆1986年版,第154页。
② 同上书,第154页。

空的永恒价值的。这种理念可以看作对混乱的时代的一种反叛,也是对清明政治的一种追求的反映。

2.2 亚里士多德的正义论思想

亚里士多德继承了柏拉图的思想,但是,在正义的讨论中,他主要采取了一种以法律为准绳的方式,[①]以比例的方式展开了对正义(公正)的讨论。亚里士多德对正义的讨论在其伦理学的讨论的诸品德中最为详细,这种方式就被认为是对正义这一品德的重视。另外,正义涉及的不是单个人的品德,而是涉及两个人以上的关系,因此,比例问题就成为亚里士多德的讨论方式。除了对正义讨论的周详严密之外,亚里士多德还提出了分配的正义、回报的正义和矫正的正义等概念,至今依然是伦理学和政治哲学的话题,并且是对这些问题讨论的基本思想来源。[②]

古希腊的正义主要是从政治哲学的角度展开讨论的。即使是亚里士多德的分配正义,也是从政治权力分配角度展开的。而经济内容的渗透则是近代以来形成的新的视角。

3. 穆勒功利主义的正义论

穆勒的正义理论是功利主义的。他把正义区分为正义的准则和正义的情感。其中正义的准则确定是根据功利主义的原则进行的。穆勒对正义的认识是采取了洛克以来的近代形式构建的,不同于古典柏拉图的正义,穆勒的正义是与自由、平等和财富的分配等当代社会的重大问题联系在一块的。他首先区分了不同的不正义形式:首先,剥夺任何人的自由和财产等法定属于个人的东西通常视为不义;第二,如果一个权利本来不应属于被剥夺者,对这个人进行了剥夺,这个问题就较为复杂,无论剥夺与否,都会引发争论;第三,失信于人;第四,正确地运用偏爱的原则,不会被认为是不正义,例如,在熟人和生人之间实施帮助,把帮助给予熟人,没有人会认为不当。[③]

[①] 亚里士多德把公正(正义)视为守法和公平的多重含义的混合物,无法找到单一的中位含义,这是公正(正义)不同于其他品德的一个特点。所以亚里士多德说:"公正或者不公正都是多种意义的。可是,由于这些意义紧密地联系着,它们的同名异义之处就不易觉察,不甚明显。"(亚里士多德:《尼各马可伦理学》,廖申白译,北京:商务印书馆 2006 年版,第 128 页。)

[②] 更为详细的内容参见"义·公正"一章内容。

[③] 穆勒:《功利主义》,叶建新译,北京:九州出版社 2007 年版,第 101—105 页。

虽然有这些对不义的评论，人们还是不知道正义为何，是如何存在的，是如何确定的。穆勒很明确地认为，正义的准则是来源于理性的对行为后果的衡量的。对这个问题，历史上或者现实中，一直存在着大量的争议，穆勒对这个问题的回答很干脆，虽然未来的后果不能看到，并且临事之时，难以有时间断定，但是，你平时的时间干什么去了，你不想未来的事情吗？更何况人们还有他人的历史经验可供参考，并非需要每件事情临时去考虑后果。①

穆勒把正义与责任或者义务观念联系起来，解释正义的特征：一个美德，人们不实施，是不会受到惩罚的，但是，有些行为你如果不做，就是错误的，这种行为就是所谓的强制性的义务，这种义务的实施就是正义的本意。在这里，穆勒虽然使用的是责任或义务（duty）这个概念，但是他区分了两种不同的责任或义务，一种是必须实施的，这种义务"是对一个人的强制索取，犹如讨债"。② 还有另外一种情况，人们做了我们高兴甚至赞赏，但是我们并没有强制别人去做，穆勒认为这不属于道德义务范畴。按照穆勒的看法，这里区分出来的是道德，而不是正义。③ 显然，这里可以看到穆勒区分的是美德和义务两个不同层次的道德。这个思想的表述在本书的伦理准则分析框架中有专门的章节供参考。

在穆勒的分析中，他把正义的确立分为两个支持性的概念，"行为准则和支持该准则的情感。准则为全体人员所共有，旨在为全体人谋善。而情感则表现为渴望惩罚那些违反准则之人。另外，正义理念牵扯到因这种违反准则的行为而被伤害的某个明确的个体这一概念，换言之，该个体的权利因此受到了侵犯。"④穆勒显然是把理智与情感结合了起来，形成了他对正义理解的框架，而这个框架的核心是对行为结果的衡量。因此，不同于义务论的思想，穆勒虽然接受了康德的"相互准则"（即你应该如此行动，使你的行为准则成为全体理性人的准则），但是，他认为，这个准则的被接受，因为"个体在良心上对其行为的道德性进行评判时必然考虑到了群体的利益或至少是一视同仁地对待其他个体的利益"。⑤ 穆勒虽然不同意义务论的思想，但是接受了康德的准则。这也看到，虽然伦理学的思想基础不同，但是，思想家们还是认为主要伦理准则或者价值观的认识是等价的。

---

① 穆勒：《功利主义》，叶建新译，北京：九州出版社2007年版，第55页。
② 同上书，第113页。
③ 同上书，第114页。
④ 同上书，第121页。
⑤ 同上。

最终，穆勒揭示了功利原理对正义的支持，一个社会之所以要有正义，"我给出的理由便是功利原理，绝无其他。"①

4. 罗尔斯的正义论

罗尔斯的正义论建立在道义论的基础上。在构建自己的思想体系时，罗尔斯一直针对性十足地把目的论的功利主义作为一个靶子来瞄准，而自觉地以康德的思想为自己的先驱。

正义是第一美德的思想就是来自康德。康德是从人类实践主体的目的性存在这个角度推演出正义的作用的。人类个人的目的性选择应当从属于人类作为目的性存在物的本质。这种思想的出发点和逻辑中，必然产生正义是第一美德的结论："按照道义论伦理，确认正义的首要性的用意所在。按照康德的观点，正当（权利）的优先性质既是道德上的，也是基础性的。其根据在于给定的主体先于其目的的概念，对于我们将我们自己理解为自由选择的和自律的存在来说，这一主体概念不可缺少。"②罗尔斯显然是继承了康德的思想，在他看来，正义作为一种美德，就是保证主体的权利不服从社会利益的计算。从而最终保证主体的独立性。

不过，罗尔斯毕竟是20世纪的思想家，他不满足于康德从一个抽象的先验主体出发构建理论模式的欧洲大陆思想家的做法，他坚持盎格鲁-撒克逊的思想传统，并且在这个传统的基础上重建正义的思想基础。也就是说，他力图把康德的正义思想的从原来的先验基础上转移开来，放置在经验的基础上。

罗尔斯自己申明他的思想是一种道义论的思想，并且把自己作为康德的继承人来申明自己思想的统绪。他对边沁、西季威克代表的功利主义与道义论思想差别的阐述，目标是对自己思想的特征做出描述。在他看来，功利主义的最大问题是把个人选择扩大到社会选择时的跳跃所带来的问题：个人利益诉求的综合无法成为一个社会的最大利益所在，在罗尔斯看来，有高于一切的原则和理念来支配的社会才可能是正义的。他把对自由、平等等社会基本善的平均分配视为正义的第一要务，这与社会物质利益的最大化无关，并且高于社会成员的物质利益。

---

① 穆勒：《功利主义》，叶建新译，北京：九州出版社2007年版，第122页。
② 桑德尔：《自由主义与正义的局限》，万俊人等译，南京：译林出版社2001年版，第11—12页。

4.1 原初状态的构建

为此,罗尔斯求助于休谟,求助于霍布斯和洛克等思想家。从休谟那里,他找来对正义环境的描述和构建方式,"罗尔斯解释说,正义的环境有两种,客观的与主观的,正义的客观环境包括诸如资源适度稀缺之类的事实,而主观环境则有关于合作的主体,最重要的是要考虑这样一种事实,即每个主体都有不同的利益和目的。"[①]

其实,罗尔斯为构造模型提出来的条件是对当前社会现实的一种抽象性的概括。唯一值得质疑的就是这些条件的永恒性所催生的正义观念的永恒性。从社会学和社会史的角度看,上述条件及通过这些条件推演的观念仅仅是一个时代观念的概括,而不是永恒观念的抽象。人们常常夸大自己所处时代的重要性,即使是罗尔斯这样重要的思想家,也把自己的时代条件永恒化,以便构造出永恒的概念。

在原初状态中,人们选择原则时受到观念的形式限制,这些形式限制是对原则的一些形式的特征描述。

首先,原则具有一般性,也就是说通过一般通行的词汇描述原则,不是通过独创的专有词汇来描述。不依赖偶然的见解,而是依赖社会通识。一般性的反面是个别,人们不能按照自己的情况设计原则。[②]

第二个特征是普遍性,每个人都能理解和运用。普遍性与一般性不同,如利己主义是普遍的,但是无法一般化,换到对方身上就无法推行。一般性的原则也可能不具备普遍性。[③]

第三个形式条件是公开性。契约论的原始各方选择依据"公开承认和充分有效的社会生活道德法典"来评价他们,这也就是康德把人们作为目的而不是手段来看待的一个伦理准则的变例。[④]

第四是正当观念可以把不同的冲突准则分出次序。[⑤]

最后是终极性限制,"各方应把原则体系看作实践推理的最后上诉法庭。"[⑥]

从康德的哲学伦理学角度看,在传统道德的基础崩塌之后,重建道德基础就是伦理

[①] 桑德尔:《自由主义与正义的局限》,万俊人等译,南京:译林出版社2001年版,第36页。
[②] 罗尔斯:《正义论》,何怀宏等译,北京:中国社会科学出版社1988年版,第131页。
[③] 同上书,第132页。
[④] 同上书,第133页。
[⑤] 同上书,第134页。
[⑥] 同上书,第123页。

学的一个重要任务。康德把道德基础由神性转移到了人的自身上来,以超验主体的理性替代了神作为道德的基础。罗尔斯继承了康德的精神实质,把伦理道德的基础置于理性基础之上。但是不同于康德的是,罗尔斯把这一理性所依据的主体从抽象的超验主体转化为一种无知之幕背后的个人的集体性之上。这样就把伦理学的讨论从形而上学转移到了社会学的框架内。

虽然采取了某种社会学的思考因素,但是,罗尔斯理论的最终企图是建立一种类似几何学那样的高度形式化的学科体系。这一体系的特征就是从几个给定的原则出发,经过概念的建构而最终形成一个逻辑严密的理论体系。当然,这一体系是抽绎了历史内容的。换言之,在理论讨论中所设定的情况不必是历史上确实存在过的,更不必是现实的,而是根据理论建构的需要设定的,这个前提要经过严格的逻辑检验,不仅说明是理论建构中必要的,也要说明是理论建构中合理的。在所有理论设定的方案中是最终的,从而可以淘汰其他的理论设计。

罗尔斯的这个方法在原初状态的设定时得到了彻底的贯彻,这也是罗尔斯理论中社会学和哲学的一个连接点。

原初状态的设定不是一个理论游戏,而是正义理论构建的始基。罗尔斯力图通过原初状态的设定,最终以不同于功利主义的方式把正义论的两个原则确立起来,并且证明正义论的原则更具道德合理性。罗尔斯在列举了一组不同原则后,开始反过来设定原初状态。

罗尔斯的原初状体设定从人的本性与关系出发,他认为人的合作是可能的和必须的,因为合作能给个人带来更大的收益,能过上比单独个人的努力更好的生活。但是,人们之间的冲突也是必然的,因为人们对收益的分配是零和博弈的,因此人们不会对此无动于衷。[①]

合作有自己的客观条件,可以描述为正义选择的环境因素。罗尔斯把这种环境归结为客观上的中等匮乏条件,主观上相互冷淡。

在程序的形式条件获得满足之后,罗尔斯提出了选择是"无知之幕"的观念,把人置于一种初始状态,对现状和未来一无所知,主要是对个人的未来无所知。这样才能保证选择的公正和公平,避免开始时就讨价还价,在上述条件都具备之后,罗尔斯就开始了对不同准则的评判。不过,他的评判是在假设的原初状态之下展开的,其实他在还原了

---

① 罗尔斯:《正义论》,何怀宏等译,北京:中国社会科学出版社1988年版,第126页。

原初状态下的推理,就是以这种形式构建自己的理论。①

4.2 正义原则

这部分内容是罗尔斯正义论的核心,也反映了他的思想实质。他提出了以辞典式方式排列的两个正义原则。

第一原则,每一个人在一个自由体系中拥有和其他人平等的最大的自由。②

第二原则,如果存在必要的不平等,则应该:1.这种不平等适合于每一个人的利益;2.这个体系所依据的职务和地位向所有人开放。

这两个原则被称为第一正义原则和第二差别原则。按照罗尔斯的看法,这两个原则的次序是不能颠倒的,这就是所谓的"辞典式"排列。第一个原则的根本是社会基本善的必须平均分配。更为准确地说,社会基本善中自由平等等是不能够用经济收入等加以置换的,是必须得到保证的基本原则。

罗尔斯的第二正义原则处理的是社会的差别问题,这也就是我们常说的所谓效率问题。在罗尔斯看来,在保证公平的情况下提高效率才是能够被接受的,否则就会损害正义的基本原则。为此,他提出了两个子原则,首先要保证一个政策或者行为不损害任何人的利益,具体的就是无论哪一个阶层提出的改进措施,都不能损害其他群体的利益,在实践中是不损害最弱势群体的利益;其次是制度安排上,各个职务和地位是公平地向所有人开放,从而保证社会的流动性。使制度的公平置于可靠的基础上。

对罗尔斯的正义论,不同学派的学者做出了不同的评价,并受到了多方面的挑战和检验。这些评价和挑战可以被视为不同利益集团看法的学理反映。但是就理论本身,罗尔斯的思想获得了最高的尊重。

5. 正义的不同类型

5.1 分配的正义

分配的正义是亚里士多德提出的一个概念,也是对交换过程的一个伦理原则设定。

---

① 罗尔斯:《正义论》,何怀宏等译,北京:中国社会科学出版社1988年版,第139页。
② 同上书,第61页。

因此,分配正义成为了市场经济条件下最为重要的一个正义原则。

按照亚里士多德的想法,正义和平等在分配中存在一种内在的相互关系。正义涉及人的关系,平等涉及物的关系,分配时,两个人与两个物构成了四个项目,两个人所分配之物应成比例,即与两个人的身份相称;"所以,公正有四个比例项,前两项的比率与后两项的相同,因为两个人之比与两份物之比要相同。"①从分配中,亚里士多德抽出了平等和公正(正义)两个概念。

5.2 交换的正义

亚里士多德第一个认真讨论了交换的正义,这个讨论开启了此后正义讨论的经济维度,并且可以作为今天讨论企业伦理的直接参照。

在《尼各马可伦理学》中,亚里士多德是以回报的正义为题展开交换正义的讨论的。虽然回报的正义包含了政治和经济不同的活动,但是,亚里士多德很快就把讨论集中到了交换活动中去了。他设定了营造师、制鞋匠两个职业,和房屋与拖鞋两个产品,论述交换活动。认为交换活动应该以某一个正确的比例展开,为此人们需要一个统一的度量方式,这就导致了货币的产生。"回报只有在使其相等条件下才能进行。农民和鞋匠两者成果的对比,正如农民和鞋匠的对比。在他们持有各自的物品时,就应该制定一个比价表,才能进行交换(如若不然,双方就会各走极端)。只有在对等的调价下,双方才能各得其所,才能沟通。只有在这个意义下他们才能相等。"②亚里士多德对交换正义的讨论,前提是社会的不平等制度,因此,他所谓的比例就是按照这种社会等级阶梯展开的交换活动。这一点上,他与柏拉图同属古希腊人。尽管亚里士多德已经意识到了准则的一致,但是他无法避免当时社会公认的不平等,对这种制度的合理性也无法提出论辩。

5.3 校正的正义

校正的正义是一个很含混的概念,可以是惩罚的正义,也可以是补偿的正义,而惩罚本身也带有补偿的意思,即使是心理补偿也是一种补偿。但是对于惩罚正义的理解有很大的差别。一种理解是所谓的以眼还眼以牙还牙,在传统社会中,人们秉持这种观

---

① 亚里士多德:《尼各马可伦理学》,廖申白译,北京:商务印书馆2006年版,第135页。
② 亚里士多德:《亚里士多德选集》,苗力田译,北京:中国人民大学出版社1999年版,第113页。

念,把对作恶人的报复作为一个美德确立起来。这种看法可以看成是与仁慈概念的感激义务相对称的另一个极端:[①]对于有恩的人要报答,对于有仇的人要报复。前者是仁慈的概念,后者则是正义的概念了。从这点上看,古典时代的仁慈与正义确实有对称的特点。但是,在当代社会中,这种报复的观念在社会中越来越受到鄙视,人们普遍认为这种做法不是一种正常的做法,因此,报复作为美德在社会的主流中逐渐丧失了认同。但是,在法律中,报复的残余似乎还存在着。对罪犯的惩罚在相当意义上保留着惩罚的含义。

比较起来,补偿的正义即是对遭遇不公正待遇的人的损失给予补偿,不过,对这种做法到底是归属正义的原则还是归属于仁慈,却是有争议的。有些人认为,补偿是正义的一个构成部分,另外的人则认为补偿是仁慈的一个构成部分。补偿的做法,是最适应现代市场经济的一种方式,不仅在企业和经济活动中广泛存在,而且也存在于政治及其他社会生活领域中。

上述正义的讨论几乎都是亚里士多德开启的,随后的历史进程中,这些内容被反复提及,不断探讨,形成了丰富的思想资源,供我们今天对企业伦理的讨论。

6. 企业中的正义

正义虽然是当代的显学,但是,把这个热门话题引入企业似乎存在着巨大的障碍:学术界和思想界在这个话题面前集体失语。几乎找不到对企业的正义问题的议论。

产生这个问题的原因是多方面的,首先,正义作为当代的首要价值观,它的落实需要其他伦理准则和价值观的支持,这是由正义价值观的高度抽象性决定的,前面已经多次提及,正义作为价值观不是独立的,而是需要搭载在其他价值观之上。人们讨论企业问题时,采取自由、平等和权利等概念已属吃力,遑论更为抽象的正义观念的贯彻了。

其次,古典和现代思想史上发展的正义观念主要是针对行为和制度两个不同层面的。这样,在正义的概念中充斥了不同内容,而对个人正义和制度正义之间的处理方式差别巨大,对个人正义的讨论主要是针对行为,具体而微,针对制度的讨论主要是局限于政治制度领域内。在面对企业这个现代社会的构成物时,上述思想资源几乎全部失效,无法勾画出有效的讨论结构,也找不到处理企业内部正义问题的分析方法。人们对

[①] 西季威克:《伦理学方法》,廖申白译,北京:中国社会科学出版社 1993 年版,第 298 页。

正义的讨论下探到与企业相关的经济制度之后,还勉强提出价值观范畴的意见,一旦涉及对企业的分析则丧失了能力。①

思想史上对企业内部正义问题的分析中,最接近当代政治哲学或者伦理学分析范式的是马克思对企业中人的异化分析。由于资本主义企业中,资本和劳动的对立,导致了劳动的异化,这表现在劳动者和其所生产的产品之间的对立,同时也表现在劳动过程中工人作为人的本性被其动物性机能的压制,导致了劳动意义的丧失。马克思的分析指出了资本主义企业生产的历史不合理性。但是,马克思没有采用正义的标准对这种制度加以衡量。这表现了马克思的一种对事物发展的客观主义分析方法,在马克思看来,分配活动和交换活动的形式是历史性的被生产资料所有制所决定的。这是一个历史发展的客观规律,这种规律造成的局面不是主观的正义概念能加以改变和评议的。要想改变这种历史的不合理性,就需要对整个生产资料所有制加以改造,这种改造的必然性也是由历史性决定的,与正义观念的介入无关。

显然马克思的思想在正义和制度关系之间存在着一个巨大的鸿沟,虽然分配和交换是生产决定的,生产方式是生产力决定的,但是,生产制度的不合理是显而易见的。不归并到不正义的名下虽然是贯彻客观精神的需要,但是最终还是带来了理论的缺憾。这个理论缺憾放在中国现实下,显得尤其明显:大量的血汗工厂和大面积的侵蚀员工权益现象得不到有效的监管和矫正,相反,这些做法肆无忌惮地横行世间,不是社会不正义的一种显著特征吗?为什么不能归并到资本对正义的侵犯上来,还被视为一种客观情势的约制?

对西方大部分思想家和学者而言,正义话题覆盖的范围只是在宏观制度的范畴内,正义与微观的企业制度无关。这个私有的企业制度本身拥有无须辩护的天然正义,因为这种制度是正义的。反倒是企业中员工争取自己权益的行为往往被视为不正义。

7. 正义的评论

中国目前没有诞生《正义论》这样著作的条件,这与正义论的写作风格无关,与正义论的立论基础相关。从基础上看,正义论是建立在对一些重大基本理论问题存在普遍

---

① 从季布《经济伦理学》一书中可以看到,他在处理正义问题时,主要是针对不同经济制度展开的,而基本上没有涉及企业本身。

社会共识的基础上的。正义论关于社会基本善的分析以及第一正义原则的确立,这些看起来是推演的结构,实际上仅仅是对社会共识的一种肯定性认知的书面表达。如果没有社会的共同认知,正义论的基础也就崩塌了。而目前中国在大量的基本问题上,全社会缺乏共识,因为,对于中国目前的问题,不是在一个牢固的基础上构建思想大厦,而是清理地基,把不同认知所产生的动因及其思想逻辑和认知结构加以准确地描绘,建立不同伦理准则的体系的清晰结构及其体系间的差异,把社会上一些杂乱如麻的看法梳理出较为清晰的脉络,从中得到可能被广泛接受的一些伦理准则,再依据这些准则对各种社会意见和做法加以评判,摆脱目前企业伦理讨论中混乱和肤浅的认知。

《正义论》另外一个特点就是其建设性的思路。这与第一点是有联系的。罗尔斯在《正义论》的写作中,层层论证,结构完整、思路清晰、论述层层递进,思路严密,态度平和。不过,从内容上看,《正义论》所论证的看法,绝大部分是社会上一些广泛存在的共识。《正义论》一方面为这些共识寻找牢靠的学理基础,另一方面,罗尔斯为这些共识搭建一个联络平台,使这些常识性的认知之间形成了一个稳定严密的逻辑结构,最终形成了正义论体系,这些认知都被置于这个体系中加以认识。这个体系既为现有的思想提供了辩护,也为现有的制度提供了思想基础。其间并无更多的洞见,罗尔斯的《正义论》所谓创见毋宁更多是以严密的逻辑结构对社会共识加以清理。所以罗尔斯的《正义论》读下来感觉四平八稳,思维老到,内容博大审慎,其实最大的亮点是对社会共识的平和表达,而不是内容本身。

第 17 章　权利[①]

1. 概述

权利是指一个人应该拥有的东西或者资格,拥有是正确的。[②]

这是西方传入中国的概念。在印欧语言中,权利有不同的表述方式,如英语中为"right",法语中为"droit",德语中为"recht"。这些语言中的这个概念有大致相同的起源,都是来自原始的印欧语的"reg-to",至少在现代法语中,还保留着直线移动的含义,并且与法律是同义语。

现代汉语中的大部分学术概念来自日语,这已经是学界的共识,刘剑虹在一篇文章中认为汉语中学术词汇来源于日语的达 70%,[③] 虽然不知所本,相信并非完全没有根据。但是,权利是少数几个在现代汉语中首先确立了自己的地位,然后被日本所接受的学术和政治概念。[④]《荀子·劝学》:"是故权利不能倾也,群众不能移也,天下不能荡也。生乎由是,死乎由是,夫是谓之德操。"《史记·魏其武安侯列传》:"家累数千金,食客日数十百人,陂池田园、宗族宾客为权利,横于颍川。"这里的权利是权势与利益的意

[①] 汉语权利概念的源流梳理上,北京大学法律系的李贵连教授功不可没,他发表于 1998 年《北大法律评论》上的"话说权利"一文,对权利概念的古今变迁,尤其是丁韪良与严复在权利的汉语概念形成中的作用,进行了深入的挖掘,对澄清这段概念史起到了重要的奠基性作用。在此之前,中日学术界都认为中文权利概念的现代含义源自日本。说起来很有意思,现代汉语学术界的很多概念来自日本,尤其是 20 世纪初期。因此,无论中日学术界,很长时间都认为权利一词也是这个演化途径。但是,李贵连教授用详细的史料证明这个词汇的中日传播和演化的特殊途径。

[②] 至少在英语中,"right is right",权利是正确的。法语中,权利就变成了法律。

[③] 刘剑虹:《"美术"100 年历史的误读与偏离》,世纪在线网,http://cn.cl2000.com/history/articles/qiao/wen6.shtml。

[④] 王莉君:《权利与权力的思辨》,中国法制出版社 2005 年版,王莉君这部著作对权利和权力的东西方含义的形成与演变,包括现代汉语的权利概念的形成做了详细的评述。

思,如《盐铁论·禁耕》:"夫权利之处,必在深山穷泽之中,非豪民不能通其力。"

现代汉语中权利是 1862 年美国传教士丁韪良(W. A. P. Martin)在翻译《万国公法》时,将"right"译为权利而形成的。《公法便览》中的解释是,权有两个含义,有司之权,应该是权力,"亦指凡人理所应当之分,有时增一利字,如谓庶人本有之权利云云。"对于这个权利与古语中的权利关系,丁韪良做了一个解释:"此等字句,初见多不入目,屡见方知为不得已而用之也。"① 显然,他认为,他使用的很多汉语词汇无法反映古意,而是把现代含义注入了古词当中,只有历久而读,习以为常之后,才能确切掌握其含义。这是古语转为现代汉语的一个途径。非是权利一个词,但是丁韪良说这番话时,恰好就是解释权字的用法,涉及了权利的含义。严复对丁韪良的这个权利的翻译大不以为然,他认为,在古汉语中,以权利对应"right",是以霸译王,虽然看似近似,但是词不达意。他认为可以找到与"right"对应的古汉语词汇。他还果然找到了这个词汇。在翻译《群学肆言》一书时,用"民直"对应"right",并且曾经对梁启超解释过这个翻译的缘由。② 但是此后他也接受了权利的翻译。

对于权利概念与西方概念的差别,王莉君做了一个历史分析,很好地指出了这个概念何以有中西不同的差别。其中西方通过炮舰而来的贸易夹裹而来的权利概念,一开始就给人以一种强权的含义在其中。

不过,除了王莉君的分析之外,权利概念的个人主义基础确实是中国与西方不同的地方,这也是造成理解差异的原因。梁漱溟多年前在研究中西权利概念异同时,就提出了基础不同是中西权利含义差别的根本:"权利一词,是近数十年之舶来品,译自英文 rights。论其字之本义,与吾人之所尚初无不合。但有根本相异者,既它不出于对方之认许,或第三方面之一般公认,而是由自己说出。"③ 按照梁漱溟的看法,中国自古对对方的是一种出于相互关系的要求,不能自我提出对自我的要求。出现这种差异,主要是因为现代西方是个人主义的社会,而中国古典时期以家族为核心的社会中是在相互关

---

① 《公法便览·凡例》。
② 严复给梁启超的关于"right"翻译的信:"Right"一字,仆前三年,始读政理诸书时,即苦此字无译,强译"权利"二字,是以霸译王,于理想为害不细。后因偶披读《汉书》,遇"朱虚侯忿刘氏不得职"一语,恍然知此职字,即"right"的译。然苦其名义与"duty"相混,难以通用,即亦置之。后又读高邮《经义述闻》,见其解《毛诗》"爰得我直"一语,谓直当读为职……乃信前译之不误,而以直字翻"rignts"为铁案不可动也……"right"字,西文亦有直意,故几何直线谓之"right line",直角谓"right angle",可知中西申义正同。此以直通职,彼以物象之正者,通民生之所应享,可谓天经地义,至正大中,岂若权利之近于力征经营,而本非其所固有者乎? 且西文有"born right"及"God and my right"诸名词,谓与生俱来应得之民直可,谓与生俱来应享之权利不可。
③ 梁漱溟:《梁漱溟文选》,上海:上海远东出版社 1994 年版,第 182—183 页。

系中定义各自职责的,因此有不同于西方的权利看法。

其实即使在西方,权利也是一个非常近代的概念,虽然在罗马法中可以看到权利的萌芽,①但是,权利形成稳定的内涵是 15 世纪以后的事情了。② 罗马法中的"Jus"虽然包含了权利的含义,但是这个含义还是以正义为基础的。霍布斯的自然权利是现代权利的历史和思想起点。根据自然权利理论,权利是属于个人与生俱来、无须论证的自然属性,是先于政府而存在的一种个人价值的体现。在霍布斯的自然状态理论中,人们所具有的自然权利就是自然状态的一种天然的属性,人们为了避免不必要的牺牲,才以自然权利来兑换了法律,这样才出现了政府和法律,从而使原来的自然权利出现了分化,出现了法律权利和道德权利的分别。于是才有了权利理论。

霍布斯的理论开启了对权利的现代视角,我们今天讨论的权利是洛克以后才形成的。③ 并且主要是在法律范围内展开讨论并取得最初的基本认识的。作为现代法学的开拓者的边沁就对权利和法律的关系做了一个斩钉截铁的说明:权利是而且仅仅是法律的产物,没有先于法律的权利。④ 从词源和词义的解释看,至少现代法语中的"droit",不仅是权利的含义,也是法律的同义语,还保留着权利与法律的关系。

但是,现代的权利学说是自然权利的一个延伸,而自然权利本身就可以看作是一种道德权利。如何区分自然权利和法律权利,法律权利和道德权利等,是政治哲学、法学和伦理学的一个重要讨论课题。

与自由、平等、正义等普世价值观不同,这些价值观的讨论都是在政治哲学和伦理学的范围内展开的。权利基本上是法学中发展起来的概念,虽然它也是起源于政治

---

① 陈弘毅的论文中详细追寻了权利概念的东西方起源尤其是词源。他指出,古希腊文献中,没有任何概念具有现代的"权利"含义。而古罗马的拉丁文献中"ius"具有多达十种含义,其中有一些与现代的权利相对应,但还不是现代的权利含义,只能说含有权利的萌芽。("权利的兴起:对几种文明的比较研究",陈弘毅、周叶谦译,《外国法译评》,1996 年第 4 期,第 8 页)

② 麦金太尔:《追寻美德》,宋继杰译,南京:译林出版社 2008 年版,第 88 页。

③ 有学者认为是苏亚里斯和格劳秀斯确立的权利的现代意义。("权利的兴起:对几种文明的比较研究",陈弘毅、周叶谦译,《外国法译评》,1996 年第 4 期,第 10 页)

④ 参见余广俊"论道德权利与法律权利",《山东社会科学》,2009 年第 10 期,第 125 页转引边沁语。这句话没有查证,但是在 1843 年出版的《边沁文集》第二卷中,有他对法国《人权宣言》的评论,原文名称"Anarchical Fallacies",其中对权利和法律的关系做了详细的评述,明确反映了他的看法:权利是法律确定的。见 Jeremy Bentham, *The works of Jeremy Bentham*, Vol. 2, Edinburgh: W. Tait, 1843, 500—503。

哲学。[1]

2. 权利与义务

这个关系是复杂的,理论上可以形成多种不同的解释。康德在《法的形而上学原理》一书中,对权利、义务和责任的关系做了全面的分析,并且把这个分析与道德哲学和法学之间的关系建立了起来。在康德看来,作为道德主体的人是自由的,区别于存于时间的那个肉身。义务就是源于这个自由的主体,"我们唯有通过道德命令(它是义务的直接指令)才认识我们自己的自由——由于我们是自由的,才产生一切道德法则和由此而来的一切权利与义务;而权利的概念,作为把责任加于其他人的一种根据,则是从这种命令发出来的。"[2]

根据康德的这个看法,在区分权利和义务时,最简单的是把道德主体与客体的关系作为基础,以区分道德权利和义务。

道德权利是主体对客体的一种要求,而道德义务是主体对自身的一种要求。[3] 而主体自身对主体的要求就是责任,但是,责任显示为一种客体(他人)对自己的要求,见图 17.1。

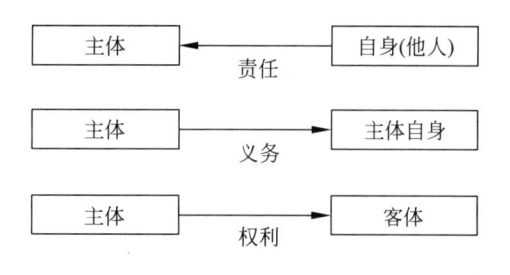

图 17.1 主体与权利义务关系

从这个对应关系看,权利和义务是互为表里的,但是,并不一定完全重合。有时候,义务大于权利,有的时候权利大于义务。而义务几乎就是对应责任的,所以康德说:"义

---

[1] 学者认为,现代权利的发展经历了两个阶段,早期的权利是政治哲学的概念,包括霍布斯、洛克、孟德斯鸠、卢梭和康德等人都是从政治哲学的角度对权利开展讨论的。19 世纪以后,权利才转入到法学领域,成为一个法律确立的概念。边沁作为现代刑法学的开创者,在这方面做了重要贡献。参见申卫星,《溯源求本道"权利"》,《民商法学》,2007 年 2 期。

[2] 康德:《法的形而上学原理》,沈叔平译,北京:商务印书馆 1991 年版,第 11 页。

[3] 谢福秀、谢晓辉:《从主体的角度审视道德权利》,《重庆工学院学报》,2005 年第四期。

务就是对任何这样一点行为的称呼:这些行为能够使任何人都受到一种责任的约束。因此,义务是一切责任的主要内容。"[1]

3. 权利理论

一般使用权利概念时,我们并不深究它的含义、内容和使用范围,我们使用它,但是,我们并不知道它的确切边界。不过,作为一个法律和道德概念,当我们要严肃地讨论权利问题时,我们就不能不深究它的具体定义、使用范围、内涵和分类方法。

权利问题涉及很复杂的内涵,主要有以下几个问题:

(1) 什么是权利;

(2) 权利的分类方法,法律权利和道德权利的关系;

(3) 权利和自由、义务、承诺等概念的关系——权利来源于这些概念,高于这些概念,或者权利平行于这些概念,或者第三从属于这些概念;

(4) 权利的内容。

权利的英文是"right","right is good, and if right is absence, there is some wrong, wrong is bad"。不过,确切地定义权利不是一件容易的工作。可以从两个层面上来展开——法律和道德。对这个概念的讨论,好像其他概念的讨论一样,首先应该从分类开始,这是近代科学的特点。一个明确的分类是进一步讨论的基础。关于这一项工作,是韦斯利·霍菲尔德(Wesley Hohfeld)首先于1919年在其著作中《司法推理中的基本法律概念》(*Fundamental Legal Conceptions as Applied to Judicial Reasoning*)中提出的。我们就依据他的工作来介绍权利的概念。

权利可以从法律和道德两个角度提出。在法律中,权利的概念清晰明确,而在道德中,权利含混微妙,所以,应该首先搞清楚法律上的概念。

3.1 法律上权利的概念

霍菲尔德对权利及其相关概念的定义最主要的特征是把这些概念看成是关系。

按照霍菲尔德的概念,任何法律体系都应用于不同的主体(agents),通过明确的规则鼓励或者禁止人们采取某些行为。这些行为涉及他们之间的关系。所以,他倾向于

---

[1] 康德:《法的形而上学原理》,沈叔平译,北京:商务印书馆1991年版,第39页。

把权利等法律概念或者道德概念定义为一种关系。所谓规则当然是从对某种行为明确的允许或者是不允许开始的。他把这两种规则称为职责(duty)。不过,通常认为,如果没有任何规则,就暗示任何行为都是允许的。所以,现在的法律体系通常只是规定禁止的行为规则。而被鼓励的行为规则是排除在法律之外的。

霍菲尔德分析权利的特点时认为每一个概念都和两个主体有关,而两个相临的概念之间可以建立与区分出其相关关系和对立关系两种情况,从而确定不同概念的界限。所以他的分析首先区分主体间的关系,然后在这个基础上分析概念之间的相关和对立关系。

在两个主体之间,他区分出四种不同的关系,用来描述两个主体之间的不同的影响,这四种关系是相对而出的:设有张三和李四二人,用 X 代表行为,则:

(1) 张三有采取 X 行动的自由,李四必须尊重;

(2) 李四无权干涉张三采取 X 行动;

(3) 张三有责任(duty)对李四不采取 X 行为;

(4) 李四有权利要求张三不采取 X 行动。

这里面一共出现三个概念:自由、责任和主张(claim),其中"claim"可以看成是权利(right)的同义词。

这里面权利和责任是与特定个人之间对等相关的。例如,按照霍菲尔德的看法,张三有权利要求李四不进入他的领地,这是张三的权利,同时,李四有责任不进入张三的领地。所以,权利和责任是一个关系的两个方面。

不过自由的关系就复杂一些了,自由的反面是责任,同时,自由又是免责的,这样,自由可以分为两个层面。

首先,自由意味着张三可以做什么事情,别人不能干涉。不过这只是半个自由,另一方面,张三还必须有不做这件事情的自由,这种自由被称为绝对自由(absolute liberty)。从张三和李四的关系看,张三有自由意味着李四对张三的行为没有权利。

可见,在权利、责任和自由的定义中,每一组都是一个关系联系两个相对的概念,权利对责任,自由对无权(no-right)。

上述关于权利、自由和责任的讨论都是在特定个人的基础上进行的,但是学者们主张在霍菲尔德的主张之上,可以把这个针对特定个人的关系发展到个人对共同体、个人对国家的相对关系上去。换言之,关于个人的自由,不是由国家保证的,而是由国家不干涉保证的,是由对国家权利的限制来保证的。

上述的是第一层次的权利概念。霍菲尔德还鉴别了第二组概念：是权力（power）和义务（liability），免责和无资格（disability），假设还是张三李四，这次是涉及规则：

（1）张三可以通过改变规则影响李四（权力）；

（2）李四应该接受张三改变规则对自己的影响（义务）；

（3）张三不能通过改变规则影响李四（无资格）；

（4）李四可以反对张三改变规则（免责）。

这里面讨论的问题是改变规则，规则改变就可以影响张三和李四第一层面的关系，就是权利、责任和自由关系。

上述两层关系可以分为相邻和相对两组，见表17.1：

表 17.1　权利对应关系

相对：

权利（Right）	特权（Privilege）	权力（Power）	豁免（Immunity）
无权（No-right）	义务（Duty）	无资格（Disability）	责任（Liability）

相邻：

权利（Right）	特权（Privilege）	权力（Power）	豁免（Immunity）
义务（Duty）	无权（No-right）	责任（Liability）	无资格（Disability）

3.2　自然权利

自然权利与法律权利和道德权利之间，不仅存在着静态的对应关系，也可以根据霍菲尔德的模型把它们之间的相互演变关系建立起来。

霍布斯关于自然权利的看法，实际上比霍菲尔德更加准确地确定了权利问题与相邻概念的结构，并且把权利问题的演进过程展示了出来，不过，霍布斯没有采用霍菲尔德的分析结构，现在我们可以按照霍菲尔德的分析结构来归纳霍布斯的分析过程，展示自然权利向法律权利的转化的逻辑过程。

关于自然权利，霍布斯认为是每一个人根据自己的意愿运用自己认为合理的手段来保全自己的一种本性。根据权利和自由的关系，这种权利是和自由完全等同的，而不同于在公民社会中，权利和自由是有差别的。因为，在公民社会中，权利是由法律规定的，并且权利和责任义务之间存在着相互的对应和对立的关系。但是，在自然社会中，自然权利是绝对的，是先于义务和责任而存在的。这样，从肯定的意义上，这种权利就是人们为了保全自己可以做任何事情,而从否定意义上,人们也有可以不做什么事情的权利,所以,这种权利是一种完整的权利,根据霍菲尔德的分析结构,完全等同于自由。不过,在霍布斯的分析结构中,他提出了一个法律(law)的概念,与权利(right)相对立,权利被理解为做或者不做的一种自由,而所谓法律(law)只是在做与不做之间选择一个,这个概念在霍布斯的著作中没有明确的指明,但是,通过三个自然律间接地说明了,因此应该加以分析。

在第一自然规则中,他指明:如果可以取得和平,人们应该争取,如果和平无法取得,人们可以根据自然权利采取所有必要措施保卫自己。

这个自然规则,可以分解为两点,前半句话被霍布斯称为自然律(law of nature),后半句话被称为自然权利(right of nature),前一个概念是与应该(ought to)相联系的,后一个是与可能(may)相联系的。从结构上看,所谓的权利既然在这里等同于自由,这里所谓的法律(law)是可以做或者不做某事情,但是不能同时兼有这两点,这就意味着,法律(law)在这里等同于半个自由,但是和法律权利不同,因为这种权利是自然状态下的权利,尽管不完整,但是,它并没有附带义务或者责任。

但是,正是因为这个无责任和无义务的权利的存在,必然导致在自然状态下,每一个人对每一个人的战争或者说是一切人对一切人的战争。所以,和平的实现必须通过人们放弃或者转让自己的权利来实现。放弃或者转让自己的权利是通过自愿的形式提出的,一旦出现这种情况,人们就对特定或者不特定的他人有了承诺,这样,遵守这个承诺就变成了一种义务(obligation),义务出现了,实现自己的诺言是一种责任(duty),责任也出现了。从逻辑上看,一旦义务和责任出现了,自然权利就转化为与这些概念相联系的概念了,自然权利消失了,权利和自由也开始分化为两个不同的事物。所谓的自然权利(right of nature)转化为自由,而自然规律(law of nature)这个时候实际上就转化为选择的权利了。这样就出现了早期的非自然权利。从这个角度看,非自然权利来源于自然律,但是以自由为基础。这时候,人们还无法区分法律权利、道德权利和习俗权利。不过从逻辑上看,习俗权利和道德权利是先于法律权利出现的非自然权利的形式,法律权利是最后出现的非自然权利,并且是所有权利中界限最为清晰的权利。

3.3 道德权利

尽管霍菲尔德在其著作中根本没有提到道德权利,他的分析全部集中在法律权利上,但是,无论如何,他的分析为我们的进一步工作提供了一个很好的起点。在分析了霍菲尔德的分析框架之后,又通过这个框架分析了霍布斯的自然权利概念,就可以转入分析比较复杂的道德权利了。

从上面的分析看,道德权利是从自然权利直接转化而来的权利。为了避免一切人对一切人的战争,人们要放弃自己的一部分自然权利,对他人做出承诺。不过,在转化的初始状态,这种放弃不是谈判的结果,所以,承诺也不是明示出来的。虽然如此,可以设想,一方放弃自然权利的同时对接受方也有一种交换的预期,这种预期限制了自然权利的范围,这个被限制的自然权利的范围就成为道德权利。不过,初始的自然权利被放弃是个人的事情,而道德权利是一个社会概念,不是哪一个个体能够确定的。因此,个体放弃自然权利虽然对其他各方有一种交换的预期,并且这种预期可以看成是一种道德权利的范围的限定,但是它终究还不是道德权利。道德权利的范围不是个人保留的权利的总和,而是社会公认的被限制的自然权利的公约数,道德权利的范围,作为一个社会运行的基础,需要一个复杂的社会化过程和程序才能最终确定。

道德权利的范围远比法律权利广泛,而且没有法律权利那样明确的定义,因此,在这个领域充满了争论是一件很正常的工作。

一些学者根据明确性把权利分为几个层次,首先是法律权利,这是根据明确的立法确立的权利,不过,这部分权利只是我们讨论的权利中的一小部分,其次是道德权利,道德权利中的一小部分是根据特殊的道德系统确定的权利,例如根据宗教确定的权利。例如,在我国根据儒家伦理确立的伦理准则就属于这个情况,不过,对于大多数普通人而言,这个体系的具体内容大家并不清楚,但是,因为作为一套伦理准则,这些内容是渗入了日常生活体系中,被广泛接受了。道德权利中最重要的内容是根据社会习俗和社会准则所确立的内容。这部分内容缺乏明确性,但是,却在日常生活中调节着我们的生活方式和关系。这部分的道德缺乏明确性和可观性,是由参与的各方通过复杂的社会程序确定的,并且不断处于争议之中。在一个相对稳定的社会中,这部分的道德权利比较少,而在一个变动的社会和分裂的社会中,这部分的道德权利的内容就比较多,从而不断地引发争议。因为在这个领域中往往缺乏明确的伦理或者哲学基础,所以大量的争论处于混乱和没有判断准则的形势下。这时候,明确的道德哲学基础就是必要的了。这就是为什么我们需要道德哲学或者伦理学的含义。

3.4 权利对应的社会结构

近代以来,权利主要是在契约论的基础上被加以说明的。自然权利是天然的绝对权利,它的基础只能是抽象的个人。但是,自然权利只是权利的逻辑起点,自然权利本身不能保证人的历史存在,所以,人们必须选择一种现实的生存结构,这种结构是在对自然权利的保障和限定的基础上存在的。

契约论假设这种结构是选择的结果。我们可以假设人们的选择有不同的形式,默示的契约是社会的选择方式,人们把自己的意愿默示于他人,通过社会互动来把这种默示固定化,就产生了道德权利和道德义务。而为了维持其中最重要和最明确的部分,这部分内容的契约被公示出来,并且以政权的形式加以保护,这就产生了法律权利和法定义务的概念。所以,我们说,自然权利对应于抽象的个人,个人一旦结合,就产生了关系的协调问题,自然权利受到约制,自然权利发生了转化。道德权利对应于社会,法律权利对应于国家。

3.5 关于权利的看法

古典时代是一个责任和义务的时代。从哲学上看,霍布士是最早明确主张自然权利的人,而洛克则不同意霍布士的观点,他认为在自然状态下不存在道德问题,他把财产权和自由同时看作是自然权利的一部分。

功利主义者对自然权利不以为然,边沁就认为所谓自然权利是毫无意义的说法。按照功利主义的看法,任何人不能阻止提高人们快乐的做法,法律给予人们的是法律权利,这不能从道德角度评价。不过,同样是功利主义者,穆勒就坚持讨论法律和道德权利。后来发展起来的准则功利主义则发现了道德权利的必要性。

20世纪中期以后,罗尔斯为代表的新契约主义者继承了契约主义的以理性个人为基础的思想传统,重新构造了伦理体系,把个人权利和自由摆在了中心位置。他通过一系列创新的工具和手段,在古典契约论的基础上重新构造了权利理论。把自由和权利作为基本善放在了公平的正义理论的中心位置。

4. 权利理论和历史

诺齐克主张个人权利对于国家的优先性和绝对性。和功利主义不同,诺齐克的理论是道义论的,他认为个人权利不是根据后果决定的。而是具有超越功利的正当性。国家不能以任何理由侵犯个人权利。相反,国家权利在个人权利前面要对自己的正当性进行辩护。诺齐克不同于罗尔斯的地方是,罗尔斯虽然把权利作为基本善来对待,但是，除了公民的基本政治权利之外，在经济上，公平可以高于权利，成为正义的主要考量因素。在诺齐克这里，个人权利处于一个优先的地位，外部力量不能以任何理由来剥夺个人的权利。公平是以权利为中心展开的。

权利是一个近代概念，最早是霍布斯通过对政治起源的讨论，提出了自然权利的概念，并且通过契约的讨论，已经触及了道德权利和法律权利，但是，他并没有清晰地提出这些概念。自然权利还不是现代的权利概念，仅仅是最早的权利概念。现代的权利更直接的来源是洛克，这不仅是因为他提出了财产权的概念，更因为美国大革命通过《独立宣言》，其起草者杰斐逊等人直接从洛克那里借鉴了上述概念，这个宣言确立的权利是最早的法律权利。法国大革命的《人权宣言》的思想来源是法国启蒙思想家卢梭等人的自然权利理论，而这个思想的源头也可以追溯到洛克。在这些文件确立了法律权利之后，人们开始回头探索法律权利的基础，提出了道德权利的概念。对法律权利，要放在道德的天平上加以衡量，因此，虽然道德权利更基础、更本源，但是就其形成而言，则是更晚近的事情。

这些概念被确立之后，其贯彻的过程蜿蜒曲折，充满荆棘。并没有给人类铺设一条布满鲜花的康庄大道。尤其是20世纪两次世界大战和纳粹大屠杀所带来的人道灾难，给人类提出了尖锐的问题，此后形成的共识通过《人权宣言》得到了意见凝结。实际上，这一宣言所确立的人权概念，不仅是权利概念的现代形式和内容的体现，其实就是内容分析，也仅仅是人类共同价值的底线。但是就是这个底线价值，其表述方式和阐释方式依然是西方的，成为普世价值，仍然需要不同文化间的对话，需要对不同文化与不同价值观的理解和理论扎根。通过这个过程，人们不断地从各个角度反思权利的概念，提出各种批判性和建设性意见，成为被广泛接受的价值观。

对于权利理论也存在广泛的批评意见，最主要的是因为权利理论是在西方的文化背景上形成，就其思想资源来看，更多地体现了基督教和近代人道主义的思想。这些西方思想所表达的概念何以成为普世价值，是一直被质疑的。尤其是西方在对其价值观的推广中采取的方式，不仅充斥了偏见，而且以其为幌子，夹带"私货"，被指为新殖民主义。虽然这些政治作为大部分与人权理论无关，但是确实使这些理论蒙羞。

例如，一个重要的批评意见认为，权利的概念是建立在西方个人主义的基础之上的，这与东方社会的社团主义和集体主义的价值观是不同的。如果一味地传播西方的权利观念，就会动摇东方社会的价值基础。

这确实是一个有意思的话题。东方的集体主义和社团主义，是东方社会的一个社会现实，这些价值观不仅通过所谓儒家思想和马克思主义确立为正统，而且通过社会化过程，渗透到人们的精神深处和社会生活的方方面面。但是，在西方人权和权利的话语体系下，这些价值观尽管在日常生活中发挥着自己的作用，但是在道德上丧失了自我辩护的能力，仅仅像影子一样飘零的存在于世间。集体主义和社团主义应该寻找自己的话语体系，并且在这个话语体系上构建自己的相适应的伦理观念。这不仅是对自己生活方式的辩护，也是对不同社会多元化价值的肯定。

权利观念确实是中国传统社会缺乏的一个观念。在近代价值观中，中国自古就不存在的观念，首选就是权利意识。这是因为中国传统社会是一个家族中心的社会。在家庭中，维系的主要道德准则是仁慈，人们不会涉及权利和义务的关系问题，因此，也没有形成这种观念的基础。而传统的中国社会是家庭关系的扩大，在儒家主导的社会中，主要的观念也是仁慈而不是正义，因此，也没有权利形成的条件。

5. 中国企业改革和权利形成

虽然权利是一个近代主要的法律和伦理概念，并且从20世纪初就开始了传播和教育过程，但是，中国的普通民众接受权利的概念却是从企业改革开始的，并且从这个改革过程逐渐熟悉和开始建立了权利意识。因此，企业改革对于权利概念的传播起了重要的推动作用，唯其如此，企业改革中权利概念的形成方式和具体内涵对人们理解权利概念也起到了重要的限制作用，人们从企业权利的角度形成的权利概念不完整、不准确，也没有反映这个概念的当代主要含义。

1978年开始企业改革时，首先提出的就是扩大企业自主权。这个自主权的"权"就是权利，虽然人们当时无法分清权利和权力。这个权利包括了企业作为独立的市场主体所应该具有的一些资格和能力，如物资采购、产品销售、利润留成等，这些今天看来是自然的内容，在当时对中国企业管理者和员工都具有新奇的含义。人们的权利意识最早的内容就是这些。显然如此建立的权利意识与当代价值观中的个体权利风马牛不相及，但是，这个过程确实第一次大规模地把权利概念灌输到了社会大众中去了。

人们关心企业自主权，主要是因为这个自主权是与普通员工的权利相联系的，虽然人们当时无法用这样的语言明确描述这种关系。但是人们知道，随着企业权利的扩大，企业的所有员工都是受益者，他们可以直接看到自己努力和最终成果之间的关系，并且享受到这些努力的成果。这种因果关系反映了企业权利和员工权利之间的关系的直接性。因此,这个时期的改革是受到广泛欢迎的。对于本书作者而言,这个过程最重要的成果就是权利意识的初步建立。但是,同样遗憾的是,由于中国大众的权利意识是通过企业建立的,此后权利从企业组织向个人转移的过程一直没有进展,权利意识也因此没有延伸到一般人中,经历了漫长的历史进程后,至今大众依然没有完整地建立权利意识。尤其是企业的员工普遍缺乏权利意识。这是通过企业建立权利意识的负面影响:权利的属性至今没有被完整地确定。

权利意识在企业的缺乏,不仅是社会上权利观念的传播不足,很重要的一个原因是在资本占主导地位的企业中权利问题本来是一个被回避的问题,如果没有强大的抗衡力量,是无法催醒这个意识的。下面分析这个问题的实质。

5.1 自然状态

1978年的小岗村十八户农民签订了包产到户的协议。从现实出发,中国人权利意识的觉醒可以以此为起点。在这个之前,中国人没有权利意识。这可以说是一种"真实的自然状态",从某种意义上,可以观察到政治哲学家们一直设想的"自然状态"。可以通过首先把这个状态还原,然后收紧条件的方式,构造出完整的权利理论。

在这个"真实的自然状态"下,人们的关系是依靠义务来维持的,付出之后没有回报的概念和意识,人际关系处于一种松弛的状态。但是,个人的和机构的利益得不到保障,权利受到了权力的压制而没有自我保护的屏障。这种状态中,经济和政治的发展受到了影响。这种结果在很多文献中有清楚的描述,无论城乡,都是在一种准家族的方式下生存。这种状态下个人、组织和社会都不能满意这种情况。权利是改变这种情况的一个必要的要素。

对这种状态的最好的理论抽象是由布坎南做出的,他提出了与霍布斯丛林假说相抗衡的共有悲剧。在这种原初状态中,人们共同享有公共资源,布坎南对这种理论模式做出了如下描述:"有种能够创造价值的潜在资源,由全体参与者共同使用,每个参与者遵循效用最大化的考量,超出如下界线,扩大个人对资源的使用:这个界线是,在资源使用由集体决定的理想情境下,人们将一致同意每个参与者应有的最适当份额的边界。当私人选择与公共使用结合时,资源就遭受到了过度的使用;每个参与者的行为,都处于资源使用的相应边际,这就给共享资源群体中其他人的福利,造成了外在的不经济;如果通过他们自己的协议,集体地决定对私人的选择施加某些限制,则所有参与者的境况都将有所改善。"为了克服这种外部化,最简洁的方法就是采用私有化的方法,"在典型的后私有化背景中,个人不再有效用最大化的激励,去过度扩大资源的使用;在修正后的私有财产权背景下,个人只是依据效用最大化的考量,以'最适宜'或者'最有效的'途径使用资源(财产),因为,任何对效率的背离,都对做出使用决定的人,直接和排他地强加了机会成本。"①

从农村改革的初期看,完全印证了布坎南对模型的推论,把公地私有化之后,确实产生了农村的一个"社会租金",生产力大幅度提高了。

随着农村的变革,城市从1978年10月开始了一场以放权让利为中心的企业变革,这里的"放权让利"的"权"和"利",就构成了所谓的"权利",标志着在计划经济下作为一个基层单位的企业的权利意识的觉醒。如果说,农村联产承包责任制是个人权利意识的觉醒,企业变革标志着现代经济中机构权利意识的兴起。

但是,企业改革面对的局面远远比农村复杂,最后造成的结果也与农村的不同。布坎南描述的玫瑰色的结果在企业中并没有出现。变革中不同伦理准则的变迁和相互作用,前面在改革的回顾中已经做了分析,这里只对权利形成中的一些问题做进一步的申述。

当时的人们还不会区分权力和权利,因此以权责利对等的原则羞羞答答地提出权利问题,并且为了和压制权利的权力相抗衡,把企业的权利和个人的权利与权力混为一谈。这虽然主要是因为权利意识不明确而造成的一种对权利的误读,但是作为一种对无孔不入的权力相对抗的策略在中国的改革和观念的变革中起到了重要的作用。

不过,这个时候的所谓的机构权利意识虽然与个人权利紧密相连,但仍不是真正的个人权利意识。改革初期的管理者更多的是和企业的职工站在统一战线上,共同扩大被传统体制强烈压制的个人利益。个人权利是通过企业权利来实现和确保的。

因此可以认为,变革的第一阶段是以企业权利对主管权力的抗争为主题的,权利在和权力的抗争中不断地扩充自己的地盘。无论在城市还是在农村,这个权利更多的是个人权利,只不过这个个人权利在农村是比较明确地表现出来的,而在企业改革中,是在企业权利的幌子下间接地表现出来的。

企业权利是以契约谈判的方式来向权力索取地盘的,并且以契约的形式把有关的结果固定下来。不同于洛克和霍布斯等人的自然状态中人们自身之间谈判与签订和约,从中国当时的自然状态出发,人们是从对权力的反抗的基础上利用契约谈判来争取自己的权利并且巩固其成果的。

---

① 布坎南:《财产是自由的守护者》,第二章。引自网络文献。

虽然这种权利对权力的抗争是掩盖在责、权、利平衡的理论面纱之下的，实际上，责任和义务对人的压制在权利的崛起中获得了修正，建立了责任和义务对权利的从属地位。这是当时的变革的一个辉煌的成果。

权利的区分对于当时的中国人还是奢侈品，我们无法区分个人的自然权利，企业权利的来源也不确定。因为企业的权利不是自然权利，甚至不是道德权利，而是一种法定权利，当然，这种法定权利源于企业的实践，但是，企业的实践又是和宏观经济制度安排紧密联系在一起的。在计划经济时代，虽然我们保留了企业的名称，但是企业的性质是一个成本核算单位，因此，谈不上所谓的法人权利，即使当时在法律上存在对这种权利的描述，这种权利也是传统企业定义的一个孑遗。所以，当时所谓的企业自主权的争取，实际上是企业为了在利益瓜分中取得更多成果的一种方式。可以把这些行为看成是传统上企业和上级主管部门谈判策略的一种延伸，不过，这种谈判孕育了某些新的因素，随后的发展就是从这点新的因素发展起来的。企业法人权利概念的产生是比较靠后的事情，因为权利概念是与社会和经济制度安排密切相关的。

5.2 变革中的混乱

权利意识的觉醒是和制度变革相关的，原来支撑制度的观念已经在新制度的形成中变得陈旧了，但是依然是我们的生存指南，在潜意识层面，人们没有意识到新道德，在反思的层面上，对新的伦理的探索也处于起步阶段，大量的新制度发展所需要的规范还没有出现，人们对自己的权利的辩护也还处于一个支支吾吾，顾左右而言他的阶段。

支撑新制度的观念还没有完整地形成，旧的伦理又无法完全指导我们的行动，我们的伦理处于失衡的状态。

无论是在个人还是企业层面上，权利在和权力的抗争中不断地扩大自己的势力范围，人们变得争权夺利了起来。

没有权利意识就没有责任意识，中国的 MBA 之所以和西方大多数经理人对企业社会责任做出不同的选择，[①]一个基本的原因是在传统体制下，人们没有权利意识，只有对权力的屈从，也因此不可能产生独立的义务和责任的意识。在屈从被逐渐消除后，人们的权利意识悄悄地成长，义务和责任观念的淡漠问题逐渐暴露了出来，并且在权利

[①] 早期西方学者曾对中西 MBA 学生的社会责任观做过调查，惊讶地发现中国的 MBA 学生更倾向于去除而不是加强企业的社会责任。

和权利相交之处产生了冲突,在解决这种冲突的问题上,人们找不到现成的规则,伦理失范问题逐渐的严重起来。

5.3 多重利益格局和权利的形成

这是发展的第三个阶段。随着市场经济的发展,出现了很多新的利益主体,大部分人仅仅初步享受了企业权利所带来的个人利益之后不久,权利就转化为管理者的权力。原有的利益群体很快就在权力的压制和庇护下被甩了出来,多重利益格局的形成导致了利益的多元化,而不同利益群体的权利意识的发展必然导致在权利相交处产生矛盾和冲突。在权力庇护之下的人们对矛盾的解决采取向权力倾诉的办法,希求获得权力的怜悯,在得不到怜悯的情况下,人们只有反抗权力。但是,权利在权力面前退缩了,规范的形成出现了真空地带,人们必须用新的方式处理面对的复杂利益格局。人们还没有学会用契约谈判的方式来处理过去需要向权力争取的权利,就丧失了对权利的争取的途径。责任和义务的概念也在形成的途中就搁浅了。

不过,对企业而言,在它周围存在很多的利益相关者,这些利益相关者的权利实现需要企业的配合,社会责任的概念在压力下逐步形成了。

5.4 正义和权利问题

现代的正义理论从对个人层面的评价转移到对制度的评价。在权利意识的早期觉醒中,人们并没有意识到制度对权利的保障和约束作用。但是随着人们的权利的发展,权利所需要的制度保证问题就日渐突出出来。权利在制度范围内的分配需要公平,通过公平的正义问题就成为一个议题摆在了社会的议程上来。

从企业的角度讲,虽然不存在自然权利,但是法定权利正好表现为制度分配机制。从三十年的历史看,企业改革尽管进展了很多,但是权利平等的问题一直没有很好地解决。国有企业、外资企业和民营企业、个体企业,这些不同的企业像是一个按照大小个排列的队列中的士兵,高低分布形成等差系列。不平等的局面非常明显。[①] 按照罗尔斯的正义论,对于权利、机会、财富等社会基本善的分配,表现得确实不公平,正义自然得不到实现。国有企业采取了资本的意识形态,而民营企业在社会格局中似乎一直处

---

① 这是一个表面的现象,看起来民营企业是受到排挤的。实际上,在很多领域都是按照企业的规模来分配资源的。这是和中国的地方政府战略格局紧密联系的一种情况。

于仆从的地位。但是,无论是国有企业还是民营企业,管理层和所有者在对员工上确实一致取得了优势地位。这种优势表现在社会地位和经济地位上,并且这种优势还在不断扩大。

企业内部的雇员甚至管理者也随着这个不平等的资源分配,显示出了社会地位的差别。这种差别在很大程度上不仅与个人的努力无关,甚至与企业的努力也无关,相反,与企业和个人所处的地位有关。而这个地位是"出身"决定的。这种社会基本善在社会成员中的分配制度缺乏正义性。

改革后期资本通过自己占据的主导地位,不仅在利益分配上获得了巨大倾斜,而且通过构造意识形态的方式,占据了社会议程的中心位置,主导了社会意识形态。从而使局面向自由和公平的缺失方向快速倾斜。

5.5 权利、自由和效率

这是一个哲学家们争议不休的问题。布坎南对社会主义历史经验的总结中,对那个令人不解的历史之谜做出了一个新的解释,这个历史之谜就是:为什么这样多的知识精英对社会主义的试验抱有巨大热情?他引用哈耶克的质疑:社会主义这种"致命的自负",为什么以及怎么样,能在如此长的时间内,控制并维持着智识的高峰。布坎南认为,发生这种情况是因为,人们只是在效率的原则下讨论私有财权和公有财产权的利弊。大量的讨论中忽视了一个基本的维度:社会成员的自由。如果我们引入这个维度,那么问题的是非立判。

这个评论在哲学上极具启发性,虽然中国的企业改革无法证实布坎南的结论,我个人也不同意直接以他的看法作为观察中国现实的一个指南。但是,布坎南提示我们,对制度正义的讨论应该脱离效率的原则,加入更加重要的价值观。而以往我们在对不同社会制度的讨论中,包括对企业伦理的讨论中,一直是效率占据中心地位,无论是赞扬社会主义,还是批评资本主义,似乎都是以效率为主要的参照标准的,并没有提出更为重要的价值观。

对此,我们自然要问:自由和平等是重要的吗?是一种自然权利吗?效率被定义为一种超级规范,它具有与自由和平等一样的重要性吗?是在哪个范围内讨论这些问题?例如,效率对一个制度和自由对于个人,或者相反,自由对于制度和效率对于个人的意义是可以互相置换的吗?或者更一般的回答,自由和效率在一个制度框架内,是具有相同的重要性,从而是互相可以置换的吗?或者有相同重要性,但是不能互相置换,或者根本没有相同的重要性,因而没有互相替代的可能?如果效率对面的不是自由而是平等或者其他价值观,上述问题会有什么答案?这些问题的解答对于我们理解权利观念的发展有重要的意义。对于构造企业伦理的框架也非常重要。同样,这些问题也构成我们对历史思考的出发点。

6. 通过企业确立的权利概念

6.1 员工的权利

员工的地位是一个复杂的问题,也是企业伦理建立过程中必须面对的问题。这也是一个可以从不同角度展开讨论的问题,其中的核心问题是所谓的权利问题。

员工工资上涨是最近一段时间被社会广泛议论的一个问题。讨论的角度也是多维的,除了日常生活之外,从专业的角度,主要是经济学和管理学的参与。

《劳动合同法》开始施行的时候,反对之声四起。反对主要来自两个方面,企业界和学术界。企业界中的企业主反对是情有可原并且在预料之中的:员工所得就是他们所失,是利益所在。唯一不妥的是当时有的企业主利用自己的公共身份,以社会利益代表的名义发言,[①]这种出于私利,但是掩饰为公益的方式不妥。学术界的表达方式不同于企业主,他们更多是基于学理,认为劳动力成本的上升对企业竞争力不利,最终也会损害劳工利益。这种看法有完整的推理,出于经济学原理,说服力很强,即使不同意这种看法,非专业人士到此也只有止言,无由置喙。[②]

---

① 有企业主在全国人大会议上,以人大代表的身份为企业所有者发言,并未申明自己的企业主身份和立场,这是利用公共身份谋取私利的不当行为。

② 马克思在《工资、价格和利润》一文中,对英国1848年实行十小时工作制导致工资上升的前后的争论及其后果曾做过分析。他指出的在法令实行前的反对声音,虽然所持学理不同于当代,但是对后果的预测几乎与当代学者的论述方式完全相同:工资上升将导致英国企业的国际市场竞争力下降,"尤尔博士、西尼耳教授以及资产阶级经济学的其他所有的官方代表都曾证明说——而且我应该指出,他们所根据的理由远胜过我们的朋友韦斯顿——这一法令是为英国工业敲丧钟的。他们证明说,这里问题不在于简单的工资增加,而在于工资的这种增加起因于所使用的劳动量的减少并且以这种减少为基础。他们断言,人们想从资本家手里夺去的第十二小时,正好是资本家赖以获得利润的唯一的一个小时。他们危言耸听,说这会使积累减少,价格提高,市场丧失,生产缩小,从而会引起工资降低,弄得彻底破产","但是,结果怎样呢?结果是:工作日虽然缩短了,工人所领的货币工资却提高了;工厂中的在业工人数目大大增加了;工厂产品的价格不断地降低了;工厂工人的劳动生产力惊人地发展了;工厂产品的销售市场空前地日益扩大了。1861年在曼彻斯特科学促进协会的会议上,我亲自听到纽曼先生承认说,他本人、尤尔博士、西尼耳以及经济科学的其他所有的官方代表都错了,而人民的直觉是正确的。"(《马克思恩格斯全集》卷16,第121—122页)现在回顾这个历史过程,可以想见这些预言家的历史误会和理论错误的背后的利益根源。

但是,这样看待劳动者是不是符合伦理呢?员工的价值仅只是生产要素吗?近代价值哲学的发展是建立在人本主义之上的。把人视为独立的有尊严的个人,这是自由主义和马克思主义分享的共同价值基础。但是,一进入经济学领域和管理学中,人的自由、平等等基本权利似乎都丧失了,剩下的只有产品的价值和市场价值的创造要素一个指标了。于是,劳动这个要素的社会价值约化为市场价格,劳动者也就从一个人变成了一个生产要素,于是,经济学对生产要素的一切评价方法也可以用到人本身中去,尊严、自由和平等等价值全部失效了。这就是经济学的分析方式和结果。

管理学对人的看法略有不同,人作为管理的对象,其情感和自尊等只是作为组织成员的一个影响因素才被加以分析,员工是组织的成员,对这些员工,可以采取高度技术化的手段对其各个指标加以分析。员工就是这些指标的集合体,像一切操作对象一样,管理者可以通过这些不同指标的调校来操纵管理对象,使其按照组织目标来行动。最终达成管理目标。员工在管理中对象化、客体化了。一切社会心理因素都不再具有价值意义,仅仅是工具和对象化的意义存在。员工变成了组织达成目标的工具。

员工的这种价值约减与对象化的过程是资本构建的管理体制和经济制度的结果,从现实的过程中看,员工在这个过程中为了企业的效率和目标,丧失了自己作为生产工具之外的几乎所有的权利。在资本的控制下,员工的价值就是资本的增值手段,而为了这个过程的实现,资本构建了一个专制的管理体制,在这个体制之下,不仅保证资本增值所必需的员工价值约减,而且要保证员工在体制中的对象化和客观化的合理化。这就是管理理论在价值无涉的原则下所担负的某种社会职能。如果不改变这种体制,这种状况无法获得根本的改变。在无法改变这种体制的时候,需要通过发展抗衡力量的方式,才有可能部分地恢复员工的权利,以保证基本的价值和尊严的实现。

在资本构筑的专制管理体制之下,不仅工人的价值被约减为一个生产要素,而且作为人的精神发展也受到了巨大的扭曲。这种现象,古典经济学家就已经有了发现和揭示。只是这种对人的精神的扭曲和摧残随着时代的进步,其形式发生着变化,但是只要是专制体制的存在,这种扭曲和摧残就会不断地延续下去。

亚当·斯密在《国富论》第五篇中指出了企业中职工精神扭曲的现象的一些形式。

第一种形式:使人无知和愚钝。"大多数人的智力,必然由他们日常活动发展起来。终生从事少数简单操作的人……没有机会运用自己的智力。他们的迟钝和无知就达到了无以复加的地步。"

不仅如此,员工的勇敢精神和进取心都受到了破坏与压制,一个社会发展所需要的成员的各种智力的、社会的和军事的德性均受到了破坏。

这确实是一个悖论,一个员工进入企业,在资本意志之下,纪律和服从就成为了基本品德,而创造性和勇气等都被压制在了底层。

第二种形式:被动。哈耶克曾在《自由秩序原理》一书中指出,被雇佣阶层放弃参与决策,因此丧失了对自由的追求愿望。这个说法是一系列错误说法的集合。首先,被雇佣者不参与决策不是他们因为不愿意而放弃,而是现行的企业体制不允许他们参与决策。这当然会导致他们决断能力的不发展,也会导致他们主动性的丧失。但是,这与对自由的追求是不同的两件事情。他们不会因此放弃对自由的追求,而是在密不透风的铁笼中无法追求。

上述两种精神发展的扭曲集中表现在现代所谓的职业精神的追求上了。目前对职业精神的表述中,敬业、勤奋等可以被称为美德的品德之中,必然会加上一条服从。而且不是一般的服从,可以说是屈从。这种屈从就是明知道老板和高管是错误的,也要顺从他的意志。比较高明的是能够找到婉转的办法说服主管接受自己的意见。但是,做出成绩的时候,成绩是上级主管和经理的。自己只有在出问题时要承担责任,尽管不是自己的责任。这种情况变成了常态,这其中员工的权利丧失殆尽。

6.2　消费者的权利和企业的义务

如果从消费者权利的角度看待当今的企业行为,权利和义务的对应关系是清楚的:消费者的安全和被公平对待是消费者对企业的权利要求,而企业设法满足消费者的安全和公平对待的权利是企业的义务,这个权利和义务是对应的。这个消费者权利的概念不仅为中国消费者维护自身的权利提供了一个基本的框架,对于本书而言,更为有意义的是通过消费者权利的方式,中国人开始接触到了和自己有切身关系的权利概念。虽然,这个概念在消费者权利中表现得并不完整。无论是企业、员工和消费者,权利的概念都不是来自政治哲学中的个体概念,从这点上讲,中国权利概念的传播走了一个特殊的途径。人们接受的权利概念明显地不同于西方的概念。虽然通过企业改革,中国人第一次接触到权利概念,但是,这个权利概念不仅不完整,而且是以企业作为主体的,因此,不仅没有使中国人建立起权利概念的正确意识,反而延缓了中国人接受这个概念的过程。在此后的改革中,企业员工地位的下降,不仅无法通过员工的主体意识构建来传播权利概念,反而压制了权利概念在社会上的传播。消费者权利的概念是通过与企业相关的方式向社会传播的一个意识,但是,在这个过程中,企业并没有主动承担相应的责任，反而延缓和迟滞相关概念的传播。

从过程上看，中国权利意识的建构过程不同于西方，西方的权利意识建构是在思想家的倡议下，首先在个人层面上建立的，然后扩散到群体和组织上。但是中国通过企业建构的权利意识首先出现在组织层面上，然后加载在群体层面上，这就是消费者和员工。至于在个体层面上，至今还没有建立起相应的概念和意识。

从上述三个方面看，企业在权利这个价值观的落实和传播过程中任重道远，还有很多基础性的工作要做。

首先，应该从权利含义本身进一步廓清内容，不能继续含糊地提及权利。

第二，要对权利的主体加以分析，从基础性的主体逐渐扩展，换言之，应该以个人为基础，逐步扩展到群体和组织中去，这样，需要把在中国经历的从组织（企业）到群体（员工和消费者）最后才到个人的权利建立过程颠倒过来，重新构建权利主体。

第三，要摆脱权利主体的抽象性和非历史性，把社会关系的因素贯彻在权利意识的建构过程中，要明确区分出不同文化和价值体系中的权利概念的不同意义。

第18章 责任

1. 概述——责任概念的辨析

责任是最晚近获得伦理含义的一个属于价值观范畴的概念。[①]

责任作为伦理讨论的对象，似乎是一个很奇怪的事情。揣摩古典文献，可以看到，责任在各个层面确实占据着重要地位，但是，在文献的显在层面上，责任却从来没有成为哲学和伦理学的讨论对象。这是一个很奇怪的事情。在当代我们对责任的讨论，其归属的领域是在一个令人感到迷惑的可疑空间中：既不属于伦理，也不属于政治，或者是既属于伦理，又属于政治，总之是在一个迷乱的区间中看到这种讨论。因为在政治哲学中，人们反复讨论自由，对平等的讨论虽然没有自由那样热烈，并且还受到了很多人的拒斥，但是，平等终究是一个无法绕过的话题。权利的讨论主要是法学家们加以深入的，虽然也是政治哲学的话题，就是一般哲学家也会涉及。正义作为一个价值观，在当代社会科学的多学科讨论中占据着中心的位置。但是，至少在今天，我们还没有找到像罗尔斯讨论正义、洛克讨论权利那样的对责任的研究范式。责任的讨论在政治哲学、法学中都少有涉及。相比之下，责任的讨论甚至主要还停留在大众媒体的层面上，很少有专业的社会科学研究涉及这个话题。人们主要是把对企业失德行为的愤恨通过责任的概念表达出来，成为大众媒体一个热门话题。公众对企业的要求以社会责任的概念，通过各种不同的社会机制，包括但是不限于大众媒体、消费者保护机构和政府相应的部分，加诸企业，形成了声势浩大的利益相关者的权利保护运动。显然，从这个角度可以

[①] "由于'责任'这个术语在学术界已经流传开来，它的语义出现了可怕的模糊性，这种模糊性使得几乎让每一个人为一切负责成为可能。"(奥特弗利德·赫费：《作为现代化之代价的道德——应用伦理学前沿问题研究》，邓安庆、朱更生译，上海：上海世纪出版集团2005年版，第12页)

看出，与通过专业的社会科学研究者引入的自由、平等、权利和正义概念不同，把责任纳入到伦理和价值观的讨论更多是大众参与的结果。这样也导致了责任概念在现代价值观和伦理准则中的另类的存在方式：它的正统的当代普世价值观的地位很值得怀疑。责任是在外界压力下被输入企业的。

责任问题的讨论在跨语境的范围内更是一个非常复杂的问题，因为不同语言中责任及其对应物并不完全相同，汉语中的责任，在英语中对应的就有"liability"，"responsibility"，"obligation"和"duty"等多个概念，但是上述英语词汇翻译成汉语时，并不完全是责任能够概括的，可以根据上下文的语义分别译成信任、责任、职责和义务。其中，似乎只有"responsibility"可以比较完整地对应责任。如此看来，责任的概念在汉语中包含了比英语更为广泛的概念。这种差别的背景是复杂的，就好像汉语中对于父亲兄弟的称呼是多种的，而在英语中只有一种，这反映了对这种亲属关系的认知重要性，至少从这点上看，汉语对不同责任的认知和区分程度是低于英语世界的。

据说，西塞罗讨论过责任问题，但是，他以拉丁文讨论的责任是很难直接翻译成现代语言的，硬要翻译成责任，是与我们当代的责任问题的内涵不完全吻合的。① 但是，责任讨论不妨从这里开始。② 西塞罗的著作与其说是讨论责任，毋宁说是讨论美德，他把美德和责任（义务）作为荣誉的构成要素同等对待。西塞罗的伦理讨论虽然著名并且影响深远，但是，作为责任讨论的唯一重要意义是无意中透露了古典时期对责任的忽视，上面已经指出，虽然责任是古典时代人们肩上的重任，但是，这些责任被分解为不同

---

① 英文西塞罗的《三论》译本中，第一个是"On moral duties"，这个"duties"是译者对拉丁文"de officiis"英文的翻译，被认为可以是"duty"或者"obligation"，直接翻译成汉语义务更为贴切。（中国政法大学出版社王焕生1999年译本就是《论义务》）但是商务印书馆徐奕春译的《西塞罗三论》中，这一章就译为《论责任》。可见这个概念的复杂。在本书中，义务的汉语概念出现了两次，第一次是讨论权利时，采取了"Hohfeld"对应权利讨论时提出的义务和责任概念，其中"duty"译为责任，而是把"liability"译为义务。第二次是在对伦理准则分析时，对应美德的底线道德被定义为义务。

② 西塞罗62岁时所著的"de officiis"，翻译成英文是"on duties"或者"on obligations"，间接翻译成汉语就成为了责任或者义务，翻译成法语时是"devoir"，就是义务。本来对责任与义务的讨论就众说纷纭，如果从西塞罗入手，只能是加剧这个纷乱。但是，西塞罗是通过一些很具体概念的关联讨论到这个义务或者责任的。认真分析法语和英语的文本，与汉语文本中对责任的讨论似乎不符，是更为一般的伦理讨论。斯蒂芬·杨对这个拉丁文概念的演化和内涵做了一个说明，很有参考价值："西塞罗在提到受市场资本主义所鼓励的责任时，用了'officis'这个词，这个拉丁文词语通常译为'duty'，但两者并不完全等同，他还含有英文中的'responsibilies'的意思。西塞罗所用的这个词语对应我们的'office'，它可用于'to hold an office'（任职），或者'a public office is a public trust'（公职即公信）。那么，如果一个人担任了某一职务（to hold an office），他就是这一职务上的官员（officer），他承担了一定的义务（duty），应该是负责任的（responsible）。"（斯蒂芬·杨：《道德资本主义，协调私利与公益》，余彬译，上海：上海三联书店2010年版，第64页）这个解释揭开了拉丁文、英文和汉语之间词义的差别，对理解相关内容有参考价值。

部分，最终到了人们把它作为整体存在方式给忽略掉的地步。

康德讨论过责任[①]问题。在康德的义务论哲学中，道德只与理性确立的准则相关，与人的情感和经验无关，更不能以结果来衡量。因此，在康德的著作中，义务与美德的概念是内在一致的。不过，在大众哲学的层面上，康德还是区分了责任的两种不同类型。消极责任和积极责任。[②] 人们的自我保存和言而有信是一种消极责任，而自我发展和助人为乐则是一种积极责任。显然在康德这里，消极责任相当于义务，积极责任对应的就是美德了。这个概念完全可以推展到企业伦理的讨论中去。

在康德看来，这种分类是一种科学分类，而不属于批判的体系。

对于义务和责任，叔本华持一种相对特殊的看法，在他看法，义务就是责任，这两个概念是共通的。他把责任（义务）定义为这样一些行为："仅只是不做出这些行为就意味着做出不公正的事情，这些行为就叫作责任。"叔本华明确地说，不能把那些值得赞扬的行为作为责任，这是对责任概念的滥用。"人们这样滥用'责任'的概念，是忘了所说的责任，必然也就是义务（Schuldigkeit），'责任'一词，德文的'Pflicht'，法文的'le devoir'，英文的'duty'，因此就是这样一种行为，如果不做出这一行为，就会损害别人，亦即做出不公正的事情。"[③]重要的不是把责任与义务的关系做出说明，而是对义务（责任）的说明，按照叔本华的看法，义务就是对双方明确定下的约定的遵守。

尼采是根据人与他人的关系来定义责任的。他认为，作为有遗忘能力的人，发展起对立的记忆来，以便承担对他人的承诺，从而产生"一种主动的、不愿意失去印象的意思。一种对某一次意欲的事情不断延续的意愿，这是一种真正的意志记忆"。[④]尼采把这个记忆过程称为是"责任的起源"，这就是说，责任是对承诺的记忆和承担。通过责任，"使人成为必然的、单纯的、同等的、有规律的，因而也是可以估计的人。"[⑤]

彼特·斯特劳森（Peter Strauson）以更为精细的方式发展了尼采的思想，他的文章

---

① 德文为"Pflicht"，中文翻译成为职责（韩水法译《实践理性批判》）或者责任（苗力田译《道德形而上学原理》），也有人使用义务的概念。

② 也被称为完全责任和不完全责任。穆勒在《功利主义》一书中也提及了这两个责任，并且结合正义的概念做了解释，他称为的"duties of perfect and imperfect obligation"，也就是完全责任和不完全责任，其中的"obligation"确实给翻译出了一个难题，"obligation"和"duty"之间的关系即使在英语中也很微妙，在汉语中几乎难以区分，必须根据上下文的具体含义加以细致鉴别。译文中画蛇添足地把"obligation"译为债务，不仅扭曲了原意，也不符合汉语习惯。如此看来，完全责任和不完全责任是最好的翻译了。不过，"duty"也可以译为义务。参见穆勒《功利主义》，北京：九州出版社 2007 年版，第 115 页。并参见正义一章的脚注。

③ 叔本华：《叔本华论道德与自由》，韦其昌译，上海：上海人民出版社 2006 年版，第 159 页。

④ 尼采：《论道德的谱系·善恶之彼岸》，谢地坤等译，桂林：漓江出版社 2000 年版，第 38 页。

⑤ 同上。

中以责任与情感关系为出发点,按照他的看法,人们以对方为"责任者"时,会对责任者建立一种态度,斯特劳森把这个态度称为"反应态度"(reactive attitudes),他认为,这种反应态度构建和塑造了人类关系。①

人们对他人的态度是一种人类关系,可以建立起非常复杂的情感系统,相反,人们在对待动物和一般事务时,则仅把它们看成是"客体",很难建立起更为复杂的情感。因此,按照斯特劳森的理论分析道德责任就可以按照下列方法定义:一个道德责任者至少在其反应态度上应该是适当的人,更准确地说,至少在其基本行为中的反应态度是正当的人,才是一个道德上能够负责的人,这其中的行为包括做与不做两个方向。

道德责任的讨论在斯特劳森的后继者中,分为三个不同层次展开,就是个人、群体和组织(企业)。

费希尔等人的讨论在继承了斯特劳森的思路基础上,是在个人层面上展开对道德责任的讨论的。他通过道德情感这个中介,把责任放在人与人之间关系的角度上展开,这与把责任放在一个个人或者群体之上的方法是不同的。②

德国学者赫费对责任的确定提出了一个方法,就是根据几方关系,"纯粹就概念的逻辑性而言,它至少(存在)四位关联。首要责任意味着职责(1)在某人那里,(2)针对某事,(3)面对某人,(4)按照某些评判标准的尺度而存在着。"③赫费是在讨论科学伦理时提出的这种分析结构,但是,这种结构实际上可以推广到其他责任的应用领域中去。

另外一种定义责任的方法是对责任、权利和义务等关系加以定位。责任、义务和权利等概念都是作为价值观而在近代才产生的并且进入我们日常生活的。这三者之间存在着复杂的关系。义务和权利是一个硬币的正反面,权利对应的是义务,④但是,在中国的企业改革中,大家最早确立的是权利和责任之间的关系,责任对应权利,是改革早期企业谋求利益的一种诉说方式,这种方式从伦理上并不严格,但是,确实是第一次让中国企业考虑三者之间的复杂关系。从这个角度观察责任和义务的概念,可以把责任

---

① Peter Strauson,*Responsibility and the Moral sentiments*, Cambridge, Mass, Harvard University Press,1994.

② John Martin Fisher&Mark RaVizza,*Responsibility and Control,A Theory of Moral Responsibility*,Combridge,England, Combridge University Press,1998.

③ 奥特弗利德·赫费:《作为现代化之代价的道德——应用伦理学前沿问题研究》,邓安庆、朱更生译,上海:上海世纪出版集团 2005 年版,第 15 页。

④ 有意思的是,权利和义务是少数一些通过丁韪良翻译《万国公法》和《公法便览》两部美国法律书籍引入到现代汉语中的概念。这间接说明,权利和义务是相对应的概念。

和义务按照承担者的意图来确认：义务可以看作主体主动承担的，而责任则是外界加给主体的。这样义务就是以主动的内在意愿为基础的，而责任是以外界的强制为基础的。① 如果这样理解责任和义务，责任和义务之间确实有很大一部分是重叠的，因为外界对主体的期望往往也可以成为主体本身的意愿，这两者是可以相同的，例如外界期望人们在别人遇到困难时出手相助，这样别人遇到困难出手相助就成为主体的责任了，但是主体大多数情况下都有别人遇到困难时出手相助的意图和意愿，这样也可以看作是义务，这时候，责任和义务是浑然一体的。

这样理解企业的社会责任非常容易区分责任和义务。本来大部分企业的社会责任都不是企业能够主动承担的，现实中，这些责任显然是社会对企业的期望。这种社会责任，如果没有外在的约制体系的存在，是无法落实的。

当代的责任承担的主体包括了企业（组织）和其成员。其中成员所承担的是对组织或者企业的责任。从个人的角度观察，责任是现代分工体系的产物。古典的人文修养的中心是美德，虽然美德的最终落脚点应该是责任，但是，这个责任是美德的附属物，表现出古典美德的强有力的约束力，因此，在古典时代，责任在伦理上从来没有取得相应的地位。但是，在现代的分工体系中，责任从个人修养中分离出来，归属于了职位体系，又从职位体系把其回馈给占据了这个位置的个人，因此，责任成为外在强加给个人的一种约束。人们履行责任也不再是内在修养的反映，而是外在训练的结果，这种责任的存在明显地抽取了个人的道德基础，变成了一种高度形式化的规范。

2. 责任分类

2.1 积极责任和消极责任

对于积极责任和消极责任的一般性概括是：积极责任表达了行动者的干预造成的直接后果，这样行动者就负有积极责任。而一个结果是行动者未加干涉造成的，这样行动者虽然与这个结果之间没有直接关系，但是，他们本来是可以干预或者阻止这个结果产生的。这种情况下，行动者虽然仅负有间接责任，但是，也可以从中推断出一种责任，

---

① 这种理解方式与联合国的义务和责任宣言有内在的相通之处，责任是外界加于人或者企业的，这往往就是法律规定的，而义务是主体主动承担的，这就是一种伦理或者道德的职责。

这种责任就是消极责任。有很多人不同意这种看法，认为如此推理，人们岂不是要对所有的事情负责任吗？事实上，人们虽然不对所有的事情负责任，但是对那些本来通过干预可以避免的事情而不去干预，造成了后果，人们还是认为存在责任的。尤其是在造成不利后果的时候，人们往往会追究那些可以阻止后果产生的人的间接责任。因为这种责任的范围广泛，远大于积极责任的范围，所以这种责任就被称为完全责任了，也就是一个人既要承担行动也要负责不行动造成的两种后果。相较前一种行动后果，这种责任的范围当然广泛得多了，称为完全也是一个合理的命名。

2.2 主动责任和被动责任

责任的定义是一个复杂的事情。单纯就责任本身看，有两个不同的含义，第一是主动的，是职责范围内必须完成的事情，包括工作、任务和相关事宜。第二是被动和含义，是指在发生了违背职责的事情之后应该承担的过失。这种过失需要造成过失的人负责赔偿或者经受惩戒。

2.3 道德责任和法律责任

责任与权利一样，可以在道德和法律不同的范围内确认，这样就有了道德责任和法律责任不同的概念，它们立足的基础不同，立足于道德的就是道德责任，立足于法律的就是法律责任。

联合国1998年通过的人类义务和责任宣言对这两个概念做了区分，按照这个宣言的定义，义务（duty）是伦理或者道德的职责，而责任是依据国际法所形成的有约束力的职责。显然，对这个文件而言，已经成为法律共识的是责任，而没有形成法律属于伦理方面的共识的是义务。这种定义方法在文件中贯彻得非常彻底。哪些原则属于义务（duty）的范围，哪些属于责任（responsibility）的范围，在文件中，就是根据相关法律确认的。看来，这种定义方法很接近我们当代人对企业社会责任的理解。其实企业社会责任更多是对法律责任的落实，而不是对义务的履行。

2.4 个人责任和企业责任

传统讨论中的责任主体一直是个人，当代社会最大的特点是责任主体的扩大化，把企业作为责任主体来对待。企业不仅被纳入到责任的考虑中，在某种意义上，甚至超越了个人，成为责任的主要主体，因此，如果对公众做关于责任调查的联想对象时，恐怕大多数人都会首先想到责任。尤其是在现在这个责任缺失的时代。

从个人责任到企业责任,是责任伦理的主体的根本转变,也是责任话语运用主体的转变:个人责任的运用者是权利的构建者,相反,对企业社会责任的话语构建的运用是在体制边缘上的群体,由一些面对企业显得力量分散、财力不逮的消费者以及社区等为主构成,这些主体把自己的要求附加在责任概念上,从而使自己的意图有一个合理的表达方式。

社会责任和个人责任一样,都是由外界加于承担者的一种近乎强制性的要求。但是,这种强制性最终往往被承担者视为出自自身意愿的。尽管这未必真是责任承担者的意愿,但是,在多方面的压力下,他们必须把这些责任表达为一种意愿。

企业社会责任虽然是一种重要的问题,但是,至今仍然不能说是企业伦理讨论的中心话题。责任本身也没有成为伦理和价值观讨论的中心话题。但是企业社会责任的讨论确实把责任放在了伦理的辩论台上,由各方审视和批注,在思想史上第一次真正引发了对责任的重视和辩论。

3. 当代责任的诞生

3.1 历史背景

当代的责任概念诞生于现代制度中。

福柯对这个过程做了一个激动人心的追溯:启蒙时代之后,随着科学的进展和一系列经济体制的转变,现代制度诞生了。责任的概念就是在这种背景下出现的。这个时代中,社会不断通过制定各种程序、分配人员、固定他们的空间位置等,对人员加以分类,最大限度地从他们身上获取力量,通过训练他们的肉体,把他们的连续动作编入法典和手册,维持他们彻底的可视状态,在他们周围形成一种连续的观察和记录,建立一套关于他们的知识,并且不断地积累和集中这些知识。[①]

责任就是在这种背景下被构建的。

不过,确实虽然传统伦理中人们也承担义务或者责任,但是,伦理本身对义务和责任都是没有强调的。也就是说,责任没有成为伦理学的对象。更不要说成为一个中心

---

① 福柯:《规训与惩罚》,刘北成、杨远婴译,北京:生活·读书·新知三联书店 2003 年版,第 259 页。

概念了。责任进入伦理讨论的核心区域是20世纪以后的事情了。最早韦伯提出了责任伦理和信念伦理的区别,在此之前,责任从来没有认真成为伦理学的对象。究其原因,主要是义务和责任在古典伦理学家那里,被细分为各个具体的项目,因此,能够总括这些项目的元概念责任反倒被淹没在了细节当中了。

当代的责任话题讨论的几个维度应该引起重视:

首先,责任话语的构建内在地体现了一种权力结构,尽管在个人责任和企业责任中,这种权力结构的内涵极不相同,但是,无论如何,责任概念是植根于权力结构基础上的这个本质是相同的。

其次,责任在现代话语体系中被纳入到了理性的科学和技术话语体系中加以构建。无论是对责任的划分、描述、培训、考核和以责任为中心的奖惩,这一套体制的建立都是依照科学的林奈的分类体系,依照对组织和工作的精确研究所形成的知识体系来进行的。

3.2 责任在中国企业

责任概念在中国是通过体系的力量植入社会的,其中,政府和企业在中间起到了关键性的作用。推翻皇权之后建立责任政府的提法,使责任概念首先进入了社会。不过,一般人接触到责任概念还是通过企业。在计划经济时代,中国的企业就推行岗位责任制。通过分解,把工作分解为岗位,对每一个岗位提出具体的要求。这就是所谓的岗位责任制。这是企业整个规章制度的一个构成部分。但是,这种岗位责任,本身并没有伦理含义,只是工作说明书,其执行依靠纪律,但是也依靠个人的自主性。

改革开放开始后,随着农村的联产承包责任制,企业也开始实行经济责任制。前面的分析已经指出,这种经济责任制的特点是,虽然把责任放在权利和义务之前,但是,企业通过这种方式争取自身的权利。无论如何,毕竟责任概念从单个岗位一下子提高到了整个企业的水平上,责任主体也从个人转化为企业了。

随着经济责任制概念的提出,以上福柯所分析的所有现代制度贯彻的方式都被提了出来:包括责任的划分、描述、考核、培训和奖惩。对于企业和其员工,奖励是责任制实施的核心,但是,以上各个环节的工作必须贯彻,奖励才能实现。在中国改革中,这种责任制很快就与承包结合了起来,并且在整个20世纪80年代占据着企业改革的中心位置。这样责任概念就牢固地扎根在企业之中了。

不过,尽管出现了责任从个人向企业的转移,责任的范围也大大扩大了,但是,责任还是一个管理工具和手段,并且无论是企业中个人的岗位责任还是企业对主管部门的经营责任,这些责任都是以经济为中心的,这些责任没有任何伦理含义。

直到 20 世纪 90 年代以后,随着市场经济的发展,企业主体多元化的局面的形成,尤其是外资和民营企业的发展,导致了企业社会责任概念的传播和发展,这时候,责任才具有了伦理含义。

简单回顾中国企业的改革过程,可以发现一个有意思的现象:权利和责任在企业中的落实过程有一种反向的对应关系。权利在企业层面上形成,随后开始向个人落实。而责任在个人层面上形成,随后向企业层面转移。这是反向对应的第一重含义。第二重含义是,权利和责任最初都是不具伦理含义的概念,毋宁说是企业管理的工具。但是,随着权利向个人的转移和责任向企业的转移,这两个概念的伦理含义出现了。但是,在中国企业中,个人权利的落实过程漫长而缓慢,至今还有遥远的路途要走。企业社会责任的落实从表面上看是快速和全面的,实际上仅仅局限于那些产品出口的企业,国内企业在缺乏强大的抗衡力量的情况下,企业社会责任的落实也依然路途迢迢。

4. 责任与其他价值观的区别

这也是理解责任本质的一种方法。

与自由平等等当代的核心价值观不同,责任在当代价值观体系中处于一个非常边缘的地位上。自由平等是政治哲学和伦理学的核心概念,属于学科领域中的"嫡子"。相比之下,责任就有点庶出的意味了。出身不同,也因为责任作为伦理准则与价值观的构建方式不同于自由、平等和正义等。自由、平等和正义都是在当代政治哲学和伦理学中,以相应的政治伦理的概念体系建构的。责任主要不是在政治哲学和伦理语境中构建的,而是在现代的技术-经济话语体系中构建的。这一点倒是近似于权利的构建方式。所以,责任伦理本身倒并不完全孤独。这是因为在企业中和组织中,责任不同于自由和平等:自由和平等可以是抽象的,但是责任一定是具体的。并且具有如下一些特征:

第一,责任尤其是个人责任在企业中是嵌入到了现在的分工体系中的,责任的设定也必然以这种分工体系为前提。因此是非常具体的,而不是抽象的,往往是破碎的,而不是完整的;

第二,责任体系变现为一系列规范,这些规范以高度形式化的语言加以表述,是书

面化和条文化的,并且以脱离个性的特点纳入到整个分工体系中,通过保证分工体系的有效运转,以实现组织或者企业的目标;

第三,责任的落实表现在规范的贯彻上,这需要训练员工接受这些规范,因此,当代责任的贯彻更多是对规范的理解、接受,其最高境界表现为规范的内在化,成为一种自发行为;

第四,责任的落实依赖一整套的技术管理措施,这包括对行为的观察、衡量和记录体系,并且可以遵循相应的规则体系加以调整。这个特征恰好表现出当代企业或者组织的权力结构的作用机制,也表现出企业通过技术体系把人客体化、对象化,转变为可以通过一系列技术指标表达和操控的对象。而这恰恰违背了当代价值观中对人的整体的认知和对人权的尊重。

显然,当代企业和组织中的责任体系是现代技术-经济体系的一个构成物,恰是通过责任的设定,人被置入到了当代企业中资本权力体系,成为一个客体,这个客体可以被技术手段所衡量,以确定其行为与文化的责任之间的吻合程度。

从这个过程看,个人责任确实是资本根据自身的需要构筑的,同时也包括了当代的科层化组织的合理化需求。但是吊诡的是,公众把这个本来资本对待员工的工具接受下来,反过来应对横行无忌的资本:所谓企业社会责任就是公众用资本发明的话语来对企业加以规训的手段。因此,在当代企业中,责任概念包含着深刻的矛盾:一方面,责任是资本应对员工的手段,另一方面,社会公众也采取责任的概念应对资本。

5. 企业社会责任

5.1 企业社会责任的概述

企业社会责任是当代伦理讨论中的一个最为热门的话题。在中国,大量的出口企业为了获得相应的出口权,需要通过跨国公司的社会责任认证,这种认证与质量认证和环境认证一样,是产品出口的一个前提。在这种压力下,那些力图进入国际市场的企业不得不接受严格的社会责任审核,以便取得产品的出口资格。从这个过程来看,可以发现,企业社会责任的概念是发源于发达国家的,通过产品出口的审核延伸到了发展中的中国。随着中国经济不断地与国际接轨,发达国家中形成的各种概念也通过其他途径不断地进入中国。其中最为显著的就是社会责任概念。

企业社会责任的原则、分类和作用范围都不仅是学者的讨论问题,更是企业行为的一种规范性指针。因此,企业都会关注这些社会责任的讨论的。

一般认为,企业承担社会责任的问题是私有企业特有的问题。因为国有企业的设立本身就是对社会责任的承认和追随。私营企业则是为了个人利益的实现而设立的,因此,在这个营利组织获得利润后,不仅应该缴纳税金,成为社会财富的提供者,更应该主动关注社会,尤其是社区和员工的发展,为他们提供良好的发展条件和机遇。这样,企业社会责任就以一种慈善的原则表现了出来。这也被称为慈善原理。[①] 慈善原理的当代起源,中外是不同的。西方更多是追溯到古老的宗教传统。相比之下,中国更多是追溯到乡里家族的传统。总的看,无论中外,企业行善是社会长期形成的一种富人社会责任的习俗延伸,并且在企业设立的早期就成为一个传统。例如,张謇在南通设立的企业就是围绕着许多社会慈善事业和公益事业展开的,这被认为是一个古老的传统的当代复制。其中渗透了儒家的伦理精神和民间的慈善做法。恰好是在这一点上,张謇这样的知识分子出身的企业家成就了中国早期的企业福利事业,并且为企业社会责任提供了一个浓墨重彩的描述。

至今,大量的企业或者企业家都是主要通过社会捐助的方式来体现自身的社会责任的。因此,在很多企业家聚会的场所,大家都会主动通过透露捐助额的方式来展示自己社会责任承担的程度和意愿。

不过当代社会人们对社会责任的理解早就超越了慈善的原则,进入到多重社会责任观的阶段。在当代的社会责任观中,利益相关者的概念逐步渗入,社会责任的概念也逐步从去价值化的盈利目标转向了多个不同的利益相关者的协调中去了。这种被称为管家原理的社会责任原则反映了一系列社会和企业环境变动的趋势。首先是企业中所有权和经营权的分离,导致管理者地位的不断提高,最终摆脱了对股东的单纯依赖,转化为多个利益相关者的利益协调人。针对这些利益相关者的需求和意愿,企业管理者要提供相应的方案以便协调不同利益方,最终能够达到社会利益的最大化。这种看法是对多元社会责任的一种描述,并且符合功利主义的基本原则。

通过上述分析可以看出,企业社会责任的运动背后的推动力量是多重的。首先是传统的习俗,但是,更为主要是各方面的力量加于企业的压力,迫使企业考虑企业社会

[①] 詹姆斯·E.波斯特等:《企业与社会:公司战略、公共政策与伦理》,张志强等译,北京:中国人民大学出版社2005年版,第63页。

责任和社会意愿。

另外,原来认为企业社会责任问题是私营企业的资本造成的。因此,企业社会责任问题的原初提出没有把国有企业纳入到考虑范围。但是,在中国的改革中,资本的意识形态融入到了国有企业的运行中,反倒是看到国有企业不仅与民争利,而且画地为牢,拥兵自重地瓜分社会资源和收益,似乎企业是与全民无关的资本所有物,而资本又是企业运行者本身。这样,企业社会责任问题同时提到了国有企业面前。但是,国有企业的社会责任一直还是停留在捐款、社区服务等层面上,而国有企业对全民承担的责任反倒没有涉及,成为社会责任讨论的空白点。

5.2 企业社会责任和责任概念的落实

责任概念受到重视,确实是企业社会责任概念的不断推广的一个结果。在本书所重点研究的现代价值观中,责任确实处于一个非常边缘的位置上。但是,在企业伦理中,责任却又是超越了自由、平等、正义等价值观的概念,前面的分析已经指出了这些价值观与企业之间的游离关系,而责任是唯一一个被有力地置入到企业之中的价值观。人们在讨论企业伦理概念的时候很少提及自由、平等和正义,唯一的例外就是关于权利的讨论,可以在企业伦理的范围内有效地展开。而责任在企业伦理的讨论中所占据的位置更加超越权利,成为目前企业伦理讨论的一个关键词。而上面已经分析了,权利和责任的共同点都是主要在技术-经济话语体系的范围内建构的。尤其是责任概念,实际上是在社会各界的推动下被从外界置入企业当中的,这其中的经验值得总结和提炼。

从责任进入企业可以看出一个基本事实:在资本占据主导地位的企业中,不能指望它们主动地践行各项价值观,尽管这些价值观在宏观层面也为资本所接受,但是,这些价值观向企业的延伸会受到资本的强力阻击。为了在企业中落实各项普世价值观,必须建立强大的抗衡力量才能实现。权利作为一项价值观,之所以在企业中受到了重视,因为企业是不同利益主体的一个角逐场,各方相互作用的结构需要找到一个各方利益的共同表达方式,权利概念就起到了这个作用,大家都在权利的概念下表述自己的利益。

责任的价值观更是相关于相应的外部或者内部的利益相关者,包括外部的消费者、内部的员工,以及供应商和经销商等利益相关者,加上政府作为一个社会利益的中立代表,不断地把社会的各项压力传输给企业,这样才迫使资本为代表的企业勉强接受社会责任的概念,一旦这个压力减轻,抗衡力量消失,资本就会从这种责任的罗网之中逃逸。

只有在这种压力之下,资本才会把各项社会目标不断地在企业中确立起来。

这个观察涉及本书的一个重要结论:企业伦理在资本占据主导定位的企业中,必须通过强大的压力,才能获得承认并获得实现。

不过从价值观落实的角度看,权利观念的落实是从企业开始的,但是夭折在向个人落实的途中,而责任观念恰恰相反,是开始于个人的岗位责任制,在向企业转移过程中,所涵盖的范围一直在扩大。最初的经济责任制是个人责任的转化和升级,随后的社会责任概念的提出,则是企业实实在在的作为一个主体承担相应的责任。而这个责任是与任何个人责任完全隔离的。责任因此取得了一种独立的法人形态。

6. 责任体系的构建——与纪律的关系

无论是企业内部的个人责任还是企业的社会责任,都是被一系列技术-经济指标体系和话语构建的。责任的展开也因此需要一系列相关的概念所支撑。责任实现最主要的概念包括考核、监督、奖惩和纪律等。

纪律很少进入现代伦理和价值观的讨论范围。[1] 当代社会中,尤其是当代企业中,纪律虽然无所不在,但是人们往往羞于谈论,只有福柯是一个特例。他在《规训与惩罚》一书中,对当代纪律的作用和形成机制做了详细的讨论,这为责任的讨论与理解提供了线索。

福柯以边沁建议的全景敞式监狱建筑为蓝本,讨论了当代非对称监督的特点。他把这种监督称为"使权力自动化和非个性化",这里监督者可以全面观察被监督者,而被监督者无法察觉监督者,因此,监督的"权力不再体现在某个人身上,而是体现在对肉体、表面、光线、目光的某种统一分配上,体现在一种安排上,这种安排的内在机制能够产生制约个人的关系"。这样,"一种虚构的关系自动产生了一种真实的征服。"[2] 这种情况可以在当代办公室的监控探头中清晰地看到。这种监督、纪律等话语在背后支撑着责任的落实。从对比的角度看,与纪律和监督比,责任是一个更为温情和中性并带有鼓励意义的概念。而不像监督和纪律那样显露为某种甚至可以说是狰狞的面目。从这个意义上,在资本权力下构建的责任概念具有某种对残酷现实的掩饰作用,这是责任在

---

[1] 马克思在《资本论》中,把纪律视为资本对员工的一种权力的体现、对自由的一种剥夺。而工人进入工厂后,是在内外压力之下逐步接受纪律约束的。见拉佐尼克《车间的竞争优势》,中国人民大学出版社,第三章及第143页。
[2] 福柯:《规训与惩罚》,刘北成、杨远缨译,北京:生活·读书·新知三联书店2003年版,第227页。

当代社会的本质之一。

7. 再论纪律、责任和法律

纪律与责任应该是互为表里的。从运作的角度看,纪律与责任有相同的作用——维持一个组织或者企业的目标的实现,协调组织内各个成员的活动,使各不相同的职能在时间上和空间上围绕着组织目标有效地发挥自身的作用。纪律和责任都具有模糊的道德特征,"工厂纪律一方面依然强制工人遵守规章和尊重上级,防止盗窃和其他损失的方法,另一方面也愈益用于提高各种能力、速度、产量,从而增加利润。它依然对人的行为施加一种道德影响。但是,它愈益从后果的角度来对待行为,把各种肉体引入一种机制,把各种力量引入一种经济系统。"①福柯的这段话有一个明确的含义:纪律具有某种道德含义。福柯的这段话还有一个隐含的含义:纪律和责任具有近乎相似的作用。可以把责任取代上述引文中的纪律,看看是不是可以作为对责任的认识?显然,在福柯眼中,纪律和责任都是一种具有某种道德含义的统制手段或者治理工具,责任和纪律相互对应,福柯说:"启蒙运动既发明了自由权利,也发明了纪律。"②可以加上一句:启蒙也发明了责任。纪律是从强制,责任是从半强制,义务是从内心强调一个事实:③就是组织的秩序以及所带来的结果。④

纪律和责任的关系互为表里,但是在现实中隐而不见。纪律与法律之间却存在着密不可分、显而易见的关系。

纪律是对法律的超越与补充。首先,纪律是法律的补充,法律是在宏观层面上起作

---

① 福柯:《规训与惩罚》,刘北成、杨远缨译,北京:生活·读书·新知三联书店 2003 年版,第 236 页。
② 同上书,第 249 页。
③ 资产阶级用来束缚无产阶级的奴隶制无论在哪里也不像在工厂制度上暴露的这样明显。在这里,法律上和事实上的一切自由都不见了……在这里,工厂主是绝对的立法者,他随心所欲地颁布工厂的规则,他爱怎样就怎样修改和补充自己的法规,即使他在这个法规中加上最荒谬的东西,法院还是会对工人说:"你们既然自愿地订立了这个契约,那你们现在就得履行它……"(恩格斯:《英国工人阶级状况》,《马克思恩格斯全集》卷 2,人民出版社,第 465 页)
④ 法国学者 Nicolas Moinet 在最近评论组织变革的时候,提出了不同准则之间的下列替代关系:"在越来越不确定而复杂的环境里,旧的金字塔式的组织让路于网络化的组织:合同胜过了约束,责任胜过了顺从,无序胜过了有序,共担风险胜过了有限的机会,项目胜过了激励,挑战胜过了量化的目标,最终,共同发展与共享的信息胜过了分散的和被垄断的信息。"(《法国地区经济情报——普瓦图-夏朗德大区案例,第 92—105 页。缪其浩:《国家的经济技术情报:中国和法国的实践和比较》,第 95 页。)在这段对组织变迁的描述中,作者指出了一个事实,似乎理性战胜了幸福,所以,责任、合同等占据了上风,而纪律和约束变成了被替代物。

用的机制。虽然法律也延伸到企业中去,但是,这种延伸是通过企业规章制度的方式实现的。相比之下,纪律在法律涵盖不到的微观的企业组织层面上发挥着积极的、无可替代的作用。纪律不同于法律的是,纪律从来不经过协商,因此,纪律与法律相比,更明显地体现出了企业的权力关系结构的专制特征。这就是纪律超越法律的地方。所以,福柯反复强调纪律的"反法律"特征。[①] 其中一个重要的特点就是纪律把法律中的平等彻底转化为了不平等,使人的关系"不对称,相斥","纪律在个人之间造成一个中'私人'联系,这是一种强制关系"。[②]

纪律与契约的关系和纪律与法律的关系近似。纪律既然能把平等的法律关系转化为不平等的纪律关系,也就能把似乎平等的契约关系变为不平等的合作关系,从而"使契约联系从具有一种纪律机制的内容之时其就可能受到系统的扭曲"。[③]

福柯说的是一个现实:纪律有超越法律和契约的特殊地位,并且是按照对象不同制定的,因此,不仅不平等,还超越契约的约定。

从对称的角度看,福柯对纪律的所有分析都可以平行地转移到责任上去。责任是根据分工体系由组织确定的,并且依据职位体系构建的。因此,没有抽象、只有具体的责任,各项责任分布在纵横交错的组织网络中,通过衡量、检查、考核、奖惩等多项手段保证责任的落实,这不正是纪律的写照吗?

所以,责任和纪律是互为表里的两个表亲。

从宏观上看,企业社会责任的评判中,虽然纪律退席了,但是法律依然在,恰在这里,又看到了法律和责任之间的关系,所谓企业社会责任,主要是法律上规定的企业应该承担的职责。在这里法律和责任之间建立起直接的密切关系。

8. 纪律和责任的分野

既然纪律和责任是互为表里的同一个事物,它们各自的作用范围和存在空间在哪

[①] "纪律虽然可能是具有规律的和制度化的,但是就其机制而言,它是一种'反法律',而且虽然现代社会的法律至上原则似乎划定了权力行使的界限,但是广泛流传的全景敞式主义使它能在法律层面之下运转一个既宏大又细密的机制,从而维持、强化和扩大权力的不对称性,破坏法律为中心所划定的界限。细密的纪律,日常的全景敞视方式能够安之若素地在重大机构和重大政治斗争的层面下运作。"(福柯:《规训与惩罚》,刘北成、杨远婴译,北京:生活·读书·新知三联书店 2003 年版,第 258—259 页)

[②] 福柯:《规训与惩罚》,刘北成、杨远婴译,北京:生活·读书·新知三联书店 2003 年版,第 249 页。

[③] 同上。

里呢？如果从企业的角度加以区分的话，纪律更多的体现在机器为基础的制造业工厂中，而在现代的公司体制中，责任往往取代了纪律，占据了纪律在工厂中所据有的地位。

对于纪律和现代工业的关系，最早做出明确论述的是马克思，"工人在技术上服从劳动资料的划一运动以及由各种年龄的男女个体组成的劳动体的特殊构成，创造了一种兵营式的纪律。这种纪律发展成为完整的工厂制度，并且使前面已经提到的监督劳动得到充分的发展，同时使那些把工人划分为劳动和监工，划分为普通工业士兵和工业军士的现象得到充分发展。"[①] 显然，马克思指明了一个事实：纪律是与工厂制度密切相关的。[②]

纪律作为一种工业中的管理方式，其伦理含义是一个边缘性的，更多的常常表现为负面的，即使在某种情况下把纪律作为一个正面的内容，也往往闪烁其词，可以说对纪律的伦理评价存在着对立的两极。一方面，在中国传统的国有企业中，纪律作为手段或者价值，获得一种非常正面的评价，相反，在西方，对纪律的评价则是非常负面的。

负面的评价中，首先来自福柯。在他看来，所谓纪律，在现代社会中是伴随着惩罚而与监狱体系共同诞生的。纪律限制了个人的自由，而自由在当代社会中具有第一位的道德价值。其次，纪律执行虽然有自律的基础，但是终究是建立在权威存在的基础上的。因此纪律是以服从为特征和代价的。最后，纪律是以惩罚为基础的。正是在这个意义上，福柯才说纪律诞生于监狱体系，只是随后在工业企业中表现为一种完成的形态。其实，这个问题，傅立叶先生在 19 世纪就发现了。他称工厂是"温和的监狱"，[③] 把这个看法与福柯的看法做比较就会发现，他们都自觉或者不自觉地把工厂和监狱并列在一起，这两个遥隔百多年的思想家的看法居然暗合，这应该不完全是偶然，也不像是借鉴，而更像是一种思想家共同的历史洞见。

对纪律的负面评价在西方几乎成为一种全社会的共识。罗素说过："纪律，像它现

---

① 马克思：《资本论》，中央编译局译，北京：人民出版社 1975 年版，第 464 页。

② 纪律最终在企业中落实，经历了一个曲折漫长的路程。早期农民在脱离土地后，并没有进入工厂，而是在分包制的家庭作坊中工作。进入工厂时代后，在英国纺织企业中，仍然盛行内部分包制，工业纪律并没有完整的形成。在美国罗维尔体制（Lowell System）取代斯拉特体制（Slater System）之后，工业纪律才开始取代农业生活节奏，而最终到福特制之后，工业纪律才完整确立。参见拉佐尼克《车间的竞争优势》，中国人民大学出版社，第七章相关内容。

③ 转引自马克思：《资本论》，中央编译局译，北京：人民出版社 1975 年版，第 465 页。

在存在于学校里的那样,在很大程度上是一件坏事。"①

虽然如此,罗素也知道纪律的正面作用,他认识到,在一定的条件下,纪律还是必要的。但是纪律存在于一个对远大目标的追求中,植根于人的内心,这种纪律才有价值。罗素认为,正面价值的纪律来源于意志,而不是权威。但是,这种纪律脱离了权威而存在,和责任与义务还有什么差别呢?

在中国当代的政治理念中,纪律确实表现出对一种远大目标的追求上,因此,纪律作为一种手段,一向获得正面的评价,成为一种正面的价值观。

在国有企业中,由于文化中的集体主义体系的存在,纪律是保证秩序的手段,因为总体利益高于个人利益,因此纪律作为总体利益的保证,是受到肯定的。在汉语中,纪律从诞生就是一个正面的手段。从某种意义上看,纪律是列宁主义政党政治理论带给中国的一个新的伦理观念。虽然马克思也认为机器大工业给工人带来了协作的历史要求,同时也诞生了工人工作群体的共同感,这是纪律的主观和客观的两个前提,但是对于纪律的评价,马克思表现了谴责和接受的一种矛盾态度。

对于纪律和工业企业的关系,现代管理理论的创建人泰罗说过:"所有管理制度都必须有某些执行纪律的方法。采用一种前后一致的、经过精心考虑的方案,对管理来说,与对这门技术的其他细节同样重要。如果一种纪律制度不够广泛到足以管束整个工厂各种工人的形形色色的品质和性格,那是绝对不够完善的。"②泰罗接着说:"按照'纪律'两字的公认意义来说,对很大一部分人实际上并无需要。这些人是那样的敏感、认真,甘心情愿地做一切合理的事,对他们只需要一点暗示,几句解释,制度无非是些情同手足的劝告,就完全足够了。"③显然泰罗这个略显冗长的概括如果要转化为一个词的话,只有"责任"是最为适当的。不过,泰罗没有采用这个概念,这也许不是有意的疏失,因为在这个题名为《工厂管理》的论文中,泰罗仅有一次使用了责任,还把它明确置于管理人员名下,可见在他心目中,责任不属于工人,属于工人的只有纪律。尽管常常可以用比较缓和的态度来执行这个纪律。

从这个意义上看,至少在现代企业中,责任是一种隐蔽的纪律。

---

① 罗素:《道德哲学》,第122页。
② 泰罗:《科学管理原理》,胡隆旭等译,北京:中国社会科学出版社1984年版,第144—145页。
③ 同上书,第145页。

9. 责任范围的扩大

传统的视野中，很少把责任作为伦理话题，对相应的问题，即使偶有涉及，也主要局限在人与人甚至是熟人与熟人之间的关系的范畴内。人们更少把话题扩展到人之外的动物和植物界，更不用说无机的自然界。直到近代，人类的力量随着科学和工业的发展有了巨大的增长，使对自然界的影响力大大加强，最终导致了对自然的主宰，极大地破坏了自然，甚至影响到了人的自身的生存。这导致了人们不得不反思人与自然关系，人对自然责任的概念也提到了人类议程中来，成为一个重要话题。这就是汉斯·约纳斯责任原理提出的背景。

企业作为一个人类生产和生存的方式，是对自然有巨大影响力的一种组织。因为其巨大的组织和物质力量，对自然有巨大的影响力，是人类力量的一种集中和延伸，因此，企业的责任尤其是对自然的责任，成为了一个非常重要的反思对象和反思领域。

传统的责任具有当下性和相邻性的特点，并不涉及未来和陌生的领域。但是，现代人类活动的影响导致了我们的思考范围在时间和空间上都必须大大拓展。从时间上要考虑到未来，在空间上要扩展到不同的生物和非生物的自然。把这些都纳入到我们的思考范围内来。当代人类力量，尤其是技术以及企业的发展，在几个维度上扩展了伦理的作用空间和范围：

第一，自然界成为伦理思考的对象；

第二，后代应该纳入我们责任的范围；

第三，自身也成为伦理的对象。

其中第三个问题在现实中表现得非常明显：传统医学中的一些做法现在被应用于企业管理中，诱导员工的行为，通过行为控制提供效率，这些做法不仅具有管理学和技术经济意义，还涉及了人类尊严和员工的权利问题。这些问题必须通过扩展责任伦理的论题范围和论证方式加以把握，否则就丧失了对生活世界中的意义把握。

第 5 部分　美德与企业

第 19 章 企业伦理讨论的缺陷和准则研究框架

1. 企业伦理讨论中的混乱

康德在批评从经验出发的伦理讨论的混乱状况时说过这样的话,足以描述现在企业伦理讨论中的情况:"如果有人只在那众所喜爱的趣味里寻找道德,那么他将碰到的,一会儿是人性的特殊规定,其中包括理性本身的观念;一会儿是道德完善性,一会儿又是幸福;在这里是道德感,在那里是对上帝的敬畏,把这样一点、那样一点混在一起,成为难寻难觅的杂拌儿。他从来也想不到自问,在我们的治愈经验里,对人性的认识中,是否到处都能找到道德原则,如果不是这样,如果这些原则完全是先天的,不沾带一毫经验,只能在纯粹理性中找到,而半点也不能在其他地方找到,那么是否应当把这种学问作为一种纯粹实践哲学,或者用人家的贬义之词,道德形而上学,完全区别开来,让他独立地使自身得到充分的了解,并劝慰基于大众化的公众耐心些,等待这一步骤的完成。"[①]

我们现在对企业伦理的讨论的状况只能比康德所说的还要混乱。这个混乱表现在两个层面上,第一,大量的企业伦理讨论没有面对中国的真实问题,甚至没有面对企业伦理问题。很多所谓伦理讨论不加选择地把本属于法律的问题置入伦理框架讨论。虽然分析热闹,指手画脚,但是讨论的效果微小,所谈意见或者是应该由法律人发出,或者仅仅是媒体所代表的公众情绪的体现,很少超出常人的俗见。既不能给人增加新的思考维度,也没有提供新的思想内容。当然更没有有效的问题解决方法。这种在以外行所表达的常人庸见范围内对法律问题的讨论只会贻笑大方。并且回避了真正的深层的

---

① 康德:《道德形而上学原理》,苗力田译,上海:上海世纪出版集团 2005 年版,第 27—28 页。

伦理问题。出现这个问题,很重要的原因是学者没有面对现实的勇气,讨论的问题不是来源于现实,而是从头脑中勾画出来的。另一部分则是从西方著作的分类表中拷贝下来的。

第二个层面的问题是流行的著作中对伦理评判的标准根本没有认真的讨论,导致现在的著作中,各种不同的甚至是对立的标准堆砌在一起。遇到问题的时候,随意引用标准,胡乱地对事务进行评判,这样的讨论不仅无助于伦理问题的解决,反而加剧了认识的混乱。人们已经无法判断一个事务的是非对错。我们不知道为什么评判问题引用这个准则而不是另外的一个准则,我们更没有追寻这个准则的来源和特点。但是,我们知道,只要是稍加追问,就会发现,这些不同的准则的理解中充满了歧义,在不同层面上都有争议的存在。对这些准则的来源和基础本身就聚讼不休。一些学者认为这些不同的伦理准则像几何公理一样是自明的,来自人的内心。另外一些学者则认为伦理准则是经过社会化过程逐步形成,渐渐地扎根于社会中的;还有一些学者认为这些准则是外部力量例如神加于人类社会的。[①] 这个问题虽然属于道德形而上学的问题或者元伦理学的问题,但是,在企业伦理的层面上也以负面的否定性形式表现出来。

从伦理准则体系看,不同的伦理准则的内容是什么?这一条那一条伦理准则的基础是什么?企业伦理讨论中的准则不是自明的,那些可以应用于具体问题评判的具体准则应该受到评判性考察。毫无疑问,企业伦理中应用的准则大部分不具有原初性,因此是需要加以论证的。但是当前的大部分伦理讨论的准则是没有加以论证就直接采用,对这些准则没有批判性的考察,这是导致我们企业伦理讨论缺乏深度和明晰性的原因。因此,在对问题进行讨论之前,应该对相应的伦理准则进行批判性的考察。只有在这一项工作有了成果之后,才能对现实世界进行伦理考察。我们无法拿着不同标度的尺子来衡量同一个事物而不发生歧见。

当然,我们的讨论中充满混乱,不仅是因为没有对伦理准则进行梳理,更重要的原因是我们企业生活中本来就充满了多元化的冲突的准则,这些准则来源于不同的思想体系,有不同的发展历史,也有不同的社会作用,但是,这些本身充满矛盾的伦理准则却能在我们学者的著作中参差互见,并且和谐相处,殊为可怪。

从来源上看,虽然马克思主义和西方的伦理之间同根同源,但是在重大问题上,分

[①] 就是所谓伦理准则的启示性或者是理性的真理性或者是神授准则,这是伦理学对伦理准则来源的几个基本认识。当然近代尤其是马克思主义提出的社会现实反映的历史唯物主义思想,也是一个看法。参见本书第二章相关内容。

庭抗礼，阵线分明，而中国传统伦理深入人心，渗入日常生活，在重大问题评判上，上述不同派别在准则的采用上差别明显。

另外，不同的伦理准则来源于不同的经济体制和政治体制，适用于不同的企业类型。在计划经济条件下形成的企业协作概念不适合市场经济体制下的竞争关系，在国有企业中形成的忠诚观念，在私营企业中没有生存的土壤。准则所依据的体制不同，其应用范围不同，相互之间也形成了批判关系。在对这些观念准则进行批判性认识之前，贸然应用于中国复杂的企业现实中，很难清晰地分析问题，更谈不上有效地解决问题了，反倒是把不同的观念冶于一炉，加剧了思想混乱。

从上面的情况看，为了得到一些明晰见解，企业伦理的讨论需要在三个层面上展开，第一是元伦理的层面上，廓清企业伦理的一些基本概念；第二个是对伦理准则体系和伦理准则本身的讨论与研究，提供德目表和伦理范畴；第三个层面则是伦理准则在企业的应用中的讨论。第一个层面的讨论涉及了伦理学的核心地带，不是企业伦理研究自身能够独立完成的。我们的问题是第二个层面的讨论尚未开始。我们目前大量的著作的讨论集中在第三个层面上，但是因为没有第二个层面讨论的支持，所以混乱现象在所难免。

"事情很显然，哲学在这里面临危机，他需要一个固定的立足点，但不论在天上，在地下，它都找不到一个脱身之处。在这里，它应该证明它是自己规律的真正主宰者，而不是一个代理人，只会说一些无关紧要的闲话。固然代理人也聊胜于无，但它究竟不能颁定理性的基本原理。"[①]

本书力图在不同伦理体系和伦理思想体系研究的基础上，进一步把重点放在伦理准则及其在企业中的应用的研究上面。为伦理在企业中的应用提供基础性的知识。

2. 3-2-1 分析框架概述

首先对历史上最著名的伦理准则体系进行谱系研究。一些古代和现代的思想家把这种准则体系称为德目表。历史上无论中外都有过一些特别著名的德目表，例如中国儒家的仁义礼智信，法家的礼义廉耻，等等，西方历史上，亚里士多德、休谟、西季威克等都曾提出过著名的德目表。20世纪后，罗斯也通过显要义务的看法提出和归纳了新的

---

① 康德：《道德形而上学原理》，苗力田译，上海：上海世纪出版集团2005年版。

德目表。这些一般的德目表应该在现代的背景下重新加以研究比较,分析其内部结构和具体内容,判断他们在当代的应用范围和价值,并为提出适应企业的新的德目表做理论准备。

在德目表研究的基础上,应该对重点的伦理准则进行详细研究。当然首先是对这些如仁慈、公正等基本伦理准则进行概括研究,指出这些伦理准则的基本原理和特征。在这个基础上,对这些伦理准则的研究要在几个维度上深入,第一是理论史的维度,追溯每一个伦理准则的发展史,把每一个被研究的伦理准则的演变过程进行认真的追述,建立伦理准则的范畴史。第二,在理论体系的维度上展开研究,这又包括两个方面,第一个方面是分析每一个伦理准则在马克思主义、中国古代思想和西方思想体系中的表达方式与理论地位。第二个方面是分析每一个伦理准则的主要支撑理论和原则,例如正义的罗尔斯的原则,权利的诺齐克原则,等等。这就要详细梳理每一个伦理准则的当代含义,并且最终找到这个准则的主要支撑理论。第三,在社会学维度上展开伦理准则的研究,分析每一个伦理准则在不同社会背景和体系中的作用,例如在资本主义和社会主义背景下仁慈与正义的作用。上述所谓理论史、理论体系和社会学三个研究维度可以概括为三个归根研究,就是理论史归根、理论体系归根和社会学归根,其中社会学归根又可以进一步划分为宏观社会体系归根和企业应用归根,重点是在企业应用归根上。

在上述三个归根的研究后,更进一步的是对每一个伦理准则在美德和义务两个层面展开分层研究。对每一个伦理准则作为美德和作为义务的不同表现形式与衡量标准提出看法。

随后进行的是焦点研究。这个研究从亚里士多德的所谓中道研究开始起步,随着研究的发展,最终落实到每一个准则的核心点。这就是所谓的焦点研究,虽然是按照亚里士多德的方式做相邻准则研究,但是最终的立足点是每一个伦理准则本身的定位。

这个研究过程从谱系研究开始,随后是三个归根、两个层面、一个焦点,这个研究结构对每一个伦理准则都有效,但是在不同的伦理准则体系中,强调的重点不同。

每一个伦理准则的应用都将在理论和实践两个角度得到关注。我们认为每一个准则与现实的关系都是双向的,一方面,坚持历史唯物主义观念,认为伦理准则和观念作为意识形态的组成部分,都是现实经济基础的产物,是现实社会的反映,为了透彻地理解这些准则,需要进行现实扎根。另一方面,我们也探索这些伦理准则的现实作用,包括它的作用机制、范围等。

3. 研究方法

在谱系研究中，主要是采用历史综述的方法，对思想史上的著名德目表进行哲学分析。因此，这里的方法结合历史学和哲学两种不同方法。

思想史归根当然采用思想史的方法。思想体系归根采取规范分析的方法，而社会史归根则可以采取现象学的方法，对每一个准则现实表现进行现象学描述。

除了对伦理准则进行归根研究之外，第二项工作就是对每一个准则从美德和义务两个角度展开分析。对准则的不同实现水平的具体要求加以描述。这项研究工作是在上述归根研究的基础上展开的，在归根研究中，已经把基本的准则思想来源加以分析了，在此基础上展开对美德水平和义务水平的准则分析。

最后，就是对每一个准则进行中位分析，我接受亚里士多德和孔子的思想，认为作为伦理准则的那些成果，都是对不同准则对立面分析的结果，伦理准则都是位于中位的，所谓君子不为已甚者，此之谓也。因此，在本章中，将对中庸的思想加以阐释。

上面的三个分析步骤形成一个统一的分析框架，在这个框架下，各个不同的准则都依照它来展开分析。这就是所谓的 3-2-1 分析框架。

4. 归根研究

4.1 归根研究之一——伦理准则体系研究

从古到今，产生了很多不同的伦理思想体系，每一个伦理思想不仅有自己的解释体系和意义体系，也都会提出自己的伦理准则体系。当然，伦理学研究中一向存在伦理学家和哲学家之分，例如，孔子是伦理学家，孟子是哲学家，在于前者主要是对伦理准则的提出和解释，后者则主要是对伦理体系的意义系统加以阐释，构建伦理学的形而上学基础。

全面进行这种伦理体系和准则体系的研究是伦理学史的工作，本书主要是为了清理现存的可以使用的各种伦理准则，对这些准则加以研究，才涉足伦理体系的研究，这个研究是为了给伦理准则体系的研究奠定坚实的基础。因此，本书不做大规模的历史追述，主要以当前起作用的思想资源为基础，进行简约化的研究，为伦理准则体系的研究准备基础和资源。因此,本书把马克思主义作为一个基本体系,把中国的思想作为一个整体,把西方思想作为另外一个整体,形成三者之间的对话。马克思主义虽然是西方思想的一个流派,但是,进入中国思想界已经近一个世纪,并且经过了多方面的中国化的改造和发展,不仅接受了中国很多传统,而且已经变成了中国传统的一部分,并且以不同的方式深深地介入到中国的日常生活中去了。中国传统思想包括了很多不同的流派,每一个流派又都有自己独立的思想历程,并且随着时代的变化而发生着改变。毫无疑问,儒家思想一直是占支配地位的主导思想,经历两千五百年的发展,在多种不同机制的作用下,这种思想的很多要素已经融入到了中国人精神世界的不同方面,成为中国人精神世界的一个不可或缺的构成部分。虽然近代以来,以儒家思想为代表的中国传统思想经历了巨大冲击,但是不仅这种思想的要素还被完整保留着,而且在与马克思主义的互动中,形成了一些新的存在形式,尤其是在伦理道德的构建领域,与马克思主义形成了奇特的结盟。西方的伦理思想是一个跨时代跨地域的复杂体系,之所以作为一个体系来处理,主要是与中国思想相对照来说的,这种看法本来是中国近代在西方冲击下产生的,中国现代和当代学者很自然地把其看成是一个系统,忽略不同思想的内部分歧。

单纯从伦理思想体系和准则体系的角度看,这些思想体系表现出来的似乎是一个共时性的结构,从孔子到朱熹,从亚里士多德到罗尔斯似乎是同一时代的人,在共同讨论一个问题。把这个问题提出来,确实让人感到这种讨论方式的荒谬和扭曲[1]。但是,认真思考,这在某种程度上也是思想的真实,每一个伦理思想和伦理准则,都可以从两个方面考察,第一是思想和准则的逻辑结构;第二是思想和准则的历史进程。从逻辑上看,每一个准则或者思想都是由基本的洞见所构成。思想和准则有内在的体系,有相对稳定的内涵和外延,有不同要素的逻辑结构。似乎每一个思想体系或者准则都有自己的独立的生命。正是在这个意义上,不同时代的作家们,遥隔千年,对同一个理论问题发表自己的见解,能够形成对话关系[2]。

---

[1] "我们都仍然过多地把以往的道德哲学家看作对某一相对不变的主题的一次讨论的撰稿人,既把柏拉图、休谟、密尔和我们视为同时代人,也把他们彼此视为同时代人。这就导致将这些著述家从他们所生活和思想的文化与社会环境中抽离出来,有关其思想的历史获得了一种对于文化其他部分的虚假的独立性。"(麦金太尔:《追寻美德》,宋继杰译,南京:译林出版社 2008 年版,第 11 页)

[2] 列奥·施特劳斯认为,说我们比前人在问题的认识上更进步是一种历史的傲慢。在他看来,从古到今,思想"总起来看,就没有什么进步可言"。由此,"我们没有理由去怀疑,早先的思想家们有着某些我们完全无法达到也无从达到的洞见,无论我们如何仔细地研究他们的著作。"(列奥·施特劳斯:《自然权利与历史》,彭刚译,北京:生活·读书·新知三联书店 2003 年版,第 22 页)

从研究方法上看,最重要的一个方法就是进行伦理思想的谱系研究。例如,西季威克和麦金太尔都曾在他们的著作中进行这种谱系研究。西季威克对利己主义、功利主义、义务论等做了全面的勾画和系统的拆解,进行了精细的研究。麦金太尔在他的著作中,对美德做了谱系研究,他列举了荷马、亚里士多德和阿奎那以及富兰克林的美德思想。

不仅伦理理论可以做谱系研究,伦理准则也可以做谱系研究。但是,伦理思想的谱系研究是追求共时性结构的话,准则的谱系研究往往着眼的是历时性结构。

思想史中,对概念作理论体系扎根的案例很多,其中最为著名的就是柏拉图对正义的辩难导致的正义的理论扎根。这个追寻过程是在与不同人的辩论过程中形成的,因此自然流畅。这个论辩过程的特点是柏拉图与不同人之间直接展开讨论,对不同的看法加以驳斥,在这个过程中,不仅提出了自己对正义的看法,而且也把当时希腊社会上流行的正义观念给展示了出来。希腊虽然是一个思想的社会和哲学的社会,但是,这些关于正义的观念毕竟没有形成完整的理论形态,因此,柏拉图与这些人之间的辩论还有民间思想对抗的色彩。不是严格意义上的学术讨论,虽然这些讨论的水平非常高。

西季威克在《伦理学方法》一书中,通过对利己主义、直觉主义和功利主义的互相论证,深入到不同伦理学体系的内部,根据它的逻辑对不同的伦理准则加以辨析,从而为每一个伦理准则寻找最为适当的理论体系进行扎根,在这个过程中,分别对不同伦理准则的逻辑结构、思想特征和现实作用进行了全面的总结,西季威克曾经说过,这个部分是这部19世纪末期的经典伦理学著作的最早成文的部分,其实也是这部经典著作中最为精彩的部分。从伦理学的发展史角度看,在《尼各马可伦理学》之后,这是对伦理准则讨论的最为全面的著作,正是因为西季威克和亚里士多德遥隔千年的这种对话,才使人能够产生伦理学有共时性结构的联想。

4.2 归根研究之二——概念史的追寻

从社会史的角度看,每一个思想又都有现实的土壤,植根于现实之中。所以,每一个思想体系和准则又都随着社会生活的变迁而演变,这样,它们又存在一个历时性结构。因此,对伦理思想体系和每一个准则都要做历时性的探究。我们会发现,不同的伦理准则和伦理概念似乎都有独立的生命史,他们诞生于不同的时代,并且有独特的发展过程,我们今天看到的诞生于过去的伦理观念和准则体系,不仅源头不同,而且不同时代的解释方式和内容结构都不相同。"现代道德话语和实践只能被理解为来自古老过去的破碎了的残存之物,并且,在这一点被很好地理解之前,他们给现代道德理论家所造成的不可解决的问题将始终是不可解决的。"[1]为了使现代的道德理念和准则变成可理解的,必须进行基本的历史追述。如果把这个过程还原出来,就可以看到每一个独立的概念史的蜿蜒曲折,从诞生到今天面目全非的改变过程。

其实每一个现在流行的道德概念和准则都是历史的产物,它们有不同的起源,也有不同的发展过程,在一个共时性的理论体系中,这些道德观念和准则似乎存在着一个静态的稳定位置,但是,这些观念和准则都有独立的发展过程,虽然这些观念和准则在不同的时代互相纠结,相互缠绕,但是,其作用和存在方式各不相同。因此,对伦理思想做共时性研究,转移到准则或者概念时,这种谱系研究就很自然地变成了历时性研究,追溯每一个概念和准则的起源、演变及其当代的理解。

4.3 归根研究之三——准则基础的社会学探究

正是因为每一个伦理准则和思想体系有现实的基础,因此,在对这个理论和准则进行的研究中,一个不可忽略的重点就是对这个现实基础的追溯。[2]

从马克思主义的思想角度看,任何思想都是现实的反映,作为意识形态的构成部分的伦理意识和伦理思想都有自己的现实基础。而伦理准则是调整社会上各个组成部分的利益结构的,因此,伦理准则是社会利益的集中反映。从这个角度看,对伦理思想和伦理准则的研究,最终要离开思想史本身,更多地投入到现实的研究中去,建立伦理思想和准则与现实的对应关系是最为重要的。从这个角度展开研究,伦理学研究就从哲学和历史的角度转入到了社会学研究中去了。

例如为什么当代社会中诚信问题表现得特别突出,这是因为以往的诚信是建立在熟人社会基础上的,而当代的市场经济特征就是交往面大大扩大,交往的对象往往是匿

---

[1] 麦金太尔:《追寻美德》,宋继杰译,南京:译林出版社2008年版,第124页。
[2] 虽然任何伦理准则最终都是在时代的社会现实中实现的,但是,准则之间不仅存在着内容差异,而且存在类型差别。按照伦理准则形成的基础看,可以把伦理准则分为两类,第一类是有一定的心理和自然基础,伦理准则就是在这种心理和自然基础上形成的,这类准则包括仁慈和智慧等;第二类是完全由社会议程确定的伦理准则,例如,忠诚就属于这种类型,这种类型的伦理准则没有心理和自然基础,完全是社会议程确定的,所以,这种类型的伦理准则不同于第一种,第一种伦理准则有基本的稳定内核,虽然这不是伦理准则的全部,但是可以被看作是伦理准则的基本内容。第二类的伦理准则因为没有心理始基,所以,其内容也是随着时代的演化而演化。另外,正义和诚实似乎是介于这两种标准之间,无法准确确定其基础,或者可以说作为公平的正义,确实与人的自然倾向相关,但是,我们不像在仁慈那里那样,很容易找到伦理准则的心理始基。虽然按照马克思主义的思想,任何作为上层建筑的道德组成部分的伦理准则都是由时代的生产方式决定的,但是,第一类伦理准则存在着一个基本稳定的伦理基础,而第二类准则中,我们发现的内容完全是社会议程决定的,很难找到稳定的准则的基本内容。

名的,以往对诚信形成的一些制约机制,如舆论、直接的惩罚等失去了作用,必须在新的基础上重新创建和实施新的机制,在这种制约机制的形成中,必然伴随着社会的大量失信现象的产生,这就导致作为一个普通伦理准则的诚信问题在当地社会中变成了一个极为重要的品质。

虽然社会上不同的集团和阶级都存在自己的特有的价值观念与伦理准则,但是,占主导地位的伦理观念是占主导地位的社会制度的反映,因此,可以从制度性角度展开对伦理准则的研究。这样就可以发现为什么社会上存在各自竞争的不同伦理观念,而每一个社会都有自己主导的伦理观念。但是,中国处于剧烈的社会变革中,因此,互竞的不同伦理准则之间也不存在稳定的关系,所以,伦理准则和伦理观念的纠结在中国变现得特别复杂。常常让人感到缺乏一个稳定的主导观念,这也是导致我们无根感的一个基本原因。

处于转型社会中的人们,每天面对大量的互相矛盾的伦理准则和行为方式,一方面我们接受勤俭节约的观念,另一方面我们也接受消费促进经济的观念;一方面我们要求有奉献精神,另一方面我们面对市场是要等价交换;一方面我们要求企业之间展开有效竞争,另一方面我们被告知,任何市场上的串通都是违反公平竞争原则的。这些互竞甚至是互相矛盾的伦理准则导致我们失去了前进的方向和调整机制,陷于混乱当中。

所以,所谓的社会扎根,就是要挖掘这些观念和准则的社会存在基础。同时,寻找这些观念在社会中发挥自己作用的机制。从本书的企业伦理讨论的目的看,这部分内容最为重要和基本,因此,企业伦理准则是整个社会伦理准则的一个构成部分,整个社会接受什么观念,反对什么观念以及不同的人群之间伦理观念的差异等,都是作为以经济为基础的社会现实的反应,搞清楚这些观念,就要搞清楚这些观念赖以存在的现实基础。在这点上,马克思主义的思想要发挥最大的作用。

5. 义务与美德

5.1 概述

5.1.1 功利主义美德论

按照西季威克的看法,义务是追求普遍幸福的,是可以从常识道德中抽取出来的行为准则。① 按照一般的理解,义务和美德是伦理上两个不同层次的行为准则,如何对这两个层次加以区分是一个重要的理论工作。本书中,我对每一个伦理准则的讨论都尽可能放在义务和美德层次上考察其作用,包括准则的社会作用,与施行者的关系等,这是对准则讨论的 3-2-1 框架中的所谓 2,就是两个层次。

摩尔区分了正确行为与应该和义务行为的内涵的细微差别。② 在他看来,在只有一个行为是唯一正确的选择时,正确与义务的内涵是统一的、相互重合的,但是,当有几个不同选择是同样正确的时,则人们的选择的范围扩大了,完成其中哪一个都是一个正确的选择,这样某一个选择虽然是正确的,但是就不是义务了。所以,按照摩尔的看法,在功利主义的原则范围内,只有存在正确选择时,这个选择才是义务,反过来说,义务行为是唯一能够选择的正确行为,义务行为必然是正确的,但是,正确行为不必是义务。

从常识道德角度看,可以把义务看成是一个人应该承担的最低限度的责任行为,或者说是一个公认的道德水平。而美德可以看成是超越了平均道德水平的行为。从特征上看,在一个群体内,低于义务的行为将受到指责,而美德行为则会受到鼓励甚至奖赏。③ 无论鼓励还是奖赏,可以看作是一种内在的赞赏的态度。因此从一些日常使用的词汇上,可以看出义务和美德两个不同的道德水准,例如,大方是义务,慷慨就是美德,同情是义务,仁慈就是美德。坚忍是义务,勇敢是美德。当然不排除很多道德范畴在不同背景中使用,时而扮演义务的角色,时而扮演美德的角色。另外,从日常生活中看,在批评和表扬之间,显然存在着一个广阔的中间地带。

按照功利主义观念,判定一个行为对错,看其对快乐和痛苦总量的影响而定,这一伦理判定准则经过哲学家和伦理学家的反复讨论,已经变得非常精细,并且被广泛接受了,还形成了一些行之有效的工具,虽然这个准则还面对着一些诘难而无法完全自圆其说,但是,总体上有效性是不容怀疑的。在这个准则的基础上,要发展起来对义务和美德的区分标准,还要做更多的研究。

这种看法是义务论所不同意的,因为根据义务论的思想,道德规则来源于理性。斯宾诺莎就说过:"道德的原始基础乃在于遵循理性指导以保持自己的存在。"④ 而一个人

---

① 西季威克:《伦理学方法》,廖申白译,北京:中国社会科学出版社 1993 年版,第 12 页。
② 穆尔:《伦理学》,戴杨毅译,北京:中国人民大学出版社 1985 年版,第 13 页。
③ "有些善事该赞扬的,例如德性;因为赞扬源出于依据它们的行为。"亚里士多德:《大伦理学》,见《亚里士多德选集》,苗力田译,北京:中国人民大学出版社 1999 年版,第 263 页。不过,亚里士多德很快就指出,被称赞的是基于非理性所产生的美德,而基于理性的明智、记忆等不值得称赞。(同上,第 269 页)
④ 斯宾诺莎:《伦理学》,贺麟译,北京:商务印书馆 1958 年版,第 196 页。

只要是认真遵循理性的指导而追求个人利益,就可以达到一个和谐臻境。① 因此,美德和义务本来应该是一致的。

5.1.2 义务论的美德论

按照康德看法,一个行为是不是有道德价值,不是从行为是否符合伦理规范来判定,而是从一个行为是不是出于伦理规范来判定。不要说个人行为如果不是出于善良的心理就没有道德价值,就是一个人为了满足自己个人心理去帮助他人,从而在别人感激的目光中享受愉快的心情,这种行为在康德看来也没有道德价值。只有当一个人出于善良的内在动机去帮助别人,才被认为是一种真正具有道德价值的行为。这两种行为,前一种被称为是合于道德的行为,后一种被称为出于道德的行为。在正常情况下,出于道德的行为与合于道德的行为是无法区分的,因此,尽管康德反对通过例证来说明道德理论,但是,他依然据理说:只有一个人在困苦之中,尚需别人帮助的情况下,还能出手援助他人,这种行为才是真正的道德行为。

康德的哲学强调行为的动机,从他的形而上学的角度看,所谓道德行为就是义务行为,出于理性为自身的"立法",在康德的道德形而上学中,没有美德和义务的区分。只有道德行为和非道德行为的区别。所谓道德行为都是义务行为,也都具有美德性质。②

同样在康德义务论中,道德是理性为人的立法,而立法者就是执行者,无论是个体还是群体,这个立法的绝对命令是一致的,因此,在康德的义务论中,也没有个人道德与群体道德的区分。因此,在义务论中,没有伦理与道德的区分。康德只谈道德,不谈伦理,是他的道德哲学的一种彻底化的思考结果。

当然,康德也考虑到现实世界中理性存在物的有限性带来的悖论。康德认为,理性确定的实践法则表现为义务和职责。由于人是有限性的存在,这种实践法则不是具足完善的,不过,"有限的实践理性能够成就的极限,就是确信他们朝这个法则的无穷前进,以及他们想着持续不断的进步的坚定不移,这就是德性;而德性自身,至少作为获得的能力,是决不能完成的,因为这种情形下确信绝不会成为必然的确信性,而它作为一

---

① 斯宾诺莎的这个看法在他的《伦理学》中反复被强调,虽然在他的著作中,这个思想没有被严格地证明,但是这种对个人利益的追求和美德一致性条件的探索实际上开拓了亚当·斯密的"看不见手"的先河。

② 在康德的义务论哲学中,道德只与理性相关,而与情感和经验无关,更不是以结果来衡量的,因此,在康德的哲学中,义务与美德的概念是内在的一致。不过,在大众哲学的层面上,康德确实区分了不同类型的责任,他称为消极责任与积极责任。在他举例说明中,把自我保存和言而有信称为消极责任,把自我发展与助人为乐视为积极责任。显然,在这里,积极责任相对于美德水平,消极责任相对于义务。康德的整个哲学体系是一种批判哲学,但是,康德自己称这种分类是一种科学体系。

种劝说是特别危险的。"①

5.2 常识道德与义务

西季威克认为义务是可以从常识道德上提炼出来的,也就是义务是以常识的面貌呈现在人们面前的,并且借助社会的冷淡和蔑视来实施这些规则的。这些规则一经实施,其体系就成为了法律的一个必要补充。

对于什么是常识道德,罗素在评价亚里士多德《尼各马可伦理学》时说过:"亚里士多德的伦理观点大体上代表着他那时有教育的、有阅历的人们的流行见解……凡是既不低于也不高于正派的循规蹈矩的水平的公民们,对于他们应该用以规范自己行为的那些原则,都可以在这部伦理学里面找到一套系统的阐述。"②麦金太尔也说过:"亚里士多德并不认为自己在发明一种美德理论,而只是明确表述了一种隐含在有教养的雅典人的思想、言谈和行为中的美德观点。他寻求的是最好城邦的最好公民的理性之声;因为他主张,城邦是人类生活中的美德所得到真正而充分展现的唯一政治形式。"③其实,无论是古罗马时期基督教的奥古斯丁,还是作为现代哲学家的西季威克,他们对于德目表的讨论,也是当时流行道德的一个总结,这个总结的结果可以看成是常识道德体系。从西季威克《伦理学方法》一书的写作过程看,成文最早的就是关于伦理准则的论述部分,这部分也是全书最为精彩的章节。可以说,上接亚里士多德遗绪,成为经典。但是,西季威克自己清楚地交代,这部分内容,是依据常识道德展开的。可以把这部分内容看成是日常生活中,英国中坚人群所持的伦理准则的一个归纳和浓缩。而义务就是在这个常识道德范围内被广泛接受的最基本的道德水平。

把常识道德作为分析的起点是自休谟以来的一个思想传统。按照休谟的看法,人类的常识是通过自我选择的方式把以往经验中的精华积累的结果。这种思想不同于法国的理性主义思想。按照理性主义的思想,一切以往的经验和知识都应该放在理性的天平上重新衡量。但是,苏格兰思想强调了对自然知识的尊重,理性应该理清而不是简单地否定以往的传统。所以,亚当·斯密所谓的"看不见的手",是在经济学领域中表达的对于自然知识的认知。

这种以常识道德作为伦理讨论基础的方式也被其他一些理论家所提倡和挖掘。例

---

① 康德:《实践理性批判》,韩水法译,北京:商务印书馆 1999 年版,第 34 页。
② 罗素:《西方哲学史》,何光武等译,北京:商务印书馆 2005 年版,第 143 页。
③ 麦金太尔:《追寻美德》,宋继杰译,南京:译林出版社 2008 年版,第 166 页。

如，马克思主义者葛兰西就认为存在着两种不同的理论，一种是日常生活实践所遵循的理论，一种是意识形态上自觉的理论。葛兰西以"实践哲学"的概念重构对马克思主义哲学的理解框架，并且强调这个哲学的实践特征，以市民社会的实践作为基础。"唯一的'哲学'是行动中的历史，那就是说，是生活本身。"[①]这个提法对本书有两个启发，第一，伦理准则主要是来源于社会实践，不是人们在头脑中虚构出来的。第二，更为重要的是，中国目前的社会伦理和企业伦理研究中，最重要的是梳理出社会实践中所坚守的准则，而不是我们头脑中所构造的准则。

5.3 介于功利主义和义务论的看法

5.3.1 古典美德理论

无论是功利主义还是义务论哲学，对美德的定义和看法与古典时代的看法均有差距。古典时代的中外哲学家几乎都认为美德是人的内在修养的结果。是人的内在品质。这种美德的定义方法显然是不同于功利主义把个人利益与群体利益相对比作为美德判定方法的做法，反而与义务论把美德看成是善的动机行为的看法相近。

不过，古典美德与义务论的讨论问题方式也不相同。他们喜欢以德目表的形式列举各项品德。这种思想20世纪后半期被麦金太尔等人所恢复。在《追寻美德》中，他对古希腊不同时期的德目表内容进行了探寻。中国古代哲学家如孔孟等人都曾提出过自己的德目表，以对美德和义务行为进行具体的讨论。中国古代哲学家不仅讨论德目表中的孤立的德目，而且一直探索不同德目之间的关系。同时探究美德（义务）德目的基础。这种探索表现在对核心美德的追寻上。以儒家的学说看，在这个问题上一直存在两个不同的方向，一个是以孔子的仁为核心的美德体系，另外一个是以《中庸》的诚为核心的美德体系。当然也有很多学者力图打通仁与诚的关系，但是大部分探索都牵强附会、流于俗见。

5.3.2 德性的基础

西方近代哲学中，从霍布斯开始到休谟、斯密，都强调美德的情感基础，对核心美德的探索也因此是与情感之间密切相关的。如斯密就把德行的基础归于同情感。这种探索显然不是探索德目本身，而是追寻美德的基础了。随着学科分化，这一部分探索正在逐渐从伦理学中脱离，成为心理学或者社会心理学所探索的课题。但是无论学科归属

---

① 葛兰西：《实践哲学》，徐重温译，重庆：重庆出版社1990年版，第41页。

如何,从对问题的分析角度看,美德问题的各个方面探索终究是伦理学的题中之义。

5.3.3 美德的层次

这是叔本华的看法,他像一切近代哲学家和伦理学家一样,认为正义和仁慈是两个基本的美德,但是,对这两个美德的实现方式,他有自己的认识。他认为,正义(公正)首先是通过否定的方式呈现自身的。他把美德的基础追寻到了同情,在这一点上他是和苏格兰的哲学家们一致的。但是,他把同情的实现分为两个不同层次,第一个层次是在否定的基础上展开的,"在同情的第一级,同情抗衡着自己那些利己的动因或者恶毒的动因,制止自己做出造成别人痛苦的事情,因此也就是制止自己造成还没有造成的损害,制止自己成为别人痛苦的根源。但当同情达到第二级和更高一级时,同情却发挥出了肯定特性的作用,会驱使我们行动起来,给别人施以援手。"[①]叔本华的这种区分方法提示了个人利益和他人利益作为美德和义务的区分准则。

5.3.4 利益及美德与义务的区分[②]

美德当然是高于义务的道德水平或者伦理水准。西季威克认为,美德既可以指称一种行为,也可以指称为一种品质。[③] 虽然美德不能脱离义务来看待,而要在义务中展开,但是美德终究不同于义务,美德的创造需要智慧。[④] 从功利主义的角度看,美德行为之所以受到表彰,显然不仅是这种行为增加了总体的快乐和幸福,其实义务行为就是增加总体快乐的行为。但是,这是不需要表彰的。美德之所以要受到表彰,根本原因是因为美德的实现有难度,不是一般人能够自然实现或者达成的。准确点说,美德行为在实现过程中对个人的利益是无助的,甚至是有害的。在这种情况下,行为者还依然坚持实现这种行为,这种行为体现的就是美德。

这样分析就为区分义务和美德提供了一个线索:可以把行为中个人利益和总体利益之间的联系与区别作为义务及美德分析的一个框架。

---

① 叔本华:《叔本华论道德与自由》,韦其昌译,上海:上海人民出版社2006年版,第150页。
② 从企业伦理或者商业伦理的角度看,德国的学者米歇尔·鲍曼提出了对新古典经济学所提出的"经济人"假设的一个修正性概念:"有行为倾向之效用最大化者"的繁复的概念。他把这个人置于所谓的"新经济学世界"中,在这一组概念联合下,他区分了三种不同条件的行为:第一是每一种情况下都符合行为者的利益,第二种是大多数情况下都符合行为者的利益,第三种是通常情况下都符合行为者的利益。按照鲍曼的看法,第三种情况下才能产生美德;至少"美德行为是在不考虑行为者利益的情况下被实施的"。按照鲍曼的说法,美德本质上是做出与行为者个人利益相冲突的选择,以保证总体利益的实现。按照鲍曼的说法,第一种情况是行为功利主义,实际上这是一种利己主义的行为,而第二种行为方式被认为是行为规范的经验法则。
③ 西季威克:《伦理学方法》,廖申白译,北京:中国社会科学出版社1993年版,第241页。
④ 同上书,第247页。

当一个行为者的行为为个人带来利益,无损于总体利益时,这种行为可以被看作是最低限度的义务行为,而对总体利益带来危害的行为当然是背德行为了。

当一个行为者的行为不仅为个人带来利益,也为总体带来了利益,但是个人利益是主要的,总体利益附属于个体利益,或者总体利益小于个体利益,这种行为就是一种典型的义务行为,我们通常所谓的义务行为就是这种行为。

当一个行为者的行为不仅为个人带来利益,也给总体带来利益,且总体利益的增加是主要的,超过为个人带来的利益,这就进入了一个义务与美德的混合范围。至少在这个行为的判定中,所有的受益者会认为这是一种美德行为,一般人也会这样判定。

当一个行为者未从行为中受益,而总体利益增加时,这种行为则毫无疑问的属于美德,是低限的美德行为。

当一个行为者的个人利益受损,而总体利益因为这个行为增加时,这种行为就是典型的美德。

上述后两种情况,群体利益的实现需要个人的投入,这个行为人从这个行为中无法受益,甚至受害。从心理过程上看,这个过程的一个显在现象是行为者至少需要克服私欲,只有在这种情况下,"去人欲"变成了总体利益实现的前提,这时的行为当然就是美德了。这种情况下出现个人利益与总体利益是存在冲突的,因此需要美德行为。

值得庆幸的是,大多数情况下,个人利益与总体利益之间是没有冲突的。甚至在很多情况下,个人利益与总体利益是一致的。

当个人利益与总体利益无关,个人利益的实现不会损害群体利益。如果把个人作为群体的一员时,个人利益的增加,同时也就扩大了总体利益,在这种情况下,利己主义行为与功利主义行为的结果就完全一致了。

当个人利益与总体利益一致的时候,个人利益的扩大,不仅直接增加了总体利益,而且通过自己的行为也扩大了其他社会成员的利益,这时候利己主义与功利主义是重叠的。亚当·斯密以"看不见的手"所表达的市场机制下,个人逐利行为与总体利益一致是这种情况的一种反映。

5.3.5 义务与美德——加入了动机维度

前面的分析只是单纯地从个人利益和群体利益的关系来分析义务与美德,如果把个人的行为动机加入到分析中来,可以形成一些新的视角。一般说来,人的行为在很多情况下是利己的,不少的时候是自私的。利己与自私是不同行为,利己常常被认为是一种本能的行为,是人甚至所有生物在长期的进化过程中形成一种自我保护本能的反映。

而利己则更多是一种理性行为,按照叔本华的看法,一切行为以个人的利益为指针,这种指导思想下的行为就是自私的。[①] 在前面根据功利主义分析义务与美德的时候,指出了四种不同层次的行为,可以用图 17.2 表示：

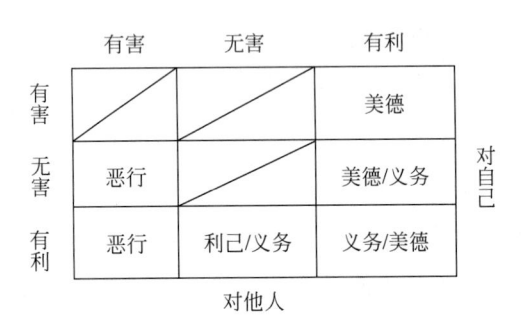

	有害	无害	有利
有害			美德
无害	恶行		美德/义务
有利	恶行	利己/义务	义务/美德

对他人 / 对自己

图 17.2　美德与义务的分类

其中,在对自己有害时仍然采取对他人有利的行为就是美德行为,而在对自己无害时采取对他人有利的行为是一种介于义务与美德行为之间的行为。在对自己有利甚至无害时,采取对他人有害的行为,这是一种恶行,对自己有利同时无害于他人或者有利于他人,这是功利主义行为。

按照叔本华的看法,行为动机只有两种,利己或者利他,在他看来,利己行为虽然结果可能对他人有利,但是也不具备道德意义,只有行为动机在具备利他因素时,这种行为才具有道德意义。这种思想显然受到了康德的影响,可以说是接受了康德的思想。不过,不同于康德的是,叔本华认为支配人行为的基础性因素是人的苦乐,这又是功利主义的思想。但是,他不同于功利主义的是在把苦乐作为行为基础时,又把动机加入到了行为的道德评价中来,这样他就汲取了义务论和后果论的双重资源。在叔本华看来,义务行为就是一种责任行为,这种行为是从否定的角度来观察个人行为得出的,他说,责任"必然也就是义务……因此也就是这样一种行为,如果不做出这一行为,就会损害别人亦即做出不公正的事情"。[②]

列奥·斯特劳斯的看法略有不同,他认为美德是一种脱离了私利考虑的高贵行为。"世间存在着出于本性或者内在地就令人钦佩的或高贵的东西。他们之中的绝大部分都有一个特点,那就是它们都与人们的私利无关,或者说它们摆脱了人们的算计之心。

[①] 叔本华:《叔本华论道德与自由》,韦其昌译,上海:上海人民出版社 2006 年版,第 133 页。
[②] 同上书,第 159 页。

各种出于本性就是高贵的或令人钦佩的东西,本质上乃是人类高贵性之整体的组成部分,并与这一整体联系在一起;它们都指向秩序良好的灵魂,那就是人类现象中无可比拟的最令人敬佩之物。对人类优异性的钦佩这一现象,除了凭借特别的假设外,无法从享乐主义或者功利主义的立场来解释。"①斯特劳斯不同意功利主义的定义方法,他认为,美德这种东西既不能从效果评价,也不能从情感出发,只能把美德看成是人类的一种高贵的品质,这种品质是人类稳定的本质的表达。

5.3.6 意愿与美德

这是伦理学中一个永久的话题。人的行为受到了欲望、激情和向往的支配,在这个过程中,人们获得了快乐,例如男女情爱中的快乐,豪饮中的快乐,都是在欲望和激情支配下实现的。但是,这是一种自愿的行为吗,是出于意愿的行为吗?正反两个方面的意见都存在,支持的认为,这种行为既是自我的自主行为,伴随着对快乐的追求和实现,当然就是自愿的;反对的认为,这种行为常常是出于不能自制,所做之事也常常是恶性,行为者事后后悔不迭,这说明这种行为不是出于意愿。

这里涉及的就是伦理学中一个重要的话题:理性和感性的关系,表现为自由意志和自然必然性的关系。除非受到外界的强力推动,人的行为是可以自主选择的。人们常常在外界的压力之下或者按照自然必然性进行行为,这种行为没有道德价值,甚至是违背道德的。例如在受到攻击时的自卫甚至是反击,就是一种自然行为,如果在动物那里,这种行为不会受到任何谴责。但是,在人这里,人们就会以道德准则加以判断,之所以做这种评价,显然,大家认为,人是可以自己选择自己的行为的,而不是按照本能或者自然的必然性做事情。这说明,人的自愿或者意愿行为不是出于本能(包括欲望、激情等),而是出于理性的。

上面的内容是亚里士多德在《大伦理学》中讨论自愿与欲望的行为关系的一个小结。这个讨论以今天的眼光当然是比较浅的,其实是涉及了一个很深刻的问题:理性和情感的关系。古典哲学家普遍要求压制情感,遵循理性。近代启蒙运动首先解放的就是个性和情感。功利主义和利己主义的伦理学都是从追求幸福开始思想历程的。但是,这种思想没有解决理性和情感的关系。在康德伦理学中,他把这个矛盾概括为至善中的德性与幸福关系,转化为自由意志和自然必然性的矛盾,强调理性的崇高和自主。力图在理性的基础上解决这个问题。而功利主义中,这个矛盾表现为个人利益和群体

---

① 列奥·施特劳斯:《自然权利与历史》,彭刚译,北京:生活·读书·新知三联书店 2003 年版,第 129 页。

利益关系问题,虽然功利主义者都是强调群体利益的,但是,群体利益和个人利益的关系一直潜在的存在,其实,这个矛盾就是理性和情感关系的一个转化形式。功利主义者像义务论学者一样,也意识到了这个矛盾的存在,但是,他们不认为理性自己能够解决这个问题,他们更相信通过外界的力量,如组织的惩戒、制度的监管等来实现道德的要求。

6. 中庸——中道研究

伦理准则研究的3-2-1框架中的所谓1。

伦理准则研究的中道研究本来是伦理学研究中一个非常通行的做法,无论中外,都可以举出很多例证,用以说明中道研究的流行。在中国,王国维曾经说过:"天中之思想,乃中国古代相传之思想。"[①]为了解释这个含义,他以例说理,中国在孔子之前,就有皋陶衍九德的说法,所谓九德,源于皋陶对大禹的对话:"宜行有九德……宣而栗,柔而立,愿而恭,乱而敬,扰而毅,直而温,简而廉,刚而塞,强而义。"[②]看起来这里列举了十八种德性,但是,这个德目表实际上倡导调和每对不同的德性,使它成为一种德性,因此称为九德。这可以看作是孔子中庸思想的源头之一了。王国维又列举洪范三德,也是说明中庸思想源远流长。到了孔子,提出中庸思想,经过子思提倡,撰有《中庸》,中庸思想正式列入思想和学术研究的主题,又经宋学二程和朱熹将《中庸》列出,成为四书一篇,更在中国近千年来成为一个家喻户晓的命题。

在西方思想史上,中道是亚里士多德提出来的一个概念。这个看法,在他的《尼各马可伦理学》和《优台谟伦理学》两部著作中都有阐述。他在讨论勇敢、节制、慷慨、大度和温和等准则时都采取了中道分析。他的方法不同于皋陶谈九德,皋陶九德只举两边的德性,糅为一体。亚里士多德则列举位于这个品德两边的不同概念之后,举出居中的品德,作为分析的主体。位于两边的概念是与所分析的概念对立的,但是,与皋陶的两极对立不同,这些分析分别是从不足和有余两个方面表现出来的,因此,这两个对立的概念衬托出位于中间这个概念的正确性。例如,勇敢,"它是恐惧和鲁莽之间的中

---

① 王国维:《静庵文集》,沈阳:辽宁教育出版社1997年版,第152页。
② 《尚书·皋陶谟》,同时可以参见《史记·夏本纪》。

道。"①节制等的讨论也是采取这个方针。在这些零散的讨论之后,亚里士多德对伦理品质或者伦理准则的讨论突然中断了,开始了讨论中道的概念。他说:"人们应该选择中间,既不过度,也非不及。而中间是作为正确的原则来表述的。"②他对中道的表达不是直接的,而是与原则和目标建立起联系。《尼各马可伦理学》的第六章,这一段讨论思路非常跳跃,他认为,人的品质与目标有关,目标又是理性人选择的结果。"中道也就是过度不及的居间者,由于它以正确的原则为依据,是某种准则。"③这个讨论非常近似孔子对中庸的解释:过犹不及。中庸在庸常的理解中是调和矛盾,但是儒家早期解释中,中庸是无过无不及。显然,这种解释与亚里士多德这里的解释是吻合的。难怪很多人以中庸翻译亚里士多德的中道。

如果按照对应原则才是中庸的看法,每一个伦理准则都应该首先探索原则,在原则基础上才能讨论准则。这样的解释,并不是完全与过犹不及的解释重合了:在这里,中道变成了与原则的重合,不仅仅是居中。这样说来,中道就是既要居中,又要符合原则。虽然亚里士多德没有详细解释,但是,推理可知,符合道德原则的做法必然就是符合中道的做法,这两种做法是重合的,才能保证中道在道德伦理上的正确性。

有意思的是,亚里士多德对节制的讨论非常罕见地触及到了常识。节制虽然是美德,但是节制的对象是需要从原则上加以探究的。一般说节制就是对快乐的节制。但是,快乐分为肉体和灵魂的。节制对象是肉体的快乐。在优台谟伦理学中,亚里士多德干脆对感觉上的快乐做了进一步的区分,在他看来,节制只与味觉和触觉相关的快乐相关。例如,听觉的快乐和视觉的快乐并不是节制的对象。"因为没有一个人会因承受或不承受这些东西而被称为放纵。例如,如果一个人看到漂亮的雕像、马或人,或听到歌唱,但没有吃、喝或性放纵的愿望,而只是想看漂亮的东西,听美妙的歌声,那么,他就不会被认为是放纵。"④这个讨论虽然是在常识范围内,但是放在中道研究中很具启发性,中道或者中庸其实是有明确范围的,并非一切都在中道研究范围内,只有那些具有道德意义的准则才应该置于中道范围内加以研究。

亚里士多德说过:"伦理上的德行与愉快和痛苦相关。"而这种情感状态就应该保持

---

① 亚里士多德:《尼各马可伦理学》,《亚里士多德选集》,苗力田译,北京:中国人民大学出版社1999年版,第62页。
② 同上书,第129页。
③ 同上。
④ 亚里士多德:《优台谟伦理学》,《亚里士多德选集》,苗力田译,北京:中国人民大学出版社1999年版,第413页。

在一个正常的状态。"我们必须注意到,在一切连续而又可分的东西中,都存在着过度、不足和中间。而且,它们或者彼此相关,或者与我们相关……在所有这些场合中,与我们相关的中间是最好的,因为它是作为知识和理智而在指导我们。他也处处造成最好的状态。"①亚里士多德以例证的方式列举了不同的中道德性:

易怒　无怒　温和
鲁莽　怯懦　勇敢
无耻　羞怯　谦谨
放荡　冷漠　节制
嫉妒　(无名称)　义愤
牟利　吃亏　公平
挥霍　吝啬　慷慨
虚夸　谦卑　实在
谄媚　傲慢　友爱
卑屈　顽固　高尚
娇柔　病态　坚韧
自夸　自卑　大度
放纵　小气　大方
狡诈　天真　明智②

对美德的这种认识方式,王阳明已经发现了。他解释中庸就是从两极对中央来进行的,但是他是通过对过犹不及的偏差校正来进行阐释的:"君子之行,顺乎理而已,无所事乎矫,然有气质之偏焉。偏于柔者,矫之以刚,然或失之傲;偏于慈者,矫之以毅,然或失之则刻;偏执于奢者,矫之以俭,然或失则陋;凡矫而无节则过,过则复为偏。故君子之论学也,不曰矫而曰克。克以胜其私,胜而理复无过不及矣。矫尤未免意必也,意必亦私也。故克己则矫,不必言矫者,未必能尽克己之道也。虽然,矫而当其可,以亦克己之道矣。行其克己之实,而矫之一名焉,何伤乎,古之君子也,其取名也廉,后之君子,实未至而名先上,故不曰克而曰矫,以矫世之意也。"③按照王阳明的看法,行美德是发

---

① 亚里士多德:《优台谟伦理学》,《亚里士多德选集》,苗力田译,北京:中国人民大学出版社1999年版,第380页。
② 同上书,第380—381页。
③ 《王文成公全书·卷七·文录四·矫亭说》。

自内心的,而不是简单的模仿,人有气质之私人,所以不得不随时矫正,但是这不是长治久安之策,必须顺理而行,则行无不当,不会左右摇摆,这才是君子之道。但是,揣摩他意,中庸就是无偏无邪,合于正理。

并非所有的品德都可以发现对立两极的存在,因此,很多后来的学者提出质疑。例如麦金太尔,他的质疑首先是在思想的形式方面,一个被认为是坏的品德由贬义词来表示,那样,位于中间就是一个没有道德色彩的词,这显然就超出了伦理学的讨论范围了。所以,在他看来,"能有中道的那些感情(以及与之相对应的行为)是这样一些情感:对它们,我能不带任何道德评价色彩来加以描述……但假如这是亚里士多德的中道的意思,那么他就应当证明,对某种情感或者可用非道德术语来描述与指明的快乐和痛苦而言,每一种德行和罪恶都是中道或极端。"[1]

无论是孔子的中庸还是亚里士多德的中道,都有一个度的问题,孔子所谓的过犹不及,孔子就是从这个角度解释中庸的。但是,日常生活中,人们习惯于以折中来解释中庸。折中的本意是经权的采用。但是,在现代汉语中,折中经过政治哲学的批判之后,成为一个否定性的贬义词。因此现在人们忌讳用折中解释中庸。这样的对中庸的解释就陷入了一个困境。中庸的本意解释变得异常困难。但是,这种局面也有一个好处,就是迫使学者对中庸的不同解释方式加以挖掘,以找到中庸的更为适当的阐释。这样反倒把历史上对中庸的不同解释方式找了出来。

孔子对于中庸的解读没有采用规约主义的方式,而是采用了一种因地制宜的解释方式。其实,孔子也提出了一个德目表,但是不同于亚里士多德的三者对比,找出中道的方法。孔子采取的是对比的方法,"矜而不争,群而不党","贞而不谅","惠而不费,劳而不怨,欲而不贪,泰而不骄,威而不猛","乐而不淫,哀而不伤,怨而不怒","和而不同","同而不比"。这些对比看似是两极的对比,延续了此前中国思想家思考美德的方式。认真追寻,可以知道,孔子所谈的正确的做法依然是中道的做法,所要求的品质都是居中而存的。例如"矜而不争"则虽然不争,但也不放弃,矜而守道,求而不争。"群而不党"指君子爱人但无私利,虽不党,但是亦不独,故以群为中。对于中庸的最好解释就是孔子关于文质关系的说法:"质胜于文则野,文胜于质则史,文质彬彬,然后君子。"

其实孔子对其他品德的描述都可以最终还原到中道上来。因为孔子对中庸的最好的总结就是"过犹不及",显然,这里孔子和亚里士多德是一致的。因此,对每一个问题

---

[1] 麦金太尔:《伦理学简史》,龚群译,北京:商务印书馆2003年版,第102页。

或者品德的分析都应该列举两端才对。但是他没有这样做，一个原因是因为与美德对立的品德虽然位列两极，但是其中必有一个是常常出现的问题，另外一个极端的问题虽然也存在，但是，不是常出现的。例如，一个人过于懒惰不好，但是过于劳累也不好，一般人很容易懒惰，是偏向这个极端的。但是也有知识分子搞研究，过于勤奋，也会损害健康。这个问题，亚里士多德早有发现，他曾经说过，因为虽然良好的品德是居中的，但是不好的品德有一边是更为倾斜的，因此，要注意防止这个方向。这个方向是与习惯有关的，例如，人们在身体锻炼上常常是懒惰超过过度勤奋，但是在饮食上，常常是过量超过不足。"灵魂方面亦有同样的情形。我们把与中道相反的东西设定为习惯的状况，我们自己和大多数人更倾向于此，而对另一方面，则又不存在似的被我们忽略了，它由于微小而不被感知。例如，我们设定易怒与温和相反，暴躁与克制相反。然而，在温和方面也有过度，譬如太轻率地化解冤仇，挨打时也不动气。只不过这种性质的人是少数，所有的人都更倾向于另一极端。"[1]显然，这是对孔子的解读方式最好的一个注解，也就是，在正常情况下，人们自然倾向于某一个极端，因此，在纠正时，指出与这个极端对立的中间就可以了，另外一个极端不符合人们的习惯，尽管也偏离中道，但是不必专门指出。

单纯从对"中"的理解看，这个概念包含了原则的适当性。宋儒在经典阐释的基础上，提出了中庸的三种不同解读方式。第一，中庸是"在中"；第二，中庸是"时中"；第三，中庸是"常识"。

所谓"在中"，指喜怒哀乐未发而合于中。是人的内心的修炼。而"时中"，则是喜怒哀乐已发而合于中，但是，这个已发不同于未发，是综合考虑时间、地点和场所的。这就是所谓的通经达权，适时而变。

可见，对于宋儒，所谓的"中"，包含了原则和数量两个方面。所以在准则的把握上，一方面要考虑准则所涉及的原则，一方面要考虑准则的对立面。在亚里士多德看来，中道的分析与理智的德性无关，是伦理德性的一个构成部分。他把中道的讨论与选择联系起来。虽然以儒家为代表的中国思想通常不重视理智之德，但是，如果不偏不易地解读中庸，则非有理智介入，这个德行是无法实现的。对于中庸的坚持原则，如果要实现时而中，必须能够做到审时度势，并且要善于处理各种不同的矛盾，本来每一个美德面对着对立面，但是，这个对立面不是从一个极端到另外一个极端，而是居间而立，这个居

---

[1] 麦金太尔：《伦理学简史》，龚群译，北京：商务印书馆2003年版，第385页。

间,无过无不及,就是日常道理。这是中国古典学者对于中庸的另一种解释。这种解释又很像是西方所谓的常识道德。陈淳在《北溪字义》中采取这个解释,并且对不易之谓庸的解释表达了自己的意见,认为这个看法虽然无误,但是不够深入,义有未尽。在这个批评后,他采取了朱熹的中庸即平常的解释。[①] 这个解释既符合不偏不易的说法,也尽了平常的含义。是一个很高明的解释。

中国人通常把中庸看成是折中,并且把折中看成是调和是非,混淆对错,变成了一个是非不明的糊涂做法,这是一个极大的误解。除此之外,还有其他的对中庸的误解,例如,认为中庸是对立中的正确的做法。不是从过犹不及去考虑事务,而是从对立的局面去观察,这是老子思想对中国深刻的影响的结果。例如,梁启超解释中庸,就说:"凡百道德,皆有一种妙相,即自形而上观之,划然立于反对之两端;自精神上观之,纯然出于同体之一贯者。"[②] 显然,梁启超把道德看成是处于对立的两极,而不是与两极的对立。这个对立的两极的说法虽然符合常识,但是与中庸的两极对立相比,局面似乎较为单纯,没有全面地描述所有的情况。现实常常是在两极中寻找平衡,这才是孔子的所谓中庸的本意。从这点上看,孔子与亚里士多德遥隔时空,相互呼应。

7. 企业伦理中的中庸或者中道

企业是各个不同利益相关者相遇的一个平台,矛盾交错,利益相对,如何处理这些利益相关者的关系,不仅是管理者的主要任务,也是企业伦理的相关主题。

企业伦理中的主要德目,在本书中主要以仁义礼智信几个方面为基础开列的。其中每一个准则的实施都涉及中道问题。我们将逐个展开相关的内容。

[①] 陈淳:《北溪字义·中庸》。
[②] 梁启超:《梁启超全集》,卷1《十种德性相反相成论》,北京:北京出版社1999年版,第428页。

第 20 章 德目[①]表

1. 概述

思想史上的伦理学讨论中,涉及具体品德或者伦理准则时,通常采取德目表的形式进行。无论是中国自古的伦理讨论还是西方的伦理讨论,都采取这种方式。直到现代思想史上,依然有不同形式的对德性的讨论采取这种方式。

中国思想史上最著名的德目表有仁义礼智信的儒家德目表,有礼义廉耻的法家德目表。除此之外,还有很多其他形式的德目表,如孙子对军事领袖提出的武德德目表:智、信、仁、勇、严。在孔子之前,《尚书》等古典文献中提出的九德、伍德和三德的德目表,都是对不同道德准则的一些概括。中国古典的德目表甚至延及动物和植物,例如,所谓鸡有伍德、文武勇仁信等,虽当时是文人牢骚,因为在中国这样一个以礼治国的社会中,传递了某种道德信息所以也流传了下来,并且被留在了历史的记忆中。

在西方,从柏拉图和亚里士多德开始,就通过德目表的形式对道德准则进行研究,在《尼各马可伦理学》和其他两部伦理学[②]著作中,亚里士多德提出了一个详尽的德目表,并且对每一个德目进行周详的研究。此后,伦理学历史上还有很多研究都是在这个基础上进行的。例如近现代的西季威克在《伦理学方法》一书中提出的德目表,在古典德目的基础上进行了很多现代化的阐释。这个做法,20 世纪没有中断,例如,罗斯的显见义务理论就是最新的一个德目表,他以一个拉丁词"显见义务"(prima facie)对传统的道德准则做出了重新归类和解释,提出了忠诚、感激、仁慈、补偿、正义、自我提高和不

[①] 何元国《亚里士多德的"德性"与孔子的"德"之比较》一文中,对"virtue"这个来自拉丁的词汇及其希腊词源"αρετη"(arete)的原始含义以及汉译的过程作了详细的分析,可以参考。(《中国哲学史》2005 年第三期,第 47—55 页)

[②] 《大伦理学》(*Magna Moralia*)和《优台谟伦理学》(*Eudemian Ethics*)。

害人等七个不同的所谓显要义务。

除了上述的哲学讨论,宗教也在德目表的提出和解释上做出了很多工作。例如天主教历史上对应七宗原罪的七种美德,所谓谦逊、慈善、爱心、耐心、贞洁、节制和勤奋。中国虽然号称无神论国度,但是,佛教给中国带来的不仅是一种不同的思维方式,也带来了一些以德目表形式表现的美德。所谓五戒十善,就是对这种道德准则的一个宗教概述。

虽然这些不同德目表的立论基础不同,所包含的德目不同,但是,这些德目表至今依然是人们讨论伦理准则的一种流行方法。例如,我们今天各个企业和机构的口号式的所谓企业文化或者伦理准则的概括,都具有德目表的要素和形式。

本章只根据德目表中最著名和影响最大的几种展开讨论,讨论的重点分为两个部分,第一,这些德目表的演变,第二,这些德目表对现代企业伦理的影响。

2. 中国著名的德目表

仁义礼智信是儒家最著名的德目表。孔子时代,他没有建立德目表的意图,只是随着学生的提问,对相应的问题进行解释。这些解释的对象包括了仁、义等德目,应该说,这些孔子的解释虽然后来成为经典,但是,这并不意味着这些德目就是孔子提出的,毋宁说孔子是对当时的一些常识道德的解释,也可以这样说,这些德目大都是存在的,但是,解释是孔子提出来的。所以,虽然后人追溯认为仁义礼智信的五常是孔子最早开始提出的,实际上,在孔子那里,他提出过很多相并列的德性,如智仁勇的三达德。

到了孟子那里,他就已经提出了仁义礼智四个德目了。和孔子不一样,孔子仅仅是一个道德家,孟子却像是一个道德学家或者说是哲学家。孔子仅仅对不同的道德做出解释,孟子则对这些德目背后的根源等问题产生了兴趣,这样就把思想引向了形而上学的路径。到董仲舒,在仁义礼智之上加了一个信,成为了流传数千年的标准的儒家德目表,所谓五常。

被后人作为法家始祖的管子提出了礼义廉耻的德目表。他说:"国有四维,一维绝则倾,二维绝则危,三维绝则覆,四维绝则灭……何谓四维,一曰礼,二曰义,三曰廉,四曰耻,礼不逾节,义不自进,廉不蔽恶,耻不从枉。故不逾节则上位安,不自进则民无巧诈，不蔽恶则行自全，不从枉则邪事不生。"[1]这就是所谓礼义廉耻，国之四维。按照管子的解释，四维不张，国乃灭亡。也就是说，这四个伦理规范是国家治理的根本。比较起来，管子的德目表虽然出现得更早，但是确实没有仁义礼智信的儒家德目表更有影响。不过，这个德目表毕竟是中国思想史上最为著名的德目表，尤其是在民国时期的提倡，使这个德目表的现代影响在某种程度上超过了儒家的原来的德目表。

比较起来，儒家德目表与管子德目表之间的差别还是很明显的。首先，儒家的德目表更多是针对一个君子的德行修养的，而管子的德目表则是针对一个政府官员或者职务内的规则。因此，儒家德目表能够得到广泛的接受和推广，是因为它的适用范围广泛，而后者适用范围较窄，尤其是在古代。这确实反映了儒家和法家思想对象的不同，法家是为官方直接服务的思想，相比之下，儒家思想从一开始是士人的思想，后来才被转化为官方思想的。

由于存在这样的对象差别，所以，他们提倡的德目表内容也有明显的差别。其中仁义虽然相同，但是，解释方式也是本质上不同的。至于后面的内容，儒家的礼智信，法家的为廉耻，可以看出双方的差别就在这里。儒家的思想是士人修养的品行，法家明显的表现是一种"官箴"，从性格上看，儒家思想更为积极，标准要求更高，呈现为美德形态，法家的要求更多是一种规则形态，所以蔡元培才评论管子的礼义廉耻为"管子盖注意于人心就恶之趋势，故所揭者，皆为消极之道德也"。[2] 这是与当代职业准则中表现出的去价值化有一些相似的特征。可以知道，这个德目表中廉耻的要求虽然不高，但是确实是当代社会中的一个重要的道德要求，甚至可以把礼义廉耻看成中国历史上第一份职业道德准则的书面表述。

3. 西方德目表的发展

3.1 柏拉图的德目表

古希腊对伦理的讨论很大程度上是以德目表的形式展开的。柏拉图最早提出了正义、勇敢、节制和智慧的四个品德的德目表，并且在这个基础上对美德体系做了研究。

---

[1] 《管子·牧民》。
[2] 蔡元培:《中国伦理学史》，北京:东方出版社1996年版，第43页。

柏拉图的德目表是对城邦正义的体制下的个人品德的一个描述。向内，这些品德与灵魂的构成相关，向外，则是国家正义的一个基础。

在柏拉图看来，人的灵魂是由三种要素构成的，就是理性、欲望和激情："一个是人们用以思考推理的，可以称之为灵魂的理性部分；另一个是人们用以感受爱、饿、渴等物欲之骚动的，可以称之为心灵的无理性部分或者欲望部分，亦即种种满足和快乐的伙伴……再说激情，亦即我们借以发怒的那个东西。"①

在柏拉图看来，人类灵魂的三个构成要素是人类三个不同美德的基础。这样就产生了柏拉图的美德排列表：理性产生智慧，激情催生勇敢，欲望需要节制。

柏拉图对智慧的定义是放在等级结构中做出的，他认为智慧就是一个国家少数护国者所拥有的知识，"唯有这种知识才配称为智慧，而能够具有这种知识的人按照自然规律总是最少数。"②这种思想显然反映了柏拉图的政治理念和哲学理念，具有最高智慧的是那些"金子"做的人。而勇敢是一种保持或者坚持，这种坚持和保持的对象是一种通过教育建立起来的信念，柏拉图说："勇敢的人无论处于苦恼还是快乐中，或处于欲望还是害怕中，都永远保持这种信念而不抛弃它。"③节制则是柏拉图所谓的第三种美德，"节制是一种好秩序或对某些快乐与欲望的控制。这就是人们所说的'自己的主人'这句我觉得很古怪的话的意思。"④而在柏拉图看来，正义恰好是上述三个要素构成的。所以，正义是三个品德的综合物，只有三个品德都存在，正义才存在。⑤

3.2 亚里士多德的德目表

作为柏拉图学苑的弟子，亚里士多德继承了柏拉图的方法，发展了他的德目表。亚里士多德以中道为工具，对智慧和德性的品德做了全面的列举性分析。其所开列的德目表在历史上影响深远。在他的《尼各马可伦理学》、《大伦理学》和《欧台谟伦理学》三部著作中，他提取并讨论了一系列伦理准则，形成了准则表，并且形成了西方思想史上

---

① 柏拉图：《理想国》，郭斌和、张竹明译，北京：商务印书馆1986年版，第165—166页(139D,E)。
② 同上书，第147页(428E)。
③ 同上书，第148页(429C)。
④ 同上书，第150页(430E)。
⑤ 同上书，第145页(428A)。申林在其博士论文《柏拉图的正义理论》(中央党校2008年)中，认为，正义是一个抽象的概念，因为它需要其他的相关概念才能获得解释(第一页)。这个看法是正确的。这恰是柏拉图在《理想国》中与格劳孔说过的话：如果我们找四个东西，找到了三个，第四个就自然找到了。而他说所要找的就是智慧、勇敢、节制和正义四个品德。而下面的讨论就是具体的智慧、勇敢和节制。正义自然就出现了。

最著名、最完善的德目表。经过他讨论的品德包括慷慨、大方、大度、温和、友善、诚实、机智、羞耻,这些被亚里士多德列为具体德性。在具体德性的讨论中,他继承了柏拉图对美德的理解,把勇敢和节制做了单独的讨论。不同于柏拉图,亚里士多德对公正(正义)做了全面深入的分析,在柏拉图那里,正义是统治者的品德,而在亚里士多德这里,正义是一个统领所有品德的至上的品德。同时,亚里士多德确实把智慧作为美德从柏拉图那里继承了下来,但是,在分类中,单独列出,作为智慧美德,与品行之间建立平行的关系。

至少在相近时代远隔时空的中国和希腊哲人所开列的德目表中,可以看到,两个不同区域的德目表有系统的差别。中国伦理体系的核心是仁,而希腊思想体系的核心是正义。这种差别明显是不同文化差别的令人瞩目的点:以孔子为代表的中国思想扎根于以家族为基础的血缘和地缘社会中,而柏拉图和亚里士多德所提的准则则扎根于希腊城邦的公民社会中。前者是农业民族的稳定性居中心,后者则是商业民族的流动性占主导地位。这一点,麦金太尔和韦伯多有分析。中国学者郭沫若等也做过相应的研究,可供参考。

3.3 西塞罗的德目表

在《论责任》一文中,西塞罗明确地提出了相关的德目表。他认为美德分为四类:"但凡天下能列为有德之事,大抵都源自如下四种中的其中一种:一是充分且又充满智慧地探索和发展真理;二是维持一个有法规的社会,让所有的人都担负一定的责任,并忠实地履行应尽的职责;三是具有一种崇高的、坚强的、永不屈服的伟大精神;四是言行举止温文尔雅、处变不惊,并善于克制自我。"[①]评论者认为,西塞罗的讨论有深远的影响,此后不久,欧洲就进入了基督教时代,而中世纪的宗教神学家,都熟悉西塞罗的著作,对他的思想也广泛接受,并且做了多方面的拓展。

西塞罗的德目表中,智慧作为第一美德是继承了古希腊哲学家的传统。按照西塞罗的看法,智慧之所以重要,因为只有依靠智慧才能达到真理,他和古希腊的哲人一样,认为真理和美德是互为表里的,因此,实践美德,也需要智慧的参与。这样智慧就成为第一美德。

其余的三个品德都是与公正的品德密切相关的。西塞罗认为美德是分等级的,智

[①] 西塞罗:《友谊责任论》,林蔚真译,北京:光明日报出版社2006年版,第67页。

慧和公正当然最为重要。虽然忠诚和勇敢也是美德，但是，失去了智慧和公正的忠诚或者勇敢，会带来很多意想不到的危害。西塞罗对公正的讨论可以和亚里士多德的讨论媲美。

3.4　基督教的德目表

天主教以教皇圣谕的名义，曾经对人世间的美德做出过明确的表述，这些表述的基础是《圣经》，经过一个长长的演化过程，最终确定为一个美德表。教皇格里高利一世在公元590年提出了七个美德：谦虚、慈善、爱心、耐心、贞洁、节制和勤奋。这个美德表其实是对应着人间罪恶提出的一种纠正，所以，从天主教美德表的发展过程看，这个表中的美德是针对人类罪恶提出的。这个罪恶就是所谓的原罪。原罪概念最早出现在四世纪，当时的修道士伊瓦格里厄斯·泊恩太格司（Evagrius Ponticus）提出了所谓的"sin"，后来这个词译为拉丁文，成为"原罪"。他在公元375年提出了八个邪恶思想或者诱惑：暴食、贪婪、懒惰、悲伤、欲望、愤怒、虚荣、骄傲。这个恶行表有《圣经》基础，《歌罗西书》中提出的恶行，被认为是恶性的出处。随后在590年，教皇提出了七宗原罪的清单：愤怒、贪婪、懒惰、骄傲、淫欲、嫉妒和暴食。与之相配的就是上面的所谓七个美德。

相比之下，这两个表格对比中的原罪和美德，随着传教活动，影响了世界大多数地区。但丁名著《神曲》中以七宗罪为题材，进行故事的组织，对这个概念的推广起到了重要的作用。当代甚至成为流行作品的一个题材源。例如美国有线电视新闻网（CNN）曾推出一个七宗罪的系列游记，用一宗罪来描述一个亚洲城市。其实，可以用这个原罪表对不同的企业罪行进行描述。例如：世通公司——贪婪，福特公司——骄傲，等等。

3.5　近代以来著名的德目表

富兰克林的十三种德目表：节制、寡言、秩序、决心、简朴、勤勉、诚恳、公正、适度、清洁、镇静、贞洁、谦虚。这是出自新教的伦理，也是最接近当代企业伦理的德目表了，韦伯就是以他的德目解释作为企业家精神来加以分析的。

罗斯是通过显见义务（Prima facie）来表达他的德目表的。显然，在18世纪以来的伦理学讨论中，更多的注意力在伦理的基础和美德体系的归类上，而对具体美德或者德目的讨论成为冷门。罗斯对显见义务的讨论，虽然套用了一些新的概念和方法，但是，本质上是在新时代重新对不同美德的作用和地位加以解释与定位。他提出了其中的显见义务，包括补偿的义务、感激的义务、正义的义务、仁慈的义务、自我提高的义务、不伤害他人的义务和忠诚的义务。这些被称为义务的准则实为美德,按照罗斯的看法,这些义务或者美德的存在基础或者是基于自己先前的行为,或者基于别人先前的行为,或者就是单纯的事实。对这个分类表,罗斯自己认为:"它是对义务的一种显见的分类,实际上对我们的道德信念的反思似乎就可以将它揭示出来。"[①]

马丁·塞利格曼(Martin Seligman)在其《正向心理学》(*Positive Psychology*)中,通过对美德和优势的区分鉴别,以探索正向行为的构成和意义。他和克里斯托弗·彼得森(Christopher Peterson)一同,通过对中国、印度、古希腊和当代西方的文化进行广泛的研究,从中抽取了六个美德或者优势,这六点为智慧/知识、勇气、人道、正义、节制与超越。他们认为,这些美德是处在一个水平面上的,没有高低等级差别。

4. 德目的分类和特征

中国儒家的仁义礼智信没有分类,但是至少是在宋代的哲学家那里,就把仁提升到了超越的地位,是其他德目的纲领。

休谟对品德的分类采取的是以对象划分。对自己有利的品德、对他人有利的品德等方式。而亚当·斯密,对品德的分类则是按照道德情操的分类进行的。至西季威克,品德的分类是与不同的理论体系建立关系的。而罗斯的分类则采取了一个拉丁文的说法,以显见义务的基础对品德加以分类。

德目表内容的排列也具有理论和实践意义。基本美德体系的不同结构曲折反映了现实的差别。不同的社会伦理共识往往是通过对美德的不同解释和对不同美德的排列,以及通过忽略和强调不同美德等方式实现的。把不同利益群体的诉求自觉或不自觉地注入德目表中。因此,从德目表的变化中也可以推演出社会结构与现实的变化过程。

5. 近现代企业中美德形成的历史过程

工业时代和企业发展带给社会的到底是道德蜕化还是道德进步,这个问题可以反过来问,工业发展是建立在道德蜕化的基础上还是建立在不断改进的道德环境的基础

---

① 罗斯:《正当与善》,林南译,上海:上海译文出版社 2008 年版,第 78 页。

上？这是一个问题。人们习惯于沿用以往的思维,认为人心不古,世风日下。所以,工业是建立在道德蜕化的基础上的。或者也可以说,由于企业的发展,贪婪和自私等品德在社会上变得更多、更普遍了。不过在这个问题上,学者们之间不是没有争议的,例如新古典经济学奠基人马歇尔就是一个道德发展的乐观主义者,他认为,近代自由企业制度是建立在道德进步的基础之上的,他明确地说:"整治和互相信任是财富增长的必要条件。"[1]"如果没有普通人类的正直和道德的巨大进步,商业的巨大发展是不可能的。"[2]

马歇尔的另外一个认识是自由企业制度有效地抑制了人类的某些本性上的弱点,例如懒散和僵化,在自由企业制度之下,人们被迫抛弃这些在多少世纪中形成的坏的习惯,逐步养成了良好的习惯。马歇尔对自由企业制度充满了信心,他认为,虽然在企业中也会出现过度使用劳动等现象,但是在竞争之下,这些条件很快就会得到改善,最终会使这些现象没有立足之地。马歇尔是从进化论的角度看待企业制度的。这种制度为企业伦理甚至社会伦理的进步奠定了良好的制度基础。

马歇尔更加具有颠覆性的意见是认为企业是人类善良本性的体现,而效用只是这种本性体现过程中的副产品。而这种美德被马歇尔分为两类:第一类是活力、进取心和创造性;第二类是节俭、勤奋和理性经营。这些品德在韦伯那里也获得了类似的挖掘和评价。

5.1 马克思的伦理思想

5.1.1 历史唯物主义

马克思的伦理理论是他的历史唯物主义理论的一部分。在马克思的历史唯物主义中,人不是一个抽象物,而是历史的、社会的和现实的,"任何人类历史的第一个前提无疑是有生命的个人的存在。"[3]个人是生存在一定的社会关系中的,而这个社会关系的性质是由生产关系决定的。而生产关系又是由生产力决定的,所以,在现实性上,人的

---

[1] *Ecomnics of Industry*, p.11,转引自帕森斯:《社会行动的结构》,上海:凤凰出版出版传媒集团,译林出版社 2008 年版,第 152 页。
[2] 《经济学原理》, p.7,转引自帕森斯:《社会行动的结构》,上海:凤凰出版出版传媒集团,译林出版社 2008 年版,第 152 页。
[3] 马克思:《马克思恩格斯选集》,卷 1,中央编译局译,北京:人民出版社 1972 年版,第 24 页。

本质不是单个人所具有的抽象物,而是一切社会关系的总和。① 作为人的本质表现,伦理是生产关系决定的,并且随着生产力的发展而变化。在马克思主义中,伦理是历史性变化的,并且不是独立变化,而是随着生产力和生产关系的变化而变化。

按照马克思的理解,资本主义的发展是生产力发展到一定阶段的产物,随着资本主义生产方式的出现,资本主义的伦理体系也逐步形成,伴随资本主义的发展,资本主义的伦理体系也因之发展,并且取得了主导的地位。

马克思是辩证地理解资本主义伦理的,一方面,马克思肯定资本主义伦理在取代封建主义道德过程中的积极作用,另一方面,对于占主导地位的资产阶级伦理体系逐渐暴露出来的虚伪和片面给予了历史的批判,并对资本家阶级伦理的演变做了历史的分析。

5.1.2 资本主义伦理的主要内容及演变

马克思在《资本论》中,通过分析资本积累的所谓节欲说详细地阐明了资本家阶级伦理观念的历史变迁和主要内容。马克思认为,资产阶级历史存在是资本在世间的体现,资本家的存在价值就是代表资本。所以,资产阶级的伦理是资本的时间体现,是资本对资产阶级的外在强制。

资本的意志不是交换价值的增值,不是为了享受,而是为了生产而进行生产。这种行为的结果是为了更高的社会形态,为人的自由发展奠定了基础。所以马克思说:"只有作为资本的人格化,资本家方才是值得尊重的。"②

资本的特性要求积累,一切为了积累。所以,资产阶级的伦理可以而且确实在一定历史阶段表现为节约。马克思认为,新教的某些伦理特征是资本主义企业的历史起点。从这个意义上看,资本家的伦理是建立在理性的基础之上的。

但是,资产阶级的伦理随着财富积累的增加,其理性基础被逐渐削弱,感性因素取得了支配地位。资本的支配地位逐渐丧失,资本家越来越多地受到欲望的支配,这不是一个个别现象,而是"每一个资本主义的暴发户都必须个别地通过这个历史阶段——致富冲动和贪欲是当作绝对的情欲起统治作用"。③ 而且资本主义制度发展到一定阶段,炫富的做法不仅不为节欲的伦理所制约,反而会成为一种积累的手段,因为这种方式可以带来信用,在这种制度条件下,奢侈代替了节约成为积累的手段。

---

① 马克思:《马克思恩格斯选集》,卷1《关于费尔巴哈的提纲》,中央编译局译,北京:人民出版社1972年版,第18页。
② 马克思:《资本论》,郭大力、王亚南译,北京:人民出版社1963年版,第649页。
③ 同上书,第651页。

马克思不承认劳资双方的共同价值观和伦理道德。按照马克思的看法,资本家尽可以奢侈消费,但是对于工人,却竭力压榨。他们甚至认为,这样可以迫使劳动者勤勉工作,培养美德。可以说,压榨工人是资本本性——积累的一个方式,这与信用的建立等都有助于奢侈代替节约,感性战胜理性。

在《资本论》中,马克思详细回顾了资本主义的确立过程,并且指出了在资本主义生产制度确立的过程中,资产阶级的伦理体系的确立过程。这个过程经历了从简单协作到工场手工业到现代机器大工业为基础的工厂制度的不断发展,在这个过程中工人阶级的权利不断丧失。资本家阶级不断地凌驾于工人阶级之上,并且把自己的意识形态和伦理准则强加给工人阶级。

"多数劳动者在同时同地(或者说在同一工场),在同一个资本家的指挥之下为生产同种商品而劳动,在历史上和概念上,都是资本主义生产的出发点。"[1]资本主义的这个出发点被称为简单协作。在简单协作中,指挥就具有了双重性质,一方面是资本对劳动的监督,另一方面,是对生产过程的协调,前者是执行资本的职能,后者是执行产业指挥官的职能。[2] 在这个过程中,工人的意志是服从资本家的计划和权威的,或者说是工人的意志被资本家的意志所替换,变成了和自己利益相对立的,这是马克思在《巴黎手稿》、《1844年哲学经济学手稿》中异化观念更为成熟的表达方式。

近代工场手工业是通过两种不同的途径发展起来的,第一种途径是把不同工种的工人集合在一起,生产一个复杂的产品,例如生产马车和钟表;第二种是把生产同一种物品的工人集合起来,逐渐形成分工。工场手工业导致了工人向某一个专门的方向发展,工人的职业独立性丧失了,必须在工场内部无条件地服从资本的权威和意志。但是,在社会内部,却以竞争的法则取代了行会的管制。资本主义就是在这种专制和竞争中不断地发展。而工人把自己的劳动能力抛向波涛汹涌的市场,同时在侥幸得到的工作中服从资本的权威。资本主义在这种双重压迫之下,迫使工人接受资本主义的伦理:服从、无休止的劳动。而在这个过程中,工人的技能片面化地发展的同时,却牺牲掉了他们的勇气和品德,逐步地在社会中堕落。[3] 不过,由于工场手工业的基础仍然是熟练的工人,所以,工人的独立性还没有彻底丧失。以致资本家的代言人感叹:工人越是熟

---

[1] 马克思:《资本论》,郭大力、王亚南译,北京:人民出版社1963年版,第340页。
[2] 同上书,第351页。
[3] 同上书,第386页。

练,就越是骄横,所以,在工场手工业中,经常听到劳动者缺乏纪律的抱怨。[①]

在机器为基础的现代工厂制度中,工人成为机器的附属物,其独立性彻底丧失。再也听不到关于纪律涣散的抱怨了,工人在机器的节奏下变成了有铁的纪律的阶级。而机器导致的童工和妇女就业问题,严重改变了社会结构,并且对工人阶级的精神发展产生了重大影响。妇女的堕落,儿童的呆滞,成年男子的衰退,一片道德蜕化的景象。这是资本家阶级造成的直接后果。

马克思认为现代企业伦理是资本主义企业发展的历史中,作为适应经济基础的上层建筑而逐步形成的。

对于资本主义企业精神的发展和批判在马克思之后并没有停止,法兰克福学派学者继续了这种批判。

哈贝马斯是在对资本主义危机的动因分析中延续这种批判的。按照哈贝马斯的看法,资本主义现代危机的根源是动因系统发生了根本性的问题。资本主义发展的精神动力是利己主义。这种利己主义是前资本主义与资本主义精神遗产结合的产物。前资本主义的服从和资本主义的参与是这种传统的表现形式。但是这种动力在资本主义的发展中逐步消失了。这主要表现在以下几个方面:

成就感的消失,资本主义发展以来,成就感就伴随着资本主义的发展,资本主义的分配机制就是按照成就展开的。但是随着资本主义对于经济干预的增加,随后对社会生活干预的增加,分配机制丧失了按照成绩分配的性质。另外就是劳动领域中脑力劳动与分工的发展导致了成果衡量的间接化,这些都会导致成就感的丧失。

另外一个问题是竞争精神的丧失。在占有型资本主义制度向现代的福利国家的转化中,竞争精神受到了压制和限制,逐步衰退。

伦理上普遍的功利主义对于现代非竞争的资本主义也无法提供完整的伦理支持。这是资本主义发展到一定阶段面临的现实问题。

5.2 韦伯认为现代企业伦理是在新教伦理的基础上形成的

5.2.1 企业伦理和企业精神

在韦伯的词汇中,他采取资本主义精神的术语来描述近代企业发展中特有的伦理和精神现象。实际上,认真阅读《新家伦理与资本主义精神》一书,可以看到,他反复谈

[①] 马克思:《资本论》,郭大力、王亚南译,北京:人民出版社1963年版,第392页。

到的资本主义精神,主要是以从新教伦理转化来的企业伦理为基础形成的,包括一切适应这个伦理准则的现代精神现象。所以,他关于资本主义精神形成和发展的讨论可以看作是对于企业伦理形成和发展的讨论。

关于这个企业精神或者企业伦理,韦伯是采取引述富兰克林的话来概括的。他在富兰克林一系列格言式的话语引述中,描述了以金钱获取为核心的价值观念,包括珍惜时间、勤奋和守信等价值观念。时间就是金钱,信用就是金钱,甚至怎么样坚持信用等道德箴言,看起来更像是发财方式的教授,这种伦理观念显然是与传统个人伦理之间有相当的不同,从传统观念看来,这些价值观表现为奇特的外部症候。

传统个人伦理鄙视的金钱被置于伦理的中心地位,成为至善的一个主要基础:至善意味着更多地谋取金钱。而且这种对金钱的获取还与严格的节制生活欲望相联系,简直到了密不可分的地步。这样,这种世俗的金钱获得了先验的地位,成为至善的目标和基础。这些伦理从常识看来是颠倒了的手段与目标,但是,却成为企业伦理的核心内容。

这种伦理的第二个特征是其功利主义特征,就是后果主义的,所有企业伦理强调的美德,如诚实、勤奋、守时与节俭,之所以被认为是美德,是因为这些美德有用。所以,作为美德是为了达到某些正当目的而采取的做法,基于此,美德作为美德,只是它的有用性,因此,这是与动机分离的伦理准则,在正常情况下,只要能达到目的,只要具有道德的外表就可以了。

5.2.2 传统的工作方式和工作精神

在各地广泛存在的传统的工作方式和工作精神的主要特点就是根据需要而不是根据利润来决定自己的工作量,而需要是一个历史的产物。韦伯描述了传统手工业者的工作方式:他们满足一个社会公认的生活需要之后,就停止工作。这是传统主义的工作精神下的工作方式。这种方式甚至在现代企业中仍然可以看到,韦伯所例举的是计件工资制的作用,在充满传统主义的工人中,计件工资很少起到激励作用,他们是按照个人的习惯来工作,提高计件工资水平,不仅不能激发他们更努力工作,相反会促使他们减少工作量。[①]

从企业家这个角度看,桑巴特提出把满足需要和获利作为经济史上两个主要原则,

[①] 马克斯·韦伯:《新教伦理与资本主义精神》,于晓、陈维纲译,北京:生活·读书·新知三联书店1987年版,第44—45页。

把不同的生产方式加以区分。满足需要是传统经济的特征,在这种条件下,商人们是按照社会认定的需要来安排自己的生活的,每天工作几个小时以后,一群意气相投的朋友聚在一起消磨时光。虽然他们的经营组织是近代的,甚至连簿记都是近代的,但是就他们适可而止的工作态度看,他们还是传统的商人。①

5.2.3 资本主义企业伦理的出现

传统的生活出现了中断,一个新人按照新的方式加入经营,他不再按照传统的工作方式和工作节奏进行工作,他主动出击市场,把分散的劳动者组织起来,按照顾客的要求调整产品,以适应顾客的口味,他还能做到薄利多销,结果,按照传统方式经营的商人们的市场份额越来越小,他们的出路只有两个,一个是按照这个新人的方式,理性化地经营,和他在市场上拼搏,或者破产,田园牧歌式的生活从此被破坏消失了。

按照韦伯的看法,近代企业的发展不是新的投资形成的,而是在一种新的伦理支配之下逐步发展起来的。

现代企业伦理,是一种新型伦理,对这种伦理的坚持也不是轻而易举的,"只是因为这种新型的企业家具有确定不移且是高度发展的伦理品质,以及洞若观火的远见和行动的能力,他才能在顾客和工人中间赢得不可缺少的信任。"②

问题是,这种近代企业伦理是如何发展起来的?对于理性类型的企业家个人道德行为与类型化的伦理准则之间的关系,韦伯系统地加以讨论。

5.2.4 新教伦理——天职观念的出现

韦伯认为,资产阶级企业家伦理在西方的发生虽然是历史发展的一个变例,但是却不是一个偶然现象。这种现代伦理的出现与宗教改革之间存在着密切的联系。准确地说,现代企业精神发展和新教伦理之间存在着承继关系。

这个思想的历史过程经历了马丁·路德提出天职观念,肯定人们对于上帝应许的世俗活动的道德性,对于人们在上帝应许的世俗活动中履行的职责和义务,马丁·路德认为是天职。马丁·路德仍然对资本主义的盈利动机持否定的态度,但是天职观念使世俗的职业活动受到了正面的认可,为新的伦理发展留下了空间。

---

① 马克斯·韦伯:《新教伦理与资本主义精神》,于晓、陈维纲译,北京:生活·读书·新知三联书店 1987 年版,第 48 页。

② 同上书,第 49 页。

5.2.5 新教伦理——加尔文宗和新教伦理

韦伯随后以加尔文的归正宗为历史线索，继续追寻新教伦理发展对资本主义精神形成的联系。

以预定论为核心的归正宗有着严谨得近乎苛刻的教条，按照归正宗的教条，尘世的人早已被上帝预定了未来的命运，一部分人注定得救，被上帝赐予永恒的生命，另外一部分人则注定永恒死亡。被赐予永恒生命的人，在蒙上帝神召的时候，以圣言把他们从浮生罪恶和死亡中召来，剔去他们的铁石心肠，以上帝的意志让他们从善。而其余的人则注定要永降地狱，由于人们的未来命运都是上帝预定的，所以这个宗派教条被称为预定论。

这种教义的发展比较彻底地贯彻了宗教的思维逻辑：上帝在这里具有绝对的权威和尊严，人类为了上帝存在，而上帝不是为了人类存在。在这样的逻辑之下，归正宗修正了天主教可以通过牧师救赎的程序。归正宗坚持认为，每个人的命运是预先注定的，人们无法知道上帝的全能的意识，人们能够知道的就是一点：有的人注定得救，另外的人则注定被罚入永恒的地狱，无论采取什么办法，都无法逃脱。

这种教义教人们斩断个人所有尘缘，但是却引导了资本主义的产生。看起来非常荒唐的逻辑，但是在韦伯分析的笔下，这个秘密透露了出来：个人在上帝安排的世界秩序中确定了自己的地位，个人应该努力来恪尽职守，以体现上帝的荣耀。不过，每一个选民，迟早会遇到一个致命的问题：我是不是上帝的选民！但是这一点无从知晓。上帝的选民和非选民在尘世上是一样的经历，上帝的选民与非选民之间的区别在于灵魂的不同：上帝选民因为具有真正的信仰，所以必然导致他的生活的彻底神圣化，通过尘世的工作体现上帝的荣耀。这需要实实在在的善行。与天主教不同的是，在这里，行善不是为了在上帝那里交换救赎，而仅仅是为了体现上帝的荣耀，除此之外，没有其他功利动机。上帝选民的特征就是行为处于全面系统的自我控制之中，不允许有失误，这种失误在天主教那里可以通过捐献来补救，这种情况不能出现在归正宗这里，这里不存在罪恶—忏悔—赎罪—得救—新的罪恶这样的循环。

这样一种教义可以概括为：必须在尘世中证明一个人的信仰，绝对的预定论，上帝彻底的超验性以及有依据的规范信仰，这几者之间完美的结合，成为一种新的伦理的心理基础。

归正宗信徒在履行日常职责时，既要牢记反对追求财富的教条，也要牢记反对懒惰的教条。财富的罪恶不在于财富本身，而在于财富带来懒惰。因此，从原则上，虚掷时光即成为万恶之首。一个人应该勤奋，一切社交闲谈，甚至是超过生理必要的休息睡眠都要受到道德上的谴责。人必须劳动，首先劳动是一种必要的禁欲手段，进一步看，劳动也是人们体现上帝荣耀的一个手段。

在新教进一步发展中，例如在清教中，这一伦理被发展了。教义认为，人们应该从事一种正当的世俗职业，否则人们会因为无所事事而产生懒惰。一种职业会使人明事达理、有条不紊。对于上帝而言，信徒的好坏，是用世俗标准来衡量的。最根本的是获利程度。对于清教徒而言，你必须为上帝辛劳致富，但不可在富裕后懒惰和堕落。

这样勤奋而不致富是不可能的，致富后的财富因为归上帝所有，所以财富的尘世代理者不能挥霍这些财富，只能用于不断的再生产，这样投资而不进一步致富也是不可能的。

这样，新教强调固定职业的禁欲主义伦理，为现代企业专业化分工提供了道德依据，以上帝旨意解释对利润的追求也为企业家们的行为提供了正当的理由。

勤奋节俭与企业发展之间是存在因果联系的。而新教提倡的伦理必然导致近代企业的发展。在企业充分发展后，企业之间的竞争迫使企业家们勤勉尽责，否则会被市场淘汰。尽管现代企业伦理赖以产生的宗教基础已经消失，但是，其伦理结构却被保留了下来，这就是：

勤俭、辛劳，并且使一切行为合理化。

一般认为，韦伯把新教伦理这种精神产物作为资本主义产生的动力，是直接与马克思的历史唯物主义相对抗的。虽然韦伯不承认这一点，而且他认为，他的这套理论仅仅是一种假设。但是，从效果和理论的内容看，把韦伯的理论作为历史唯物主义的对立面是大致不错的。

马克思和韦伯的共同之处是都采取了历史主义的态度，这是与霍布斯、洛克尤其是康德等哲学的本质主义的哲学方式很不相同。这说明，马克思和韦伯，尽管在根本观点上可能站在对立的两极，但是，他们的思想都植根于德国的历史主义传统之中。

马克思和韦伯的不同之处是一个基于精神发展的历史过程来说明企业伦理的形成，一个是基于人类生产活动的运动来说明企业伦理形成的历史过程。韦伯认为企业家和工人之间的伦理都是理性的表现，采取了现代主义的共同形式，而马克思则认为工人和资本家之间的伦理是相互对立的，但是，在资本主义企业中，资本家阶级的伦理占据了主导地位。马克思虽然认为新教伦理的某些内容是资本的起点动力，但是奢侈和挥霍随后占据了资本家的生活方式。应该说，仅就现象描述，马克思更接近现实。而韦伯的典型只能在其理性类型中去寻找。

6. 近代中国企业伦理德目的形成

这是一个比较复杂的问题。和西方相比，现代企业伦理在中国是和现代企业同时诞生的，诞生的途径也比较复杂。

近代企业伦理的形成主要有三个途径：

第一，中国传统伦理尤其是儒家伦理出现的现代化转变，代表人物是张謇。张謇作为状元，完美地掌握了古典文献，其造诣在当时的人中达到了极致。从目前我们掌握的情况看，在其创办大生纱厂之前，张謇没有系统地接触过西方的知识，这与其同科进士康有为形成了鲜明的对比，在科考成功前，康有为已经比较系统地接触了西方的知识体系。但是，就是张謇这样一个旧知识分子，却创立了完全现代化的企业，这不能不说是一个范例，从对张謇思想的追溯看，张謇完整地体现了儒家君子的人格特征和道德理想，虽然也掺杂了民间伦理的影响，但是对张謇起主要作用的思想，除了主流的儒家思想外，王阳明、顾炎武、颜元等明清学者对他的道德文章有强烈的影响。张謇的经历体现了儒家伦理现代化转变的一个典范。

第二，西方伦理的平行移植，代表人物是唐廷枢。唐廷枢生活的时代略早于张謇，经历也完全不同。他受到过完整的英华教育，从小浸淫在新教文化氛围中，但是，马礼逊学校也没有忽视中国古典文献的教育。此后，唐廷枢先后供职香港海关和上海海关，然后成为怡和洋行总买办。壮年以后，接受李鸿章委托，先后创办了轮船招商局和开平煤矿，是这两个百年企业的主要奠基人。他勤勉一生，几乎不著文字，但是从其当年的学校习文，到晚年行述，贯穿了典型的企业家风格，勤勉、谨严，较为完整地体现了西方伦理通过教育移植的过程。

第三，在民间伦理的基础上形成了现代企业伦理。中国近代企业伦理的形成也经历了一个历史发展过程，从知识阶层的救亡图存到民间的实业救国，再到盈利动机的理性化。早期社会中，利润动机受到主流思想的压制，没有更为高尚的动机，如张謇那样，或者没有异数存在，如唐廷枢那样，创办企业所带来的千难万险足以令任何人止步。但是，20世纪初以后，民间投资活跃，利润动机明显成为支配企业发展的主要动力。企业伦理主要是在利润动机的理性化这个角度上展开，同时也掺杂了很多关于人格修养方面的内容。

在1907年清政府行政改革之后,清政府加强了对新式企业创办的鼓励措施,新企业的注册数字大幅度上升。官民的投资热情空前高涨,国内市场初步形成。这时候,支配企业创立的就是利润动机了,企业之间也形成了在市场上的竞争格局。

7. 企业的德目表及其发展

近代的企业家出现之后,就有学者或者企业家本身对企业家的美德体系或者企业的伦理准则以德目表的形式进行过探索。这时期还形成了对于企业家修养和企业伦理专门的探索。例如:清末民初的企业家郑观应,出身买办,后来受到更早创办轮船招商局的同乡唐廷枢和徐润的邀请,加入招商局,成为中国第一代企业家中一员。此人雅好知识,工作之余,写作了很多传播西学的文章,辑成《盛世危言》一书,一时坊间纷传,洛阳纸贵。他也探索了关于企业家的品德问题,在给儿子的书信中,引用了古今中外各种箴言十数家,最后言到:"清、慎、勤三字,古之循吏重为官箴,余谓此三字不特为官宜守之,即作商宜奉为金科玉律。"[①]这是直接把官箴做商德的平行移植。

出版于1916年的《实业致富新书》中,陆费逵辟出专章,讨论企业家的修养问题,提出,企业家的资格为:"勤俭也,正直也,和易也,安分也,进取也,常识也,技术也,经验也,节嗜欲也,培精力也。殆无可以或缺。"[②]其中关于勤俭、正值和易等品德的论述,可以和韦伯引述的富兰克林的治世格言相比对。

富兰克林:时间就是金钱。假如一个人凭自己的劳动一天能挣十先令,那么,如果他这天外出或者闲坐半天,即使这期间只花了六便士,也不能认为这是他的全部的耗费;他其实花掉了或者说是白扔了另外五先令。

陆费逵:事业成于勤劳而毁于怠惰。生意裕于节俭而窘于奢侈。古今中外不易之理也。

富兰克林:信用就是金钱。

陆费逵:纵观古今成功之大实业家,未有不以正直著者。恒有朴讷之人,毫无特长,以正直之故,得人信用,致成大业。

富兰克林:金钱具有孳生繁衍性。

[①] 郑观应:《郑观应集·训次儿润潮书》,下册,上海:上海人民出版社1988年版,第1208页。
[②] 卢寿籛:《实业致富新书》,上卷,《实业修养类》,上海:中华书局1916年版,第2页。

陆费逵：劳力获资有限，资本孳生无穷。

近代企业中，中国的早期企业家很早就学会了用德目表的方式作为教育和治理工具。现在几乎每一个企业或者单位都有自己的口号。西方企业的口号往往就是一个句子，这是 ISO 管理认证中对质量方针的要求。但是，中国企业的口号有几种不同的形式，或者摘取一句古典文献，往往还是对偶的句子，如：上善若水，厚德载物。最常见的还是两个字一个词，四个词连成的一句口号，绝大部分采取了德目表的形式。这些口号的表达几乎千篇一律，缺乏创意，最常用的就是开拓、进取、创新、勤奋等。把一些美德堆砌在一起，很难给人留下印象。与公慈勤和等单词的口号不同，与古典汉语的单字词不同，现代汉语大部分是双字词，因此，反倒是单字词显得更为古朴。

虽然这些企业德目表的水准不高，但是，中国企业大部分都习惯于建立这种德目表，这一事实说明，至少中国企业对于道德的作用还是理解的。只是认真分析，这些德目表中的内容，有多少是针对企业的要求，有多少是对员工的要求，有多少是需要坚持的，有多少是需要建立的。每一个企业的这个德目表的建立都有自己的意图，也都有背后的故事，如果仅仅是字句的堆砌，这些表的意义就大打折扣了。

当代企业全球经营环境的发展，导致了多元文化与多元价值准则的融合和相处的问题。这个问题是全球价值观形成过程的一个子问题，但是，因为企业在全球化进程中的特殊地位和巨大影响力，事实上，价值观的多元性往往在企业内部就能表现出来。例如，豪夫斯泰德（Hofstede）从 20 世纪 60 年代开始对美国 IBM 公司长期的企业文化进行研究，就是一个在世界各地经营的企业内部揭示出价值观的多元性问题。当然，他通过对一家公司不同地区组织和人员价值观差别的揭示，寻找的是不同民族价值观的差异，但是，这些差异在同一个企业中的存在和作用方式是每一个多国经营企业都非常关注的问题。人们关心：是不是存在人类统一的价值观？

正是在这个问题上，托马斯·唐纳森和托马斯·邓菲通过对综合契约论的构建与阐释，在企业伦理这个范围内，以德目表形式对全球企业的统一价值观的框架做了一个探索性的研究。

唐纳森和邓菲采取了政治哲学五百年来一直沿用的通过契约论的范式构建理论的策略。他们以综合契约为基本框架，在全球企业经营的范围内，通过对道德自由空间和超规范的建立，既保持了不同社会对经营伦理的多元选择空间，也保持了对人类基本价值观的遵守和尊重。

通过超规范的研究，唐纳森和邓菲提出了一些基本的全球经营的价值观。

他们对于超规范做了区分,提出了三种不同的超规范。首先是程序性的超规范,"它们对退出权和发言权做出明确规定,这是维持对微观社会契约的一致意见所必不可少的。"[①]第二种是结构性的超规范,"这种超规范使社会成员有义务尊重促进正义和经济利益的各项制度——当然是在其他超规范的界限内。"[②]第三种是所谓的实体性的超规范,是对权利和善等根本概念的说明与列举。

8. 以企业责任名义出现的企业德目表

随着企业的社会影响力逐步加大,社会对企业的压力也逐步加强,在社会上形成了社会责任运动,对企业行为方式和准则提出了远高于古典企业行为准则的新的要求。最早这些要求是通过媒体以零散的方式表达的,虽然不断有学者加以系统化和精细化,但是,这些品德要求缺乏对企业的权威性,仅仅有参考价值。

随着社会责任运动的不断发展,不仅学术界对社会责任的表述建立了学理基础,社会也通过各种方式建立了相应的约束机制,最终形成了一些对企业有约束力的文件和原则。这些文件和原则的基础是所谓的德目表。目前,这些文件和准则的数量众多,建立的机构不同,准则所涵盖的范围不同,内容也不相同,各自有自己的使命和期望,但是,所有这些原则和文件的共同点是它们都针对企业。并且提出了企业应该遵循的伦理准则。

目前这些文件、标准和准则主要包括了考克斯原则(the principle of Caux)、全球盟约(the Global Compact)、苏利文原则(Sullivan Principles),而关于社会责任的标准和守则有 SA8000 的标准、AA1000 的标准和制定的社会责任标准等,并且还在不断地增加。

上述不同的原则和盟约形成的背景不同,处理问题的范围有异,但是,都是针对企业合理行为的,又都是在全球化背景下形成的,因此,其得以流行,说明它们具有相当的代表性。

这些原则和文件都是以企业全球化背景下的行为准则为核心,提出了相应的有针对性的行为指南。苏利文原则是 1977 年根据南非种族歧视的政策,向企业提出了相应

---

① 托马斯·唐纳森、托马斯·邓菲:《有约束力的关系——对企业伦理学的一种社会契约论的研究》,上海:上海社会科学院出版社 2001 年版,第 67 页。
② 同上书,第 68 页。

的处理原则,代表了当时企业中正义之士对南非政权种族歧视现象的抵制和抗议。虽然背景早已改变,但是,苏利文原则中的九条基本条款的内容获得了普遍认同,成为一个企业经营行为的指南。这其中主要涉及员工的权利的保护,企业与社区或者所在国关系的处理原则,以及企业反对腐败和透明经营的原则,等等。

考克斯原则诞生于20世纪80年代。当时日本企业以低价优质的产品在全世界市场上大行其道,突飞猛进地占据着世界市场份额,引发了各国企业的普遍反感,各国政府也纷纷谋求抵制的方式。在这种情况下,荷兰飞利浦公司的掌门人出面,要求欧洲和日本企业家在瑞士考克斯小镇会面交流,取得了良好的效果。随后,这种交流就在这个地方重复举行。几年后,参加交流的企业家提出了建立一个全球经营的指导原则的建议,获得了广泛的响应,随后,这个被称为考克斯原则的文件通过,成为今天世界上影响最大的企业经营指导准则。其中包括一个通则、七条原则和相应的利益相关者划分与关系处理原则。

全球盟约出现得最晚,但是是由联合国秘书长倡议的,因此影响更大。1995年联合国秘书长安南提出来建立全球盟约,1999年正式提出建议,涉及员工人权、劳工标准和环境保护三个方面,共有九条要求。

上述以不同名义和机构建立的原则,是对以责任为主体的企业行为准则的正式表述,可以使古典时代对私人行为建立的德目表扩张到企业中来。这些德目表有很强烈的伦理意味,也是这些原则发起人的愿望:通过伦理行为的强调,最终弥补法律和市场力量的不足。[①] 这些原则有两个主要特征,第一是全球化的视野下制定的,因此,渗透了对全球发展的内在忧虑和关注。第二,这些原则主要体现了发达国家近代价值观中最主要的精神,但是,是假设这些精神具有普世性。为了达成这个目标,这些原则不仅设立得非常笼统,而且基本上都是在道德底线的水平上,这与古典时代对个人品德要求的美德不同。从这点上看,德目表不仅使约束的对象从个人转向了组织,而且也从美德转向了义务或者责任。

---

① 考克斯商务原则第一章中就提出来了:"法律和市场的力量是必要的但仍不能满足指导商业行为的需要……为此,我们肯定了在商业决策中的价值,如果没有道德,稳定的商业关系和对国际社会的支持将是不可能的。"(www.cauxroundtable.org)

第 21 章 仁(仁慈、仁爱)

1. 概念史

孔子在中国是第一个系统地讨论仁的思想家,在他的思想中,仁是一个核心概念。随后,孟子和荀子都讨论了仁,并且经过他们和董仲舒,建立了仁义礼智信的德目表,把仁置于先导和基础地位上,成为整个中国伦理思想史和哲学史上最重要的伦理准则和伦理概念。

在古希腊的伦理学著作中,仁的讨论非常罕见。仁爱是一个来源基督教的概念。斯密在《道德情操论》中论述仁爱作为美德体系的根源时,曾经说过,仁慈起源"似乎是奥古斯都[①]时代及其以后的大部分哲学家的体系"。[②] 叔本华更明确地说过:"仁爱在东方是一种根本的道德基础,但在希腊的思想中,几乎没有仁爱的说法,仁爱是基督教带给西方的思想。"[③]这个看法在西方是共识,麦金太尔指出:"从仁爱的起源上看,在欧洲,这个概念来源于《圣经》,而不是希腊社会的品德。"[④]近代以来,几乎所有重要的伦理学家和哲学家在讨论伦理学问题时,都会对仁慈做出评论,并且往往提到非常高的地

[①] 即奥古斯丁。
[②] 亚当·斯密:《道德情操论》,蒋自强等译,北京:商务印书馆2002年版,第395页。
[③] 叔本华:《叔本华论道德与自由》,韦其昌译,上海:上海人民出版社2006年版,第166页。
[④] 麦金太尔:《追寻美德》,宋继杰译,南京:译林出版社2003年版,第195页。

位上来推崇,作为人类的基本美德加以赞扬和推广。① 20 世纪以后,对仁爱的研究衰落了,这是一个有意思的现象。

1.1 仁爱的含义

1.2 仁爱的性质

仁爱和公正(正义)②往往被伦理学家看作最基本的伦理准则。但是,这两个准则都是与人类社会的不平等相关。仁慈可以说是建立在不平等的基础上的品德。这一事实居然很少被人指出,是一个很奇怪的事情。按照亚里士多德的看法,公正(正义)的实现是与规则联系在一起的。公正(正义)就是要调节人与人之间的关系,把这种关系放在一个公平的基础上,从这一点看,公正(正义)是实现公平的工具,没有公正(正义),公平就无法实现。因此,罗尔斯把自己的理论称为"通过公平的正义"。但是,其实按照公正(正义)与规则的关系看,规则的制定是公正(正义)的前提,因此,公正(正义)与规则的联系,对于现存秩序的维系是重要的,因此,也就有学者强调对规则的尊重,如诺齐克就是强调权利对于公正(正义)的优先性。可见在公正(正义)问题上也是存在争议的。

仁慈的基础是不平等,其特征就是出于等级阶梯的上层人士,他们的乐善好施行为,这种行为或态度才能称为仁爱或者仁慈。不平等的性质以及造成不平等的原因不是仁慈美德关注的。母子、父子之间是亲情关系,但是,这种关系中也存在上下强弱之分,父母给予子女的,长辈对后辈的和善可以称为仁爱,长兄对兄弟的关心爱护也可以称为仁爱,但是双胞胎兄弟之间的友爱不用仁慈来表示,即使是大家庭中,也只有家长对其他成员的关爱能够以仁慈或者仁爱来描述。但是反过来的关系不能称为仁爱。

推衍到社会中,不平等也是仁爱或者仁慈品德存在的基础。造成社会的不平等的原因复杂,可能是财富差距造成的心理的不平等,也可能是组织中上下级关系造成的权

---

① 除了中文古典文献中汗牛充栋的经典解释之外,在西方,休谟在《道德原则研究》中有专门的章节讨论仁爱(第二章和附录二)。亚当·斯密《道德情操论》中,对仁慈也做了专题研究(第二卷第二篇),西季威克在《伦理学方法》中,在对直觉主义的研究的第三篇中,第四章是专题研究仁爱的章节。在大陆思想界,叔本华在其向丹麦皇家科学院提供的有奖征文《论道德的基础》中,对仁爱做了专题研究。包尔生的《伦理学体系》第三编第八章中讨论了同情和仁慈。舍勒《价值的颠覆》以现象学的方法,研究了仁爱从基督教思想向现代伦理准则转化的过程。而罗斯的《正当与善》也在显见义务中对仁慈做了研究。

② 正义(justice)有两个流传甚广的汉译:公正和正义,本书中对这两个汉语概念做了辨析,并且做了功能上的区分,参见正义和公正两章的题注。但是,在本章中,公正和正义在大部分情况下是可以看作同义语的,因此,本章采取了并列的方式使用这两个概念。

力的不平等,更有可能是政治地位造成的不平等。但是,只有强势一方或者上级对弱势一方或者下级才能称仁慈。① 同僚之间没有仁慈关系,也无法以相应的品德来描述这种平等关系。即使是日常生活中对灾民或者处于贫困中的人民的捐赠,也是展示一种强势方对弱势方的仁爱关系。

仁爱的这个社会关系特征,可以从这一美德在不同社会结构中的作用差异中观察到,社会越是不平等,仁慈的作用越是明显,而平等社会中,仁慈的作用就大为降低。相反,公正(正义)的要求则是在任何社会都被强调,只是强调的内容不同就是了。

仁爱是建立在不平等基础上的一种伦理准则或品德,这一点是需要加以论证的。因此,在讨论仁爱是什么之前,先确认仁爱不是什么。

仁爱不是报答(报恩),报答是对以往别人恩德的回报。报答一般有明确的对象,也有明确的原因,并且最重要的,报答在社会上是作为一个人的必须履行的义务。而仁慈不是一个原因引起的,而且仁慈是作为美德,而不是以义务行为存在的。

仁爱也不是友爱友谊②,友爱和友谊是两个平等社会成员之间的良好关系。它恰好从另一个角度展示了仁慈背后隐藏的不平等关系,因为无论是长幼上下,甚至男女之间的关系中都可以存在仁慈③,但是,平等成员之间的关系不是仁慈所包含的。亚里士多德在《尼各马可伦理学》中,以两个单元的篇幅分析友爱,对这个品德做了充分的讨论。他把友爱分为几个不同类型,但是无论如何,归于友爱之下的内在关系都是平等关系,从友善和友爱的关系分析,恰好可以从反面看到仁慈的背后所包含的不平等特征。

说到仁慈和公正(正义)都是与不平等有关,它们之间的区别则是与伦理主体的假设相关。按照桑德尔的看法,仁慈更多属于一种共同体的品德,而公正(正义)则是一种以个人主义为基础的品德。这是它们之间的一个重要差别。④

---

① 文学作品中表现这种社会生活场景的片段比比皆是,可以随意举出。屠格涅夫小说《父与子》中描写的一个场景:沙皇部长为了维系一个省长的地位,差遣一位贵族马特维·伊里奇·科里亚津作为特派员去省里视事,省长为其专门举办舞会和晚宴招待,"几天以后省长帮第举办了舞会。马特维·伊里奇是真正的'中心人物'……马特维·伊里奇的随和态度与他高贵的身份不太相称。他对所有的人都表示爱抚,当然,对一些人说话是隐含一分厌恶,对另外一些人明增一分尊敬,而在名媛淑女面前他则像'en vrai chevailier francais'(法语:真正的法国骑士),他还发出爽朗、响亮而孤傲的笑,只有达官贵人方能三者兼备。"(《前夜·父与子》,译林出版社,第216—217页)可见所谓仁慈在这里是通过一种居高临下的傲慢和不平等来表达的,这是社会生活的现实。
② 西季威克甚至认为友谊不具有伦理含义,也不是伦理应该处理的问题。见《伦理学方法》,第275页。
③ 男女关系在不同时代有不同特征,只有在男权社会中,尤其是多妻制的婚内男女关系中,才存在仁慈的品德。参加下面的分析。
④ 桑德尔:《自由主义与正义的局限》,万俊人等译,南京:译林出版社2001年版,第76页。

1.3 仁和爱：从等级制的关爱到平等的关爱，仁慈向博爱的演变

仁爱是一个泛泛而谈的提法，仁与爱并不完全相同，虽然它们之间高度相关。舍勒认真分析了中世纪基督教的爱的观念，与希腊思想相反，在基督教那里，"爱非自下而上，恰恰相反，爱表现为：高贵者俯身倾顾贫穷者，美者俯身倾顾丑者，善人和圣人俯身倾顾恶人和庸人——而且与古人不同，并不害怕这样一来会有失身份，会变得不高贵，反而虔诚地确信会在这一'屈尊'行为之中，在这一降贵屈尊行为之中，在这一'有失身份'的行动中抵达最高境界，亦即与上帝相似。"[1] 显然，从西方思想史的角度，看到了古代的爱向中世纪的仁慈的转化过程。学者们认为，基督教带给中世纪的仁慈概念更多的基于理性的价值判断，是一种对个人修养的强调，爱不是一个需要或者追求。

近代以来出现了仁爱，其基础变为建立在共感之上的情感反映。[2] 这种变化的意义是多方面的，从基础上看，从理性的仁慈向感性的仁爱转变。从性质上看，从不平等关系向平等关系的转变。现代的博爱取代仁慈，成为一个更符合当代社会体制的观念。

当代人才更多的是建立在后果论的基础上，强调仁爱对共同体的建设所带来的好处。这一点显然与古典仁慈"正其谊不谋其利，明其道不计其功"的思想完全不同。后者更多是对理念和原则的强调。

2. 中国的伦理思想

在孔子之前，虽然也有仁的提法，但是还没有对仁的系统论述。郭沫若认为，仁是春秋时代的新名词，春秋之前的古籍和金文甲骨文中没有此字。[3] 其实，这个看法不是郭沫若创建的，至少乾嘉学派的学者就已经发现了这个现象，[4] 并且成为定见。仁是孔子思想的核心，也是孔子对中国思想的最大贡献。《论语》一书共 485 章，其中 58 章论仁，从篇目上看，《论语》二十篇，几乎篇篇都谈到仁，有夫子自述，有师生对话，有学生的体会，仁字在论语中出现了 105 次。[5] 孔门师徒，从不同角度，对仁做了多角度的研究

---

[1] 舍勒：《价值的颠覆》，罗悌伦等译，北京：生活·读书·新知三联书店 1997 年版，第 57—58 页。
[2] 同上书，第 94 页。
[3] 郭沫若：《十批判书·孔墨批判》，上海：新文艺出版社 1951 年版，第 90 页。
[4] 阮元曾说过："仁字不见于虞夏商书及诗·三颂、易卦爻辞之内"（揅经室集·孔子论仁论），这个看法有些小的瑕疵，因为仁字在《诗经》中两见，但是，没有道德含义。直到《左传》，仁字才有了伦理评价的含义。
[5] 阮元：《揅经室集·论语论仁论》，《皇清经解》卷一百二十八，页十二。

和描述,提供了思想史上最完整的对仁的分析。

孔子谈仁,说的主要是处理人际关系的具体方式。举凡言谈举止、为政做人,因人而异、因地制宜、因时而变的讲解,不厌其烦,不避琐碎。核心是处理人际关系。所以,郑玄注《中庸》"仁者爱人",曰:"人也,读如相人偶之人,以人意相存问之言。"在孔子那里,仁是处理人际关系的道德准则。从字上看,仁字,从人从二,所以郑玄以相偶解仁,指人之相处之道。本来是一套平实为人的道理。阮元认为以此解释仁,"类推五十八章之旨,有相合无相戾者。"①也就是在孔子谈仁的五十八个章节中,没有不是涉及人的关系的。他对于后来学者"务为高远"之论不以为然,认为"孔子之道,当于实者近者庸者论之",不必"烦称远引"地解释。

但是,对于仁的发挥,不待后学,在孟子那里就已经开始扩展了。孔子只谈仁的内容,而孟子则既谈内容,也谈根源,从内容和根源两个维度展开了对仁的分析。从内容上,孟子不同于孔子,是仁义并举。从春秋到战国,社会变动剧烈,原有的社会等级制度已经受到了摧毁性的动摇,孔子心目中人与民的区别和对立已经消弭,②仁的对象拓宽了。

孟子的更大贡献是对仁的根源的追溯。在孟子那里,仁与人的良知建立了联系。仁的基础是所谓良知良能,是人类之爱。发自人的内心和本性,扩展为仁。如果完全立足于生物学基础,这是一种经验性的解释。但是孟子又偏偏说:"万物皆备于我,反身而诚,乐莫大焉。"③这句话开启了后来很多思想的源头。认为道德源于人心,遂成为一个流行解释。于是,道德训练是挖掘人的内心本源的过程,也被称为开放心的过程。因此,把本来属于经验主义的良知、良能转化为一种包含万德之源的神秘的心理始基。这样儒家就有了道德家和哲学家的区别,道德家专门讨论以仁为核心的道德准则,哲学家则追寻道德根源。从这个意义上看,孔子可以被看成是一个道德家,而孟子则转化成了一个哲学家。

---

① 阮元:《揅经室集·论语论仁论》,《皇清经解》卷一百二十八,页十二。
② 在孔子言论中,仁的对象是人,不包括民,民与人的差别明显,前者指士大夫所谓有恒产者,后者则指底层百姓。这是赵纪彬先生《论语新解·释人民》中的见解,其中民字解释有根据(按照郭沫若先生的考证,在甲骨文中,没有民字,只有人字。而钟鼎文中出现了民字,从形象上说,是盲一目的俘虏。这个解释也符合许慎《说文解字》中对民的解释:民,众萌也。所以说民是下等劳动者,是符合字义的。上述引文见李启谦《孔子评价中的一个问题——人民辩》)。但是对于人的解释,似以泛指为准。这虽然部分推翻赵纪彬先生意见,但是说明民字和人字是存在区别的。可是到了孟子时代,虽然仅百年左右,人民二字的用法就已经完全趋同,没有差异了。(发表于《重庆文理学院学报》2009年第二期上的傅宴风的文章《论语人民辩说》,认为赵纪彬人民之辩全无道理,全部推翻,意见粗暴,不近情理之处近似赵纪彬,且没有任何创见,不可采信其文)
③ 《孟子·尽心上》。

此后在中国思想史上,对仁的解释一直在现实的内容和形而上的本源两个维度上展开讨论的。冯友兰说:"所谓仁有二义。一义是指一种道德……一义是指一种境界……此说之仁,可谓之大仁。"① 从内容上看,首先强调的是仁与爱之间的关系,儒家一般看法,仁爱一体,不能分离。这源自孔子"仁者爱人"的教诲,但是,孔子时代,仁义是有差等的;随着阶级界限的打破,社会的流动性增强,仁作为调节准则,可以有效避免社会心理失衡,保证精神和基本社会的结构稳定战略的实现。

至少到唐代,仁的博爱含义就占据了主导地位,韩愈解释仁,博爱之谓仁,是最早以博爱解仁的学者。

在中国,历来的主流学者强调仁在伦理体系中的基础地位,尤其是宋代学者,更提到了至尊地位,如朱熹说:"百行万善总于五常,五常又总于仁。"② 这种看法被反复强调,使仁成为古典时期中国伦理的最核心概念。其实,在孔子时代,仁作为伦理概念,虽然重要,但是并没有这种崇高地位。《论语》中子贡问仁,曰:"如有博施于民而能济众,何如?可谓仁乎?子曰:何事乎仁,必也圣乎,尧舜尤病诸。"看见在孔子看来,圣—仁—忠恕是一个价值的阶梯性概念,仁并非高不可攀,与圣相比,还是一个努力可达的境界。

经儒家提倡,仁不仅是一种道德规范,也成为一个人乃至一个民族一个时代的精神。宋代以后,仁和诚在学者的不断挖掘之下,最终提高到了哲学本体的地位,显然突破了孔子的思想范围。

这一传统被新儒学的提倡者所坚持。杜维明就认为,仁爱高于其他的德目,他说,仁义礼智信,都是以仁为基础。无仁之义是狭隘的江湖义气,无仁之礼是虚伪,无仁之智是小聪明,无仁之信是小信。

3. 西方的思想

西方的仁爱思想出现相对较晚,主要来源于基督教。按照尼采的看法基督教带给世界的爱是一种犹太人所代表的"道德上的奴隶起义",③ 这里的爱是植根于恨之上的,是怨恨结出了爱的灿烂之花。基督教对仁爱的解释不同于中国的古典思想。基督教价值中,爱首先是指向天国,而不是人间的。整个仁爱也是以天国为本源的。天国的爱与

---

① 冯友兰:《新理学·圣人》。
② 《朱子语类·卷六》。
③ 尼采:《论道德的谱系·善恶之彼岸》,谢地坤等译,桂林:漓江出版社2000年版,第18页。

人间的爱是相互融合的。所以这种爱缺乏世俗性。亚当·斯密分析这个导向时说过："根据这些作者们的看法,在神的天性中,仁慈或仁爱是行为的唯一准则,并且指导着所有其他品质的运用。神用她的智慧来发现达到她善良本性所提出的那些目的的手段,以便用她那无限力量来实现这些目的。"①在他看来,仁慈或者仁爱就是基督教带给世间的概念,这是神性的一种世俗表现。"人类内心的至善至美和各种美德,都存在于同神的美德某些相似或者部分相同之中,因而,都存在于影响神的一切行为的那种仁慈和仁爱的相同原则之中。"②舍勒对仁慈观念的起源分析也认为,这种慈爱是建基于"上帝国"这个超越的存在基础上的。而个人与上帝国价值合二为一所展示出来的爱带有普遍性的特征。他认为,基督教的爱表现为一种自由的自愿行为,在很多时候,是需要通过牺牲精神才能达成这种爱的。

从文艺复兴以来,现代伦理的一个重要特征就是原来立足于天国的虚无缥缈的道德重新被放回了人间,其中最重要的变化就是把道德与人间苦乐的切身感受建立了联系。道德的基础从天国回到了人间,立足于人的感觉:人们是通过感觉确定苦乐的,而道德就是看行为对人间苦乐的减增程度。无论是休谟、斯密还是边沁,一以贯之地在感觉和经验的基础上建立道德基础。

西季威克对仁爱做了一个现代版的描述:"仁爱的一般准则被普遍说成是'我们应当爱我们所有的同伴,或我们所有的生物伙伴'。"③这个描述虽然不是第一个现代版的仁爱定义,但是,确实反映了仁爱含义从中世纪天国之爱向人间之爱的转变。这里的仁爱已经摆脱了虚无缥缈的天国指向,变成了世间的人类甚至是生物之间的爱。但是,在这里,仁爱的表述依然非常含混,其中既包括了亲人之间的亲情,也包括了男女之间的情爱,还包括了朋友之间的友爱,对儿童的怜爱,对大众的泛爱,甚至是生物之间的复杂感情。西季威克也认为,仁爱,作为提高大众幸福的手段,在这一概括中无法区分出这些内容复杂的情感。

根据仁爱的对象,西季威克做了一个分类,这个分类以个人为中心,划分了几个范围。第一,以家庭和家族范围为核心的仁爱,这个圈子随着地域和利益关系等几个不同的维度向外扩展,一直到整个人类,甚至到生物圈;第二,祖国;第三,所有需要帮助的人士。他把上述关系分为四类:第一类是非自愿形成的仁爱关系,家庭和邻里关系都是非

---

① 亚当·斯密:《道德情操论》,蒋自强等译,北京:商务印书馆2002年版,第395页。
② 同上。
③ 西季威克:《伦理学方法》,廖申白译,北京:中国社会科学出版社1993年版,第257页。

自愿形成的,公民身份也被划为非自愿的关系;第二类是自愿缔结的关系,如友谊等;第三类是产生于以前特殊服务的感激、回报等义务;第四类是产生于特殊需要的义务,如怜悯等。①

这是一个对仁爱的分类分析,对于仁爱的认识是有参考价值的。但是,这个分析很不清晰,把各种不同的情感如友谊、友善、友爱和仁爱等混为一谈。例如,西季威克说:"优雅、礼貌、谦恭等都可以列入刚才限定的仁爱概念之下,因为它们要求人们在谈话和举止方面表现出普遍的善意并避免给别人造成任何痛苦。"②这里讨论的友爱和友善,置于仁爱之下显然非常勉强。

虽然存在这些不足,但是,分析休谟和西季威克的仁爱思想,与中国古典仁的思想对比时,可以看出,仁慈(仁爱)的思想在近代有了一个巨大的转型,其中爱有差等的思想被逐渐放弃,逐步形成的是一个建立在平等结构中的博爱思想。所以,虽然仁慈的概念依然保留着,但是这一个概念的内涵已经发生了根本性的转变。

4. 仁爱的基础探索

4.1 仁爱的心理基础

现代社会把古典的仁慈演变成了博爱。所谓博爱是对一切人的爱。哲学家们从不同的角度对仁慈基础进行了探索。一部分哲学家认为仁慈是建立在人类大家庭的共感基础上的。学者们以换位思考的方式进行探索,认为仁爱是同情或者移情的结果。作为一种世俗的情感,这种情感能够增进人类或者他人的幸福,因此是一种高尚的品质。

其实,孟子就是从恻隐之心的角度探索仁爱的心理根源的。近代以来,对这个问题从哲学和科学方面做了多角度的探索。例如,舍勒从仁爱的基础、对象、主体等方面区分了中世纪的基督的爱和"现代仁爱"。

基督的爱是爱上帝、爱自己、爱邻人三位一体的以神性为基础的爱。而现代的仁爱脱离了上帝国,是建立在一种"同感"心理基础上的情感。所谓同感"要么被解释为我们在类似诱因下所体验的情感状态的再现,要么被理解为被卷入他人的情感状态,即一种

---

① 西季威克:《伦理学方法》,廖申白译,北京:中国社会科学出版社1993年版,第266页。
② 同上书,第272页。

情感幻觉(潘恩)……要么被理解为一种对再现自身情感体验的'移情'"。[1] 总之,现代仁爱被理解为一种情感,"而且是状态情感",这种情感建立在对苦乐的感知上面,通过心理感染的方式传输出去。这种世俗之爱与基督之爱的区别就在于价值判断上,现代仁爱是从增进社会福利的角度加以评价的,"只有当爱具有这种或那种可能的功效价值之时,爱才会被赋予一种积极的价值。"[2]

大部分学者追寻仁慈的基础时,都直接归因于同情,如英国的斯密和法国的卢梭,都是这样,卢梭说过:"关于仁爱和友谊,正确的理解就是指向某一个客体的持续不断的同情的产物;因为希望一个人不要忍受痛苦,不就是希望他幸福吗?同情不过是一种情感,它使我们与处于受苦地位的人们在情感上产生一种共鸣……"[3]

但是也有哲学家不同意这种看法,例如包尔生就认为,应该把仁慈和同情区分开来,这是两种不同等级的情感,"在仁慈这里,同情与善行和慈善相比而变得黯然失色。"[4]在他看来,同情虽然是仁慈的基础,但是仁慈是更高等级的伦理准则和道德情感,因为,仁慈的人是没有私心地关注他人,"不仅如此,对于同情心的某种程度的抵制力量恰恰是仁慈德性的一部分,就像对于自发的疼痛的抵制力量是勇敢德性的一部分,对于欲望意识的抵制力量是节制德性的一部分一样。"[5]例如,医生对病人疾病的冷酷无情是仁慈的一个构成部分,他的同情不会帮助他,反而会模糊他的判断力。"众所周知,医生们不愿意给他们的近亲们治疗,因为他们的同情心会妨碍他们施展其技能。"在这个分析中,可以知道,包尔生对仁慈的认识不是建立在同情的基础上的,而是建立在理性的基础上的。他说:"同情是积极的社会德性的自然基础,但它不是德性本身,也不是一个人的道德价值的绝对标准。"[6]只有在理性中才能找到慈善的德性。

4.2 仁爱的社会基础及其演变

仁爱的社会基础是不平等的存在,是建立在社会或者组织的等级结构基础上的一种道德准则或者道德情感。只要是不平等存在,仁爱的基础就存在。这一认

---

[1] 舍勒:《价值的颠覆》,罗悌伦等译,北京:生活·读书·新知三联书店1997年版,第95页。
[2] 同上书,第96页。
[3] 卢梭:《论人类不平等的起源和基础》,陈伟功、吴金生译,北京:北京出版社2011年版,第48页。
[4] 包尔生:《伦理学体系》,何怀宏、廖申白译,北京:中国社会科学出版社1988年版,第514页。
[5] 同上。
[6] 同上。

识似乎与仁爱的普世性和高尚特征不相吻合,但是,这个事实揭示了仁爱的社会特征。

不用做繁复的考察,只要就身边的婚姻关系考察,就可以看出仁爱的这个特征。婚姻内的夫妻关系在不同的时代具有不同的性质。现代社会中一夫一妻制家庭是建立在双方自愿的基础之上的,尤其是男女经济平等的家庭,婚内关系中有性爱,有情爱,唯独没有仁爱。如果把家庭关系推回到男性主导的传统家庭,尤其是多妻制家庭中,从强势的丈夫指向处于弱势地位的妻子的情感,更多是以仁慈(仁爱)取代了爱情。或者即使爱情存在也是附属于仁慈的。从这种不同家庭内部情感关系的变化中,可以清晰地看到仁爱作为一种道德准则和情感,是建立在不平等基础上的。也可以窥探到现代社会,随着社会平等的发展,仁爱作为一种社会道德情感逐步衰落的原因。

5. 作为义务的仁慈和作为美德的仁慈

一般认为,仁慈不仅是美德,而且是最高的美德。休谟说过:"或许可以这样认为,证明仁爱或较温柔的感情是有价值的、它们不论出现在哪里都博得人类的赞许和善意,是一件多余的事情。这样一些话语,如'友善的'、'性情善良的'、'人道的'、'仁慈的'、'感激的'、'友爱的'、'慷慨的'、'慈善的',或者与它们意义相同的那些词,在所有语言中都是众所周知的,普遍地表达着人类本性所能达到的最高价值。"[①]西季威克更是明确地说:"仁爱是一种至尊的结构性的德性,它蕴含着并概括着其他的一切德性。最适合调节它们,以及确定它们,以及确定它们的恰当界限与相互关系。"[②]

这样说来,仁慈作为最高的道德,蕴含其他德性,也是一切德性的基础,是一个完整的美德,无法区分出义务和美德两个层次了。但是,恰是西季威克认为,即使是这样的一个至高的品德,也存在着必须履行的义务和作为美德的品德两个层次。例如,一个父母对子女的慈爱是一个义务,一个慈爱的父母不应该是表彰的对象,即使一个慈爱的父母对需要救助的其他孩子伸出援助之手,也是一个自然的行为。但是同样的父母对其他需要援助的人伸出手,则是一种属于美德的慈善行为。

---

① 休谟:《道德原则研究》,曾小平译,北京:商务印书馆2001年版,第28页。
② 西季威克:《伦理学方法》,廖申白译,北京:中国社会科学出版社1993年版,第257页。

6. 仁爱的对立情感——亚里士多德的中位分析

中位分析是亚里士多德的伦理分析方法,对每一个伦理准则或者伦理情感,都在其两极处找到对应的对立准则,以便确定所分析的准则的确切性质和确切位置。

仁爱,在汉语中是仁和爱的叠加,与仁慈几乎是可以通用的。在亚里士多德的德目表中,没有仁爱或者仁慈,只有近似的友爱,排在两端的是恨与奉承和谄媚。但是,友爱显然不是仁爱,其实仁爱不是一个单纯的美德或者准则,而是几种美德的复合体。休谟《道德原则研究》中列举的描述近似准则的词语可以看出仁爱的这种复合体特征。从休谟的列举中稍加归类,就可以发现仁爱的内容,至少包括温和、大度、友爱等基本品德。如果以这三种品德为仁爱的核心内容,则与仁爱(仁慈)对立的两极为仇恨与谄媚。在仁爱向这两极过渡时,可以展开一系列中间品德或准则,这些准则和品德共同构成了仁爱的谱系。

温和是一种待人接物的态度,相似的概念有友善、慈祥,位于两端的是麻木和愠怒。

大度是处理利益关系的态度,涉及利益关系时,对自己的利益不计较被称为大度。大度的两端是谦卑和虚荣。作为个人品德,这两端均不构成恶,因为这两种品德对别人都不造成伤害。因此,从大度的这一单纯品德的内在谱系观察,几乎都落在了正向品德的范围内。

友善的品德,按照亚里士多德的理解,是一种适中的品德,其两端对应的是恨和奉承谄媚。如果一个人不是出于私心,对该赞成的赞成,该反对的反对,就是友善。不过,令人诧异的是,亚里士多德认为友善不包括对朋友的情感,对朋友的情感是友爱的范围。如果过度使用夸奖,就是失去了友善的本意,走向了反面。亚里士多德区分奉承和谄媚,奉承是没有具体目的的过度夸赞,谄媚是有具体目的的过度夸赞。

把温和、大度和友善三者合为一体作为仁爱,则仁爱的谱系就表现出多样化的复杂特征。仁爱本身既与仇恨相对,[①]也与谦卑和愠怒相对。有意思的是,如果把这些品质

---

① 舍勒在其著作《道德建构中的怨恨》中,对怨恨和仁爱在当代社会中的伴生和相互转化做了透彻的说明。见舍勒:《价值的颠覆》,罗悌伦等译,北京:生活·读书·新知三联书店1997年版,第91—117页。

排列起来,就可以看到一系列连环品质的形态。温和的过度形态是愠怒,愠怒是与仇恨而不是与奉承相邻。而仇恨恰是友善不足造成的,谦卑是大度不足造成的,但是与谄媚和奉承往往是互为表里的。这样,在中位分析时,可以看到,仁爱构成了一个复杂的伦理结构。

7. 仁爱作为伦理准则的地位变化

中古时代,社会是建立在人身依附为特征的等级制基础上的。人与人之间的界限分明、等级清晰。在这种社会结构中,仁慈就成为了一个上层对下层、强者对弱者的重要的调节力量。也成为这个历史阶段最重要的社会美德。所谓"仁者爱人","己欲立而立人,己欲达而达人"。这些仁的描述和表达,背后展开的是人与人之间的等级关系。

近代资本主义确立的市场经济,冲破了原有的社会等级关系,把人身依附的关系转化为一种通过市场的交换关系。这种市场关系至少在交易阶段是平等的,平等是市场的最重要的特征。这样,中世纪的等级关系似乎被资本主义消灭了,这种市场的平等和竞争,导致了仁爱品德在现代社会中的大幅度衰退,社会作用的减少:在市场交易中,买卖双方是平等的,因此没有了仁爱的存在空间。而企业内部,雇主与雇员之间是一种契约关系,也是以守法和公平为基础处理双方关系的。人们似乎也能观察到雇主对雇员的所谓仁爱,但是,这种现象出现,人们立刻意识到的一个现实是:企业内雇主和雇员之间的不平等。而企业内部平等成员间的关系中,如企业的股东之间的关系,就不是依靠仁爱而主要是依靠公正(正义)来调节的。

在现代社会中,也常常把政府对百姓的关心和爱护以仁爱来描述。但是,这只能被看作是中世纪等级社会造成的意识的孑遗。随着人们的平等意识的加强,民本思想的普及,政府与百姓之间的关系渐趋平等,尤其是选举制度导致了选民与被选官员之间的微妙关系,这时候人们发现,仁爱作为一种政治品德,也失去了它的作用,职业精神和公民意识主要是依靠公正(正义)来支持的。公正(正义)取代仁爱成为了企业和社会的第一品德。

8. 企业伦理中的仁慈[①]

① 仁慈与正义的关系是一个现代伦理中被反复讨论的问题,首先,大家都认为在现代社会中,仁慈的作用减弱乃至丧失了。对于发生这种转变的制度和历史条件,至少在企业层面上,还没有细致的研究。桑德尔对正义与仁慈关系的思考虽然不一定是最深入的,但是最晚近的思考,至少把一些现代的社会要素加入到思考中,因此可以作为我们进一步对企业伦理讨论的参照。桑德尔的研究在以下几个方面对我们理解企业伦理中的仁慈和正义有启示:第一,仁慈与正义的存在条件;第二,仁慈与正义的转换条件;第三,仁慈与正义转换的社会学和伦理学意义。

桑德尔认为,虽然正义往往被认为是社会的第一美德,但是,这种看法实际上是缺乏社会学支持的。其实,古典思想家如亚当·斯密,早就发现了两种美德之间的替代关系:在一个充溢仁慈的社会或者团体中,并不需要正义的美德,(这就是中国古代思想家所谓的"大道弃,仁义出")正义处理的是多元主体之间的利益冲突。但是,处理不同主体的利益冲突有正义,仁慈也可以作为处理原则。

桑德尔重构了休谟的思考结构:仁慈的基础是一种爱,这种爱所赖以存在的最主要的人类社会结构是家庭。桑德尔认为:"当我们可以把家庭制度作为这方面的一个典型案例时,我们就很容易地想象社会制度的一系列间接案例,一系列在不同程度上具有正义之环境的人类联合体。包括各个领域的许多方面,如部落、邻居、城市、乡镇、大学、商贸联合会、民族解放力量和业已建立的民族含义,还有许许多多的种族、宗教、文化和语言共同体,这些共同体具有或多或少的清晰界定的共同认同与共同追求,其表现出来的属性明确地显示正义之环境条件的相对缺乏,尽管在上述情形中可能均存在正义之环境条件,但是这些环境条件似未占统治地位,至少很难说,正义基本上比其他任何美德更受人重视。"(桑德尔:《自由主义与正义的局限》,第39页)按照桑德尔的这个分析,至少不能无条件地把正义作为第一美德,因此,罗尔斯做出这个判断是不谨慎的。从社会学的角度看,正义被桑德尔正确地看作是一种补救性的美德,呼唤正义也就等于承认仁爱环境条件的缺乏。

其实,从上面桑德尔的分析可以看出,仁慈和正义作为美德是需要实现条件的,如果把人类社会的不同结构加以划分的话,基于爱的结构用仁慈可以解决,基于冷漠关系的结构需要正义来解决,最后,基于对立关系又没有原则的社会就会陷入"一切人反对一切人的"无序状态。从美德的原初性来看,只有仁慈能够作为原初美德来看待,因此在家庭中,父母对子女之爱是天然的,但是正义的实现是人为的,不是天然的关系。

这个思想是休谟思想的延续,休谟在《道德原则研究》一书中,对仁慈与正义的关系所做的探索中,就是以家庭作为一个中心的范例展开的。在他看来,如果每一个人都能把他人作为自我的一个部分,没有猜忌和隔阂地处理利益关系,当然就无须正义了。只是这种事情很少。以致人们往往忽略事务的存在,"但是我们仍然可以观察到,家庭的情形正在向之接近,其中单个人之间的相互的仁爱愈强,它就愈接近,直到单个人之间所有权的所有区别在很大程度上消失或者混淆不分为止。"(《道德原则研究》,第47页)桑德尔重拾这个话题,对家庭关系所反映出来的仁慈和正义关系做了进一步分析:"在家庭中,大部分关系是靠自发的情感来维系的,因此呈现于其中的正义环境相对处于较低程度,家庭成员很少吁求个人权利和公平决策的程序,这不是因为家庭存在过分的不正义,而是因为一种宽厚的精神成了家庭的优先诉求。在这种宽厚的精神中,我们很少要求自己公平的份额。"但是如果有一天,这种氛围被破坏了,"利益渐趋分化,正义之环境渐趋深刻,从前的感情与自发性让位于要求公平和崇尚权利。"(桑德尔:《自由主义与正义的局限》,第41页)显然,这里面提出了一个有意思的变迁模式,这个以家庭为样本的模型有效地说明了仁慈与正义之间转变的条件和前提。

其实,中国企业从计划经济到市场经济的转变过程中,也看到了类似家庭变化导致仁慈与正义的替代关系的现象,而且这个现象是历史现实,不是思想的杜撰。在计划经济时代,企业作为计划经济体系的一个附属,并没有创造利润的任务和动机,社会主义意识形态所主张的职工主人翁地位,导致了企业内部的家庭化趋势,因此,在管理中一系列方式都带有仁慈的倾向。但是随着市场经济制度的建立和企业的转型,企业逐步转变为有独立所有者和独立利益诉求的经济实体,企业管理方式也转变为实现经济目标,这样,不同利益集团相互博弈的局面形成,为了保持企业组织的运转,原来的仁慈伦理丧失了作用,而正义的要求成为了最重要的伦理准则。

现代企业制度一方面以自己的工具理性和契约平等排斥仁慈,一方面又以内部和外部的实质上的不平等为仁慈的存在保留了相应的空间。

8.1 企业主与员工之间的不平等和仁慈

从法理的形式上看,企业成员之间的关系是建立在契约基础上的,不仅是平等的,而且是自愿的。劳动力买卖的双方似乎是自愿的,一方不愿意,就可以导致合同的失效。这种平等的谈判与缔约关系为法律所肯定和保护。由于这种平等的法律关系,平等的意识也因此被广泛传播,植入人心。因此,在企业内部,基本上不存在仁爱的作用空间。实际上,观察到的现象也确实证明,企业内部,仁爱的作用范围很小,而且越来越小。

但是,现代资本主义企业内部没有消灭等级制,只是以形式上的平等掩盖了实质上的不平等。在现实的经济运行上,雇员在市场劳动力供给过剩的情况下,不仅在合同签订时没有太多的选择空间,因此失去了自由。而且在进入企业后,立刻就进入到现代社会所特有的以等级制为特征的科层制组织,成为永远的下级。资本家和工人的关系从市场上的交换实现开始就转为为企业内部的关系,这种关系是一种等级制关系,"原来的货币所有者成了资本家,昂首前行;劳动力所有者变成了他的工人,尾随于后。一个笑容满面,雄心勃勃;一个战战兢兢,畏缩不前,就像在市场上出卖了自己的皮一样,只有一个前途——让人家揉。"[①]

企业内部的等级关系是在两个层面上存在。第一是雇主与雇员的实质上的强弱关

(接上页)
一般人认为,正义对仁慈的取代是一种社会进步。这是从社会史的角度重新评价不同美德的性质。19世纪以来,人们牢固地树立了进步的历史观。一般人很容易从不同历史现象和历史观念的先后顺序更迭的角度排列等级,后出现的是先进的,早期的是落后的。人们观察到现代正义对古代仁慈的取代,因此,认为正义是比仁慈更为基本和更为先进的伦理准则。但是,桑德尔根据休谟思想重构的历史过程挑战了这一观念:"我们不能预先说在任何一种特殊情况下,正义的增进与整体道德进步是相联系的。"(桑德尔:《自由主义与正义的局限》,第40页)正义只有在取代不正义时是进步的,但是,正义对于仁慈的取代取决于条件的演变,这应该被看成是社会结构的变化,不意味着进步。桑德尔做了一个简单的小结:"至少在两个方面,正义的增长并不意味着一种整体的道德进步,或者不能充分满足正义之环境增长,或者完全不能补偿丧失某种更为高贵的美德和更为舒心的喜悦的代价。"(桑德尔:《自由主义与正义的局限》,第42页)从这一点向前推论,如果一个组织能够建立起仁慈的环境,则正义作用就丧失了。

但是从前面的分析可以看出,仁慈环境不可能是建立在平等的基础上的,必然是一个等级制结构。如果等级制结构没有自然情感的联系,则其成员对于不平等的认知程度将提高。无助于机构的运转。这将最终导向正义需求的出现。

① 马克思:《资本论》,郭大力、王亚南译,北京:人民出版社1963年版,第200页。

系,资本居主导地位的内部雇佣关系中,劳动者永远是处于弱势地位上的。第二是沿着科层制阶梯形成的上下级关系。任何企业,无论采取何种形式,都是现代科层制的具体形态,没有任何没有等级的企业。

因此,现代资本主义企业组织的内部关系中,表现为法理上的平等和实质上的不平等双重特征。法理上的平等以企业成员之间的利益关系为基础,展现为一种以现有法律为基础的利益博弈,这个博弈似乎是平等展开的。因此,这里不需要任何关怀和慈悲,相反,需要的是在法理基础上的斤斤计较。这显然展现为一种正义原则贯彻的环境。但是,企业内部的不平等是实质性的存在,这种不平等的原因主要是两个,第一是所有权造成的不平等,第二是科层制组织造成的上下级关系。这两点表现为实质上和组织上的等级制。而等级制是仁慈存在的条件之一。①

既然这种等级制度存在,仁慈作为一个道德理念和道德情感,就存在它的社会作用和社会机制。好的企业在对员工的福利待遇和社会保障方面至少应该达到法律要求的最基本的条件,更应该达到社会和员工的远景期望。不过,最重要的是改变这种实质上的不平等现象。

8.2 捐赠——企业仁慈的表现形式

捐赠的形式是多样的,从主体上看,有以企业主名义的捐赠,有企业员工的捐赠,也有以企业名义的捐赠。从捐赠的对象来看,有对公共事业如教育、医疗、文化事业等的捐赠,也有对具体事件受害者的捐赠,也有对企业内部员工的捐赠。这些捐赠的形式多样,起源传统各异,目的不同,效果差别很大。

具体说,国有企业中有对员工生老病死及困难职工的帮助机制,传统上都是由工会出面组织的。这种做法被认为是建立在集体主义的范畴之下的做法,包含了社会主义伦理的含义。

在民营企业中也有以老板为名义的体恤员工的具体措施。但是很显然,这种做法不具有社会主义的含义,毋宁说是家族制度的一个孑遗。从实施方式的规范角度看,前者有制度的约束,后者则带有很大的随意性。

---

① 当然,等级制不是仁慈存在的唯一条件,如果列举这些条件,至少存在着一个情感结构,通常在血缘组织中,这种情感结构是自然造成的,但是,一些社会条件也可以人为地构造出一些特殊的情感结构,例如,共同的受难经历、共同的信仰和共同的地域空间等都可以造成特殊的情感结构,作为仁慈存在的基础。也恰好是因为现代企业中缺乏这种共同的情感结构,所以造成了仁慈作用的减弱乃至消除。

至于对社会的捐赠,含义更为复杂。从传统上看,自古以来,中国就有乡民致富之后,要修桥铺路、建学校捐寺庙的传统,这些都是造福乡里、回报社会的一种精神体现。在中国乡土社会中已经形成了根深蒂固的传统。这种传统可以看成是古典仁慈的一种具体体现。现代企业的捐赠虽然可以看作是这种传统的一种延续,但是,现代企业的慈善捐赠是在新的制度背景之下、在新的精神传统中展开的做法,表现出更为复杂的内涵。在当代社会中,企业作为经济组织,其捐赠仅仅是在形式上保留了古典捐赠的施舍行为的外表,社会含义已经发生了根本变化,仅仅在很弱的意义上保留了仁爱的意义。

在现代社会制度和税收体系下,捐赠可以被看成是一种社会财富再分配的形式,是诸多财富再分配的形式之一。可以看成是社会通过税收进行财富再分配的一种补充形式。其特点是从税收的再分配对象的无名氏转向捐赠对象的具体性,虽然往往不知道具体捐赠对象,但是至少是知道捐赠的具体受益范围。

其次,在现代社会,捐赠也是一种资产的运作方式,一些人设立慈善基金,通过资本运作的方式,既起到了财富增值的目的,也达到了帮助特定人群的目的。从方式上看,这种做法与一般的资本运作并无不同,只是加入了慈善的要素。

毫无疑问,捐赠作为社会上富有阶级慈爱的表现,在这种社会行为中依然占有中心的意义。但是从动机上来看,这一点依然具有复杂性,无论是爱心的体现还是原罪的洗赎,同一行为所包含的不仅有复杂的社会含义,也有复杂的心理意义。需要认真地加以讨论。从目前接触的资料看,捐赠包括了如下一些心理特征:爱心的表达,对以往罪愆的赎洗,自我价值的实现,对公众期望的迎合,对舆论压力的屈从,等等。这些远不是一个慈爱或者慈善能够解释的。

因此,一个捐赠行为,虽然保留了古代时代的形式,但是在这个形式之下,社会含义已经多元化了,相比古典时代,仁爱已经退居到了次要的位置上了。

附录

仁慈的相关概念

仁作为中国古典时代最重要的概念,毫无疑问一直处于至高无上的地位,并且在思想史上还曾取得了超越的形而上的地位。与其相媲美的只有"诚"曾接近这种地位。不过,在世俗的眼光中,仁还是一个受到多角度不同解读的美德。其中最重要的是博爱和佛教的慈悲。

仁慈在近代西方曾一度突破传统的基督教束缚，成为一个核心美德，取得了与正义相等的地位。至少在古典学者那里，仁慈与正义是相对而出，居于美德的顶端。与此相关，一系列相近的概念也发展了起来。其中对现代社会产生最广泛影响的就是博爱的概念。

博爱①

博爱是法国大革命向人类输送的最后一个口号式的理念。在自由、平等、博爱三个理念中也是被接受程度最低的。在大革命时代，这一口号没有取得与自由、平等、相等的地位，其形式也不同于现代。当时的口号是敬礼与博爱（salut et fraternité）。在大革命时期流行的口号很多，但是，其中稳定的组合只有自由和平等（liberté et egalité）。在1789年的《人权宣言》和1791年的宪法草案中，博爱均未进入。实际上，博爱成为三位一体中不可分割的部分是在半个世纪以后的1848年11月4日第三共和国宪法中才实现的。

从起源上看，博爱的拉丁词根"fraté"是兄弟的意思，因此，雅克·阿塔利（Jacques Attali）在其《博爱》（Fraternité）一书中解释为："我们试图把博爱定义为一种社会秩序，在其中每一个人都像爱自己亲兄弟一样爱其他人。博爱是一种文明的目标，而不是一种自然状态。"②

在大革命贡献的这三个口号中，自由、平等被看作是一种天赋人权，也就是所谓的自然权利。而博爱更多地被看作道德理念。从道德上看，博爱与平等、自由相比，后者是强的道德观念，而前者则只是一个弱的观念。

从思想史上看，博爱的起源有几个。其中一个被认为是来自基督教，③因为在基督教中，教徒之间的关系被看作兄弟关系。这是耶稣·基督最主要的诫命之一，如马太福音中，耶稣说过："你要尽心、尽性、尽意，爱主你的神，这是诫命中的第一，且是最大的。其次也相仿，就是要爱人如己。这两条诫命是律法和先知一切道理的总纲。"④这个思想在《圣经》中多次出现，成为一个主要的思想，这虽然可以看作仁慈概念的来源，但是不同于中国古代的仁慈概念建立在家族基础上，这里的爱是建立在上帝面前人人平等

---

① 陈启伟在《博览群书》2009年第十二期中的文章追溯了博爱概念进入中国的历程，可以参考。见第98—100页。
② ATTALI, Jacques, Fraternités, Une nouvelle utopie, Paris. Fayard, 1999.
③ 勒鲁在《论平等》中说过："从前的人在他们的革命中只知道叫喊自由，从基督教才开始宣扬博爱……"（第16页）
④ 马太福音 22:37—40。

的基础上的。因此,这也是博爱的最早的表述之一。

在大革命时代,博爱具有反抗的性质,被称为反叛的博爱(Fraternité de rébellion)。

因此,从上述的解释中可以看出,在不同的体系中,这几个理念构筑了不同的关系。在宗教中,博爱先于自由和平等,而大革命的理念则认为博爱出于自由平等,是自由平等的目标。从根源上看,自由平等是建立在自由主义的个人主义基础上的。而博爱显然更多是建立在共同体的集体基础之上的一个社会理想。从这点上看,自由平等与博爱的基础和社会内容不仅不同,甚至还互相矛盾。可以说,博爱理想是社会主义思想源头之一,实际上,马克思恩格斯在《共产党宣言》中所喊出的:"全世界无产者,联合起来"的口号,就是博爱思想的一个延伸。从本源上讲,社会主义的集体主义就是博爱理念的一个政治与道德的具体化。因此,自由平等和博爱虽然同为法国的国家格言,但是两组概念的根源不同,存在内在矛盾,这也是目前自由平等口号被广泛接受,而博爱的口号影响不彰的原因之一。

罗伯斯庇尔在1793年4月26日对新宪法的讨论中,对博爱做了解释:"一切国家和人都是兄弟,各民族应当像同一国家的所有公民一样,尽其所能,彼此互助。"这实际上是人类平等之爱的含义。在这里,博爱更多被看作一种使命和义务。但是,在多样化的世界中,这个阐释只能被看作一个理想。罗伯斯庇尔的思想最终在1793年的《宪法》中的《法国与外国关系》中做了表达。而这种政治理念的基础是人类之爱的道德理念。

马克思明确说过,这是把私人关系的道德准则上升为各民族关系的至高无上的准则。不过与罗伯斯庇尔的解释不同,马克思是在与资产阶级对抗的各国工人内部提倡博爱的原则的,这既反映了马克思阶级斗争的观念,也接受了博爱的思想,但是这种博爱的思想转化为了一种集体主义的团结。

博爱这种弱的观念的性质,在20世纪的历史命运中表现得更为明显。罗尔斯在《正义论》中,对这一点做了新的阐释。他对博爱的阐释是放在差别原则下进行的。罗尔斯认为,"与自由、平等相比较,博爱观念在民主社会中地位较为次要。它被看作较不专门的一个政治概念,本身并不定义任何民主的权利,而只是表达某种心灵态度和行为类型,没有他们,我们就看不到这些权利所表现的价值。"[①]从差别原则角度看,如果不增大最弱成员的利益,就不应该采取一个行动,这种观念渗透了博爱的理念。但是罗尔

[①] 罗尔斯:《正义论》,何怀宏等译,北京:中国社会科学出版社1988年版,第105页。

斯承认,这个往往被看成是一个不现实的联系纽带,"这肯定是它在民主社会中被相对忽视的另一个理由。"[①]不过罗尔斯认为,正是通过他所设定的差别原则,博爱的观念从政治上的一个理想化的观念转化为一个现实的观念。博爱与差别原则之间提供了相互支持。

作为与仁爱相邻的观念,博爱与仁爱之间的区别也是明显的。仁爱是爱有差等,而博爱是爱无差等。不过,作为核心的爱,是仁爱与博爱的共同基础,从这点上看,这两者之间还是高度相关的。

从思想史上看,可以把博爱的提出看成是对仁爱的一种否定。但是,从思想体系上看,也可以把博爱看成是仁爱谱系中的一个类型。这就是西季威克对仁爱的分析中由近及远的那个过程,也就是从家庭到家族,从亲人、熟人到陌生人,爱在不同范围内传播,成为一个系列。虽然理想状态上,爱无差等,但是,无论从人的情感还是从人的现实存在中,爱有差等是一个现实,一个人在灾难面前首先救助自己的亲人不被指责,而一个人先救他人,则是美德了。

在企业组织中,仁爱的基础被契约关系消解了,爱有差等的原则也受到了挑战,古人在举贤才时内举不避亲,外举不避仇,表达的是一种职业精神,这样差别之爱是两回事。但是,在现代企业中,更多的倡导的是这种职业精神,而不是爱本身。

虽然博爱是一种平等之爱,也是现代社会锻造的一个主要理想之一,但是,博爱在当代企业中几乎没有什么存在空间,只是在一些群体内存在。不过,严格地说,从博爱的本意上看,一种爱不能普及到所有人,就不是博爱,仅仅可以勉强称为友爱,因此,社会分层存在的情况下,博爱确实只是一个理想,其实现的路途遥遥。

虽然中国自古有强烈的仁爱观念,但是发源于儒家的仁爱作为等级之爱,与博爱的所谓兄弟之爱基础明显不同。虽然学者们认为,在孔子那里的仁者爱人还有等级差别,至少到孟子那里,就有了"仁者无不爱"的说法,这时候人民已经合为一体,所以仁也就有了博爱的含义。而到了董仲舒,更提出了"忠信而博爱"[②]的说法,唐代韩愈在《原道》一文中更有了"博爱之谓仁",把博爱与仁之间建立了关系。不过,儒家的仁爱从基础上是建立在家族内部的原则基础上的,总无法摆脱等级的内涵。

与博爱相近的中国古典概念中,道家老子的慈,以及墨子的兼爱,与孔子的仁相比,

[①] 罗尔斯:《正义论》,何怀宏等译,北京:中国社会科学出版社1988年版,第106页。
[②] 《春秋繁露·深察名号》。

更接近于博爱的含义。因为认识不平等之爱,而慈和兼爱是平等之爱,因此,以博爱解释仁,应该看作后学接受了老子、墨子的思想更为确切。

近代的博爱观念毫无疑问是通过翻译从法国引入的。陈启伟在他的文章中追溯了这个过程,最初翻译博爱(Fraternité)这个概念时,从拉丁文的词根出发,译为同胞,但是康有为和孙中山虽然政治观点对立,在这个词的翻译上均采用了博爱。从词义上看,博爱确实更符合法语的原意。

第 22 章　义(公正)[①]

1. 概述——公正与仁慈

希腊哲人柏拉图和亚里士多德就已经对公正这一美德做过充分讨论,形成了完整的看法。[②] 近代以降,对公正的讨论更成为显学,几乎每一个重要的哲学家和伦理学家都对公正的含义和价值提出自己的看法,形成了不同的意见。直到 20 世纪,罗尔斯发表《正义论》,更把公正的讨论纳入到政治哲学和社会科学讨论的中心位置。

相比之下,在中国哲学史上,原生态的公正观念的表达主要是采取"义"这个概念。公正在中国古代没有占据中心位置,因为义作为一个道德品德,长期是从属于仁这一品德的,换言之,仁的品德在中国思想史上,一直占据着中心的位置。从这个美德顺序来

[①] "Justice"的翻译在汉语中不统一,有两种基本的翻译方法,第一种是翻译成正义,第二种则是翻译成公正。前者是一个流行的翻译,罗尔斯《正义论》、休谟《道德原则研究》(曾小平译)等翻译者,都采取了正义的译法,而廖申白翻译的西季威克的《伦理学方法》和亚里士多德《尼各马可伦理学》中,对这个词都译成了公正。苗力田先生翻译亚里士多德的伦理学时,也采取了公正的译法。沈叔平在翻译康德《法的形而上学原理》一书时,曾说过:"正义(justice)一词,译为公正比较妥当。"(序言脚注)但是,他"按照通常习惯,仍译为正义"。当然,季布等人翻译德·乔治《经济伦理学》时,对这个概念的翻译,在第四章为公正,第六章则译为正义,这是翻译组织的混乱,但是也看出这个概念对应的汉语概念的多义性。

从汉语词源的角度看,正义源于《孟子·离娄上》:"义,人之正路也。"以义为正,所指更多是制度的公平,合于义;而公正的正以共为准,与正义的含义还是有差别的。公正的公与私相对,正义的义与不义相对。从使用的角度看,公正更多指的是行,正义则既可指行为也可以指制度,当代在罗尔斯的影响下,更多是对制度做评价。因此,在汉语的使用中,实际上可以认真区分公正和正义,形成一组具有特征的严谨的伦理学概念。

在本书中,我有意对正义和公正做了区分,在讨论传统的德性论时,因为主要涉及行为评价,采取了公正的说法,在讨论现代价值时,更多地扩展到制度层面,则采取了正义的说法。只是在两章的多处引文中,尊重原译者的翻译,保持了原译文的公正或者正义的译法。

[②] 关于正义的讨论,柏拉图在《理想国》中从社会层级的适应角度展开。而亚里士多德的三部伦理学著作《尼各马可伦理学》中的第五卷、《大伦理学》第一卷 33 条都做了专门的讨论,在《优台谟伦理学》中,则是散见各个不同的段落中,如讨论友爱时涉及公正。

看,西方思想与中国思想确实一直存在着巨大的差别,因为在古希腊的思想中,仁慈的思想几乎是一个空白,仁慈是基督教带给欧洲人的观念,直到近代,仁慈与公正的关系,才被西方人认真讨论。相比之下,中国人很早就牢固地树立了仁的概念,但是对于公正的观念却相对缺乏讨论,并且一直把义作为仁的附庸来看待。中西的这种差别可以看成是不同文化的核心差别。

舍勒说过,伦理学的近代发展,一个重点成果就是发现,"世界上并非只有过一种,而是各种'伦理'。"①不同伦理间分享大致相同的基本价值准则,区别在于不同价值要素之间的排列顺序不同。这就是说,不同民族、不同地域之间人们的价值观的差别主要表现在价值准则的有限体系的差别上。这个看法稍加扩展,就可以认为,不同时代的人之间,也分享基本相同的价值观,但是价值准则的优先体系存在着差别就是了。换言之,工业化时代与中世纪的农业时代的人们有不同的价值观,区别不是基本的价值准则,而是不同价值准则之间排列的差别。对这个看法,麦金太尔并不认同,在他看来,不同民族之间和不同文化之间的价值观差别是"不可公度"的,存在着根本无法弥补的差别,因此,各方只能相互包容,不能相互改变。②

抛开麦金太尔对舍勒的争议,我们确实看到哲学家和伦理学家们对不同伦理准则排列和关系的讨论,内中充满矛盾和争议。其中,争议最大的就是仁慈与公正之间的关系讨论。

休谟讨论了公正与仁慈的关系,在这一讨论中,休谟提出,公正作用的起点是仁慈作用的终点。在休谟看来,公正是在仁慈失效的情况下才变得有效了。但是,公正本身的作用也有界限,在规则被视为无效时,公正就被武力所替代,显然,这个讨论最终又导致了公正原则向亚里士多德的回归:公正的要素是契约与公平,如果一方压倒另一方,而规则又失效时,不公正就出现了。

西季威克似乎是重复了休谟的看法:"我们通常认为仁爱是在公正不再起作用的地方开始发挥其特殊的功能的。"③其实,西季威克是颠倒了休谟的意见,这个看法可以反过来说,公正是在仁爱不起作用的地方开始发挥作用的,只要仁爱可以施及的地方,公正是不必要的。这正是休谟的看法,公正的起源有两个,第一是社会的匮乏,如果社会

---

① 舍勒:《价值的颠覆》,罗悌伦等译,北京:生活·读书·新知三联书店1997年版,第51页。
② 麦金太尔:《不可公度性、真理和儒家及亚里士多德主义者关于德性的对话》,《孔子研究》,1998年第4期,第25—38页。
③ 西季威克:《伦理学方法》,廖申白译,北京:中国社会科学出版社1993年版,第261页。

富裕，本无须公正，另外就是社会的道德水准低，其标志就是仁慈的缺乏。

在西方现代的学者当中，除了个别论述之外，大部分学者都认为，公正在当代的道德体系中是必不可少的品德，理当占据中心的地位。亚当·斯密就明确认为，一个社会可以没有仁慈，而这个社会可以继续存在，但是，如若一个社会没有了公正，这个社会就无法存在了。当然，他的讨论面对的是商业社会，在他看来，商人之间讨价还价，谈不上任何仁慈存在，只要是公正存在，商业社会就会继续存在，并且有效地展开。把他的论点展开，就是说，商业社会中，仁慈作为一个传统的元道德，已经丧失了存在的价值，只有公正才是这个社会存在的道德基础。

仁与义的关系一直是中国古典哲学中的一个重要问题，被反复研究。孟子就表达过对仁义的看法。不过，董仲舒对仁义的区分很有代表性。他认为，仁是一个外在的道德，义是一个内在的道德。他说："春秋所始者，人与我也。所以治人与我者，仁与义也。仁以安人，义以正我，故仁之为言人也，义之为言我也。言名以别，任之于人，义之于我，不可不查也。众人不察，乃反以仁自裕，以义设人，绝其处，逆其理，鲜不乱矣。"①这是从人我关系出发区分仁义，确实是一个很独特的见解。在董仲舒看来，一个人只有自爱，当然说不上是仁，一个人对别人严格要求，对自己放纵，当然不能说是义了。因此，义是正己。

中国现代学者中，也有一些学者沿用古典时代的概念，重述了仁与义的关系。王国维对仁与义就表达过一些看法，他认为，仁是积极的道德，义则是消极的道德：

"仁之德尚矣，若夫义，则固社会所赖以成立者……凡社会上之道德，其有积极之作用者，皆可以一仁字括之；其有消极之作用者，皆可以一义字括之。其于社会上之作用，则消极之道德，尤要之于积极之道德。前者，政治与法律之所维持，后者，宗教与教育之目的也。故《大学》言：'平天下'，首言'絜矩之道'，而后言积极之道德。'所恶于前，毋以先后，所恶于后，毋以从前'，消极之道德也，义也；'民之所好好之，民之所恶恶之'，积极之道德也，仁也。'己所不欲勿施于人'，义也；'己欲立而立人，己欲达而达人'，仁也。'非义非道，一介不以与人，一介不以取诸人'，义也；'以斯道觉斯民'，仁也。仁之事，非圣哲不能，若夫义，则苟栖息于社会上者，不可须臾离者也。"②

王国维通中西之学，对各种中西概念考订甚详。这里讨论的仁与义，就是当代伦理

---

① 《春秋繁露·仁义法第二十九》卷八。
② 王国维：《静庵文集》，沈阳：辽宁教育出版社1997年版，第122页。

学中的公正与仁慈之间的关系,王国维认为,公正是消极道德,仁慈是积极道德,所谓消极积极,指的是其采用的过程,消极道德是指不采用时则道德沦丧,积极道德则是指采用这种道德则社会进步。因此,公正就是社会的底线,而仁慈则是社会的美德。消极是全社会所需要,积极则仅圣贤可以达成。

2. 法律的公正和道德的公正

按照康德的看法,法律是权利的学科,是负责公正的,而道德是负责美德的。[①] 叔本华不这样看,他独出心裁地认为不公正与公正分别是肯定和否定的行为。"不公正的行为因此就永远意味着伤害别人。所以,不公正这一概念就是肯定性质的,并且是先于公正的概念的,而公正的概念却是否定性质的,纯粹只是标示着人们在做出行为时,并没有伤害别人,亦即没有做出不公正的事情。"[②] 叔本华倒是诚实,把这个看法的来源追溯到格劳秀斯。但是,这个说法的版权属于谁,对今天的人们并不十分重要,重要的是以不公正的品德何以成为肯定的价值了。其实,揣摩这个说法,知道叔本华所谓肯定不是从价值的角度展开的,而是从行为的指向角度展开的,凡是主动的行为就是肯定的,而公正首先是对不公正的防卫,这就是一个否定的行为。

这些还仅仅是一个预备讨论,叔本华随后在这个讨论的基础上区分了法律的公正和道德的公正。叔本华认为公正作为一个观念,是一个先验的产物,一个原始人也知道什么是公正和不公正,在与欧洲人的交换行为中,做出公正的行为心安理得,但是一旦出现不公正的行为,发生在他们一面,他们会感到内疚,发生在欧洲人这面,他们感到愤怒,会设法捍卫自己的权利。在这里主动采取公正行为,属于道德范畴,而避免不公正的行为,则属于法律范围。"道德在这里着眼于主动的部分。立法却接过道德的这一章,关注的是不公正行为的被动一方,亦即反过来运用,把不公正的行为视为人们用不着承受的东西,因为人们是不应该承受不公正行为的。针对这些不公正的行为,国家设立了法律这一防御工事,作为肯定性质的公正和权利。法律的目的就是要确保人们不

[①] "一切义务,或者是权利的义务,即法律上的义务,或者是善德的义务,即伦理上的义务。法律义务是指那些由外在立法机关可以规定的义务;伦理义务是上述立法机关不可能规定的义务。"(康德:《法的形而上学原理》,沈叔平译,北京:商务印书馆1991年版,第10页)

[②] 叔本华:《叔本华论道德与自由》,韦其昌译,上海:上海人民出版社2006年版,第155页。

会承受不公正的行为,而道德法理学的目的却是不能允许人们做出不公正的行为。"[1]

其实,不仅公正存在着法律和道德的分野,权利、责任等概念都是在法律和道德的两个领域中做出各自相关但不相同的解读的。

3. 公正的特征

在亚里士多德看来,公正是一种全德,"公正自身是一种完满的德性,它不是笼统的一般,而是相关他人的。正因为如此,在各种德性中,人们认为公正是最主要的,它比星辰更加光辉,正如谚语所说,公正集一切德性之大成。"[2]这是与中国古典思想不同的,在中国,这种全德是加于仁慈上面的。[3]

公正与仁慈不同,仁慈没有明确的标准,但是公正讨论的核心是以什么标准来衡量公正。另外,公正是与惩罚联系在一块的,与仁慈不同,仁慈则表现为施予。亚当·斯密就说过,仁慈作为美德,既不是强制推行的,其不实行虽然会引起愤恨,但是不会招致惩罚,仁慈只会惠及大众,不会伤害任何人。但是,公正不同,公正的实施常常会以损伤一些人的利益为代价,甚至公正的实施还会采取惩罚的手段。所以,从这两个道德准则的性格上看,公正是一个"冷"道德准则,而仁慈是一个"热"道德准则。

休谟把公正与普遍的匮乏联系了起来,他认为,如果社会足够的富足,公正的价值就没有作用。在这个分析中,他提出了公正的"警诫性和防备性"[4]特征。

对于公正的这个特征,叔本华用了另外一个不同的方式表达,他说公正是一个否定的价值。公正就是让属于个人的东西归于个人,叔本华认为,如果这个东西已经属于个人,公正就是不必要的,因此,公正的作用就在于,"不要拿走属于别人的东西,""因为公正的要求是纯粹否定性质的,所以这要求可以强制执行。"[5]

这个特点意味着,公正不同于其他的美德,是专门涉及其他人关系的品德,亚里士

---

[1] 叔本华:《叔本华论道德与自由》,韦其昌译,上海:上海人民出版社2006年版,第157页。
[2] 亚里士多德:《亚里士多德选集》,《大伦理学》,苗力田译,北京:中国人民大学出版社1999年版,第103页。
[3] 对于正义的这种看法,在西方思想家中广泛存在,例如,列奥·施特劳斯说过:"由于人天生就是社会性的,他完满的天性就包括了最卓越的社会品德——正义;正义和权利是自然的。"(列奥·施特劳斯:《自然权利与历史》,彭刚译,北京:生活·读书·新知三联书店2003年版,第131页)
[4] 休谟:《道德原则研究》,曾小平译,北京:商务印书馆2001年版,第35页。
[5] 叔本华:《叔本华论道德与自由》,韦其昌译,上海:上海人民出版社2006年版,第156页。

多德说:"公正自身是一种完满的德性,它不是笼统的一般,而是相关他人的。"①"在各种德性中,唯有公正是关心他人的。因为他是与他人相关的,或是以领导者的身份,或者以同伴的身份,造福于他人。"②

其实,公正准则存在的关键是因为不平等的存在。公正就是应对不平等而存在的道德准则。罗尔斯把自己的公正理论称为通过公平的正义,就是以概念联系的方式揭示了当代社会中公正的社会作用。

近代以来,对这个特点的认识是通过以财产权为核心展开公正的讨论。

古典时代的希腊,对公正的讨论,以法律为核心,为后代的讨论确立了一个基本范式。近代以降,对公正的讨论增加了新的维度,就是制度和法律本身的公正问题。这个问题的提出因为资本主义发展所导致的新的制度要素的出现,并且带来了新的观念。至少是从洛克开始,人们对公正的讨论就与所有权紧密地联系在了一起。忽略所有权,公正的讨论几乎无法进行。这是当代公正讨论的最重要的特征。尽管不同的学者从后果或者原则出发,对公正加以不同角度的探索,但是,所有权一直是这个探索的焦点。例如,休谟对所有权与公正的关系进行的评述,在他看来,公正与所有权不是天然的关系,而是因为所有权能给人们带来稳定和便利。

4. 公正的确认方式和准则

何为公正,如何判定公正？这一直是公正讨论中的一个核心问题。柏拉图曾在他的社会等级的基础上建立了他的公正观念,认为城邦的公正就是每一个阶层的人履行自己的职责。所谓公正,就是"每个人必须在国家里执行一种最适合他天性的职务",③"每个人在国家内做他自己分内的事"。④ 显然,在他的概念体系中,公正与公平无涉。因为哲学家、武士等四个等级是不平等的存在,公正要求每一个人要适应自己在等级阶梯上的位置。

亚里士多德是第一个系统讨论公正的古希腊学者,他的研究对后人有重大的影响。

---

① 《亚里士多德选集》,苗力田译,中国人民大学出版社1999年版,第103页。
② 同上书,第104页。
③ 柏拉图:《理想国》,郭斌和、张竹明译,北京:商务印书馆1986年版,第154页。
④ 同上书,第155页。

亚里士多德认为,公正与法律、规则密切相关。他在《尼各马可伦理学》中对公正的讨论[1],一上来就以法律为准绳,来建立公正的概念,按照他的说法,公正与否,关键就是看一个行为是不是符合法律。随后,他把公正分为两个不同的标准,第一是法律,第二是公平。这样就把公正与公平建立了直接的联系。亚里士多德关于公正关涉他人的分析揭示了公正的复杂性:公正不是一个简单的个人美德,至少涉及不同的两个人和两件事。所以亚里士多德说:"正义至少包括四个项目,因为,相关于公正的人是两个,相关事务是两份。"[2]对亚里士多德来说,不平等的人要按比例的分的不同才是公正的,这是公正的常态。"既然不公正的人与不公正的事都是不平等的,在不平等与不平等之间就显然存在一个适度,这就是平等。"[3]可见虽然亚里士多德强调了公平,但是,这个公平是建立在等级制基础上的,因此,这里强调的与其说是平等,毋宁说是公平。[4] 亚里士多德的这些研究成果,对后世的思想产生了广泛的影响。例如,西季威克在讨论公正的美德时,也是把公正与法律、契约相联系。这种分析的方式和逻辑顺序都可以被看成是亚里士多德研究的当代翻版,仅仅是根据时代的发展,对某些内容做了充实和调整。

不过,柏拉图和亚里士多德对公正的讨论,主要是集中在行为的公正上面了,对于法律如果是错误情况下,人们应该如何处理,他们似乎是忽略的,亚里士多德就说过:"一切合法的事情在某种意义上都是公正的。因为法是由立法者规定,所以我们应该说每一合法行为都是公正的。"[5]亚里士多德所讨论的公正与法律的关系问题,实际上已经把公正置于一个制度框架内了,但是他对这个问题并没有清晰地意识到,因此,对于制度公正本身并没有展开讨论。无论是柏拉图还是亚里士多德,他们都是把现存制度或者他们设想的制度视为合理的,对这些制度为什么是合理的,他们至少是没有从伦理角度加以讨论。

对于公正的现代认识中,最重要的是建立了一个新的维度,制度的维度。一个法律甚至政治制度,都需要放在伦理的天平上加以衡量,是不是公正。换言之,不仅行为存在公正的问题,制度也存在公正问题。行为的公正可以以法律为基本的准则或者尺度,制度的衡量,尤其是法律的衡量如何以自身为尺度呢?如果法律不能做这个尺度或者

---

[1] 苗力田和廖申白的翻译均采取公正这个汉语概念,但是对应的英语都是"Justice"。
[2] 亚里士多德著,廖申白译《尼各马可伦理学》,北京:商务印书馆,第 134 页。(见苗力田译文第 107 页)
[3] 同上书,第 134 页。
[4] 苗力田在译文中没有使用平等,而是采取了不平的否定性说法,是他意识到了公平与平等之间这个细微但是重要的差别。
[5] 《亚里士多德选集》,苗力田译,北京:中国人民大学出版社 1999 年版,第 103 页。

准则,那么这个衡量的尺度是什么呢?

从霍布斯开始的现代政治哲学,习惯于采用契约的思想来解释公正问题,认为整体社会成员之间的契约是决定一个制度是否公正的准则。这个思想经过卢梭的思考,到20世纪的罗尔斯,不断完善,成为了对正义制度讨论的基本范式和重要传统。

诺齐克不同意罗尔斯提出的正义确定方式,他认为权利是确认正义的基本准则,一个能保证人们权利的制度是正义的,否则是不正义的。虽然他的看法不同于罗尔斯,并且这种看法的思想史地位尚需讨论,但是,就他坚持正义的先验原则而言,他与罗尔斯等人是一致的。

当然,功利主义的后果主义方式也是一个当代的正义范式:人们根据一个制度产生的善的结果来衡量一个制度的公正,产生最大善的制度就是公正的,否则就是不公正的。休谟曾说过:"公共的效用是正义的唯一起源,对这一德行的有益后果的反思是其价值的唯一基础。"[1]这个思想被另外一个伟大的功利主义者穆勒所坚持和发扬光大了。

5. 公正观的争议

公正有不同的解释,从这个观念诞生之日起就是这样的。麦金太尔回顾古希腊公正思想发展的时候,就提出了这个问题。在公元前5世纪到公元前4世纪,希腊社会从古典社会迈入了城邦时代,当时伦理观念的发展不仅是提出了不同的准则,更多的是对同一准则提出了不同的解释。"同一种美德的各种不同且互竞的概念同时并存,从而酿成了冲突。'Dikaiosune'我们译为'正义'的性质正好是这类分歧的主题。"[2]在古希腊人看,公正本来是对神定的秩序的遵守和尊重,君王的秩序也是神定秩序的一个部分。"成为正义的(dikaios),在荷马史诗中就是不要冒犯这一秩序所要求做的事情;因此在荷马史诗中,dikaios的美德也就是不要去做这一公认秩序所要求做的事情;在这个意义上,他的这一美德就类似于荷马时代的其他美德。但是到了公元前5世纪末期,对做既定秩序所要求的事情是否正义(dikaiosune)提出疑问,是可能的;并且,在有关什么是按照我指明(dike)去行动、什么是正义的问题上产生根本性的分歧,也是有可能的。"[3]

---

[1] 休谟:《道德原则研究》,曾小平译,北京:商务印书馆2001年版,第35页。
[2] 麦金太尔:《追寻美德》,宋继杰译,南京:译林出版社2008年版,第151页。
[3] 同上。

在这里,麦金太尔分析的是希腊人对公正观念的转变过程,但是这个转变的具体内容他没有进行解释。他只是提示我们,希腊人同一道德语汇中所包含的歧义远大于我们现在的想象,在被后人反复筛选的文本中,这些歧义大部分消失了。

对公正认知在思想史上存在的分歧和转变,列奥·斯特劳斯提出了更为深刻的解释。首先对于公正理解的分歧,这是一个严肃的问题,因为,"关于重量、尺度和金钱,不同的社会做出不同的安排,这些安排之间并不互相冲突。可是,如果不同社会对于正义原则持有不同看法的话,他们的看法是互相冲突的。"①骤看起来,大家都同意公正(正义)是对法律的遵循,但是,这个思想是禁不起推敲的,"因为他们也谈到了'不义'的法律"。②

对斯特劳斯,公正(正义)与自然权利(nature right)是联系在一起的。按照他的看法,柏拉图和亚里士多德的出现,是哲学对神学的取代,是本质对于习俗的胜利。古代的人们是在习俗之下生活的,这些习俗虽然是世俗的,但是确有神圣的来源,人们不能也不愿意怀疑。哲学家的出现,开始以理性的目光审视这些习俗,提出了自己的质疑,并且按照理性的原则提出了原则,这些哲学家认为这些原则是自然存在的,是天然合理的。这样在习俗对面站立起自然,而自然(nature)同时就是本质,也即是在纷乱的习俗表象之下,存在着稳定的本质。

这个转变在公正(正义)这个概念中表现得最为明显,对于希腊的早期思想家,公正(正义)并没有意义,"正义和不义之间的分别不过是人的假定或者人类的习俗。神(或者人们对于这个第一因的无论什么叫法)超越善与恶,甚至超越了好与坏。神并不关心与人类生活本身相关的任何意义上的正义:神并不报偿正义而惩罚不义。"③随着哲学家的出现,这种神的秩序受到了质疑,公正的自然正确的观念开始扎根。在哲学家的探索中,自然的自由平等学说露出水面,成为一个永恒的公正基点。在斯特劳斯这里,公正成为一个自然权利呈现的稳定的原则,是跨越时代的。而不是一个可以任由人们随意装扮的小姑娘。"正义的根本指点在原则上乃是人作为人所能知晓的。因而他们预先就假定,某个最重要的真理在原则上乃是人作为人所能知晓的。"④

---

① 列奥·施特劳斯:《自然权利与历史》,彭刚译,北京:生活·读书·新知三联书店2003年版,第101页。
② 同上。
③ 同上书,第95页。
④ 同上书,第29—30页。

6. 中国古典思想中的公正

在先秦著作中,仁、义常常是并举,但是义的分量显然不如仁来的重。首先,仁作为儒家的中心概念,诞生得更早,并且经孔子提倡,取得了儒家思想的核心地位;其次,经过后学的发展,仁不仅是一个重要的伦理准则,更成为了形而上学的本体,而义一直是作为一个伦理准则存在的。仁作为本体,是整个儒家伦常体系的基础,是一个充满道德含义的概念,是一个热度甚高的伦理常数。

而义则介于仁与智之间,是道德与智慧的某种混合物。义,通仪,通谊;仪,指威仪,谊则为宜。《说文·段注》:"谊,义古今字,周时作谊,汉时作义,皆今之仁义字也。其威仪字,周时作义,汉时作仪。"所以汉儒董仲舒有所谓"正其谊不谋其利,明其道不计其功"的说法。这里谊既是义,义者,宜也。"义就心上论,则是裁制决断处。宜字乃裁断后字,裁断当理,然后得宜。"①

先秦时代,仁义有一个发展和演化史。孔子是仁义分论,以仁为主。而到了孟子,则仁义并举,成为同位词。所以文天祥曾经说过:孔曰成仁,孟曰取义。虽然是文天祥赴义前夫子自述心迹,也无意中揭示了孔孟思想的承继发展关系。梁启超秉承乾嘉学派遗绪,以仁义是否并举连用来甄别先秦文献的年月,可见,仁义分论和并举不仅是孔孟差别,也成为一种时代特征。

到了汉代,经董仲舒,始对仁义概念做了明确的区分,仁是爱人,义为正己。不过,董仲舒的这一解释并不流行。把义作谊,是混合了仁慈与智慧两种品德,也就是指行为合宜。这个解释最为流行。朱熹说:"日用事物之间,莫不各有其当行之路",并以此解义,其实,这个思想来自孟子:"仁,人心也,义,人路也。"所以冯友兰说:"此当行之路,亦即是义。"②按冯友兰的理解,所谓君子时而中,中就是"允执厥中"的原则,而时即是因时而变,所以执中须有权,权就是权变的意思。这是义的本意。汉代儒家以经权解义,而宋儒则以宜解义,其意义近似,解释方法略有差别。其实在孔子那里,义有多义,常常可以看成是道德的同义语。如孔子指"春秋无义战",是说春秋没有正义战争。尤其是到孟子,仁义并举,因此被称为"全德之名",所以仁义与道德在古汉语中,同为现代汉语

---

① 陈淳:《北溪字义·仁义礼智信》。
② 冯友兰:《新理学·道德人道》。

中的道德之意。

以正训义则起源更早,墨子曰:"义者,正也。""何以知义之为正也,天下有义则治,无义则乱,我以此知义之为正也。"①墨子认为,逆天意和顺天意的区别在于以义正还是以力正,"曰义正者何若?曰大不攻小也,强不侮弱也,众不贼寡也,诈不欺愚也,贵不傲贱也,富不骄贫也,壮不夺老也。"并且把义正等同于"圣知也,仁义也,忠惠也,慈孝也"。这里所谓义正,恰是今天的正义的含义,以义为则,使正天下,令各安其位。应该说,墨子思想在先秦虽称显学,但是,此后就衰落了。虽然如此,墨子的义的思想还是深刻地影响了此后中国人的理解方式,尤其是他强调平等的观念,成为民间对义的主流理解方式。显然,义与仁不同,主要是表现在这个概念表现出来的内在平等的诉求上了。因此,在中国,义是最具民间性格的一个伦理品质,如《水浒传》中,梁山好汉意气相投,而关云长所谓义薄云天,都是这种民间品德的表现。

儒家对于义的理解显然是不同的,儒家更多是从现存的等级制度的角度对义加以解释。虽然儒家也说,义者,正也,但是"大小不逾等,贵贱如其伦,义之正也"。② 这是所谓义者正也,就是义者宜也,各得其所,各安其命,"贵贵、尊尊、贤贤、老老、长长,义之伦也。"③

从上面的墨子和儒家的两个统系的文献来看,中国古典时期,关于义的理解,确实存在着民间和官方两种不同的解释。前者强调平等,后者强调秩序。

7. 作为道德情感的义

仁的本源可以追溯到人的内心,以爱为核心,从母子开始,推及他人,这一点在哲学史上几无争议,但是对义的根源则历来有不同的看法,按照孟子的意见,仁义礼智,发于心的四端。其中义起源于羞恶之心。但是也有一些古代学者把仁义区分为内外之道,"仁生于人,义生于道"④,则前者是主观法则,后者为客观法则。但是,这也不是主流意见。对这个看法,孟子多次批驳。

---

① 《墨子·天志下》。
② 董仲舒:《春秋繁露·盟会要》。
③ 《荀子·大略》。
④ 《郭店竹简·语丛一》。

8. 马克思的公正观

马克思没有专门讨论公正问题的著作,并且对资产阶级思想家讨论公正的方式也不以为然,因此,讨论公正时往往是冷嘲热讽。①

在马克思看来,公正首先不是一个道德问题,而是一个科学问题,按照历史唯物主义的观点,每一种生产方式都是适应生产力发展的产物,必然有与这个生产方式相适应的观念形态。作为观念形态的公正,也是生产方式的产物。

马克思把历史维度和实践维度引入到公正的讨论中去。他反对抽象的人性观念,认为在这个基础上无法建立真正的真理基础。对于契约论等的讨论方式,马克思尖锐地加以批判,认为随意构造的情境作为哲学讨论是一种可笑的做法。

他在想说明什么的时候,总是使自己置身于一种虚构的原始状态。这样的原始状态是什么也不能说明,因此,国民经济学家只能使问题堕入五里雾中。他把应当加以推演的东西,两个事物——例如分工和交换——之间的必然的相互关系,当作事实、事件。②

确实,在政治哲学中,学者们杜撰了原初状态,在政治经济学中,学者们把现实的生产抽象为渔夫和农民,这些远离社会现实的情境,无法构建现实的公正原则。马克思对公正的研究与他的其他研究一样,是把所研究的问题放在具体的历史情境中。这种非历史的探索方式是力图找到永恒的公正,但是马克思认为公正与所有的人类观念一样,是一个特定历史阶段的社会生活所产生的。马克思的公正观最主要的特点是它的实践性、历史性和唯物主义基础。

在马克思看来,不是作为意识形态的公正观念催生了社会制度,而是社会经济制度才能作为公正观念的基础,因此,马克思认为资产阶级的思想往往是颠倒了这个过程,他们用公正观念为社会制度辩护,但是他们没有想到,公正观念正是适应这种制度产生的。这本来是马克思的历史唯物主义的思想,生产关系和社会关系是适应生产力的发

---

① 马克思对正义(公正)的沉默是马克思研究者的一个共识,汉语文献中最早是新加坡洪镰德的文章中指出这个事实的。马克思"不谈正义则已,一旦提到正义这个概念时,总离不开嘲讽和批判"。《马克思正义观析评》《北京大学学报(哲学社会科学版)》1991年第1期,19—29页)这个看法被广泛接受,如马俊峰《马克思主义公正观的基本向度及方法论原则》(载《中国社会科学》2010年第6期)中说:"马克思恩格斯确实对于社会公正、正义等问题谈论得相对较少,而且在许多地方还是用一种讥讽的口吻从否定的意义上来进行批判的。"(第45页)
② 马克思:《1844年哲学经济学手稿》,刘丕坤译,北京:人民出版社1979年版,第44页。

展的结果,而意识形态等是以生产关系为基础的,这是一个适应的过程,人们常常认为是正确的观念都是历史的产物,是适应一定的经济制度的。永恒的公正观念是不存在的,只有适应生产方式的公正观念。

正因为马克思认为观念和法权是生产方式决定的,占统治地位的观念和法权也是生产方式的反映,因此,马克思才不泛泛地对价值观的公正加以讨论,而是把这个问题置于资本主义制度和生产方式的背景下加以分析。公正不是一个脱离历史背景的概念,资本主义生产方式决定了它的公正观念。马克思对自己的这个公正(正义)观表述得非常清晰:"生产当事人之间进行的交易的正义性在于,这些交易是从生产关系中作为自然结果产生出来的。这种经济交易作为当事人的意志行为,作为他们的共同意志的表示,作为可以由国家强加给立约双方的契约,表现在法的形式上,这些法的形式作为单纯的形式,是不能决定这个内容本身的。这些形式知识表示这个内容。这个内容,只要与生产方式相适应、相一致,就是正义的。只要与生产方式相矛盾,就是非正义的。"[1]

显然,马克思是在制度的法律形式基础上讨论公正问题的,他因此说,在资本主义制度下,奴隶制是不正义的,商品质量上弄虚作假也是不正义的。这些都是根据与法律体系的关系讨论,而法律是生产方式决定的。

分配公正是马克思做过专题论述的少数公正问题之一。马克思虽然没有采用分配公正的说法,但是,这个讨论完全契合自亚里士多德以来关于分配公正的理念。马克思是围绕着分配公平展开分配公正的讨论的。关于公平问题,马克思在《哥达纲领批判》中做了透彻的论述,马克思嘲讽哥达纲领的起草者,在这个纲领中,他们追求公平的分配,马克思认为,公平是一个适应社会制度的历史观念,马克思反问道:"难道资产者不是断定今天的分配是'公平'的吗?难道它事实上不是现今的生产方基础上唯一'公平'的分配吗?"[2]这个简短的反问阐释了马克思历史唯物主义的基本看法,作为意识形态的公平观念是在生产方式基础上产生的,而分配方式是从属于生产方式的。在这个基础上,马克思罕见地讨论了共产主义社会不同阶段的分配原则,即第一阶段的按劳分配和第二阶段的按需分配,在此,确立了共产主义的分配原则。马克思虽然是共产主义者,但是,他从来没有把自己当作预言家,他谨慎地讨论未来。这里面的分配原则的讨

---

[1] 马克思:《马克思恩格斯全集》,卷25《资本论》,中央编译局译,北京:人民出版社1974年版,第379页。
[2] 马克思:《哥达纲领批判》,中央编译局译,北京:人民出版社1970年版,第10页。

论可以看成自马克思主义形成就开始的关于人的发展的看法的一个组成部分。

在马克思看来，人的全面发展是一个理想社会的核心，公正的本质存在于人的全面的发展中，而这一点的实现需要物质基础，资产阶级社会已经创造了这个基础，但是需要一个主体的力量把新的社会经济制度重置在这个基础之上。

在马克思看来，真正的共产主义社会不是公正的一般实现，而是公正作为观念，其存在基础的消失，在共产主义社会中，人们的匮乏消失了，人们的不平等消除了，公正所调解的对象也因此失去了，这样公正的存在基础丧失了，公正就可以退出历史舞台了。对于这一点，罗尔斯也意识到了，他说："完全的共产主义社会看起来在这种意义上是一种超越了正义的社会，即能够提出分配正义问题的形势已经被超过了，公民在其日常生活中不需要、也不会关心分配正义问题。"[①]

9. 公正的中道分析

亚里士多德认为，公正不是个人的美德，而是一个关涉他人的美德，因此，对公正的中道分析也不同于其他品德的分析，在一般的品德中道分析中，只要指出相邻的两个极端就可以了，例如慷慨的两端是吝啬和挥霍，勇敢的两端是懦弱和粗鲁，等等。但是，公正关涉其他人，因此，虽然原则上，公正的中道就是在不公平中取得公平，这本身就是一个中间值，但是，因为涉及多人，公正的分析要采取比例的分析法，而不是单纯的列举法。

相比亚里士多德对所有品德的分析，他对公正的分析是最为充分的，在他的三部伦理学著作中，都以相当篇幅对公正加以分析。但他对公正的中道分析却是非常简略的。在《尼各马可伦理学》中，他仅以一节分析这个问题，在《大伦理学》中，这个问题的分析更简略为一句话，总之，他认为，公正的中道就是公平。但是，这个公平是按照比例来衡量的。每个人得其所应得就是公正。[②]

叔本华提出了另外的公正的分析思路，可以从美德和义务两个层次看待公正的价

[①] 约翰·罗尔斯：《作为公平的正义——正义新论》，姚大志译，上海：上海三联书店2002年版，第290页。
[②] 从仁慈和公正两个主要的伦理准则的中道分析看，都存在着分析的困难。可以看到，基本伦理准则的分析不同于那些派生的准则，基本的伦理准则由于其基本，因此，是无法加以中道分析的。仁慈与公正之间存在着替代关系，而不像其他伦理准则那样存在着两极的对立概念，在仁慈和公正两个方面不存在这个两极的对立，因此，才会发生这种分析的困难。即使亚里士多德本人也无法做出清晰的解释。

值。他认为,不损害他人是一个基本的公正行为,这个公正是以对对方承担的责任为前提的。这是一个义务,不是什么美德,例如,一个雇主给雇员偿付工资,这是公正的行为,但是没有什么美德含义,而是一个义务行为。但是,雇员如果承担了更多的责任,以回报雇主的信任,这就是美德行为了。有意思的是,在叔本华这里,公正不是通过公平实现的,有时候公平反倒摧毁公正。按照叔本华的意见,强势群体对弱势群体的照顾是义务,要求被帮助者回报,这是一种公平的要求,这种要求不是公正的。"公平是公正的死敌,并且经常严重地破坏公正,因此,我们应该不要对其太多让步。"[1]这个论述是一个很惊世骇俗的看法,但是,其中确实对我们理解公正的义务和美德层次提供了线索与启示:例如感恩是对施恩者的感激,是一种社会情感的表达,"不过,虽然忘恩是一种可恶和经常令人气愤的罪过,但感恩却不可以称为义务,因为不做出这一行为并不会损害别人,亦即不会是不义的行为。"[2]其实,这样看,感恩就是一种美德,是一种值得称赞的行为了。因此,公正的美德层面是在对不公正行为矫正的基础上产生的。不做不公正的事情是一个义务层面的行为,而进行矫正的行为,则是一种美德层面的行为。

10. 企业中的公正

公正的贯彻,在企业伦理中有宏观和微观两个不同的层面的问题。

10.1 宏观制度伦理

企业与宏观社会和市场制度之间的关系当然需要公正原则。亚当·斯密所说一个社会可以没有仁慈,但是不能没有公正,其实主要是指当前的以市场为支柱的宏观经济制度。罗尔斯也认为,正义是制度的核心品质,一个缺乏正义的制度是坏的制度。也是从企业在宏观经济体系中的作用来看待的。在企业内部中,仁慈作为一个品德是不可或缺的。只是在宏观制度的评价中,正义才占有中心的位置。

从宏观上看,商人之间、企业之间的关系是竞争与合作关系,这种关系本质上是经济关系。无论是竞争还是合作,人们在市场上锱铢必较,互不相让。这不仅是不受谴责的恶行,而且是商业社会所提倡的职业精神的体现,尤其是在现代复杂企业关系中,利

---

[1] 叔本华:《叔本华论道德与自由》,韦其昌译,上海:上海人民出版社2006年版,第161页。
[2] 同上。

益之争不容丝毫相让。因为作为一个职业经理人,甚至是企业所有者,他的行为不仅代表自己的利益,更是代表利益相关者与对方竞争,因此,在利益上的丝毫相让,不仅不是仁慈的美德,反而成为了渎职的表现。在这种情况下,公正作为一项伦理准则,对商业社会的运行,有着首要的保证作用,企业之间的关系依靠公平原则来维持,企业与社会之间的关系也依靠法律来调整,就是企业内部各个利益相关者之间也靠公正原则来处理,这样一种局面,当然使仁慈成为一种多余的品德,而公正成为一个必不可少的伦理要素。

但是何为公正,从来就是一个争议不休的问题,在当代社会中,对于公正的争议不仅没有休止,而且演化出复杂的认识,并且因此产生了复杂的准则体系。从常识道德的角度讲,大家都在谈论公正,但是不仅每一个阶层的人理解的公正不同,每一个时代也有不同的公正观。不同阶级、不同社会集团、不同利益和不同制度造成的公正观千差万别,甚至相互矛盾和相互对立。从企业运行的角度看,社会职能在法律确认的范围内才能找到对公正理解的最大公约数。而作为公正基础的公平,不仅难以完整实现,也难以寻找坚实的基础。因此,公正最重要的问题不是如何处理公平的问题,而是如何交代对不公平的看法,柏拉图和亚里士多德毫不犹豫地把不公平的社会作为公正的基础,而罗尔斯则按照社会基本善与自然基本善的不同作用,以对基本善分配的方式中公平的关系来衡量社会制度的公正性,把自然基本善所导致的不平等作为公正的基础之一,这也是对不平等的现实的一种现代表述。只是在大量的平等和正义的话语之下,处理不平等在正义概念的核心地位被掩盖了。

除了法律所表达的公正的核心区域,在现实中,何为公正,可以说在每一个具体问题上都存在争议,这一点在中国表现得尤其明显,这是因为中国的企业形态复杂,衍生的准则体系也是多元化的,不同准则之间相互碰撞,加以背后支撑的伦理原则的不同,有中国古典原则,有西方的传入原则,有民间的理解,也有官方的认识,这些思想相互激荡,导致了在企业宏观制度的运作上面存在着诸多认识歧义。

从总体上看,我国近年来的发展中,社会基本善的分配,在宏观层面上,不平等不仅广泛存在,而且已经发展到了一个非常严重的程度。这不仅是财富分配的不均等的扩大,最重要的是下层员工捍卫自己权利的能力严重缺失。劳工的发言权和抗争权,在制度和执行两个层面均有严重的丧失。公正原则在宏观层面被不公平的制度所摧毁。而在微观层面上,在上述已经严重不平等的制度下,劳工残存的微薄权利也无法被实现,导致了在管理层面上对员工权利的进一步侵夺,进一步摧毁了残存的一些公正。

10.2 微观企业公正

企业内部关系是微观层面的问题。在此,企业公正包括两个层面,第一个层面是企业内部各个不同群体和成员之间的社会关系,这一关系的确立是整个社会制度的运作结果,而不是企业本身的运作结果。例如,雇佣者和被雇佣者的关系,这种关系是社会和经济制度造成的,并不是企业自身决定的。但是,这种社会关系具有伦理意义。第二个层面的问题是在已经确立的社会关系的具体框架下,各个不同群体和成员关系的实际运作,这一问题当然包含了更为具体的伦理含义。如果说前一个问题是制度伦理问题,后者则是制度运作的行为伦理问题。也可以认为,宏观层面上的公正主要是对法律的遵守,则微观层面上的公正则表现为对契约的遵守。从企业内部的运作看,大量的事务处理是在契约的框架下,而不是在法律的框架下展开的。企业的契约与法律不同,不仅使所包含的基本内容更为微观也更为丰富,还因为契约包含了默示的内容,而法律一定是明示的。

在市场制度下,企业面对激烈的市场竞争,为了面对和赢得这种市场竞争,企业从管理上提倡职业精神,加强制度建设,在多种约制之下,仁慈作为一个美德,在企业中实际上被压制在一个角落里,即使存在,与传统组织中的作用也完全不可同日而语了。

即使不是为了印证上述看法,至少也是一个对此后发展的预言:亚当·斯密认为,一个社会可以没有仁慈,这个社会可以继续存在,但是一个社会不能没有公正,如果一个社会缺乏公正,这个社会就无法存在了。单纯从仁慈与公正的关系看,与宏观层面上,市场制度与仁慈可以不相容。一个商人在商业活动中,只要按照规则行事,所有其他人也按照规则行事,这个商业社会就能正常运转。商业中大量的欺诈现象不可能依赖提高道德水平来减少,只能采取制度性的措施来避免。没有仁慈存在的必要,也没有仁慈存在的空间。

但是,在企业内部,还是为仁慈留下了相当的空间。如果按照亚当·斯密的看法,企业内部只有公正而没有仁慈,这种组织就变成了一个冷冰冰的利益容器,一切都在精确的利益计算下运行,这种制度的冷漠将使人感到恐惧。

不仅如此,公正作为建立在理性基础上的一个原则,完整实现依靠完全理性的存在。但是,从西蒙、马奇之后,人们已经清醒地意识到,这种理性从来没有存在过,我们面对的就是有限理性,因此,从组织运作的结果看,必须以仁慈来补充公正的不足,否则企业的运作就将陷入冷酷的压榨和无休止的相互争斗。

现代企业组织转型中,随着支配性的文化从东方的集体主义逐步转向西方的个人主义,组织成员的原子化倾向强烈,在这个背景下,古典美德在不断地销蚀和消失,组织内部的温情也在淡化,组织变得越来越冷漠,人在组织面前异化为一个孤立的存在。每个成员孤独地在组织的平台上表演,相互之间依靠规则而不是理解来处理关系。一旦遇到规则之外的事例,就会依靠无休止的谈判甚至机谋来解决问题,各种机会主义行为盛行,并且被认为是人的本性的表达。这样的情况下,使本来就莫测高深的公正变得更加不可思议,难以掌握。这一问题的根本解决是在组织内部恢复美德的作用,恢复仁慈的作用。所以,斯密的看法,放在商业伦理上是正确的,但是放在企业伦理上,就是不完善的,也与他提倡的道德情操相冲突。

第 23 章　智（智慧）

1. 思想史中的智

把智作为德行在伦理学中讨论和我们日常生活中对智慧的理解有很大的不同，智力和品德，在一般人看来是完全无关的两件事情。一个智商很高的人，可以是一个品行很差的人，而一个智力一般的人，可以是一个很高尚的人。因为，人们认为智力是理解问题的能力，也包括了记忆力等能力，似乎在数学上最能反映出人的智力水平。这种能力通常被认为是天生的。虽然需要后天的开发，但是，智力的基础来源于遗传，人们在现代的遗传学发展之前就有这种认识。而道德是后天教育和养成的结果，虽然这个机制人们还无法透彻地解析和建构出来，但是，一般人都认为没有天生的好人，也没有天生的坏人，道德上的善恶好坏都是后天造成的。

但是令人惊异的是无论中外，哲学家们从一开始就把智作为一个品德一直在讨论。中国孔子及其后学归纳的仁义礼智信，其中智就是五常之一。而亚里士多德更是区分了伦理德行和理智德行。就是现代学者，如西季威克在对德行进行分类讨论时，也把理智作为一个德行提出来。因此，我们要重视这些见解，通过本章讨论，希望能对为什么理智也是一种德行、这种德行在现代企业的伦理运行中应该起到什么作用以及如何发挥这种作用有一个概略的说明。

1.1　亚里士多德论理智德行

在伦理学的讨论中，亚里士多德明确地区分了理智德行和道德德行，把这两者都列为讨论对象。他明确说："德行分两种，理智德行和道德德行。理智德行主要通过教导而发生、发展，所以需要经验和时间。道德德行则通过习惯养成。因此它的名字'道德的'也是从'习惯'这个词演变而来的。"①

亚里士多德把理智区分为沉思的理智和实践的理智,沉思的理智把握本真的真,作为沉思的理智,它是静止不动的。② 而实践的理智则是对欲求目的的选择,这个选择"是获得相应于遵循逻各斯的欲求的真"。③

亚里士多德虽然把理智的德行进行了分类,分为五种不同的活动:技艺、科学、明智、智慧和努斯。但是,按照廖申白的解释,其中只有明智和智慧是与德行有关的。

1. 明智

明智之所以与德行相关,因为明智是指一个人能够发现对自身和人类是善的事物与行为,"所以,明智是一种同善恶相关的、合乎逻各斯的、求真的实践品质。所以,我们把像伯利克里那样的人看作是明智的人,因为他们能分辨出那些自身就是善、就对于人类是善的事物。我们把有这种能力的人看作是管理家室和国家的专家。"④

这个解释对我们理解明智作为德行很有启发。实际上,在企业的运行中,能够判断哪些行为是对人类作为整体以及企业自身是善的,这需要极高的智慧,也需要深入的思考,这里面既包括了知识的积累,也包括智力的运用。所以"明智是一种同人的善相关的、合乎逻各斯的、求真的实践品质"。⑤

2. 智慧

如果说明智是人的品德,智慧不同于明智之处,就在于它是一个超越人的品德,是一个和最高存在物共享的品德,因此,智慧比理智更为完善。因为理智是人们对自身生存利益的考虑,而智慧则是对总体的考虑。"因为,凡是能辨清自己的善的人便会被称为明智的,人们也就会信任他去掌握他自己的利益。"而智慧不同于明智,"因为智慧只是与自己的利益相关的,就会有许多不同的智慧。那样的话,就不会存在同所有存在物的善相关的唯一一种智慧了,正如不存在一种同所有存在物相关的医术一样。"这样看智慧对于亚里士多德,是指那些与自己的利益无关的关于总体善的考虑。人们夸赞泰勒斯等人的智慧,"因为人们看到,这样的人对他们自己的利益全不知晓,而他们知晓的都是一些罕见的、重大的、困难的、超乎常人想象而又没有实际用处的事情,因为他们并

---

① 亚里士多德:《尼各马可伦理学》,廖申白译注,北京:商务印书馆2006年版,第35页。
② "理智本身是不动的,动的只是指向某种目的的实践的理智。"廖申白在这里的注解认为,不动的理智指的就是沉思的理智。见亚里士多德《尼各马可伦理学》,廖申白译注,北京:商务印书馆2006年版,第168页正文和注6。
③ 亚里士多德:《尼各马可伦理学》,廖申白译注,北京:商务印书馆2006年版,第168页。
④ 同上书,第173页。
⑤ 同上。

不追求对人有益的事物。"[1]

3. 节制

亚里士多德把节制也作为理智的德行的一个表现形式。"节制这个词的意思就是保持明智。节制就是保持明智的意见。"[2]

4. 理智德行的作用

亚里士多德认为人的道德德行实际上是天赋的,但是在后天被教化发展定型了。他把这两者称为自然的德行和严格意义的德行。"严格意义的德行离开了明智就不可能产生。"[3]因为严格意义的德行是需要训练的,并且需要对是非的明辨。按照亚里士多德的看法,明智和德行是不可分的,明智没有了道德德行就变成一个空壳,而道德德行如果没有明智,就无法存在。"德行使我们确定目的,明智使我们选择实现目的的正确手段。"[4]

但是在具体讨论中,智慧和理智的作用是不同的,"智慧不考虑那些增进人的幸福的事物(因为它不关心生成)。明智虽然考虑这个问题,但是我们为什么需要明智?明智是同对人而言的公正的、高尚(高贵)的、善的事物相关的,但是这些是一个好人出于本性就会做到的。"[5]看起来是不必要的。亚里士多德是这样解释这个问题的,首先,智慧和理智是本身善的事物,就是这一点,追求智慧和理智就是有价值的,"它们事实上产生一种结果,即幸福。"[6]不过,这不是最关键的,最重要是道德德行的实现要依靠理智德行。因为道德德行确立目标,理智则为实现目标提供手段。[7]

更重要的是理智是实现中道的一个必须的保证。"我们应当选择适度,避免过度与不及,而适度是由逻各斯来确定的。"[8]这一点在今天尤其重要,因为古代人面对的情势相对简单,因此绝大部分情况下,可以根据教化就掌握如何面对相关的问题。但是,今天企业经营中所遇到的情况非常复杂,涉及的利益关系也是多重的,因此,要处理这种复杂的关系,仅靠日常的经验和训练是远远不够的,必须要能够利用理智和智慧,通过

---

[1] 亚里士多德:《尼各马可伦理学》,廖申白译注,北京:商务印书馆2006年版,第176页。
[2] 同上书,第173页。
[3] 同上书,第189页。
[4] 同上书,第190页。
[5] 同上书,第187页。
[6] 同上书,第188页。
[7] 同上。
[8] 同上书,第164页。

认真的思考来应对这些问题。这是今天强调理智的重要性的原因。

1.2 西季威克论智慧

智慧的概念从希腊变成现代语汇,中间的含义也会发生微妙的变化。西季威克注意到了这一点,"按照希腊人的通常用法,刚才提到的这个词可能既是指实践的智慧,也指纯思辨科学中的美德。英语中的智慧依次在某种程度上也有这两方面的意义。不过它主要在实践的意义被人使用,而且甚至当用于纯思辨领域时,它也尤其是指有利于达到合理的实践结果的理智天赋和习惯,即指观察的全面性,公正对待大量难于准确估价的相反考虑的习惯,以及有关每一考虑的相对重要性的合理判断。"[1]其实语义的差别往往反映了不同社会的生活习惯和生活方式。在汉语中,智慧不同于聪明,这一点是希腊语和英语相同的。因为聪明是一种智力因素,但是智慧包括的内容就更为广泛。并且,最关键的是,智慧含有道德的意义。这一点亚里士多德就已经意识到了,"有一种能力叫作聪明,它是做能很快实现一个预先确定的目的的事情的能力。如果目的是高尚的,它就值得称赞;如果目的是卑劣的,他就是狡猾。所以,我们才会称明智的人是聪明,称狡猾的人是卑贱。"[2]在西季威克看来,智慧是对生活目的和达成目的的手段的综合选择能力。之所以被古希腊人看作是一种美德,就是因为它包含了多种因素,其中有伦理含义渗入其中。"我们不说最老练的骗子有智慧,尽管我们会毫不迟疑地说他聪明、机灵,以及具有其他纯理智的美德。同样,我们可以说一个善于选择达到其野心的最好手段的人'老于世故',但是,我们不会不加限定地说他'有智慧'。简言之,在我看来,智慧指的是对手段以及目的的正确判断。"[3]

西季威克无意之间讨论了实践智慧的构成:虽然不同于技能,但是智慧包含了技能,尤其是特殊技能,在西季威克看来,这种特殊技能显然既包括对明确规则的运用,也包括超越规则的内容,对这部分内容,西季威克认为是自然禀赋。[4] 显然智慧包括了这种特殊技能中规则的运用,更包括了超越规则的对默会知识的运用能力。但是,仅有这一点最多只构成聪明,而不是智慧,智慧最重要的内涵是对生活目标的判断。

---

[1] 西季威克:《伦理学方法》,廖申白译,北京:中国社会科学出版社1993年版,第250页。
[2] 亚里士多德:《尼各马可伦理学》,廖申白译,北京:商务印书馆2006年版,第188页。
[3] 西季威克:《伦理学方法》,廖申白译,北京:中国社会科学出版社1993年版,第251页。
[4] 西季威克对这种后来被称为"know-how"的技能的分析,是目前文献中看到的最早对这种技能的分析,20世纪中叶以后,随着波拉尼对默会知识的提出,这个方面的研究才进入学术界的视野。

但是，认识正确的生活目标与手段为什么是美德呢？这与对真理的认识有什么不同呢？认识真理是美德吗？西季威克认为，这确实有不同的地方，认识真理需要的是智力，但是对道德的实践还需要意志，换句话说，认识真理靠脑，而实践道德靠"心"，[1]因为实践道德必须对情欲和感官爱好压制，这就需要一定的意志品质，在这种情况下，人们会说这个人"是出于意愿而具有智慧的"。[2]

其实对手段的选择也有智慧问题，因为被恐惧和欲望所干扰的情况下，我们无法发现达到目标的手段，"而这种歪曲可以被一种自我控制的努力所努力克服……意志在发展或保护我们关于正当的生活行为的直觉方面所起的作用，比它在发展或保护我们的技能——我们把实践智慧比作技能——方面的作用更大。"[3]

根据这种对智慧的认识，西季威克提出来审慎和决断作为智慧的两个子目，因为自我控制，避免欲望和冲动，需要慎重的思考，所以，"抵制放弃或者修正这一决心的冲动所需的自我控制——我们可以称之为坚定——是智慧的不可缺少的辅助因素。"[4]同样的，决断虽然看起来是慎思的对立物，但是，作为一种对不合理冲动的另外抵制方式，它也是一种美德。这种看起来对立的品德，之所以都被看作美德，因为他们都是一种自我控制的形式，只是表现方式不同罢了。

2. 自制与智

这个问题思想家们多次谈及。斯宾诺莎在《伦理学》第四部分讨论了情感对人的奴役，在他看来，所谓的善的生活就是在理性指导下的生活，这个思想他反复强调。总结他的思想，理性是在两个层面上发挥作用的：首先是对生活中应该遵循的准则的认识，其中最重要的部分是对不同情感形式的认知，了解这些情感的产生原因和性质，这是避免恶的生活、避免情感对人的奴役的前提；第二个层面是要认识到人的局限性。在斯宾诺莎看来，人是自然的一个构成部分，人的行为情感受外界的规定和影响："人的力量是

---

[1] 休谟在《道德原则研究》中就提出了这个比喻，或许也可以采用"心"和"脑"的区别："心的品质也许可以界定为它们的直接发挥伴随着一种感受或者情感，唯独这些品质才能被称为真正的德行；但是勤奋、节俭、自我克制、保守秘密、坚毅以及其他许许多多被普遍称为德行的值得赞美的能力或者习惯，被发挥出来却无需那个拥有他们的人的任何直接的情感，而且它们只是通过它们的作用才为他所知晓。"（第164页）
[2] 西季威克：《伦理学方法》，廖申白译，北京：中国社会科学出版社1993年版，第253页。
[3] 同上。
[4] 同上书，第254页。

异常有限的,而且无限地为外界的力量所超过,因此,我们并没绝对的力量,能使外界事务皆为我所用。但是,有时许多事变发生,与考量我们自己利益的要求,却大相违反,我们也只好以宽大的度量去忍受。只要我们自己觉得我们已经尽了自己的职责,我们已经竭尽所有力量,但实无法可依避免此种不幸之事,并觉得我们只是整个自然的一部分,我们必须遵循自然的法则……"①斯宾诺莎的这段总结性描述,其实阐释的一个关键点是理性不仅知道做什么,更难得的是知道什么做不到,不会因此而沮丧。

亚当·斯密在《道德情操论》中谈到了自我控制,也就是自制,但是没有谈到智慧。其实,这两者之间存在着紧密的联系,可以说,没有智慧,就没有自制。

自制和知识的关系能够看出来智慧的作用。一个有知识的人未必能够按照知识的指引去做事情,因为人们常常受到欲望的诱惑,也常常受到恐惧的驱动而做出不符合知识要求的事情。只有具有自制能力的人,才能排除这些欲望和恐惧的干扰,按照知识的要求去做,从这里可以看出,知识虽然是正确做事的一个条件,但是仅有知识还不能保证一个人做事正确,这需要自制的能力,如果从对知识的遵从角度看,这种自制能力就是一种综合素养,被称为智慧是正确的。佛所谓转识成智,就指的是这种情况。对这个问题,亚里士多德有充分的讨论。他认为,有两种不同的情况,一种是没有知识,这当然不能保证做出正确的事情,另外一种就是有知识而不加以运用。不过,最有启发性的不是这个庸常的见解,亚里士多德说明了这样一个事实:一个不能自制的人会歪曲地理解和运用知识。② 这确实是日常生活中见到的。从这些分析中可以看出来,自制反映的是伦理品质的实践特征,并不是具有美德的知识,而是把美德落实,这当然是智慧的特征了。

亚当·斯密对自制的讨论更具有现代意义。他认为,仅仅具有美德的认识或者知识,并不能保证美德的实现,因为我们随时面对欲望和恐惧。这时候就看到了自制的作用。"按照完美的谨慎、严格的正义和合宜的仁慈这些准则去行事的人,可以说是具有完善的美德的人。但是,只靠极其正确地了解这些准则,并不能保证使人按照这种方式行事;人自己的激情非常容易把他引入歧途——这些激情有时促使他、有时引诱他去违反它在清醒和冷静时赞成的一切准则。对这些准则的最充分了解,如果得不到最完善的自我控制的支持,总是不能使他尽到自己的职责。"③这确实是自制作为一种美德的特点,也反映出自制所具有的智慧的特征。

---

① 斯宾诺莎:《伦理学》,贺麟译,北京:商务印书馆1958年版,第218页。
② 亚里士多德:《尼各马可伦理学》,廖申白译注,北京:商务印书馆2006年版,第200页。
③ 亚当·斯密:《道德情操论》,蒋自强等译,北京:商务印书馆2002年版,第308页。

按照这种看法,智慧实际上不仅包括知识,还包括对知识的运用,而作为实践的学科,伦理和道德知识的运用比具有这种知识更重要。而知识的运用中,最关键的是排除恐惧和欲望的驱使与引诱。这当然是自制的能力,但是同时就是综合运用自己的理智,所以是智慧。

对恐惧的调节和对欲望的抑制具有共同性,都需要自制能力,但是,这两者也有很大的不同。对恐惧的控制是指在危险和痛苦的环境之下,保持镇定和平稳的心态,这种人"必然博得高度的钦佩。如果他为了人类和出于对自己国家的热爱,在争取自由和正义的事业中受难,对苦难最亲切的同情,对迫害他的人的最强烈的义愤,对他善良意图最深切的由衷的感激,对他的优点的最深刻的认识,都同对他高尚行为的钦佩融合和混杂在一起,并且常常激起这种情感,使其变成最热烈和狂热的崇敬"。[1] 不过,亚里士多德在讨论这个问题的时候,区别了自制和坚强两个概念,在他看来,对于欲望,人们可以自制,但是对于苦难,人们无法自制,在他看来,坚强与自制不同,"坚强意味着抵抗,而自制意味着主宰,两者互不相同,正如不屈服于敌人与战胜敌人不相同一样。所以自制比坚强更值得欲求。"[2]所以,坚强是在不能战胜对方的时候保持尊严和理性。

自制针对的是欲望的诱惑和对愤怒的压制。愤怒的发与不发,最能表现智慧的特征,适度的愤怒不仅是心理冲动的表现,也是一个人的品格的反映,亚里士多德对愤怒的分析认为,相比对欲望的屈从,对怒气的屈从并不显得更为令人憎恶,因为愤怒虽然是错误的,但是,愤怒往往是对现实的表象的反映,只是一种直接的反应,例如,认为对方侮辱了自己,就爆发出来,与对方争斗。从这个意义上看,愤怒中含有理性的成分。[3]亚当·斯密的认识更为符合现实,"正义的愤慨的恰当表示构成了许多最好和最令人叹服的段落。"[4]从他们的分析看,愤怒虽然一般说是失去自制的,但是恰当的愤怒正好是强有力的自制的结果。"这种正当的愤怒,只不过是抑制并合宜地缓和到公正的旁观者能够给予同情的愤怒。"问题不在愤怒自身,而在于愤怒的实际和对象。但是无论如何,亚当·斯密认为,即使是这种场合,依然是"宽恕这种高尚的品质,甚或比最合宜的忿恨更为优越"。

对欲望的控制,是亚里士多德所谓自制的最核心的部分。其实,这也是从古至今的

---

[1] 亚当·斯密:《道德情操论》,蒋自强等译,北京:商务印书馆2002年版,第309页。
[2] 亚里士多德:《尼各马可伦理学》,廖申白译注,北京:商务印书馆2006年版,第210页。
[3] 同上书,第205—206页。
[4] 亚当·斯密:《道德情操论》,蒋自强等译,北京:商务印书馆2002年版,第311页。

哲学家和宗教要处理的最关键的一个话题。从一般原理上看,屈从欲望,往往会损害人的长远利益,所以,自制当然是要行为符合长远利益,克服欲望对自身的短期诱惑。这是所谓智慧或者自制的关键内容。但是,从社会史的角度看,近代思想解放就是从个人欲望的正当性开始的,因为在古典思想和宗教中,个人欲望的合理性从来没有得到过正当性的评价。而反叛就是从对个人欲望的正当性开始的。

一般认为,近代企业的发展是个人欲望满足的一种制度化形式。通过理性的方式,以企业为平台,个人对于财富的追求第一次放在了一个合理的框架内得到了释放。这其中的合理性,在韦伯的理论中得到了阐释。在他看来资本主义精神的核心不是贪欲,而是对贪欲的克制,"对财富的贪欲,根本就不等同于资本主义,更不是资本主义精神。倒不如说,资本主义更多地是对这种非理性欲望的一种抑制或至少是一种理性的缓解。"[①]这里存在着的不是一种个体对贪欲的抑制,而是一种制度化的抑制。但是这种抑制的形成之初确实依靠一种特殊的机制。马克思对资本主义的企业活动也有类似的看法,认为那些勤劳、节俭等品德在资本主义的早期发展中是存在的。但是,这并不能掩盖资本的贪欲本性,只是在显在行为上,企业家本身表现出以自制为核心的精神特质。这当然是一种抑制机制在起作用。但是,随着资本主义的发展,又产生出一些否定性的因素,对贪欲的压制被解除了,贪欲不仅在制度上,而且在显在的行为上也表现了出来。这样,对资本的分析就进入到了批判阶段。但是,企业作为一种与市场制度配合的机制,它的本性是所有者的本性决定的,只有资本是贪婪的,并不是所有的所有者都是贪婪的。

3. 理智德行和道德德行——情感和语言的对应

这个问题是休谟提出来的。他在《道德原则研究》附录四中,讨论一些道德论辩时,力图从道德情感和语言的角度对理智德行与道德德行的差别加以区分。他做了四个反思,其中第一和第二个反思都是从当时的英语语言角度展开的。

首先是关于德行和才能、善行与恶行的关系。一般很容易混淆的就是理智德行所属的那些品质,休谟列举了勤奋、节俭、自我克制、保守秘密、坚毅等几项,这些被他列为

[①] 马克斯·韦伯:《新教伦理与资本主义精神》,于晓、陈维纲译,北京:生活·读书·新知三联书店1987年版,第8页。

脑所属的特征或者属性,大部分很容易被看作是才能,虽然道德美德离开这些品德就要减色,甚至会消失。所以,在休谟看来,这些才能就是美德的一个构成部分,即使是从语言的角度看,语言与才能、恶性与善行之间也很难划清界限。① 在第二反思中,休谟提出了这种语言界限是移动的,与特定情感的对应关系中就很难区分。休谟认为,也许成为道德美德是我们寄希望别人的,而理智美德则是我们希望自己拥有的。前者更多的是社会才能,后者则被看作是一种个人所拥有的。"两者在最严格的意义上都是有德行的,但它们的方式却是不同的,而且它们所产生的情感也完全不是同一种。一者我们希望能在朋友身上碰到,另一者我们渴望在自己身上拥有。"②不过做了这个经验性的描述后,休谟马上指出,这些才能或者品德引发的情感很难做出清楚的区分。休谟认为古代的思想家没有对这种美德做出划分,换言之,准确地说,古代的思想家并不认为这些很容易区分为才能的东西不属于美德,而是坚持把他们划为美德的范畴。只是欧洲中世纪的神学思想之下,才开始做这种区分,这种区分是无意义的。

4. 中国思想家论理智德行

在中国古典思想家那里,智作为一个品德是其他品德实现的基础。阮元说过:"达之为义也,圣贤道德之始。古人最重之且恒言之,而后人略之。元按,达也者,士大夫智类通明,所行事功及于家国之谓也。《礼记》曰:九年知类强立而不反谓之大成。故《左传》孟僖子曰:吾闻将有达者。"③

这段话,阮元通过解释达,间接地解释了智。在他看来,圣贤谈论道德,以智为前提,这在古代本来是一个重要的话题,但是后人把这一点忽略了。这是不应该的。他认为,这个概念之所以重要,因为,依靠仁与智共同作用,才能致于达境。孔子评论令尹子文:"未智,焉得仁。"④

追踪文献,孔子时,就已经深入地讨论了智的问题,不过在他那里,智、知尚不分,智者知也,但是孔子已经从美德角度谈论智了。他推"智仁勇"三种美德,到了《中庸》那里就变成了三达德了。孔子还把智与仁相提并论,"仁者乐山,智者乐水,仁者静,智者

---

① 休谟:《道德原则研究》,曾小平译,北京:商务印书馆2001年版,第163页。
② 同上书,第167页。
③ 阮元:《揅经室集》,《皇清经解》卷一百十八,页四。
④ 《论语·公冶长》。

动。"孟子认为,智为是非之心,能够明断是非为智。这已经是对作为美德的智给予形而上学的思考了。

后学中,虽然依然讨论智,但是智常列于仁之下,如《汉书·古今人表》,列智人与仁人之下,就是例子。

网络上流传一句话:道德能够弥补智慧的不足,但是智慧不能弥补道德的缺陷。这句话如果说明道德的重要性是有作用的,但是如果认真区分智慧和智力,这个说法是不对的,因为有智慧的人应该是尊德性而道问学的,不会是要小聪明的人。一个企业家倡导诚实的品德,在面对人们对其谎言的质疑时说,说我说了一百句话都是实话,只有一句话是瞎话,你们为什么抓住不放?其实诚实的特点就是无法容忍谎言,哪怕就一次。

5. 佛学中的智慧

智慧本是佛学概念,传自印度,但是,已经成为了中国思想的一个组成部分。在佛的思想中,智慧真正成为一个道德概念。为了保持对智慧的尊重和强调,佛学著作中,保留了梵文的梵音,用般若来标示智慧,智慧与般若共存,相互注释。毫无疑问,当代中国思想中的智慧虽然主要含义来自西方,但是,其中渗透了佛教思想的影响。

6. 中国古典思想的陆王学派及牟宗三的道德形上学

熊十力作为现代思想家,其思想发自佛学,转至儒学,其主要思想是融合儒佛,尤其是陆王学派的思想。对智慧,熊十力有一个明确的解释:"云何分别智、慧?智义云者,自性觉故,本无倚故。慧义云者,分别事物故,经验起故。"在行间注中,熊十力对智慧做了解释,对智:"吾人反观,炯然一念明觉,正是自性呈露,故曰自性觉。"对慧,"此言慧者,相当于俗云理智或者知识。"[1]他在一封信中对这段做了解释:"按《新论》分别智、慧。智为固有的明觉,慧则由经验而得。"并且做了一个东西哲学的对比:"须知,《新论》所谓智者,是斥本体而名之也。西洋哲学所谓理智与理性等词,自不涵有东方哲学所谓本体的意义,此不容混淆。如所谓智是本体,在理智即是性智之作用。而体用毕竟不

---

[1] 熊十力:《新唯识论·明宗》。

二,亦可说俗云理智,即是《新论》所谓智。"①这是熊十力从佛学接受的一个观念,但是,他融合了中国古典思想,按照这个结构发扬光大,形成了自己的学说体系。本来熊十力在夹注中说在《量论》中还要解释这一个想法。但是,《量论》始终没有成文。所以二十年后,在新的语体本的《新唯识论》中钱学熙翻译原文,对这一段加以详解,以补《量论》未成之遗憾。他把智慧的说法改为性智和量智两个说法,延续了前面的解释,"性智者,即是真的自己的觉悟",这是对本体的一种描述。而量智"是思量和推度,或明辨事物之理则,及于所行所历,简择得失等等作用故,故说名量智,亦名理智"。② 前者是本体,后者是智的作用,熊十力主张即体即用,体用不分。但是,从体上讲,他最终归到了儒家的伦常,从用上讲,则可以普遍展开。这是熊十力的基本思想。

牟宗三在这个基础上,以"智的直觉"为基础,提出了自己的道德形而上学思想,并且力图打通中西思想。对于知与识、他首先做了一个概况的描述:"般若讲智,不是讲识,智就是智慧,这个智是般若智。佛教讲转识成智,这个识是可以通过修行的功夫转化,转成智。"③可见,知与识、智与慧之间的区别虽然他们的讨论方式不同,但是都有一个共同点,就是要上升到本体的高度。牟宗三采取的是通过"智的直觉"完成这个上升的。所谓"智的直觉","是直接看到,而且这个直觉不是认知的,不只是看到……智的直觉是一个创造原则,不是个认知原则,不是个呈现原则。这种意义的智的直觉,中国人也有,而且儒释道三教都肯定人有智的直觉"。④ 所谓智的直觉是能够把呈现物直接给予自身。作为一个创造性原则,在面对自然世界时,这个原则是无效的,但是在面对人自身时,作为实践科学的伦理学,这个智的直觉,就成为了道德的来源。道德准则作为人的创造物,它来自智的直觉,是自身给予人的存在物。智的直觉这个概念,康德也存在,但是,康德那里,智的直觉只属于上帝,而人是没有这个智的直觉的,因此,对康德而言,一方面他强调道德的人间属性,是人的自我创造,另一方面,他意识到了人缺乏这种智的直觉,因此创造是一个有限的物,他必须在实践哲学中保留上帝和灵魂的位置。

作为道德本体的"心性"等是中国古典思想的一个概念,尤其是陆王学派的认识方式,按照思想路线是属于唯心主义。但是,通过康德的哲学,可以挖掘出这个思想路线的价值:作为自我创造物的道德准则,是意识的自我创造。这就把康德的道德哲学与中

---

① 《十力语要·答张生》。
② 熊十力:《新唯识论(语体文本)》第一章,明宗。
③ 牟宗三:《四因说演讲录》,上海:上海古籍出版社1998年版,第194页。
④ 同上书,第195页。

国思想建立了连接。在陆王学派看来,万理都是来自天,自身具备,所以,孟子所谓"反身而诚",则是烛照天理,自明人性。所谓性理,理就是性,"盖理是泛言天地间人物公共之理,性是在我之理。只这道理受于天而为我所有,故谓之性。性字从生从心,是人生来聚是理于心方名之曰性。"[①]这样,道德是上天写于人心的。这显然不是现代对道德准则形成的认识,按照康德的方式,道德还是人自己制定的,只是人的局限性,导致了道德的局限性,因此,道德的形成过程是一个无限延伸的过程。从康德这里,催生了很多现代思想。而烛照内心,也可以通过智的直觉来创造道德。

7. 企业与智慧

智慧与品德在一般人心目中是两个互相并行的精神要素。近似两条平行线,不仅衡量的标准不同(现在用智商和情商的概念,虽然情商不能代表品德,但是至少智商是代表智慧的),而且是互不相干的。一个品德高尚的人不必聪明,而一个智力超群的人不一定是品德高尚的。这两者似乎不可通约。

古典的哲人看法很不相同,至少亚里士多德那里,智慧也是伦理的讨论对象。而孔孟开列的德目表中,智慧也是名列其中的。

现代中国是通过又红又专来对此加以描述的。不过,在这种看法中,似乎把品德与智慧相提并论了,但是其实是二元化的区分。红与专是分离而分立的。

从人生的角度看,如果说智慧与品德相关,只有少数几个途径可以从智慧达到品德:一个智者能够预见到一个复杂社会行为的多种不同后果,从而评估这项行为的社会作用。以此来使人决定做或者不做一件事情。这恰是所谓后果论的思想。但是,在现实中,由于事情的后果无法预见,人们在社会中是根据原则而不是后果确定行为的,尤其是面对复杂事务时。

恰好是在这一点上,在企业伦理中使智慧成为了驾驭伦理的必要能力和要素。经营行为通常在两点上与智慧相关。首先,人的恶的动机往往源于微小的心理波动,而这些动机所导致的行为常常表现为对经营中的利益不顾一切的追求,人们常常忽略这些微小的心理始基,尤其是面对企业经营困难,或者面对巨大的利益诱惑的时候,人们会放纵小的"恶"的动机,并导致一些能够短期获利的"恶"行。这会造成两个后果,第一是恶在内心的

---

① 《北溪字义·性》。

持续成长;第二是使恶植根于企业,一旦企业成功,"恶"的社会关注度和影响力大为提高,最终导致企业的巨大破坏,这时要求的智慧是理智对微小邪恶念头的控制。

第二个与智慧作为品行看待的相关经营行为是面对复杂经营行为时,对未来成果的预见和控制能力。这显然与智慧高度相关。企业的诚信建立与智慧之间存在复杂的关系。管理者能够按照预想实现目标,达成各个利益相关者的预期,这一点虽然是表现出智慧,但是一般人确实很少把这点看作美德。不过,只要知道商务活动中的失信现象最经常遇到的就是智慧的缺乏,这种智慧不足的最后结果表现在了企业的信用破产上,以此就知道智慧对品德实现的重要性了。在一个经营失败的企业面前,一个人的品行就随着企业的破产而破产了。因为,随着企业的失败,一个以负债经营的企业导致了自己对多个利益相关者的失信:股东丢失投资,员工失去工作,供应商失去客户甚至是货款,经销商失去了市场和收入。这时候,各个利益相关者绝对不是简单地埋怨经营者的经营能力,在他们看来,这个失败者是违背契约、失却信义的人:失去信义和品德,失信于社会和个人。因此,对失败者只能做道德上的指责。但是,如果顺藤摸瓜地追溯根源,这种局面的出现大部分是经营智慧不足造成的。可见,商业上的诚信与智慧之间高度相关,只有有效地把握住各个不同的经营风险,才能使企业航船安全抵达目的地。一个经营者和企业才能完成对社会及利益相关者的承诺,从这点上看,智慧是作为经营美德存在的。

在企业经营中,智慧成为伦理的一个构成要素,比之于日常生活,更显示出其重要性和特殊性。这与两个因素相关,第一,家庭、学校所提供的主要是在生活世界中发挥作用的日常生活的道德准则和观念教育,而日常生活的道德则在面对企业和复杂的经济生活时失效。第二,企业经营中的伦理结果因而就超出了行为人自然行为所能控制的结果。因此,在企业中经常遇到一个日常生活中的道德楷模却成为企业的罪人的情况。造成企业恶果的不仅是那些心怀邪念、为非作歹的恶棍,也不仅仅是是非不分的糊涂虫,一些顶天立地、敢于承担责任的好汉也会造成企业的罪恶行为,这说明,一方面,生活世界中积累的伦常观念无法有效地应对企业的复杂局面,因此就需要,另一方面,在坚持基本道德的前提下,对复杂行为的后果有能力全面把握。显然,在这里,智慧就成为企业伦理的一个必要构成要素。无智慧,合乎伦理的企业就无法锻造形成。

在"高尚的邪恶"的评估中,人们发现产生这种行为的原因是多方面的。一方面人们对企业管理的高阶职位的伦理内涵给予了清晰的说明,往往以日常生活的道德准则来填充敷衍,另一方面,就是没有把智慧的伦理含义加入其中,由于这一认识的缺陷,往往导致企业管理职位的伦理全面陷落。

第 24 章　诚信[①]

1. 概述

诚与仁一样,在中国思想史中曾经取得过超越的本体地位。因此,也是中国古典思想史中最重要、最基本的美德性概念。

不过,不同于仁的是,仁不仅是一个重要的品德和本体,仁首先是中国古典时期美德谱系的一个主要的导引性的概念和美德。所谓仁义礼智信,仁为德行之首,因此,对仁的讨论基本上是在德行表的基础上,在与其他美德的比较中展开。相比之下,诚则一直是一个独立的品德和概念,但是,却超越了其他忠孝节义、礼义廉耻等众多品德,成为与仁并列的、与天齐高的超越地位,这是一个很值得探索的问题。

信是儒家五伦中的一项,从这个意义上说,这个道德品质也是重要的,但是,信确实仅仅是中国古典时代所提倡的诸多美德之一,从来没有取得过如仁和诚那样的至尊地位。不过,很早人们就发现了诚与信之间的内在联系,从而诚信联释,常常视为一体。

从西方的思想发展过程看,仁作为一个基督教输入的概念,不仅起源晚,还长期处于边缘地位,只是近代以来,才获得了重视,但是,在与正义的比较中,依然处于一种补充的地位,在工具理性支配下的现代制度中,无法独立承担起在中国古典道德体系中的那种独特的责任和至尊的地位。相比之下,诚在西方的思想体系中也一直没有获得正义那样的至尊地位,甚至也没有达到仁慈的那种重要地位。但是,作为一个市场经济运

[①] 至少在普通人的语言和意识中,诚实和诚信是很难加以区别的,因此,在语言层面上常常加以混用,在意识层面不加区分。但是,史密斯在复述兰德思想的时候,把诚实和诚信加以区分了。诚实是对事实的尊重,不能捏造存在,诚信是自己的意识"对不能捏造你的意识这件事实的承认"。(塔拉·史密斯:《有道德的利己》,王旋、毛鑫译,北京:华夏出版社 2010 年版,第 167 页)

行的基本品质,诚与信之间紧密联系,为现代制度的运行提供了一个微观的道德基础,因此,对诚信的研究,成为当代企业伦理和市场伦理研究的重要课题。

2. 概念史

2.1 中国古代思想史中的诚

诚是思孟学派提倡的一个核心概念。在孔子那里,诚还未被作为美德提出,更不要说取得在《中庸》中那种核心概念或者核心品德的地位。《论语》中诚字两见,其中"诚不以富,亦祗以异"。这是孔子引用《诗经·小雅·我行其野》,案:诚在这里仅仅是一个语助词,没有实在的含义,更与诚信无关。不过,也有人认为,诚不以富,意指诚信与财富无关,是引申了诗经的含义。另外一处用诚字,是《论语·子路》:"诚哉是言也。"这里的诚更是语助词无疑了,因此,至少在《论语》中,诚还不是一个被提倡的基本道德观念,尚无后来的诚的含义。

《中庸》中,诚就成为了一个中心概念,诚作为天道人性的总括概念,在哲学史上第一次获得了完整的表述。这一论断不仅当时影响了孟荀,而且肇始了宋学之源。

"诚者天之道也,诚之者人之道也。诚者,不勉而中,不思而得,从容中道,圣人也。诚之者,择善而固执之者也。"在这里,诚既是人道,也是天道,合于中庸是诚的特点。

《中庸》以诚为核心,诚既作为天道,又潜入人心,并且在这两个不同的层面上被反复论证,成为一个重要概念。但是,无论作为天道还是作为人心,都需要更加开阔的视野加以阐释。不过,在《中庸》一书中,子思已经开创了天人合一的方式,用以为道德建立基础,其中诚当然也作为一个美德,被采取天人合一的方式加以论证。《中庸》曰:"诚者天之道也,诚之者,人之道也。"从这个意义上,说天人合一的思想来源于《中庸》是有道理的。至少在诚的概念阐释上,这个说法是有根据的。只是在《中庸》中,对诚的解释是天道和人心共论,两者之间的关系虽有提及,但是尚不清楚。孟子也说:"诚者天之道也,思诚者人之道也。"[①]几乎是全文重复子思的《中庸》,但是从诚的根源上看,孟子基本主张是来自人心。孟子开始了从人心追寻美德根源的思想方式,对于天道人心的说法,孟子并未充分展开论证。只是到了荀子,才从比较的方式展开对天道的人心的论

[①] 《孟子·离娄上》。

述。不同于思孟的是,诚对荀子既不是中心概念,更不是超越的品德。对于诚,荀子做了如下解说:

"天不言而人推高焉,地不言而人推厚焉,四时不言而百姓期焉,夫此有常以致其诚者也……天地为天也,不诚则不能化万物;圣人为知也,不诚则不能化万民;父子为亲也,不诚则疏;君上为尊矣,不诚则卑。夫诚者,君子之守也,而政事之本也。"[1]在荀子看来,天行有常,因此,启示君臣父子,应该像大自然一样地守信,荀子论诚的思想路线是一种比喻,很自然亲切,体现出平实的客观主义思想方法。但是被后来的学者所继承时往往流于神秘主义。

孟子论道德论诚,最终追到了人心,仁义礼智,各对应不同的心智状态。与孟子相比,荀子追到了天,他的思想更具古意,也更为平实。《礼记》:圣人作则,必以天地为心,故圣人做法,必用天地为根本也。所以,荀子论诚,采取的就是《礼记》圣人作则的解释方法。这种解释方法的特点虽然上及于天,但是,实际上是出自常识,也就是人们出于常识,认为天行有常,因此,人应该仿天,这样对道德的解释,使思想立足于现实。虽近常识,但是终究可以透彻地说明伦理起源,说明诚的本性。在这里所谓"天",还是自然的天,没有什么神秘色彩。

不过,到了孟荀后学,这种基于常识的自然朴实逐渐减少,最终消弭于无形,反而对道德的解释,流入到了神秘主义的境地。孟子论人心,到了后学那里,成为了先验的良知,荀子探天道,则至汉儒,就成为了天人感应了。仁与诚,作为中国哲学史中最重要的概念,出现这种不同的论证方式,对内容的理解产生了影响,同时也启发了不同的学术思路和思想路线。相比之下,后学中能够坚持平实思想方式的人太少了,不是故弄玄虚,就是装神弄鬼。

所谓平和朴实,与神秘主义不同之处在于,在荀子看来,人间的道德秩序来源于自然启发,也是自然规律的一部分。但是在神秘主义的后学那里,自然规律本身具有伦理特性,是人间的翻版。前一种思想是比喻,神秘主义就变成了比附了。前一种思想是自然论的,后一种则把自然界变成了目的论的。不过,一些政治化的学者不隐晦这一点,在中国古代所谓神道设教,把伦常给神话,变成宗教,以便统治,这种做法已经超出了理论的讨论范围,成为一种统治术了。

到了宋代的周敦颐,才真正第一次把诚提到了宇宙本体的高度,由于周敦颐对宋代

---

[1] 《荀子·劝学》。

理性各家都有巨大的影响,他提出的太极、理、气、性命等概念为后来的形而上学的理学体系奠定了基础,因此成为儒学复兴的关键人物。从思想史看,他把诚提到了宇宙本体高度的看法,对此后一千年中国思想在这个概念的认识上也起到了奠基的作用。

周敦颐以《易》解诚,进而把诚与其他的伦常概念建立联系,形成思想体系。他把诚与乾坤、元亨利贞、仁义礼智信等儒家的概念结合起来,以圣解诚,统摄五行和伍德。由此建立了以诚为核心的思想体系。所以,在《通书·诚》一文中,上来就说:"'大哉乾元,万物资始'诚之源也。"朱熹注解,指出,这是以易解诚,乾为纯阳之卦,是天的代表,所谓"天行健",这是它的本性,而诚就是从乾卦中生出。

诚与圣,这是本体的两个表现形式,互为表里。首先,诚是圣之源,而"圣,诚而已矣"。诚为本体,周敦颐说诚是"静无而动有,至正而明达"[①]寂静的本体,诚处于隐秘状态,故曰无,而动则诚见,故曰动有。这种解释明显是把诚作为无极而太极的本体来看待了。这里,诚作为道德理念和品德让位于新的本体的地位。

按照《周易》,元亨利贞是卦象展开的不同步骤,所以,乾为诚源,而元亨为诚之通,利贞为诚之复,周而复始,性命流转。

而诚作为本体的内容,就是仁义礼智信。所谓"诚,无常之本,百行之源",而五常是"德:爱曰仁,宜曰义,理曰礼,通曰智,守曰信"。

其实诚作为伦理本源的思想还是要追溯到孟子,孟子曾说过一句中国思想史上最著名、也争议颇大的话:"万物皆备于我,反身而诚,乐莫大焉。"[②]

孟子肇源,董仲舒继承,到周敦颐最终确立的本体的诚,具有至尊的地位了。但是,在周敦颐这里,这个诚已经彻底陷入了神秘主义。只有到了朱熹,才把诚从神秘主义的不可思议的高度又拖回到了人间。

虽然在朱熹那里,诚依然占据着中心的位置,但是对诚的解释方式发生了变化。朱熹的思想构造,主要是通过确立四书的核心地位,利用四书的思想资源为基础,来重构儒家的思想体系的。这与汉儒主要是通过经书的方式来建立儒家思想结构是不同的。朱熹解诚,主要是依据《中庸》,把中庸的思想发挥到了极致。其中以信解诚,诚信相对,奠定了此后对诚信认识的基础,成为现在的基本认识内容。

---

① 周敦颐:《通书·诚下》。
② 《孟子·尽心上》。

2.2 中国古代思想史中的信

与诚相比，信从来没有作为一个核心伦理概念占据中心地位，信作为一个美德，古代人就知道，但是这个信更多的是与神联系在一起的，《左传·庄公十年》曹刿论战："公曰：牺牲玉帛，弗敢加也，必以信。"而桓公六年，随侯谓季梁："吾牲牷肥腯，粢盛丰备，何则不信？"钱锺书评论曰："二信字同义。"[①]所谓敬神以诚，庄公所谓信，为祭祀不夸大其词，而随侯所谓信，则是敬之以诚，可见信的义同，但表达的内容不同而已。

从《论语》开始，信就是一个被反复提及和讨论的基本伦理概念。到董仲舒，把信合并加入孟子的仁义礼智，所谓的五常，配以金木水火土五行，形成了品德表，成为中国长达两千年中伦理品德的最基本概念。

在《论语》中，孔子反复提及信，在这个语录集中，信出现了三十八次，成为仅次于仁和礼的重要概念。孔子教育学生的四科，所谓：文行忠信，其中忠信处理外部关系，忠是处理君臣为核心的上下关系，而信则是处理朋友关系。不过，不同于忠是单向的处理上下关系，信既包括朋友的平等关系，也包括上下关系。"自古皆有死，人无信不立。"[②]这里的信有两种不同的解释，第一是孔安国的解释："治邦不可以失信"，而何晏的《集解》则认为这里的信是指人民重视统治者的信用。

不同于孔子，孟子既谈诚也论信，诚信对举，在《孟子》一书中，诚出现了 22 次，信出现了 30 次。基于五伦关系，孟子对信的内容做了明确的说明，"父子有亲，君臣有义，夫妇有别，长幼有序，朋友有信。"这里把信与朋友关系建立了明确的联系。孟子提出的仁义礼智四德，其中没有谈到信，到了董仲舒补上，才成为了五常。对于孟子在四端中不谈信，朱熹专门做了一个煞有介事的解释："四端之信，犹五行之土，无定位，无成名。而水火金木，无不待是以生者。故土于四行无不在，于四时则寄天焉，其理亦犹是也。"[③]冯友兰接着解释说："所谓信者，即以诚行仁义礼智也。"根据这种解释，诚信就成为四端基础，如五行之土，居于中央。

相比之下，作为一个伦理准则，法家也表现出对信的青睐和提倡。人们都知道的商鞅变法开始时，为了树立新法权威，在城门立柱，赏金让人移动，以此来立信。所以，蔡元培评论道："其言普通社会之制裁，则惟信。秉政之始，尝赏徙木以示信，亦见其端也，

---

① 钱锺书：《管锥编》第一册，北京：中华书局1979年版，第176页。
② 《论语·述而》。
③ 《四书集注·孟子·公孙丑上》。

盖彼既不认私人有自由行动之余地,而惟以服从于团体之制裁为义务,则舍信以外,无所谓根本之道德矣。"①但是,法家的特点决定,他们的把道德作为法律的补充,这里树立的不是道德诚信,而是法律的权威,因此,信在这里更多地表现为一种脱离传统价值的倾向。比较起来,这种信的阐释方式,更接近现代商业伦理中的诚信了。

荀子明确地把信的关系推广到了商业活动中去了。"合符节,别契券者,所以为信也。"②这虽然是对商业活动的一种描述,但是从思想史上看,也许是第一次把信与商务活动建立关系。

诚的出现比信晚,但是,诚与信在中国思想史上一直是互为表里,从伦理准则上看,诚与信也有共同的基础,因此才出现后来的诚信并举的情况。在现代人心目中,诚信是一个概念,而汉语概念可以拆字分析,这反映出古代中国语言的特点。而现代汉语中,诚信确实成为一个概念。

至少在汉代,学者们就已经开始在诚信之间建立对偶关系,以互相解释。如《白虎通》解释诚信:"诚与信相对论,则诚是自然,信是用力;诚是理,信使心;诚是天道,信是人道;诚是以命言,信是以性言;诚是以道言,信是以德言。"③这实际上是把先秦时代的诚与思诚区分为诚与信了,思诚的人道变成了信。本来是一体的诚,从区分诚与思诚,进而区分为诚与信。

朱熹不仅把信作为一个基础概念,重新定位了信在五常中的地位,而且对诚信的关系也做了分析。朱熹后学陈淳编写的词典式教科书《北溪字义》对诚信及其相关概念做了说明,这些看法可以看成是朱熹思想的反映。他说:"信者,诚也,专一不移也。"他认为,诚与忠信相同,"诚是就自然之理上形容出一字,忠信就是人用功夫上说"。④"忠信两个字近诚字,忠信只是实,诚也只是实。但诚是自然实底,忠信是做功夫实底。诚是就本然天赋真实道理上立字,忠信是就人做功夫上立字。"⑤陈淳认为,要区分仁义礼智信之信和忠信之信,这两个信既相同也不相同。相同是两者都以诚为基础,但是"五常之信从心之实理而言,忠信之信以言之实而言"。这个解释一方面打通诚信,把两者连为一体。同时其中的区分很重要,把心之诚和言之信区分开来,为诚信的展开提供了新

---

① 蔡元培:《中国伦理学史》,北京:东方出版社1996年版,第43页。
② 《荀子·君道》。
③ 《白虎通·性情》。
④ 陈淳:《北溪字义·诚》。
⑤ 陈淳:《北溪字义·忠信》。

的线索。

2.3　西方的诚信概念

当代西方对诚信的理解带有明显的工具性和非价值化的特点。穆勒是一个功利主义的倡导者,他的主要贡献是对功利主义原理的阐释,而不是对具体道德准则的讨论。但是,他在《功利主义》中对功利原理的阐述中,专门提出了对诚实的认识,即使穆勒这样高尚的道德论者,也是从效用角度对这个问题展开论述的:"在我们内心培养一种对诚实保持高度敏感的情感,是最有益的事之一(而这种情感的衰退则是最有害的事之一),能够用以引导我们的行为。而任何事实真相的背叛,哪怕是并非出于故意,都会大大削弱人类言论的可靠性;这种可靠性不但是当今社会的一切幸福的主要支撑点,而且它的缺失会比其他任何叫得出名字的事务都更严重地阻碍文明、美德以及所有人类幸福可依赖的东西。"[①]毫无疑问,对于穆勒而言,诚实和信任之间存在着内在的关系,如果没有这个作用,诚实的意义就不存在了。显然,虽然穆勒作为一个美德的提倡者,一向强调伦理准则的内在的高尚性质,但是,对于诚实的讨论,已经显露了去价值化的倾向。

西季威克区分了守诺和诚实,而把守约放在了正义中加以讨论。这样,诚信就区分为不同的品德。

首先是允诺,这就是要言行一致。达成这个目标的做法或者使言论符合行为,或者使行为符合言论。一旦一个允诺发出,就应该兑现。但是,在现实中,兑现承诺包含了很多复杂的情况。第一,如果我的承诺与别人的理解不同,我是不是要兑现我的承诺呢?这确实是常常发生的情况,别人误解了我的承诺。西季威克的意见:"如果在某些场合,所引起的期望是自然的和大多数人在那种情况下都会产生的,他就有义务这样做。"[②]第二,不道德允诺是没有约束力的。第三,如果是欺骗得来的允诺,是不是有约束力,是非常复杂的,如果欺骗是导致这个允诺的唯一原因,这个允诺当然是没有约束力的。但是,如果欺骗仅仅是允诺的一个次要原因,这个允诺是不是应该得到遵守就变成一个有争议的问题了。第四,如果允诺的情况发生了变化,是不是可以改变允诺呢?这也是一个很复杂的问题,如果情况的变化明显改变了允诺发生效力的条件,"在这样

[①]　穆勒:《功利主义》,叶建新译,北京:九州出版社2007年版,第53—55页。
[②]　西季威克:《伦理学方法》,廖申白译,北京:中国社会科学出版社1993年版,第320页。

一种情况下,大概所有的人都会认为受诺者应当解脱允诺者。但是如果他拒绝这样做,我们就似乎很难确定允诺者是否还有义务。"①

诚实不同于守诺,诚实是指讲真话的品德。讲真话的含义是明确的,但是,只要是认真讨论,就会发现,讲真话的内容常常包括很复杂的含义,例如,真话是什么? 是自己认为的真实情况,还是传达中对方了解的情况,在西季威克时代,语言问题还没有引起20世纪那样的兴趣,但是,在这里已经出现了这个层面的问题。另外就是一个变动中的语言,人们常常认为的套话,例如在公众场所称对方为"尊敬的朋友",实际上对方可能是你刚刚认识的人。另外,就是那些可以避免损害所说的假话是道德上允许的吗? 例如面对绝症病人,人们一般的顾左右而言他的做法,不是被常识道德所允许吗?

最重要的讨论还是诚实的性质,如果说,正义和仁慈是基本的道德品德,诚实是不是另外的基本道德品德呢? 西季威克认为,虽然大多数伦理学家一开始都认为诚实是一个基本道德,因为这个品德简洁明确,但是"耐心的反思将会表明,这种观点并不真为人类常识所肯定"。②

西文中与诚信对应的概念是"Integrity"。相近的还有"Honesty","Truthfulness",商业上用的"Good Faith"也翻译为诚信。相反的概念如"hypocrisy"(假仁假义)。

诚信(Integrity)词根是拉丁语的"Integer",指的是全部或者彻底,有内在的含义。日程生活中的通俗解释,诚信可以指一个人对自己承诺的遵守。不过,这个解释可以延伸到原则、理想和价值观等抽象的层面上,一个人如果能够对这种抽象的事物也能忠诚,则也属于诚信,甚至是更高层次的诚信。正是在这个意义上,才有孟子所谓:"夫大人者,言不必信,行不必果,惟义所在。"这里所说的就是君子对原则的遵守。艾茵兰德(Agn Rand)说过:诚信"并非忠实于个人主观冲动,而是对理性原则的忠诚"。

但是,很明显的,这种诚信的理解方式很奇特,和日常生活的理解存在着巨大的差距。在日常生活中,所谓诚信就是对诺言的遵守。当然,这种遵守还是以心诚为基础,所以陈淳才提出心实之诚和言信之诚。据此诚,首先是口对心,然后才是言行一致。这样评价诚信就变成了两个层次的问题了:一个层次是心与言的对应一致,另一层面是言与行之间的一致。上面所谓的日常理解的诚信与另外一种理解的分别就是从这两个不同的过程来的。日常的诚信是所谓的言行一致,但是,这个一致包括了行随言出,言行

---

① 西季威克:《伦理学方法》,廖申白译,北京:中国社会科学出版社1993年版,第323页。
② 同上书,第331页。

一致。但是也包括言论的内在一致，这种情况就是一个人言论或者行为的前后一致。这种理解还依然是在日常理解的范围内。更精深的理解是一个人对内心的忠诚，对原则和信仰的忠诚。这是存在论立场上对诚信的考虑了。

从这个分析中可以看出，诚不仅与信相关，也与忠相关。所以，汉语中有忠诚的概念。但是忠与诚之间毕竟有区别。忠诚之间的关系是不对称的。忠是下级对上级的诚实可靠，可见忠是以诚为基础的。但是诚则不必是忠。忠还是一个以等级制为前提而存在的伦理品质，而诚的存在不必是等级制的体制，在平等的关系中，诚也是存在的，而在这种关系中，毫无疑问没有忠的存在了。

相比忠诚和诚实(Loyalty and Honesty)，诚信虽然也是伦理概念，但是，这两个概念更具操作性，因此，可以作为现代企业伦理中的重要准则加以使用。而忠诚则更具政治意味，在企业伦理中几乎不具可用性。诚实则更多的是指一个人的个人品质。

3. 诚信的不同层次

如果把上面关于诚信的不同解释加以排列，可以看出，诚信的内涵还是有很多拓展空间的，同时，由于对诚信的结构理解不透彻，也导致对诚信理解的分歧，引发很多争论，包括对孟子这样的亚圣的言行理解的争论。

如果把诚信作为一种个人品质，也可以说是在美德和义务之间存在着不同层次。作为美德的诚信，是内在的一致，从过程上看，第一是内心的原则，原则当然是符合一定的规则和准则。第二是言论，言论应该表达内心的原则和理性，这就是所谓的口对心。第三是行动，行动当然要实现自己的诺言，所谓言行一致。作为人类的美德的诚信，就是这三者之间的一致，也就是准则、言论和行为的一致。朱熹说：无妄之为诚。这个无妄就是这三者的一致。这其中，最重要的，是对原则和信仰这种人类最高的准则的遵循。这样就会出现孟子所谓言而无信不为错的看法。在这个层次上，诞生的都是英雄和信徒。其高风亮节，表现了人类最高的品德。所谓"威武不能屈，富贵不能淫"、"舍生取义，杀身成仁"等都是这样的美德的最高表现。西方也有人明确表达这样的思想，例如，塔拉·史密斯转达兰德的思想，所谓诚信既为"忠于自己的信条和价值，是一种按照自己的价值行事，表达和坚持自己的价值，并将它们付诸实践的策略"。[①] 可见，对原则

[①] 塔拉·史密斯：《有道德的利己》，王旋、毛鑫译，北京：华夏出版社2010年版，第165页。

的坚持是最为崇高的。

不过商业上的事情没有这么崇高,但是并不意味着没有崇高存在,只是表现形式不同,例如,商业中对承诺的遵守,如果发生了对承诺的理解的歧义,这时候按照对方的解释往往就被看成是一种美德。如果商业交易的双方都可以采取默契的方式进行交易,显然就是商业上的诚实美德带来的结果。虽然遵守书面的契约是商业活动中的常规水平,这恰好就是在义务水平上遵守诚心的原则。

诚信在义务层面所取的标准不一样,人们只要求言行一致,与内心的信仰和原则无关。这种诚信的解释,在当代的商业社会具有极高的价值。对于交易的各方,内心所想并不重要,重要的是以口头或者书面做出的承诺必须最终兑现。这就是跟随言论的行为必须符合承诺。但是具体到商业实践中,这个诚信的概念依然非常复杂,人们所谓的承诺包括所采取的行动及其所承诺的行为的结果。这两者往往不一致。一个人承诺在签署投资文件后,保证自己的投资资金在规定的时间内到位,他如果没有做到,人们会以失信来评价这个行为和这个人。但是管理者对股东们承诺的投资回报常常因为主客观原因而无法实现。尽管他们做了最大的努力,采取了一切行动,这个结果依然没有达成,这种情况下,人们很少用这个不诚信来评价这个结果。这是因为在这里人际关系与自然关系融为一体了。而人际关系以自然关系的处理为前提,因此,这里的因果关系表现复杂,处理这个问题不完全是一个人的道德品质是不是诚信,更重要的是对生产经营过程的预测和掌控,在这里最主要的不是诚信这种主观品质,而是一个人的智慧与知识能力。因此,义务层内的诚信,主要是看行动是不是符合言论,这两者一致,就可以了,既不考虑内心的世界,也不是把实际的结果作为最主要的参照。所谓诚信,在这里最重要的就是一个人的行为的可预见性。言行一致,才使人产生信任感,消除未来的不确定性,准确地预知未来的状况。

从企业经营活动的角度讲,美德和义务的界限基本上就是以法律精神为中界线。符合法律精神就达到了义务的水平,超越法律水平,达到一个更高的境界就是美德的境界了。

4. 诚信的中道分析

亚里士多德在《尼各马可伦理学》中,以很小的篇幅分析了诚实的中道。按照亚里士多德的看法,每一种优良的品德都具有适度的特征,适度就是无过无不及。从这个角度,他分析了诚实的对立面:自夸和自贬。"自夸的人是表现得自己具有某些受人夸赞的品质,实际上却并不具有或具有得不那么多;自贬的人是表现得自己不具有他实际上具有的品质,或者贬低他具有的程度;有适度的人则是诚实的。"[1]不过,比较起来,亚里士多德认为自贬是一个相对较弱的缺陷,因为自夸是告诉别人不存在的品德,让人对自己产生误解。而自贬则是对自己的品德少说甚至不说。

自夸被亚里士多德分为没有目的的自夸和有目的的自夸。从这两种不同的自夸性质上看,没有目的的自夸更坏一些。这个说法其实是不完全的。因为按照亚里士多德的看法,有目的的自夸包括了两种不同的形式,第一种是为了荣誉等,这还不算太坏的目的。所谓"那种没有目的而喜欢自吹的人,在品质上比有目的还要低些"[2]指的就是这种情况。但是有目的的自夸还有另外一种情况,就是"为着钱或可用来得到钱的东西,其品质就比较坏"[3]了。其实,在现代的市场活动中,自吹自擂,大部分都是出于为了钱的原因,因此,这种自夸行为确实是一个大的缺陷,往往是商业欺诈的一种形式。

相比之下,自贬的人的品德就表现得更为复杂,评价起来更为困难一些。在很多文化中,自贬是一种谦逊的表现,是得到赞扬的。但是,这也会导致人们为了获得赞扬而自贬,出现这种情况,人们就认为这是一种虚伪了,这种人也就被称为伪君子。但是亚里士多德多次强调,一个诚实的人"会倾向于对自己少说几分",[4]"在一些不那么明显和突出的事情上适当地用一点自贬倒也不失高雅"。[5] 孔子也说过:"君子欲讷于言而敏于行。"[6]少说多做,在中国一直是作为美德被提倡的。

在对这个品德做总结时,亚里士多德说:"同诚实的人相对立的似乎是自夸的人,因为自夸是比自贬更坏的品质。"[7]这里面有一个有意思的思考结构,亚里士多德虽然做中道分析,但是,每一个品德的两极对立中,总有一个是比较起来更坏的,因此,这个品质就是与优秀品质对立的那个。在诚实的这个结构中,亚里士多德确定的对立的品德就是自夸。但是,在现实生活中,似乎与诚实对立的主要不是自夸,当然更不是自贬,而是欺诈。欺诈所具有的共同特征就是所说与现实不符合。欺诈其实包括了虚伪和欺

---

[1] 亚里士多德:《尼各马可伦理学》,廖申白译,北京:商务印书馆2003年版,第119页。
[2] 同上书,第120页。
[3] 同上。
[4] 同上。
[5] 同上书,第1201页。
[6] 《论语·里仁》。
[7] 亚里士多德,《尼各马可伦理学》,廖申白译,北京:商务印书馆2003年版,第1202页。

骗。不过，亚里士多德没有把欺诈作为诚实的对立物，也是有道理的。因为诚实主要是指言行一致的作风。但是，欺诈则主要是指掩盖现实的言行。前者是就言行关系确定的，后者则是根据现实与语言关系确定的。显然，在这里，欺诈与诚实的逻辑结构不同。从结构上看，欺诈更主要是一个对策行为，其中的伦理价值取决于所处的环境。例如在军事行动中，欺诈就不是一个坏的品德。但是，毫无疑问，在商业活动中，欺诈就变成了诚实的对立面。

5. 现代市场运行和企业运作中的诚信

诚信是市场体制中所要求的最重要的一个品德。与其他的现代伦理品质相比，对这一伦理准则的理解，明显的具有去价值化的倾向。也就是说，对诚信的解释缺少了古典伦理准则的内在价值判断因素。出现这种情况，当然与诚信的伦理特点有关：诚信包括了原则和言行三者之间的关系。但是，在当代的市场制度中，最重要的是言行一致。这样，其中的美德因素就被剔除了，只剩下了义务。这种去价值化的伦理准则，表现的是一种世俗的功利主义精神。对此，韦伯在引述富兰克林的劝世格言时有一个评论："富兰克林所有的道德观念都带有功利主义的色彩。诚实有用，因为诚实能带来信誉；守时、勤奋、节俭都有用，所以都是美德。按照逻辑往下推理，人们也许可以得出这样的印象：在富兰克林看来，假如诚实的外表能达到同样的目的，那么，有个诚实的外表就够了；过多的这种美德只能是不必要的浪费。"[1] 这种对品德的认知有两个特征：第一，一切品德的确认都是看它是不是对个人有实际的用处。虽然这在很多人看来是虚伪的，但是情况远比这个复杂。因为这涉及第二个特征，就是目的的超越与手段的理性之间的矛盾。"一个人对天职负有责任乃是资产境界文化的社会伦理中最具代表性的东西，而且在某种意义上说，它是资产阶级文化的根本基础。"[2] 韦伯以诚实为例，深刻地揭示了现代伦理的规则化倾向，并且揭示了这种规则背后的深刻内容。

在现代相关学科的研究中，对诚信可以采取科学的方法加以衡量。对诚信的研究往往也就转化为一系列技术性和工具性的研究。从主观和客观两个对立的角度加以测定，并把人的诚信与机构的诚信量化，通过评价，形成等级。

---

[1] 马克斯·韦伯：《新教伦理与资本主义精神》，于晓、陈维纲译，北京：生活·读书·新知三联书店1987年版，第36页。

[2] 同上书，第38页。

所以,如果说仁慈是古典道德体系的元概念,正义在当代社会制度的评价中是最基本的伦理准则,则诚信可以看成是商业活动中行为评价的最主要和最基本的准则。

出现这种情况,很大程度上是因为诚信所负载的社会关系不同,如果按照孟子所谓信是处理朋友关系,则现代市场中的诚信所负载的就是近乎完全的非熟人的关系。这种关系中,没有任何私人的关系介入,双方之间发生联系主要是基于利益关系,因此,信用和利益之间的关系直接化了,不像古代熟人之间那样被一层温情脉脉的面纱所笼罩。但是,现代商业上的利益关系的实现很大程度上依赖这种信用关系,没有这种关系,商业关系是无法巩固和发展的。因为信用承载的这种复杂关系和沉重的利益,所以,诚信在当代社会中表现为一种基本的品德。这种品德是市场和商业关系所需要的,但是,对于当事人来讲,也许失信所带来的利益大于守信,尤其是在短期关系中,更是如此。如果失信带来的利益远远大于守信,受到惩罚的几率再很小,则这时候失信的可能性就会变大。

从信用实现的机理上,现代也不同于古代,古代更多依靠家族关系和熟人社会交往圈子的凝固与稳定,因此,失信导致生存空间减少。但是,现代社会的商业关系所依靠的社会关系完全不同,因此,信用的作用机制也发生了变化。现代社会更多依靠社会和法律机制以及道德机制来维系社会的基本诚信。[①]

与仁慈相比,诚信作为商务世界中最主要的品德,其特点就是去价值化、去道德化了。这一准则确实反映了现代企业伦理准则的规则化和实用化的特点。这一准则在企业经营的不同层面,针对不同对象都具有适用性。例如,诚信是市场经营活动的一个基本要求,也是市场竞争的基本要求。恰好是诚信原则,把商业活动与军事活动区别开来。尽管人们很愿意也很习惯用战争比喻商业活动。但是,在这两种不同活动的立足原则上,是根本对立的,商务活动必须建立在诚信的原则上,而军事是所谓兵无常势水无常形的充满机谋的活动,与商业活动是根本不同的。不仅在处理外部关系上,同时,在企业处理内部关系中,无论是股东关系,还是企业与员工关系,甚至是职业人员的职业守则,都是以诚信作为基础的。如果没有诚信存在,企业就连一天都无法生存。

商业上谈的诚信,在西文中更多的是采取"good faith",这个概念来源于拉丁文的"bona fides"。在这里译为诚信是确当的。其中"fides"就是所谓的信,而"bona"则是

[①] 对于诚信的古今之别,可以参看舍勒对"忠诚"的分析,舍勒所谈问题实际上就是诚信问题,在古典时期,诚信"承担者视一切约束性的'诺言'和需要接受的'契约'的要求为一种侮辱,因为那无非是对忠诚的怀疑,要求提出认为的保证。现在'忠诚'纯粹变成恪守诺言和契约的素质"。(《价值的颠覆》,第144页)

善,这个概念是从信(fides)扩展到善(bona),也是从日常话语过渡到法律概念。在这里信就是守诺,诚信则主要是指遵守合同,从日常生活的语言角度讲,古罗马的"信"也是双重含义的:信任和值得信任。因此,这就包括了主动和被动的诚信的概念。①

这里的"good faith"主要是作为一个来自罗马法的法律概念,这与伦理学中"integrity"的界限是不一致的,并且常常发生冲突。西塞罗以如下案例说明了其中的差别。

一个粮商从亚历山大将一批粮食海运到正在经历饥荒的罗德岛。这个粮商率先到达罗德岛。他知道还有其他的装运粮食的船只也已经启程,将陆续到达这个岛,他是否应当将这个消息透露出去?显然,隐瞒消息,将导致粮商更高的收入,但是,这样做正当吗?从罗马法的条文看,这样做被认为是一种天然的方式,但是从道德上,西塞罗认为应当披露这个消息。这就是法律与道德的界限不同。②

不过,在现代社会中,法律的执行都是以道德为基础的,违反道德做法在大部分法律体系中不予支持,例如,与上例相似的下一案例:

退休教师邀请艺术品商人到自己家里参观艺术品收藏,以便协助出售这些艺术品。其中一幅是德加的名画。艺术品商向退休教师打探,发现退休教师只知道这幅画很古老,自己也很喜欢,但是并不知道其价值。艺术品商出价1200英镑,教师也欣然接受,后来,艺术品商转手以85000英镑出售。

对这一案例,欧洲各国法律绝大部分都强调艺术品商违反了诚信原则。如希腊《民法典》178条规定:"违反道德的法律行为无效。"直接判合同无效。而奥地利法律则更为具体,如果买方付出的对价不足所购标的的市场价格的一半,则可以撤销合同,并请返还给付。而法国法律认为,艺术品商的沉默可以被视作欺诈。最有意思的是英国,这一合同被认为是有效的。在相关法律中,误述不应导致合同失效。爱尔兰法律也不主张一方向另外一方披露有利信息,这种披露被认为在商业上是无效率的,因为这损害了那些投入时间和金钱来获取信息的人的利益,法院的态度是:应当由卖方来探求他的财

---

① 莱茵哈德·齐默曼、西蒙·惠特克:《欧洲合同法中的诚信原则》,丁广宇等译,北京:法律出版社2005年版,第61—63页。
② 同上书,第71页。

产的价值。[①]

显然,法律体系运作的背后是不同的伦理体系来支撑。大部分国家把罗马法的诚信原则渗透到了法律运作中。而英国和爱尔兰则以效率这一现代经济学原则来处理此案。相比之下,后一种态度在现代企业中更是基本态度,效率不仅取得合法性,甚至成为了伦理体系的元准则,占据了制高点。所谓诚信,在这里只能是依靠一种去价值化的准则来判定了。

如果涉及具体的诚信原则,包括西季威克所谓的守诺和说真话(诚实),以及前面提到的尊重原则和理念。这些做法在现代企业中涉及不同领域的活动。例如,在市场的交易中,守诺是最基本的也是最重要的品德。守诺可以在不同层次上,底线是对书面承诺的兑现。但是一旦发生书面契约条款的理解不一致,则或者诉诸协商,或者诉诸仲裁与诉讼。诉诸协商,就要求双方有合作的态度和意愿,这中间需要双方至少一方的美德水平的作为。如果这一点做不到,就只能诉诸法律了。

但是,在所谓广告活动中,更重要的品德不是守诺,而是说实话,遵循所谓诚实的原则。也就是要诚实地公布相关的信息。即使在商业信息披露这个层面上,诚信也有不同的具体表现形式,可以罗列为不同层面的诚信。第一个层次是不说假话,这是商业信息披露,包括广告信息传播、商业标签的内容等,所说均为真实信息。但是,从商业上,仅仅做到这一点是不够的,还要做到信息披露的完整。所谓不说假话,还可以不说话,但是披露完整就要求,该说的话都要说,该披露的信息不能隐而不发,一定要完整地披露出来。一般企业在信息披露时有选择,这是必然的,不可能把所有的信息都披露出来,但是必要的信息要披露出来。这里面最重要的是对本企业不利的信息如何处理,一般的企业就采取沉默的方式。但是,如果法律规定的必须披露的信息、可能引起误导行为的信息或者可能给相关方面造成影响的信息,则应该披露出来,不能隐瞒。这在商业上是常见的现象。例如,快餐中的豆浆是人们常常食用的,制作工艺本来不是人们关注的,但是人们习惯上认为这些豆浆是现磨的,企业对此的沉默,可能加深人们的这种印象,这时候有必要披露。而一些餐厅的汤料本来是委托批量制作的,但是被神话为秘制

[①] 莱茵哈德·齐默曼、西蒙·惠特克:《欧洲合同法中的诚信原则》,丁广宇等译,北京:法律出版社2005年版,第146—163页。

的,并且训练服务人员有意隐瞒相关信息,就是有意违背诚信原则了。① 因此,信息披露完整是贯彻诚信原则的一个更为重要的要求。把那些对企业虽然不利但是可能造成不良后果的因素披露是一个虽然困难但是必须满足的要求。

对于企业中一些特殊职业,仅仅遵守具体的承诺是远远不够的,而是要遵守一些关键的原则。例如,企业中的财务人员,对这些人员的职业要求就是遵守职业准则。因此,这些岗位的诚信更多地表现在对原则的遵守上。

---

① 2010年以来,很多餐饮企业被披露出饮料是批量定制的产品,而消费者误以为是在餐厅内制作的。这里面又分为几种不同情况,一种是肯德基等的豆浆,既没有明示也没有暗示豆浆的制作方式。还有一种是培训服务员,回避相关的汤料制作方式,避免客人知道汤料是定制的。

第 25 章　忠

1. 概述

在中国古典政治哲学中,忠是占有至尊的位置的伦理品质之一。忠孝节义,作为一个在仁义礼智信和礼义廉耻之外的德目表,把忠位列第一,说明了这个品德的重要性。除了德目表所列举的之外,中国古典时代还为忠找到了一个偶像级的化身,关云长,忠义集于一身,所谓的忠勇异常,义薄云天,都是以忠为基础。

不过,如果说基本的伦理准则有不可还原性、基础性和自然性,[①]忠是不符合这种要求的。首先,忠不是一种自然伦理准则。所谓自然伦理准则,意味着这种伦理准则存在于人的自然生物本性中,无须训练就存在于人身上或者社会中,如仁慈就是这样的准则,发于母亲对子女之爱就是一种天然的感情。这种自然本性可以通过社会化过程扩大,更可以通过社会机制而推广,但是,这种伦理准则的基础是天然的。忠不是天然的,如果说在社会上可以广泛观察到忠诚的存在,这更主要是教育的结果。而公平感似乎也是一种出自天然的情感或者准则,也因此,罗尔斯把公平作为其正义讨论的基础。另外,基本准则还有不可还原的特点,就是说这种准则是单一的,非构成性的。例如,正义就是一种单一的伦理准则,但是,忠就不是这种单一的,忠不仅与信形成忠信,也与其他

---

① 关于基本伦理准则,可以有不同的分类方法,首先是把伦理准则按照是不是有生理或者生物学基础来划分:有的准则是有生理学基础的,如仁慈就可以在家庭中,最原始的形态在母子关系中发现,有的准则是纯粹理性确立的,这是社会生活的基本要求的反映,如忠诚,当然,在这两者之间有一系列过渡形态的准则,例如,正义,虽然存在生理学基础,但是,非常薄弱,所以,现代的正义几乎就是理性确立的。当然即使有人类学或者生理学基础,很多对偶准则的基础确实是不对称的,母子关系中的仁和孝,前者是自然的,后者虽然也有人类学基础,但是,还是需要社会教化的强化,才能对等地确立起与母亲仁慈之间的关系。当然,依然对品德的分类还有公德和私德的划分,前者是一个陌生人群中的调节原则,后者则主要是在熟人中的调节原则。

相近品质形成了忠诚、忠实等不同的但是相似的品德。

基本伦理准则还应该具有基础性，准确说，就是其他伦理准则可以从基本的伦理准则中推论出来，从而构建伦理准则体系的大厦。从本性上看，仁爱与忠孝是不同的，上面已经说过，仁爱是有生物学基础的。在家庭中，慈爱天然的从父母指向子女，"慈母手中线，游子身上衣"描述的场景就是这种家庭氛围的自然展露，不断地感动着不同时代的人，但是孝悌也者，则很难说是完全出自自然的情感，更多是教育与熏陶的结果，可以看作是一种补偿机制，更多的是社会机制所确立的原则，而不是自然的准则。忠在古典时代是孝的翻版，更多的是教育的结果，而这一教育的蓝本则是社会制度确立的一种保障机制。从这一个意义上看，忠诚无论如何不是一个基础性的道德准则。在古典时代，孝的对象自然是家长，而忠的对象则主要是君王和权威，这些都是等级社会和封建制度的产物。这是不同于仁慈的，仁慈包含了强者对弱者的扶植和保护。虽然孝包含着对强者的遵从，也可以把孝看作是一种生物繁衍基础上的反哺机制，但是孝道主要不是自然伦理准则，而是一种社会机制的结果①。忠诚虽然是从孝翻版而来，但是不同于孝的是，忠诚完全是社会制度所确立的，没有任何自然基础。也因此无法从中推演出任何其他美德，甚至忠诚本身都需要严格的理性和情感论证，才能在美德体系中立足。

除了非自然和单纯的特征之外，在中国古代的政治伦理中，虽然忠占据着中心的地位，但是，忠其实不是独立的准则，而是孝的一个延伸。因为，中国古典伦理是建立在血缘组织基础之上的，所有的品德都是以血缘组织的延续为基本的导向，因此，孝作为一个品德是基础性的。这一点不仅从《论语》中可以看出来，也可以从《大学》的三纲八目中看出来，所谓修齐治平，对应的是身家国和天下，其中家是核心，一个人修身是为了家庭奉献提供前提，另一方面国家和天下是家的延伸，所以，古人本身常常是家国相提并论，而在家庭中自然形成的孝道，向外延伸到国家层面上去，就成为了忠。

---

① 中国古典道德显然是建立在血缘-亲缘组织的基础上的，其中基本的伦理准则都是围绕这种组织展开的。其中仁慈作为儒家所提倡的基本道德准则，具有核心准则的特征，就是因为这个准则所具有的自然性、基础性和不可还原性。但是古典道德准则体系具有完整性的特征。所谓完整性包括了几个要点，首先是各种伦理准则具有对偶性，也就是，针对人际关系的伦理准则是成对出现的，所谓父慈子孝、兄良弟悌等都是这种对偶准则的例证。其中，一些古典伦理准则超越了血缘关系，进入到社会关系中，但是，伦理准则也是对偶出现的，例如，君臣的忠诚和良善的关系，就是这样的。但是，对偶关系中的两方面实际上是不对等的，因为在血缘组织中，慈爱具有自然基础，而孝悌也者，则更多是教育的结果。超越血缘关系，则都是社会议程所确立的了。从这点上看，仁爱与孝悌是非对称的关系，而忠诚虽然号称是孝悌的翻版，实际上对象改变了，内容也改变了，这种品德在古典时代因此确实无法成为一个基础性的准则。

虽然忠被看成是孝的延伸，但是在长期的政治运作和伦理实施过程中，忠还是取得了独立的意义。从忠的原始意义上对君主的忠诚，逐步转化为对一些抽象的内容始终如一，如对一个组织的真诚守护，或者对一个事业的始终如一，甚至牺牲自我。从这点上看，忠与孝确有不同，是一个脱离了血缘-亲缘关系的品德，更多的是与高尚和神圣等相联系。就其内在品质而言，忠表现为一种行为与情感的始终如一和坚定不移。其对象不仅是血缘组织，也可以是抽象的信仰和具象的企业等。如果这样评价这个品德或者准则，可以把它看成是从以仁孝为核心的血缘伦理向非血缘伦理转变的一个转换的枢纽，也因此可以看成是一个更容易赋予现代意义的古典伦理。因为，毕竟忠孝中还是有共同的行为要素，第一是服从，第二是为了忠孝的实现而自我牺牲。这些可以看作这两种伦理准则实现的行为要素。

2. 忠的概念史

2.1 西方思想中的忠

1911年《不列颠百科全书》中对忠诚（Loyalty）加以定义的时候，还是把忠这个品德与对一个王朝或者政府的奉献联系在一起的。可见这个概念至少在中世纪以来，一直是局限于对王朝和政府的忠诚这个狭窄的政治圈子内的。从这一点上看，这与中国传统对忠的认知方式是一致的。中国传统中，忠首先是对一个合法政权尤其是合法的王权的坚定不移和始终如一，并且积极奉献。

但是，与中国古典伦理中忠占据至尊位置不同，在西方，忠诚（loyalty）从来不是一个中心的政治和伦理概念。这一概念起源于古法语的"Loial"，其词根是"loi"，就是拉丁文的"lex"，即法律。这样看，忠诚是以法律为基础的。这种品德毫无疑问是从部落中产生的，但是，在中世纪则表现为一种君臣之间的封建关系。

由于忠诚不是一个基本的伦理概念，因此，20世纪之前，对其的讨论在西方并不多见，远不如中国的讨论充分。但是，1908年，美国一个学者乔塞亚·罗伊斯（Josiah Royce）发表了一部著作《忠诚的哲学》（*The Philosophy of Loyalty*），第一次对忠诚的品格进行了现代代式的讨论，并且激发了学术界及思想界对这一准则和品德的探索。

在罗伊斯看来，忠诚是人类的基本的美德，从中可以推导出其他的人类美德。他对忠诚给出了一个一般性的定义："忠诚是一个人对一个事业主动并实际上的彻底奉献

(Loyalty is the willing and practical and thoroughgoing devotion of a person to a cause)."[1]显然,在罗伊斯的定义中,忠诚的对象已经发生了变化,从对一个王权或者政府变为一个事业了。

罗伊斯认为,以忠诚为基础,可以构造一个伦理学的体系。这个体系被他称为"忠诚自身的忠诚"(loyalty to loyalty itself),这种自身的忠诚强调对公众利益和公益事业的促进,而那些破坏公益事业的则不构成忠诚。由于这种看法的基础性,因此,在他看来,可以从这个品德中抽取出真诚、正义、仁慈和礼仪等不同的品德。

2.1.1 忠诚的对象[2]

对罗伊斯,哲学伦理学的任务就像电视剧《士兵突击》中许三多一样,是探索有意义的生活,而对有意义的生活的理解来源于生活中的经验,人们应当自主地确立生活目标和计划。从生活中我们发现那些有意义的事业,然后把自身与这种事业联系起来,个人集中全力于事业,并对这个事业做出贡献,这种做法最终发展成为一种道德品质,这种品质就是忠诚(Loyalty)。从这个分析中可以看出,在罗伊斯看来,忠诚是与对象的有效存在联系在一起的,或者更为准确地说,忠诚是与对象的道德价值相关的。在 Royce 看来,如果一个奉献对象在道德上是错误和荒谬的,则这个行为就不是一个忠诚,至少不是一个正确的忠诚(true loyalty)。

对罗伊斯的这个忠诚对象的看法,有很多不同的批评意见。约翰·莱德(John Ladd)在给《麦克米兰哲学百科全书》(*Macmillan Encyclopedia of philosophy*)撰写的条目中,认为罗伊斯把忠诚建立在非人性和超人性(impersonal and surperpersonal)的基础上,从而使个人消解于这个超人之中,把个人责任融入于超人之中,这是不符合自由主义的理念的,按照莱德的看法,忠诚的对象只能是人际关系(interpersonal),换言之,忠诚的对象只能是人(person)或者人群(the group of person)。

不过,对莱德的看法,也有很多人不同意,例如,科维特兹(Konvitez)指出,忠诚的客体或对象可以是一个人、一群人,也可以是原则、事业、理想、宗教、意识形态、国家、政

---

[1] Josiah Royce (1908), *The philosophy of loyalty*, New York, 16-17.
[2] 按照斯宾诺莎的看法,观念形态是可以脱离对象而单独存在的,但是,思想的其他样式必须依赖对象的存在才能存在。"思想的各个样式,如爱情、欲望以及其他,除非具有这种情感的个人有了所爱、所欲的对象的观念,便不能存在。但是即使没有其他样式,却仍然可以有观念。"(斯宾诺莎:《伦理学》,北京:商务印书馆 1958 年版,第 42 页)在伦理准则的探索中,很多伦理准则都是依据对象而存在的,如忠孝节义都是对象化的,而修齐治平的三纲八目,也是对象化的伦理准则,不过,按照斯宾诺莎的看法,这种探索方式在对道德情感的探索上更具价值。

府、党派、领导、家庭、朋友、区域、种族,总之,一切人们愿意奉献和向往的事务都可以成为忠诚的对象,并不妨碍忠诚的价值。当然,对这个争论,也有学者是从发展角度看待的,他们认为,初期的忠诚感就是针对个人的,但是随着抽象价值观的发展,忠诚的对象才发生了转变,忠诚的对象也从人变为多种事务。

2.1.2 多重忠诚

斯蒂芬·内桑森(Stephen Nathanson)在其著作《爱国主义、道德与和平》[①]一书中对忠诚(loyalty)做了多角度的分析。这是一部讨论爱国主义问题的书,在这部书中,他把爱国主义与忠诚之间建立了联系,从主题上看,这是古典忠诚的现代翻版,在忠诚对象上,他坚持了国家,但是,做了现代阐释。他首先建立了一个"温和爱国主义"概念,以区别极端爱国主义,并且坚持了自由主义的一些基本假设,如爱国主义不意味着同意政府的所有做法,即使是最开明的政府也会产生极其邪恶的政策。

他认为忠诚是多种多样的,可以是排他的,也可以是非排他的,可以是单一的忠诚,就是只忠诚一个人或者一个组织,也可以是多重忠诚的。在多重忠诚情况下,在不同忠诚对象条件下,可以因为忠诚对象的分歧导致忠诚者的困惑甚至导致不忠诚的现象。但是,多种忠诚是现代社会的一个常态。一个人可以既忠诚家庭,也忠诚于组织,并且可以同时忠诚多个组织,只要这些组织之间没有直接的利害冲突。

除了忠诚对象的多重性之外,内桑森还从多个不同变量上对忠诚进行了多角度和多性质的分析。他主要分析了忠诚的基础、强度、范围、合法性和态度五个方面的问题。

第一,忠诚的基础。他区分了建立在生物学基础上的忠诚和建立在理性基础上的忠诚,以及建立在情感基础上的忠诚。这些不同的忠诚或者以客观的存在为基础,或者是纯粹主观形成的。

第二,忠诚的强度:不同的对象的忠诚强度是不同的,最高的忠诚可以压倒一切其他的对象。现代人的忠诚对象既然是多重的,就存在着不同的忠诚理由,一旦发生忠诚对象之间的冲突,就要在不同的理由之间进行衡量。这种忠诚就成为了推定的忠诚。

第三,忠诚的范围。多重忠诚存在的情况下,不同的忠诚有不同的范围,例如,对于职责的忠诚就不同于对家庭的忠诚。前者只要求完成工作职责的要求即可以,而对家

---

① Stephen Nathanson(1993), *Patriotism, Morality and Peace*, Newman & Littlefield Publishers Inc., Boston, 53.

庭或者家庭成员的忠诚则要求尽最大的可能采取一切必要的行动完成自己对家庭的责任。显然后者的范围远远大于前者。最高的忠诚可以认为是没有范围限制的,一旦需要,甚至可以牺牲生命来完成自己的责任。因此,在不同的忠诚发生冲突的时候,不同的忠诚之间主要是比较忠诚的范围,最大范围或者更大范围的忠诚则要优先于有限或者较小范围的忠诚。

第四,忠诚的合法。对于内桑森,忠诚存在着合法与不合法的问题,在他看来,宗教极端势力和排外势力就是不合法的,对这样的宗教和做法的忠诚也因此是不合法的。这个思想可以看成是古典忠诚思想的现代翻版。这个问题中国古代的思想家如孟子等,一直就有自己的探索,在中国古典思想中一直存在着不同忠诚之间的对立和冲突的探索与解决方法,最显著的是《三国演义》中常常出现的对一个主公的忠诚与背叛之间的关系,被用于解决这个问题的说法是"良臣择主而事",其实,这就是内桑森所谓的合法的忠诚与不合法忠诚之间的关系,中国古代思想家为改朝换代的臣子们改投新朝提供的方案是新朝的应天命而生,这显然是原则和客体之间的冲突及其解决方案:对于原则的忠诚高于对于具体对象的忠诚。

第五,忠诚的态度。一个主体对对象的忠诚不意味着他就一定是对这个对象的完全认同,人们可以怀着极其复杂的感情对待忠诚的对象,就像《茶馆》中那些大清的遗臣一样,对大清既恨又爱,情感复杂。人们对忠诚对象可以是充满感情,也可以是非常冷漠,甚至是憎恨,但是这些不排除人们还可以是忠诚的。

虽然内桑森对忠诚的分析是建立在一个更为狭窄的专题基础上,但是他对忠诚的分类分析为我们认识这个道德准则提供了新的思路,其中很多专题可以进一步开拓,尤其是在企业伦理的范围内引用这些思路。

2.2 中国古典思想中的忠

忠是中国古典政治伦理的核心概念,从孔子开始,就对忠做了多角度的讨论,对忠的解释方式也不断地推进和改变,形成了一个多脉络解释体系。其中蕴含着极其丰富的内涵。

忠的第一个解释当然就是对君主的奉献和尽心。孔子曰:"君使臣以礼,臣事君以忠。"[1]在这里忠的对象就是君王,虽然这个忠可以有多种具体解释,但是因为对象的凝

---

[1] 《论语·八佾》。

固化,所以忠就是处理君王臣下关系的一个具体准则。这一准则被历代的统治者所倡导,成为忠的第一个最重要的含义。日常生活中,当我们说起忠的时候,首先映于脑中的就是这个对君王的忠诚。认真考察孔子的思想,会发现,孔子这里,尚没有明确地说明事君以忠就是服从君主的意思,更多的还是从自己的主观愿望出发,对君主的真心服侍。这个意思就是后学解读中的所谓的"尽心为忠"。但是无论如何,忠的对象是君主。

不过,就是在《论语》中也存在对忠的不同解读方法。曾子曰:"吾日三省吾身,为人谋不忠乎?与朋友交而不信乎?传不习乎?"[1]显然这里面的忠没有确指的对象,而是一种品德的描述,对这个品德的解释,朱熹沿用了二程的解释,采取"尽己之谓忠"[2],是从主体自身的品德角度展开的,显然在这里,忠的对象与孔子不同,忠的方式也不同。曾子更多的是从自我修养的角度展开对忠信的论证的,这被看成是开创了中国古代自我修养的传统。其实,在二程朱熹之前,《说文》解忠:"忠,敬也,尽心曰忠。"[3]与孔子的忠君不同,这里的忠显然是现代语言中的所谓忠诚,更接近诚实的含义,忠的对象似乎也超越了君王这个狭小的范围,可以是任何人。忠只是做事的风格。

从曾子的这个忠看来,忠的对象是任何人,忠的内容是尽己尽心,在未接人时,忠以敬立,在已接人后,忠以信验,所以朱熹说:"忠以心言,信以事言。信者,忠之验。"[4]朱熹接着说:"忠信只是一事,但发于心而自尽,则为忠,验于理而不违,则为信,忠是信之本,信是忠之发。"[5]

这里忠当然首先是一种修养的品德,但是忠的具体指向一旦挑明,首先肯定是君王,虽然在《论语》中,忠的对象是多元的,但是,一旦具体讨论其对象时,必然是指向君王。第一次明确提出忠就是对君王的服从是荀子,他如下一段话阐释了几个相近的概念:"从命而利君谓之顺,从命而不利君谓之谄,逆命而利君谓之忠,逆命而不利君谓之篡"。[6] 这里明确地把忠作为一种服从君王的行为提了出来,成为后来为统治者所提倡的标准解释。不过荀子还是对忠的不同程度做出了分析:对君王的负责任的忠是敢于

---

[1] 《论语·学而》。
[2] 《朱子语类》卷二十一中多处记载了朱熹对忠的这种解释,中心思想是如何尽己之心为他人谋事。"为人谋时,竭尽自己之心,这个便是忠。"
[3] 关于忠与敬之间的关系,《朱子语类》中也多有解释,门生问道,忠既然是谋事尽己,在未交朋友时,如何是忠?朱子曰:"只是主于敬,此亦是存养此心,在这里……不动而敬,不言而信,忠于心上看,信于事上看。"(卷二十一)
[4] 《朱子语类》卷二十一。
[5] 《朱子语类》卷二十一。
[6] 《荀子·臣道》。

坚持不同意见，为君王的长远利益负责，而对君王言听计从只是一种较为低层次的忠诚，而为了自身利益，与君王交往作为交换，只能称为国贼。①

忠孝关系一向是中国思想史上的一个重要话题，几次构成思想史中的焦点，即使民间也早已发现忠孝之间的矛盾冲突，但是，这种矛盾和冲突还是以其相互紧密的关系为前提的。如《朱子语类》朱子与学生的问答："于事父谓之孝，处朋友谓之信，独于事君谓之忠，何也？曰：父子兄弟朋友，皆是分义相亲。至于事君，则分际甚严，人每若有不得之意，非有出于忠心之诚者，故圣人事君以尽忠言之。"②

总结一下忠的解释方式，一共有三种，第一种就是把忠的对象固定在君王身上，忠就是处理君臣关系的原则。第二种是孟子的解读思路，忠不是简单的对一个君主的忠诚，忠的对象主要是一个或者一组原则，在谈到先人诛杀纣王时，孟子评论道："闻诛一夫纣，未闻弑君也。"明明是把一个国王诛杀，但是在孟子看来，这个国王不施仁政，早已丧失了天命之正统，因此变得人人得而诛之的独夫民贼了。这种解读方式实际上是与孔子不同的，在孟子看来，并非所有的君王都是忠的对象，只有那些能够行仁政的君王才得正统，也才能成为忠诚的对象。这种解读把忠诚的对象解读为一组原则。这种解读方式延续了曾子的"为人谋不忠乎"的思路，在更为抽象的视角上展开了对忠的解释。由于这种解读，才导致了此后数千年中国人对忠诚认知的不同方式。

不过，忠作为一个政治伦理更多反映了法家的思想，法家思想是以国家和君王为核心的国家主义，因此，对于法家而言，忠是一个基本美德，用以维系政权的运作。这个思想受到了历代王朝的支持和提倡，成为顺理成章的一个政治运作原则，并且从伦理高度得到了论证。所以，虽然孟子已经能够区分出对具体职位或者个人的忠诚与对原则忠诚的不同，但是，这种思想依然与统治者的目标乖离，并且没有被彻底接受，中国古典思想的忠诚一向在对君王的忠诚和对原则的忠诚之间徘徊。没有哪一种思想彻底征服了思想界。以致宋代学者仍然说："忠信二字，从古未有解人的分晓，诸家谈忠，都是以事君不欺负为言。"③因为这种分歧，导致了中国古代学者和大臣对忠理解的差异，这种区别在政权的稳定时期尚可以被掩盖，但是，一旦发生政治动荡，忠诚于原则和忠诚于固定的君王之间就会造成内在的紧张关系。人们在王朝稳定时期的忠君概念就会被动

---

① "以德覆君而化之，大忠也，以德调君而辅之，次忠也，以是谏非而怒之，下忠也，不恤君之荣辱，不恤国之臧否，偷合苟容，以持禄养交而已耳，国贼也。"《荀子·臣道》。

② 《朱子语类》卷二十一。

③ 《北溪字义·忠信》。

摇。例如,历经两朝的大臣,或者因忠于前朝而死,固然令人敬佩,但是也有人认为新朝得到了天命,因此改换朝服,归顺新君,亦可被接受。前者悲壮,当然很好,受到表彰,后者明智,也属可慰,亦受嘉许。但是认真追究起来,这里表现的分裂就是对原则和对具体君王的不同忠诚。对于原则的忠诚从曾子发源,经孟子提倡,形成了与法家不同的一个忠诚的方式,这种方式更接近古典伦理的诚的概念。

忠在孔子那里,不是一个基本伦理准则,从忠与相邻的伦理准则的关系就可以看出来。《论语》中,忠恕是仁的一个构成部分,从属于仁,按照程伊川的解释:尽己之谓忠,推己之谓恕。则忠是一种积极的态度和行为,而恕则是仁的消极表达形式。孔子说过:"君子之道,忠恕而已矣。"从圣、仁、忠恕的关系看,忠仅是一个低位的伦理准则,不仅不是圣的充分条件,也不是一个可以与仁相平行的准则,只是一个从属于仁的准则。在孔子看来尽忠未必能达乎仁,《论语·公冶长》中,孔子和学生讨论了令尹子文和陈文子等的品行,对他们的忠诚和清廉表示赞赏,但是认为没有达到仁的境界。①

3. 忠的社会史追根

按照我们前面对伦理准则的基础不同,分为有自然和生理基础的伦理准则、没有自然与生理基础的伦理准则,前者有相对稳定的内容内核,后者的内容则完全是由社会议程决定的,随着社会变迁,这种伦理准则的内容也在变化。忠是最典型的属于第二类伦理准则,其内容没有心理始基,因此,完全是社会决定的。在对忠的分析中,我们已经看到了伦理准则从古典时代向现代转变中的内容变化,在我们分析企业伦理中的忠诚概念之后,我们可以看到这一伦理准则从现代向后现代转变的另外一个景象。但是,就对忠诚的内容变化的逻辑分析角度看,现在的分析已经足以揭示这个准则的内容特征了。

在中国古典时代和中世纪的欧洲,忠作为一个伦理准则是高度从属于专制的政治体制的。虽然,对忠诚的论证方式不同,但是,其基本内容是为专制的王权服务的,为了政权的有效运转,不同时代、不同国家的历史上都存在过这种政权转移方式,因此,忠作为一个政治伦理,对这种体制的运作提供了高度有效的思想保证。当然,忠诚所包含的

---

① 子张问曰:"令尹子文三仕为令尹,无喜色。三已之,无愠色。旧令尹之政,必以告新令尹。何如?"子曰:"忠矣!"曰:"仁矣乎?"子曰:"未知。焉得仁?""崔子弑齐君,陈文子有马十乘,弃而违之。至于他邦,则曰:'犹吾大夫崔子也。'违之,至一邦,则又曰:'犹吾大夫崔子也。'违之。何如?"子曰:"清矣。"曰:"仁矣乎?"曰:"未知。焉得仁?"

内容虽然往往以王权为基本对象，但是，实际上对国家和祖国甚至人类之爱也常常通过这种方式表现出来。因为，在古代，王权是国家的稳定象征，因此，对国家的爱往往掺入对王权的忠诚中去。但是，随着近代政治体制从专制转向民主，国家的体制也从王权转向了民主，民主体制中，国家的稳定象征反而丧失了，在政党政治的基础上，对国家的忠诚往往首先表现在对某一个政党甚至是对某些政纲的赞同和服膺。这样，忠诚的对象似乎变得狭窄和不稳定了，反而缺乏了确定的对象。这样，忠诚的现代含义发生了变化，在我们对罗伊斯和内桑森等人对忠诚的分析中，看到了忠诚内容的演变。从原来的神圣和稳定，转变为一种世俗和多元，忠诚的实现不是依靠对特定对象的忠诚，而是对建立在理性基础上的原则的服膺和推演，因此，现代的忠诚和古典的忠，不仅对象发生了变化，而且忠诚的基础也从一种宗教感和道德感转变为一种理性的推论中来了。

后面的企业伦理中忠诚的分析将说明，在更一步的演变中，忠诚不仅丧失了原有的神圣性，甚至演变为一种技术性指标，成为一个非道德化的管理手段，内容不仅没有了道德含义，而且演变为一种仅具统计含义的技术指标，通过这个指标，管理人员不仅可以测定对象的概率性的心理倾向分布，而且可以把这个指标作为手段，对管理对象加以操作和控制，实现企业管理和经营的目标。这样的准则完全丧失了道德含义，但是，却依然保留着伦理外壳。

忠诚的这种历史演变成为了社会史演变的一个微观折射，可以从中窥出社会史演变的一些关键性信息。

4. 忠的中位分析

按照亚里士多德的分析，每一个美德都是有过与不足两个不同的对立面，中国古典思想强调的是矛盾性存在，因此，每一个美德都有自己的对立面。从忠诚的作为美德的运作角度看，应该是亚里士多德的分析更具参考价值，因为我们在看古人处理忠诚时，确实表现为一种度的掌握，过于固执于忠诚的对象，被称为愚忠，而完全不忠于对象，则是一个机会主义者，所以，忠诚的对立面，一面是投机，另一面是愚忠，前者不及，后者过度。

投机本来在汉语中就是一个贬义词。其中机，就是机会。投机则是指见风使舵、随机而变、没有原则的做法，这种行为表现为跟随短期利益转变行为态度的处事方式，在古典时代,就是一个坏的品质。但是,在现代社会中,尤其是现代企业中,本身就带有很大的冒险性,或者说投机性,而企业内部,强调权利的平等和机会的平等,员工和资方随时会根据自己的利益调整自己的行为,因此,无论是从企业行为层面,还是从个体行为层面,投机几乎成为了一个常态行为方式,显然,从这个意义上看,忠诚退居幕后,投机占据了舞台的中心。

但是这种行为模式不仅消解了忠诚的意义和价值,同时也导致了投机作为一种行为方式的道德评价中的中性化。现在汉语中,投机不再像古典时代和计划经济时代那样,作为一个纯粹的贬义词存在,在现代汉语中,投机具有多重意义,其中如果作为一种投资手段或者策略的话,还具有聚集资本等正面效应。因此,投机至少被中性化了,甚至被美化了。相比之下,古典时代,愚忠至少是高于投机的品德,但是,在现代社会中愚忠的做法是一种最等而下之的品德。

即使在现代企业组织中,忠,至少在职业伦理层面上还存在。只是忠诚的对象发生了变化。忠于的对象从一个人对组织和事业的忠诚变化为对一个职位或者技能的守护,企业则是在这种职业精神的维系下运转。

愚忠是无原则的忠诚。尤其是对个人的忠诚。愚忠是在两个条件下产生的,第一是存在一个超越一般信任的信仰关系,第二是对忠诚对象的无条件相信。恰好在第一个条件中,可以看到前面罗伊斯所谈到过的所谓坏的忠诚问题,从历史上看,一些邪教产生于愚忠,或者可以说邪教制造愚忠。韦伯所谓的克里斯玛①现象,就是这种愚忠产生基础的一个西方的描述方式。虽然个人魅力是产生愚忠的一个前提,但领导的个人魅力和能力是做好事情的一个条件,产生愚忠现象则是因为组织和其他社会条件造成的。不能简单地归结为领导魅力。这种愚忠发生于脱离现实的土壤中,但是从总体上看,如果出现反社会的问题,虽然倡导者负有相应的责任,但是本质上是愚忠者对某种现实不满的虚幻表现。这种愚忠往往是大规模发生的,不铲除愚忠的现实基础,纠正现实中的问题,这种现象是无法彻底消除的。第二种愚忠在现实中也往往可以看到,是一个下属对于上级能力的无条件信任和彻底的服从。如《水浒传》中李逵和宋江的关系,就是这种情况。往往是忠诚对象具有极强的能力,并且对忠诚者也极其信任,这样就可

---

① 韦伯对官僚制(汉语中现在更流行科层制的说法)分析,任何组织中权力的存在形态分为三种,第一种是传统的,基于惯例和习惯的权力来源,第二种是基于合法建立的等级组织所确立的各种制度,第三种则是基于领导人的克里斯玛(Charisma),也就是所谓的超凡魅力,这种组织中的领袖被赋予超越自然的能力,因此成为崇拜对象。

以建立这种关系。

现代企业是从一开始就主要是建立在经济利益基础上的经济组织,虽然这个组织存在社会性,但是,按照韦伯的看法,现代组织最主要的特征就是其理性化,这种理性化表现在对利益清晰的划分,管理方式的规范化和准则化,因此,这种情况下愚忠现象出现的两个条件都不具备,因此愚忠问题在现代企业中较其他组织就大大减少了。在现代企业中愚忠现象仅在创业团队和利益团体的活动中可以观察到,但是两者基础不同,前者是建立在克里斯玛现象之上的,后者包括的内容较为复杂,不排除克里斯玛现象,但是也是利益分割造成的。随着个人权利意识的觉醒,愚忠的现象变得非常罕见了,无法成为主流的行为模式。

5. 忠的平行概念分析

古代中国,忠首先是与孝联系在一起的,忠孝先后和轻重确实曾经是中国古代思想界和政治界的一个重要话题。早期的思想家如孔子,是把忠从属于孝的,所以有孝忠的说法,随后这个说法被颠倒了过来,成为忠孝。孝忠显然是把国作为家的一个扩充来看待的。这一点在春秋以前的时代中至少在两点上是对的。第一,在封建制下,列土分封的诸侯分为不同等级,虽然有等序差别,但是诸侯称国,士大夫为家,国就是一个扩大的家,都是靠血缘关系作为维系秩序的手段。家国除了范围大小之外,确无差别;第二,在孔子等早期儒家思想家的思想中,血缘关系的家是整个社会的基础,因此,国家的基础就是这些血缘关系的家族,维系家族关系的孝当然也就成为了社会伦理的基础了。

但是随着汉代中央政权的稳定和加强,家国关系中的位置问题重新被提了出来,孝忠的秩序变成了忠孝。整个过程在学术上是通过古文经学对今文经学的取代实现的,看似是一个学术经典和学术观点之争的结果,其实是整个社会变迁的结果。

忠诚的概念在近代以来取代了忠孝,忠与诚稳定搭配,成为一个汉语词,在现代汉语中牢固立足。从伦理含义上看,忠与诚之间存在着内在的一致性,这两个伦理准则都强调言行一致、表里如一,都是对内心的关照。但是,在古典时代,忠与孝一样,仅仅是一个行为准则,从未像诚一样曾取得过形而上学的本体的地位。从两个伦理准则的差别上看,忠则是以一个地位更高或者能力更强的对象为存在基础的,是对人际关系处理的外在要求,诚更多强调的是内心世界的真实,是对内在品德的要求。忠诚,显然是在古典时代的家族基础的国家体制崩溃后才重新确立的、具有新的内容的伦理品质和准则。

至于到了现代企业的市场运作和员工管理中所谓的忠诚度,虽然看起来是在忠诚上面另加了一个可度量的词语,似乎仅仅强化了这个概念,实际上,这个转变是彻底清除了忠诚这个概念所具有的传统的伦理含义,把它转化为一个技术和管理指标了。这样,实际上就把忠诚讨论从伦理学转移到了人力资源管理和营销学等技术性课程中去讨论了。如果硬要在企业伦理学中讨论这个问题,似乎真的把已经伦理味道淡漠的学科完全变成了技术讨论,道术关系就被彻底割裂和颠倒了。

6. 忠的词语分析

忠不是一个基本伦理准则,这一点前面的分析已经指出,这个说法的含义是多重的,但是,其中一点很重要:忠诚是一个多重品德的混合物,不是一个单纯的不可还原的概念。从词语中分析,在西文中,忠的对应词是"loyalty",这个词的近义词主要有"fidelity"、"allegiance"、"fealty"等,都具有一个基本的核心就是忠实于义务或者职责,当然也包括对人的忠实,这些词都对应着诚实(faithfulness),或者是从古典的领主的忠诚转化为对法律的忠诚(allegiance)或者干脆就是对祖国的忠诚。或者是广义的忠诚,忠诚的对象是多元的。

汉语中,忠诚的多元性在词语中表现得更为明显。与忠相联系的词汇非常丰富,忠诚、忠实、忠于、忠厚、忠良、忠贞、忠信、忠心、忠言等不一而足。其中,忠诚、忠实、忠厚和忠贞是对一个内在品德的描述,而忠言和忠告是对那些恳切言辞的描述。忠心是对表里如一的内心描述。

其中分析忠于所对应的不同谓词,可以看出不同结构中,企业伦理的一些特殊含义。

在计划经济时代,人们常常以忠于企业来描述一个职工的品质,这是把企业作为一个宏大事业的实现机制的一个构成部分来看待的结果。在这样谈论问题时,企业像古典的忠诚对象一样,存在某种神圣性和高尚性。从这点上看,忠在这里是在最原始和最基本的形态上展开的。脱离了计划经济时代后,企业也祛除了原来的神圣形态,成为一个世俗的经济组织,这种组织是一个盈利工具,外部是一个交易关系维系,内部随着权利关系的展开,也成为了一种交易关系,在这种情况下,虽然很多人,包括很多企业家,力图采取原来的提法,倡导忠诚企业的品德,但是在现实的利益面前,这种提法很快就变成了一种笑料,失却了原始的含义,甚至被视为一种欺骗。

不过,在现代企业中,人们虽然不再提倡忠于企业,但是忠于职守则获得了突出的地位。这种对职业守则的遵守被作为企业的职业伦理的核心提了出来。实际上,忠于职守是自古以来就存在的职业准则,人们安身立命于职业,在古代也具有神圣性。只是近代以降,职业作为企业的职位,其掌握者也作为雇员任职于企业中,这样,职业的神圣性也丧失了,但是职业精神还以世俗的形态得以保留和光大。这里虽然人们还谈论忠于职守,但是,忠的含义显然发生了祛魅的转变。内涵中的神圣性消失了,但是高尚性还随着职业的训练和职业所具有的社会意义而被保留了下来,正因为这种高尚的特征,所以,职业操守所具有的道德含义在忠的概念中得以延续。使职业超越企业,成为忠诚的一个普遍的对象。

日本企业创立了一种特殊形态的企业忠诚:以家族企业式的共同体形态出现在日本人意识中的企业,把劳资双方看作命运相连的共同体。对这一个共同体,人们可以像对待家族一样,培养出忠诚的情感。实际上,中国在计划经济时代,把企业作为国家体制的一个本质的构成部分,再与国家和人类命运相连,很容易造成一种使命带来的神圣感,这样也可以培养出一种忠诚的情感和品德。但是,日本的企业不同于计划经济时代的中国企业,日本企业更近似于古典时代的家族共同体中演化出来的忠孝同构的情感。分析日本企业可以看出,这种情感的存在虽与忠诚教育相关,但是,其存在的基础更与终身雇佣制等稳定的就业制度和稠密的人际关系联系在一起的。这与中国计划经济时代的企业也有共同点。

这种企业中的忠诚的最大特征是员工担负职责的主动性,更明显的伦理特征则是投入的不计报酬,关键时刻的挺身而出,对个人利益的放弃和对集体利益的捍卫等。这些都具有家族主义或者集体主义特征,完全是在另外一种不同层面上的忠诚。因为无论计划经济中企业内部的忠诚,还是日本家族主义命运共同体中的忠诚,都把集体或者群体利益置于个人利益之上,强调个人对组织和群体的服从和负责。这些就构成了现代企业中忠诚的一个伏流。

之所以成为伏流,因为在个人主义为基础的西方市场经济体制中运作的企业中,上述原则无法抵抗效率原则对企业的压力,这样,相关的等价交换代替了对利益的牺牲原则,组织对个人的约束由个人自由的原则所取代。这种情况下,如果还有人要忠于组织,显然滑稽。忠,作为一个伦理准则,大规模地隐退了,只存在于企业运行中的如职业精神等角落中了。

7. 企业中的忠诚

把企业作为一个家族的这种社会建构，使员工对企业还可以在隐喻的水平上保持对企业忠诚。但是，这里面有意思的是，本来在中世纪，家族作为社会基础时，忠诚是从孝中推衍出来的一个品德，从性质上看，如果把孝作为一个私德的话，忠就是一个准公德。但是，在现代的社会中，本来忠诚已经变成了一个公共品德，但是，在把企业作为家族的隐喻中，忠又重新回到了私德的位置上。

其实，一个家族成员与家族的关系，和一个员工与现代企业的关系是不同的。家族关系的基础是血缘-亲缘关系，有自然的基础，因此，家族关系表现为一种多元机制的存在，但是情感逻辑和家族繁衍的要求是基础，是超越个体成员的利益的，所以，大家会很自然把家族看作一个超越个人的存在形式。但是员工与企业的关系是单纯化为经济关系的。虽然企业从来不是一个单纯的经济单位，但是，企业中关系的首要要素是经济和物化的利益关系居主导地位。在企业中，没有来自长辈无私的奉献甚至是自我牺牲般的操持。在这种情况下，企业作为家族仅仅是一个隐喻而已，在这种社会关系中，所谓忠诚就失去了原来存在的空间。这种转变的一个从属现象是，本来作为与仁慈等为对偶概念的忠诚转变为一个相互概念。也就是说，在原有的社会结构中，忠诚是单向的，是从下属指向上级的，但是，现代社会中，忠诚的相对概念也被提出了讨论。维姆·范德克尔克霍夫（Vim Vaudekerckhove）提出的所谓双向忠诚（bidirectional loyalty），成为近期一个讨论热点。但是，如果忠诚转化为相互的，与博爱和仁慈就难以区分了，毋宁被看作仁慈和博爱的混合物，取消忠诚的含义了。因为，忠诚的对象天然具有不平等的特征。忠诚本身就是指对高于自己地位和身份的人的一种表示，无论这种地位是组织中的职位确立的，还是组织本身，因为忠诚本来就已经隐含了服从。在企业中，不平等依然存在，服从也依然存在，但是对企业的忠诚消失了。尤其是不能作为对员工的义务的要求了。服从从内心转化为外在的行为，从对组织转化为对权力的服从。服从不是忠诚的一个构成部分，是作为一个交换条件而存在了。非报酬的自我牺牲从企业的交换关系中消失了，忠诚也因此消失了。

不过，在很多企业中，确实在一些群体中还保留着对个人的忠诚，这种忠诚或者是在民营企业中常见的对老板个人的忠诚，或者是在一些组织中对自己直接或者间接领导的忠诚，但是，后一种忠诚在现代企业或者组织中的作用是极其值得怀疑的。因为，这种所谓的忠诚具有狭义性，可以看作现代政治文化阴暗面在企业中的延伸。如果说，在原来的计划经济时代，在企业中倡导忠诚显得过于宽泛，现在企业中对个人的忠诚更多地表现为一种利益争夺的集团化倾向，是背离现代组织运作的基本准则的。

忠是少数几个真正完成了现代化转变，进入了企业伦理甚至是操作层面的古典准则。我们可以在企业的顾客管理、员工管理等方面遇到忠诚度的问题，在西方的研究中，忠与举报的关系也成为了一个热门的话题，并且有了相应的成果。不过，在这些研究中，古典的道德准则已经转化为一个以统计为基础的操作指标，其中的道德含义基本被清除了，只保留了忠的外壳，在所谓的顾客忠诚度和员工的忠诚度研究中，忠的古典含义已经被一系列可以衡量的指标所取代。成为一个可以衡量和操作的工具。去价值化和去道德化的特征，在这些研究中表现得极其明显。伦理的规则化和技术化在忠诚中表现出来最典型的形态。伦理准则最终降落为一个心理概念，员工忠诚度、顾客忠诚度，在这里忠诚不是一个尽己的古典概念，而是一个由一系列如离职率、品牌转移和取向等技术性指标来衡量的统计量。

第 6 部分 结论

1. 企业是一个体系和生活世界相遇的平台,多个伦理主体在其中活动。

体系是对现有制度的描述,包括了以货币为媒介的经济制度和以权力为媒介的政治制度的总和。体系是企业存在的宏观背景;而生活世界是一个以语言为媒介的交往共同体构成的机制,人类的价值体系和知识在其中积累与发展。企业作为现在社会的一个机制,体系和生活世界在其中相遇,对企业的性质和行为做出了规定。

2. 体系提供了当代价值观,被看成是伦理,生活世界提供了传统的伦理准则,这些所谓的美德被视为道德。

当代体系提供的基本价值观被称为普世价值,是当代伦理的一个核心话题。而传统的伦理准则是生活世界存储的,也随着人的活动介入到企业中来。但是,企业的现状是,普世价值观虽然被广泛提倡,但是似乎与企业的活动无关;传统的伦理体系所提供的美德也在企业中受到了挤压。企业的伦理现状不容乐观。

3. 企业伦理的建设,需要恢复企业的伦理本性。

企业在当代人的认识中一向是作为一个纯粹的经济组织存在的。它的目标是盈利。因此,企业行为是价值无涉或者去价值化的。

这个看法不仅不符合企业的起源和历史,也不符合企业在现实社会中的作用和地位,为企业大量的损害社会的行为提供了保护伞,必须破除。要认识到,从起源上,企业本来就是一个人类价值实现的方式,具有多重含义。经济目标只是诸多目标当中的一个。

4. 企业伦理和商业伦理是不同的两种伦理体系。

市场作为目前人类经济生活中占主导地位的机制,不仅制造平等和自由,也需要平等和自由来维护,这些被称为商业伦理。企业是市场活动的主体,但是不同于市场的无名性,企业是有主的机制,在运行中并不是完全与市场一致,因此,企业伦理与商业伦理是不同的,市场运行要求自由平等,企业运行常常可以打破自由平等。所以,商业伦理是市场的内在要求,企业伦理是社会对企业的外在要求。

5. 经济目标占据支配地位,从而排挤伦理诉求是资本占据企业的结果。

经济目标取得超级地位,压制甚至取消了其他社会和价值目标,是资本占据企业之后的事情。现实中,企业形态和支配力量的模式本来是多样的,但是,到目前为止的生产方式中所提供的最为成功的模式就是资本占据支配地位的企业,因为高效率,所以,这种模式成为了经济制度中的主导力量,而资本所构筑的意识形态和伦理准则也因此占据了支配地位。

6. 资本构筑的意识形态占据主导地位是企业大面积失德现象的根本原因。

大量私营企业以破坏伦理甚至法律的方式牟利是一个被广泛观察到的现象，这种现象的泛滥是资本本性无约束发挥作用的结果。但是，大量的国有企业也存在着多方面的失德现象，这是因为资本价值观对社会意识引导的结果。

7. 当代的普世价值观虽然在企业赖以生存的体系世界中形成，但是基本上与企业无关。

在资本占据主导地位的企业中，自由、平等、权利、正义、责任等当代价值观似乎是与企业无关的一种价值体系。无论从哪个角度观察，都无法找寻到价值观在企业中完整贯彻的途径和方法。这是资本的本性决定的。

8. 美德作为传统的伦理准则，在当今的企业中受到了越来越严重的挤压，几乎被完全排挤出企业的生活之外。

以仁义礼智信为核心的传统的伦理准则确实在很多方面都不适应当今的企业内部活动原则，因此，在企业生活中的作用不断衰落。只有在一些边缘位置，可以看到这些伦理准则的存在和作用。

9. 企业伦理的问题就表现在现代价值观和传统伦理的双重缺席。

10. 恢复伦理在企业中的作用不能依靠观念的灌输，更重要的是在资本的对面构筑抗衡力量。

资本的本性决定，它不可能主动采取符合社会总体利益的行为方式，必须有相应的抗衡力量才能促使这些企业行为更符合社会总体利益。

而对于国有企业，则应该提示注意社会责任和自身的义务，让其摆脱对资本构筑的意识形态的依赖。这是恢复国有企业本性也是企业伦理本性的一个基本措施。

11. 本书对各种伦理准则和价值观的分析建立了一个 3-2-1 结构。

首先对每一个伦理准则及价值观都进行思想史、社会史和企业现实的扎根分析，然后在美德和义务两个层面上展开对相应观念与准则的分析，最终对这些观念做中位分析，知道观念的契合点，并最终探寻每一个观念和准则的企业作用。

参 考 文 献[①]

译著参考书

1. 柏拉图.理想国[M].郭斌和、张竹明译.北京:商务印书馆,1986.
2. 亚里士多德.大伦理学[M].苗力田译.北京:中国人民大学出版社,1999.
3. **亚里士多德.尼各马可伦理学[M].廖申白译.北京:商务印书馆,2006.**
4. 西塞罗.友谊责任论[M].林蔚真译.北京:光明日报出版社,2006.
5. **奥古斯丁.忏悔录[M].周世良译.北京:商务印书馆,1963.**
6. 奥古斯丁.道德论集[M].石敏敏译.北京:生活·读书·新知三联书店,2009.
7. 斯宾诺莎.伦理学[M].贺麟译.北京:商务印书馆,1958.
8. 霍布斯.利维坦[M].黎思复、黎廷弼译.北京:商务印书馆,1985.
9. 洛克.政府论[M]下篇.叶启芳、瞿菊农译.北京:商务印书馆,1964.
10. 洛克.政府论[M]上篇.瞿菊农、叶启芳译.北京:商务印书馆,1980.
11. 亚当·斯密.道德情操论[M].蒋自强等译.北京:商务印书馆,2002.
12. **休谟.道德原则研究[M].曾小平译.北京:商务印书馆,2001.**
13. 卢梭.论人类不平等的起源和发展[M].陈伟功、吴金生译.北京:北京出版社,2011.
14. 孟德斯鸠.论法的精神[M].张雁深译.北京:商务印书馆,1959.
15. **康德.实践理性批判[M].韩水法译.北京:商务印书馆,1999.**
16. 康德.道德形而上学原理[M].苗力田译.上海:上海世纪出版集团,2007.
17. 康德.法的形而上学原理[M].沈叔平译.北京:商务印书馆,1991.
18. 黑格尔.法哲学原理[M].范扬、张企泰译.北京:商务印书馆,1961.
19. 约翰·密尔.论自由[M].程崇华译.北京:商务印书馆,1959.
20. **穆勒.功利主义[M].叶建新译.北京:九州出版社,2007.**
21. 皮埃尔·勒鲁.论平等[M].王允道译.北京:商务印书馆,1988.
22. 马克思.第六届莱茵省议会的辩论[M]//马克思、恩格斯.马克思恩格斯全集:第1卷.北京:人民出版社,1956:35—96.
23. 马克思.道德化的批评和批评化的道德[M]//马克思、恩格斯.马克思恩格斯全集:第4卷.北京:人民出版社,1958:322—356.
24. **马克思.1844年哲学经济学手稿[M].刘丕坤译.北京:人民出版社,1979.**

---

① 加粗的字体是基本参考文献。

25. 马克思.德意志意识形态[M]//马克思,恩格斯.马克思恩格斯全集:第3卷.北京:人民出版社,1974:11—640.
26. 马克思.政治经济学批判导言[M]//马克思,恩格斯.马克思恩格斯全集:第12卷.北京:人民出版社,1958:733—762.
27. 马克思.共产党宣言[M]//马克思,恩格斯.马克思恩格斯全集:第4卷,北京:人民出版社,1972:461—504.
28. 马克思.关于费尔巴哈的提纲//马克思,恩格斯.马克思恩格斯全集:第3卷.北京:人民出版社,1956:3—8.
29. 马克思:《政治经济学批判大纲》(草稿),刘潇然译,北京:人民出版社,1975.
30. 马克思:《资本论》[M],中央编译局,北京:人民出版社,1975.
31. 马克思.政治经济学批判·资本章(草稿)[M]//马克思,恩格斯.马克思恩格斯全集:第46卷.北京:人民出版社,1975.
32. 马克思.哲学的贫困[M]//马克思,恩格斯.马克思恩格斯全集:第4卷.北京:人民出版社,1964:71—198.
33. 恩格斯.英国工人阶级状况[M]//马克思,恩格斯.马克思恩格斯全集:第2卷,北京:人民出版社,1958:269—587.
34. 亨利·梅因.古代法[M].沈景一译.北京:商务印书馆,1996.
35. 叔本华.叔本华论道德与自由[M].韦其昌译.上海:上海人民出版社,2006.
36. 西季威克.伦理学方法[M].廖申白译.北京:中国社会科学出版社,1993.
37. 韦伯.新教伦理与资本主义精神[M].于晓、陈维纲译,北京:生活·读书·新知三联书店,1987.
38. 马克斯·韦伯.卷Ⅳ经济行动与社会团体[M]//马克斯·韦伯.韦伯作品集.康乐和简惠美译.桂林:广西师范大学出版社,2004.
39. 包尔生.伦理学体系[M].何怀宏、廖申白译.北京:中国社会科学出版社,1988.
40. 尼采.论道德的谱系·善恶之彼岸[M].谢地坤等译.桂林:漓江出版社,2000.
41. 埃米尔·迪尔凯姆(涂尔干).社会分工论[M].渠东译.北京:生活·读书·新知三联书店,2000.
42. 摩尔.伦理学原理[M].长河译.上海:上海世纪出版集团,2005.
43. 哈特曼.道德意识现象学——情感道德篇[M].倪良康译.北京:商务印书馆,2012.
44. 穆尔(摩尔).伦理学[M].戴扬毅译.北京:中国人民大学出版社,1985.
45. 罗素.罗素道德哲学[M].李国山等译.北京:九州出版社,2004.
46. 罗素.西方哲学史[M].何光武等译.北京:商务印书馆,2005.
47. 列宁.列宁选集[M].第四卷.中央编译局编译.北京:人民出版社,1995.
48. 胡塞尔.欧洲科学的危机和超越论现象学[M].王炳文译.北京:商务印书馆,2001.
49. 维特根斯坦.逻辑哲学论[M].贺绍甲译.北京:商务印书馆,1996.
50. 葛兰西.实践哲学[M].徐重温译.重庆:重庆出版社,1990.
51. 海德格尔.存在与时间[M](修订译本).陈嘉映等译.北京:生活·读书·新知三联书店,1999.
52. 弗兰克·梯利.伦理学导论[M].何意译.桂林:广西师范大学出版社,2002.
53. 卢卡奇.历史与阶级意识[M].杜章智、任立、燕宏远译.北京:商务印书馆,1996.
54. 阿多诺.道德哲学问题[M].谢地坤、王彤译.北京:人民出版社,2007.
55. 马克斯·霍克海默、西奥多·阿多诺.启蒙辩证法[M].渠敬东、曹卫东译.上海:上海世纪出版集团,2006.
56. 萨特.存在与虚无[M].陈宣良译.北京:生活·读书·新知三联书店,2007.
57. 梅洛-庞蒂.知觉现象学.[M].姜志辉译.北京:商务印书馆,2001.

58. 霍克海默.批判理论[M].李小兵等译.重庆:重庆出版社,1989.
59. 加尔布雷斯.美国资本主义:抗衡力量的概念[M].王肖竹译.北京:华夏出版社,2008.
60. 列奥·施特劳斯.自然权利与历史[M].彭刚译.北京:生活·读书·新知三联书店,2003.
61. 雷蒙·阿隆.论自由[M].姜志辉译.上海:上海译文出版社,2009.
62. 汉斯·艾柏林.自由、平等、必死性[M].蒋芒、张宪译.上海:华东师范大学出版社,2006.
63. 希拉里·普特南.无本体的伦理学[M].郑小龙译.上海:上海译文出版社,2008.
64. 麦金太尔.伦理学简史[M].龚群译.北京:商务印书馆,2003.
65. 麦金太尔.追寻美德[M].宋继杰译.南京:译林出版社,2004.
66. 麦金太尔.谁之正义?何种合理性?[M].万俊人等译.北京:当代中国出版社,1996.
67. 阿诺德·盖伦.技术时代的人类心灵——工业社会的社会心理问题[M].何兆武、何冰译.上海:上海世纪出版集团,2008.
68. 汉娜·阿伦特.责任与判断[M].陈联营译.上海:世纪出版集团,上海人民出版社,2011.
69. 桑德尔.自由主义与正义的局限[M].万俊人等译.南京:译林出版社,2001.
70. 洛维茨(洛维特).世界历史与救赎历史:历史哲学的神学前提[M].李秋零、田薇译.北京:生活·读书·新知三联书店,2002.
71. 洛维特.从黑格尔到尼采[M].李秋零译.北京:生活·读书·新知三联书店,2006.
72. 阿佩尔.哲学的改造[M].孙兴周、陆兴华译.上海:上海译文出版社,1997.
73. 巴利.天真的人类学家[M].何颖怡译.桂林:广西师范大学出版社,2011.
74. 米歇尔·鲍曼.道德的市场[M].肖君等译.北京:中国社会科学出版社,2003.
75. 哈耶克.自由秩序原理[M].邓正来译.北京:生活·读书·新知三联书店,1997.
76. 罗斯.正当与善[M].林南译.上海:上海译文出版社,2008.
77. 布罗代尔.15至18世纪的物质文明、经济和资本主义——形形色色的交换[M].第三卷.顾良译.北京:生活·读书·新知三联书店,2002.
78. 布罗代尔等.资本主义论丛[M].顾良、张慧君译.北京:中央编译出版社,1997.
79. 哈贝马斯.后形而上学思想[M].曹卫东、付德根译.上海:译林出版社,2001.
80. 哈贝马斯.交往行动理论[M].卷Ⅰ.洪佩郁、蔺青译.重庆:重庆出版社,1994.
81. 哈贝马斯.交往行动理论[M].卷Ⅱ.洪佩郁、蔺青译.重庆:重庆出版社,1994.
82. 哈贝马斯.对话伦理学与真理的问题[M].沈青译.北京:中国人民大学出版社,2005.
83. 埃冈·纽伯格、威廉·达菲.比较经济体制[M].荣敬本等译.北京:商务印书馆,1985.
84. 罗尔斯.作为公平的正义——正义新论[M].姚大志译.上海:上海三联书店,2002.
85. 罗尔斯.正义论[M].何怀宏等译.北京:中国社会科学出版社,1988.
86. 托马斯·唐纳森、托马斯·邓菲.有约束力的关系——对企业伦理学的一种社会契约论的研究[M].上海:上海社会科学院出版社,2001.
87. 科尔内.短缺经济学[M].李振宁等译.北京:经济科学出版社,1986.
88. 诺齐克.无政府、国家与乌托邦[M].何怀宏译.北京:中国社会科学出版社,1991.
89. 福柯.福柯集[M].杜小真编选.上海:上海远东出版社,2003.
90. 克特·W.巴克.社会心理学[M].南开大学社会学系译.天津:南开大学出版社,1984.
91. 尼可拉斯·卢曼.信任[M].瞿铁鹏、李强译.上海:上海世纪出版集团,上海,2005.
92. 塔拉·史密斯.有道德的利己[M].王旋、毛鑫译.北京:华夏出版社,2010.
93. 莱茵哈德·齐默曼、西蒙·惠特克.欧洲合同法中的诚信原则[M].丁广宇等译.北京:法律出版社,2005.
94. 福柯.规训与惩罚[M].刘北成、杨远缨译.北京:生活·读书·新知三联书店,2003.

95. 曼海姆.重建时代的人与社会:现代社会结构研究[M].张旅平译.北京:生活·读书·新知三联书店,2002.
96. 赫费,奥特弗利德.作为现代化之代价的道德——应用伦理学前沿问题研究[M].邓安庆、朱更生译.上海:上海世纪出版集团,2005.
97. 于连.迂回与进入[M].杜小真译.北京:生活·读书·新知三联书店,2003.
98. 斯蒂芬·杨.道德资本主义,协调私利与公益[M].余彬译.上海:上海三联书店,2010.
99. 詹姆斯·E.波斯特等.企业与社会:公司战略、公共政策与伦理[M].张志强等译.北京:中国人民大学出版社,2005.
100. 查尔斯·德伯.公司帝国:公司对政府和个人权利的威胁[M].北京:中信出版社,2004.
101. 约翰·W.巴德.人性化的雇佣关系——效率、公平与发言权之间的平衡[M].北京:北京大学出版社,2007.

中文参考书

102. 郑观应.郑观应集·训次儿润潮书[M].下册.上海:上海人民出版社,1988.
103. 卢寿篯.实业致富新书[M].上卷.实业修养类.上海:中华书局,1916.
104. **蔡元培.中国伦理学史[M].北京:东方出版社,1996.**
105. 王国维.静庵文集[M].沈阳:辽宁教育出版社,1997.
106. 梁启超.十种德性相反相成论[M]//梁启超.梁启超全集.卷1.北京:北京出版社,1999.
107. 章太炎.訄书·平等难[M].北京:三联书店,1998.
108. 梁漱溟.东西文化及其哲学[M].北京:商务印书馆,1999.
109. 张君劢.明日之中国文化[M].济南:山东人民出版社,1998.
110. 费孝通.乡土中国[M].上海:上海世纪出版集团,2007.
111. 卢作孚.卢作孚集[M].武汉:华中师范大学出版社,1991.
112. 郭沫若.十批判书[M].北京:新文艺出版社,1951.
113. **熊十力.新唯识论(语体文本)[M].**
114. 熊十力.十力语要[M].北京:中华书局,1996.
115. 张岱年.中国哲学大纲[M].北京:中国社会科学出版社,1985.
116. 张五常.中国的前途[M].香港:信报有限公司,1985.
117. 费正清,刘广京.剑桥中国晚清史[M].下册.中国社会科学院历史研究所编译室.北京:中国社会科学出版社,1985.
118. 王莉君.权利与权力的思辨[M].北京:中国法制出版社,2005.
119. 牟宗三.中国哲学的特质[M].上海:上海古籍出版社,1998.
120. 牟宗三.四因说演讲录[M].上海:上海古籍出版社,1998.
121. 冯友兰.中国哲学简史[M].北京:北京大学出版社,1985.
122. 钱锺书.管锥编[M]第一册.北京:中华书局,1979.
123. 杜维明.新加坡的挑战——新儒家伦理与企业精神[M].高专诚译.北京:三联书店,1989.
124. 杜维明.现代精神与儒家伦理[M].北京:生活·读书·新知三联书店,1997.
125. 石元康.从中国文化到现代性典范转移[M].北京:生活·读书·新知三联书店,2000.
126. 郑也夫.信任论[M].北京:中国广电出版社,2001.
127. 倪梁康.胡塞尔现象学概念通释[M].北京:生活·读书·新知三联书店,2007.

128. 井上徹. 中国的宗族与国家礼制[M]. 钱杭译. 上海：上海书店出版社,2008.
129. 温宏建. 中国企业伦理：理论与现实[M]. 北京：首都经济贸易大学出版社,2010.
130. **冯友兰. 新理学·圣人[M].**
131. 《九录·文录》[M].
132. 吕思勉. 中国文化史[M]. 北京：海潮出版社,2008.
133. 张曙光. 腐败与贿赂的经济学分析[M]//中国经济学：1994. 上海：上海人民出版社,1995.

中文古籍

134. 《郭店竹简·语丛一》.
135. 《论语》.
136. 《老子》.
137. 《孟子》.
138. 《荀子》.
139. 《韩非子》.
140. 董仲舒《春秋繁露》.
141. 《白虎通》.
142. 周敦颐《通书》.
143. **朱熹《四书集注》.**
144. 朱熹《语类》.
145. 陈淳《北溪字义》.
146. **《王文成公全书》.**
147. 顾炎武《日知录》.
148. 阮元《揅经室集·论语论仁论》,《皇清经解》.

西文书籍、论文

149. Alicia, E., Velez Garcia & Feggy Ostrosky-Solis, (2006) "From morality to moral emotions," *International Journal of Psychology*, 41(5), 348-354.
150. Agerstrom, Jens, Bjorklund, Fredrik and Carlsson, Rickard, (2012) "Emotion in time: moral emotions appear more intense with temporal distance," *Sosial Cognition*, Vol. 30, No. 2, 2012, 181-198.
151. Casebeer, W. D., (2003) "Moral cognition and its neural constituent," *Nature Reviews Neuroscience*, 4, 10, 841-846.
152. avidson, R. J. and Sutton, S. D., (1995) "Affective neuroscience: the emergence of a discipline," *Current Opinion in Neurobiology*, 5, 217-224.
153. Flam Helena, (1990) "Emotional man: II and the problem of collective action," *International Sociology*, 5(1), 39-56，5(2), 225-234.
154. Eisenberg, Nancy, (2000) "Emotion, regulation, and Moral development," *Annual Review of Psychology*, 2000, 51: 665-697.

155. Ferguson, T. J., Stegge, H., Damhuis, I., (1991) "Children'sunderstanding of guilt and shame,"*Child Dev*,62:827-839.
156. Flam, Helena,(2002) "Corporate emotions and emotions in corporations,"*The Sociology Review*,106.
157. Gazzaniga,M. S.,(2005) *The Ethical Brain*,New York,and Washington,D. C.: DANA Press.
158. Gouldner, A. W., "Succession and the problem of bureaucracy,"*The Sociology of Organization: Basic Studies*,Edited by Grusky and Miller,New York,the Free Press. Greene,J.,Sommervill,R. B.,Nystrom,L. E.,Darley,J. M.,and Cohen,J.,(2001) "An FMRI investigation of emotional engagement in moral judgment,"*Science*,14 September,Vol. 293,2105-2108.
159. Greene,J. D.,Nystrom,L. E.,Engell,A. D.,Darley,J. M.,Cohen,J. D.,(2004)"The neural bases of cognitive conflict and control in moral judgment,"*Neuron*,44,2, 389-400.
160. Haidt, J.,(2003)"The moral emotions,"Davidson, R. J., et al., *Handbook of affective sciences*,Oxford University Press.
161. Haidt, J.,(2003)"Elevation and the positive psychology of morality,"In *Flourishing: Positive Psychology and the Life Well-Lived*,C. L.,Keyes,J.,Haidt,275-289.
162. Haidt,J. & kesebir,S.,(2010)"Morality,"*Handbook of Social Psychology*,5th ed,797-832.
163. Hochschild, A. R.,(1983)*Managed Heart: Commercialization of Human Feeling*,Berkeley., CA:University of California Press.
164. Kleres,Jochen,(2009)"Preface: notes on the sociology of emotion in Europe,"*Theorizing Emotional:Sociological Exploration and Applications*,Edited by Debra Hopkins,New York,2009.
165. Kristjansson,Kristjian,(2010) "Educatin moral emotions or moral selves: a false dichotomy," *Educational Philosophy and Theory*,Vol 42,No. 43,397-406.
166. Kroll J., Egan E.,(2004). "Psychiatry,moral worry,and the moral emotions,"*Journal of Psychiatric Practice*,10:352-360.
167. Lewis,H. B.,(1971)*Shame and Guilt in Neurosis*, New York: International Universities. Press.
168. Niedenthal P. M., Tangney J. P., Gavanski I.,(1994)"'If only I weren't' versus 'If only I hadn't': distinguishing shame and guilt incounterfactual thinking,"*J. Pers. Soc. Psychol.* 67: 584-595.
169. Piaget,J.,(1932)*The moral judgement of the child*,London,Routledge& Kegan Paul.
170. Rest,J.,(1984)"The mojor compeonents of morality,"In W. Kurtinez & Gewirtz,*Morality, Moral Behavior and Moral Development*,Florida International University,A Interscience Publication.
171. Roskies, A.,(2002) "Neuroethics for the new millennium,"*Neuron* 35,1,21-23.
172. Schleim, Stephan and Schirmann,Felix,(2011) "Philosophical implications and multidisciplinary challenges of moral physiology,"*Trames*,2011,15(65-66),127-146.
173. Shweder,R. A.,Much.,N. C.,Mahapatra,M.,Park. L.,(1997) "The 'Big Three' of morality (autonomy,community,divinity) and the 'Big Three' explanation of suffering,"In *Morality and Health*,ed. A.,Brandt,P.,Rozin,119-169. New York: Routledge.
174. Smith,R. H., Webster,J. M.,Parrot,W. G.,Eyre,H. L.,(2002)"The role of public exposure in moraland nonmoral shame and guilt,"*Journal of Personality and Social Psychology*,83: 138-159.

175. Sperry, R. W., (1981) "Nobel lecture: some effects of disconnecting the cerebral hemispheres," Retrieved http://www.springerlink.com/content/w6v05jr158415354/.
176. Stets, Jan, E. and Jonathan, H., Turner, *Handbook of the Sociology of Emotions*, Springer, 2007, News York, USA.
177. Tangney, J. P., Niedenthal, P. M., Covert, M. V., Barlow, D. H., (1987) "Are shame and guilt related to distinctself-discrepancies? A test of Higgin's hypotheses," *Journal of Personality & Social Psychology*, 75:256-268.
178. Tangney, J. P., (1991) "Moral affect: the good, the bad, and the ugly," *Journal of Personality & Social Psychology*, 61:598-607.
179. Tangney, J. P., Stuewig, Jeffand Mashek, Debra, J., (2007) "Moral Emotions and Moral Behavior," *Social Science Electronic Publishing*, 58:350.
180. Terkel, S., (1972) *Working: People Talk About What They Do All Day and How They Feel About What They Do*, New York, Patheon.
181. Tracy, J. L., Robins, R. W., (2004) "Putting the self into self-conscious emotions: a theoretical model," *Psychological Inquiry*, 15:103-125.
182. Turner and Jan E. Stets, (2005) *The Sociology of Emotions*, Cambridge University Press.
183. Jean-Louis, *Le Constructivisme Tome 2: Desépistémologies*, ESF, Paris, 1995.
184. Argyris, C., and Schön, D., *Theory in Practice: Increasing Professional Effectiveness*, San Francisco: Jossey-Bass, 1974, 376.
185. *Justice as Reciprocity in John Mill, Utilitarianism*, ed. by Samuel Gorovitz.
186. Jacques, *Fraternités Une Nouvelle Utopie*, 1999.
187. Rothbard, *Economic Thought Before Adem Smith*.
188. Hasnas, John, "The normative theories of business ethics: a guide for the perplexed," *Business Ethics Quarterly*, v. 8 (Jan. 1998).
189. *The Trustees of Dartmouthcollege v. Woodward Supreme Court of the United States*.
190. Allen W. Wood, *What Is Kantian Ethics? Groundwork for the Metaphysics of Morals*, Yale University Press, New Haven and London, 2002.
191. Catharine A., MacKinnon, *Sexual Harassment of Working Women: A Case of Sex Discrimination*, Yale University Press, September 10, 1979.
192. *Ourier La Fausse Indusrtie Morcelee*, Paris, 1835.
193. Josiah Royce (1908), *The philosophy of loyalty*, New York.
194. Stephen Nathanson, *Patriotism, Morality and Peace*, Newman & Littlefield Publishers Inc., Boston.
195. Peter Strauson, *Responsibility and the Moral Sentiments*, Cambridge, Mass, Harvard University Press, 1994.
196. John Martin Fisher & Mark RaVizza, *Responsibility and Control, A Theory of Moral Responsibility*, Cambridge, England, Cambridge University Press, 1998.

中文论文

1. 蒙培元. 中国哲学中的情感理性[M].《哲学动态》2008年第3期,19—24.
2. 路风. 单位:一种特殊的社会组织形式[J]. 中国社会科学,1989年第一期.

3. 何元国. 亚里士多德的"德性"与孔子的"德"之比较[J]. 中国哲学史,2005年第三期(47—55).
4. 马西恒. 中国模式中的社会差距与权利公平[N]. 中国浦东干部学院学报,2011年第一期(21—23).
5. 余广俊. 论道德权利与法律权利[J]. 山东社会科学,2009年第10期.
6. 谢福秀&谢晓辉. 从主体的角度审视道德权利[N]. 重庆工学院学报,2005年第四期.
7. 马俊峰. 马克思主义公正观的基本向度及方法论原则[J]. 中国社会科学,2010年第六期.
8. 李文潮. 技术伦理与形而上学——试论尤纳斯《责任原理》[J]. 自然辩证法研究,2003年第二期(41—46).
9. 方秋明. 汉斯·约纳斯的责任伦理研究[D]. 复旦大学博士论文,2004年5月.
10. 邓球柏. "仁义礼智信"的由来、发展及其基本内涵(上)[N]. 长沙大学学报,2005年第6期(4—10).
11. 邓球柏. "仁义礼智信"的由来、发展及其基本内涵(下)[N]. 长沙大学学报,2006年第1期(1—5).
12. 刘余莉. "仁义礼智信"研究三十年[J]. 河南社会科学,2010年第1期,18卷第1期(187—190).
13. 王润生. 道德定义和进取性道德——兼答阿铮同志的质询.
14. 万光军. 孟子仁义思想研究[D]. 中国人民大学博士论文,2008年5月.
15. 陈斌贝. 从仁爱到正义——道德中心词语的现代转换及其困境[J]. 人文杂志,2004年第4期:(55—58).
16. 洪晓丽. 仁:作为道德本体的构成——孔子仁学研究[D]. 复旦大学博士论文,2008年4月.
17. 白春雨. 儒家诚信之德及现代意义——以"四书"为中心的阐释[D]. 复旦大学博士论文,2004年5月.
18. 谢阳举. "仁"的起源探本[J]. 管子学刊,2001年第一期(44—49).
19. 裴传永. 忠:中国传统伦理道德的重要范畴——基于传世文献的历时性考察[J]. 理论学刊,2009年第2期(74—78).
20. 李士金. 论朱熹的"仁"学思想[N]. 山东师范大学学报(人文社会科学版),2006年第51卷第6期(141—144).
21. 洪镰德. 马克思正义观评析[N]. 北京大学学报(哲学社会科学版),1991年第一期(19—29,126).
22. 涂良川. 论马克思的正义观[D]. 东北师范大学博士论文,2009年5月.
23. 陈传胜. 近年来马克思恩格斯的公平正义观研究述评[N]. 安徽理工大学学报(社会科学版),2010年第12卷第3期(7—10).
24. 樊婧,王引兰. 礼义廉耻的历史作用及其现代意义[J]. 管子学刊,1997年第2期(30—32).
25. 颜世安. 外部规范与内心自觉之间——析〈论语〉中礼与人的关系[J]. 江苏社会科学,2007年第1期(25—30).
26. 李连贵. 话说"权利"[J]. 北大法律评论,1998年第1卷第1辑(115—129).
27. 杨义芹. 道德权利问题研究三十年[J]. 和被学刊,2010年第30卷第5期(50—55).
28. 余广俊. 论道德权利与法律权利[J]. 山东社会科学,2009年第10期(124—127).
29. 吴育林. 论市场经济的自由与平等价值[J]. 社会科学家,2006年第4期(57—60).
30. 陈弘毅. 权利的兴起:对几种文明的比较研究[J]. 周叶谦译. 外国法译评,1996年第4期(1—12).
31. 范进学. 权利概念论[J]. 中国法学,2003年第2期(15—22).
32. 陈勇军. 论权利的伦理意蕴[N]. 北华大学学报(社会科学版),2006年第6卷第3期(60—64).
33. 申卫星. 溯源求本道"权利"[J]. 民商法学,2007年2期.
34. 艾伦·伍德. 马克思论权利与正义:答胡萨米[J]. 林进平译. 现代哲学,2009年第1期(40—49).
35. 李兴修,于世芬. 公平理论评析[J]. 华东经济管理,2002年第16卷第2期(49—51).
36. 乔均,乔梁. 国企分配制度改革的公平与效率思考[N]. 南京财经大学学报,2005年第4期(7—11).
37. 刘志国. 国有企业改革中的效率追求与公平缺失[J]. 重庆社会科学,2007年第12期(17—21).

38. 罗良文,陈银娥.论企业转机建制过程中的公平与效率[N].中南财经大学学报,1997年第5期(44—48).
39. 程立显.论社会公正、平等与效率[N].北京大学学报(哲学社会科学版),1999年第3期(58—64).
40. 刘志国.论转型过程中我国私有资本原始积累的非文明性质[J].现代经济探讨,2011年第2期(52—55).
41. 颜矽,吴敏,陈善国.企业员工公平感现状及激励对策研究[N].重新大学学报(社会科学版),2007年第13卷第1期(50—53).
42. 孙怀平,杨东涛,袁培林.员工公平感影响因素的实证研究[J].科技管理研究,2007年第8期(239—242).
43. 胡媛恒.中国式MBO及其运行中的公平与效率[N].西藏大学学报(社会科学版),2009年第24卷第4期(106—109).
44. 徐曼,王梦圆."五四"后西方伦理学在中国传播途径考略[N].河北大学学报(哲学社会科学版),2009年第2期(117—121).
45. 徐勇.农民理性的扩张:"中国奇迹"的创造主体分析[J].中国社会科学,2010年第一期.
46. 邓文初.学术本土化的意义——从严复论"right"的翻译说起.博览群书网,http://www.gmw.cn/02blqs/2004—11/07/content_190196.htm.
47. 刘剑虹."美术"100年历史的误读与偏离.世纪在线网,http://cn.cl2000.com/history/articles/qiao/wen6.shtml.

主题索引

A

AA1000　384

B

贝恩公司　44,45
辩证法　36,144,148
博爱　146,246,267,273,274,389,391,393,401—405,467

C

常识道德　351,352,354,365,367,421,444
厂长负责制　221,230
超级价值观　238,239,241
城邦　54,55,274,289,291,354,369,370,411,413
承包责任制　219,220,222,229,233,315,330
成就感　376
诚信　86,101,108,113,123,195,350,351,436,437,438,440
创造性和服从　204,206

D

搭便车　86,91
大同理想　150
《大学》　148,152,153,155,408,454
单位制　182,213,214
道德哲学　52,61,118,159,174,177,195,305,310,353,434
道义论　191,271,272,294,311
德目表　102,185,187,345—347,354,355,360,363,366—372,382—386,396,435,453
董事会　46,110
"短缺"　210

F

发达国家　96,264,286,332,385
法家　35,345,366,367,368,441,442,460,461
反竞争　90,92,93,102
放权让利　215,216,219,221,227,230,232,238
非主题知识　9
奉献精神与等价交换　202
佛家思想　165,278

G

改革开放　114,151,215,216,227,234,236,238,246,330
个人主义　57,58,64,71,88,96,148,149,170,203,218,219,242,244,245,246,250,251,268,303,312,388,403,423,466
公共生活　37,41,42,43,124,127
工具理性　8,13,15,41,42,43,70,95,120,123,124,127,133,194,399,437
功利主义　48,118,141,146,147,172,173,174,176,177,178,179,191,215,216,292,294,296,311,333,349,351,352,355—360,376,377,413,443,448
工人阶级　22,112,143,148,197,243,255,257,258,375,376
工商管理　32
共时性　348—350
古典思想　54,61,91,164,165,186,268,277,391,410,415,431—434,437,458,460,462
股份制　230
古罗马　35,42,57,125,249,354,450
古希腊　34,35,42,57,60,125,193,197,288,290,292,298,355,368,370,372,386,407,411,413,427
国际主义　243

H

合同工　221,222,284,285
互惠发展银行　211

霍桑实验　28

J

基督教　15,35,40,48,52,56,60,65,114,312,354,370,371,386,389,391,392,402,407,437
机会主义的企业家　234
纪律　79,198,204,214,243,321,330,335—339,376
集体主义　148,149,170,217,218,242—246,250,312,313,339,400,403,423,466
家长制　214,217,218,245
价值无涉　请参阅：去价值化
家族　15,47,54,55,56,57,67,139,143,148,149,154,160,161,162,182,203,204,217,218,242,244,245,248,274,303,313,314,333,370,392,400,402,404,449,464,466,467
家族主义　149,170,243,244,466
建构主义　73—75,79,80
焦点研究　346
交互式主体　6,7,53 请参阅 交往共同体
交互主体　5,8—12,50,75,76,79
交换价值　132,189,190,199,200,374
教皇　371
教会　59,67
交往共同体　6,10,50,71—80,128,129,470 请参阅：主体间性,交互主体
阶级　13,16,17,22,28,54,59,65,78,84,99,112,124,142,143,144,145,148,169,176,189,193,197,212,214,242—245,255,257—259,261,263,278,351,374—376,378,380,391,401,403,417,419,421,448
节俭和奢侈　199
金钱和权力　12,13,27,28,130
《镜花缘》　89
经济伦理　32,85,124,180 商业伦理
经济体制　18,19,20,23,25,27,98,124,132,209,210,212,215,216,217,219,221,222,226,329,345,466
计划体制　20,215,220
经济责任制　220,230,330,335
句法学　77

K

喀麦隆　48
凯恩斯　19
开平煤矿　381
考克斯原则　384,385
科层制组织　21,41,66,247,399,400 请参阅 官僚体制
科尔内　210,211,212,215,217
科举考试　149,154,159,161
科学学　78

L

劳动负效用　211
劳资关系　224,238
类的存在　138,139
类家族　149,182,203,204,217,218
利己主义　88,89,145,175,182,295,349,357,359,376
理论史归根　346
理论体系归根　346
利润留成　219,220,232,233,313
历史唯物主义　7,16,17,49,129,137—141,143,144,268,346,373,380,417,418
历时性　18,52,53,192,209,222,237,349,350
历史主义　142,145,151,380
理性主义　22,40,41,52,62,139,145,177,354
礼义廉耻　185,345,366,367,368,437,453
利益相关者　50,80,89,102,317,323,333,334,365,385,421,436
两重集团生活　243
列宁主义　147,339
陆王心学　153,154
轮船招商局　381,382
伦理来源　10,47
伦理审查　99,177
伦理主体　12,52—57,59,63,64,68—70,73—75,77—80,84,167,388,471
逻辑和历史的统一　146
逻辑学　36

M

MBO　114,223,230
马克思主义　16,19,20,72,78,79,131,137,

141,143—148,150,151,154,160,166,182,186,193,217,218,243,250,255,261,268,313,320,344,346,348,350,351,355,374,419
毛泽东思想 148
美德和义务 293,346,347,353,355,356,419,445,446
美德伦理 伦理准则
《蜜蜂的寓言》 95
民主 25,41,100,102,107,111,113,144,192,193,195,222,224,226,244,255,262,263,271,272,403,404,462

N

男女平等 281,282

P

批判精神 144
谱系研究 345—347,349,350

Q

启蒙运动 178,336,359
企业改革 202,208,209,211,215,216,218—221,223,225—227,232,235,237,245,284,313,315,317,318,321,326,330
企业家 22,56,65,69,97,109,113—116,121,149,168,169,180,200,201,223,232—236,240,243,244,248,333,371,377,378,380—383,385,431,433,465
企业精神 168,376,377,378 请参阅 企业伦理
契约论 49,68,71,80,129,146,171,172,174,175,178,192,242,244,273,295,310,311,383,417
《乔厂长上任记》 215
勤奋与懒惰 197,198,206,207
去价值化 3,36,39,41,43,51,68,69,117—127,130,131,134,186,245,246,333,368,443,448,449,451,468,471 请参阅 价值中立/价值无涉
全球化 50,175,264,285,287,383,384,385
全球盟约 384,385
诠释性真理 6,73,74
诠释学 68,71—74,78—80,127—129

R

仁慈 101,195,204,217,225,226,244,245,288,290,299,313,346,352,356,366,371,386,387,388,389,392—402,406—410,415,420—423,429,437,444,449,453,454,456,467
人类学 10,12,14,16,17,47,48,55,75,76,77,126,140
人性论 155,176
性恶论 155,163
性善论 155
仁义礼智信 27,30,158,163,185,191,215,345,355—368,372,386,391,424,437,440,442,453,471
儒家思想 148,158—167,182,218,313,348,368,381,415,440,464

S

SA8000 384
3-2-1分析框架 345,347
三个世界 6,8,76,130,238
客观世界 4,6,8,9
社会世界 4,6,8,9
主观世界 4,6,8,9,73,75
三鹿事件 104,105,106
上层建筑 16,17,144,145,276,376
上海海关 381
《尚书》 366
商品拜物教 130
商业伦理 30,81,85—87,100,194,423,442,471
社会学 3—6,11,12,16,21,26,27,28,39,49,53,66,73,76,77,91,124,126,127,130,210,217,239,246,247,257,295,296,346,350
社会学归根 346
宏观社会体系归根 346
企业应用归根 346
社会责任 31,117,316,317,323,327,328,329,331—335,337,384,471
社会主义 20,23,24,84,151,166,186,219,222,243,244,254,273,274,280,281,285,318,346,400,403
社会资本化 109,231
社群主义 49,57,125,173,242—246
生产关系 16,17,18,72,133,140,144,250,254,255,259,373,374,417,418

生产力　17,72,79,113,140,141,142,144,145,147,150,250,254,255,284,300,315,373,374,417

生活世界　3—14,16,18,21,23,26—30,38,39,41—43,47,49,65,66,76,79,80,86,102,122,124,128—131,133,182,196,198,199,204,206,207,215,217,225,226,227,231,238,240,241,340,436,471

家乡世界　5

社会规范　9,10,11

文化　8,9,10,39,40,58,79,102,112,113,114,119,126,128,144,158,159,165,166,168,169,170,175,192,206,213,228,240,242,244,245,312,322,332,339,367,370,372,381,383,400,407,423,447,448,468

习俗　3,10,11,16,79,278,309,310,333,414

《盛世危言》　382

市场-个人　83,84

市场竞争　22,85,89,91,92,93,95,108,180,197,207,235,248,261,274,422,449

市场失灵　95

市场体制　18,20,24,25,27,40,87,88,92,98,101,187,195,196,223,232,233,234,258,448

市场与资本　27,84,98,196,256

时间性　72,73,79

事实价值二分法　128

实用主义　52

实证主义　72,73,75,77,173,244

私人生活领域　41,42,127

收入差距　221,229,233,281,284,286

双汇火腿事件　104

苏格兰　49,88,176,354,356

苏利文原则　384,385

T

《太极图说》　157,164

贪婪　58,92,93,102,104—109,114,199,223,371,373,431

特性角色　112,113,115,116,119

天主教　367,371,379

投机　91,236,462,463

W

无产阶级　257

五常　158,367,391,424,440—442　请参阅 仁义礼智信

物化　107,122,130,131—134,247,264,467

无极而太极　157,164,440

五四运动　165

五行　157,440,441

X

显见义务　366,371,372

现象学　4,5,7,28,52,76,119,127,137,347

香港海关　381

小康理想　150

效率　25,30,65,86,89,98,99,101,107,110,112,119,120,121,122,123,127,151,191,194,196,203,213,214,215,216,218,226,229,231,238,239,240,241,247,258,265,269,271,297,315,318,319,320,340,450,451,466,471

新教　22,40,68,105,167,168,169,180,371,374,376,377,378,379,380,381

信托关系　46

行动　4,6—11,13,14,15,22,40,44,63,66,74,89,106,109,124,130,198,251,252,253,270,273,293,307,316,320,327,328,355,356,378,389,403,413,442,445,446,448,458

策略行动　4,6,42,44

目的行动　6,74,130

交往行动　4—7,9—14,38,65,72,74,75,76,80,130,238,241

戏剧行动　6

形而上学　10,57—60,63,64,76,156,160,164,166,171,172,178,273,296,305,343,344,347,353,367,415,433,434,440,464

熊彼特式的企业家　234,235,236

Y

怡和洋行　381

异化　22,25,107,132,137,138,139,142,247,259,300,375,423

意识哲学　7,52,53,66,67,76,77

义务论　48,49,173,174,177,178,179,216,293,325,349,352,353,355,358,360

义务与美德　325,351,357,358

《易传》　152,157,163

语言哲学　7,10,52,53,66,76
语义学　77
语用学　76,77
原罪　367,371,401

Z

政府-企业　83,84
整合理论　167
正式工　221,222,223,284,285
正义论　71,173,174,191,192,216,240,252,269,270,289,290,292,294,296,297,300,301,317,403,406
正义原则　239,269,270,297,298,301,400,414
政治哲学　3,35,42,58,59,68,71,80,101,171—174,192,195,208,209,216,220,226,227,228,242,244,250,269,271,289,290,292,300,304,314,321,323,331,363,383,406,413,417,453
职场准则　247,248
指号体系　71,72
智仁勇　367,432
知识分子　22,65,103,161,240,262,333,364,381
知识考古学　68,71,80
职业道德　38,246,368 请参阅 职业伦理
中道　346,360—369,419,426,438,446,447 请参阅中庸
忠孝节义　437,453
中庸　155,158,163,347,355,360—365,390,432,438,440
主观主义　60,75
主体间性　7,71—79 请参阅，交往主体
准则研究框架　343
资本化　104,107,109,110,111,112,231,232
资产阶级　16,17,59,65,84,99,124,131,142,144,145,169,176,189,193,255,257,259,261,374,375,378,403,417,419,448
自利个人　88,91,93
自利主义　88,90,92,93
自然科学　48,57,72,75,120,127,130,254
自然权利　171,179,227,304,308—312,316—318
自我实现　69,70,71,112,269,270,285
自由企业制度　373
宗教改革　22,378

人名索引

A

阿吉利斯（Argyris Chris），1923—，美国哈佛大学教授，在行动科学和学习型组织等领域有创建。 10

阿奎那，托马斯（Thomas Aquinas），1224—1274，意大利人，中世纪最重要的天主教神学家，长期在法国活动，《神学大全》是最主要的著作。 35，349

阿伦特，汉娜（Hannah Arendt），1906—1975，犹太裔美国思想家，师从海德格尔和雅斯贝尔斯等著名学者，后入美国籍，为当代最重要的政治理论家。《极权主义的起源》为名著。 34，106

阿佩尔，卡尔-奥拓（Karl-Otto Apel），1922—，德国当代哲学家，力图打通大陆哲学与英美分析哲学联系的途径。 42，72，73，75—78，124，125，127—129

阿塔利，雅克（Jacques Attali），法国政治家和经济学家，曾多次出任法国政府高级职务，并且担任欧洲复兴开发银行第一任行长，参与起草马斯特里赫特条约。 402

爱尔维修，克劳德·阿德里安（Claude Adrien Helvetius），1715—1771，法国启蒙思想家和哲学家，攻击伦理的宗教基础，宣传唯物主义，为时人所不容。 139，141

奥古斯丁（西波的）（Augustinus of Hippo, Saint）），354—430，古罗马基督教圣徒，为古代基督教最重要的思想家，并且被后来的加尔文教奉为思想来源之一。 354

奥古斯都，386 参见奥古斯丁

B

巴利，奈吉尔（Nigel Barley），英国人类学家。 48

巴门尼德，(Παρμενίδης, Parmenides of Elea) 公元前5世纪希腊哲学家，生于爱利亚，是前苏格拉底时代的重要哲学家。 291

包尔生，弗里德里希（Friedrich Paulsen），1846—1908，德国教育家和伦理学家，柏林大学教授。 394

鲍伊（Norman E. Bowie），1942—，美国明尼苏达大学退休教授，长期从事伦理学研究，致力于康德哲学的企业应用研究。 178

边沁，杰里米（Jeremy Bentham），1748—1832，英国哲学家、经济学家和法学家，现代刑法学的开创者，功利主义创立者。对19世纪激进思想发展有显著影响。 48，172—174，176，177，187，236，294，304，311，334，335，392

波爱修斯（Anicius Manilius Torquatus Severinus Boethius），罗马后期主要的政治家和哲学家。 60

伯恩太格司，伊瓦格里厄斯（Evagrius Ponticus），公元4世纪修道士，提出了原罪的概念。 371

波拉尼，卡尔（karl Polany），1886—1964，美籍匈牙利学者，经济史家。著有《巨变》等书。 66

波拉尼，迈克尔，（Michael Polany），1890—1976，著名的物理学家和哲学家，卡尔·波拉尼的弟弟，朝圣山学派巨子，意会知识的提出者。 236

柏拉图（Plato，希腊文：Πλάτων），约前428—前348，古希腊最重要的思想家。西方哲学的奠基者。其"柏拉图对话"，以苏格拉底为依托，展开了有强烈伦理意义的哲学思想。 145，174，268，281，288，290—292，298，349，368—370，406，411，412，414，421

伯林，以赛亚（Isaiah Berlin），1909—1997，英国哲学家和政治思想家，自由主义的代表人物。提出了积极自由和消极自由的区分。193，249，

254,255

波普尔,卡尔(Sir Karl Raimund Popper),1902—1994,奥地利人,长期在英国任教。科学哲学家。对知识分类等做出过出色的研究,但是其哲学家地位向不为专业人士承认。 4,6,8,76,127,130

布坎南,詹姆斯(James McGill Buchanan),1919—,美国经济学家,1986年诺贝尔经济学奖获得者。公共选择理论的代表人物。 314,315,318

布罗代尔,费尔南(Fernand Braudel)1902—1985,法国著名历史学家,年鉴学派第二代代表人物,揭开了长时期历史研究的途径。 90,91,190,276,277,279

布律吉埃,巴斯蒂(Marianne Bastid-burguiere),1941—,法国科学研究中心研究员,汉学家。 22

C

蔡元培,1868—1940,近代教育家和政治家,著有《中国伦理学史》。在担任北京大学校长期间,引入现代教育理念,开自由学风,一直为世人称道。 35,368,441

曹刿,亦称曹沬,春秋时鲁国大夫,生卒年月不详。《左传》所记曹刿论战,对齐鲁长勺之战的谋划成功,使此战成为经典战役,曹刿也得以留名。 441

陈淳,1159—1223,南宋理学家,朱熹晚年弟子。阐释朱熹思想完整。 365,442,444

陈启伟, 405

陈文子,《论语》中的人物,陈国大夫,名须无。 461

陈晓,当代企业家,曾创立上海永乐电器公司,被国美收购,任国美总裁,升任董事长,因与大股东冲突去职。 43—47

D

大禹,亦称夏禹,中国古代政治家,奉舜之命治理洪水,后担任部落联盟首领。其子创立夏朝。 360

德沃金,罗纳德(Ronald Myles Dworkin),1931—.当代最有影响的政治哲学家,曾担任过法官和律师,后任耶鲁大学和纽约大学的法学教授。 101,195,208,209,267,272,273

邓菲,托马斯(Thomas Dunfee),美国学者,综合契约论的提出者。 175,383

笛卡尔,勒内(Rene Descartes),1596—1650,法国数学家、哲学家,被认为是欧洲现代哲学的奠基者,大陆理性主义的开创人。解析几何的发明者。著作有《方法谈》和《哲学原理》等。 52,57,58,60,62,64,75,171,172

狄尔泰,威廉(Wilhelm Dilthey),1833—1911,德国哲学家,曾在多家大学任教,为生命哲学和阐释哲学的创始人。 72

丁韪良(William Alexander Parsons Martin),1827—1916,美国传教士,熟悉中国和中文,翻译《万国公法》,并担任京师大学堂总教习。 303

董仲舒,前179—前104,汉代儒家思想代表,把儒家思想概括为"三纲五常",向武帝提出的"罢黜百家,独尊儒术"的建议被接受,开创了两千年儒家思想的官方地位。 159,367,386,404,408,415,440,441

杜拉拉,流行小说和电视剧的人物 247

杜维明,1940—,美籍中国学者,新儒学的代表人物,曾任普林斯顿大学、加州大学伯克利分校和哈佛大学教授。 166,170,391

E

二程,程颢(1032—1085),号明道先生,程颐(1033—1107),号伊川先生,为亲兄弟,北宋著名哲学家,程朱学派的创始人。 156,157,163,360,459

F

范德彼尔特,科尼利厄斯(Cornelius Vanderbilt),1794—1877,美国航运和铁路商人,历史上最富有的人之一。 114

范德克尔克霍夫(Vim Vaudekerckhove), 467

费尔巴哈,路德维希·安德列斯(Ludwig Andreas Feuerbach),1804—1872,德国哲学家和教育家,马克思对其唯物主义思想做出了很好的评价。并引为思想来源。 137—139,144,259

费孝通,1910—2005,中国社会学和人类学奠基人。著名学者。传世主要著作有《江村经济》和《乡土中国》等。 161,217

冯友兰,1895—1990,当代中国哲学家和哲学史家,曾任清华大学和北京大学教授,对中国现代

哲学史建设做出重大贡献。　246,391,415,441

弗洛伊德,西格蒙德(Sigmund Freud),1856—1939,奥地利精神病医生和分析家,精神分析学派的开创者。　131

伏尔泰(Voltaire),1694—1778,是法国思想家Francois-Marie Arouet的笔名,为法国启蒙时代的精神导师和领袖。　172,254

福柯,米歇尔(Michel Foucault),1926—1984,法国哲学家和思想家。其所研究的监狱和医院,开辟出新的思想天地。是法国现代最有世界影响的思想家。　57,61,329,330,335—338

富兰克林,本杰明(Benjamin Franklin),1706—1790,美国政治家、科学家和外交家,美国独立战争的领导者。　118,349,371,377,382,448

弗里德曼,米尔顿(Milton Friedman),1912—2006,美国经济学家,1976年诺贝尔经济学奖获得者,新自由主义的代表人物,芝加哥大学教授。　86,117

傅立叶,夏尔(Francois-Marie-Charles Fourier),1772—1837,法国社会理论家,空想社会主义者。他的思想是马克思社会主义思想的来源。　24,172,338

福特,亨利(Henry Ford),1863—1947,20世纪美国最重要的企业家,福特汽车公司的创始人,也是现代汽车业的奠基人。　114,371

G

皋陶,传说中在舜与夏初时的贤臣,掌管刑律。　360

戈夫曼,埃尔文(Erving Goffman),1922—1982,生于加拿大,为美国社会学家,提出了互动符号理论。　6

格拉塞斯费尔德(E. Von Glasersfied),1917—2010,美国哲学家,激进构建主义的主要代表人物,曾为多家大学的教授。　74

葛兰西,安东尼奥(Antonio Gramsci),1891—1937,意大利共产党创立者。长期在监狱,撰写《狱中札记》,为西方马克思主义的经典文献。　355

格劳秀斯,胡果(Hugo Grotius),1583—1645,荷兰思想家、政治家和文学家,国际法的创立者,启蒙时代最早阐述自然法。　409

格里高利一世(Gregorius I),约540—604,第64任教皇。并曾兼任罗马行政官,在任期间提高了教会的影响力。　371

贡斯当,本杰明(Benjamin Constant),1767—1830,出生于瑞士,就学于德国和苏格兰,主要活动在法国,现代心理小说的开创者。对自由的反思在思想界影响深远。　254,255,268

顾炎武,字忠清、宁人,别名继坤,1613—1682,明末清初著名思想家,著有《日知录》等著作。　162,381

郭沫若,1892—1978,中国现代文学家、学者,涉猎甚广,在甲骨文、考古、新诗、戏剧和历史哲学创作研究上,成就卓著,也引发很多争论。　155,370,389

关云长,名关羽,？—219,汉代将军,后成为一个偶像,武神,代表忠义。　416,453

管子,名夷吾,字仲,前723—前645,春秋时代著名的政治家。辅佐齐桓公成就霸业。托名的《管子》一书传世,其中保留有管子的文章。　185,367,368

H

哈贝马斯,于尔根(Jürgen Habermas),1929—,德国著名社会学家和哲学家,当代最具影响力的思想家,法兰克福学派第三代代表人物。　3—14,16,17,26,38—42,44,49,65,72—76,118,124,125,127,128,130,131,194,196,207,217,238,376

哈耶克(Friedrich August VanHayek),1899—1992,奥地利裔,英国经济学家,自由主义的代表人物,1974年诺贝尔经济学奖获得者。　20,66,87,194,195,236,250,251,252,253,254,262,263,269,270,318,321

海德格尔,马丁(Martin Heidegger),1889—1976,德国哲学家,20世纪最具创见的思想家,存在主义代表人物。因为曾支持纳粹政权引发争议。　5,58,64,119,196

韩非子,约前280—前233,韩国公子,著名法家思想家,荀子学生,其思想对秦王影响很大。并且影响了此后中国中世纪的政治思想。有《韩非子》一书传世。　152,157

韩愈,字退之,世称韩昌黎,768—824,唐代文学家和思想家。古文运动的开创者。位列唐宋八大

家之首。 391,404

汉奇斯(Handkiss,E.)。 211

汉武帝,名彻,前156—前87,汉代皇帝,开疆拓土,接受董仲舒建议,罢黜百家,独尊儒术。 159,161

豪夫斯泰德(Geert Hofstede),1928—,荷兰马斯特里赫特大学荣誉退休教授,他提出了文化五个维度的理论影响巨大。 168,244,245,383

荷马(Homer),前9世纪左右,创作《伊利亚特》和《奥赛罗》的古希腊诗人。诗作是希腊伦理资源,也被认为是西方文学的始祖。 349,413

何宴(? —249)汉末三国时期玄学家。 441

黑格尔(Georg Wilhelm Friedrich Hegel),1770—1831,德国古典哲学集大成者。曾在多家大学任教,最后为柏林大学教授、校长。其学说列为官方哲学。是马克思思想的重要来源。 26,35,36,37,38,40,41,42,58,60,76,137,139,142,144,147,173,197,254,255

胡塞尔(Edmund Husserl),1859—1938,德国哲学家,现象学的创始人。20世纪最重要的思想家。 3—6,8,9,58,60,72,76,119,196,207

黄光裕,1969—。当代企业家,国美电器的创始人,曾是中国最成功的企业家。2010年因为非法经营等罪被判处有期徒刑14年,罚款6亿元人民币。 43—47

霍布斯,托马斯(Thomas Hobbes),1588—1679,英国思想家,哲学家。自然权利和契约论的提出者。现代政治哲学的奠基者。 58,59,61,63,88,96,123,171,172,174,178,179,193,208,209,255,295,304,308,309,310,312,314,315,355,413

霍尔巴赫,保罗·亨利·迪里希(Paul-Henri Dietrichd' Holbach),1723—1789,法国启蒙思想家,百科全书的撰稿人,公开挑战教会权威,宣传无神论。传世作品有《自然体系》和《社会体系》。 141,145,176,177

霍菲尔德,韦斯利(Wesley Hohfeld),1879—1918,美国法学家,曾任职斯坦福大学和耶鲁大学,对权利的分析非常著名。 306—310

霍克海默,马克斯(M. Max Horkheimer),1895—1973,德国哲学家和社会学家,法兰克福学派的创始人。 118,131

J

伽达默尔,汉斯-格奥尔格(德语:Hans-Georg Gadamer)1900—2002,德国当代哲学家,海德堡大学哲学教授,诠释哲学的代表人物。 72

加尔文,让(Jean Cauvin 或 Calvin),1509—1564,法国宗教改革家,加尔文宗的创立者。 22,168,379

加芬克尔,哈罗德(Harold Garfinkel),1917—2011,美国社会学家,常人方法论的创始人和倡导者。 6

贾维,I.C.(I.C.Jarvie),1937—,加拿大约克大学社会学哲学教授。 6

杰斐逊,托马斯(Thomas Jefferson),1743—1826,美国政治家,独立战争领导人之一,《独立宣言》的主要起草者。曾担任美利坚合众国第三任总统,第一任国务卿。 312

杰瑞森,罗纳德(Ronald Jeurissen),荷兰尼恩罗德商业大学欧洲企业伦理研究所(European Institute of Business Ethics(EIBE),Nyenrode Business University)研究员。 167

靖远,宋代僧人。 278

K

卡尔多,尼古拉(Nicholas Kaldor),1908—1986,英国剑桥著名经济学家,提出福利经济学 240

凯恩斯,约翰·梅纳德(John Maynard Keynes),1883—1946,英国经济学家和金融家,强调政府干预经济。曾在政府部门工作,并担任剑桥大学的教职,是20世纪最有影响的经济学家。 19

康德,伊曼努尔(Immanuel Kant),1724—1804,德国古典哲学的开创者,近代西方哲学的奠基人,其思想深刻影响了现代哲学。 11,37,42,48,52—54,57,60,62—64,67—73,75—77,125,126,129,139,147,173,174,177,178,253,254,288,293—296,305,325,343,353,358,359,380,409,434

康有为,1858—1927,政治家和学者。戊戌变法领袖。学术上属今文经学,长于《公羊传》,撰有《大同书》等著作。 150,381,405

克尔恺郭尔,索伦(Soren Kierkegaard),1813—1855,丹麦哲学家和文学家,被认为是现代存在主义哲学的先驱。 125,126

科尔内(Janos Kornai),1928—,匈牙利经济学家,利用西方经济学工具分析社会主义经济,做了开创性研究。 210,211,212,215,217

克罗泽尔(Crozier,Michel),1922—,法国社会学家,巴黎政治学院教授,著有《官僚现象》一书,为组织社会学名著。 124

科泽奈(Kirzner),美国经济学家,奥地利学派代表之一。 234,235,236

孔安国,西汉学者,生卒年月不详,为孔子十一世孙,受《诗》申公,受《书》于伏生,发鲁壁得古文经书,开创经古文学派。 441

孔子,前551—前479,中国春秋时代思想家教育家,儒家学派的创立者。对中国思想影响巨大,也是世界文化史上影响最大的人。留世有《论语》和《春秋》。 15,47,150,155,156—159,163,164,166,185,277,288,347,348,355,360,361,363—367,370,386,389—391,404,415,424,432,438,441,447,458,459,460,461,464

L

莱布尼茨,戈特弗里德·威廉(Gottfried Wilhelm Leibniz),1646—1716,德国哲学家和科学家,微积分的发明者之一。二进制的提出者,西方文明最伟大的人物之一。 58,60,172

莱德,约翰(John Ladd)。 456

莱喀古士(Lycurgus),公元前9—前8世纪人,古斯巴达克立法者,以严厉立法著称。 257

老子,中国春秋时代的思想家。周的史官。相传孔子曾问教于老子。现传的《老子》一书为战国时代所做。是中国思想的奠基性著作之一。 156,157,365,404,405

勒鲁,皮埃尔(Pierre Leroux),1797—1871,法国哲学家、经济学家。社会主义和资本主义概念的分析者和提出者。曾编辑《新百科全书》。 273,274,289

李鸿章,1832—1901,安徽合肥人,晚清重臣,主持洋务运动。 381

利普斯,特奥多(Theodor Lipps),1851—1914,德国心理学家,慕尼黑大学心理系主任,移情说的提出者。 76

梁启超,873—1929,广东新会人,中国近代政治家、著名学者。戊戌变法领导者之一。精通中西学术。曾为清华大学著名教授。传世著作有《饮冰室合集》等。 303,365,415

梁漱溟,1893—1988,政治家和思想家,曾致力于乡村建设,著述以弘扬儒家思想为主。被认为是儒家思想的当代代表。 149,160,165,166,303

廖申白,1950—,北京师范大学教授,西方伦理学和伦理学的研究者。 425

廖平,1852—1932,经学大师,康有为思想的启发者。 150

列宁,弗拉基米尔·伊里奇(Vladimir Ilyich Lenin, 俄文:Владимир Ильич Ульянов),1870—1924,俄国布尔什维克党和苏联的创立者,领导了十月革命,发展马克思主义成为列宁主义。 147,243,261

令尹子文,《论语》中人物,为楚国人,令尹是官位名称,子文是人名, 432,461

陆费逵,1886—1941,中国现代著名的教育家和出版家,中华书局的创办者。 382,383

路风,北京大学教授,开创了"单位"研究。 213,

卢卡奇,格奥尔格(Ceorgy Lukacs),1885—1971,匈牙利著名思想家和著作家,20世纪西方马克思主义的开创者和代表人物。并创立了马克思主义的美学体系。 107,130,131,133,247

卢曼,尼可拉斯(NiklasLuhmann),1927—1998,德国现代社会学家,社会系统论的创立者。 7,437

卢梭,让·雅克(Jean-Jacques Rousseau),1712—1778,法国启蒙思想家和文学家。其著作和思想激励了法国大革命的领袖们。 49,58,59,174,175,178,208,242,244,245,268,274,278,312,394,413

陆象山,名九渊,号存斋先生。1139—1193,南宋著名思想家和教育家。陆王学派的开创者,与朱熹的鹅湖之会是中国哲学史上最著名的思想交锋。一直传为美谈。存世有《象山先生全集》。 153,157,164

卢作孚,1893—1952,企业家,民生公司的创始人。抗战初期组织公司轮船转运了大量的物资到重庆,被称为中国的"敦刻尔克"。 56,149,243,244

罗伯斯庇尔,马克西米连·弗朗索瓦·马里·伊西多·德(Maximilien Fran?ois Marie Isidorede Robespierre),1758—1794,法国大革命时重要革命家,雅各宾派主要领导人。在法国被视为爱国者和英雄人物。 403

罗尔斯,约翰(John Rawls),1921—2002,20世纪美国最重要的政治哲学家,哈佛大学教授。所著《正义论》改写了整个政治哲学的研究方向和基础。 42,58,59,64,71,86,118,173—175,177,191,192,195,208,216,239,240,252,253,255,267,268,269,270,271,272,273,278,288,289,290,294,295,296,297,301,311,317,323,346,348,387,403,404,406,411,413,419,420,421,453

洛克菲勒,约翰·D.(John Davison Rockefeller),1839—1937。美国企业家和慈善家,美孚石油公司的创立者。被认为是美国历史上最富有的人之一。 99,114,199

洛克,约翰(John Locke),1632—1704,英国政治学家和哲学家,倡导自然权利。阐述了宪政原则。奠定了现代政治哲学基础。 58,59,65,88,99,107,121,139,147,172,174,175,208,268,292,295,304,311,312,315,323,380,411

罗斯,威廉·戴维(William David Ross),1877—1971,苏格兰伦理学家,以提出显见义务(Primaface)著称。 345,366,371,372

罗素,伯兰特(Berthand Russell),1872—1970,英国著名哲学家,数学家。1950年诺贝尔文学奖获得者,20世纪最活跃的思想家。 143,166,181,338,339,354

罗伊斯,乔赛亚(Josiah Royce),1855—1916,美国唯心主义哲学家,与威廉·詹姆斯的辩论深刻影响了美国哲学的发展。 455,456,462,463

洛维特,卡尔(Karl Lowith),1897—1973,德国哲学家,海德格尔弟子。 75

M

马丁·路德(Martin Luther),1483—1546,宗教改革家,基督新教路德宗的创立者。 22,60,61,378

马尔库塞(Herbert Marcuse),1898—1979,美籍德国思想家,法兰克福学派成员。 144,285

马基雅弗利(Niccolòdi Bernardodei Machiavelli)1469—1527,意大利政治家、学者,被认为是当时资产阶级的代表,在政治、历史和哲学上均有创见。 61,63

马奇(James G. March),1916—。美国斯坦福大学教授,在组织理论上的贡献为世人所称道。 422

马歇尔(Alfred Marshall),1842—1924,19世纪末到20世纪初最著名经济学家,剑桥学派和新古典学派的奠基人。 177,373

麦金农,凯瑟琳(Catharine Alice Mackinnon),1946—,美国学者和思想家,女权主义者。性骚扰概念的提出者。 283

麦金太尔,阿拉斯戴尔(Alasdair Mac Intyre),1929—,出生于英国,现为美国的大学教授,当代著名伦理学家,社群主义的代表人物。 34,42,43,56,65,112,113,119,125,126,127,179,180,185,186,191,192,261,288,349,354,355,363,370,386,407,413

曼德维尔,伯纳德(Bernard Mandeville),1670—1733,英国作家,生于荷兰,以医生在荷兰开始职业生涯,随后旅居英国,成为作家,所著《蜜蜂的寓言》提倡自爱的道德,是历史上最具争议的著作。 95

梅洛-庞蒂(Maurece Merleau—Ponty),1908—1961,20世纪法国最著名的哲学家之一,现象学代表。巴黎高师毕业,执教巴黎大学和法兰西学院。有《知觉现象学》等著作。 10,61

梅因,亨利·詹姆斯·萨姆那(Sir Henry James Sumner Maine),1822—1888,英国比较法律和古代法律史专家,剑桥大学教授。所著《古代法》是比较法的奠基性著作。 54,55,56

孟德斯鸠,路易(Charlesde Secondat,Baronde La Bredetde CL),1689—1755,法国最重要的启蒙思想家,提出三权分立的思想,其对法和政治的研究影响了此后历代学者和政治家。主要著作为《论法的精神》。 254,279

孟子,名轲,前372—前289,战国鲁人,中国最重要的思想家之一,在儒家中地位仅次于孔子,位列"亚圣"。留有《孟子》一书。 54,55,70,153,155,157,158,163,164,347,367,386,390,393,404,408,415,416,433,435,438—441,444,445,449,458,460

米塞斯,路德维希·冯(Ludwigvon Mises),1881—1973,奥地利经济学家,奥地利学派的代

表人物,开创了新自由主义传统。 86

米歇尔·鲍曼(Michael Baurmann),当代德国学者。 49

默顿,罗伯特·金(Robert King Merton),1910—2003,美国社会学家,结构功能主义的代表人物,科学社会学的开创者。 124

摩尔,乔治·爱德华(George Edward Moore),1873—1958,英国哲学家,分析哲学和元伦理学的开创者,剑桥大学教授。 173,352

摩根,约翰·皮尔庞特(John Pierpont Morgan)1837—1913,美国银行家,开创美国企业在金融资本主导的大规模兼并合并浪潮。 114

莫伊拉·格兰特。 242

墨子,名翟,前468—前376,春秋晚期的思想家,所创学派当时与孔子并称显学。随后衰落。有《墨子》一书传世。 404,405,416

牟宗三,1909—1995,当代著名哲学家和哲学史家,港台新儒家的主要代表,曾长期任教于香港和台湾大学。 152,155,165,166,433,434

穆罕默德(Muhanmmad),约570—632,伊斯兰教和阿拉伯帝国的创立者,历史上最有影响的思想家、政治家和军事家。 158

穆勒,约翰·斯图亚特(John Stuart Mill),1806—1873,英国著名政治学家、哲学家和经济学家。功利主义最佳阐释者。一生著述甚丰,所著均为名著。 48,174,176,177,206,250—253,263,265,288,292—294,311,413,443

N

内桑森。 457,458,462

尼采,弗里德里希·威廉(Friedrich Wilhelm Nietzsche),1844—1900,德国哲学家。 126,173,325,391

纽伯格,埃冈(Neuberger Egon),美国纽约州立大学社会和行为科学学院教授,比较经济体制研究学者。 19

诺齐克,罗伯特(Robert Nozick),1938—2002,哈佛大学教授,政治哲学家,因与罗尔斯的争论而闻名。 86,208,209,216,217,270,271,273,289,311,312,346,387,413

诺依曼,冯(John Von Neumann),1903—1957美籍匈牙利经济学家和数学家,计算机科学的奠基者。 6

P

帕累托,维弗雷多(Vilfredo Paredo),1848—1923),意大利经济学家和社会学家,长期担任洛桑大学教授。他的经济学和社会学研究中产生了一系列影响深远的成果。 122,240,269

帕森斯,塔尔科特(Talcott Parsons),1902—1979,美国社会学家,哈佛大学社会学教授,结构功能主义的创始人。20世纪最重要的社会学家之一。 4,6,39,124

帕斯卡尔,布莱仕(Blaise Pascal),1623—1662,法国数学家、物理学家和哲学家。除了在科学上一系列卓越的贡献外,帕斯卡尔《思想录》是神学和哲学史上一个令人高山仰止的作品。对后人多有影响。 52,60,64,125,126

潘恩,托马斯(Thomas Paine),1727—1809,美国政治思想家,受到法国大革命影响,在美国提出了人权和自由民主理论,并且提出了美国国名:美利坚合众国。 394

裴多菲,桑多尔(Petöfi Sándor),1823—1849,匈牙利诗人,被认为是匈牙利民族诗歌的奠基人。 249

皮尔斯,查尔斯·桑德斯(Charles Sandes Peirce)1839—1914,美国哲学家和数学家,美国最具创见的学者,实用主义的开创者。 76,77,78

Q

钱学熙,北京大学英文教授。著名学者。 434

钱锺书,1910—1998,中国当代著名学者,中国社会科学院研究员。 441

乔治,理查德·T.德,美国企业伦理研究者。 32,124

R

阮元,1764—1849,清代著名学者,长于经学,精于考据、金石,汇刻《皇清经解》卷帙浩繁,解经精到。 155,390,432

若尔兰,钱拉,法国社会历史学者。 276

S

桑德尔,迈克尔(Michael Sandel),1953—,哈佛大学政治学教授,社群主义思想家。 64,71,289,388

商鞅,约前390—前338,原名公孙鞅,卫国人,亦称卫鞅。战国时代政治家,主持秦国变法,史称商鞅变法。奠定了此后中国两千年政治体系基

础。有《商君书》传世。　441

邵康节，名雍，1011—1077，北宋哲学家，占卜家。传世有《皇极经世》等书。　164

舍勒，马克斯（Max Scheler），1874—1928，德国哲学家　60，64，119，387，389，392，393，407

圣西门（Claude-Henri de Rouvroy, Comte de Saint-Simon），1760—1825，法国思想家和社会改革家，出身贵族，大革命放弃贵族称号后，转向思想研究，成为社会主义者，其思想经后人改造传播，成为马克思主义的来源之一。　24

释迦牟尼（梵文：Sākyamuni），前564—前484，古印度释迦族王子，佛教创始人。被信徒尊为佛陀。　158

石元康，1942—，香港大学哲学教授。　118

斯宾诺莎，别涅狄克特（Benedictus Spinoza），1632—1677，荷兰哲学家，欧洲启蒙思想家。传世作品有《伦理学》　52，64，171，172，352，428，429

斯密，亚当（Adam Smith），1723—1790，苏格兰经济学家和哲学家，现代经济学的开创者。《国富论》是第一部经济学专著，具有无可替代的历史地位。著有《道德情操论》。　22，49，88，89，96，99，102，120，176，177，217，320，354，355，357，372，386，392，394，408，410，420，422，423，429，430

斯特劳斯，列奥（Leo Strauss），1899—1973，美籍德裔政治哲学家，芝加哥大学教授。他认为古典文本的直白和隐晦双重写作方式造成的误解需要改变阅读方式才能消除。　55，358，359，414

叔本华，亚瑟（Arthur Schopenhauer），1788—1860，德国意志主义哲学家。生前隐居，死后声誉日隆，对尼采影响巨大，主要著作《意志和表象的世界》。　93，173，325，356，358，386，409，410，419，420

舒茨，阿尔弗雷泽（Alfred Schutz），1899—1959，出生于奥地利，美国社会学家，现象学社会学的开创者。提出了常人方法论的社会学研究方法。　4，5，6，7，8，76

舜，中国古代部落首领，传为黄帝八世孙。在儒家经典中是帝王的典范。　151，391

苏格拉底（Socrates），前469—前399年，古希腊著名哲学家，被认为是西方哲学的奠基者。　290，291

孙中山，名文，字逸仙，1866—1925，革命家和政治家，中国国民党和中华民国的创立者。　150，405

孙子，通常指孙武，春秋时代的军事家，因《孙子兵法》著称，是中国最早最著名的兵书。　366

T

唐骏，1962—，职业经理人，曾在微软等公司任职。　114

泰勒，爱德华·伯内特（Sir Edward Burnett Tylor）1832—1917。英国最杰出的人类学家。文化人类学的奠基人。主要著作为《原始文化》。　10

泰勒斯，（Thales of MILETUS, 希腊语：Θαλῆς），约前614—前545，古希腊哲学家，希腊留有记载的第一个科学家和哲学家，希腊七贤之一，米利都学派创始人。　425

唐纳森，托马斯，（Thomas Donaldson），美国宾夕法尼亚大学沃顿商学院伦理学教授，综合契约论的提出者。　175，383

唐廷枢，1832—1892，清末著名企业家，轮船招商局和开平矿务局实际开创者。早年受教会学校教育。在英国人掌管的海关和企业中长期任职。　381，382

田文华，1942—，当代企业家，曾为三鹿集团董事长，2009年因三聚氰胺事件被判处无期徒刑。　121

涂尔干，埃米尔（Emile Durkheim），1858—1917，法国社会学家，社会学主要奠基者。其名字有迪尔凯姆、杜尔海姆和杜尔克姆等不同汉译，是最为混乱的译名。　4，6，26，66，91，246

托克维尔，阿历克西·德（Alexis de Tocqueville），1805—1859，法国政治家和思想家，以最早对美国民主的研究著称。　193，267，268

W

万俊人，清华大学哲学系教授。　42

王艮，字汝止，号心斋，1483～1541，王阳明门徒，泰州学派创立者。　154

王国维，1877—1927，近代中国学者，学贯古今中西，在哲学、历史、美学、文字学等有多方面贡

献。 360,408,409

王莉君,中国青年政治学院教师。 303

王阳明,名守仁,1472—1529,明代政治家、思想家和教育家,心学代表。传世有《传习录》等。 148,153,154,160,164—166,362,381

韦伯,马克斯(Max Weber),1864—1920,德国社会学家和经济史家。20 世纪最有影响的思想家。对当代西方和中国思想有重大影响。 3,5,11,14,15,17,22,24,27,39—41,65,66,68,69,73,83,94,97,105,118,119,123,124,126,127,130,133,166—169,180,194,196,197,199,236,238,280,330,370,371,373,376—380,382,431,448,463,464

维多利亚女王(Victoria QUEEN),1819—1901,英国女王,在位 64 年,成为所谓日不落帝国的象征。 21

维特根斯坦,路德维希(Ludwig Wittgenstein),1889—1951,奥地利人,后入英国籍,20 世纪前期最重要的哲学家,数理逻辑的奠基者之一。 78,128

文天祥,1236—1283,南宋名臣,文学家。宋亡后不降于元而亡。传世有《指南录》,其中《正气歌》尤为世人称道。 415

倭铿(Rudorf Eucken),1846—1926,现在译为奥伊肯,德国哲学家。 166

X

西季威克,亨利(Henri Sidgwick)1838—1900,英国哲学家和经济学家,维多利亚时代的主要道德阐释者,功利主义的代表人物。其《伦理学方法》被认为是 19 世纪英语世界中最重要的伦理学著作。 174,290,294,345,349,351,354,356,366,372,392,393,395,404,407,412,424,427,428,443,444,451

西蒙,赫伯特(Herbert Alexader Simon),1916—2001,美国学者,卡内基-梅隆大学教授,1978年诺贝尔经济学奖获得者,对经济学和管理学等学科发展有重大贡献。 175,422

西塞罗,马库斯·图利乌斯(Marcus Tullius Cicero)前 106—前 43,古罗马著名政治家和学者,对希腊思想的传播和拉丁化起到了重要的桥梁作用,给予欧洲一套完整的哲学术语。 34,35,42,197,324,370,371,450

小宫隆太郎,日本学者。 210

希克斯,约翰(Sir John Richard Hicks),1904—1989,英国著名经济学家,先后任教于剑桥牛津大学,1972 年诺贝尔经济学奖获得者。 240

休谟(David Hume),1711—1776,英国哲学家经济学家和历史学家,对现代西方的思想产生了巨大影响,对现代伦理学的议题起到了开创作用。 48,49,63,88,125—128,153,172,176,177,179,295,345,354,355,372,392,393,395,396,407,410,411,413,431,432

许三多,电视剧《士兵突击》中的人物,一名现代军人。 456

徐润,1838—1911,清末企业家,上海买办,随后与唐廷枢共同创立轮船招商局。 382

荀子,名况,前 313—前 238,时人尊为荀卿。战国时代思想家,赵国人,儒家的代表,并启发了后期法家思想。著有《荀子》一书。 155,163,302,386,438,439,442,459

熊彼特,(Joseph Alois Schumpeter),1883—1950,奥地利人,美国经济学家和社会学家。曾在德国和美国多所大学任教。是当代最有影响的经济学家。 66,234,235,236

熊十力,1884—1968,现代哲学家,精研唯识论,随后转向儒学,中国现代新儒学的代表人物,曾任北京大学教授。 160,164,165,166,433,434

Y

雅克·阿塔利。 402

亚里士多德(Aristotle,希腊语：Ἀριστοτέλης Aristotélēs,),前 384—前 322,希腊哲学家,柏拉图学生,百科全书式的作者。其思想对后世产生了极大影响,是人类史上最重要的思想家和伦理学家。 10,34,58,126,174,185,191,268,288,289,292,297—299,345—349,354,359—366,369—371,387,388,396,406,407,410—412,414,418,419,421,424—427,429,430,435,446—448,462

严复,1854—1921,清末著名的翻译家和思想家。提出了"信、达、雅"的翻译标准。 303

颜元,清代思想家,开创了颜李学派,强调实践,有很大影响。 381

尧,传说中的古代帝王,史称唐尧,后把君位传于

舜。与舜一同是儒家理想君王的典范。　151,391

耶稣,基督(Jesus Christ),约前6—30,基督教共同尊崇的救世主,基督教的创教者。目前国际上纪年采取他的生年为元年(虽然当年的推断有错误,但是依然被保留)。　158,402

于连(Francois Jullien),1951,法国社会学家,曾在中国留学,中国问题专家。　244

余英时,1930—,历史学家,被认为是儒家第三代的代表人物。　166

约翰·莱德。　456

约翰·哈斯纳斯。　31

约翰·马歇尔(John Marshall),美国19世纪大法官。　31

Z

曾子,名参,前505—前423,孔子最重要的弟子,孔子孙子思师从曾子,再传至孟子,强调忠孝。著《大学》等。　459,460,461

张謇,1853—1926,1894年恩科状元。近代政治家和企业家,创立的大生纱厂等企业开了新风。对于推动地方文化事业发展也起到了相应的作用。　22,333,381

张曙光,1939—,当代经济学者,中国社会科学院研究员。　122

章太炎,名章炳麟,1869—1936,清末民初的思想家,小学大师,在历史学和语言学上都有很高造诣。　277

张维迎,当代经济学者,北京大学教授。新自由主义的主要代表。　122,123,240

张五常,1935—,经济学家,香港大学经济学教授。新制度学派在汉语思想界的主要推动者。　122,123,194

张载,世称横渠先生,1020—1077,北宋著名思想家,关中学派创始人,为朱熹思想的渊源之一。　156,163

郑观应,1842—1922,清末企业家和思想家。曾供职太古洋行,后转入轮船招商局等企业。并著有《盛世危言》等书,影响深远。　382

郑玄,字康成,127—200,东汉末年儒家学者,打破今古古文经的师法家法,遍注群经。取得了傲视时代的成就。　390

郑也夫,1950—,北京大学社会学教授。　214

纣,商代最后一个帝王,被视为暴君的代表。　460

周敦颐,号濂溪先生,1017—1073,北宋著名哲学家,理学的开创者。　157,158,163,439,440

朱熹,字元晦,号晦庵,1130—1200,南宋理学家,中国思想史上影响最大的哲学家。他对儒家经典的解释长期占据官方哲学的地位。　152—158,163—165,348,360,365,391,415,440—442,445,459

子贡,名端木赐,前520—?,孔子弟子,善辞令。　391

子思,名孔伋,孔子嫡孙,前483—前402,受业于曾参,思想史家认为是《中庸》的作者,孟子为子思再传弟子。　155,360,438

后　　记

　　努力多年的书稿应该交代书稿构思写作过程，以便读者通过思路形成过程理解本书的内容。

　　在写作《中国企业伦理——理论与现实》一书时就已经发觉，现在的企业伦理讨论其实大部分情况下与伦理无关。因为讨论中更多还是对企业和管理的讨论，而不是对伦理的讨论，研究的范式也主要是管理学甚至是经济学的。即使偶然涉及或者使用了伦理学的资源或者思想，也表现得非常随意。因此，企业伦理讨论似乎成为一个与伦理无关的思想的大杂烩。读者和思考者从书中无法得到进一步伦理专业思考的线索，更没有系统的思路。主要原因是作为企业伦理讨论的基础的伦理思想和准则没有得到系统的梳理和思考。就好像对一匹布，用不同的尺子来衡量，得出的结论各不相同。因此，在报出这些数据时，让听者渺渺，不知所云。为了清晰地知晓这匹布的尺寸，应该首先对衡量的尺子加以考察。这些尺子就是不同伦理体系所提出的各种准则和主张。在清晰明确地了解这些尺子之后，才能知道所报尺寸的含义和内容。于是产生了新的探索想法：背靠中国的企业现实，对企业伦理讨论的理论基础加以清理，这样才能继续构建对企业伦理问题的理论理解和解释体系。在这个工作完成之前，一切对企业伦理的讨论都是缺乏坚实的思想和理论基础的，其结论也因此是不可靠的。故此，在第一部书稿递交之前，新的探索实际上已经开始了。

　　所以这部著作不同于上一部：如果说上一部著作是背靠理论，面对中国现实，这部著作恰好相反，是背靠中国企业现实，直接面对各种理论，本来伦理思想是思考的资源和工具，现在成为思想的对象。一开始这个思考是零星的，例如，在写作第一部著作时，我就已经注意到，仁慈作为一个伦理准则，其存在基础是等级制，而"Justice"这个概念在汉语中有正义和公正两个不同的对应词。自由与平等之间的对立关系虽然在专业人士范围内是常识，但是，这个常识远没有扩展到大众中去，同时对这个对立的研究远没有完成。这些想法和看法随时形成，但是，这些都不是系统的研究结果，想法也是凌乱和缺乏整理的。

为了实现对伦理体系梳理的意图,我从 2009 年的冬天开始,用了几个月的时间,采取系统的方式,阅读或者重新阅读了最重要的伦理学著作。这个工作充满了乐趣。以近花甲之年,每天从清晨即展书阅读。从床头开始,移到早餐桌,接着到办公室,或者到附近的咖啡厅。学校周围 CBD 区域内的咖啡厅我几乎在那个寒假都走遍了。读书的速度是每小时 20 页左右,一天阅读这种沉重的哲学伦理学著作的时间很难超过 4 小时,一部四五百页的著作大约需要一周时间。边读边做笔记。其间的收获不仅是学术上的,更多是对现实的思考,对以往企业经历的反思,对理论的构思。支持这个阅读的是在这种孤独的阅读中享受到的那种遥隔时空与往圣先贤的交流带来的那种升华的感受。我的阅读有一个很小时就养成的习惯:从头到尾地读,一页未读,似乎全书就未读。这样耗费的时间和精力很大。本来 2009 年的寒假确定的阅读是 8000 页书,最终只完成了 4000 页的计划。只得把阅读延续到了春天开学后。阅读计划中的书目清单还在增加。只是阅读、思考和写作融为一体,常常是交错进行。在完成本书时,我简单地总结,精读的著作数量在 20000 页左右。那些没有通读的著作不可计数。这还不算对论文的阅读。这些阅读最终形成参考文献,其中我以黑字标出了最重要的参考文献,这些文献不仅是我阅读和参考的对象,也期望成为一个企业伦理研究的专业参考文献目录。我认为,一个从事企业伦理的人至少应该完成这些文献的二分之一的精读,才能从伦理的角度讨论企业问题。

在阅读从古希腊和先秦直到现代的中西伦理哲学著作时,也开始了构思新的著作。首先明确的是以德目表的形式对不同的伦理准则加以分析。形成这个构思是受到了西季威克《伦理学方法》一书的启发。其中对不同的伦理准则做了分门别类的分析,并且把对不同思想流派的分析融入其中。在对分析对象的具体确定上,主要是依靠了儒家仁义礼智信的德目表。把这些德目独立出来,分别加以分析。

涉及分析方法,在确定分析对象的同时,很快也形成了对传统的伦理准则的批判性思考的框架,这就是在本书第五部分使用的所谓 3-2-1 框架。首先是对每一个伦理准则的思考应该系统的进行,为此我在历史唯物主义的基本概念基础上,加上了思想史和企业现实对照的方式,设计了三个维度的思考框架。我采用了社会学的扎根理论的说法,把这个框架定为三个归根研究,就是思想史和理论体系归根,社会学归根和企业归根,此为 3。在此基础上,我分析了古典和近代伦理学的分析方式,尤其是古典美德和近代常识道德概念之间的关系,提出了对伦理准则从两个不同层面分析的框架,这就是 2。最后,就是在古典的亚里士多德和孔子的儒家中庸思想的启发下,发现了伦理准则讨论中的中位分析的重要性和可能性。这就成为分析框架中的最后一个要素,是为1。在这个框架确定后,对每一个伦理准则就可以进行结构性分析了。

在上述的分析对象和思考框架确定后,研究工作就有序地开始了。2010年的春夏主要是围绕着上述工作开始的。对每一个伦理准则做多角度、多层次的分析。并且不断推敲方法和结构的正确性及完善性。在这个框架下,中国伦理讨论思想资源的多元性显示了不同思想的内在冲突,同时也使我意识到,多种思想资源为构建新的伦理体系提供了丰富的资源。其中主要是马克思主义、古典思想和现代西方伦理思想三者之间的对话。在书面上还原这三者对每一个伦理准则的对话充满了思想的火花和启发性。为了完成这个思想归根的工作,我不仅在学校图书馆借阅了大量的伦理学著作和马克思的著作。还用了一个月左右的时间,在国家图书馆的古籍阅览室系统阅读清儒为主的古典著作。对古典时期,尤其是先秦和宋代思想家著作的重读也占用了相当的时间。但是,我这方面主要还是依靠从十几岁就开始的古典文献阅读的积累。这些工作,保证了对古典伦理准则全面和准确理解,为在企业层面上讨论这些准则奠定了基础。

随着工作进展,才逐渐意识到,仅仅依据古典伦理准则展开对企业伦理的讨论,有一个重大的缺陷,就是没有把当代社会形成的所谓普世价值观放在企业的层面上加以考察。在前面的分析性工作中,我也力图把这部分内容融入当时的框架内,很快发现,古典伦理准则和当代价值观分属两个不同系统,内容和意义各不相同,无法放在一个框架内加以分析。不得不另起炉灶,处理普世价值观的企业伦理作用。在开始对这部分内容的分析后,惊奇地发现,所谓普世价值观在企业伦理的讨论中基本上处于缺席的状态。我不得不对此原因加以寻找,回到了原来阅读过的麦金太尔、阿佩尔和哈贝马斯等人,甚至是韦伯那里,才在去价值化或者价值无涉的概念下找到这个原因。这样,不仅形成了对去价值化问题的分析内容,而且开始把这些所谓普世价值观置于企业这个平台上加以分析批判。这就形成了本书的第四部分内容。

为了清晰地理解这些价值观本身在企业中的形成和演变,我对中国企业改革三十年的历程的伦理含义做了分析。这项工作是从2011年的春节假期开始的。这个分析使我意识到作为中国学者的幸运,国家的改革为我们透视价值观在企业中的形成和发展提供了一个现实的,并且是亲历的样本。使我们可以以过来人的身份,对这段历史加以追溯,这本来就是我的专业和职业经历的一部分。改革过程短暂、资料丰富并且可以随时抓取,为我们清晰地理解现代价值观的形成、演变和对古典伦理准则的替代过程提供了一个可视的样本。古典思想家设想的那种从原初状态推演伦理形成的过程是一个理论假设,在中国的改革过程中,如果以过程为分析框架,即可以计划经济的企业形态为起点,以逻辑的方式还原价值观和伦理准则之间的兴替关系,并且推演出现代价值观的兴起过程以及存在的缺陷。这样,古典学派的理论假设就可以用现代中国的改革过程来落实。这真是作为中国学者的一个历史的幸运。

这个分析完成后,研究工作就进入了最后的阶段:现代价值观、古典伦理准则和道德情感之间的关系研究,尤其是在企业中,这三者的关系是如何形成和演变的,它们的未来的历史命运如何?这是在一个更大的分析框架下才能展开的内容。我回顾了当初为了处理企业的问题时所阅读的社会学和哲学著作,在胡塞尔那里借用了生活世界的概念,在韦伯那里借用了体系的概念,把企业置于这两个相互作用的外在背景因素中加以分析,把古典价值准则的来源归于生活世界,把现代价值观的根源归为体系,把企业作为这两个要素相互作用的一个展示平台,其中出场表演的是伦理准则和价值观。这些伦理准则和价值观之间的相互作用与冲突显示出了复杂的局面。在这个框架完成后,本书的结构就基本完成了。其中虽然这个社会学分析框架在2008年就基本形成了,但是并非为本书准备的,因此,直到2011年的夏天,才最后完成了这个分析结构的构建。这时候全书已近完成了。

在分析普世价值观的企业作用同时,在2010年的冬季,我在阅读罗素的《道德哲学》时,意识到对道德情感分析的重要性,并且通过对亚当·斯密《道德情操论》直到舍勒《价值颠覆》串思,挖掘了对道德情感在企业中作用思考的框架。对怨恨、嫉妒以及崇高等情感做了初步分析。并写出了一部分内容,引发了多方面的探索。在申请教育部后期资助成功之后,于2012年夏天,重新开始已经中断的研究,在国家图书馆依据西文文献对这部分内容展开了研究,最终于2013年年初,初步完成了这部分工作。由于与前一段工作有一年左右的间隔,加之这部分内容有很大的独立性,因此,这部分内容风格和研究方式都与前面的研究有差别。犹豫很久本次还是放弃这部分内容,将来研究完善再考虑另行出版。

本来计划2011年年底完成这部著作。从2011年9月初开始,我用了几天时间通读了全部凌乱的手稿,并且打印和阅读了电子稿,开始了书稿的合成。这个过程花掉了两周时间。

随后,在2011年的国庆长假中,我每天从早晨7点到晚上的10点,除了中午的午睡一个小时外,依然保持高强度的工作状态,自己审阅了初稿,对结构进一步调整,校正文字,把除道德情感部分内容整理成完整的书稿,并编辑了主题和人名索引。

对照本书的结构,从上面的回顾看出,思想的过程恰好与全书结构是相反的,最后形成的内容放在了全书的最前面,而最早形成的内容置于全书最后。这是书的逻辑结构决定的。

对本书还有几点需要说明。

第一,本书对现代企业伦理的失落和混乱现实有一个基本的判断,就是资本贪婪的本性是企业的本性,在没有抗衡力量对抗的情况下,依靠资本的觉悟来改善企业伦理是不现实的奢望。而近年来,资本对全社会的征服不仅在财富层面上完成了,也在意识形态层面上基本完成。因此,改变企业伦理的混乱和失落局面,必须对资本重新认识,以批判的态度对资本意识形态展开分析,构筑强有力的抗衡力量。本书就是构筑抗衡力量的一个努力,因此,本书的导向是批判性的。这一点在建设性的时代虽然不合潮流,但是,也是社会一个必要的机制的反应。

当然,在本书的基本框架中,不仅资本,权力也是体系的一个构筑要素。在现实中,已经发现了权力与资本的勾结和融合,至少在国有企业层面上,伦理失落和混乱的局面很大程度上是权力资本化造成的。本书对这个方面没有投入足够的篇幅加以分析。不是这个问题不重要,而是篇幅限制,无法展开相关的内容。我期望在计划中的一个社会-人类学的自我经历的回顾性著作中完成这个工作。

第二,与上一部著作不同,本书大量利用了西方的思想,但是,主要的文献基础却是中文的。上一部著作虽然讨论的是中国现实,但是文献基础却是西文的。这个问题在本书写作一开始我就意识并且注意到了。让我慨叹的是,20世纪80年代时,为了搞清楚一个问题,在缺乏思想资源时,不得不在黑暗中孤独地摸索。恰是那个时候逼着自己去阅读西文著作。但是,阅读速度和阅读面都远远不足以支撑渴求的心理和愿望。无论如何,经过了三十年的努力,至少在伦理学经典著作中,可以系统地利用翻译著作进行研究工作了。虽然这些译著的水平参差不齐,内容也并没有尽善尽美,但是,已经可以作为相关研究的文献基础了。因此,在阅读和分析时,对这些译者们的工作心存感激之情。我只是在全书写作接近尾声时,集中阅读了一部分当代的西方论文和法文的著作。这些内容都反映在了本书中。但是,对一个历时两千五百年的追溯性研究,近年来的研究是无法改变总的结构的。

第三,初稿完成后,我编写了详细的人名索引,详细开列了每一个著作中人物的姓名、生卒年月、主要贡献和活动领域,尤其是在伦理学发展中的贡献。编写这个索引,主要是为了使读者更好地理解全书的体系和结构,同时也是我在撰写著作的最后阶段,通过这种方式检验相关的理论结构和归根研究的结果。编写过程让我进一步体会到了电子时代写作的乐趣和特点。所有中外人物,都可以迅速地通过网络收集到相关资料。但是为了资料的可靠和精确,我在初稿完成后,还是花了将近一周时间,逐条通过权威辞书确认客观事实。主要利用了《不列颠百科全书》,原版的《韦氏大辞典》、《辞海》、《辞源》和法语的《拉鲁斯词典》(petit larousse)。但是,人物的评价都是我的自我看法。这一点需要申明。

最后,本书的引文中,很多著作的版本不同,例如亚里士多德的《尼各马可伦理学》、马克思的《资本论》、哈贝马斯的《交往行动理论》,在不同处的出处注释往往不同,这是因为在不同的阶段手头的参考书不同。在最后定稿时,我对此没有专门调整。保持写作时的引用著作不同版本,对研究的结论不会产生影响,同时也让我能够回忆起当初的阅读体验的差别。

从 2009 年冬天的寒假开始,直到 2011 年 11 月,我几乎每天都是早晨六点多就开始工作,除了必要的教学和日常事务之外,我只保持了最低限度的人际交往活动,而自己的爱好,如戏剧和文学阅读都被压缩到了几乎为零。每天都是持续工作到晚上 10 点左右。对比当年在企业中担任高管那种虽然风风火火,但是压力巨大的工作,这种平静而有规律的研究工作给我带来了巨大的享受感,常常感到不可遏制的阅读和写作的冲动。

恰好在除道德情感之外的所有内容整理完毕,全书完稿时,我被发现了肿瘤,不得不中断工作长达三个月。待手术后身体基本恢复健康,才重新开始工作。

本书的写作采取了电子和手写两种方式,阅读同时往往是手写记录一些研究心得和书稿的段落。在思想成型后再通过电子写作的方式形成初稿。手写的笔记和书稿用掉了接近十本百页的活页纸,因为我写字细密,所以习惯使用 0.3 的中性笔,我在文具市场上购买了 30 支这样的笔,现在清点,只剩下了 5 支。虽然用电脑写作已经有了十几年的时间,但是,在本书的写作过程中,突然发现我自己的打字熟练程度已经大幅度提高,盲打键盘时,那种清脆的敲击声以及无意识的手指运动,不仅速度超过手写,而且本身也能带来一种自我陶醉的愉悦感。

本书的写作基本上是一个孤独的思想旅程。所有的交流都是通过书本的阅读单向进行的。本书的写作过程仅仅三年,但是,准备时间确实可以说是长达三十年。年轻时失学,但是,一直没有放弃阅读。现在的古典文献知识主要是 20 世纪 70 到 80 年代积累的。本书中很多思考都是 20 世纪 80 到 90 年代就开始了。其中很多地方使用了旧稿。其中关于韦伯的思想,在 20 世纪 80 到 90 年代,和中国很多知识分子一样,花费精力研读。另外对梁漱溟、熊十力的阅读也是那个时候进行的。书中对豪夫斯泰德的思想阐释的基础,是我曾经阅读的第一部法语著作。当时写下了很详细的笔记。另外,卢作孚虽然是一个企业家,但是他的一些思考具有理论价值,我在这里采用的资料也是 20 世纪 90 年代中期在企业时积累的。20 世纪 90 年代中后期虽然大部分时间在企业工作,但是,阅读和思考并没有终止。记得 20 世纪 90 年代到 21 世纪初,在企业担任高管时,我的阅读影响了周围一些人,因此,在当时的总经理办公会中讨论市场、人力资源和财务问题时,经常出现海德格尔的"存在"、萨特的"虚无"以及胡塞尔的"悬置"等词汇,成为紧张商业生活的一个点缀。

本书的写作获得了多方面的支持。丁立宏教授对我的著作一向抱有期望,并为著作的写作出版提供了多方面的帮助,在此衷心致谢。

首都经济贸易大学专业硕士中心的两任主任张军和赵慧军教授,对我的工作提供了多方面的支持,不仅包括工作条件和精神鼓励。同时也要感谢何丽老师。他们领导下的专业硕士中心的良好氛围,使我能够身心愉快地从事各项工作。在最困难的情况下提供了一个风平浪静的港湾,使研究工作能够在有力的庇护下进行。

邹昭晞教授对本书的推荐和关注为教育部基金的申请提供了有力的支持。多年真诚的支持和相互交流,对很多看法的形成起到了潜移默化的影响。

刘英骥教授对我从生活到工作给予的多方面帮助,其中渗透了多年的友情,也表现了兄长般的关怀。

首都经济贸易大学图书馆的杨阳及其他工作人员为本书的写作提供了优先和周到的资料支持工作。

英文的文献的收集和引文的核对,多伦多大学法学院图书馆的许苏菲女士提供了多方面的远程帮助,使很多引文更加准确,并且核对了很多引文的精确出处。例如,19 世纪美国大法官约翰逊关于企业是拟制的产物的看法,在国内广泛流行,但是出处无法核对,她以专业搜索能力帮助我甚至可以说是帮助中国学术界查明了这个说法的来源。她还曾通过一个未经标注的中文引文,在卷帙众多的边沁著作中精确地找到原文,推动了我对边沁的阅读和理解。

巴黎政治学院的安明兰(Mylene Hardy)博士以她的高水平的语言能力以及专业和认真态度,对全书的英语、法语和拉丁语的使用做了全面的校对。

研究生郑静、柴鑫在文稿的校对和整理上花费了巨大的精力,使得书稿能够达到专业的要求。李玲慧在结项的专家审评会的组织上花费了大量的时间,高水平地完成专家审评。最后定稿中,赵崎做了大量校对和人名翻译工作,她在主题索引和人名索引提取和校对上做了大量工作,以专业的工作保证本书作为学术著作的质量。

上述对我提供多方面帮助的人,我在此一并感谢。

本书得到了教育部后期资助的重点项目支持,对于基金评委给予的支持和承认表示衷心的感谢!

本书的成稿,最要感谢的是我的父母亲。首先是他们对我的养育之恩。他们一生以平和的心态对待生活,对子女的关爱与理解,对社会的责任感以及对周围人的爱心,对我的人生观产生了持久的影响。他们以八十岁的高龄,保持对邻里和环境的关心,并且愿意投入精力从事公益事业,他们动静平衡的生活方式,和睦的家庭气氛和相濡以沫的亲情,为我树立了正确的人生态度的楷模。他们对我的工作给予充分的理解和支持。在这部著作的写作过程中,我牺牲的不仅是自己的休息时间,也是和父母享受天伦之乐的时间。他们没有一句怨言地在背后注视,本书中凝结的不仅是自己的心血,也有高龄父母的期待和企盼。本书诚心献给他们作为礼物。

我没想到这部著作从2011年基本完成,到最终出版历时多年,尽管在没有任何压力情况下,尽量使本书从内容到形式更为完善,但反复校对中依然不断发现问题。

最后感谢商务印书馆刘涛编辑,以极大的耐心应对我的反复和拖沓,并且以认真专业的态度使本书臻于完善。